Der steinige Weg zur Demokratie

Historische Politikforschung

Herausgegeben von Wolfgang Braungart, Neithard Bulst,
Ute Frevert, Heinz-Gerhard Haupt und Willibald Steinmetz

Band 13

Heiko Bollmeyer, Dr. phil., promovierte an der Fakultät für Geschichte der Universität Bielefeld.

Heiko Bollmeyer

Der steinige Weg zur Demokratie

Die Weimarer Nationalversammlung zwischen Kaiserreich und Republik

Campus Verlag
Frankfurt/New York

Dieser Band ist im Rahmen des Sonderforschungsbereichs 584 »Das Politische als Kommunikationsraum in der Geschichte« an der Universität Bielefeld entstanden und wurde auf Veranlassung des SFB unter Verwendung der ihm von der Deutschen Forschungsgemeinschaft zur Verfügung gestellten Mittel gedruckt.

Bibliografische Information der Deutschen Nationalbibliothek
Die Deutsche Nationalbibliothek verzeichnet diese Publikation in der Deutschen Nationalbibliografie; detaillierte bibliografische Daten sind im Internet unter http://dnb.d-nb.de abrufbar.
ISBN 978-3-593-38445-0

Gedruckt auf säurefreiem und chlorfrei gebleichtem Papier.
Printed in Germany

Besuchen Sie uns im Internet: www.campus.de

Inhalt

I. Einleitung ... 9

1. Gegenstand der Untersuchung und erkenntnisleitende Fragestellung ... 9
2. Der theoretische und methodische Zugang ... 17
   2.1 Kulturgeschichte der Politik ... 17
   2.2 Diskursbegriff und historische Diskursanalyse ... 20
   2.3 Begriffs- und diskursgeschichtlich fundierte Satzanalyse ... 24
3. Forschungsstand ... 28
4. Quellen ... 40
5. Gang der Untersuchung ... 46

II. Die Verfassungsreformdebatten des ausgehenden Kaiserreichs 1916–1918 ... 48

1. Der Raum der Debatten ... 48
   1.1 Der äußere Rahmen ... 49
   Die verfassungsrechtliche Position des Reichstags – Das Reichstagsgebäude – Die Stellung des Reichstags in der politischen Kultur
   1.2 Die internen Regularien ... 62
   Die Geschäftsordnung – Die parteipolitische Zusammensetzung des Reichstags 1912–1918
2. Die Inhalte der Debatten ... 74
   2.1 Die allseitige Verwendung des Volksbegriffs ... 74

2.2 Die Thematisierung der intermediären Instanzen ... 91

Aufgaben und Funktionen der Abgeordneten – Die Parteien zwischen Ablehnung und bedingter Anerkennung – Die Verortungen des Reichstags zwischen Volk und Regierung

2.3 Strategien der Einflussgewinnung auf die Regierung ... 118

2.4 Der Staat und die Staatsform im Widerstreit der Meinungen ... 129

2.5 Die Polarisierung durch den Demokratiebegriff ... 135

2.6 Der Verfassungsausschuss als Ort begrenzter Zusammenarbeit ... 142

Der Ausschuss und seine Arbeit – Die Verwendung des Volksbegriffs – Die Thematisierung der Abgeordneten – Die Parteien als Hindernis – Die Stellung des Reichstags – Der Verweis auf die Regierung – Die Bezugnahme auf den Staat – Zusammenfassung

3. Die begleitende Presseberichterstattung ... 169

4. Zusammenfassung ... 180

III. Die Beratungen der Nationalversammlung von Weimar 1919 ... 185

1. Der Ort der Beratungen ... 185

1.1 Der äußere Rahmen ... 186

Die rechtliche Stellung der Nationalversammlung – Der Tagungsort

1.2 Die internen Regularien ... 205

Die Regelung durch die Geschäftsordnung – Die politischen Parteien und ihre Verfassungsziele - Die parteipolitische Zusammensetzung

2. Verfassungspolitische Vorentscheidungen ... 219

2.1 Die Berufung von Hugo Preuß ... 219

2.2 Die Dezemberkonferenz 1918 ... 221

2.3 Die Redslobsche Parlamentarismustheorie und ihre Rezeption ... 228

2.4 Stellungnahmen und private Verfassungsentwürfe ... 234

2.5 Der weitere Verlauf 242

Die Besprechung im Rat der Volksbeauftragten – Die Einflussnahme der Einzelstaaten - Das Gesetz über die vorläufige Reichsgewalt

2.6 Zusammenfassung 254

3. Die Auseinandersetzung um zentrale Aspekte im Plenum 255

3.1 Die ubiquitäre Berufung auf das Volk 255

3.2 Die Macht der intermediären Instanzen 270

Die allgemein anerkannte Stellung der Abgeordneten – Die Parteien zwischen Negation und Neubestimmung – Die Vorbehalte gegenüber dem Reichstag

3.3 Die Ausgestaltung der Exekutive 289

Die parlamentarische Regierung – Der Reichspräsident als Garant der Stärke

3.4 Die schwierige Neubestimmung des Staates 307

3.5 Die Brückenfunktion des Demokratiebegriffs 313

4. Die Verhandlungen im Verfassungsausschuss 318

4.1 Zusammensetzung und Arbeitsweise des Ausschusses 318

4.2 Die Bezugnahme auf das Volk 320

4.3 Die Ausgestaltung der intermediären Instanzen 327

Die Akzeptanz von Abgeordneten und Parteien – Die Positionierung des Reichstags

4.4 Die Notwendigkeit einer starken Exekutive 336

Die Mittelstellung der Reichsregierung – Die Auseinandersetzung um das Amt des Reichspräsidenten

4.5 Der Staat zwischen Tradition und Innovation 344

4.6 Demokratie als Argument 348

5. Die begleitende Presseberichterstattung 350

6. Zusammenfassung 368

IV. Die Debatte um das Republikschutzgesetz 1922 ... 374

1. Der Raum der Debatte ... 375

1.1 Der äußere Rahmen: der Reichstag in der Weimarer Republik ... 375

1.2 Die inneren Strukturen ... 378

Die Vorgaben der Geschäftsordnung – Parteipolitische Zusammensetzung und Regierungsbildung

1.3 Das Attentat auf Walther Rathenau und seine Folgen ... 384

2. Semantische Kämpfe um die Weimarer Verfassungsordnung ... 387

2.1 Die Instrumentalisierung des Volkes ... 387

2.2 Die intermediären Instanzen: Anerkennung und Ablehnung ... 393

2.3 Die breite Anerkennung der Exekutivgewalten ... 399

2.4 Die Auseinandersetzung um den Staat und die Staatsform ... 403

2.5 Die Markierung durch den Demokratiebegriff ... 409

2.6 Die Verhandlungen im Rechtsausschuss ... 411

3. Die begleitende Presseberichterstattung ... 420

4. Zusammenfassung ... 426

V. Schluss ... 429

Abkürzungen ... 438

Quellen und Literatur ... 440

Danksagung ... 473

Personenregister ... 475

I. Einleitung

1. Gegenstand der Untersuchung und erkenntnisleitende Fragestellung

»Nirgends in der Welt ist die Demokratie konsequenter durchgeführt als in der neuen deutschen Verfassung. [...] Die deutsche Demokratie ist fortan die demokratischste Demokratie der Welt.«[1] Mit diesem Superlativ würdigte der Reichsinnenminister Eduard David (SPD) am 31. Juli 1919 in der Weimarer Nationalversammlung die Verabschiedung der Reichsverfassung und damit die verfassungsrechtliche Begründung der Weimarer Republik als parlamentarische Demokratie. Diesem enthusiastisch bis emphatisch anmutenden zeitgenössischen Bekenntnis steht jedoch die Beobachtung gegenüber, dass die leitenden Demokratievorstellungen der Verfassungsväter und -mütter von Weimar weitgehend als unbekannt gelten und noch keiner systematischen Analyse unterzogen worden sind. Gerade die Abgeordneten der Weimarer Nationalversammlung standen in der Übergangsphase von der konstitutionellen Monarchie zur parlamentarischen Republik infolge der Revolution von 1918/19 in der Verantwortung, die nun konstitutive Bedeutung des Volkes für die neue staatliche Ordnung anzuerkennen, in verfassungsrechtliche Formen zu überführen und damit die verfassungspolitischen Weichen für die Weimarer Republik zu stellen.

Es stellt sich die Frage, wie die Abgeordneten der Weimarer Nationalversammlung dieser Aufgabe gerecht zu werden versuchten, welche Demokratievorstellungen sie in den Prozess der Verfassunggebung einbrachten und wie sich diese in der Weimarer Reichsverfassung letztlich niederschlugen. Vor dem Hintergrund, dass das Parteienspektrum aufgrund der engen Bindung der Parteien an ihre jeweiligen »sozialmoralischen Milieus« (M. Rainer Lepsius) und der auch innerhalb der Milieus bestehenden Divergenzen stark fragmentiert war, ist zudem danach zu fragen, wie sich der Prozess der Mehrheitsfindung vollzogen hat. Welche Demokratieaspekte erwiesen sich als mehrheits- oder

---

1 Sten. Ber., Bd. 329, S. 2195 (Eduard David (SPD), 31.7.1919).

sogar konsensfähig bzw. welche stellten sich in der Verfassunggebung als nicht anschlussfähig heraus? Aufgrund der Tatsache, dass sich das parteipolitische Spektrum einschließlich der Führungsgruppen in dieser Übergangsphase durch eine hohe Kontinuität auszeichnete, ist darüber hinaus von Interesse, ob sich die Abgeordneten von überkommenen konstitutionellen Konzepten aus dem Kaiserreich leiten ließen oder neue Vorstellungen einer demokratischen Staatsordnung entwickelten.[2] Dementsprechend beschränkt sich die vorliegende Untersuchung nicht auf die Zeit zwischen dem Zusammentritt der Weimarer Nationalversammlung am 6. Februar 1919 und der Verabschiedung der Weimarer Reichsverfassung am 31. Juli 1919, sondern bezieht die vorangehende Verfassungsdiskussion im Reichstag des Deutschen Kaiserreichs zwischen 1916 und 1918 sowie die Beratungen über das »Gesetz zum Schutz der Republik« im Juni/Juli 1922 ein, um Aussagen zu Kontinuitäten und Wandel in den Demokratievorstellungen treffen zu können.

Dass die Frage nach den leitenden Demokratievorstellungen der Weimarer Nationalversammlung noch weitgehend unbeantwortet ist, liegt in besonderem Maße in der Schwierigkeit begründet, den Forschungsgegenstand angemessen zu spezifizieren. Ein Demokratiebegriff, der als analytischer Ausgangspunkt für das skizzierte Erkenntnisinteresse dienen kann, ist vor eine zweifache Herausforderung gestellt: Zum einen muss er spezifisch genug sein, um demokratische Vorstellungen von konkurrierenden konstitutionellen, »antidemokratischen« und rätedemokratischen abgrenzen zu können. Zum anderen muss er hinreichend allgemein sein, um der zeitgenössischen Offenheit der Diskussion gerecht zu werden.[3] Erschwert wird die Begriffsbestimmung zusätzlich durch die Tatsache, dass die Idee der Demokratie zu einer der vieldeutigsten politischen Vorstellungen zählt.[4] Selbst wenn Varianten des Demokratiebegriffs[5] außer Acht gelassen werden und die wörtliche Übersetzung des aus dem Griechischen stammenden Wortes »demokratia« als »Volksherrschaft«[6] in den

2 Von den 423 Abgeordneten der Nationalversammlung besaß etwa ein Drittel bereits ein Mandat im Reichstag des Deutschen Kaiserreiches, wobei eine besonders hohe Kontinuität in den Fraktionsvorständen zu verzeichnen ist. Dazu Molt, Reichstag, S. 357ff. Zu dem partei- und gesellschaftspolitischen Hintergrund Lepsius, Parteiensystem; Lehnert/Megerle, Konsensprobleme; dies., Teilkulturen. Zur Kontinuität des Parteienspektrums Ritter, Kontinuität. Siehe auch die Beiträge in Dowe, Parteien.

3 Vgl. Gusy, Fragen, bes. S. 636f.

4 So Vorländer, Demokratie, S. 9. Zur Verschiedenartigkeit der Begriffe nur Conze, Demokratie.

5 Kurt Lenk nennt vier Varianten: Demokratie als komplexe Systembezeichnung, als Legitimation politischer Systeme, als Ordnungsprinzip bzw. Herrschaftsform und als Verhaltensprinzip. Lenk, Probleme, S. 938.

6 Zu den antiken Grundlagen ausführlich Meier, Entstehung, S. 7–69; Conze, Demokratie, S. 821–835.

Mittelpunkt gestellt wird, ergeben sich noch keine Auskünfte darüber, welche Elemente für diese »Herrschaft des Volkes« charakteristisch sind. Auch der prägnante Ausspruch des amerikanischen Präsidenten Abraham Lincoln aus dem Jahre 1863, Demokratie sei »government of the people, by the people, for the people«, hilft hier nur bedingt weiter.[7] Er gibt zwar genauere Auskünfte darüber, wie Volk und Herrschaft in dieser dreifachen Interdependenz aufeinander zu beziehen sind. Jedoch beinhaltet er keine Antwort auf die »demokratietheoretische Gretchenfrage«, wie das Verhältnis zwischen dem Volk und der Herrschaft zu organisieren ist.[8]

Als Ausgangspunkt des hier zugrunde liegenden Demokratiebegriffs[9] dient die Anerkennung der Volkssouveränität und damit des Volkes als alleiniger Träger und Inhaber der Staatsgewalt. Sie allein bietet jedoch noch kein Spezifikum einer demokratischen Herrschaftsordnung, da die Volkssouveränität auch in Diktaturen zur Grundlage erklärt werden kann und auch wurde. Spezifisch demokratisch ist also nicht die Tatsache des Bezuges zum Volk, sondern die Art dieses Bezuges: Wie wird dieses Volk verstanden und auf welche Weise fungiert der Wille des Volkes als Grundlage der Herrschaft?

Im Gegensatz zu nichtdemokratischen Auffassungen, in denen das Volk ausschließlich als eine ideelle Einheit[10] und demzufolge auch der Volkswille als ein einheitlicher Gesamtwille konzipiert werden, gehen demokratische Ansätze einen Schritt weiter. Zwar wird auch hier das Volk in bestimmten Kontexten wie in der Anerkennung der Volkssouveränität einheitlich verstanden, definiert wird dieses Volk jedoch als die Summe der Staatsbürger. Der Letztbezug liegt also beim einzelnen Bürger, weshalb das Volk nicht als eine ideelle Einheit, sondern als eine heterogene und pluralistische Gesamtheit der Bürger verstanden wird. Daraus folgt für die Konzeption des Volkswillens, dass dieser sich aus den Einzelwillen der Staatsbürger zusammensetzen muss, wie er sich in Wahlen und Abstimmungen äußert und empirisch zu ermitteln ist. Somit ist auch der Volkswille nicht als ein gegebener und einheitlicher Gesamtwille, sondern als eine pluralistische Größe zu verstehen. Die Berufung auf das Volk und den Volkswillen ist also wie die Anerkennung der Volkssouveränität nicht

7 Sartori, Demokratietheorie, S. 43ff.

8 So Lepsius, Staatstheorie, S. 372f. Dazu Schmidt, Demokratietheorien, S. 19–27; Vorländer, Demokratie, S. 10ff. Siehe auch Wedel, Verfahren, S. 26ff.

9 Zum Folgenden ausführlich Gusy, Fragen, S. 646–661.

10 Zu diesen Konzeptionen ausführlich Sontheimer, Denken, S. 244–252.

per se demokratischer Natur, sondern erhält ihren spezifisch demokratischen Charakter in der Konzeption als heterogene und pluralistische Größe.[11]

An dieser Stelle ergibt sich jedoch das Problem, wie dieser heterogene Volkswille in einen notwendigerweise einheitlichen Staatswillen zu transformieren ist.[12] Während rätedemokratische Vorstellungen hierfür auf das Prinzip der Delegation, also auf die imperative Beauftragung von Mandatsträgern zurückgreifen, womit letztlich alle Kompetenzzuständigkeit bei den Urwählern verbleibt,[13] verweisen demokratische Vorstellungen auf das Prinzip der Repräsentation.[14] Da der in Wahlen geäußerte Volkswille zunächst unformiert und diffus ist, wird die Notwendigkeit der Formierung mittels repräsentativer Institutionen wie Abgeordnete, Parteien, Verbände und Parlamente betont. Diesen kommt die Aufgabe zu, die in Wahlen geäußerten und empirisch festgestellten Einzelwillen zu vertreten, zu Willenseinheiten zu bündeln und in Verhandlungen mit anderen Einheiten einen Mehrheitswillen auszubilden. Dementsprechend kann sich Repräsentation im demokratischen Sinne nicht auf Widerspiegelung eines bereits als vorhanden gedachten Volkswillens beschränken, wie dieses in rätedemokratischen Konzeptionen der Fall ist. Vielmehr zeichnet sie sich für die Herausbildung eines mehrheitlichen Volkswillens aus den Einzelwillen der Bürger verantwortlich. Dafür sind insbesondere die politischen Parteien von zentraler Bedeutung, da sie aus der Vielfalt aller gesellschaftlichen Meinungen entscheidungsfähige Alternativen herausbilden, welche dann dem Volk zur Wahl gestellt werden. Im Rahmen dieser repräsentativen Struktur lässt sich die Bedeutung von Elementen unmittelbarer Gesetzgebung mittels Volksentscheid oder Volksbegehren dahingehend bestimmen, dass ihnen eine die repräsentativen Organe ergänzende und korrigierende Funktion zukommt, auf die sie aber beschränkt bleiben müssen. Demokratische Vorstellungen bejahen also die Existenz intermediärer Instanzen, da diese einerseits die Transformierung eines diffusen Volkswillens in einen einheitlichen Staatswillen ermöglichen, andererseits die Rückkopplung des Staatswillens an den Volkswillen garantieren, indem sie sich in regelmäßigen Zeitabständen der Wahl durch das Volk stellen.[15]

---

11 Dazu Böckenförde, Verfassungsprinzip, S. 888–894, 903ff. Siehe auch Vorländer, Demokratie, S. 111; Kielmannsegg, Volkssouveränität, S. 243f. Zu den konkurrierenden zeitgenössischen Volksbegriffen Koselleck, Volk, S. 389–420; Lepsius, Begriffsbildung, S. 13–32.

12 Dazu Gusy, Lehre, S. 70.

13 Vgl. Arnold, Rätebewegung, S. 90–94. Siehe auch Bermbach, Einleitung, S. 19–22; ders., Rätesystem, S. 112ff.

14 Dazu Scheuner, Prinzip, bes. S. 398ff. Zum Begriff der Repräsentation allgemein Rausch, Repräsentation; Podlech, »Repräsentation«.

15 Vgl. Badura, Demokratie, bes. S. 968–973. Siehe auch Böckenförde, Willensbildung; Gusy, Repräsentation; Steffani, Dreieck, bes. S. 779f.; Hofmann/Dreier, Repräsentation, S. 171–179.

Dieser so ausgebildete Mehrheitswille bildet schließlich die Grundlage für die mit der Staatsleitung beauftragte Regierung. In der parlamentarischen Demokratie ist dies besonders stark ausgeprägt, da hier die Regierung unmittelbar vom Vertrauen der Parlamentsmehrheit abhängig ist und das Parlament das Recht der Abberufung der Regierung besitzt. Damit wird die Regierung direkt an den Mehrheitswillen des Parlaments gebunden. Dagegen ist die Regierung in einer präsidialen Demokratie aufgrund der Direktwahl des Präsidenten durch das Volk vom Parlament relativ unabhängig. Es besitzt aber dennoch ein, wenn auch beschränktes, Kontrollrecht über die Regierung im Falle eines schweren Amtsmissbrauches und die alleinige Kompetenz der Gesetzgebung, womit die Regierungshandlungen wieder an das Parlament gebunden werden. In beiden Fällen ist die Regierung auf das Parlament und dessen (Mehrheits-) Willen angewiesen. Darüber hinaus müssen sich die Regierungen in der parlamentarischen wie in der präsidialen Demokratie in regelmäßigen Abständen der Wahl durch das Volk stellen, was entweder durch Parlamentswahlen mittelbar oder durch Präsidentenwahlen unmittelbar geschieht. Die Notwendigkeit einer mit der Leitung und Führung des Staates beauftragten Regierung findet sich also auch in demokratischen Vorstellungen. Dieses geschieht jedoch nicht in der Form einer zeitlich unbegrenzten Unterordnung unter einen Führer, sondern in der Form einer Auswahl unter mehreren Alternativen einschließlich der Möglichkeit der Abberufung durch periodisch stattfindende Wahlen.[16]

Eine solche Konzeption der Staatswillensbildung besitzt letztlich auch Konsequenzen für die Auffassung vom Staat, insbesondere seines Verhältnisses zur Gesellschaft. Während in konstitutionellen Vorstellungen Staat und Gesellschaft als voneinander zu trennende Einheiten verstanden und verfassungsrechtlich konzipiert werden, müssen demokratische Vorstellungen der Tatsache Rechnung tragen, dass die in der Gesellschaft vorhandenen und geäußerten Einzelwillen mittels repräsentativer Instanzen die Grundlage des Staatswillens bilden. Die Unterscheidung von Staat und Gesellschaft wird zwar nicht zugunsten einer Identität aufgegeben, jedoch nicht mehr in einer voneinander unabhängigen, sondern in einer wechselseitig aufeinander bezogenen

---

Zu der Bedeutung der Parteien Grimm, Parlament, bes. S. 199ff. Zur Problematik des Mehrheitsprinzips Neumann, Demokratietheorien, S. 4–8; Kluxen, Geschichte, S. 212–215. Allgemein zum Parlamentarismus Boldt, Parlament; ders., Parlamentarismustheorie; Hofmann/Riescher, Einführung; Beyme, Demokratie; Marschall, Parlamentarismus. Siehe auch Raithel, Spiel, S. 19–22.

16 Böckenförde, Verfassungsprinzip, S. 919ff. Zu der Unterscheidung parlamentarischer und präsidialer Regierungssysteme grundlegend Steffani, Demokratie, S. 37–60. Zum Aspekt der Führerschaft aus antidemokratischer Sicht Sontheimer, Denken, S. 214–222.

Form. Denn der Staat ist einerseits auf die einzelnen Bürger als Träger angewiesen, andererseits bleibt er in seiner Sicherungs- und Ordnungsfunktion auf die Gesellschaft bezogen. Folglich wird der Staat in demokratischen Vorstellungen als eine zum Volk und zur Gesellschaft hin offene und komplexe Größe aufgefasst, um die unterschiedlichen gesellschaftlichen Strömungen aufzunehmen, zu kanalisieren und zu integrieren.[17]

Im Ergebnis lassen sich aus dieser Analyse des Transformationsprozesses eines als heterogen und pluralistisch anerkannten Volkswillens in einen notwendigerweise einheitlichen Staatswillen vier demokratische Topoi gewinnen, die in idealtypischer Zuspitzung und dichotomischer Gegenüberstellung zu ihren jeweiligen Gegenpositionen wie folgt zu konturieren sind:

1. Die Anerkennung der Volkssouveränität und des Volkes als Grundlage der Herrschaftsgewalt bedingt die Sichtweise eines einheitlich verstandenen Volkes. Spezifisch demokratisch ist jedoch darüber hinaus, dass das Volk nicht ausschließlich als eine ideelle Einheit aufgefasst wird, dessen Wille anstelle von Wahlen durch ein hermeneutisches Erkennen hervorzubringen ist, sondern dass das Volk als Gesamtheit der Staatsbürger und damit als eine pluralistische Größe konzipiert und differenziert wird, deren Wille allein empirisch durch Wahlen zu ermitteln ist.
2. Von zentraler Bedeutung ist zudem, dass die notwendige Existenz intermediärer Instanzen wie Abgeordnete, Parteien und Parlamente sowie deren Bedeutung für die Herstellung eines einheitlichen Staatswillens anerkannt und nicht als eine Verfälschung des Volkswillens abgelehnt werden.
3. Die Notwendigkeit der Leitung und Führung des Staates ist übergreifend festzustellen. Der spezifisch demokratische Charakter ergibt sich jedoch durch die zeitlich begrenzte Wahl und Auswahl von Führern in Verbindung mit der Möglichkeit der Abberufung im Gegensatz zur dauerhaften Unterordnung unter einen nicht durch eine Wahl, sondern durch eine vermeintliche »Berufung« legitimierten Führer.
4. Von spezifisch demokratischem Gehalt ist weiterhin die aus diesen Punkten folgende Staatskonzeption. Der Staat wird als eine offene Organisation des Volkes verstanden, welche gemäß der heterogenen Gliederung des Volkes entsprechend offen, komplex und pluralistisch zu konzipieren ist, und nicht als eine der Gesellschaft gegenübergestellte autonome Größe mit eigenen, vom Volkswillen unabhängigen Zielen.

Zu klären bleibt jedoch, inwieweit diese demokratiespezifischen Topoi auch als eine zeitgenössisch angemessene Grundlage gelten können, da sie letztlich die

17 Vgl. Böckenförde, Bedeutung, bes. S. 405–411.

repräsentative Form einer parlamentarischen Demokratie präformieren. Auch wenn man nicht wie Ernst-Wolfgang Böckenförde die »[m]ittelbare/ repräsentative Demokratie als eigentliche Form der Demokratie«[18] verabsolutiert, besitzt diese Form vor dem Hintergrund der gesellschaftlichen Situation in Deutschland in der Übergangsphase vom Kaiserreich zur Weimarer Republik eine hinreichende Plausibilität. So hat Heinrich August Winkler für seine umfassende Analyse der Arbeiterbewegung in der Weimarer Republik die parlamentarische Demokratie als Norm genommen und dieses mit den historischen Bedürfnissen der Weimarer Zeit begründet, in der nur die parlamentarische Demokratie der deutschen Gesellschaft ein ihrem kulturellen und materiellen Entwicklungsstand entsprechendes Maß an politischer Freiheit habe geben können.[19]

Auf der anderen Seite sind diese Indikatoren so allgemein gefasst, dass sie ein spezifisches Verfassungsmodell wie etwa eine parlamentarische Demokratie nach den Normen des Grundgesetzes eben nicht implizieren, da dieses letztlich nur zu historisch verzerrten Urteilen führen würde. Indem die Notwendigkeit demokratischer Führung zwar anerkannt, aber nicht zwingend an die parlamentarische Abhängigkeit gekoppelt wird, werden durch das Volk legitimierte, aber parlamentsunabhängige Institutionen wie das Amt und die Kompetenzen des Reichspräsidenten nicht als per se undemokratisch klassifiziert, sondern lassen sich erst so in ihrem demokratischen Gehalt untersuchen und bestimmen.[20] Auch andere Aspekte wie die Diskussion und Einführung plebiszitärer Elemente erscheinen vor dem Hintergrund der Anerkennung repräsentativer Formen und Verfahren nicht als von vornherein die Demokratie destabilisierende Faktoren, sondern können in ihrem Demokratiepotenzial sowie in ihrer Demokratiegefährdung analysiert werden.[21] Die historische Angemessenheit der vier Demokratie-Topoi ergibt sich jedoch nicht allein aus dieser ex post-Perspektive. Auch von Zeitgenossen der Weimarer Republik wurden sie als zentrale Elemente einer demokratischen Staatsordnung benannt und diskutiert. Dieses belegen die hierzu einschlägigen, wenn auch zeitlich versetzten und an den Normen der Weimarer Reichsverfassung orientierten Ab-

---

18 So der »programmatische« Titel von Böckenförde, Mittelbare/repräsentative Demokratie. Siehe auch ders., Demokratie und Repräsentation.

19 Winkler, Revolution, S. 11ff. Dazu die Rezension von Kolb, Parteiräson, S. 105f.

20 Zu dieser Perspektive eindringlich Longerich, Deutschland, S. 9–19. Die Forschung durch die »Brille des Grundgesetzes« skizziert Pyta, »Weimar«, S. 28–40.

21 Zur Problematik der Verzahnung von parlamentarisch-repräsentativen und direktdemokratischen Elementen siehe Kühne, Volksgesetzgebung.

schnitte aus dem von Gerhard Anschütz und Richard Thoma herausgegebenen »Handbuch des Deutschen Staatsrechts« aus dem Jahre 1930.[22]

Da die leitende Fragestellung der Untersuchung auf eine Analyse der in die Verfassunggebung eingebrachten unterschiedlichen Demokratievorstellungen und weniger auf eine Klassifizierung in demokratisch bzw. undemokratisch abzielt, werden die vier Demokratie-Topoi auch nicht als demokratietheoretische »Messlatte« herangezogen. Das heißt, dass nicht jeder dieser vier Punkte erfüllt sein muss, um Aussagen als demokratisch zu qualifizieren. Sie werden vielmehr idealtypisch als Pole für die Analyse der Verfassungsberatungen verstanden, zwischen denen die einzelnen Äußerungen verortet und in ihren demokratischen Gehalten oder Vorbehalten bestimmt werden.

Als methodischer Ausgangspunkt dient dabei die Feststellung, dass das Ergebnis dieser Beratungen, die Weimarer Reichsverfassung, kein Werk aus einem Guss, sondern eine Mischung von parlamentarischen, präsidialen und plebiszitären Elementen bildete. Sie war, so Reinhard Rürup, »das Ergebnis von Verhandlungen, in denen überaus widersprüchliche Absichten und Forderungen aufeinander prallten und in denen sich – was außerordentlich folgenreich wurde – wechselnde Mehrheiten bildeten.«[23] Um die Demokratievorstellungen sowie -vorbehalte in der Verfassunggebung von 1919 in den Blick zu nehmen, werden also diese Prozesse des kommunikativen Ver- und Aushandelns in den Mittelpunkt der Untersuchung gerückt. Auf diese Weise kann nicht nur aufgezeigt werden, welche Vorstellungen bezüglich der vier Demokratie-Topoi auftauchten und miteinander konkurrierten, sondern auch, wer welche Vorstellungen mit welchen sprachlichen Mitteln vertrat und welche sich im Verlaufe der Verfassunggebung durchsetzten. Um dieses Vorhaben theoretisch zu fundieren und methodisch zu operationalisieren, bieten die neueren Ansätze einer Kulturgeschichte der Politik geeignete Anknüpfungspunkte.

---

22 Vgl. insbesondere Thoma, Reich. Siehe auch Laun, Volk, bes. S. 244ff.; Radbruch, Parteien; Stier-Somlo, Kennzeichnung; Tatarin-Tarnheyden, Rechtsstellung, bes. S. 413–416; Pohl, Wahl; Thoma, Ordnung.

23 Rürup, Entstehung, S. 239. So auch Dreyer, Entstehung, S. 56f. Zum Kompromisscharakter eindringlich Böckenförde, Zusammenbruch, S. 35–42; Gusy, Demokratiekonzept. Zu der verfassungsrechtlichen Anordnung der parlamentarischen, präsidentiellen und plebiszitären Elemente ausführlich ders., Reichsverfassung, S. 90–142.

2. Der theoretische und methodische Zugang

2.1. Kulturgeschichte der Politik

Politik lässt sich, so die These der kulturgeschichtlich ausgerichteten Politikgeschichte, in Abgrenzung zu den bisherigen Ansätzen nicht als ein fest umrissener Gegenstandsbereich definieren, sondern müsse in dem Willen und in der Fähigkeit von Menschen verortet werden, »ihre gesellschaftlichen Beziehungen selbst zu ordnen«.[24] Dementsprechend kommt der Kommunikation die konstitutive Bedeutung für die Politik bzw. das Politische zu. Dieser »kommunikationstheoretische Vorbehalt« (Thomas Mergel) gründet letztlich in der Auffassung, dass die Wirklichkeit nicht an sich gegeben ist, sondern sozial konstruiert und über kommunikative Verständigungsprozesse als solche durch Vermittlung von Deutungen und Sinngebungen hergestellt wird. Folglich sind die Zeichensysteme dieser Prozesse, also die Rituale, die symbolischen Praktiken sowie die Sprache als die zentralen Gegenstände zu untersuchen.[25]

Eine solche Auffassung bildet den vorläufigen Endpunkt der historiographischen Entwicklung der Politikgeschichte in Deutschland, wie sie sich mit der Auseinandersetzung um eine Modernisierung der Politikgeschichte in den 1970er Jahren über eine alltagsgeschichtliche Erweiterung der 1980er Jahre bis zu der kulturgeschichtlichen Wende der 1990er Jahre vollzogen hat. Vor dem Hintergrund dieser methodischen wie inhaltlichen Ausweitung der Politikgeschichte, die neben traditionellen Fragestellungen nun auch Bereiche wie Herrschaftssymbolik und politische Sprache einbezieht, kommt Christoph Cornelißen zu dem etwas überpointierten Schluss: »Kaum ein anderes Feld der modernen Geschichtswissenschaft verhält sich heute derart offen gegenüber anderen Teilfächern und Nachbardisziplinen der Geschichtswissenschaft wie das der politischen Geschichte.«[26] Diese Bewertung bleibt aber letztlich einer Auffassung des Politischen als ein Gegenstandsbereich verhaftet, auf den verschiedene methodische Zugriffe angewendet werden. In diesem Sinne sind auch zahlreiche Anwendungen kulturgeschichtlicher Zugänge aus dem Bereich der »Politischen Kulturforschung« einzuordnen, wie sie insbesondere von Karl Rohe in die deutsche Forschung eingeführt wurden. Unter »Politischer Kultur«

---

24 Dazu Frevert, Politikgeschichte, Zitat S. 158. Dazu Stollberg-Rilinger, Einleitung, S. 13f.

25 Vgl. Mergel, Überlegungen, Zitat S. 588; Frevert, Politikgeschichte; dies., Konzepte; Landwehr, Diskurs.; Stollberg-Rilinger, Einleitung. Zur These der sozialen Konstruiertheit von Wirklichkeit paradigmatisch Berger/Luckmann, Konstruktion. Dazu Mergel, Kulturgeschichte.

26 Vgl. Cornelißen, Politische Geschichte, Zitat S. 143. Zur historiographischen Entwicklung siehe auch Borowsky, Politische Geschichte; Thamer, Politische Geschichte; Langewiesche, Sozialgeschichte. Als programmatisch einschlägige Aufsätze sind zu nennen: Hillgruber, Politische Geschichte; Wehler, Moderne Politikgeschichte; Lüdtke, Rekonstruktion.

versteht Rohe auf einer inhaltlichen Ebene die politisch relevanten »Weltbilder« (Max Weber) und auf einer äußerlichen Ebene die jeweiligen Ausdrucksformen dieser Weltbilder, also die praktische Gestaltung von Politik.[27]

Gegen diese Ansätze einer Geschichte der Politischen Kultur ist jedoch mit Thomas Mergel einzuwenden, dass sie, indem sie sich auf die Weltbilder und die symbolischen Ausdrucksformen konzentrieren, das Kulturelle nur als ein Beiwerk der Politik betrachten und damit auf einen Teilbereich des Politischen reduzieren. Vielmehr sei es notwendig, so Mergel, kulturgeschichtliche Perspektiven an die gesamte Dimension des Politischen anzulegen. Um die bereits skizzierte konstitutive Bedeutung der Kommunikation für das Politische angemessen zu berücksichtigen, muss einer »Kulturgeschichte der Politik« Mergel zufolge eine zweifache Perspektive zugrunde gelegt werden: Erstens ist die ethnologische Perspektive der Fremdheit einzunehmen, um die Rituale und symbolischen Praktiken in ihrer Bedeutung für politisches Handeln zu erfassen. Erst durch den Blick eines Fremden erscheinen symbolische und rituelle Handlungen nicht mehr als selbstverständlich, sondern als andersartig und unverständlich, woraufhin nun die in ihnen implizit enthaltenen und wirkenden Deutungsgehalte aufgezeigt werden können. Zweitens ist der kommunikationstheoretische Vorbehalt zu berücksichtigen, um die Sprache in ihrer wirklichkeitserzeugenden Kraft zu analysieren. Dieser Vorbehalt gründet im Sinne des Konstruktivismus in der Prämisse, dass die Sprache die Wirklichkeit nicht widerspiegelt, sondern diese schafft, indem sie Dinge benennt. Folglich sind eben nicht die Fragen nach einer »unmittelbaren« Wirklichkeit hinter den Worten zu stellen, sondern vielmehr solche nach der Art und Weise der Benennung und damit der Schaffung von Wirklichkeit: Welche Bezeichnungen werden bei der Thematisierung verwendet? Auf welche Themen und Diskurse wird damit verwiesen? Welche Möglichkeiten setzen sich aufgrund welcher sprachlichen Strategien und symbolischen Verweise durch? Dementsprechend werden insbesondere die politischen Diskurse, die Sprechweisen, Sprachstrukturen und Sprachstrategien zu einem zentralen Untersuchungsfeld erklärt. Ein so konzipierter kulturgeschichtlicher Ansatz zielt also weder auf die Rekonstruktion eines Beiwerks zur Politik noch auf die Privilegierung vermeintlich unpolitischer Randbereiche ab, sondern greift auch und besonders die Themen der traditionellen Politikgeschichte auf wie den Bereich der staatlichen Politik, versteht diese aber immer als »kommunikativ produzierte und symbolisch repräsentierte Phänomene«.[28]

---

27 Vgl. Rohe, Politische Kultur, S. 333–346. Zum Ansatz der politischen Kulturforschung siehe auch den sehr ausführlichen, aber wenig instruktiven Überblick von Lipp, Politische Kultur.

28 Dazu die konzisen Ausführungen von Mergel, Überlegungen, S. 574–606, bes. S. 588–601. Siehe auch Landwehr, Diskurs, S. 95–117, bes. S. 96f., 104f. Parallelen zu dieser Aufwertung

Auf diese Weise wird zum einen ein grundsätzliches Angebot bereitgestellt, die Politikgeschichte aus kulturgeschichtlicher Perspektive neu zu konzeptualisieren, wie es von Kritikern der Kulturgeschichte eingefordert wurde.[29] Zum anderen erweist sie sich insbesondere für die Parlamentarismusgeschichte als überaus anschlussfähig. Denn diese habe Thomas Kühne zufolge die »Metaebene politischen Handelns« stärker als bisher in den Blick zu nehmen und nach dem »bewußten und unbewußten Konflikt-, Konfliktlösungs- und Konsensverhalten der Minister Parlamentarier und Parteiagitatoren« zu fragen.[30] Denn mit dem Fokus auf das Sprachhandeln politischer Akteure, ihre jeweiligen Sprachstrategien sowie auf die übergeordneten Sprachstrukturen und Diskurse werden diese Aspekte zum Thema gemacht. Im Folgenden wird dazu die Analyse von politischen Diskursen und Sprachstrukturen in theoretischer Hinsicht genauer fundiert und in methodischer Hinsicht umgesetzt. Aufgrund der Vielzahl von Diskurskonzeptionen und der damit verbundenen Verständnisschwierigkeiten wird im Folgenden zunächst der Diskursbegriff im Sinne Michel Foucaults herausgestellt, da dieser als der ergiebigste für historische Diskursanalysen gelten kann.[31] Darauf aufbauend wird in einem zweiten Schritt das der Untersuchung zugrunde liegende diskursanalytisch und begriffsgeschichtlich fundierte Instrumentarium der Satzanalyse entwickelt.

---

der Sprache und ihres Gebrauchs als Untersuchungsgegenstände finden sich unter sprachwissenschaftlichen Gesichtspunkten gegenwärtig auch in der Literaturwissenschaft. Dazu Burkhardt, Politolinguistik; ders., Parlament; Stötzel/Wengler, Begriffe. Speziell zur Weimarer Zeit Schlosser, Reich.

29 So Wehler, Kommentar, S. 353. Zur weitern Kritik an diesem Konzept, wie sie etwa von Nicklas, Macht in polemischer Form vorgebracht wurde, siehe Stollberg-Rilinger, Einleitung, S. 15–20. Dazu auch Rödder, Kleider. Erste Ergebnisse dieses Ansatzes bieten für die Zwischenkriegszeit die Beiträge in Hardtwig, Kulturgeschichte.

30 Kühne, Parlamentarismusgeschichte, Zitate S. 336. Dazu auch Dörner/Vogt, Einleitung.

31 Aus der Vielzahl der Literatur nur Landwehr, Geschichte; Sarasin, Geschichtswissenschaft; Schöttler, Angst. Eine genaue Vorstellung der verschiedenen Diskurskonzepte und die Präferierung des Foucaultschen Ansatzes findet sich bei Landwehr, Geschichte, S. 65–103. Siehe auch Steinmetz, »Diskurs«. Zu Foucault umfassend Brieler, Unerbittlichkeit; Maset, Diskurs. Eine Zusammenstellung forschungstheoretischer Zugänge sowie forschungspraktischer Ergebnisse liefern die Sammelbände von Martschukat, Geschichte; Keller, Handbuch. Einen Überblick über die internationale Forschung bietet Schöttler, Paradigma. Speziell zu Frankreich Jütte, Diskursanalyse. Den Einfluss Foucaults auf die deutschsprachige Geschichtswissenschaft referieren ausführlich Brieler, Blind Date; Martschukat, Einleitung, S. 12–21.

2.2. Diskursbegriff und historische Diskursanalyse

Obwohl der Diskursbegriff im Werk Foucaults von zentraler Bedeutung ist, wird er nur unsystematisch und abstrakt entwickelt. Die ausführlichste Auseinandersetzung findet sich bei Foucault in der »Archäologie des Wissens«[32], sodass diese Schrift, obwohl auch sie keine geschlossene Methodologie aufweist, im Folgenden als Ausgangspunkt zur Konturierung des Foucaultschen Diskursbegriffs dient. Erweitert wird diese um eine Analyse des Machtbegriffs, wie er in anderen Schriften entworfen wird, um so die Darstellung einer zu restriktiven und damit verzerrten Diskurskonzeption zu vermeiden, welche sich mit einer Beschränkung auf die »Archäologie des Wissens« ergäbe.[33]

Foucault definiert den Diskurs als »eine Menge von Aussagen, die einem Formationssystem zugehören.«[34] Dabei bildet die »Aussage« die kleinste Einheit eines Diskurses, welche aber nicht mit einer logischen Proposition, einem grammatikalischen Satz oder einem linguistischen Sprechakt gleichgesetzt werden dürfe, da sie weder eine Einheit bilde noch in der Sprache aufgehe. Vielmehr sei sie eine Funktion, welche die Sätze, Propositionen und Sprechakte zueinander in Beziehung setze und diese so mit einem inhaltlichen Gehalt versehe.[35] Folglich gilt der Kontext als zentrales Bestimmungsmerkmal für eine »Aussage«, da eine sprachliche Äußerung erst dann zu einer Aussage wird, wenn sie in Beziehung zu einem angrenzenden Feld und in einen bestimmten Zusammenhang gestellt wird.[36] Als weiteres Merkmal von Aussagen tritt das wiederholte und regelmäßige Auftauchen hinzu, womit sich verschiedene Aussagen in das Feld aller möglichen Aussagen einschreiben.[37]

Somit wird die Einheit eines Diskurses bei Foucault nicht über einen Autor oder einen Gegenstand, sondern durch die Regelmäßigkeiten der Aussagen konstituiert. Die Extrahierung einer Regel aus den vielfältigen Beziehungen der Aussagen gibt ein »Formationssystem« an, welches vorschreibt, »was in einer diskursiven Praxis in Beziehung gesetzt werden mußte, damit diese sich auf dieses oder jenes Objekt bezieht, damit sie diese oder jene Äußerung zum Zuge bringt, damit sie diesen oder jenen Begriff benutzt, damit sie diese oder jene Strategie organisiert.«[38] Einen Diskurs zu bestimmen, bedeutet also, in

32 Foucault, Archäologie, S. 156.
33 Darauf verweist Maset, Diskurs, S. 52, Anm. 225, S. 123f.
34 Foucault, Archäologie, S. 156. Dazu und zum Folgenden Schneider, Foucault, S. 88–94.
35 Vgl. Foucault, Archäologie, S. 115–127.
36 Vgl. Foucault, Archäologie, S. 139–145.
37 Vgl. Landwehr, Geschichte, S. 80ff. Siehe auch Brieler, Unerbittlichkeit, S. 203ff.
38 Vgl. Foucault, Archäologie, S. 104–108, Zitate S. 108. Siehe auch Foucault, Autor. Dazu auch Kallweit, Archäologie, S. 285; Sarasin, Geschichtswissenschaft, S. 34f.

einer Menge von Aussagen aufgrund der Regelmäßigkeit ihres Auftauchens »Formationsregeln« anzugeben, denen die Verteilung der Aussagen unterworfen ist.[39]

Die Existenz solcher Formationsregeln ist für Foucault von zentraler Bedeutung. Indem das Auftauchen von Aussagen strengen Regeln unterworfen ist, wird die Möglichkeit, etwas sagen zu können, stark eingeschränkt.[40] Die Formationsregeln bestimmen das Sagbare in einer gegebenen Zeit, was jedoch nicht bedeutet, dass die Formationssysteme als statische Blöcke dem Diskurs auferlegt werden und damit dessen Grenzen zementieren. Auch wenn diese Regeln nicht leicht zu verändern sind, besteht durchaus die »Möglichkeit neuer Aussagen in Korrelation zu ›äußeren‹ Ereignissen.« Aufgabe der Diskursanalyse ist, Foucault zufolge, solche wenn auch seltenen Veränderungen in den Formationsregeln nicht zu übergehen, sondern die Bedingungen des Wandels und das Verhältnis von diskursiven Formationen und nichtdiskursiven Bereichen aufzuzeigen.[41]

An dieser Stelle tritt in den späteren Schriften Foucaults das Subjekt als Träger der Aussagen verstärkt in den Vordergrund. Ausgehend von der Vorstellung, dass »das menschliche Subjekt innerhalb von Produktions- und Sinnverhältnissen [...] zugleich auch in sehr komplexen Machtverhältnissen« steht, rückt die Analyse dieser Machtverhältnisse in das Zentrum seiner Überlegungen.[42] Dabei definiert Foucault »Macht« allgemein als eine »Wirkungsweise gewisser Handlungen, die andere verändern.« Folglich existiert Macht immer nur in der Ausübung, welche wiederum »in sehr bedeutendem Umfang durch die Produktion und den Austausch von Zeichen« geprägt ist.[43] Dabei kommt dem Diskurs die Schlüsselfunktion zu, denn dieser »befördert und produziert Macht; er verstärkt sie, aber er unterminiert sie auch, er setzt sie aufs Spiel, macht sie zerbrechlich und unaufhaltsam.«[44] Diskurs und Macht stehen somit in einem wechselseitigen funktionalen Verhältnis zueinander, indem der Diskurs sowohl ein Produkt der gesellschaftlichen Machtbeziehungen darstellt als auch diese produziert. In diesem Zusammenhang ist nun die Stellung des Subjekts zu verorten: Auf der einen Seite bildet es einen Teil des diskursiven Feldes, das ihm seinen Platz und seine Funktion zuweist. Auf der anderen Seite ist es jedoch gleichzeitig mit der Möglichkeit ausgestattet, durch das Treffen neuer

39 Foucault, Archäologie, S. 58.

40 Foucault, Archäologie, S. 68.

41 Foucault, Archäologie, S. 231, 238, Zitat S. 238.

42 Foucault, Strukturalismus, S. 243.

43 Vgl. Foucault, Strukturalismus, S. 251–261, Zitate S. 252, 254.

44 Foucault, Wille, S. 122. Zu diesem Machtbegriff Maset, Diskurs, S. 81–86; Daniel, Kompendium, S. 174ff. Zum Wechselverhältnis von Macht und Diskurs Landwehr, Diskurs, S. 111ff.

Aussagen, mittels seiner diskursiven Praxis also den Diskurs zu verändern, worin letztlich der dynamische Charakter der foucaultschen Diskurskonzeption begründet liegt.[45] Somit ist der Diskurs nicht nur das, »was die Kämpfe oder die Systeme der Beherrschung in Sprache übersetzt: er ist dasjenige, worum und womit man kämpft; er ist die Macht, deren man sich zu bemächtigen sucht.«[46]

Indem Foucault über eine Analyse von Aussagen die Regeln und damit Formationssysteme eines Diskurses unter Berücksichtigung des Subjekts herausarbeitet, geht er über eine reine Sprachanalyse hinaus. So plädiert er dafür, »nicht – nicht mehr – die Diskurse als Gesamtheiten von Zeichen (von bedeutungstragenden Elementen, die auf Inhalte oder Repräsentationen verweisen), sondern als Praktiken zu behandeln, die systematisch die Gegenstände bilden, von denen sie sprechen. Zwar bestehen diese Diskurse aus Zeichen; aber sie benutzen die Zeichen für mehr als nur zur Bezeichnung der Sachen. Dieses *mehr* macht sie irreduzibel auf das Sprechen und die Sprache. Dieses *mehr* muß man ans Licht bringen und beschreiben.«[47] Neben dem performativen Aspekt beinhaltet dieses vor allem einen erkenntnistheoretischen Gewinn, indem durch eine Wendung der Untersuchungsperspektive die Regelmäßigkeiten diskursiver Praxis und damit die Grenzen des Sagbaren herausgearbeitet werden.[48]

Mit einer so verstandenen Diskursanalyse geht eine ausdrückliche Abgrenzung zur traditionellen Ideengeschichte einher, wie auch von Foucault selbst explizit hervorgehoben wird. Der Ausgangspunkt seiner Analyse des diskursiven Feldes ist nicht die Frage, was mit dem Gesagten »wirklich« gemeint ist. Vielmehr verfolgt die Diskursanalyse die Frage, warum »eine bestimmte Aussage erschienen ist und keine andere an ihrer Stelle«.[49] Ziel ist es also nicht, von den Äußerungen einer Person auf deren Denken zurückzuschließen. Foucault fordert vielmehr, die Aussagen ausschließlich in ihrer »Äußerlichkeit« und damit auf der Ebene des Diskurses zu analysieren.[50] Indem die Diskursanalyse

---

45 Vgl. Martschukat, Diskurse, S. 71ff. Siehe auch Bublitz, Diskursanalyse, S. 10–13; Maset, Diskurs, S. 130ff.; Landwehr, Geschichte, S. 83–89. Den Machtaspekt des Gebrauchs von Sprache betonen ohne expliziten Bezug auf Foucault auch Dörner/Vogt, Einleitung, S. 5; Frevert, Politikgeschichte, S. 162. Zur Handlungsfähigkeit von Subjekten innerhalb des Diskurses auch Conrad/Kessel, Blickwechsel, S. 11f.

46 Foucault, Ordnung, S. 11.

47 Foucault, Archäologie, S. 74 (Hervorhebung im Original).

48 Vgl. Schrage, Diskurs, S. 63–68. Zum erkenntnistheoretischen Mehrwert auch Schöttler, Mentalitäten, S. 102ff.; Sarasin, Geschichtswissenschaft, S. 33–36. Eine skeptische Auffassung des Diskursansatzes vertreten dagegen Hardtwig/Wehler, Einleitung, S. 9ff. Bei Hans-Ulrich Wehler geht diese Skepsis sogar in eine offene Ablehnung über: Wehler, Foucault, S. 45–95.

49 Foucault, Archäologie, S. 42.

50 Vgl. Foucault, Archäologie, S. 175–178.

Foucaults die traditionellen Postulate der Ideengeschichte von Genese und Kontinuität historischen Denkens zurückweist und stattdessen die Brüche und Diskontinuitäten betont, versucht sie, »eine ganz andere Geschichte dessen zu schreiben, was die Menschen gesagt haben.«[51] Vor diesem theoretischen Hintergrund lassen sich der Diskurs und die Aufgabe der historischen Diskursanalyse nach Achim Landwehr wie folgt bestimmen:

»Die historische Diskursanalyse geht von der Beobachtung aus, daß zu einem bestimmten historischen Zeitpunkt nur eine begrenzte Menge von Aussagen zu einem bestimmten Thema gemacht werden kann, obwohl rein sprachlich gesehen eine unendliche Menge von möglichen Aussagen existiert. Es ist der Diskurs, der die Möglichkeit von Aussagen zu einem bestimmten Gegenstand regelt, der das Sagbare und Denkbare organisiert. Vor diesem Hintergrund will die historische Diskursanalyse die Regeln und Regelmäßigkeiten des Diskurses, seine Möglichkeiten zur Wirklichkeitskonstruktion, seine gesellschaftliche Verankerung und seine historischen Veränderungen zum Inhalt der Untersuchung machen.«[52]

Diesen Zielsetzungen stehen jedoch die Schwierigkeiten der Operationalisierbarkeit dieses Ansatzes gegenüber. Die von Foucault selbst angegebenen vier Richtungen der Analyse, die Formation der Gegenstände, der Äußerungsmodalitäten, der Begriffe sowie der Strategien, erweisen sich hierfür als wenig hilfreich, da sie sich zwar für die von Foucault ausgewählten humanwissenschaftlichen Themen eignen, in ihrer Allgemeinheit aber kaum Möglichkeiten der Übertragbarkeit für andere Bereiche bieten. Zudem ist mit Günther Lottes zu betonen, dass der Fokus der Untersuchung nicht allein auf den subjektlosen sprachlichen Regeln und Regelmäßigkeiten liegen dürfe. Genau so gelte es, im Hinblick auf die Teilnehmer und Beiträge des Diskurses präzise herauszuarbeiten, welche Themen wann für wen Konjunktur hätten, ob und wenn ja, wie Themenstellungen durch den Diskurs modifiziert worden seien.[53] Da also kein allgemein verbindlicher »Königsweg« der Diskursanalyse existiert, bildet die Wahl des Analyseinstrumentariums den methodologischen Angelpunkt eines solchen diskursanalytischen Zugangs. Der Ausgangspunkt liegt dabei in der jeweiligen historischen Fragestellung, auf die das Instrumentarium ausgerichtet werden muss.[54]

---

51 Vgl. Foucault, Archäologie, S. 193–200, Zitat S. 197; Landwehr, Geschichte, S. 82f.

52 Landwehr, Geschichte, S. 7.

53 Vgl. Lottes, State, S. 35–38, 45. Zu den vier Analyserichtungen bei Foucault Archäologie, S. 61–103.

54 Dazu Jäger, Königsweg; Keller, Diskursanalyse, S. 309–333. Das von Achim Landwehr entwickelte methodische Vorgehen über Korpusbildung, Kontextanalyse, Analyse der Aussage und Diskursanalyse stellt zwar einen operationalisierbaren Rahmen zur Verfügung. Die Ausführungen über den zentralen Schritt der Aussagenanalyse bleiben jedoch auch hier notwendigerweise unkonkret, da sich das Analyseinstrument nach der jeweiligen historischen Fragestellung richten muss. Vgl. Landwehr, Geschichte, S. 106–134.

2.3. Begriffs- und diskursgeschichtlich fundierte Satzanalyse

Für eine in diesem Sinne diskursanalytisch konzipierte Untersuchung der Demokratieaspekte in den Verfassungsberatungen[55] bietet sich eine begriffsgeschichtliche Analyse der für die Demokratie-Indikatoren zentralen Begriffe »Volk« und »Volkswille«, »Abgeordnete«, »Parteien« und »Parlament«, »Regierung« sowie »Staat« an. Dem begriffsgeschichtlichen Ansatz nach, wie er von Reinhart Koselleck konzipiert und in dem Lexikon der »Geschichtlichen Grundbegriffe« umgesetzt wurde, werden Begriffe nicht als Fachausdrücke, sondern als zentrale Verfassungsbegriffe, Schlüsselwörter der gesellschaftlichen Ordnung oder Leitbegriffe politischer Bewegung verstanden, welche »als Faktoren und Indikatoren geschichtlicher Bewegung« wirken. Die theoretische Prämisse geht davon aus, dass sich Geschichte in Begriffen niederschlage, in diesen jedoch nicht gänzlich aufgehe. Vielmehr existiere ein Spannungsverhältnis zwischen dem Gegenstand und dem Begriff, das zu analysieren sich die Begriffsgeschichte zur Aufgabe gesetzt hat. Dazu müssten, so Koselleck, neben der Bedeutungsgeschichte eines Wortes auch die Geschichte des Wortgebrauchs und dabei nicht nur die Träger, sondern auch die Adressaten und jeweiligen Wirkungen des Gebrauches von Begriffen in das Blickfeld der Untersuchung rücken.[56]

Die Kritik an der Begriffsgeschichte setzte im Wesentlichen an drei Punkten an.[57] Erstens wurde aus sozialhistorischer Sicht die fehlende Kompatibilität begriffsgeschichtlicher Ergebnisse mit Fragestellungen der Sozialgeschichte beklagt.[58] Von einer anderen Seite der historischen Semantikforschung wurde zum zweiten Kritik an der einseitigen Quellenauswahl geübt, da sich diese, entgegen dem eigenen theoretischen Anspruch, neben den Konversationslexika überwiegend auf klassische Texte aus dem Bereich der Philosophie, der Politik

---

55 Der Foucaultschen Diskurskonzeption folgend wird im Folgenden mit Philipp Sarasin nicht die Bezeichnung »Verfassungsdiskurs«, sondern »Verfassungsberatungen« oder »Verfassungsdiskussion« verwendet, die mit diskursanalytischen Mitteln zu untersuchen sind. Dazu Sarasin, Subjekte, hier S. 141. In diesem Sinne auch Schöttler, Angst, S. 140f.

56 Vgl. Koselleck, Einleitung, Zitat S. XIV. Siehe auch ders., Richtlinien; ders., Begriffsgeschichte. Eine modifizierte Auffassung des Verhältnisses von Begriff und Geschichte findet sich in ders., Probleme; ders., Geschichte. Zu dem Großprojekt der »Geschichtlichen Grundbegriffe« Dipper, Begriffsgeschichte; ders., Grundbegriffe. Dass der begriffsgeschichtlicher Ansatz die geschichtswissenschaftliche Forschung noch immer beeinflusst, belegen zahlreiche neuere Veröffentlichungen: Scholtz, Interdisziplinarität; Bödeker, Begriffsgeschichte; Dutt, Herausforderungen.

57 Zu Konzept und Kritik Landwehr, Geschichte, S. 28–35; Maset, Diskurs, S. 169–179; Eßer, Semantik; Bödeker, Reflexionen; Leonhard, Grundbegriffe, S. 72–79.

58 Vgl. Berding, Begriffsgeschichte. Dagegen betont Koselleck die gegenseitige Angewiesenheit von Sozial- und Begriffsgeschichte: Koselleck, Sozialgeschichte.

und der Ökonomie beschränkt habe. Im Ergebnis, so Rolf Reichardt, habe dieses zu »ideengeschichtlichen »Gipfelwanderungen« geführt, ohne Aussagen über die alltagssprachliche Verwendung und Bedeutung der jeweiligen Begriffe zu liefern.[59] Zum dritten wurde besonders von sprachwissenschaftlicher Seite die mangelnde theoretische Reflexion der zentralen Konzepte »Begriff« sowie »Bedeutung« und »Bedeutungswandel« moniert.[60] Aber auch Historiker wie James J. Sheehan monierten die ausschließliche Fokussierung der Untersuchungen auf einzelne Begriffe. Da diese immer in größere Sprachkontexte eingebettet seien und erst dort ihre spezifische Bedeutung erlangen würden, sei es nicht ausreichend, einzelne Worte isoliert zu betrachten.[61] Heiner Schultz warnte vor einer Überbewertung von Begriffen für die sprachliche Kommunikation. Gewissen Begriffen käme zwar durchaus eine zentrale Bedeutung zu, »ihre strukturierende und möglicherweise handlungsleitende Funktion entfaltet sich jedoch erst in einem Diskurs«. Aus diesem Grund sei es notwendig, anstelle eines Begriffs einen Sektor der Sprache, eine »Argumentation«, in den Mittelpunkt zu stellen.[62] In diesem Sinne plädiert auch Dietrich Busse für eine Ausweitung der Wortsemantik zu einer Diskurssemantik, wie er sie in Anlehnung an das Diskurskonzept Foucaults konzipiert hat. Aufgabe dieser Diskurssemantik müsse es sein, die Regelmäßigkeiten sprachlicher Äußerungen aufzudecken, da erst durch das regelhafte Auftauchen in einem Sprachkontext Sinn konstituiert werde. Dabei erweise sich eine Beschränkung auf einzelne Begriffe jedoch als unzureichend und leiste im Ergebnis nur »eine Art Eisbergspitzen-Semantik«[63]. Damit seien aber begriffsgeschichtliche Methoden nicht gänzlich ausgeschlossen. Fasst man mit Angelika Linke »Begriffe im Sinne der Begriffsgeschichte [...] als minimale Kristallisationskerne von Diskursen bzw. als deren Verdichtungen«[64] auf, so können Begriffe als Ausgangspunkt für diskursanalytisch fundierte Untersuchungen sprachlicher Handlungen dienen.[65]

59 Dieser Kritikpunkt stellt den zentralen Ausgangspunkt des von Rolf Reichardt konzipierten »Handbuchs politisch-sozialer Grundbegriffe in Frankreich 1680–1820« dar. Dazu Reichardt, Einleitung, bes. S. 60–85, Zitat S. 63; ders., Historische Semantik, S. 22f. Zu dieser Konzeption Landwehr, Geschichte, S. 35–40; Maset, Diskurs, S. 181–188.

60 Vgl. umfassend Busse, Historische Semantik. Siehe auch Stierle, Historische Semantik.

61 Sheehan, Begriffsgeschichte, S. 315.

62 Vgl. Schultz, Begriffsgeschichte, Zitat S. 72. In diesem Sinne auch Günther, Suche, S. 117ff.

63 Busse, Begriffsgeschichte, S. 21. Zur Umsetzung dieses Ansatzes siehe die Studie von Reimann, Krieg.

64 Linke, Begriffsgeschichte, S. 40.

65 Dazu Busse, Begriffsgeschichte, bes. S. 17–23; ders./Teubert, Diskurs, S. 18f. Zum Konzept der Diskurssemantik siehe Busse, Historische Semantik, bes. S. 258–270; Maset, Diskurs, S. 188–198. Auch Maset betont die Möglichkeit einer diskursanalytisch erweiterten Begriffsgeschichte. Siehe dazu ebd., S. 199–202. Für Koselleck selbst stellt die Analyse von Begriffen in ihren

Dieser Auffassung wird im Folgenden entsprochen, wenn die zentralen Begriffe »Volk« und »Volkswille«, »Abgeordnete«, »Parteien« und »Parlament«, »Regierung« und »Staat« einschließlich ihrer semantischen Variationen und »Äquivalenzbegriffe«[66] als Ausgangspunkt für die Untersuchung genommen werden. Um aber der Gefahr einer Beschränkung auf diese Begriffe zu entgehen und den angrenzenden Sprachsektor angemessen zu berücksichtigen, werden aus den Verfassungsberatungen nicht allein die jeweiligen Begriffe, sondern die Sätze aufgenommen, in denen diese eingebunden sind. Methodische Anleihen einer solchen Satzanalyse finden sich bei Willibald Steinmetz, der dieses Verfahren für die Analyse des Wandels politischer Handlungsspielräume in England zwischen 1780 und 1865 entwickelt hat.[67]

Auch wenn Steinmetz auf eine Vorabbestimmung zentraler Begriffe verzichtet, da er ausgehend von der Frage nach dem Verhältnis zwischen »Sagbarem« und »Machbarem« relationale Satzkonstruktionen definiert und analysiert, lassen sich dennoch die Herangehens- und Interpretationsweisen übertragen. Nach der Festlegung von Satztypen, die sich streng nach der jeweiligen historischen Fragestellung richtet, werden aus den Quellen alle Sätze eruiert und zu den jeweiligen Satztypen zusammengefasst. Damit lassen sich zum einen Erkenntnisse über Inhalte, Träger, Zeitpunkte und Orte von Aussagen und Aussageformen gewinnen. Zum anderen können auf quantitativer Ebene Aussagen über regelhafte Redeweisen im Unterschied zu sprachlichen Ausnahmen und Innovationen sowie über Veränderungen im Sprachgebrauch in diachroner Perspektive getroffen werden. Dieses Verfahren einer begriffsgeschichtlich und diskursanalytisch fundierten Satzanalyse liefert, auch wenn es sich wie im vorliegenden Fall nicht um eine empirische Frequenzanalyse[68] handelt, Antworten auf die Fragen, welche die Diskursanalyse im Foucaultschen Sinne aufwirft. Darüber hinaus wird auch der eingeforderte Sprachsektor einschließlich der verwendeten Adjektive und Verben stärker berücksichtigt. Zudem können insbesondere Querverbindungen von Begriffen auf Satzebene aufgezeigt und die so gewonnenen Wortfelder interpretiert werden.[69]

Sprachkontexten keine Erweiterung, sondern eine originäre Aufgabe der begriffsgeschichtlichen Methodik dar: Koselleck, Stichwort, S. 101f.

66 Vgl. dazu Hardtwig, Genossenschaft, S. 9–24, Zitat S. 17.

67 Vgl. Steinmetz, Sagbare, bes. S. 13–47. Dessen theoretischen Bezugsrahmen bildet jedoch nicht die auf Foucault zurückgehende Diskursanalyse, sondern die ideengeschichtlich ausgerichtete Sprachgeschichte der sogenannten »Cambridge School« von Quentin Skinner und John G.A. Pocock. Zu diesem Konzept näher Landwehr, Geschichte, S. 40–45.

68 Beispiele hierfür bieten Reichardt, Wortfelder; Lüsenbronk/ders., Bastille.

69 Vgl. dazu Sheehan, Begriffsgeschichte, S. 315 sowie die Ausführungen von Reichhardt, Historische Semantik, S. 24ff.

Die ersten vier Satztypen ergeben sich in onomasiologischer Perspektive aus den vier Demokratie-Indikatoren, indem die Gegenstände wie »Volk« oder »Staat« in ihren semantischen Variationen untersucht werden. Ergänzt wird dieses Vorgehen durch den semasiologischen Aspekt, indem der Begriff der »Demokratie« und des Adjektivs »demokratisch« in den jeweiligen Verwendungen auf ihre Bedeutungsgehalte befragt werden.

Im ersten Satztyp werden alle diejenigen Sätze zusammengefasst, in denen das »Volk« sowie dessen semantischen Variationen und Differenzierungen thematisiert werden. Dazu werden diejenigen Sätze aufgenommen, in den von »Volk«, von »Volksmassen«, von der »Mehrheit des Volkes«, von den »Staatsbürgern« oder von den »Wählern« gesprochen wird.

Für den zweiten Typ werden die Sätze zusammengestellt, in denen die intermediären Instanzen thematisiert werden: Bezeichnen sich die Redner selbst als »Abgeordnete«, als »Parlamentarier« oder als »Volksvertreter«? Wird von »Parteien«, »Mehrheitsparteien« oder von »Regierungsparteien« bzw. »Oppositionsparteien« gesprochen? Wird das »Parlament« als »Reichstag« oder als »Volksvertretung« benannt?

Der dritte Satztyp fasst die Sätze zusammen, in denen von der Staatsleitung in Bezeichnungen wie »Regierung«, »Reichsleitung«, »Volksregierung«, »Mehrheitsregierung« oder »Parteienregierung« die Rede ist.

Im vierten Satztyp werden diejenigen Sätze zusammengestellt, in denen der Begriff des »Staates« verwendet wird. Hier ist von Interesse, ob der »Staat« ohne semantische Bezüge zur Gesellschaft dargestellt wird oder ob dessen Überwindung in dem Begriff des »Volksstaates« angedeutet oder des »Parteienstaates« abgewertet wird.

Der fünfte Satztyp stellt die Sätze zusammen, in denen der Begriff »Demokratie« bzw. das Adjektiv »demokratisch« verwendet wurde. Dieses Vorgehen dient als Ergänzung der ersten vier Satztypen, um aufzuzeigen, inwieweit die Demokratie-Indikatoren mit der Selbst- oder Fremdbezeichnung als »demokratisch« korrespondieren. Zudem lassen sich im Hinblick auf die Verwendungssituationen auch Aussagen treffen, wie die »Demokratie« als politisches Argument in den Auseinandersetzungen verwendet wurde.

Da mit der Verwendung verschiedener Begriffe unterschiedliche Vorstellungen der jeweiligen Aspekte transportiert werden, ermöglicht die Methodik der Satzanalyse aufzuzeigen, wer welche Bezeichnungen aufgreift, welche Aspekte von wem positiv oder negativ besetzt werden, welche Begriffe bei welchen Rednern in welchen Verbindungen auftauchen. Darüber hinaus lassen sich im Hinblick auf den Machtaspekt des Sprachgebrauchs anhand von konkurrierenden Begriffen oder von Zwischenrufen u.ä. Erkenntnisse darüber gewinnen, zwischen welchen Personen und Lagern Definitions- und Deutungskämpfe um welche Aspekte auszumachen sind und wer sprach- und damit deutungsstrategische Vorteile erlangt. Auch lassen sich nach der Revolution Veränderungen im Sprachgebrauch aufgrund der neuen staatspolitischen Rahmenbedingungen feststellen. Damit liefert dieses Verfahren Aussagen über das in der Weimarer Nationalversammlung vorhandene demokratische Potenzial und dessen Durchsetzung im Verfassungswerk, deren Gehalt nicht zuletzt vor dem Hintergrund des Scheiterns der ersten deutschen Demokratie seine besondere Bedeutung erlangt. In diesem Sinne versteht sich die Studie als ein Beitrag zur Erforschung der demokratischen Kultur der Weimarer Republik.

3. Forschungsstand

Dass die Arbeit der Weimarer Nationalversammlung bisher noch keine systematische Untersuchung erfahren hat, ist nur zum Teil auf die weitgehende Randständigkeit des Parlamentarismus der Weimarer Republik als Gegenstand der Forschung zurückzuführen.[70] Verantwortlich ist auch die forschungsleitende Perspektive auf den Untergang der Weimarer Republik, wie sie von Karl Dietrich Erdmann im Jahre 1955 programmatisch formuliert wurde: »Alle Forschung zur Geschichte der Weimarer Republik steht mit Notwendigkeit – ausgesprochen oder unausgesprochen – unter der Frage nach den Ursachen ihres Zusammenbruchs.«[71] Ganz in dieser Forschungsrichtung stehen die ersten Forschungsarbeiten zur Weimarer Republik, wobei hier paradigmatisch die im gleichen Jahr erschienene umfassende Studie von Karl Dietrich Bracher über *Die Auflösung der Weimarer Republik*[72] und das von Erich Matthias und Rudolf Morsey herausgegebene Sammelwerk von 1960 über *Das Ende der Parteien 1933*[73] zu nennen sind. Dass diese Perspektive auf die Weimarer Republik von ihrem Ende sich nicht auf diese Zeit beschränkte, sondern auch weiterhin eine zentrale Leitlinie der Forschung bildete, belegen verschiedene weitere Sammel-

70 Dazu Mergel, Parlamentarische Kultur, S. 13–17. Siehe auch Raithel, Spiel, S. 10–14. Ausnahmen bilden die Habilationsschriften von Möller, Parlamentarismus, Mergel, Parlamentarische Kultur und Raithel, Spiel.

71 Erdmann, Geschichte, S. 5.

72 Bracher, Auflösung.

73 Matthias/Morsey, Ende. Siehe auch Jasper, Weimar. In diesem Zusammenhang steht auch die breite Forschungsrichtung zum antidemokratischen Denken in der Weimarer Republik. Stellvertretend hierfür die Untersuchung von Sontheimer, Denken. Zum Gedankengut der Linken Bavaj, Weimar. Eine Ausnahme bildet die Studie von Döring, Weimarer Kreis.

bände[74] und Gesamtdarstellungen[75] zur Geschichte der Weimarer Republik, denen diese Perspektive, wenn auch in unterschiedlichem Maße, zugrunde liegt.

In diesem Kontext steht auch die Forschung im Umfeld der These vom »deutschen Sonderweg«, deren forschungsleitender Ausgangspunkt die Errichtung der nationalsozialistischen Diktatur in Deutschland bildet. Aufgrund zahlreicher Kontinuitätsannahmen stellte jedoch das Deutsche Kaiserreich und nicht die der NS-Herrschaft unmittelbar vorausgegangene Weimarer Republik das zentrale Untersuchungsfeld dar. Unter dieser Perspektive wurde das Scheitern der ersten deutschen Demokratie als mehr oder weniger zwangsläufig und die Weimarer Republik lediglich als ein historisches Intermezzo zwischen Kaiserreich und Drittem Reich interpretiert.[76]

Als »komplementäre Anschlussfrage«[77] zu der einseitigen Konzentration auf das Ende der Republik rückte die Frage nach Versäumnissen in der revolutionären Entstehungsphase in den Mittelpunkt des Interesses. In diesem Sinn entstanden seit den 1960er Jahren verschiedene Studien zu den Arbeiter-, Soldaten- und Betriebsräten mit dem Ergebnis, dass die Räte überwiegend nicht in den Händen der kommunistischen Linken lagen, sondern mehrheitlich unabhängig- und mehrheitssozialdemokratisch besetzt waren.[78] Damit wurde die Interpretation Karl Dieterich Erdmanns zurückgewiesen, dass es sich 1918/19 um die »Wahl zwischen einem konkreten Entweder-Oder: die soziale Revolution im Bund mit auf eine proletarische Diktatur hindrängenden Kräften oder die parlamentarische Republik im Bunde mit konservativen Elementen wie dem alten Offizierkorps«[79] gehandelt habe. Zudem fand die von Ar-

74 Erdmann/Schulze, Weimar; Stürmer, Weimarer Republik; Kershaw, Weimar; Winkler, Staatskrise. In der Ausrichtung dagegen offener Bracher, Weimarer Republik.

75 Die Perspektive des Scheiterns findet sich ausdrücklich bei Schulze, Weimar; Mommsen, Aufstieg; Wehler, Gesellschaftsgeschichte, Bd. 4, S. 229–593. Eine ausgewogenere Interpretation zwischen Untergang der Weimarer Republik und Offenheit der politischen Entwicklung bieten Möller, Weimar; Winkler, Weimar; Niedhart, Deutsche Geschichte; Wirsching, Weimarer Republik sowie die präzise Überblicksdarstellung von Kolb, Weimarer Republik. Gegen die Perspektive des Scheiterns wenden sich nachdrücklich Peukert, Weimarer Republik; Longerich, Deutschland 1918–1933; Lehnert, Weimarer Republik sowie in einer europäischen Gesamtschau Mai, Europa. Eine kritische Auseinandersetzung mit der Perspektive des Scheiterns bieten Fritzsche, Weimar sowie die Beiträge in Föllmer/Graf, »Krise«, darunter insbesondere dies., Einleitung.

76 Vgl. Kolb, Kontinuität; Winkler, Abweichung. Zur Sonderwegsthese zusammenfassend Grebing, Sonderweg, bes. S. 144–167; Pyta, »Weimar«, S. 40–50.

77 Pyta, »Weimar«, S. 35.

78 Kolb, Arbeiterräte; Oertzen, Betriebsräte; Matthias, Zwischen Räten; Kluge, Soldatenräte; Arnold, Rätebewegung. Siehe auch Tormin, Rätediktatur.

79 Erdmann, Geschichte, S. 7. Kritisch hierzu Haffner, Revolution, S. 127–130.

thur Rosenberg bereits 1935 vertretene These Unterstützung, dass die Räte im Sinne eines »Dritten Weges« eine Grundlage für eine erfolgreiche soziale und demokratische Fundierung des neuen Staates geboten hätten, dass dieses demokratische Potenzial von der mehrheitssozialdemokratischen Regierung in der revolutionären Übergangsphase jedoch nicht ausreichend genutzt wurde.[80]

Zwischen diesen beiden Forschungsrichtungen kam der Weimarer Nationalversammlung nur eine untergeordnete Bedeutung zu. Im Rahmen der Räte-Forschung blieb sie trotz der Thematisierung der so genannten »zweiten Phase« der Revolution im Frühjahr 1919 und der scharfen Konfrontation zwischen radikalisierter Arbeiterbewegung und Reichsregierung unbeachtet.[81] Aber auch im Rahmen der Erforschung der Weimarer Republik aus der Perspektive des Scheiterns wurde der Weimarer Nationalversammlung nur eine sehr eingeschränkte Aufmerksamkeit geschenkt, wobei ausschließlich die Belastungsfaktoren der Verfassung für die Republik betont wurden: Karl Dietrich Bracher handelt die Entstehung des Verfassungswerks von Weimar in seiner 700 Seiten umfassenden Habilitationsschrift auf sieben Seiten ab.[82] Ebenso widmet Hans-Ulrich Wehler im vierten Band seiner *Deutschen Gesellschaftsgeschichte* der Weimarer Reichsverfassung lediglich vier von 365 Seiten zur Weimarer Republik.[83] Bezeichnend ist auch die Darstellung von Ernst-Rudolf Huber in seiner umfassenden *Deutschen Verfassungsgeschichte*, in der der Verfassungstheorie und -wirklichkeit der Weimarer Republik die Bände sechs und sieben zukommen, die Verfassungsarbeiten der Weimarer Nationalversammlung jedoch nur auf 28 Seiten am Ende des fünften Bandes dargelegt werden.[84]

Die verfassungsgeschichtliche Analyse der Weimarer Reichsverfassung kann jedoch als ausreichend bezeichnend werden. Nach den zeitgenössischen Kommentaren wie von Gerhard Anschütz u.a.[85] hat Willibalt Apelt, ein ehe-

---

80 Rosenberg, Entstehung. Vgl. auch Rürup, Probleme; Kolb, Rätewirklichkeit; ders., Rahmenbedingungen; Grebing, Republik. Vor einer Überbewertung des demokratischen Potenzials der Räte warnen Jesse/Köhler, Revolution; Mommsen, Revolution; Winkler, Sozialdemokratie; ders., Wendepunkt; Wehler, Gesellschaftsgeschichte, Bd. 4, S. 205–215. Dagegen Rürup, Demokratische Revolution; ders., Revolution von 1918/19, bes. S. 13–17. Vgl. dazu den Forschungsüberblick von Kluge, Revolution, S. 14–32. Eine neuere Abgrenzung dieser Positionen ist zu finden in den Beiträgen Rürup, Ebert; Jesse, Ebert. Dazu auch Mühlhausen, Ebert, S. 150-164.

81 Kolb, S. 171. Vgl. auch Feldman, Massenbewegungen, bes. S. 98–101; Wirsching, Weltkrieg, S. 77–111; Schumann, Gewalt, S. 45–63.

82 Bracher, Auflösung, S. 19–25.

83 Wehler, Gesellschaftsgeschichte, Bd. 4, S. 350–353.

84 Huber, Verfassungsgeschichte, Bd. 5, S. 1178–1205.

85 Den wichtigsten zeitgenössischen Kommentar bildet die Darstellung von Anschütz, Verfassung. Darüber hinaus Giese, Verfassung; Poetzsch-Heffter, Handkommentar; Wittmayer,

maliger Mitarbeiter im Reichsministerium des Innern, der an den Verfassungsarbeiten 1918/19 mitwirkte, 1946 die erste »Geschichte der Weimarer Reichsverfassung« vorgelegt, welche aufgrund der Entstehungssituation während des Dritten Reiches jedoch nur auf einer sehr eingeschränkten Literatur- und Quellengrundlage verfasst werden konnte. Neben komprimierten Handbuchartikeln[86] legte Ernst Rudolf Huber mit den Bänden sechs und sieben seiner »Deutschen Verfassungsgeschichte«[87] in den 1980er Jahren eine breit angelegte Untersuchung vor, bevor Christoph Gusy 1997 eine umfassende Darstellung zur Weimarer Reichsverfassung veröffentlichte, in welcher der Autor die Verfassungsgeschichte der Weimarer Republik als eigenständigen Abschnitt und im Rahmen einer Rechtsgeschichte in ihrer historischen Entwicklung analysiert.[88] Aufgrund der staats- und verfassungsrechtlichen Ausrichtung bleiben die historischen Ausführungen zur Entstehung der Weimarer Verfassung und zur Weimarer Nationalversammlung jedoch notwendigerweise begrenzt.

Neben den zeitnahen Arbeiten von Walter Jellinek und Wilhelm Ziegler[89] bieten gegenwärtig noch die 1972 veröffentlichten Aufsätze von Reinhard Rürup über *Entstehung und Grundlagen der Weimarer Verfassung* und von Heinrich Potthof über *Das Weimarer Verfassungswerk und die deutsche Linke* die informativsten Überblicke über die Verfassungsarbeit der Weimarer Nationalversammlung, wobei Ersterer den Entstehungsprozess der Verfassung im Allgemeinen darlegt, während Letzterer den Anteil der beiden sozialistischen Parteien an diesem Prozess im Besonderen thematisiert.[90] Wie auch andere Aufsätze[91] und die im Jubiläumsjahr 1999 herausgegebenen Sammelbände[92] zur Entstehung der Weimarer Verfassung setzen sie sich jedoch nicht explizit mit den leitenden Demokratievorstellungen der Weimarer Nationalversammlung auseinander. In dieser Hinsicht führt auch die 2002 erschienene Dissertationsschrift von Tina Pohl über *Demokratisches Denken in der Weimarer Nationalversammlung* nicht weiter. So mangelt es ihr an einer hinreichenden Explizierung des zugrunde gelegten Demokratiebegriffs. Deshalb bleibt ihre Hauptthese, dass es

Reichsverfassung; Stier-Somlo, Verfassung; Freytagh-Loringhoven, Verfassung; Preuß, Reich. Siehe auch die Beiträge in Anschütz/Thoma, Handbuch.

86 Schneider, Reichsverfassung.

87 Huber, Verfassungsgeschichte, Bd. 6/7.

88 Gusy, Reichsverfassung, hier S. 5f. Diesem Ansatz einer Verfassungsgeschichte als Geschichte der »verfassten« Politik folgen auch die Darstellungen von Boldt, Verfassungsgeschichte, Bd. 2, hier S. 5; Brandt, Weg, hier S. IX.

89 Ziegler, Nationalversammlung; Jellinek, Revolution; ders., Nationalversammlung.

90 Rürup, Entstehung; Potthof, Verfassungswerk.

91 Bracher, Entstehung; Friesenhahn, Legitimation; Boldt, Reichsverfassung; Richter, Reichsverfassung; Roellecke, Konstruktionsfehler.

92 Eichenhofer, 80 Jahre; Rödder, Weimar; Thüringer Landtag, 80 Jahre.

in der Weimarer Nationalversammlung »demokratisches Denken« durchaus gegeben habe, zu unspezifisch und folglich nur wenig aussagekräftig.[93] Zudem konzentriert sich die Arbeit nahezu ausschließlich auf die Verfassungsberatungen der Weimarer Nationalversammlung und des Verfassungsausschusses, welche in chronologischer und deskriptiver Weise vorgestellt werden, sodass die Frage nach Kontinuität und Wandel in den Demokratievorstellungen über den eigentlichen Prozess der Verfassunggebung hinaus kaum in den Blick geraten. Auch in räumlicher Sicht lässt die Arbeit eine Perspektive über die Nationalversammlung hinaus vermissen, welche etwa die Presseberichterstattung bietet. Die Nationalversammlung erscheint so als ein »selbstreferentielles System«, das ein Parlament, insbesondere ein verfassunggebendes, in keinem Fall darstellt. Denn es unterliegt – systemtheoretisch formuliert – einer dauernden »Beobachtung zweiter Ordnung« durch die Presse, welche über die Berichterstattung und deren Wahrnehmung durch die Abgeordneten auf das Parlament zurückwirkt.[94]

Auch wenn es aufgrund der Komplexität dieses Verhältnisses nicht darum gehen kann, Wechselwirkungen en détail nachzuzeichnen, muss eine Analyse parlamentarischen Handelns und Sprechens, welches Walther Dieckmann im Hinblick auf nicht anwesende, aber medial vermittelt beobachtende Dritte treffend als »trialogische Kommunikation«[95] bezeichnet hat, dieses jedoch hinreichend problematisieren. Wie dieses umzusetzen ist, zeigt die instruktive Habilitationsschrift von Thomas Mergel über die *Parlamentarische Kultur in der Weimarer Republik*, in welcher der Autor nach den Bedingungen des Funktionierens und des Scheiterns parlamentarischer Kommunikation fragt, dazu den Reichstag als einen »Ort von Interaktion und Sozialisation« in kulturgeschichtlicher Perspektive analysiert und die öffentliche Berichterstattung als zentrales Medium einbezieht.[96] In diesem Rahmen wird zwar auch die Nationalversammlung einbezogen, jedoch lediglich als Prolog für die Analyse des Reichstags in Berlin betrachtet und dementsprechend auf 40 Seiten nur knapp behandelt. Da zudem das Zustandekommen politischer Entscheidungen ausdrücklich nicht den Mittelpunkt dieser Untersuchung bildet, stehen auf inhaltlicher Ebene keine Anknüpfungspunkte zur Verfügung. Im Hinblick auf die parlamentarische Kultur in der Nationalversammlung bieten die Ergebnisse jedoch einen geeigneten Ausgangspunkt für die Analyse des parlamentarischen Verhandelns.

93 Pohl, Demokratisches Denken. Siehe dazu auch Pauly, Pohl.

94 Vgl. Luhmann, Politik, S. 283–318. Zu den systemtheoretischen Grundlagen ders., Systeme, S. 34–70, 242–284.

95 Dieckmann, Probleme, bes. S. 218ff.

96 Mergel, Parlamentarische Kultur, Zitat S. 17.

Dieser als unbefriedigend zu bezeichnenden allgemeinen Forschungslage stehen jedoch zahlreiche Studien zu Einzelaspekten der Verfassunggebung von Weimar gegenüber. Als die umfassendste Arbeit kann die 1996 erschienene Studie von Ludwig Richter über *Kirche und Schule in Beratungen der Weimarer Nationalversammlung*[97] gelten, bietet sie doch unter umfangreicher Auswertung archivalischer Akten und Nachlässe auch allgemeine Informationen über die Weimarer Nationalversammlung. Dagegen stellen die Studien über die Außenpolitik von Ragna Boden und zum Verfassungsausschuss von Karsten Bendix im ersten Fall ausführlichere, im zweiten Fall schwächere Skizzen zur Weimarer Nationalversammlung dar.[98] Die Aufnahme plebiszitärer Elemente in die Verfassung wird von Reinhard Schiffers umfassend untersucht, und Gerhard Schulz widmet sich ausführlich der Reich-Länder-Problematik in der Verfassunggebung.[99] Vorarbeiten zu den Konzeptionen des parlamentarischen Regierungssystems einschließlich der Stellung des Reichspräsidenten, des Parlaments sowie der Parteien finden sich in den Arbeiten von Michael Stürmer, Peter Haungs, Klaus von Beyme, Christoph Gusy, Hans Boldt, Bernd Hoppe sowie Klaus-Dieter Weber.[100]

Auch sind einzelne Artikel der Weimarer Reichsverfassung einer näheren Betrachtung unterzogen worden: Gerhard A. Ritter analysiert eingehend die Entstehung des Räteartikels 165, der von Friedrich Völtzer in seiner Untersuchung über den *Sozialstaatsgedanken in der Weimarer Reichsverfassung* in den weiteren Kontext der festgelegten Wirtschaftsordnung eingebettet wird.[101] Auch der für die Geschichte der Weimarer Republik bedeutsame Notverordnungsartikel 48 fand in Ludwig Richter einen präzisen Bearbeiter der Motive der Verfassunggeber von Weimar.[102] Darüber hinaus wurde die Entstehungsgeschichte der Grundsrechtsbestimmungen von Friedhelm Köster, Walter Pauly und Horst Dreier untersucht.[103] Die zahlreichen Eingaben privater Verfassungsentwürfe bereitet Hans Fenske auf, ohne sie jedoch in die Verfassungsarbeit der Nationalversammlung einzuordnen.[104] Die »Fernwirkungen« der Weimarer

97 Richter, Kirche.

98 Boden, Nationalversammlung; Bendix, Arbeit.

99 Schiffers, Elemente, S. 97–154; Schulz, Demokratie, S. 21–212. Dazu Benz, Süddeutschland, S. 84–184.

100 Stürmer, Koalition, S. 26ff.; Haungs, Reichspräsident, S. 22–51; Beyme, Regierungssysteme, S. 262–281; Gusy, Parteienstaat, S. 29ff.; Boldt, Stellung; Hoppe, Demokratie, S. 23–69; Weber, Büro, S. 33–100.

101 Ritter, Entstehung; Völtzer, Sozialstaatsgedanke.

102 Richter, Reichspräsident; ders., Vorgeschichte. Siehe auch Boldt, Artikel 48; Kurz, Diktatur, S. 15–46.

103 Köster, Entstehungsgeschichte; Pauly, Grundrechtslaboratorium; Dreier, Zwischenkriegszeit.

104 Fenske, Verfassungsentwürfe.

Verfassung auf das Bonner Grundgesetz werden eingehend von Friedrich Karl Fromme in seiner bereits 1960 in erster Auflage erschienenen Dissertation dargestellt, in der er ihre Rezeption durch den Parlamentarischen Rat untersucht.[105] Auch zu einflussreichen Einzelpersonen im Umfeld der Verfassunggebung wie Hugo Preuß[106], Max Weber u.a.[107] liegen mehr oder weniger biographiegeschichtlich ausgerichtete Studien zu deren Tätigkeit sowie Verfassungs- und Demokratieverständnis vor. Auch an Untersuchungen zur Verfassungspolitik der in Weimar vertretenen politischen Parteien besteht kein Mangel, was insbesondere für die Sozialdemokratie[108] und die liberalen Parteien[109] gilt, aber auch für das Zentrum[110] wie für die DNVP[111]. Indem der Fokus dieser Arbeiten jedoch auf der jeweiligen Partei liegt, geraten die für die Ausgestaltung der Weimarer Reichsverfassung so zentralen parlamentarischen Verhandlungen einschließlich der kommunikativen Aspekte der Konsensfindung wie der Abgrenzungsstrategien unter den Parteien zwangsläufig aus dem Blickfeld. Somit können diese Studien nur Ausgangspunkte für eine Untersuchung des Verfassunggebungsprozesses von Weimar 1919 bieten. Diese müsse, so Eberhard Kolb, sowohl die Vorbereitungsarbeiten für eine Verfassung zwischen November 1918 und Februar 1919 als auch die eigentlichen Verfassungsberatungen im Plenum wie im Ausschuss der Nationalversammlung zwischen Februar und Juli 1919 umfassen. Eine derart breit angelegte Untersuchung, so schlussfolgert er in seinem umfassenden Forschungsüberblick, lasse bisher noch auf sich warten.[112]

---

105 Fromme, Verfassung.

106 Gillessen, Preuß; Lehnert, Verfassungsdemokratie; ders./Müller, Untertanenverband; Schönberger, Parlament, S. 367–404; Faatz, Preuß. Weniger überzeugend Mauersberg, Ideen; Immel, Preuß.

107 Mommsen, Weber; Radkau, Weber. Siehe auch Wirth, Düringer; Papke, Koch-Weser; König, Ebert; Kolb, Ebert; Mühlhausen, Ebert; Schmersal, Scheidemann; Mittag, Keil; Heid, Cohn; Hense, Beyerle; Pohl, Stresemann; Kolb, Stresemann; Rabenstein-Kiermaier, Haußmann; Bruch, Naumann.

108 Vestring, Mehrheitssozialdemokratie. Siehe auch Potthoff, Verfassungswerk; Winkler, Revolution; Fischer, Theoriediskussion. Schwächer dagegen Luthardt, Verfassungstheorie. Zur Sozialdemokratie allgemein Miller, Bürde; Lehnert, Novemberrevolution.

109 Albertin, Liberalismus; Portner, Verfassungspolitik; Hess, Überlegungen. Siehe auch Stephan, Aufstieg; Schustereit, Linksliberalismus; Hartenstein, Anfänge; Richter, Deutsche Volkspartei.

110 Morsey, Zentrumspartei; Ruppert, Dienst, S. 29–34.

111 Trippe, Verfassungspolitik. Siehe auch Liebe, Deutschnationale Volkspartei; Thimme, Flucht.

112 Kolb, Weimarer Republik, S. 179. Vgl. zum Forschungsstand umfassend ebd., S. 155–192; Wirsching, Weimarer Republik, S. 47–69. Dieser verfassungsgeschichtliche Bereich wird dagegen unverständlicherweise ausgespart in der Darstellung von Gessner, Weimarer Republik.

Wenn man den Prozess der Verfassunggebung in die Parlamentarisierungsdiskussion des ausgehenden Kaiserreiches verlängert, wie es Horst Möller[113] gefordert hat, so sieht sich eine solche Analyse in den weiteren Forschungskontext der Reformfähigkeit des konstitutionellen Systems des Deutschen Kaiserreichs eingebunden, wobei die Parlamentarisierung, verstanden als verfassungsrechtliche Bestimmung einer dem Parlament verantwortlichen und vom Vertrauen des Parlaments abhängige Regierung, im Mittelpunkt steht. Den Fluchtpunkt dieser Forschungsrichtung bildet der spezifische Charakter des Verfassungstyps der konstitutionellen Monarchie in Deutschland zwischen 1871 und 1918. In diesem Zusammenhang entwickelte Ernst Rudolf Huber die These, dass das politische System des Deutschen Kaiserreichs einen erfolgreichen Kompromiss zwischen Absolutismus und Parlamentarismus und damit eine in sich ruhende Verfassungsordnung gebildet habe, da das »Wesen des Konstitutionalismus [...] in der Verbindung des monarchischen Prinzips mit dem Repräsentativprinzip und damit in der Aufhebung des Gegensatzes zwischen diesen beiden Strukturprinzipien in einem sie verbindenden Funktionszusammenhang« bestanden habe.[114] Dagegen wandte Ernst-Wolfgang Böckenförde ein, dass der Konstitutionalismus lediglich als ein Übergangsphänomen zur parlamentarischen Regierungsweise aufzufassen sei. So habe er die Entscheidung zwischen dem monarchischen und dem parlamentarischen Prinzip insbesondere im Falle der Regierung in der Schwebe gelassen, die zwar nicht parlamentarisch verantwortlich, aber doch auf die Unterstützung durch das Parlament in der Gesetzgebung angewiesen gewesen sei. Dieses habe, so die Schlussfolgerung, zur Herausbildung einer parlamentarischen Regierungsweise geführt. Dementsprechend sei die verfassungsrechtliche Einführung im Oktober 1918 letztlich auch kein »Bruch, sondern ein organisches Auslaufen der konstitutionellen Verfassung« gewesen.[115]

Die These einer systemimmanenten Parlamentarisierungstendenz des Deutschen Kaiserreichs wurde in den 1970er Jahren von Manfred Rauh mit zwei Studien auf einer breiten empirischen Grundlage zu untermauern versucht.[116] Darin erhob Rauh den Anspruch, eine »vollständige Theorie des reichsdeutschen Konstitutionalismus« zu liefern, und entwickelte die These einer »stillen Parlamentarisierung« des Kaiserreichs, welche durch das »allmäh-

113 Möller, Parlamentarismus-Diskussion, S. 140f. Zu dieser Periodisierung auch Schönhoven, Revolution, S. 211. Zu einem solchen integrativen Zugriff siehe Gusy, Entstehung.

114 Vgl. Huber, Verfassungsgeschichte, Bd. 3, S. 3–26, Zitat S. 20.

115 Böckenförde, Verfassungstyp, Zitat S. 159. Zu dieser Interpretation auch Frauendienst, Demokratisierung. Vgl. die Zusammenfassung dieser Kontroverse bei Kirsch, Monarch, S. 57–64.

116 Rauh, Föderalismus; ders., Parlamentarisierung.

liche Herauswachsen des parlamentarischen Regierungssystems aus der konstitutionellen Herrschaftsform« gekennzeichnet sei.[117] Dass dieses im Kaiserreich der Fall gewesen sei, begründete er mit der geänderten Stellung des Reichstags infolge des zunehmenden Gesetzgebungsdrucks im Interventionsstaat. Dieser habe zum Bedeutungsrückgang des Bundesrats geführt und gleichzeitig den Machtzuwachs des Reichstags aufgrund der Intensivierung der Zusammenarbeit mit der Reichsleitung bedingt. Auf diese Weise sei der Übergang zum parlamentarischen Regierungssystem eingeleitet worden, indem sich das Parlament in einem schrittweisen Lernprozess seiner Macht über die Regierung bewusst geworden sei und die Parlamentarier Verhaltensweisen des parlamentarischen Regierens eingeübt hätten, ohne dass dazu der Wille des Parlaments und der Parlamentarier zur Übernahme der Regierungsmacht notwendig gewesen wäre.

Die Kritik an diesem deterministischen Konzept der »stillen Parlamentarisierung« des Deutschen Kaiserreichs, die ebenfalls von Wilfried Loth, wenn auch nicht in dieser geradlinigen Auffassung, vertreten wird,[118] setzt an zwei Punkten an. Zum einen wird die weitgehende Ausblendung des nichtparlamentarischen Raumes und der gesellschaftlichen Demokratisierungsprozesse problematisiert, wobei hier Demokratisierung als die allgemeine Steigerung der Partizipationsmöglichkeiten der Staatsbürger an Entscheidungen in Staat und Gesellschaft verstanden wird. Diese hätten, so Dieter Langewiesche, im Kaiserreich nicht den Parlamentarisierungsentwicklungen entsprochen. Somit sei es notwendig, das »Spannungsverhältnis zwischen vorangetriebener Parlamentarisierung und blockierter Demokratisierung« zu analysieren.[119] Dieses setzt sich insbesondere die historische Erforschung von Parlamentswahlen zur Aufgabe, welche die Wahlen in ihrer »Scharnierfunktion zwischen Parlament und Wählerschaft«[120] auffasst und inzwischen durch zahlreiche Sammelbände und Monographien dokumentiert ist.[121] Unter diesen Arbeiten verdient die Studie über »Practicing Democracy« von Margaret Lavinia Anderson besondere Aufmerksamkeit, in der die Praxis der Reichstagswahlen in umfassender und einleuchtender Weise als Einübung demokratischer Verhaltensweisen interpre-

117 Rauh, Parlamentarisierung, S. 7f.

118 Loth, Kaiserreich, S. 41, 169f. Differenzierter findet sich diese Auffassung bereits in ders., Katholiken, S. 386f.

119 Langewiesche, Kaiserreich, S. 636–642, Zitat S. 641.

120 Arsenschek, Kampf, S. 21.

121 Jones/Retallack, Elections; Kühne, Dreiklassenwahlrecht; Lässig, Modernisierung; dies., Wahlrechtskampf; Ritter, Wahlen; Fairbairn, Democracy; Anderson, Practicing Democracy; Arsenschek, Kampf. Siehe auch die Forschungsberichte von Kühne, Wahlrecht; ders., Kaiserreich, S. 213–218.

tiert wird.[122] Sie lässt jedoch offen, welchen Demokratiebegriff sie der Untersuchung zugrunde legt, sodass ihre Aussagen zum vermeintlich demokratischen Charakter des politischen Systems eher vage bleiben. Darüber hinaus stellt sie ihre Ergebnisse nicht ausreichend in Zusammenhang mit den Entwicklungen auf parlamentarischer Ebene und liefert dementsprechend keine Aussagen zur Frage nach der Parlamentarisierungsfähigkeit des Kaiserreichs, wie sie für die vorliegende Untersuchung von Interesse sind.

Gegen die Interpretation Rauhs wurde zum anderen von Gerhard A. Ritter geltend gemacht, dass die als gegeben angenommene Fähigkeit der politischen Parteien, handlungsfähige und dauerhafte Reformmehrheit auch gegen die Regierung zu bilden, stark bezweifelt werden müsse. Das konstitutionelle System habe die Parteien im »Vorhof der Macht«[123] nicht mit der Regierungsverantwortung konfrontiert, sodass diese nicht gezwungen gewesen seien, Kompromisse zu erarbeiten, die für eine Mehrheitsbildung unentbehrlich seien. Die Parteien hätten sich vielmehr innerhalb des konstitutionellen Systems eingerichtet und lediglich auf einen Ausbau des parlamentarischen Einflusses, nicht aber auf die Übernahme der politischen Regierungsverantwortung durch den Reichstag gedrängt. Für eine Änderung des politischen Systems im Sinne einer Parlamentarisierung seien sie damit nicht in Frage gekommen.[124]

Diese Auffassung wird von der Forschung weitgehend geteilt. Zwar wird der Bedeutungszuwachs des Reichstags und der politischen Parteien anerkannt, wie er sich während des Krieges insbesondere auf dem Gebiet der Außenpolitik gezeigt hat.[125] Jedoch dürfe dieser, so Hans-Ulrich Wehler, nicht als eine evolutionäre Entwicklung zum parlamentarischen Regierungssystem missverstanden werden, da hierfür die wichtigste Voraussetzung gefehlt habe, nämlich »der Kampfeswille und die Risikobereitschaft eines selbstbewußten, machthungrigen Parlaments im Verlauf eines großen Konflikts um die Spitze der Herrschaftshierarchie.«[126] Insbesondere den politischen Parteien wurde der

---

122 Anderson, Practicing Democracy. Siehe dazu auch die ausführlichen Rezension von Ritter, Reichstagswahlen; Kühne, Demokratisierung, S. 296–303.

123 Wehler, Gesellschaftsgeschichte, Bd. 3, S. 358. Diese Interpretation bereits in ders., Kaiserreich, S. 79.

124 Dazu Ritter, Parteien, S. 85–90; ders., Einleitung, S. 10ff.; ders., Entwicklungsprobleme, S. 179–186. Eine eingeschränkte Kooperationsbereitschaft bei der parlamentarischen Gesetzgebung belegt am Beispiel der Freikonservativen Partei Alexander, Partei, S. 188–359. Ähnliches gilt auch für die Reichstagswahlen, wie die Studie von Anderson, Practicing Democracy zeigt.

125 Dazu die Arbeiten von Schiffers, Formen; Oppelland, Reichstag.

126 Vgl. Wehler, Gesellschaftsgeschichte, Bd. 3, S. 864ff., 1038–1045, Zitat S. 1039; ders., Gesellschaftsgeschichte, Bd. 4, S. 198–205; Kocka, Klassengesellschaft, S. 108ff. In diesem Sinne auch Nipperdey, Deutsche Geschichte 1866–1918, Bd. 2, S. 491–497, 572–576; Blackbourn, New Legislatures; ders./Eley, Peculiarities, S. 276–285; Ullrich, Großmacht, S. 161–165.

Wille zur Übernahme der Regierungsverantwortung abgesprochen, wie es Dieter Grosser, Hans Boldt u.a. betont haben.[127] Folglich kann auch das Einüben parlamentarischer Verhaltensweisen im ausgehenden Kaiserreich, wie es Udo Bermbach eingehend für den Interfraktionellen Ausschuss 1917/18[128] analysiert hat, nicht mit dem Bestreben gleichgesetzt werden, die Parlamentarisierung der Reichsleitung zu erstreben.[129]

Für dieses systemkonforme Verhalten der Parteien entwickelte Christoph Schönberger einen Erklärungsansatz, indem er sich gegen die Auffassung von Parlamentarisierung und Demokratisierung im Deutschen Kaiserreich als sich gegenseitig bedingende Prozesse wandte und die Möglichkeit ihrer gegensätzlichen Entwicklung betonte. Eine solche Auffassung vertrat auch Hans-Jürgen Puhle, für den die »beiden Prozesse der Vermehrung der Zuständigkeiten und des Einflusses des Reichstags auf der einen und der Demokratisierung des öffentlichen Lebens auf der anderen Seite« weder deckungsgleich gewesen seien noch sich gegenseitig bedingt hätten, sondern als »gegenläufige Prozesse« in Erscheinung getreten wären. Infolge der gegenseitigen Durchdringung von Parteien und Interessenverbänden hätten letztere einen immensen Einfluss auf die politischen Parteien gewonnen und diese zur Durchsetzung eigener Ziele beeinflusst. Damit sei aber eine gegenseitige Annäherung der Parteien und letztlich auch eine gemeinsame Politik des Reichstags gegenüber der Reichsleitung, wie sie zur Erringung der parlamentarischen Regierungsweise notwendig gewesen sei, verhindert worden.[130]

Auch Schönberger betonte, dass es keine einheitliche Politik des Reichstags bzw. der Reichstagsmehrheit gegenüber der Regierung gegeben habe. Dieses sei jedoch weniger auf den manipulierenden Einfluss der Interessenverbände als vielmehr auf das Bestreben der Parteien zurückzuführen, sich auf dem »politischen Massenmarkt«[131] zu behaupten, der sich infolge der Mobilisierungs- und Demokratisierungsprozesse aufgrund des festgelegten allgemeinen

---

127 Grosser, Konstitutionalismus; Boldt, Bismarckreich; ders., Monarchie, S. 152–172; Grundmann/Krohn, Einführung; Gies, Regierung; Zwehl, Verhältnis, S. 104–107; Llanque, Demokratisches Denken, S. 192–208. Auch Gustav Schmidt konzediert trotz seiner Auffassung einer »Koalition im Werden« vor 1914 die starke Fragilität der parlamentarischen Blockbildungen: Schmidt, Blockbildungen, Zitat S. 23; ders. Parlamentarisierung. Dass auch die soziale Zusammensetzung der Parlamentarier die Herausbildung einer Parteienmehrheit verhinderte, zeigt eindringlich Best, Mandat.

128 Bermbach, Vorformen. Die Auffassung einer Entwicklung in Richtung der Parlamentarisierung vertraten auch Matthias/Morsey, Einleitung, S. XI–XXXV. Dagegen bereits Epstein, Ausschuß.

129 Dazu Brandt, Kaiserreich. Zum Forschungsstand allgemein Ullmann, Politik, S. 80–107, bes. S. 89f., 101f.

130 Vgl. Puhle, Parlament, Zitate S. 350.

131 Rosenberg, Depression, S. 123.

und gleichen Wahlrechts seit 1867/71 ausgebildet habe.[132] Dazu hätten sie in den Verhandlungen mit der Reichsleitung die Interessen ihrer Wählerschaft durchzusetzen versucht und dementsprechend Mehrheitsentscheidungen wie Mehrheitsbildungen skeptisch gegenübergestanden. Laut Schönberger befestigten die politischen Parteien damit aber den konstitutionellen Dualismus von Regierung und Reichstag bei gleichzeitigem Machtzuwachs des Reichstags. Die fortgeschrittene Demokratisierung habe demzufolge den Übergang zum parlamentarischen System nicht bedingt, sondern behindert, da so konsensuale Verhandlungsmuster einer Konkordanzdemokratie anstelle von parlamentarischen Mehrheitsentscheidungen einer Konkurrenzdemokratie entwickelt worden seien. Die Parlamentarisierung sei von der Demokratisierung sozusagen »überholt« worden.[133]

Demgegenüber bewertete Marcus Kreuzer die Chancen einer Parlamentarisierung des kaiserlichen Regierungssystems neuerdings positiver, indem er die Gegnerschaft der bürgerlichen Parteien weniger als prinzipiell, sondern eher als kontingent charakterisierte. In erster Linie hätten sich diese, so Kreuzer, aus Furcht vor einer Majorisierung durch die Sozialdemokratie und somit lediglich aus taktischen Gründen gegen die Einführung des parlamentarischen Systems ausgesprochen, womit diese wieder stärker in den Bereich des Möglichen rücken würde.[134] Jedoch nimmt Kreuzer in seiner Analyse keine hinreichende Differenzierung der zentralen Begriffe der Demokratisierung und der Parlamentarisierung vor, sodass er mit seiner Interpretation, dass der Einflussgewinn des Reichstags und die zunehmende Anerkennung der Volkssouveränität die Einführung des parlamentarischen Systems früher oder später nach sich gezogen hätte, letztlich hinter den Ergebnissen von Schönberger zurückfällt.

Eine integrative Analyse der Verfassungsdiskussion des Reichstags 1916 bis 1918 und der Verfassungsberatungen der Weimarer Nationalversammlung 1919 verspricht über eine Einschätzung von Parlamentarisierungspotenzialen und -vorbehalten im ausgehenden Kaiserreich und den Demokratievorstellungen der Weimarer Verfassunggebung hinaus Erkenntnisse über Kontinuitäten und Wandel verfassungspolitischer Leitvorstellungen. Wenn das parlamentari-

---

132 Zur Festlegung des demokratischen Wahlrechts in den Verfassungen des Norddeutschen Bundes 1867 und des Deutschen Kaiserreichs 1871 siehe Biefang, Modernität. Siehe auch Pollmann, Parlamentarismus, S. 66–79, 223ff.; 320–332. Zu den Auswirkungen dieses Wahlrechts auf das Parteiensystem grundlegend Rohe, Wahlen. Einen Überblick über die vielfältigen Mobilisierungsprozesse bietet Fairbairn, Political Mobilization,.

133 Vgl. Schönberger, Parlamentarisierung. In diesem Sinne auch Langewiesche, Politikstile, S. 21. Dazu Weichlein, Teilhabe, S. 54–62.

134 Kreuzer, Parlamentarization. Eine übersetzte und geringfügig überarbeitete Version mit einem etwas irreführenden Titel liegt ebenfalls vor: ders., Verfassungsordnung. Dazu Kühne, Demokratisierung, S. 313f.

sche Regierungssystem nicht die zentrale Kontinuitätslinie vom ausgehenden Kaiserreich zur Weimarer Republik darstellt, wie Schönberger unter Verweis auf Boldt betont,[135] stellt sich um so mehr die Frage, welche Vorstellungen einer parlamentarischen Demokratie im Prozess der Verfassunggebung vertreten wurden und wie sich diese letztlich in der Weimarer Reichsverfassung niederschlugen.

4. Quellen

Die grundlegende Quelle für diese Arbeit bilden die Stenographischen Berichte der Verhandlungen des Deutschen Reichstags 1916–18, der Verfassunggebenden Deutschen Nationalversammlung 1919 sowie des Deutschen Reichstags 1922. Sie stellen die dichteste sprachliche Überlieferung der parlamentarischen Beratungen dar. Aufgrund der Materialfülle konzentrierte sich die Analyse der Verfassungsdiskussion des ausgehenden Kaiserreichs auf die zentralen verfassungspolitischen Debatten wie die Einrichtung eines Verfassungsausschusses am 30. März 1917, die Verabschiedung der Friedensresolution des Reichstags vom 19. Juli 1917 und die Einführung der Verfassungsreformen im Oktober 1918.[136]

Im Falle der Weimarer Nationalversammlung wurden die drei Lesungen des Verfassungsentwurfs ausgewertet, wobei sich die der zweiten Lesung auf die Beratung der Artikel über den verfassungsrechtlichen Aufbau des Reiches sowie über die »demokratischen« Grundrechte der Meinungs-, Versammlungs- und Vereinigungsfreiheit beschränkte.[137] Zudem wurde die Debatte des Gesetzentwurfs über die vorläufige Reichsgewalt berücksichtigt, da dieser den

135 Schönberger, Parlamentarisierung, S. 665. Boldt, Verfassungsgeschichte, Bd. 2, S. 204.

136 Ausgewertet wurden die Beratungen über die Einrichtung des Haushaltsausschusses als immerwährender Ausschuss (26.10.1916), über die Einsetzung des Verfassungsausschusses (29./30.3.1917), über die Verabschiedung der Friedensresolution des Reichstags (19.7.1917) sowie über die Einführung der so genannten Oktoberreformen (22.–26.10.1918), in denen die Parlamentarisierung der Reichsleitung verfassungsrechtlich festgelegt wurde. Hinzugezogen wurden zudem die Aussprachen zu den Berichten des Verfassungsausschusses sowie dessen Gesetzesvorlage zur Abänderung des Reichstagswahlrechts (15./16.5.1917, 6.7.1917, 12.3.1918, 8.7.1918).

137 Die erste Lesung fand zwischen dem 24. Februar und dem 4. März 1919 und die dritte Lesung vom 29. bis zum 31. Juli 1919 statt. Der organische Teil wurde in zweiter Lesung zwischen dem 2. und 7. Juli 1919 und die genannten Grundrechte vom 15. bis zum 17. Juli beraten. Zu den Grundrechten siehe Gusy, Grundrechte.

»Grundriß der neuen Verfassungsordnung« bereits abzeichnete.[138] Im Zusammenhang mit dem Gesetz zum Schutze der Republik vom 21. Juli 1922 wurden sowohl die Regierungserklärung und deren Aussprache nach der Ermordung von Walther Rathenau am 24. Juni 1922 als auch die drei Lesungen des Gesetzentwurfs ausgewertet.[139]

Bei der Verwendung der Stenographischen Berichte stellt sich zum einen das Problem der Authentizität. Zwar wurden die parlamentarischen Reden einschließlich der Reaktionen und Zwischenrufe von den Stenographen so genau wie möglich aufgenommen. Die Berichte wurden jedoch vor ihrer Veröffentlichung den jeweiligen Rednern zur Redaktion vorgelegt, womit diese die Möglichkeit besaßen, ihren Redebeitrag nachträglich umzugestalten. Letztlich galten diese redigierten Versionen als die amtliche und damit »wahre« Wiedergabe der Parlamentsverhandlungen. Die korrigierten Fassungen unterschieden sich von den ursprünglichen jedoch nur unwesentlich, da die parlamentarischen Redner auf anwesende Zuhörer Rücksicht nehmen mussten und im Falle einer zu starken Abänderung des Redeinhaltes ihre Glaubwürdigkeit gefährdet war.[140]

Zum anderen muss bei der Benutzung Stenographischer Berichte beachtet werden, dass den Plenarverhandlungen nur noch in seltenen Fällen die Funktion zukam, eine parlamentarische Entscheidung zu beeinflussen. Letztlich waren die Beschlüsse, insbesondere in den Massendemokratien des ausgehenden 19. und 20. Jahrhunderts, bereits in Fraktions- und Ausschusssitzungen vorformuliert und vorbestimmt worden.[141] Dennoch kam den Parlamentsreden die wichtige Funktion zu, politische Positionen und Entscheidungen vor den anwesenden Parlamentariern wie vor der verfassungsmäßig garantierten Öffentlichkeit zu legitimieren und bei den Wählern um Unterstützung für die eigene

138 So Kolb, Weimarer Republik, S. 179. Die Beratung fand zwischen dem 8. und 10. Februar 1919 statt.

139 Die Regierungserklärung erfolgte noch am gleichen Tag der Ermordung Rathenaus am 24. Juni 1922 und wurde am darauf folgenden Tag im Reichstag besprochen. Die erste Lesung des Gesetzentwurfs fand am 5. Juli 1922 statt und wurde nach der zweiten und dritten Lesung zwischen dem 10. und 13. Juli 1922 verabschiedet. Zum Republikschutzgesetz noch immer grundlegend Jasper, Schutz. Vgl. auch Gusy, Weimar, S. 128–171; Huber, Verfassungsgeschichte, Bd. 7, S. 250–257.

140 Mergel, Parlamentarische Kultur, S. 36. Dazu §§ 108ff. der Geschäftsordnung für den Reichstag vom 1. Januar 1923, abgedruckt in: Zschucke, Geschäftsordnungen, S. 18–48, hier S. 45f., in denen dieser Parlamentsbrauch schriftlich fixiert wurde. Siehe auch die Bestimmungen über die Drucklegung der stenographischen Berichte vom 2. Dezember 1911, abgedruckt in: Reichstags-Handbuch 1912, S. 195. Zum Korrekturrecht des Redners Olschewski, Verschriftung, S. 337–340. Zur Stenographie im Reichstag allgemein Cullen, Geschichte, S. 325–332; ders., Parlament, S. 192–195.

141 Olschewski, Verschriftung, S. 349. Zu dieser Entwicklung noch immer grundlegend Dechamps, Macht.

Haltung zu werben. Der Wert dieser Quelle liegt also nicht so sehr in den Erkenntnismöglichkeiten über die Genese parlamentarischer Entscheidungen, sondern vielmehr in denen der Vermittlung parlamentarischer Entscheidungen nach innen und außen.[142] Diese Außendarstellung parlamentarischer Verhandlungen lässt sich nicht wie bei Murray Edelman[143] als nebensächliches »Beiwerk« verstehen, sondern bildet ein konstitutives Element parlamentarischen Handelns, worin letztlich auch der besondere Wert der Quellengattung der Stenographischen Berichte begründet liegt. In diesem Sinne lässt sich auch von einer »trialogischen Kommunikation« (Walther Dieckmann) oder von einer »Doppeladressierung parlamentarischer Plenarkommunikation« (Armin Burkhardt) sprechen.[144] Um diese Ebene parlamentarischer Kommunikation angemessen zu berücksichtigen, ist die Quellenauswahl in zwei Richtungen erweitert worden:

Erstens wurden die Sitzungsberichte verschiedener Ausschüsse hinzugezogen, da hier die parlamentarischen Beschlüsse vorbereitet und vorab entschieden wurden und aufgrund des Ausschlusses der Öffentlichkeit eine andere, gemäßigtere Kommunikationsatmosphäre zwischen den Parlamentariern herrschte. Diese war letztlich auch für die Annäherung der Parteien während des Krieges wie für die konstruktive Arbeit des Verfassungsausschusses 1919 verantwortlich.[145] Im Mittelpunkt der Analyse der Verfassungsdiskussion des ausgehenden Kaiserreichs stand der Verfassungsausschuss 1917/18, der mit seiner Einsetzung am 30. März 1917 den zentralen Ort zur Beratung verfassungsrechtlicher Reformvorschläge bildete und im Gegensatz zum Hauptausschuss und zum Interfraktionellen Ausschuss in der Forschung noch wenig beachtet worden ist.[146]

Für die Verfassunggebung der Weimarer Nationalversammlung stand der Verfassungssausschuss im Mittelpunkt der Untersuchung, da dieser in seinen Sitzungen zwischen dem 4. März und dem 18. Juni 1919 von zentraler Bedeutung für die Ausarbeitung des Verfassungsentwurfs war.[147] Im Zusammenhang

---

142 Fischer, Parlamentsdebatten, S. 638. Vgl. dazu auch Zeh, Theorie, S. 923ff.; Steffani, »Redeparlament«.

143 Edelman, Politik.

144 Burkhardt, Schaufensterparlamentarismus, S. 78; Dieckmann, Probleme, S. 218ff. Für das frühe Kaiserreich belegt dieses in eingehender Weise Goldberg, Bismarck, hier S. 522ff.

145 Dazu Ritter, Entwicklungsprobleme, S. 183; Potthof, Verfassungswerk, S. 461.

146 Die Niederschrift der Sitzungen des Verfassungsausschusses findet sich unter BAB R101/2284, BAB R1501/16707. Dazu Rauh, Parlamentarisierung, S. 365–384; Hackl, Versuch, S. 60–84. Zum Hauptausschuss Schiffers, Hauptausschuß; ders., Formen. Zum Interfraktionellen Ausschuss Matthias/Morsey, Ausschuß; Bermbach, Vorformen.

147 Berichte. Dieser Protokollband bildet die separat veröffentlichte Form des Anlagebandes 336 der Stenographischen Berichte der Nationalversammlung.

mit dem Republikschutzgesetz 1922 wurden die Protokolle des Rechtsausschusses ausgewertet, dem am 5. Juli der Gesetzentwurf vom Plenum zur weiteren Beratung überwiesen wurde.[148]

Aufgrund der Überlieferung – es gab keine wörtliche Überlieferung der Redebeiträge, sondern nur eine inhaltliche Zusammenfassung in indirekter Rede – wurden die Protokolle des Rechtsausschusses 1922 wie des Verfassungsausschusses 1917/18 zwar auf die zentralen Demokratieaspekte hin befragt, ohne jedoch die Methodik der Satzanalyse in Gänze anzuwenden. Im Falle des Verfassungsausschusses 1919 war dies möglich, auch wenn auf ein genaues Stenogramm verzichtet wurde.[149] Die Sitzungen sind jedoch sehr ausführlich protokolliert, in direkter Rede wiedergegeben und in unwesentlich redigierter Form veröffentlicht worden.[150]

Zweitens musste der Öffentlichkeitsbezug des Parlaments berücksichtigt werden, da die parlamentarischen Verhandlungen unter ständiger Beobachtung und damit in Wechselwirkung mit der Öffentlichkeit standen. Dieses geschah in dieser Zeit ausschließlich über die Druckerzeugnisse, da Rundfunkübertragungen in der Weimarer Republik technisch zwar möglich wurden, aber aufgrund einer vermeintlichen politischen Beeinflussung untersagt waren.[151] Auch wenn die Prozesse einer gegenseitigen Beeinflussung von Parlament und Presse im Detail nur schwer nachzuzeichnen sind, ging die mediale Beobachtung dennoch in die Analyse ein. So wurde die Berichterstattung in verschiedenen Tageszeitungen über die oben angeführten Verfassungsdebatten daraufhin befragt, wie das parlamentarische Handeln dargestellt und bewertet wurde und welche Deutungsmuster damit der nachlesenden Öffentlichkeit zur Verfügung gestellt wurden.

Die Auswahl der dafür herangezogenen Zeitungen erfolgte nach zwei Gesichtspunkten. Zum einen wurde Wert darauf gelegt, dass die Zeitung über den gesamten Zeitraum zwischen 1916 und 1922 erschienen ist, um Aussagen über mögliche Veränderungen in der Berichterstattung infolge der Revolution zu ermöglichen. Zum anderen musste die Repräsentativität der ausgewählten

148 Die Protokolle finden sich unter BAB R101/2938.

149 Berichte und Protokolle, S. 22.

150 Das ist das zentrale Ergebnis von Bendix, Arbeit.

151 Dazu Fischer, Parlamentsdebatten. Dazu Pohle, Rundfunk, S. 85ff. Zum Rundfunk in der Weimarer Republik allgemein ebd., S. 15–153; Lerg, Rundfunkpolitik; Lenk, Erscheinung. Siehe auch Führer, »Massenkultur«, S. 766–780; Heitger, Zeitzeichen, S. 21–57; Dussel, Rundfunkgeschichte, S. 20–28.

Zeitungen für die in dieser Zeit vorhandenen fünf parteipolitischen Richtungen berücksichtigt werden.[152]

Im Falle der Sozialdemokratie stand der *Vorwärts* als das offizielle Parteiorgan der Mehrheitssozialdemokratie im Mittelpunkt, dessen Auflage im November 1918 bei 300.000 Exemplaren lag, bis 1929 jedoch auf 89.000 sank. Nachdem das Blatt Ende 1916 unter die Kontrolle des Parteivorstandes gebracht wurde, unterstützte es ausnahmslos die Politik der (M)SPD.[153]

Für das katholische Milieu wurde die *Kölnische Volkszeitung* (KV) herangezogen, deren Auflage im Untersuchungszeitraum relativ konstant bei etwa 30.000 Exemplaren lag. In der Weimarer Republik lenkte sie vollständig auf die Linie der Zentrumspartei ein, ohne jedoch unter die Kontrolle der Partei zu geraten. Ihre »Stellung als bedeutendste überregionale katholische Tageszeitung« konnte sie halten und zeichnete sich als eine staatstragende Zeitung der Mitte aus.[154]

Im Falle des parteipolitischen Linksliberalismus wurde die *Frankfurter Zeitung* (FZ) ausgewertet, die ihre größte Verbreitung im Jahre 1917 mit einer Auflagenhöhe von 170.000 erfuhr, welche jedoch auf 84.000 im Jahre 1919 sank. Im Kaiserreich setzte sich die FZ für die Verbindung zur Arbeiterbewegung ein und forderte bereits während des Krieges einen Abbau der innenpolitischen Spannung. In der revolutionären Umbruchphase 1918/19 trat sie für den Kompromiss zwischen Arbeiterschaft und Liberalismus in der Form einer »sozialen Demokratie« ein und verteidigte auch im weiteren Verlauf die Errungenschaften der Weimarer Republik.[155]

Für die politische Richtung des rechten Liberalismus steht die *Kölnische Zeitung* (KöZ), deren Auflage mit dem Kriegsausbruch auf 100.000 in die Höhe schnellte, danach aber wieder zurückging. Im Kaiserreich unterstütze die KöZ weitgehend die politischen Ziele der Nationalliberalen Partei und sah in der Weimarer Republik im rechten Liberalismus, wie er von der DVP vertreten wurde, ihren parteipolitischen Partner. Dementsprechend fand sie sich auch bereit, das politische System der Weimarer Republik zu akzeptieren.[156]

Als Repräsentant der konservativen Richtung wurde die *Neue Preußische Zeitung (Kreuzzeitung)* ausgewertet, die im Kontext der Märzrevolten 1848 als

---

152 Einen umfassenden Überblick über die Presselandschaft dieser Zeit bietet noch immer Koszyk, Geschichte, Bd. 3. Siehe auch Dussel, Tagespresse, S. 83–158. Zur Zeitungslandschaft in Deutschland im 19. Jahrhundert ausführlich Requate, Journalismus, S. 293–323.

153 Vgl. Asmuss, Republik, S. 60ff. Siehe auch Schulze, Vorwärts.

154 Kramer, Kölnische Volkszeitung, Zitat S. 265.

155 Asmuss, Republik, S. 54–60; Pupié, Frankfurter Zeitung. Zur politischen Haltung ausführlich Becker, Demokratie, S. 53–76.

156 Weinhold, Geschichte, S. 238–250; Potschka, Kölnische Zeitung.

Organ der Revolutionsgegner gegründet worden war. Während des Kaiserreichs trat sie für eine konservativ-klerikale Politik ein, unterstützte in der Weimarer Republik die rechtskonservative DNVP und kämpfte mit einer Auflage von 60.000 Exemplaren gegen die Folgen der Revolution und insbesondere gegen die demokratische Republik.[157]

Für die Zeit der Weimarer Republik wurden zudem die »Sprachrohre« der extremistischen politischen Richtungen einbezogen. Im Falle der KPD stand dafür *Die Rote Fahne* zur Verfügung, die im November 1918 mit einer Auflage von 15.000 Exemplaren zum ersten Mal erschien, 1919 jedoch mehrmals verboten wurde und nur unregelmäßig erscheinen konnte. Erst 1920 konsolidierte sich die Zeitung mit einer Auflagenhöhe von 30.000. Als Zentralorgan der KPD gewann sie verstärkt an Bedeutung und erreichte 1925 eine Auflage zwischen 65.000 und 70.000.[158]

Für die völkisch-antisemitische Richtung wurde der *Völkische Beobachter* (VB) untersucht, dessen Auflagenhöhe von 11.000 im Jahre 1920 auf 25.000 kurz vor dem Novemberputsch 1923 anstieg. Die Hauptzielsetzung dieses Blattes, das 1920 von der NSDAP übernommen und zum Parteiorgan ausgebaut wurde, lag in der Bekämpfung des Judentums und der Demokratie der Weimarer Republik.[159]

Um über diese Aspekte hinaus die parlamentarischen Verfassungsdebatten auch in ihrem jeweiligen institutionellen Umfeld zu verorten und die verfassungspolitischen Entscheidungen im Vorfeld der Nationalversammlung zu rekonstruieren, wurde auf veröffentlichte Quellenbestände etwa zur Regierung der Volksbeauftragten[160] wie auf die im Bundesarchiv Berlin-Lichterfelde aufbewahrten Aktenbestände des Reichsministeriums des Innern sowie des Reichstags und der Reichskanzlei zurückgegriffen. Um die verfassungspolitischen Äußerungen der Parlamentarier in ihren jeweiligen parteipolitischen Hintergrund einzuordnen, stellten die Parteiprogramme eine unentbehrliche Quellengrundlage dar.[161] Zur Analyse der formellen Regeln parlamentarischer Kommunikation dienten in erster Linie die Geschäftsordnungen der Parlamente.[162]

157 Rohleder/Treude, Neue Preußische (Kreuz-) Zeitung; Koszyk, Geschichte, S. 240.

158 Asmuss, Republik, S. 63–66; Koszyk, Rote Fahne.

159 Asmuss, Republik, S. 39–43; Plewnia, Völkischer Beobachter.

160 Matthias/Miller, Regierung; Akten der Reichskanzlei: Kabinett Scheidemann; Akten der Reichskanzlei: Kabinett Bauer; Akten der Reichskanzlei: Kabinett Fehrenbach; Akten der Reichskanzlei: Kabinett Wirth I und II.

161 Mommsen, Parteiprogramme; Treue, Parteiprogramme; Salomon, Parteiprogramme.

162 Reichstags-Handbuch 1912, S. 147–171; Handbuch 1919, S. 72–96; Reichstags-Handbuch 1920, S. 122–143. Siehe auch Zschucke, Geschäftsordnungen; Hatschek, Parlamentsrecht.

5. Gang der Untersuchung

Die Frage nach den leitenden Demokratievorstellungen der Weimarer Nationalversammlung und deren Kontinuität und Wandel erfordert sowohl den Rückgriff auf das ausgehende Kaiserreich als auch einen Ausblick über die Verfassunggebung von 1919 hinaus. Die Unterteilung der Untersuchung folgt diesem chronologischen Dreischritt. Während zu Beginn die Verfassungsdiskussion zwischen 1916 und 1918 analysiert wird, stehen in dem sich anschließenden Kapitel die Verfassungsberatungen der Weimarer Nationalversammlung 1919 im Mittelpunkt, wobei neben den Verhandlungen auf Plenarebene auch den Sitzungen des Verfassungsausschusses ein umfangreicher Platz eingeräumt wird. Als Ausblick dient die Untersuchung der Auseinandersetzung um das die Verfassung einschränkende Gesetz zum Schutze der Republik im Juni/Juli 1922, um so Aussagen über die mittelfristigen Wirkungen der leitenden Demokratievorstellungen 1919 treffen und damit die Weimarer Nationalversammlung in die Geschichte der ersten Phase der Weimarer Republik einordnen zu können.

Die Darstellung erfolgt in den jeweiligen Kapiteln im Anschluss an Thomas Mergel anhand eines Kreislaufmotivs, indem der Leser im imaginären Sinne als Besucher der parlamentarischen Verhandlungen betrachtet wird.[163] Zunächst steht der Leser vor dem jeweiligen Parlament und fragt sich, in welchem Gebäude das Parlament tagt, wie dieses in dem jeweiligen politischen, kulturellen und geographischen Kontext einzuordnen ist und welche Kompetenz das Parlament besitzt. Anschließend tritt er in das Gebäude ein. Er achtet auf die Innenausstattung und schaut in die Geschäftsordnung, um eine Vorstellung vom Ablauf der Verhandlungen zu bekommen. Dann blickt er in das Plenum, um sich ein Bild von dessen Zusammensetzung zu machen. Dabei interessiert er sich insbesondere für die Mehrheitsverhältnisse der Regierungs- und Oppositionsparteien. Im ersten Schritt wird in die Verhandlungen des Reichstags bzw. der Nationalversammlung im doppelten Sinne »eingeführt«, indem der parlamentarische Kommunikationsraum in seiner materiellen Dimension analysiert wird.

Danach beginnt der Besucher, den Verhandlungen zuzuhören, wobei er insbesondere auf die Verwendung zentraler Begrifflichkeiten einer demokratischen Staatsordnung achtet. Dabei stellt er fest, dass bestimmte Aussagen auf Widerstand stoßen, andere jedoch Zustimmung erhalten. Er erkennt, welche Aspekte umkämpft sind und abgelehnt werden und welche Konzepte sich als mehrheitsfähig erweisen und Eingang in die Verfassunggebung finden. Dafür

163 Zum Folgenden Mergel, Parlamentarische Kultur, S. 37ff.

nimmt er anschließend auch an den Ausschusssitzungen teil, wo nicht die »großen Worte« verwendet, sondern in gemeinsamer Kleinarbeit die Einzelaspekte beraten und formuliert werden. Beim Verfassungsausschuss der Nationalversammlung verweilt er aufgrund seiner umfangreichen Tätigkeit länger. In diesem zweiten Schritt stehen also die Inhalte der jeweiligen Debatten im Mittelpunkt der Untersuchung.

Schließlich verlässt der Besucher das Gebäude und blickt in ausgewählte Zeitungen, um seine Eindrücke mit der Berichterstattung zu vergleichen. Dabei findet er erwartungsgemäß kein einheitliches Bild vor, denn je nach politischer Richtung werden die parlamentarischen Entscheidungen unterstützt oder abgelehnt. In diesem dritten Schritt wird die öffentliche Wahrnehmung der parlamentarischen Verhandlungen und Entscheidungen thematisiert.

Am Ende eines Kapitels werden die Ergebnisse zusammengefasst. Zum einen sollen damit die Spezifika der Demokratievorstellungen in den jeweiligen Verfassungsdiskussionen pointiert herausgestellt werden. Zum anderen dienen diese Zusammenfassungen dazu, die jeweils vorherrschenden Demokratievorstellungen im Schlusskapitel zu vergleichen, um den charakteristischen Gehalt sowie Kontinuität und Wandel in der verfassungsrechtlichen Begründung der parlamentarischen Demokratie der Weimarer Republik aufzuzeigen.

II. Die Verfassungsreformdebatten des ausgehenden Kaiserreichs 1916–1918

1. Der Raum der Debatten

Die diskursanalytische Herangehensweise im Anschluss an Foucault geht von der Beobachtung aus, dass das Treffen sprachlicher Aussagen einem Sprecher nicht gänzlich frei steht, sondern durch den spezifischen Kontext reglementiert wird. Dieser erschöpft sich jedoch nicht in den angrenzenden Sprachfeldern. Im Sinne der Unterscheidung zwischen diskursiven und nichtdiskursiven Elementen spielen vielmehr auch und besonders die nichtdiskursiven situativen, praktischen und räumlichen Umfelder eine bedeutende Rolle. Dem Raum im materiellen wie im sozialen Sinne kommt hierbei eine zentrale Bedeutung für soziales Handeln im Allgemeinen und für sprachliche Kommunikation im Besonderen zu, indem er diese durch seine Existenz erst ermöglicht und in seiner Besonderheit gleichzeitig wiederum begrenzt. Somit besitzt er vorentscheidende Wirkungen für die in ihm stattfindenden Handlungen.[1]

Dementsprechend soll im Folgenden der Reichstag in seiner institutionellen Bedeutung, seiner materiellen Ausgestaltung, seiner praktischen Indienstnahme, seinen intern geltenden Regeln sowie in seiner parteipolitischen Zusammensetzung analysiert werden, da diese Aspekte die Art und Weise der parlamentarischen Kommunikation vorprägten. Jedoch wird eine vollständige Erfassung dieser Aspekte nicht angestrebt. Im Mittelpunkt des Interesses stehen vielmehr die verfassungsrechtlichen, architektonischen, kulturellen, geschäftsordnungsmäßigen sowie parteipolitischen Vorprägungen in ihrer Bedeutung für die parlamentarische Kommunikationssituation. Dass diese Bereiche keine separaten und randständigen Aspekte für die Verhandlungen und Entscheidungen der Parlamentarier darstellten, sondern hierfür konstitutiv waren, wird an dem Begriff »Reichstag« besonders deutlich, mit dem die verfassungsrechtliche Institution, das Gebäude sowie die Gesamtheit der Abgeordneten gleichzeitig benannt wurden. Diese Aspekte bildeten also keine voneinander unabhängigen Einheiten, sondern hingen eng zusammen, womit

1 Dazu Mergel, Parlamentarische Kultur, S. 83.

ihnen weitreichende Auswirkungen auf die parlamentarische Kommunikation zukamen.

1.1. Der äußere Rahmen

Die verfassungsrechtliche Position des Reichstags

Die Reichsverfassung vom 16. April 1871, die im Wesentlichen auf der vier Jahre zuvor angenommenen Verfassung des Norddeutschen Bundes fußte und für den Beitritt der süddeutschen Staaten lediglich modifiziert worden war, konzipierte mit dem Kaiser, dem Reichskanzler, dem Bundesrat und dem Reichstag die vier Staatsorgane des Deutschen Kaiserreichs.[2] Der Reichstag wurde dabei mit drei wesentlichen Kompetenzen ausgestattet: Erstens war er nach Art. 5 RV neben dem Bundesrat an der Reichsgesetzgebung beteiligt, wobei er Gesetze sowohl beriet als auch beschloss. Damit verbunden war die zweite, klassische Parlamentskompetenz nach Art. 69–72 RV, den Reichhaushalt per Reichsgesetz festzustellen, wobei der Militäretat jedoch weitgehend entzogen worden war. Die dritte Kompetenz lag in den durch Art. 17 RV festgelegten Kontrollbefugnissen des Reichstags gegenüber der Regierungspolitik. Der Reichskanzler war demnach gezwungen, Anordnungen und Verfügungen des Kaisers gegenzuzeichnen und damit die Verantwortung zu übernehmen. Die Verantwortlichkeit des leitenden Ministers, welche die Vertreter der Nationalliberalen Partei im konstituierenden Reichstag des Norddeutschen Bundes 1867 durchgesetzt hatten, besaß jedoch weder einen judiziellen Charakter im Sinne einer Ministeranklage noch einen parlamentarischen im Sinne eines Misstrauensvotums und eines anschließenden Rücktritts des Reichskanzlers. Der Reichstag konnte dessen Politik nur zum Gegenstand einer öffentlichen parlamentarischen Aussprache machen, indem er von dem in seiner Geschäftsordnung festgelegten Interpellationsrecht Gebrauch machte, was jedoch für den amtierenden Reichskanzler ohne verfassungsrechtliche Konsequenzen blieb.[3] Für die Stellung des Reichstags waren also nicht allein und nicht einmal in erster Linie die ihm gewährten Kompetenzen von entscheidender Bedeu-

2 Zu den Verfassungen BGBl. 1871, S. 63–85 und BGBl. 1867, S. 1–23. Die Entstehungsgeschichte der Verfassung des Norddeutschen Bundes wird ausführlich referiert von Pollmann, Parlamentarismus. Zum Beitritt der süddeutschen Staaten Bosl, Verhandlungen.

3 Vgl. Nipperdey, Deutsche Geschichte, Bd. 2, S. 102ff. Zu der Kanzlerverantwortlichkeit genauer Huber, Verfassungsgeschichte, Bd. 3, S. 898ff.; Boldt, Verfassungsgeschichte, Bd. 2, S. 177f. Zur Auseinandersetzung um die verfassungsrechtliche Festlegung der Ministerverantwortlichkeit siehe Pollmann, Parlamentarismus, S. 231–241.

tung, sondern vielmehr die Beschränkungen durch die übrigen drei Organe der monarchischen Exekutive:

Der Reichskanzler war nach Art. 15 RV als Vorsitzender des Bundesrats mit der Leitung der Reichsgeschäfte betraut und vom Kaiser zu ernennen und zu entlassen, sodass er allein auf das Vertrauen des Kaisers angewiesen war. Vom Reichstag war er nur insoweit abhängig, dass der Kanzler zum Erlass von Gesetzen eine parlamentarische Mehrheit benötigte. Um diese Abhängigkeit nicht zu weit ausufern zu lassen, griffen die Reichskanzler in der Regel auf das Mittel der wechselnden parlamentarischen Mehrheiten zurück, welche sie in inoffiziellen Einzelabsprachen mit den jeweiligen Fraktionsführern – häufig bei parlamentarischen Soireen im Reichskanzlerpalais – zusammenführten.[4] Nicht zuletzt diese Regierungspraxis verhinderte die Herausbildung einer handlungsfähigen Parlamentsmehrheit. Um im Rahmen der Reichsverfassung einen gestaltenden Einfluss auf die Reichspolitik des Kanzlers zu gewinnen, wäre dies jedoch notwendig gewesen, da es an weitergehenden verfassungsrechtlichen Möglichkeiten einer effektiven Regierungskontrolle mangelte.[5] Dementsprechend besaß die Politik des Reichstags gegenüber der Politik der Reichsleitung lediglich reagierenden Charakter. Der Reichstag stand in einer stärkeren Abhängigkeit vom Reichskanzler, als es umgekehrt der Fall war.

Die Stellung des Reichstags gegenüber dem Kaiser war durch Art. 12 RV und Art. 24 RV bestimmt, nach denen dem Kaiser das Recht zukam, den Reichstag einzuberufen und zu eröffnen, zu vertagen und zu schließen sowie in Übereinstimmung mit dem Bundesrat aufzulösen. Insbesondere Letzteres bildete die entscheidende Waffe des Monarchen und damit des Reichskanzlers, gegen unliebsame Mehrheiten im Reichstag vorzugehen, indem es die Ansetzung von Neuwahlen ermöglichte. Dieses plebiszitäre Element der Regierungspolitik verlor zwar nach der Kanzlerschaft Bismarcks an Bedeutung, da sich die Entwicklungen in den Wahlergebnissen stabilisiert hatten und sich somit kaum Möglichkeiten für größere parteipolitische Umgruppierungen boten.[6] Daneben wurde der militärische Oberbefehl des Kaisers (Art. 53, 57–68 RV) dem Einfluss des Reichstags entzogen, indem dieser Bereich ausschließlich dem Kaiser zuerkannt und sogar von der Gegenzeichnungspflicht des Reichs-

4 Dazu Ritter, Reichstag, S. 915ff. Als Ausnahmen von dieser Regierungspraxis der wechselnden Mehrheiten können die Phasen des »Kartells« 1887–1890 und des Bülowblocks 1907–1909 gelten.

5 So Ullrich, Großmacht, S. 37. Dagegen Ernst-Rudolf Huber, der die parlamentarischen Kontrollrechte als eine »reale Machtbefugnis des Parlaments« interpretierte: Huber, Kaiserreich, S. 63–68, Zitat S. 66. Dieser Artikel entspricht weitgehend seiner bereits 1970 veröffentlichten Abhandlung Huber, Reichsverfassung.

6 Berghahn, Kaiserreich, S. 291ff.; Nipperdey, Deutsche Geschichte, Bd. 2, S. 106f. Die Bedeutung dieser Möglichkeit betont Wehler, Gesellschaftsgeschichte, Bd. 3, S. 1045.

kanzlers ausgenommen wurde. Im Kriegsfall führte dies dazu, dass weder die zivile Reichsleitung noch der Reichstag verfassungsmäßige Möglichkeiten besaßen, in die durch den Kriegszustand begründete Herrschaft der militärischen Leitung einzugreifen.[7]

Als weiteres Organ sah die Reichsverfassung den Bundesrat als die Vertretung der verbündeten Staaten und Städte, dem nach Art. 5 RV die verfassungsrechtliche Kompetenz der gleichberechtigten Mitwirkung an der Gesetzgebung zuerkannt wurde. Dass der Bundesrat darüber hinaus auch in enger Bindung zur Exekutive stand, zeigte sich nicht nur in der Kompetenz, Verwaltungsvorschriften zu erlassen, sondern auch in der Stellung der Mitglieder der Reichsleitung, die im Reichstag lediglich als Bevollmächtigte des Bundesrats sprechen konnten. Nicht zuletzt aufgrund der organisatorischen Notwendigkeit der Kooperation mit den preußischen Ministerien wurden sie dafür zu Mitgliedern der preußischen Regierung ernannt, womit de facto die preußische Regierung und der preußische Ministerpräsident als Reichskanzler die Reichspolitik durch den Bundesrat leiteten. Damit war aber die Reichsleitung als Teil des Bundesrats dem Zugriff durch den Reichstag entzogen.[8] Zusätzlich wurde die Trennung von Exekutive und Legislative durch Art. 9 Satz 2 RV verfassungsrechtlich untermauert, der die Inkompatibilität von Reichstagsmandat und Mitgliedschaft des Bundesrats festlegte.[9] Die zentrale Bedeutung des Bundesrats lag neben der Verschleierung der preußischen Hegemonie darin, dem Reichstag jegliche verfassungsmäßige Zugriffsmöglichkeit auf die Reichsleitung zu entziehen. Auch der Weg einer Verfassungsänderung wurde mittels des Bundesrats erschwert, da dieser nach Art. 78 RV mit lediglich 14 von 58 Stimmen Änderungsvorschläge zurückweisen konnte.[10] Der Reichstag blieb also in seiner Tätigkeit auf die Kooperation mit dem Bundesrat angewiesen.

Charakteristisch für die Einordnung des Reichstags in das Verfassungsgefüge des Deutschen Kaiserreichs war die Ambivalenz, da die Verfassung sowohl Bestimmungen der Stärkung wie die weitreichenden Kompetenzen in der Gesetzgebung als auch der Schwächung durch die strikte Trennung von der exekutiven Gewalt beinhaltete. Dieses spiegelte sich ebenso in der verfassungsrechtlichen Stellung der Abgeordneten wider. So besaßen sie die Rechte des freien Mandats und der Redefreiheit (Art. 29f. RV). Zudem wurden sie nach Art. 20 RV durch ein allgemeines, gleiches, freies und geheimes Wahlrecht für

7 Vgl. Boldt, Kaiserreich, S. 97–100.

8 Dazu Brandt, Weg, S. 139ff.; Rauh, Föderalismus, S. 115ff.; Nipperdey, Deutsche Geschichte, Bd. 2, S. 95ff.; Loth, Kaiserreich, S. 36f.; Botzenhart, Verfassungsgeschichte, S. 103.

9 So Boldt, Monarchie, S. 163.

10 Berghahn, Kaiserreich, S. 305. Zu Konstruktion und Funktion des Bundesrats siehe auch die treffende Darstellung von Rauh, Föderalismus, S. 47–61, 91–117.

alle Männer mit der Vollendung des 25. Lebensjahres gewählt, das nach dem Vorbild des Frankfurter Reichswahlgesetzes von 1849 zu der damaligen Zeit als sehr fortschrittlich gelten konnte, da es unteren Bevölkerungsschichten das gleiche Wahlrecht zuerkannte.[11] Dieser machtvollen Stellung der Abgeordneten stand zum einen die Bestimmung gegenüber, dass ein Mitglied des Reichstags sein Abgeordnetenmandat niederlegen und sich einer Neuwahl stellen musste, sobald er in den besoldeten Staatsdienst eintrat. Auf diese Weise wurde der Eintritt von Reichstagsmitgliedern in die Regierung faktisch verhindert (Art. 9, 21 RV). Zum anderen wurde die Zahlung von Entschädigungen an die Reichstagsmitglieder nach Art. 32 RV untersagt, um das Aufkommen von Berufsparlamentariern aus unteren Bevölkerungsschichten zu verhindern.[12] Somit waren die Abgeordneten in verfassungsrechtliche Bestimmungen eingebunden, welche einerseits ein machtvolles Parlament infolge des allgemeinen Wahlrechts ermöglichten, dieses andererseits aber wiederum durch das Verbot von Entschädigungszahlungen zu verhindern versuchten.

Diese ambivalente verfassungsrechtliche Konzeption des Reichstags war letztlich das Ergebnis des Verfassungskompromisses zwischen den traditionellen monarchisch-konservativen Eliten und der liberalen Bewegung.[13] Festzuhalten bleibt, dass die Reichsverfassung den verfassungsrechtlichen Rahmen für ein labiles Mit- und Gegeneinander von verschiedenen politischen Kräften

---

11 Bismarck verfolgte mit diesem Wahlrecht das doppelte Ziel, die parlamentarische Vorherrschaft der Nationalliberalen Partei zu brechen, indem er auf die konservative und antiliberale Grundeinstellung der unteren Bevölkerungsschichten setzte, sowie das neuartige Staatsgebilde des Norddeutschen Bundes bzw. des Deutschen Kaiserreichs nationaldemokratisch zu legitimieren und zu stabilisieren suchte. Dazu Biefang, Modernität, S. 253–257; Boldt, Bismarckreich, S. 131f.; Pollmann, Parlamentarische Kultur, S. 105f.

12 Bismarck hatte diese Bestimmung als Gegengewicht zum demokratischen Wahlrecht konzipiert. In der Praxis erwies sich dieses Vorhaben jedoch als wenig erfolgreich, da die Abgeordneten entweder ein zusätzliches Mandat in dem Tagegelder gewährenden preußischen Abgeordnetenhaus übernahmen oder mit der Zeit verstärkt als Partei- oder Verbandsfunktionäre tätig waren. Mit dem Entschädigungsgesetz vom 20. April 1906 wurde dieses Verbot nach langen Auseinandersetzungen zudem aufgehoben. Loth, Kaiserreich, S. 39f. Umfassend hierzu Butzer, Diäten. Zur Berufsgruppe der Funktionäre siehe Mergel, Funktionär.

13 Inwieweit dieser Kompromiss als ein Sieg der liberalen Verfassungsideen bzw. der verfassungspolitischen Vorstellungen Bismarcks gelten konnte und ob er einen angemessen fundierten oder lediglich dilatorischen Charakter besaß, soll in diesem Zusammenhang nicht weiter erörtert werden. Die Verfassung von 1867/71 als Sieg der nationalliberalen Verfassungsbewegung interpretierte Huber, Kaiserreich, bes. S. 42–47. Den starken Einfluss Bismarcks bei der Verfassunggebung betont dagegen Boldt, Bismarckreich, S. 127f. So auch Gall, Bismarck S. 389. Zum Kompromisscharakter zwischen ungleichen Partnern Mommsen, Ringen, S. 184–189. Grundlegend dazu ders., Verfassung. Diese Sichtweise mit unterschiedlichen Gewichtungen auch bei Wehler, Gesellschaftsgeschichte, Bd. 3, S. 355f.; Nipperdey, Deutsche Geschichte, Bd. 2, S. 107ff.

darstellte und in ihrer Offenheit damit den Raum für verschiedenartige Verfassungsentwicklungen bot. So war die Möglichkeit der Parlamentarisierung der Reichsleitung ebenso gegeben wie die der Etablierung einer autoritären Herrschaft, in welcher der Reichskanzler den Reichstag neutralisieren und in seiner Willensbildung ausschalten würde, wie auch eine gegenseitige Blockierung von Reichstag und Reichsspitze.[14]

Nimmt man dazu die Verfassungsentwicklung des Kaiserreichs in den Blick, so ist festzustellen, dass sich infolge der Herausbildung des Sozial- und Interventionsstaates seit den 1880er Jahren die staatliche Aktivität auf die Gebiete der Finanz-, Wirtschafts- und Sozialpolitik und damit in den Zuständigkeitsbereich des parlamentarischen Gesetzgebers, insbesondere des Reichstags ausdehnte. Fortan war die Reichsleitung auf die Zusammenarbeit mit dem Reichstag angewiesen, womit die Einflussmöglichkeiten des Parlaments auf die Reichsleitung und auf die Reichspolitik zunahmen.[15] Diese Entwicklung zog jedoch bis zu den Verfassungsreformen vom 28. Oktober 1918[16] keine verfassungsrechtliche Festlegung einer parlamentarischen Verantwortlichkeit des Reichskanzlers und damit des parlamentarischen Regierungssystems nach sich. Dieses lag vor allem darin begründet, dass es innerhalb des Reichstags und seines Fünfparteiensystems lediglich zu situativen und fragilen Blockbildungen, jedoch zu keinen festen und handlungsfähigen Mehrheitsbildungen kam und folglich keine kohärente Politik des Reichstags gegenüber der Regierung vertreten werden konnte. Die politischen Parteien standen parlamentarischen Mehrheitsbildungen weitgehend ablehnend gegenüber, da es ihnen an der dafür notwendigen Koalitionsfähigkeit aufgrund des verfassungsmäßigen Ausschlusses von der Regierung sowie ihrer engen Verbindung mit den jeweiligen »sozial-moralischen Milieus« mangelte, wobei sich beide Prozesse zudem noch gegenseitig verstärkten. Stattdessen richteten sie sich in diesem Verfassungsgefüge ein.[17]

Die Verhandlungen des Reichstags sind in dem verfassungsrechtlichen Rahmen zu verorten, der Auswirkungen auf die parlamentarische Kommuni-

---

14 Dazu Loth, Kaiserreich, S. 41ff.

15 Nipperdey, Deutsche Geschichte, Bd. 2, S. 491–494; Wehler, Gesellschaftsgeschichte, Bd. 3, S. 358f. Diese Entwicklung zeichnen die beiden Studien von Manfred Rauh detailliert nach: Rauh, Föderalismus; ders., Parlamentarisierung. Dazu auch Frauendienst, Reichstag. Zur Ausbildung des Sozial- und Interventionsstaates ausführlich die Studie von Ullmann, Kaiserreich, bes. S. 173–181.

16 RGBl. 1918, S. 1274f.

17 Lepsius, Parteiensystem. Siehe auch Schönberger, Parlamentarisierung; Blackbourn, Legislatures; Nipperdey, Grundprobleme. Zu der Uneinheitlichkeit der Politik des Reichstags Zwehl, Verhältnis, S. 105f.; Puhle, Parlament, S. 351ff., Ritter, Parteien, S. 87f.; Nipperdey, Deutsche Geschichte, Bd. 2, S. 105f. Zu den Blockbildungen ausführlich Schmidt, Blockbildungen, S. 3–32.

kation auf verschiedenen Ebenen besaß: Zum einen prägte die strikte verfassungsrechtliche Trennung von Exekutive und Legislative die kommunikative Situation im kaiserlichen Reichstag dahingehend, dass sich die Redner nicht nur an die unmittelbar anwesenden Parlamentarier und die mittelbar teilnehmende Öffentlichkeit, sondern auch an die vom Parlament unabhängige Reichsleitung und den Bundesrat richteten, sodass von einer »Dreifachadressierung« parlamentarischer Kommunikation im Kaiserreich gesprochen werden kann. Zum anderen besaß der Reichstag aufgrund der parlamentarischen Unabhängigkeit der Reichsleitung und der gleichberechtigten Stellung des Bundesrats bei der Gesetzgebung keine Möglichkeit, politische Forderungen einseitig durchzusetzen. Weder war er in der Lage, von der Reichsleitung die Umsetzung bestimmter Gesetzesvorhaben einzufordern, noch konnte er gegen den Bundesrat solche selbstständig erlassen. In seiner gesamten Tätigkeit blieb er auf den Reichskanzler und den Bundesrat angewiesen und stand damit unter der Kontrolle der monarchischen Reichsspitze. Diese verfassungsrechtliche Subordination des Reichstags zwang die Parlamentarier dazu, ihre Forderungen in einer Form vorzutragen, die sich am ehesten als ein druckvolles Werben um die Unterstützung der Reichsleitung charakterisieren lässt. Für eine erfolgreiche Umsetzung der jeweiligen parteipolitischen Vorstellungen waren die Abgeordneten genötigt, ihre Forderungen in einer kommunikativen Mittelposition zwischen Unterstützung und Opposition der Regierungspolitik zu vertreten. Neben dieser Fixierung existierte die Möglichkeit, mittels des Reichstags Einfluss zu gewinnen. Dafür waren die Parlamentarier aber gezwungen, innerhalb des Reichstags eine auch gegen die Reichsleitung gerichtete feste und handlungsfähige Mehrheit zusammenzuführen. Diese Möglichkeit stellte sich jedoch als sehr schwierig dar, weil ihr die in allen Parteien vorhandene stark eingeschränkte Kooperationsbereitschaft entgegenstand. Zudem traf sie auf den Widerstand von Seiten der Reichsleitung, welche die Ausbildung einer parlamentarischen Mehrheit zu verhindern suchte, um die eigene Unabhängigkeit zu bewahren. Dennoch stellte der Weg der parlamentarischen Mehrheitsbildung eine Option dar, insbesondere in den Fällen, in denen eine Verständigung mit der Regierung wenig bis keine Aussicht auf Erfolg bot.

Die Verständigung mit der Reichsleitung und die Herstellung einer Parlamentsmehrheit standen den Abgeordneten zur Verfügung, um ihre parteipolitischen Forderungen in Gesetze und damit in die praktische Politik zu überführen. Dabei schränkten sich die Möglichkeiten gegenseitig ein, verfassungsrechtlich verwiesen sie letztlich aber aufeinander, da eine Parlamentsmehrheit auf die Zustimmung des Bundesrats angewiesen war wie auch die Reichsleitung auf die Unterstützung durch eine parlamentarische Mehrheit. Vor diese Herausforderung sahen sich die Abgeordneten des Deutschen

Reichstags gestellt, als sie im ausgehenden Kaiserreich die unterschiedlichen verfassungsrechtlichen Reformkonzepte diskutierten. Der Druck, den sie als parlamentarische Vertreter dabei auf die Reichsleitung ausüben konnten, war jedoch in starkem Maße abhängig von der Autorität, die der Reichstag innerhalb der politischen Kultur des Kaiserreichs besaß, welche sich im Gebäude materiell manifestierte und in Praktiken symbolisch ausdrückte.

Das Reichstagsgebäude

Als sich am 6. Dezember 1894 die Abgeordneten des Deutschen Reichstags zur ersten Sitzung im neu erbauten Reichstagsgebäude am Königsplatz einfanden, ließen sie das dreiundzwanzigjährige Provisorium in der Leipziger Straße 4 hinter sich.[18] Der Vorschlag für einen Parlamentsneubau wurde bereits kurz nach der Reichsgründung 1871 im Reichstag geäußert und stieß sowohl innerhalb der Regierung als auch in den verschiedenen Parteien auf breite Zustimmung. Lediglich über die Ausgestaltung gab es unterschiedliche Meinungen. Während von liberaler Seite ein monumentaler Neubau gewünscht wurde, sprachen sich Vertreter der Regierung wie auch der beiden konservativen Parteien und der Zentrumspartei für einen zweckmäßigen Umbau aus.[19] Die Entscheidung wurde 1871 einer Reichstagsbaukommission übertragen, die einen Wettbewerb für einen Neubau ausschrieb sowie für den Übergang den Umbau des Gebäudes in der Leipziger Straße in Auftrag gab. Für den Wettbewerb von 1872 erwies sich jedoch der Erwerb des vorgesehenen Grundstückes des Diplomaten Raczynski an der Ostseite des Königsplatzes als unlösbares Problem. Erst nach dessen Enteignung 1882 wurde in demselben Jahr ein zweiter Wettbewerb ausgeschrieben, aus dem der Architekt Paul Wallot (1841–1912) aus Frankfurt am Main als Sieger hervorging. Nach einer Überarbeitung seines Entwurfs 1883 war er als leitender Architekt für die Bautätigkeiten zwischen 1884 und 1894 verantwortlich.[20]

Für den Königsplatz sprachen sowohl der unbebaute Platz, den das Reichstagsgebäude als freistehendes Bauwerk benötigte, als auch die Nähe zu

18 Über die Baugeschichte des Reichstagsgebäudes informiert grundlegend Cullen, Reichstag; ders., Parlament; Reiche, Reichstagsgebäude. Siehe auch Hoffmann, Architektur, S. 94–160. Zum provisorischen Charakter des Gebäudes in der Leipziger Straße Cullen, Reichstag, S. 65–72; Reiche, Reichstagsgebäude, S. 77–85; Goldberg, Bismarck, S. 45–53. Dazu auch Biefang, Integration, S. 7–12; ders., Bismarcks Reichstag, S. 58–81. Zum Ansatz der politischen Architekturforschung allgemein Beyme, Kunst; Warnke, Einführung.

19 Vgl. Haltern, Architektur, S. 75–79, 88ff. Dazu auch Goldberg, Bismarck, S. 43ff.

20 Dazu umfassend Cullen, Reichstag, S. 73–250. Einen chronologischen Überblick bietet Raack, Reichstagsgebäude, S. 10–42. Zum Werdegang von Wallot Reiche, Reichstagsgebäude, S. 171–187.

den in der Wilhelmstraße ansässigen Reichsämtern.[21] Mit dieser Entscheidung für die Ostseite des Königsplatzes musste das Reichstagsgebäude mit dem Haupteingang in Richtung Westen und damit rückwärtig zur Stadt entworfen werden, die sich ostwärts vom Königsplatz erstreckte. Darüber hinaus lag es abseits von der zentralen Machtachse »Unter den Linden«, die sich vom Brandenburger Tor aus bis zum Schloss erstreckte, das umgeben von kirchlichen, kulturellen und militärischen Bauten den Abschluss der Prachtstraße sowie das Herzstück der Stadt bildete und die politische Macht Preußen-Deutschlands symbolisierte. Die Bedeutung des Schlosses wirkte sich auch auf die Gestaltung des Reichstagsgebäudes aus, indem dessen Kuppel niedriger als die Schlosskuppel errichtet werden musste.[22] Charakteristisch für den Reichstag war die abgewandte und untergeordnete Lage gegenüber dem monarchisch-militärischen Machtzentrum des Kaiserreichs.

Wallot gewann den Wettbewerb jedoch mit seinem Entwurf eines nationalen Monuments, dessen Stilrichtung zwischen Neorenaissance und Barock einzuordnen ist.[23] Charakteristisch für den rechteckigen Bau waren zum einen die vier Türme, welche die Königreiche Preußen, Bayern, Sachsen und Württemberg symbolisieren sollten. Zum anderen war es die 75 Meter hohe Reichstagskuppel, auf deren Verwirklichung Wallot bestand und bei der er aus bautechnischen Gründen eine Glaskonstruktion anstelle einer Variante aus Sandstein wählte. Diese Kuppel war es jedoch, auf die sich in erster Linie die Kritik am Reichstagsgebäude richtete. Die verbreiteten Vorwürfe waren, dass sie zu sehr dem Kapitol in Washington nachempfunden sei und dass eine Kuppel kirchlichen und monarchischen Bauwerken vorbehalten werden müsse.[24]

Den Platz vor dem Gebäude überragte die 1901 aufgestellte 6,60 Meter hohe Bronzestatue von Bismarck, die in Verbindung mit der Siegessäule, dem Moltkedenkmal und weiteren 32 Standbildern der Hohenzollern den Reichstag auf dem Königsplatz mit monarchischen Zeichen umgab und diesen damit in den Zusammenhang der monarchisch-militärischen Reichsgründung einordnete.[25] Die Zeichen des Kaiserreichs befanden sich auch an der Hauptfassade, wo an den Seiten des Hauptportals die Wappen der Bundesstaaten und im

---

21 Cullen, Reichstag, S. 73. Zu den alternativen Grundstücken ebd., S. 99–122. Zur Bedeutung der Wilhelmstraße Wilderotter, Alltag.

22 Knopp, Kulisse, S. 50. Einen Überblick über die geographische Lage vermittelt Cullen, Reichstag, S. 104f. Zu den pädagogischen Implikationen politischer Bauten allgemein Beyme, Erziehung.

23 So Roeck, Reichstag, S. 146.

24 Auch Kaiser Wilhelm II. bezog sich auf die Kuppel, als er bei einem Staatsbesuch in Rom 1893 vom Reichstagsgebäude als dem »Gipfel der Geschmacklosigkeit« sprach. Dazu Cullen, Streit, S. 192–209, bes. S. 194ff. Siehe auch Hoffmann, Architektur, S. 121–124.

25 Mergel, Parlamentarische Kultur, S. 84; Reiche, Reichstagsgebäude, S. 11.

Giebel das Reichswappen angebracht worden waren.[26] Dagegen blieb die Steintafel unterhalb des Giebels lange Zeit unausgefüllt, obwohl hierfür bereits 1894 der Text »Dem deutschen Volke« vorgesehen war. Dieses ist nicht zuletzt auf die Haltung Wilhelms II. zurückzuführen, der die Textfassung »Der deutschen Einigkeit« vorzog. Erst unter den Belastungen des Krieges gab der Kaiser im Jahre 1915 seine Zustimmung zur erstgenannten Fassung, die im Dezember 1916 in Großbuchstaben – damit wurde das Problem umgangen, das Adjektiv »deutsch« groß- oder kleinzuschreiben – ohne großes Medieninteresse angebracht wurde. Bezeichnender als die unspektakuläre Art des Anbringens war jedoch, dass die Inschrift zwischen 1894 und 1916 fehlte. Somit blieb der Reichstag gewissermaßen ein »Emblem ohne Motto«, jedenfalls ohne ein eigenes Motto.[27] Die äußere Gestaltung des Reichstagsgebäudes wurde von den Symbolen der Monarchie dominiert, die sich in den Standbildern oder der Kaiserkrone auf der Reichstagskuppel unmittelbar präsentierten oder wie im Fall der Außentürme und der Wappen interpretatorisch zu erschließen waren. Die Möglichkeiten, anhand der Kuppel oder der Inschrift ein unabhängiges und eigenes parlamentarisches Selbstverständnis auszubilden, blieben dagegen ungenutzt, da diese letztlich auch unter den Parlamentariern umstritten waren.

Die dominante Präsentation monarchischer Embleme setzte sich auch in der künstlerischen Gestaltung des Reichstagsinnern fort. Durch den nur selten benutzten Haupteingang gelangte man in eine achteckige Eingangshalle, in deren Mitte am 5. Dezember 1894 der Schlussstein durch Wilhelm II. eingesetzt und darauf ein Marmorstandbild von Wilhelm I. in anderthalbfacher Lebensgröße errichtet worden war. Auf diesen Bezug zur Monarchie stießen die Reichstagsabgeordneten auch, wenn sie den gängigen Südeingang nutzten und in eine Halle gelangten, in der acht 2,4 Meter hohe Skulpturen der mittelalterlichen Kaiser von Karl dem Großen über Friedrich Barbarossa bis zu Maximilian I. aufgestellt worden waren.[28] Als Mittel zur Darstellung der Reichseinheit griff Wallot auf die bereits außen angebrachten Wappen der Bundesstaaten, Fürstenhäuser, Städte usw. zurück, mit denen er sowohl die Hallen und Flure als auch den im Zentrum des Hauptgeschosses gelegenen Plenarsitzungssaal ausschmücken ließ. Dieser Raum entsprach mit 22 Metern Breite, 29 Metern Länge und 13 Metern Höhe in seinen Abmessungen dem Sitzungssaal des alten Hauses an der Leipziger Straße und war aus akustischen Gründen mit Holz vertäfelt worden. Hier befanden sich die 397 Abgeordnetenpulte, die im Halb-

26 Reichstags-Handbuch 1920, S. 384. Dazu Hoffmann, Architektur, S. 145ff.

27 Vgl. Roeck, Reichstag, S. 148ff., Zitat S. 149. Zur Geschichte der Inschrift ausführlich Cullen, Reichstag, S. 313–324.

28 Reichstags-Handbuch 1920, S. 387–390. Siehe auch Reiche, Reichstagsgebäude, S. 277ff., 287–291. Ein Grundriss des Reichstagsgebäudes findet sich ebd., S. 250.

rund ähnlich eines Amphitheaters um die Rednertribüne und den Präsidentensitz angeordnet waren. Auf den gegenüberliegenden Estraden saßen in erhöhter Position die Mitglieder des Bundesrats als Vertreter der verbündeten Regierungen, während sich im Zwischengeschoss die Tribünen für die Zuschauer, die diplomatischen Vertreter und die Presse sowie die Hofloge befanden. Im Obergeschoss wurden erst 1913 insgesamt 119 Arbeitsräume für die Abgeordneten eingerichtet, die jeweils von 3 bis 4 Personen geteilt wurden. Bis zu diesem Zeitpunkt besaßen die Abgeordneten mit Ausnahme der Reichstagsbibliothek und des Lesesaals im Gebäude keine Arbeitsmöglichkeiten.[29] In der Anordnung der Abgeordneten im Verhältnis zu den Vertretern des Bundesrats sowie in der unzureichenden Bereitstellung von Arbeitsmöglichkeiten manifestierte sich die untergeordnete Stellung des Reichstags.[30] Darüber hinaus fanden sich in der künstlerischen Ausgestaltung des Reichstagsgebäudes mit den Statuen, den Wappen und anderen Bildern[31] zahlreiche künstlerische Ausdrücke des monarchischen Staates wieder, während demgegenüber Anleihen einer parlamentarischen Tradition etwa durch Bezug auf die Freiheitskriege nicht zu finden waren. Somit war das »Berliner Reichstagsgebäude [...] besonders beredt durch das, was es *nicht* sagte.«[32] Die Möglichkeit, ein parlamentarisches Selbstbewusstsein zwischen den Abgeordneten auszubilden, war unter diesen Umständen also stark eingeschränkt.

Die Stellung des Reichstags in der politischen Kultur

Die subalterne Stellung des Reichstags gegenüber der Monarchie äußerte sich neben der geographischen Lage und der architektonischen Gestaltung auch in

29 Mergel, Parlamentarische Kultur, S. 91f. Zur Reichstagsbibliothek umfassend Hahn, Reichstagsbibliothek. Die zeitgemäße Funktionalität des Gebäudes betont dagegen Beyme, Parlament, S. 359.

30 Ritter, Reichstag S. 903; Hoffmann, Architektur, S. 116. Siehe dazu auch Oberreuter, Sitzordnung; Hattenhauer, Nationalsymbole, S. 154. Zum künstlerischen Gesamtprogramm siehe Reiche, Reichstagsgebäude, S. 355. Zur Gestaltung des Plenarsaals Schmädeke, Reichstag, S. 29ff.; Reiche, Reichstagsgebäude, S. 32–35, 292–296; Reichstags-Handbuch 1920, S. 393ff. Insgesamt wirkte das Reichstagsgebäude zwar imponierend, aber im Vergleich zum alten Haus in der Leipziger Straße kalt und unfreundlich: Speicher, Ort, S. 33.

31 So wurde ein Bild von Wilhelm I., das ihn bei der Siegesfeier bei Sedan am 2. September 1870 auf einem Pferd sitzend und die Trikolore im Staub schleifend zeigt, 1908 zunächst im Plenarsaal aufgehängt, woraufhin eine lebhafte Auseinandersetzung über den Platz dieses Bildes aufgrund dessen Kriegshintergrundes entstand. Die Reichstagskommission zur Ausschmückung des Gebäudes beschloss Anfang 1909, das Bild im Plenarsaal abzuhängen und stattdessen im Sitzungssaal des Haushaltsausschusses aufzuhängen, wo es bis zum Reichstagsbrand 1933 hing. Vgl. dazu Cullen, Reichstag, 303–309; Reichstags-Handbuch 1930, S. 299.

32 Roeck, Reichstag, S. 148 (Hervorhebung im Original).

der praktischen Indienstnahme des Ortes. Die Dominanz des Monarchisch-Militärischen gegenüber dem Parlamentarisch-Zivilen zeigte sich insbesondere bei den Eröffnungsfeiern des Reichstags, die grundsätzlich im königlichen Schloss stattfanden,[33] sowie in den feierlichen Anlässen während des Baus des Reichstagsgebäudes. Bei der Organisation der Grundsteinlegung am 9. Juni 1884 wurde der Reichstag in Person des Präsidenten von der Reichsleitung ausgeschlossen, indem der Kaiser und die Reichsleitung nicht allein den Termin, sondern auch alle übrigen Angelegenheiten einseitig festlegten. Dieser Dominanz unterwarfen sich aber auch die Reichstagsmitglieder, wenn der Großteil der etwa 200 anwesenden Abgeordneten einschließlich des konservativen Reichstagspräsidenten Albert v. Levetzow in militärischen Uniformen erschienen. Nur wenige Abgeordnete hatten die Parlamentskleidung des schwarzen Fracks angelegt. Bei der Feier der Schlusssteinlegung am 5. Dezember 1894 wurde dieses Szenario wiederholt.[34] Infolge dieses Verhaltens der Anpassung bestätigten und verstärkten die Parlamentarier die strukturelle und symbolische Unterordnung des Parlaments unter die Herrschaft von Hof, Militär und Bürokratie.

Das allenfalls schwach ausgeprägte parlamentarische Selbstbewusstsein stand dabei in einem wechselseitigen Bedingungsverhältnis mit der Stellung, die der Reichstag in der politischen Kultur des Kaiserreichs einnahm. Gegenüber der Dominanz der monarchisch-militärischen Elemente, die sich im Rahmen der politischen Kulturlandschaft des Kaiserreichs insbesondere in den zahlreichen Kaiser-Wilhelm- und Bismarck-Denkmälern manifestierte, verstand es der Reichstag nicht, sich einen Platz in der Staatssymbolik des neuen Reiches zu sichern. Nachdem die politischen Symbole der bürgerlichen Nationalbewegung infolge der Reichsgründung von oben weitgehend ihre Stoßkraft verloren hatten, bot auch der Reichstag keine Anknüpfungspunkte für eine Identifizierung mit der Nation. Nicht zuletzt wegen seiner schwachen verfassungsrechtlichen Stellung sahen weder das Bürgertum noch die katholische Bevölkerung noch die Arbeiterschaft in ihm einen Garanten für die Überwindung des monarchischen Obrigkeitsstaates und die Etablierung eines demokrati-

33 Zu der Schaustellung des monarchisch-militärischen Herrschaftscharakters bei der Eröffnung des ersten Deutschen Reichstags am 21.3.1871 Mommsen, Kaisermacht, S. 185. Siehe auch Biefang, Integration, S. 13–16. Dass die Eröffnung nicht im Schloss stattfand, ist für die Bismarckzeit nur einmal für den 19.11.1885 belegt. Dazu Golberg, Bismarck S. 58.

34 Vgl. Cullen, Reichstag, 185–192, 235–247; Reiche, Reichstagsgebäude, S. 202ff., 235; Roeck, Reichstag, S. 147; Ritter, Reichstag, S. 901f. Siehe auch die Presseberichte der Weimarschen Zeitung Nr. 135 vom 11. Juni 1884, abgedruckt in: Deuerlein, Reichstag, S. 280–283, sowie der National-Zeitung Nr. 653 vom 5. Dezember 1894, abgedruckt in: ebd., S. 285– 289.

schen Volksstaates.[35] Auch die Integrationsformel des Krieges »Ich kenne keine Parteien mehr, ich kenne nur Deutsche«, wie sie von Kaiser Wilhelm II. in seiner Thronrede am 4. August 1914 eingebracht wurde, bedeutete keine Anerkennung des Reichstags und seiner Parteien, sondern gerade deren Überwindung in der nationalen Einheit der »Volksgemeinschaft«.[36] Aufgrund des damit verbundenen »Burgfriedens«[37] konnte sich der Reichstag auch im Krieg nicht zu einem integrierenden Staatssymbol emanzipieren.

Diesem Mangel an symbolischer Breitenwirkung stand jedoch der Bedeutungszuwachs gegenüber, den der Reichstag im Verlaufe des Kaiserreichs und besonders im Krieg erlangte. Dass er zum zentralen Ort der politischen Auseinandersetzung aufstieg, ist in erster Linie auf zwei Entwicklungen zurückzuführen. Erstens nahm seine Bedeutung infolge der Herausbildung des Sozial- und Interventionsstaates in starkem Maße zu, da die Reichsleitung auf die Zusammenarbeit mit dem Reichstag angewiesen war, womit die Einflussmöglichkeiten des Parlaments auf die staatliche Politik stiegen. Zweitens stieg die öffentliche Wahrnehmung des Reichstags, die durch das allgemeine Wahlrecht bedingt war und sich nicht zuletzt in einem Anstieg der Wahlbeteiligung von 51 Prozent im Jahre 1871 auf 84,9 Prozent im Jahre 1912 ausdrückte.[38] Da in Art. 22 RV die Öffentlichkeit der Verhandlung und die freie Verbreitung wahrheitsgetreuer Berichte des Reichstags sowie in Art. 30 RV die Redefreiheit der Abgeordneten garantiert worden waren, bot der Reichstag den Parteien eine ideale, da uneingeschränkte Bühne, ihre parteipolitischen Standpunkte auf dem entstehenden »politischen Massenmarkt« zu vertreten.[39] Insbesondere in den Phasen gesetzmäßiger Verbote bestimmter parteipolitischer Aktivitäten, wie sie während des Sozialistengesetzes 1878–1890 für die Sozialdemokratie[40] sowie seit der Ausrufung des Kriegszustandes seit dem 31. Juli 1914[41] verhängt wurden, kam den verfassungsrechtlichen Garantien der Immunität und Indem-

35 Ritter, Reichstag, S. 905ff. Grundlegend für diese Interpretation Hardtwig, Bürgertum. Dagegen erklärte jetzt Andreas Biefang den Reichstag »zum wichtigsten Repräsentanten, oder wenn man so will, zum wichtigsten Symbol der politischen Nation«, wobei er die Bedeutung der Monarchie sowie der kaiserlichen Regierung m.E. zu gering schätzt: Biefang, Reichstag, S. 24–42, bes. S. 40ff., Zitat S. 41.

36 Mai, Ende, S. 31ff.; Bruendel, Volksgemeinschaft, S. 33; Loth, Kaiserreich, S. 142f. Eine entgegengesetzte Interpretation bei Huber, Kaiserreich, S. 70. Zur Entstehung der Thronrede Raithel, »Wunder«, S. 278–281.

37 Zu diesem Begriff und seiner Bedeutung Raithel, »Wunder«, S. 283, 473ff.

38 Die Angaben nach Ritter/Niehuss, Arbeitsbuch, S. 38–42.

39 Rosenberg, Depression, S. 123. Zu diesem Prozess der Fundamentalpolitisierung Ullmann, Kaiserreich, S. 126–137. Zu den genannten Verfassungsbestimmungen RGBl. 1871, S. 22ff.

40 Dazu Ritter, Sozialdemokratie, S. 122ff.; Biefang, Sozialdemokratie.

41 RGBl. 1914, S. 263. Zu den damit verbundenen Einschränkungen der Aufenthalts-, Vereins-, Versammlungs- und Pressefreiheit siehe Huber, Verfassungsgeschichte, Bd. 5, S. 53–62.

nität die entscheidende Bedeutung für die Arbeit der Parteien und der Abgeordneten zu. So nahmen die Reichstagsdebatten, nicht zuletzt aufgrund des Mangels an alternativen Möglichkeiten der Informationsbeschaffung, eine zentrale Rolle innerhalb der politischen Meinungsbildung ein. Dazu war jedoch die Herstellung einer parlamentarischen Öffentlichkeit durch die Verbreitung der Berichte notwendig, was durch das anwesende Publikum, die Veröffentlichung der Stenographischen Berichte und insbesondere durch die Berichterstattung in der Tagespresse geschah.[42]

Parlament und Presse standen als »Zwillinge der liberalen Ideologie«[43] in engster Verbindung zueinander, die auch im Reichstag zum Ausdruck kam. Auf der Journalistentribüne arbeiteten neun Korrespondentenbüros mit je etwa sechs Mitarbeitern sowie einige Dutzende anderer Journalisten, die direkt für ihre Zeitungen berichteten.[44] Auch waren zahlreiche Abgeordnete als Journalisten tätig. Von den 1912 gewählten 397 Reichstagsabgeordneten gaben 71 diesen Beruf an, darunter allein 53 sozialdemokratische Abgeordnete.[45] Wie sehr das Parlament auf die Presse angewiesen war, zeigte sich während eines einwöchigen Streiks der Journalisten im März 1908, nachdem sie durch den Zentrumsabgeordneten Adolf Gröber als »Saubengel« beschimpft worden waren. Die Abgeordneten aller Parteien fürchteten ob des Streiks um die Wirkung ihrer Reden, aber erst nach einer Intervention des Reichskanzlers Bülow entschuldigte sich Gröber.[46] Der Streik verdeutlicht, welch große Bedeutung die Presseberichterstattung über die Verhandlungen des Reichstags besaß und wie sehr der Reichstag auf die Presse als Verbindungsglied zum Wähler angewiesen war.

Zusammenfassend lässt sich festhalten, dass der Reichstag eine ambivalente Position innerhalb des politischen Systems und der politischen Kultur des Kaiserreichs besaß. Auf der einen Seite war die der kaiserlichen Regierung untergeordnete Stellung zu verzeichnen, wie sie sich in den Bestimmungen der Reichsverfassung rechtlich äußerte und in der Lage wie der Gestaltung des Reichstagsgebäudes auch materiell manifestierte. Dem stand auf der anderen

42 Vgl. Biefang, Reichstag, S. 27–34; Ritter, Reichstag, S. 908ff.; Speicher, Ort, S. 48ff. Vgl. auch die Forschungsüberblicke von Requate, Öffentlichkeit, S. 26ff.; Schulz, Aufstieg, S. 74–84; Schildt, Jahrhundert, S. 188–196.

43 Biefang, Reichstag, S. 26.

44 Die Angaben bei Hahn, Reichstagsbibliothek, S. 163. Zur Ausbildung des Journalistenberufes im 19. Jahrhundert umfassend Requate, Journalismus.

45 Siehe Ritter, Kontinuität, S. 143. Requate schätzt die Zahl ehemaliger Journalisten unter den Reichstagsabgeordneten zwischen 1867 und 1918 auf etwa 250 von insgesamt knapp 2800: Requate, Journalismus, S. 291. Explizit zur SPD siehe die Studie von Sperlich, Journalist. Zu den liberalen Parteien Kieseritzky, Parteieliten.

46 Cullen, Reichstag, S. 336–339. Dazu auch Frenz, Kuppel, S. 73–84.

Seite der realpolitische Machtzuwachs des Reichstags gegenüber, der sich in den zahlreichen Einflussmöglichkeiten im Rahmen einer stark zunehmenden Gesetzgebungstätigkeit des Reiches ausdrückte und von einer sich ausweitenden öffentlichen Wahrnehmung durch die Presseberichterstattung begleitet wurde. Diese Spannung zwischen einer offiziell untergeordneten Stellung und einer inoffiziell gewichtigen Position des Reichstags lässt sich aber nicht im Sinne einer zwangsläufigen Parlamentarisierung und der Einführung des parlamentarischen Regierungssystem auflösen. Sie muss vielmehr als charakteristisch für die Stellung des Reichstags im ausgehenden Kaiserreich im Rahmen eines »labilen Konsensgefüges«[47] oder im Sinne einer »latenten Krise«[48] – je nach Betonung der Stabilität bzw. Instabilität des Herrschaftssystems – angesehen werden, von der die Reichsleitung wie der Reichstag gleichermaßen betroffen waren. Das bedeutet jedoch nicht, dass der Reichstag zur vollkommenen Handlungsunfähigkeit verurteilt war. Er musste aber in seinen Handlungen und Entscheidungen dieses Spannungsverhältnis berücksichtigen und immer wieder austarieren, damit die latente nicht in eine akute Krise umschlug.

1.2. Die internen Regularien

Die Geschäftsordnung

Für den Reichstag stellte sich wie auch für jedes andere Parlament die Notwendigkeit, sich eine Geschäftsordnung zu geben, um einen für alle Abgeordneten verbindlichen geordneten Gang der parlamentarischen Verhandlungen zu ermöglichen. Dabei musste einerseits die Gelegenheit gegeben sein, dass die Parlamentsmitglieder ihre Ansichten zur Sprache bringen konnten. Andererseits musste diese Vielfalt der Meinungsäußerungen begrenzt werden, um die Arbeits- und Handlungsfähigkeit des Parlaments zu sichern.[49] Die Grundlage für die Geschäftsordnung (GO) des kaiserlichen Reichstags bildete Art. 27 RV, der ihm vorschrieb, »seinen Geschäftsgang und seine Disziplin durch eine Geschäfts-Ordnung«[50] zu regeln. Dazu wurde bei seinem ersten Zusammentreten am 21. März 1871 die Geschäftsordnung des Norddeutschen Bundes aus dem Jahre 1868 übernommen, welche im Wesentlichen der Ord-

47 Schönberger, Parlamentarisierung, S. 659.

48 Mommsen, Krise, S. 303. Eine Mittelposition nahm Gustav Schmidt ein, indem er die politische Situation als »stabile Krise« bezeichnete: Schmidt, Parlamentarisierung, hier S. 277f.

49 Diese Bedeutung der Geschäftsordnung wird am Beispiel der Paulskirche herausgestellt von Speck, Parlament, S. 199ff. Allgemein hierzu Hanke, Regeln.

50 BGBl. 1871, S. 71.

nung des preußischen Abgeordnetenhauses von 1862 entsprach. Da zwischen 1907 und 1912 drei Anträge auf eine allgemeine Revision dieser Geschäftsordnung in dem dafür zuständigen Ausschuss unerledigt blieben, war diese Geschäftsordnung mit Ausnahme einzelner Änderungen bis zum Ende das Kaiserreichs und nach der Übernahme durch die Weimarer Nationalversammlung sogar bis zum Ende des Jahres 1922 in Kraft.[51]

In Bezug auf den Gang der parlamentarischen Verhandlungen und den damit verbundenen Stil der Reden legte die Geschäftsordnung fest, dass die erste Beratung eines Gesetzentwurfs nur eine Aussprache über dessen Grundsätze beinhalten sollte, wobei Abänderungsvorschläge nicht gestellt werden durften (§ 18 GO). In der zweiten Lesung standen die Artikel im Einzelnen zur Diskussion, sodass hier die Detailaspekte des Entwurfs zur Sprache gebracht wurden, wobei jedem Mitglied nach § 19 GO freigestellt war, Änderungsanträge zu stellen. Die dritte Lesung sollte abschließend eine Synthese der ersten und der zweiten Lesung bieten, wobei die nun gestellten Anträge eine Unterstützung von 30 Mitgliedern benötigten. Am Ende wurde die Annahme oder Ablehnung des gesamten Entwurf zur Abstimmung gestellt (§ 20 GO). Vor dem Hintergrund dieser Vorgaben mussten die Abgeordneten ihre Reden abstimmen, die sie nach § 45 GO aus akustischen Gründen nur vom Platz oder von der Rednertribüne aus halten konnten. In der parlamentarischen Praxis hielten sich die Redner jedoch häufig zwischen den Abgeordnetenbänken und der Rednertribüne um den so genannten »Tisch des Hauses« mit den Abstimmungskästen auf, während sich die zuhörenden Abgeordneten um den Redner herum gruppierten und das Gehörte verbal kommentierten, wogegen von Seiten des Präsidenten kaum eingeschritten wurde.[52]

Der Präsident hatte nach § 13 GO die Aufgabe, die Verhandlungen zu leiten, die Ordnung aufrechtzuerhalten und den Reichstag nach außen zu vertreten. Er wurde mit absoluter Stimmenmehrheit im ersten oder zweiten Wahlgang bzw. mit relativer Mehrheit im dritten Wahlgang gewählt. Dazu verständigten sich im Vorfeld der Wahl die Fraktionen auf einen Kandidaten der Mehrheit, da der Präsident nicht von allen Fraktionen, sondern in der Regel nur von den ihn unterstützenden Parteien gewählt wurde.[53] Die Fraktionen waren in der Geschäftsordnung nicht aufgeführt, stellten de facto aber die zentrale Untergliederungsform des Parlaments dar, während die in § 2 GO

51 Dazu Zschucke, Einleitung, S. 10f. Die Geschäftsordnung ist abgedruckt im Reichstags-Handbuch 1912, S. 147–171; Huber, Dokumente, Bd. 2, S. 423–434. Siehe auch Jungheim, Geschäftsordnung.

52 Dazu Goldberg, Bismarck, S. 67ff. Siehe auch die Beispiele bei Jungheim, Geschäftsordnung, S. 133ff. sowie Müller-Meiningen, Parlamentarismus, S. 131f.

53 So Hatschek, Parlamentsrecht, S. 202f.

genannten ausgelosten Abteilungen nur eine »machtlose Scheinstruktur« wiedergaben.[54] Für die Leitung der Verhandlungen und die Aufrechterhaltung der Ordnung wurde der Präsident mit drei wesentlichen Kompetenzen ausgestattet: Zum einen hatte er nach §§ 35, 49f. GO die Tagesordnung für die Sitzung zu bestimmen, gegen die der Reichstag nur per Mehrheitsbeschluss Widerspruch einlegen konnte. Damit kam dem Präsidenten ein großer Einfluss auf die thematische Festlegung der Sitzungen zu.[55]

Zum zweiten besaß er nach §§ 42, 47 GO das Recht der Vergabe des Wortes, war jedoch angehalten, dem Abgeordneten das Wort zu erteilen, welcher zuerst darum ersucht hatte. Auf diese Weise sollte auf eine Führung der Rednerliste verzichtet werden, um den Entwicklungsgang der Diskussion nicht zu unterdrücken. Aus praktischen Gründen wurde jedoch eine interne Rednerliste geführt, die teilweise in Absprache mit den Fraktionen im Seniorenkonvent erstellt wurde. Ausschlaggebend blieb letztlich aber die Entscheidung des Präsidenten.[56]

Zum dritten wurden ihm die Rechte zuerkannt, ein Mitglied des Reichstags auf den Gegenstand der Verhandlungen zurückzuweisen und zur Ordnung zu rufen (§§ 46, 60 GO). Nach zweimaligem Fehlschlagen hatte er die Möglichkeit, dem Haus zur Abstimmung zu stellen, dem Redner das Wort zu entziehen oder ihn im Falle grober Verletzung der Ordnung von der Sitzung auszuschließen, was jedoch nur selten vorkam. Die zentrale Bedeutung dieser Bestimmung lag in der Feststellungskompetenz des Präsidenten, ob sich ein Redner von der »Sache« entfernte bzw. wann die »Ordnung« verletzt wurde. Da diese Begriffe an keiner Stelle festgelegt worden waren, wurde dieses dem Präsidenten überlassen. Dabei besaßen die Reaktionen des Auditoriums, insbesondere der Mehrheitsparteien einen bedeutenden Einfluss auf die Entscheidung des Präsidenten, indem dieser auf die Unmutsäußerungen der Abgeordneten reagieren musste. Somit lassen sich die Ordnungsrufe als Gradmesser für die mehrheitlich geteilten staatlichen und politischen Normvorstellungen interpretieren.[57] In diesem Zusammenhang ist auch das so genannte »Kaisertabu« zu verorten, welches untersagte, die Person des Kaisers zum Gegenstand einer parlamentarischen Debatte zu machen, und das die »ehernste aller informellen Regeln« darstellte. So wurde Abgeordneten die Thematisierung des Kaisers durch den Präsidenten als Verstoß gegen die Ordnung untersagt, wo-

54 Goldberg, Bismarck, S. 61. Um als Fraktion anerkannt zu werden und damit den Zutritt zum Seniorenkonvent zu erhalten, musste sie sich ordentlich konstituieren und mindestens 15 Mitgliedern besitzen. Dazu Hatschek, Parlamentsrecht, S. 181–185.

55 Goldberg, Bismarck, S. 67.

56 Jungheim, Geschäftsordnung, S. 160; Mittmann, Fraktion, S. 34f.

57 Vgl. Goldberg, Bismarck, S. 74–92, bes. S. 83–88. Siehe auch Hatschek, Parlamentsrecht, S. 69f.

hingegen Bismarck als Reichskanzler von diesem rhetorischen Mittel regen Gebrauch machte und Kanzler- und Kaiserwillen in eins setzte, um so für seine Politik Mehrheiten im Reichstag zu gewinnen. Der Reichskanzler sowie sämtliche Mitglieder des Bundesrats sahen sich nicht der Ordnungsbestimmung des Präsidenten nach § 60 GO unterstellt, die sich lediglich auf die Mitglieder des Hauses sowie auf die Tribünengäste bezog. Aus diesem Grund nahmen Regierungsmitglieder eine Sonderstellung innerhalb des Reichstags ein. Sie besaßen nach Art. 9 RV und § 43 GO das Recht, jederzeit im Reichstag gehört zu werden, unterlagen dabei aber keiner Beschränkung durch die Geschäftsordnung.[58]

Demgegenüber stand dem Reichstag nach § 32 GO jedoch das Recht zu, im Sinne der Verantwortlichkeit des Reichskanzlers nach Art. 17 RV mit einer Unterstützung von 30 Mitgliedern Interpellationen an diesen zu richten, wobei die Beantwortung dem Reichskanzler freigestellt wurde. In der Geschäftsordnungsreform vom 8. Mai 1912 wurde dieses Interpellationsrecht dahingehend erweitert, dass zusätzlich jedes Mitglied die Möglichkeit erhielt, kleine Anfragen schriftlich an den Reichskanzler zu stellen (§ 31a GO), wobei deren Beantwortung ohne Aussprache bleiben musste. Darüber hinaus wurde als § 33a GO die Bestimmung aufgenommen, wonach beantragt werden durfte, durch eine Abstimmung festzustellen, ob »die Behandlung der den Gegenstand der Interpellation bildenden Angelegenheit durch den Reichskanzler der Anschauung des Reichstags entspricht oder […] nicht entspricht.«[59] Von diesem Recht machte der Reichstag im Zusammenhang mit der Zabern-Affäre 1913 Gebrauch, als er dem Reichskanzler Bethmann Hollweg mit 293 gegen 54 Stimmen bei 4 Enthaltungen die Missbilligung aussprach. Dieses Votum blieb für den Reichskanzler staatsrechtlich jedoch ohne Folgen, da sich die Bestimmungen der Geschäftsordnung ausschließlich auf die Binnenregulierung des Parlaments bezogen und keine verfassungsrechtlichen Folgerungen beinhalteten.[60]

Aus diesem Grund bildete das geschäftsordnungsmäßig festgestellte Missbilligungsrecht des Reichstags auch noch keinen Schritt auf dem Wege zur par-

---

58 Goldberg, Bismarck, S. 80ff., 92–98, Zitat S. 93. Im Gegensatz hierzu stellte die auf sozialdemokratischer Seite praktizierte Haltung des Nichtaufstehens beim Hochleben des Kaisers eine Majestätsbeleidigung dar und zog strafrechtliche Konsequenzen nach sich. Dazu Fischer, Majestätsbeleidigung.

59 Huber, Dokumente, Bd. 2, S. 428. Zur Geschäftsordnungsreform von 1912 Rauh, Parlamentarisierung, S. 186–191; Heckart, Bassermann, S. 205–208; Schneider, Bedeutung, S. 309f.

60 Schönberger, Parlamentarisierung, S. 637ff. Zur Stellung der Geschäftsordnung allgemein Kühne, Volksvertretungen, S. 83. Zur Zabern-Affäre Wehler, Fall; Schoenbaum, Zabern 1913. Die Missbilligungsbekundung des Reichstags vom 4.12.1913 ist abgedruckt bei Huber, Dokumente, Bd. 3, S. 78.

lamentarischen Regierungsform.[61] Da aber die Ausgestaltung des Parlamentsrechts auch über Fragen des Einflusses und der Macht entschied, bedeuteten die durch die Geschäftsordnungsreform von 1912 eingeführten Möglichkeiten eine politische Aufwertung des Reichstags gegenüber der Reichsleitung.[62] Deren Stellung war jedoch durch eine gewisse Unnahbarkeit gekennzeichnet, indem deren Mitglieder sich der Ordnung des Reichstags nicht unterstellten und damit ihrer parlamentarischen Unabhängigkeit besonderen Ausdruck verliehen. Die ambivalente Stellung des Reichstags im Verhältnis zur Reichsleitung zog sich also sogar bis in die Regelungen der Geschäftsordnung hinein.

In diesem Rahmen kam dem Präsidenten die zentrale Stellung zu, da seine Anweisungen für alle Abgeordneten verbindlich galten. Auf diese Weise waren sie zwar nicht zur Zusammenarbeit, aber doch zur gemeinsamen Arbeit gezwungen, wie es sich insbesondere in dem in der Geschäftsordnung unerwähnten Seniorenkonvent ausdrückte. Hier waren zunächst alle Parteien mit je einem Abgeordneten vertreten, während später die Mitgliederzahl auf 30 erhöht und nach der jeweiligen Fraktionsstärke verteilt wurden. Ihm kam die Aufgabe zu, die Verteilung für die Ausschussbesetzungen, den jeweils zu erledigenden Arbeitsplan sowie die Redeordnung für die anstehenden Debatten, also die Redelänge und die Rednerliste, zwischen den Parteien zu vereinbaren. Eine Besonderheit dieses Konvents stellte die zwingende Einstimmigkeit aller Vereinbarungen dar, da er als eine »extralegale Versammlung« lediglich auf der freien Vereinbarung der Parteien beruhte, aber für den Geschäftsgang des Reichstags sowie die Verständigung zwischen den Parteien von zentraler Bedeutung war.[63] Hier übten die Abgeordneten aller Parteien ein Minimum an Kooperationsbereitschaft ein, welche mit für das Funktionieren der parlamentarischen Arbeit im Reichstag bis in die zweite Hälfte der 1920er Jahre verantwortlich war.[64] Inwieweit diese Ausgangsbedingungen für ein stärkeres Auftreten des Reichstags gegenüber der Reichsleitung genutzt werden konnten, hing in besonderem Maße davon ab, inwieweit sich bei der Zusammensetzung des Reichstags nach den Reichstagswahlen 1912 parlamentarische Mehrheiten bilden ließen.

---

61 Gegen Schneider, Geschäftsordnung, S. 310. Dabei rekurrierte Schneider auf das Diktum von Julius Hatschek, dass die zentrale Bedeutung des Parlamentsrechts in politischen Entwicklungen außerhalb formeller Verfassungsänderungen zu sehen sei: »Denn nicht durch große Revolutionen werden heute Verfassungsformen gewandelt, sondern der Parlamentsbrauch bestimmt das Schicksal so mancher von ihnen.« (Hatschek, Parlamentsrecht, S. 15) Die von Schneider interpretierte Zwangsläufigkeit dieser Entwicklung ließ Hatschek jedoch offen und ist m.E. auch nicht haltbar.

62 Ullmann, Kaiserreich, S. 211.

63 Vgl. Hatschek, Parlamentsrecht, S. 175–195, Zitat S. 178. Dazu auch Trossmann, Reichstag, S. 129f.

64 Grundlegend die Studie von Mergel, Parlamentarische Kultur.

Die parteipolitische Zusammensetzung des Reichstags 1912–1918

Die Wahlen zum Deutschen Reichstag vom 12. Januar 1912 fanden überwiegend im Zeichen des Protestes gegen den »schwarz-blauen Block« aus den beiden konservativen Parteien, Deutsch-Konservative Partei (DKons.) und Deutsche Reichspartei (DRP), und dem Zentrum (Z) statt, der insbesondere von den beiden liberalen Parteien, der Nationalliberalen Partei (NLP) und der 1910 zusammengeschlossenen linksliberalen Fortschrittlichen Volkspartei (FVP), wie auch von der Sozialdemokratie (SPD) heftig kritisiert wurde.[65] Die schroffe innenpolitische Frontstellung prägte nicht nur den Wahlkampf der für Januar 1912 angesetzten Reichstagswahlen, der durch eine bisher unbekannte Radikalisierung des Wahlkampfstiles einschließlich Boykotts und gewaltsamen Sprengungen von Versammlungen gekennzeichnet war.[66] Diese Polarisierung fand ihren Ausdruck auch im Wahlausgang, der sich nicht nur durch eine Wahlbeteiligung in der Rekordhöhe von 84,9 Prozent, sondern auch in einem markanten Linksrutsch mit dem Aufstieg der Sozialdemokratie zur stärksten politischen Kraft im Reichstag des Kaiserreichs äußerte.[67]

Indem die SPD 34,8 Prozent der Stimmen auf sich vereinigte, konnte sie um 5,8 Prozentpunkte gegenüber dem Wahlausgang von 1907 zulegen. Diesem Ergebnis entsprach auch der Stimmengewinn der Linksliberalen von 1,4 Prozentpunkten auf 12,3 Prozent. Die Nationalliberale Partei fiel leicht zurück auf 13,6 Prozent (1907: 14,5 Prozent), während das Zentrum mit 16,4 Prozent (1907: 19,4 Prozent), die Deutschkonservativen mit 9,2 Prozent (1907: 9,4 Prozent) und die Reichspartei mit 3,0 Prozent (1907: 4,2 Prozent) Verluste hinnehmen mussten. Die Stimmenanteile besaßen aufgrund des Mehrheitswahlrechts in Einmannwahlkreisen nur tendenziellen Charakter für die Mandatsverteilung im Reichstag. Neben dem ersten Wahlgang waren hierfür die Stichwahlen mitentscheidend, die zwischen den beiden Kandidaten mit den meisten Stimmen stattfanden, wenn kein Kandidat die absolute Mehrheit im ersten Wahlgang für sich verbuchen konnte, was 1912 in 191 Wahlkreisen der Fall war. Nach einem geheimen Stichwahlabkommen zwischen der Sozialdemokratie und der FVP, die eigenen Wähler im Falle einer Nichtbeteiligung zur Wahl des anderen Kandidaten aufzurufen, sah die Verteilung der 397 Mandate nach den Stichwahlen zwischen dem 20. und dem 25. Januar 1912 wie folgt

65 Dazu Loth, Katholiken, S. 183–212.

66 Vgl. Bertram, Wahlen, S. 200–205. Zu der innenpolitischen Frontstellung und der Politik der Reichsleitung Nipperdey, Deutsche Geschichte, Bd. 2, S. 741–746; Wehler, Gesellschaftsgeschichte, Bd. 3, S. 1011–1014; Ullmann, Politik, S. 38ff.

67 Dieser kontinuierliche Aufstieg der Sozialdemokratie bildete Karl Rohe zufolge das herausragende Kennzeichen der deutschen Wahlgeschichte des Deutschen Kaiserreichs: Rohe, Wahlen, S. 98. Dazu Steinbach, Entwicklung.

aus: SPD 110 (1907: 43), FVP 42 (1907: 49), NLP 45 (1907: 54), Zentrum 91 (1907: 105), DKons. 43 (1907: 60), DRP 14 (1907: 24), Antisemiten und Wirtschaftliche Vereinigung 10 (1907: 22), Polen 18 (1907: 20), Sonstige wie Welfen und Elsaß-Lothringer 24 (1907: 20).[68] Im Januar 1916 schlossen sich die DRP mit den Welfen, Antisemiten und Mitgliedern der Wirtschaftlichen Vereinigung zur »Deutschen Fraktion« (DF) zusammen, um den Fraktionsstatus nach der Geschäftsordnung des Reichstags zu erhalten.[69] Die bereits an den Stimmenanteilen abzulesenden zwei grundlegenden Trends der Reichstagswahlen – Linksrutsch zu Gunsten der SPD und der FVP sowie Abwahl des »schwarz-blauen Blockes« – spiegelten sich grundsätzlich auch in der Mandatsverteilung wider, wurden jedoch durch das Mehrheitswahlrecht und die Ausgänge der Stichwahlen etwas gebrochen. So erhielt die Sozialdemokratie zwar 34,8 Prozent der abgegebenen Stimmen, aber nur 27,7 Prozent der Mandate, während auf das Zentrum 16,4 Prozent der Stimmen, aber 22,8 Prozent der Mandate entfielen. Der Mandatsanteil lag im Verhältnis zum Stimmenanteil bei den liberalen Parteien leicht darunter und bei den konservativen Parteien leicht darüber.[70] Inwieweit diese Zusammensetzung des Reichstags im Hinblick auf Verfassungsreformen Möglichkeiten der Koalition oder zumindest der Kooperation bot, war in besonderem Maße abhängig von den jeweiligen verfassungspolitischen Grundsätzen der Parteien und ihren Positionen gegenüber dem parlamentarischen System.

Für die Sozialdemokratie, die sich als erste Partei in Deutschland zu einer zentral organisierten Massenpartei mit einer stabilen Mitglieder- und Wählerschaft sowie einem bürokratisch arbeitenden Parteiapparat[71] entwickelte, bildete das »Erfurter Programm« von 1891 die programmatische Grundlage. Es sollte zwischen Revolutionserwartung und radikalen Reformaktivitäten und damit zwischen dem Endziel und den Nahzielen vermitteln. Dazu bot es im ersten von Karl Kautsky verfassten Grundsatzteil ein allgemeines Geschichtsbild marxistischer Prägung, welches den unaufhaltsam heraufziehenden Klassenkampf zwischen Bourgeoisie und Proletariat und damit die Abschaffung der Klassenherrschaft beinhaltete. Dagegen formulierte der zweite von Eduard Bernstein erstellte Forderungsteil die kurz- und mittelfristigen Ziele einer radi-

68 Die Angaben nach Ritter, Arbeitsbuch, S. 41f. Siehe dazu auch Nipperdey, Deutsche Geschichte, Bd. 2, S. 746f. Zu den Stichwahlabkommen und ihren Ergebnissen ausführlich Bertram, Wahlen, S. 221–244, bes. S. 224–234. Dass die Stichwahlen nur einen geringen Einfluss auf die Mandatsverteilung besaßen, ist die Meinung von Fenske, Parteiengeschichte, S. 109f.

69 Dazu Alexander, Partei, S. 360–363.

70 Ritter, Arbeitsbuch, S. 42.

71 Grundlegend für die Entwicklung der Parteien von lokalen Wahlvereinen über Honoratiorenparteien zu zentral organisierten Mitgliederparteien noch immer Nipperdey, Organisation. Siehe auch die Beiträge in Gall, Regierung.

kalen sozialen und demokratischen Reformpolitik. Beide Teile standen jedoch in Spannung und teilweise auch in Widerspruch zueinander, was allein durch die Interpretation Kautskys von einer zwangs- und damit selbstläufigen Revolution und dementsprechend von der Sozialdemokratie als einer »revolutionäre[n], aber nicht Revolution machende[n] Partei«[72] aufgelöst werden konnte.[73] Gegen diesen »revolutionären Attentismus« wandten sich insbesondere die Vertreter des theoretisch ausgerichteten Revisionismus wie auch des praktisch angelegten Reformismus, die sich für konkrete Verbesserungen der Lage der Arbeiter innerhalb des bestehenden Systems gemäß des zweiten Teiles des »Erfurter Programms« einsetzten, wo etwa das allgemeine, gleiche, direkte und geheime Wahlrecht für alle Männer und Frauen über 20 Jahre nach dem Verhältniswahlsystem und die direkte Gesetzgebung durch das Volk gefordert wurde. Eine verfassungsrechtliche Festlegung der parlamentarischen Verantwortlichkeit des Reichskanzlers war hier zwar nicht aufgenommen worden, sie entwickelte sich aber in der Praxis zu einer zentralen Forderung, die stärker durch die revisionistische Haltung und die Kooperationsbereitschaft mit den bürgerlichen Parteien geprägt war. Gefordert wurde die parlamentarische Verantwortlichkeit der Reichsminister offiziell jedoch erst im Wahlkampfaufruf vom 5. Dezember 1911. Charakteristisch für die Haltung der Sozialdemokratie zu Verfassungsreformen im Allgemeinen sowie zur Parlamentarisierung im Besonderen war dieser Widerspruch zwischen der prinzipiellen Betonung ihrer Gegnerschaft zum politischen System und den praktisch-programmatischen Erklärungen zur parlamentarischen Fortbildung eben dieses Systems.[74]

Auch die Einstellung des Linksliberalismus zu Verfassungsreformen und der Einführung des parlamentarischen Systems war ähnlich uneindeutig. In dem Einigungsprogramm der Fortschrittlichen Volkspartei vom 6. März 1910 wurde zwar die Forderung aufgenommen, die Reichsverfassung »in konstitutionellem Sinne« auszubauen und ein »[v]erantwortliches kollegiales Reichsministerium« einzuführen sowie die »Rechte der Volksvertretung« zu stärken und auszunutzen.[75] Die Frage nach dem parlamentarischen oder juristischen Charakter dieser Verantwortlichkeit des Reichsministeriums wurde jedoch offen gelassen. Allgemein setzte sich die Partei für den Ausbau der parlamentari-

72 Kautsky, Weg, S. 52. Hierzu Gilcher-Holtey, Mandat, S. 78f., 100, 266f.

73 Das Erfurter Programm, 1891, abgedruckt in: Mommsen, Parteiprogramme, S. 349–353. Dazu Nipperdey, Deutsche Geschichte, Bd. 2, S. 563–568; Fenske, Parteiengeschichte, S. 146f. Zum »revolutionären Attentismus« ausführlich Groh, Integration, bes. S. 57–63.

74 Vgl. Grosser, Konstitutionalismus, S. 33–54, bes. 50–54. Siehe auch Euchner, Sozialdemokratie, S. 125–129; Rauh, Parlamentarisierung, S. 159ff. Umfassend zur dieser Problematik Pracht, Parlamentarismus, S. 279–345.

75 Fortschrittliche Volkspartei. Einigungsprogramm. 6. März 1910, abgedruckt in: Mommsen, Parteiprogramme, S. 173–176, hier S. 174.

schen Rechte ein. Dass aber dieser in eine verfassungsrechtliche parlamentarische Verantwortung und damit Abhängigkeit des Reichskanzlers umgesetzt werden müsse, wurde auch in der FVP nicht zum Programmpunkt erhoben. Zwar wünschte und forderte die Mehrheit der linksliberalen Politiker die Einführung des parlamentarischen Regierungssystems. Vor dem Hintergrund des Anwachsens der Sozialdemokratie sahen sie sich jedoch nicht in der Lage, das Ziel in Verfassungsrecht umzusetzen, ohne gleichzeitig dem Sozialismus zur Macht zu verhelfen, sodass sie sich im Hinblick auf einen parlamentarischen Ausbau des Konstitutionalismus abwartend verhielten.[76]

Demgegenüber war die Haltung der Nationalliberalen als Verteidiger des monarchischen Konstitutionalismus nach den Grundsätzen der Reichsverfassung eindeutiger. Die Einführung des parlamentarischen Regierungssystems lehnte die überwiegende Mehrheit der Parteiangehörigen ab, die damit die Herrschaft der Massen verbunden sahen, was im Widerspruch zu der von ihnen gewünschten starken Monarchie stand. Die nationalliberalen Forderungen, die Kontrollrechte des Reichstags etwa auf dem Gebiet der Außenpolitik auszuweiten, bewegten sich dabei stets in den durch die Verfassung gesetzten Grenzen. Dementsprechend wurde im Jahre 1907 sowohl die Aufrechterhaltung des allgemeinen und gleichen Wahlrechts als »Grundlage der einheitlichen Vertretung des Volkes durch den Reichstag« gefordert als auch zur entschlossenen »Abwehr aller reaktionären und aller radikalen Tendenzen« aufgerufen.[77] Aufgrund der Mittellage der Nationalliberalen zwischen Konservativen, Linksliberalen und Sozialdemokraten profitierten sie stark von der überwiegend praktizierten Regierungspolitik mit wechselnden Mehrheiten, sodass sie an dem konstitutionellen System überwiegend festhielten.[78]

Eine ähnliche Einstellung legte auch die Zentrumspartei an den Tag. Als die politische Vertretung des Katholizismus setzte sie sich insbesondere für die Interessen und Rechte der katholischen Bevölkerung ein. Aufgrund der Minderheitenstellung, welche den Katholiken im Deutschen Kaiserreich zukam, sahen die Zentrumsvertreter die konstitutionelle Monarchie als die am besten geeignete verfassungsrechtliche Form an, da diese ihrer Auffassung nach den im Parlament vertretenen Minderheiten einen stärkeren Einfluss auf die Regie-

---

76 Dazu Grosser, Konstitutionalismus, S. 60–69, bes. S. 62ff. Siehe auch Albertin, Parlamentarismus, S. 34–37, Langewiesche, Liberalismus, S. 223; Sheehan, Liberalismus, S. 317; Ritter, Parteien, S. 75. Zur Entwicklung des parteipolitischen Linksliberalismus allgemein Fenske, Parteiengeschichte, S. 99–128.

77 Ziele und Bestrebungen der Nationalliberalen Partei. Januar 1907, abgedruckt in: Mommsen, Parteiprogramme, S. 168–173, hier S. 169.

78 Vgl. Grosser, Konstitutionalismus, S. 69–74. Für die Zeit des Weltkrieges siehe Richter, Zusammenhalten, S. 55–85, bes. S. 75–79. Zur Entwicklung der Nationalliberalen Partei seit der Jahrhundertwende Sheehan, Liberalismus, S. 303–311.

rung ermöglichte, als es im parlamentarischen System der Fall wäre.[79] Darüber hinaus waren die Zentrumsvertreter bemüht, nach den Erfahrungen der Kulturkampfzeit, als sie als »Reichsfeinde« aus der Nation ausgegrenzt worden waren, ihr Bekenntnis zur Reichsverfassung und damit zum Reich demonstrativ zur Schau zu stellen.[80] Dementsprechend forderten sie zwar Reformen wie etwa die Aufhebung der Ausnahmegesetze gegen die Katholiken. Damit setzten sie jedoch ausschließlich an der Verfassungswirklichkeit und nicht an der Reichsverfassung an. Diese Haltung fand sich noch in den Zentrumsrichtlinien vom 30. Juni 1918 wieder, in denen die »Erhaltung einer starken Monarchie und einer kraftvollen Volksvertretung [gefordert wurde], die allein eine jede Ausnahmebehandlung ausschließende Gerechtigkeit und eine hochsinnig erfaßte bürgerliche Freiheit in Gesetzgebung und Verwaltung zu gewährleisten vermögen.«[81] Vor diesem Hintergrund trat die Zentrumspartei zwar für die Wahrung der Rechte des Reichstags und für eine juristische Verantwortlichkeit des Reichskanzlers ein, lehnte aber, mit Ausnahme des württembergischen Zentrumspolitikers Matthias Erzberger, das parlamentarische Regierungssystem aus verfassungsrechtlicher Überzeugung wie auch aus parteiegoistischen Gründen ab.[82]

Die eindeutigste Haltung zur Verfassungsreform und zum parlamentarischen System nahmen die konservativen Parteien ein, wie die Deutsch-Konservative Partei in ihrem Parteiprogramm von 1892 unmissverständlich feststellte:

»Wir wollen die Monarchie von Gottes Gnaden unangetastet erhalten wissen, und bekämpfen, bei gesetzlich gesicherter bürgerlicher Freiheit für alle und bei wirksamer Beteiligung der Nation an der Gesetzgebung, jeden Versuch, die Monarchie zugunsten eines parlamentarischen Regiments zu beschränken.«[83]

---

79 Von dieser Möglichkeit der Einflussnahme profitierte zwischen 1890 und 1912 gerade die Zentrumspartei, da sie in dieser Zeit die stärkste Reichstagsfraktion stellte und sich in dieser Schlüsselstellung für die Reichsregierung – mit Ausnahme der Zeit des »Bülow-Blockes« zwischen 1907 und 1909 – unentbehrlich machte. Dazu Loth, Ordnung.

80 So die Interpretation von Morsey, Katholiken, S. 55. Siehe auch Blackbourn, Problem.

81 Richtlinien für die Parteiarbeit vom 30. Juni 1918, abgedruckt in: Mommsen, Parteiprogramme, S. 249–252, hier S. 250.

82 Vgl. Grosser, Konstitutionalismus, S. 75–81; Nipperdey, Deutsche Geschichte, Bd. 2, S. 551–554. Dagegen Rauh, der in der Zentrumspolitik den Ansatz zur Überwindung des konstitutionellen Systems zu entdecken meinte: Rauh, Parlamentarisierung, S. 165f. Grundlegend zur Politik der Zentrumspartei zwischen 1890 und 1918 Loth, Katholiken. Siehe auch Lönne, Katholizismus, S. 151–192. Zu Matthias Erzberger umfassend Epstein, Erzberger.

83 Revidiertes Programm der Deutsch-Konservativen Partei (Tivoli-Programm). Berlin, 8. Dezember 1892, abgedruckt in: Treue, Parteiprogramme, S. 87–90, hier S. 88.

Infolge der Politisierung der Gesellschaft und der damit verbundenen Massenmobilisierung sahen sich die Deutsch-Konservative Partei wie auch die im Reich kleinere Deutsche Reichspartei vor die Herausforderung gestellt, ihre Machtstellung im Deutschen Reichstag zu verteidigen, wozu sie auf zwei Mittel zurückgriffen. Zum einen banden sich die Deutschkonservativen an den 1893 gegründeten Bund der Landwirte, der als moderner Massenverband die ländliche, agrarevolutionäre Protestbewegung vertrat und sich schließlich zur Basis der deutschkonservativen Partei entwickelte, welche dadurch eine antigouvernemantale Ausrichtung erfuhr.[84] Zum anderen hielten sie – die Deutsch-Konservative Partei stärker als die (freikonservative) Deutsche Reichspartei – starr an der bestehenden konstitutionellen Ordnung fest, welche ihnen aufgrund ihrer Machtstellung in Preußen einen bestimmenden Einfluss auf die Reichsleitung sicherte. Somit lehnten sie nicht nur die Einführung des parlamentarischen Regierungssystems, sondern bereits jede Erweiterung der Reichstagsrechte kategorisch ab, da sie hierin eine Stärkung des Liberalismus und besonders der Sozialdemokratie sahen. Nicht zuletzt diese verfassungspolitische Einstellung bedingte nach den Reichstagswahlen von 1912 die weitgehende Isolierung der Konservativen in der Parteienpolitik wie in der Gesellschaft, nachdem die Mobilisierung der Massen nicht den erhofften Erfolg einbrachte.[85]

Nicht zuletzt vor dem Hintergrund dieser unterschiedlichen verfassungspolitischen Vorstellungen bewirkte der Wahlausgang der Reichstagswahl von 1912 eine Blockade der Parteien untereinander. Die bisherige Kooperation zwischen den konservativen Parteien und dem Zentrum erreichte selbst bei Unterstützung durch die Antisemiten mit 158 Mandaten nicht mehr die notwendige Mehrheit von 199 Stimmen, was auch für eine Kooperation von SPD und FVP mit zusammen 152 Stimmen galt. Die gegen den »schwarz-blauen Block« angetretenen Nationalliberalen, Fortschrittler und Sozialdemokraten konnten zwar mit 197 Stimmen sowie der Unterstützung von einigen Fraktionslosen rein rechnerisch eine Mehrheit bilden. Gegen einen solchen »Großblock« von »Bassermann bis Bebel« nach dem Vorbild in Baden, wie er insbesondere von der FVP durch Friedrich Naumann favorisiert und forciert wurde, sprachen jedoch nicht nur die Vorbehalte führender nationalliberaler und sozialdemokratischer Vertreter, sondern auch die unterschiedlichen verfas-

84 Grundlegend dazu Puhle, Interessenpolitik; Wehler, Gesellschaftsgeschichte, Bd. 3, S. 1060–1063. Zur Verbindung von Parteien und Verbänden Stegmann, Erben. In der Beurteilung abgewogener Ullmann, Interessenverbände, S. 68–123.

85 Siehe Nipperdey, Deutsche Geschichte, Bd. 2, S. 540f.; Grosser, Konstitutionalismus, S. 82ff.; Ritter, Parteien, S, 80. Zur Deutsch-Konservativen Partei grundlegend Retallack, Notables; ders., Road. Zur Deutschen Reichspartei ausführlich Alexander, Partei; Ritter, Parteien, S. 80–84. Siehe auch Schildt, Konservativismus, S. 125–130.

sungspolitischen Vorstellungen.[86] Auch weitere Möglichkeiten wie die Wiederzusammenführung der beiden liberalen Parteien und der Zentrumspartei oder das Zusammengehen von Konservativen, Nationalliberalen und den Abgeordneten des Zentrums stellten keine Option dar, da im ersten Fall eine ausreichende Mandatsanzahl nicht erreicht werden konnte und im zweiten Fall die Differenzen zwischen den Nationalliberalen und den Konservativen zu tiefgehend waren. Eine Kooperation der Sozialdemokratie mit dem Zentrum kam zwar auf 201 Stimmen und unter Einschluss der Fortschrittlichen Volkspartei sogar auf 243 Stimmen, zeichnete sich aber aufgrund der verfassungspolitischen Divergenzen weithin nicht ab.[87] Diese diffuse innerparlamentarische Pattsituation zwischen den Parteien führte zu einer »Selbstparalysierung des Reichstags«[88] und damit zu einer Blockade zwischen Parlament und Reichsleitung. Letzterer kam sie jedoch entgegen, da dem Reichskanzler Bethmann Hollweg keine geschlossene Reichstagsmehrheit gegenüberstand, sondern er die notwendigen Mehrheiten von Fall zu Fall im Sinne seiner »Politik der Diagonalen« zusammenstellen konnte.[89] Dem Reichstag war damit aber jeglicher Zugriff auf die Exekutive entzogen, bis der Weltkrieg die innenpolitische Lage noch einmal grundlegend veränderte. Bei Ausbruch des Krieges schaltete sich der Reichstag zwar zunächst selber aus, als sich die Parteien dem »Burgfrieden« unterwarfen, auf innenpolitische Auseinandersetzungen verzichteten und dem Bundesrat weite Teile seiner Gesetzgebungskompetenz übertrugen. Aufgrund der notwendigen parlamentarischen Bewilligung der Kriegskredite sowie der Kriegslage an der Front wie im Innern mischte er sich aber, besonders seit der ersten großen Reformdebatte im Herbst 1916, in den politischen Entscheidungsprozess verstärkt wieder ein, wobei sich die parteipolitischen Konstellationen verschoben und neu formierten.[90]

---

86 Loth, Kaiserreich, S. 136; Bertram, Wahlen, S. 244f. Zu dem Bemühen, diesen Großblock auf Reichsebene zu verwirklichen, umfassend Heckart, Bassermann. Zum badischen Großblock Brandt, Kaiserreich, S. 202–206. Zu Haltung Naumanns siehe Naumann, Demokratie.

87 Vgl. Nipperdey, Deutsche Geschichte, Bd. 2, S. 749ff. Dagegen Rauh, Parlamentarisierung, S. 170ff.; Schmidt, Blockbildungen, S. 8ff., 23ff.

88 Mommsen, Krise, S. 309.

89 Vgl. Mommsen, Krise, S. 303–310. Siehe auch Schmidt, Blockbildungen, S. 28f. Bertram, Wahlen, S. 245. Zur Politik Bethmann Hollwegs Jarausch, Chancellor, S. 85–89; Wollstein, Bethmann Hollweg, S. 47–52, 58ff.

90 Dazu Ullmann, Kaiserreich, S. 211f., 252–255. Zum Ermächtigunsgesetz vom 4.8.1914 siehe Frehse, Ermächtigungsgesetzgebung, S. 12–41.

2. Die Inhalte der Debatten

2.1. Die allseitige Verwendung des Volksbegriffs

In den Verfassungsberatungen des ausgehenden Kaiserreichs nahm der Begriff des Volkes eine sehr prominente Rolle ein. Redner sämtlicher Parteien beriefen sich in ihren Ausführungen auf das »Volk«, um eigene Forderungen zu legitimieren bzw. die Forderungen anderer zu delegitimieren.[91] Dabei bestanden Gemeinsamkeiten wie Unterschiede zwischen den Vertretern der einzelnen Parteien. Übereinstimmend benutzten alle Redner den Volksbegriff im Singular. So hoben im Oktober 1916 etwa Ernst Bassermann (NLP) oder Eduard David (SPD) hervor, dass sich das »Volk« im Krieg derart bewährt habe, dass überholte Rechtsschranken aufzuheben und die Rechtsgleichheit zu verwirklichen sei.[92] Eine Bezugnahme auf das »Volk« konnte aber ebenso gut auch zur Ablehnung von innenpolitischen Reformen dienen. In diesem Sinne führte Reichskanzler Bethmann Hollweg im März 1917 aus, dass er die von den Sozialdemokraten und Linksliberalen geforderte Reform des preußischen Dreiklassenwahlrechts zum jetzigen Zeitpunkt mit Rücksicht auf den Existenzkampf des »Volkes« nicht durchführen könne.[93] Dass das »Volk« zur Legitimierung gegensätzlicher Standpunkte herangezogen wurde, zeigte sich in der Auseinandersetzung um die Einführung des parlamentarischen Regierungssystems. Während der deutschkonservative Abgeordnete Hermann Kreth ausführte, dass sich das »Volk« für das parlamentarische System nicht begeistern werde,[94] betonte Georg Ledebour von der Sozialdemokratischen Arbeitsgemeinschaft (SAG), dem Vorläufer der im April 1917 gegründeten Unabhängigen Sozialdemokratischen Partei (USPD), dass das »Volk« von seinen Abgeordneten verlangen werde, auch gegen die Regierung diese Regierungsform über das Budgetbewilligungsrecht zu erzwingen.[95]

---

91 Dieses lässt sich für den politischen Sprachgebrauch insgesamt konstatieren: Koselleck, Volk, S. 389f.

92 Sten. Ber., Bd. 308, S. 1715 (Ernst Bassermann (NLP), 11.10.1916), S. 1740 (Eduard David (SPD), 11.10.1916). Siehe auch ebd., S. 1710 (Philipp Scheidemann (SPD), 11.10.1916), S. 1722 (Friedrich Naumann (FVP), 11.10.1916); ebd., Bd. 309, S. 2832 (Peter Spahn (Z), 29.3.1917); ebd., Bd. 310, S. 3426 (Friedrich Naumann (FVP), 15.5.1917).

93 Sten. Ber., Bd. 309, S. 2867 (Theobald von Bethmann Hollweg, 29.3.1917). Zur preußischen Wahlrechtsdiskussion während des Weltkrieges umfassend Patemann, Kampf; Müller, Nation, S. 282–311. Siehe auch Llanque, Denken, S. 160–167.

94 Sten. Ber., Bd. 308, S. 1826 (Hermann Kreth (DKons.), 26.10.1916). Siehe auch ebd., Bd. 309, S. 2860 (Kuno Graf von Westarp (DKons.), 29.3.1917).

95 Sten. Ber., Bd. 308, S. 1829 (Georg Ledebour (SAG), 26.10.1916). Vgl. auch Sten. Ber., Bd. 310, S. 3444 (Hugo Haase (USPD), 16.5.1917), S. 3587 (Hugo Haase (USPD), 19.7.1917); ebd., Bd. 311, S. 4335 (August Erdmann (USPD), 12.3.1918). Zur Spaltung der Sozialdemokratie und zur

Um diese Berufung auf das »Volk« für eigene parteipolitische Forderungen zu verstärken, entwickelten die Abgeordneten im Wesentlichen zwei Redestrategien. Erstens verwendeten sie die Formulierung »unser Volk«, womit sie das »Volk« ausschließlich für ihre Sichtweise in Besitz zu nehmen versuchten, wie es in besonderem Maße bei den sozialdemokratischen und den konservativen Rednern der Fall war. So betonte etwa Kuno Graf von Westarp (DKons.) im Oktober 1916 den Willen in »unserem Volk« nach einem baldigen, aber siegreichen Frieden und sah im März 1917 die Forderungen nach innenpolitischen Reformen »in unserem Volke« als nicht so verbreitet an, wie es die Ausführungen der sozialdemokratischen und linksliberalen Redner nahelegen würden.[96] Sozialdemokratische Redner nahmen Bezug auf »unser Volk«, indem sie wie Gustav Noske im März 1917 die Notwendigkeit innenpolitischer Reformen mit der »Zukunft unseres Volkes« begründeten oder nach dem Eintritt von Sozialdemokraten in das Reichskabinett Prinz Max von Badens im Oktober 1918 die Reformkraft in »unserem Volke« gegen die Angriffe der Konservativen verteidigten.[97] Vereinzelt griffen auch Redner der liberalen Parteien sowie der Zentrumspartei auf diese Ausdrucksweise zurück, ohne dass diese hier eine zentrale Bedeutung einnahm.[98]

Zweitens fügten die Abgeordneten dem Volksbegriff eine nationale Konnotation bei, wobei sie weniger den Begriff der Nation aufgrund seiner französischen Intonation[99] verwendeten, sondern vom »deutschen Volk« sprachen. Redner sämtlicher Parteien nahmen diese Formulierung auf, welche in angespannten und krisenhaften Zeiten wie in der Julikrise 1917 besonders häufig verwendet wurde. Nachdem sich der Zentrumsabgeordnete Matthias Erzber-

---

Entstehung der USPD vgl. ausführlich Miller, Burgfrieden, S. 113–166; Krause, USPD, S. 42–92. Zum Aufstieg der USPD in den Jahren 1917/18 auch Wehler, Gesellschaftsgeschichte, Bd. 4, S. 122–125.

96 Sten. Ber., Bd. 308, S. 1724 (Kuno Graf von Westarp (DKons.), 29.3.1917); ebd., Bd. 309, S. 2861ff., hier S. 2863 (Kuno Graf von Westarp (DKons.), 29.3.1917).

97 Sten. Ber., Bd. 309, S. 2840 (Gustav Noske (SPD), 29.3.1917), Bd. 314, S. 6215 (Gustav Noske (SPD), 24.10.1918). Dazu auch ebd., Bd. 309, S. 2835 (Gustav Noske (SPD), 29.3.1917); ebd., Bd. 314, S. 6213 (Gustav Noske (SPD), 24.10.1918), S. 6292 (Otto Landsberg (SPD), 26.10.1918). In diesem Sinne auch die Äußerungen der USPD-Mitglieder ebd., Bd. 309, S. 2889 (Hugo Haase (USPD), 30.3.1917); ebd., Bd. 310, S. 3446 (Hugo Haase (USPD), 16.5.1917).

98 Sten. Ber., Bd. 308, S. 1722 (Friedrich Naumann (FVP), 11.10.1916); ebd., Bd. 309, S. 2849 (Ernst Müller (FVP), 29.3.1917), S. 2832f. (Peter Spahn (Z), 29.3.1917); ebd., Bd. 310, S. 3436 (Eugen Schiffer (NLP), 16.5.1917).

99 Koselleck, Volk, S. 390, 397. Wenn der Bezug auf die »Nation« hergestellt wurde, diente diese wie etwa in der Rede vom »Schicksal der Nation« ausschließlich als Synonym für den Volksbegriff. Dazu Sten. Ber., Bd. 308, S. 1813 (Georg Gradnauer (SPD), 26.10.1916). Siehe auch ebd., S. 1826 (Hermann Kreth (DKons.), 26.10.1916); ebd., Bd. 310, S. 3425 (Friedrich Naumann (FVP), 15.5.1917); ebd., Bd. 314, S. 6151 (Prinz Max von Baden, 5.10.1918).

ger am 6. Juli im Hauptausschuss auch aufgrund des Druckes der Mehrheitssozialdemokraten für einen Frieden der Verständigung und des Ausgleichs ausgesprochen hatte, bildete sich durch die Zusammenarbeit von SPD, FVP und Zentrum im Interfraktionellen Ausschuss eine parlamentarische Mehrheit heraus, die sich für eine entsprechende Friedenserklärung des Reichstags wie für innenpolitische Reformen einsetzte.[100] In der Begründung der Friedensresolution, die von dieser parlamentarischen Mehrheit am 19. Juli 1917 in den Reichstag eingebracht und verabschiedet wurde, rekurrierte neben dem Zentrumsredner Konstantin Fehrenbach und dem Sozialdemokraten Philipp Scheidemann besonders Friedrich von Payer (FVP) auf die Formulierung vom »deutschen Volk«. So führte er aus, »daß auch das deutsche Volk in seiner Mehrheit nichts anderes erstrebt, als einen Frieden des Ausgleichs, der Verständigung und der dauernden Versöhnung der Völker, mit dem erzwungene Gebietserwerbungen und andere Vergewaltigungen nicht vereinbar sind.«[101] Auf diese Weise gelang es den Rednern der Mehrheitsparteien, in der außenwie innenpolitisch angespannten Lage[102] nicht nur eine einheitliche Vorstellung vom »Volk« aufrecht zu erhalten, sondern mit dem Adjektiv »deutsch« auch national aufzuwerten und für ihre Ziele in Anspruch zu nehmen. Damit gewannen die Redner der Mehrheitsparteien einen Vorteil, da die oppositionellen Redner der NLP, DKons. und der USPD in ihren Stellungnahmen gänzlich auf die Rede vom »deutschen Volk« verzichteten.

Dasselbe Phänomen ist auch im Oktober 1918 festzustellen, als die auf kaiserliche Anordnung vom 30. September 1918[103] gebildete parlamentarische Regierung unter dem Reichskanzler Prinz Max von Baden unter Beteiligung von SPD, FVP und Zentrum vor der Aufgabe stand, mit dem amerikanischen Präsidenten einen Waffenstillstand auszuhandeln. Dazu sollte auf innenpolitischem Gebiet die Demokratisierung der Reichsverfassung durchgeführt werden, indem insbesondere in Art. 15 RV die Abhängigkeit des Reichskanzlers vom Vertrauen des Reichstags verfassungsrechtlich festgelegt wurde.[104] Jedoch

100 Zur Julikrise 1917 und zur Bildung des Interfraktionellen Ausschusses Oppelland, Reichstag, S. 235–259; Ribhegge, Frieden, S. 171–193; Epstein, Erzberger, S. 204–228; Llanque, Denken, S. 199–208; Loth, Katholiken, S. 326–340; Bermbach, Vorformen, S. 54–62; Matthias/Morsey, Einleitung.

101 Sten. Ber., Bd. 310, S. 3580f., hier S. 3580 (Friedrich von Payer (FVP), 19.7.1917). Siehe auch ebd., S. 3577, 3579 (Philipp Scheidemann (SPD), 19.7.1917), S. 3573, 3575 (Konstantin Fehrenbach (Z), 19.7.1917).

102 Zur Kanzlerkrise im Juli 1917 etwa Winkler, Weg, Bd. 1, S. 348–351; Nipperdey, Deutsche Geschichte, Bd. 2, S. 838–841. Siehe auch Mommsen, Meinung.

103 Der kaiserliche Erlass ist abgedruckt bei Michaelis/Schraepler, Ursachen, Bd. 1, S. 347.

104 Zur Begründung der innenpolitischen Reformen bezeichnete Vizekanzler Friedrich von Payer (FVP) diese als »Erfüllung alter seit Jahrzehnten aufgestellten Forderungen der großen Mehr-

wurde dieses Deutungsmuster im Gegensatz zur Julikrise 1917 von den Oppositionsparteien auf der Rechten und der Linken stärker in Frage gestellt.[105]

Eine ähnlich gelagerte Auseinandersetzung um die Berufung auf das »deutsche Volk« fand im Zusammenhang mit der Wahlrechtsdiskussion in Preußen im März 1917 statt. Nachdem sich Redner im preußischen Herrenhaus gegen die Politik der Neuorientierung des Reichskanzlers und die Reformbestrebungen des Reichstags gewandt hatten,[106] sahen sich Reichstagsabgeordnete wie Ernst Müller (FVP) herausgefordert, ihre Politik zu verteidigen. Dazu verwies er auf die Leistungen und Opfer, die das »deutsche Volk« so zahlreich vollbracht habe. Somit seien seine Ansprüche auf innenpolitische Reformen wie die Einführung des gleichen Wahlrechts in Preußen im Gegensatz zu der im Herrenhaus vertretenen Auffassung vollauf berechtigt.[107] Indem sich auch Peter Spahn (Z), Gustav Noske (SPD), Gustav Stresemann (NLP) und Eduard David (SPD)[108] in diesem Sinne äußerten, fand sich hier eine parlamentarische Mehrheit zusammen, welche am 30. März 1917 die Einsetzung eines Ausschusses zur Klärung verfassungsrechtlicher Fragen beschloss.[109] Dementsprechend konnten die konservativen Redner hier nur schwerlich auf innenpolitischem Gebiet in einen Deutungskampf um das »deutsche Volk« eintreten. Um aber den Bezug auf das »deutsche Volk« nicht zu verlieren, verlagerten sie ihre

---

heit des deutschen Volkes« und als »Dank dafür [...], daß das deutsche Volk diese Opfer [des Krieges, H.B.] auf sich genommen hat«. Sten. Ber., Bd. 314, S. 6191 (Friedrich von Payer, 23.10.1918). Siehe auch ebd., S. 6152 (Prinz Max von Baden, 5.10.1918), S. 6158f. (Prinz Max von Baden, 22.10.1918), S. 6161f. (Friedrich Ebert (SPD), 22.10.1918), S. 6172 (Friedrich Naumann (FVP), 22.10.1918), S. 6175f. (Gustav Stresemann (NLP), 22.10.1918), S. 6183f. (Gustav Noske (SPD), 24.10.1918), S. 6259ff. (Georg Gothein (FVP), 25.10.1918). Zu den Verfassungsreformen im Oktober 1918 Grundmann/Krohn, Einführung; Rauh, Parlamentarisierung, S. 422–469; Mai, Ende, S. 158–167; Llanque, Denken, S. 303–307. Zur besonderen Lage der Mehrheitssozialdemokratie siehe Miller, Bürde, S. 23–56.

105 Nicht nur der oppositionelle Redner von der Deutschkonservativen Partei, Hermann Kreth, betonte, dass das »deutsche Volk« weiterhin monarchisch eingestellt sei und bleibe. Auch Hugo Haase (USPD) berief sich in seiner Kritik an den Verfassungsreformen auf das »deutsche Volk«, das in außenpolitischer Hinsicht belogen worden sei. Sten. Ber., Bd. 314, S. 6224 (Hermann Kreth (DKons.), 24.10.1918); ebd., S. 6182 (Hugo Haase (USPD), 23.10.1918). Siehe auch ebd., S. 6202 (Arthur Graf von Posadowsky-Wehner (DRP), 23.10.1918), S. 6287 (Albrecht von Graefe (DKons.), 26.10.1918), S. 6296 (Eduard Bernstein (USPD), 26.10.1918).

106 Dazu Spenkuch, Herrenhaus, S. 124–127; Patemann, Kampf, S. 50ff.

107 Sten. Ber., Bd. 309, S. 2845 (Ernst Müller (FVP), 29.3.1917).

108 Vgl. Sten. Ber., Bd. 309, S. 2831f. (Peter Spahn (Z), 29.3.1917), S. 2839, 2842 (Gustav Noske (SPD), 29.3.1917), S. 2853 (Gustav Stresemann (NLP), 29.3.1917), S. 2904f. (Eduard David (SPD), 30.3.1917).

109 Zum Verfassungsausschuss und seiner Einsetzung Rauh, Parlamentarisierung, S. 365–384; Bermbach, Vorformen, S. 49–54; Miller, Burgfrieden, S. 284–287.

Ausführungen auf die Außenpolitik und betonten die Leistungen des »deutschen Volkes« im Kampf gegen die Übermacht der Feinde.[110]

Diese parteiübergreifend festzustellende Bezugnahme auf das Volk wurde in der Formulierung vom »Wohl des Volkes« besonders virulent. Auf dieses beriefen sich nicht nur sozialdemokratische und linksliberale Redner zur Begründung ihrer Reformforderungen, sondern auch konservative Redner, um eben solche zurückzuweisen. So drohte Hermann Kreth (DKons.) im Mai 1917:

»Wenn Sie das parlamentarische System einführen und die Regierung darauf eingeht, dann will ich Ihnen aber vorher noch eines sagen: Meine Partei wird sich dabei nicht schlecht befinden, denn wenn diese Mehrheitsparteien erst einmal ihre Kunst an dem Versuchsobjekt »deutsches Volk und Deutsches Reich« erproben werden, dann werden alle sehen, daß die Konservativen, obwohl sie nur wenige waren, doch besser das wahre Wohl des deutschen Volkes verstanden haben als die kompakte Mehrheit.«[111]

Dass diese Bezugnahme jedoch umstritten war und sie den Konservativen von linker Seite abgesprochen wurde, belegen die darauf folgenden Reaktionen im Plenum, die sich auf der rechten Seite in einem lebhaften Beifall und auf der linken Seite in Lachen ausdrückten.[112]

Die Auseinandersetzung spitzte sich im Zusammenhang mit dem im März 1917 eingesetzten Verfassungsausschuss des Reichstags zu. In dem ersten Ausschussbericht wurde eine Reform des Reichstagswahlrechts gefordert, indem in bevölkerungsreichen Wahlkreisen die Mandate zu vermehren und für deren Verteilung die Verhältniswahl einzuführen seien.[113] Obwohl die sozialdemokratischen Anträge, das Wahlalter auf 20 Jahre herabzusetzen, den Frauen das aktive und passive Wahlrecht zu gewähren und im gesamten Reich das Verhältniswahlsystem einzuführen, bereits im Ausschuss abgelehnt worden waren, wurden diese in der Besprechung des Ausschussberichts am 6. Juli 1917 von der Fraktion der SPD ein zweites Mal eingebracht. Begründet wurde dieser Schritt von Georg Gradnauer (SPD) mit dem Hinweis, dass er dem sozialdemokratischen Gerechtigkeitsverständnis entspreche und »für das Wohl unseres

110 Vgl. Sten. Ber., Bd. 309, S. 2860, 2862f. (Kuno Graf von Westarp (DKons.), 29.3.1917).

111 Sten. Ber., Bd. 310, S. 3450 (Hermann Kreth (DKons.), 16.5.1917). Zu den Aussagen reformorientierter Kräfte siehe Sten. Ber., Bd. 308, S. 1710 (Philipp Scheidemann (SPD), 11.10.1916), S. 1831 (Georg Ledebour (SAG), 26.10.1916); ebd., Bd. 310, S. 3425 (Friedrich Naumann (FVP), 15.5.1917).

112 Sten. Ber., Bd. 310, S. 3450.

113 Siehe dazu Sten. Ber., Bd. 321, Anlage Nr. 895, S. 1666–1671. Zur Wahlrechtsdiskussion im Kaiserreich und zur Einführung des Verhältniswahlrechts in diesen Wahlkreisen am 24. August 1918 siehe Schanbacher, Wahlen, S. 33–47; Rauh, Parlamentarisierung, S. 408–411.

Volkes von allergrößter Bedeutung« sei.[114] Daraufhin rekurrierte der nationalliberale Abgeordnete Lißt in seiner Verteidigung der Beschlüsse des Ausschusses ebenfalls auf das »Wohl des Volkes« und führte aus, dass sich die Fraktionen bei ihrer Arbeit von »ihren Ansichten von dem Wohl des Volkes« leiten ließen und dementsprechend eine Annahme der sozialdemokratischen Anträge »mit Rücksicht auf das Wohl des Volkes« nicht verantworten könnten.[115]

Die allseitige Berufung auf das »Volk« wie auf das »Wohl des Volkes« konnte also zur Legitimierung von entgegengesetzten parteipolitischen Standpunkten dienen, was von den Abgeordneten im Allgemeinen nicht thematisiert wurde. In angespannten Situationen konnte eine offensichtliche Inanspruchnahme von der gegnerischen Seite mit Lachen oder mit Widerspruch quittiert werden. So musste der deutschkonservative Abgeordnete Albrecht von Graefe seine Ausführungen, dass »weite Kreise unseres Volkes« die Friedensbereitschaft der deutschen Regierungen ablehnen würden, aufgrund von Zurufen der linken Seite unterbrechen und betonen, dass er lediglich von »weiten Kreisen« gesprochen habe, in die er die linke Seite nicht eingeschlossen habe.[116] Vor dem Hintergrund der allseitigen Berufung auf das »Volk« waren die Abgeordneten gezwungen, die bestehenden Meinungsunterschiede innerhalb des Reichstags auf das Volk zurück zu projizieren und dementsprechend die Heterogenität des »Volkes« zu präzisieren.

Einer pluralistischen Sichtweise des »Volkes« stand jedoch der im August 1914 proklamierte »Burgfrieden« entgegen, mit dem sich die Parteien verpflichtet hatten, für die Kriegszeit alle innenpolitischen Konflikte zwischen Reichsleitung und Reichstag sowie zwischen den Parteien stillzulegen und die militärische wie zivile Reichsleitung vorbehaltlos zu unterstützen. Zwar löste sich der »Burgfriede« aufgrund von Meinungsverschiedenheiten bei den Kriegszielen und den innenpolitischen Reformen im Verlaufe des Krieges zunehmend auf.[117] Für die parlamentarische Kommunikation erwies sich die seit Kriegsbeginn progapierte Vorstellung einer inneren Einheit des Volkes[118] jedoch weiterhin als folgenreich: Insbesondere wurde von konservativer Seite gefordert, die Einigkeit aufrechtzuerhalten und nicht durch weitreichende Reformforderungen im Reichstag zu gefährden.[119] Die Rede von der »Einigkeit

---

114 Sten. Ber., Bd. 310, S. 3509 (Georg Gradnauer (SPD), 6.7.1917).

115 Sten. Ber., Bd. 310, S. 3515 (Friedrich Lißt (NLP), 6.7.1917).

116 Sten. Ber., Bd. 309, S. 2918f. (Albrecht von Graefe (DKons.), 30.3.1917).

117 Dazu Ullmann, Kaiserreich, S. 252–263; Loth, Kaiserreich, S. 142–148; Nipperdey, Deutsche Geschichte, Bd. 2, S. 778ff.; Wehler, Gesellschaftsgeschichte, Bd. 4, S. 39ff.

118 Vgl. Raithel, »Wunder«, S. 467–479.

119 Paradigmatisch die Aussagen von Erich Mertin (DRP): »Das ist der Gedanke und der Wille des Volkes, und ich glaube nicht zu weit zu gehen, wenn ich behaupte, daß das Volk auch kein Verständnis dafür hat, daß wir hier im Reichstag in dieser Zeit uns bekämpfen und

des Volkes« beschränkte sich jedoch nicht auf die konservativen Abgeordneten, sondern fand sich auch im Sprachgebrauch der Redner der liberalen Parteien wie der Zentrumspartei wieder. Selbst der mehrheitssozialdemokratische Abgeordnete Eduard David beschwor die »entschlossene innere Einheit des Volkes« in der Abwehr des Feindes, womit er aber in erster Linie den Reichstag aufwertete, der diese Einheit erst durch die Beschlüsse des 4. August 1914 ermöglicht habe.[120] In diesem Sinne versuchte auch Friedrich Naumann (FVP) den von den Konservativen vertretenen Gegensatz zwischen der »Einigkeit des Volkes« und den parlamentarischen Reformforderungen aufzuheben. So führte er aus, dass sich in diesem Krieg »ein einheitliches Volk ohne Klassen« bewährt habe, welches nun berechtigte Ansprüche auf die Mitwirkung an Regierung und Staat anmelden dürfe.[121] Lediglich die Vertreter der Unabhängigen Sozialdemokratie verzichteten gänzlich auf den Bezug zu einer »Einigkeit des Volkes«, da sie mit ihrer Ablehnung der Kriegskredite von sich aus den »Burgfrieden« aufgekündigt und sich von einer Einheitsvorstellung losgesagt hatten.

Die von den Konservativen bis zu den Mehrheitssozialdemokraten reichenden vereinheitlichenden Volksvorstellungen besaßen Auswirkungen auf die semantischen Unterteilungsmöglichkeiten des Volksbegriffs in »Mehrheit« und »Minderheit«. Wenn von einer »Mehrheit des Volkes« die Rede war, so wurde diese in den meisten Fällen durch Formulierungen wie »die überwiegende Mehrheit des deutschen Volkes«[122] oder die »weitesten Kreise des deutschen Volkes«[123] verstärkt. Auf diese Weise konnten die Abgeordneten sowohl auf eine »Mehrheit im Volk« Bezug nehmen, wie es vor dem Hintergrund der sich im Reichstag ausdrückenden Meinungsverschiedenheiten notwendig war, als auch einer Einheitsvorstellung des Volkes entgegenkommen, da die Formulierung einer »überwiegenden Volksmehrheit« die Vorstellung einer marginalen und damit zu vernachlässigenden Volksminderheit implizierte. In besonderem

---

gegenseitig mit Anträgen bombardieren. Das eine steht für uns in dem Vordergrund: die Einigkeit des deutschen Volkes, wie sie so herrlich am Beginn des Krieges aufgestrahlt ist.« Sten. Ber., Bd. 309, S. 2923 (Erich Mertin (DRP), 30.3.1917). Siehe auch Sten. Ber., Bd. 308, S. 1725ff. (Kuno Graf von Westarp (DKons.), 11.10.1916), S. 1728 (Gustav Adolph von Halem (DRP), 11.10.1916); ebd., Bd. 310, S. 3431 (Kuno Graf von Westarp (DKons.), 15.5.1917).

120 Sten. Ber., Bd. 309, S. 2905 (Eduard David (SPD), 30.3.1917). Zu den übrigen Parteien siehe Sten. Ber., Bd. 308, S. 1716 (Ernst Bassermann (NLP), 11.10.1916); ebd., Bd. 310, S. 3574 (Konstantin Fehrenbach (Z), 19.7.1917).

121 Sten. Ber., Bd. 310, S. 3426 (Friedrich Naumann (FVP), 15.5.1917). Siehe auch ebd., Bd. 308, S. 1720 (Friedrich Naumann (FVP), 11.10.1916).

122 Sten. Ber., Bd. 310, S. 3580 (Friedrich von Payer (FVP), 19.7.1917).

123 Sten. Ber., Bd. 309, S. 2848 (Ernst Müller (FVP), 29.3.1917).

Maße griffen die linksliberalen und mehrheitssozialdemokratischen Abgeordneten wie zum Beispiel Philipp Scheidemann (SPD) auf diese Redestrategie zurück, der die Friedensresolution des Reichstags als »Gemeingut nahezu des gesamten deutschen Volkes« bezeichnete.[124] Aber auch die konservativen Redner nahmen diese Formulierung für ihre Standpunkte in Anspruch, wenn etwa Hermann Kreth (DKons.) im Oktober 1918 betonte, dass das »deutsche Volk [...] in seiner überwiegenden Mehrheit monarchisch gesonnen« sei und bleibe.[125] Gegenüber dieser semantischen Scheindifferenzierung des Volkes besaß die Bezugnahme auf eine »Mehrheit des Volkes« ohne Zusatz eine geringere Wirkung und wurde dementsprechend weniger verwendet.[126]

Eine besondere Aufwertung erfuhr die Berufung auf die »Mehrheit des Volkes« im Zusammenhang mit der Bildung der ersten parlamentarischen Regierung im Oktober 1918, als Prinz Max von Baden im Unterschied zu seinen Vorgängern unterstrich, dass er »die Überzeugung und den Willen der Mehrheit des Volkes« hinter sich wisse.[127] Während sich Abgeordnete sämtlicher Parteien dieser Mehrheitssemantik bedienten, wurde der Gegenpart, die »Minderheit des Volkes«, nahezu ausschließlich von sozialdemokratischer Seite thematisiert. Insbesondere im Zusammenhang mit ihrer Forderung, das Verhältniswahlrecht für das ganze Reichsgebiet einzuführen, verwiesen die Redner der SPD wie auch der USPD auf die »Minderheiten«, denen eine entsprechende Vertretung im Reichstag zukommen müsse.[128] Aufgrund der wiederholten Vorbringung dieser Thematik waren die Vertreter der Regierung sowie der übrigen Parteien gezwungen, darauf zu reagieren. So begründete der Staatssekretär des Innern am 12. März 1918 den Regierungsentwurf eines Reichswahlgesetzes unter anderem damit, dass »auch den ansehnlichen Minderheiten eine Vertretung« gegeben werde.[129] Jedoch blieb die Thematisierung der »Minder-

124 Sten. Ber., Bd. 310, S. 3577 (Philipp Scheidemann (SPD), 19.7.1917). Siehe auch ebd., Bd. 308, S. 1833 (Hans Sivkovich (FVP), 26.10.1916); ebd., Bd. 309, S. 2843 (Ernst Müller (FVP), 29.3.1917), S. 2909 (Eduard David (SPD), 30.3.1917); ebd., Bd. 310, S. 3508 (Ernst Müller (FVP), 6.7.1917); ebd., Bd. 311, S. 4329 (Ernst Müller (FVP), 12.3.1918); ebd., Bd. 314, S. 6161 (Friedrich Ebert (SPD), 22.10.1918), S. 6191 (Friedrich von Payer (FVP), 23.10.1918).

125 Sten. Ber., Bd. 314, S. 6224 (Hermann Kreth (DKons.), 24.10.1918)

126 Sten. Ber., Bd. 308, S. 2855 (Gustav Stresemann (NLP), 26.10.1918); ebd., Bd. 309, S. 2902 (Eduard David (SPD), 30.3.1917), S. 2927 (Georg Ledebour (SAG), 30.3.1917); ebd., Bd. 310, S. 3580 (Friedrich von Payer (FVP), 19.7.1917).

127 Sten. Ber., Bd. 314, S. 6151 (Prinz Max von Baden, 5.10.1918).

128 Sten. Ber., Bd. 310, S. 3511 (Georg Gradnauer (SPD), 6.7.1917); ebd., Bd. 311, S. 4325f. (Georg Gradnauer (SPD), 12.3.1918); ebd., Bd. 313, S. 5913 (Otto Landsberg (SPD), 8.7.1918), S. 5922 (Joseph Herzfeld (USPD), 8.7.1918).

129 Sten. Ber., Bd. 311, S. 4319 (Max Wallraf, 12.3.1918). Siehe auch ebd., S. 4322 (Joseph Kuckhoff (Z), 12.3.1918), S. 4329 (Ernst Müller, 12.3.1918), S. 4332 (August von Veit (DKons.), 12.3.1918).

heit« wie der »Mehrheit« bis zum Oktober 1918 ohne weitere Verbreitung. Dominiert wurden die semantischen Unterteilungsformen des Volkes von den zugespitzten Formen, indem sich die Redner auf die »überwiegende Volksmehrheit« oder die »allerweitesten Volkskreise« beriefen und damit eine Einheitsvorstellung perpetuierten, die letztlich lediglich eine Scheindifferenzierung darstellte, da die entsprechenden Bezugnahmen ohne einen empirischen Bezug oder eine pluralistische Sichtweise des Volkes vorkamen.

In diesem Zusammenhang ist auch die Thematisierung der »Volksmasse« zu verorten, die weniger die Vorstellung einer konkreten Menge als vielmehr die der Bevölkerung im Ganzen impliziert.[130] Insbesondere die sozialdemokratischen Abgeordneten beriefen sich in ihren Ausführungen auf die »Volksmassen«, deren Forderungen nach Einräumung weiterreichender Rechte so rasch wie möglich entsprochen werden müsse, da die »Geduld der Volksmassen« nicht unerschöpflich sei.[131] Während dieser Bezug in den Ausführungen der mehrheitssozialdemokratischen Redner als Druckmittel auf die Reichsleitung fungierte, diente er bei den Rednern der USPD wie Hugo Haase dazu, die »Volksmassen« zum Vorgehen gegen die Regierung zu bewegen, wobei sie auch auf die Bezeichnung »Massen« zurückgriffen und den Verweis auf den Massencharakter anstelle des Bezugs zum Volk betonten.[132] Aber vor dem Hintergrund der Kriegsbelastungen war die »Masse« der Bevölkerung für die bürgerlichen Parteien ein wichtiger Faktor und somit trotz ihrer Vorbehalte[133] nicht zu ignorieren. Nicht nur Friedrich Naumann (FVP) sprach von berechtigten Forderungen der »Massen des Volkes«, ihre politischen Rechte aufgrund ihrer Leistungen im Kriege zu erweitern.[134] Auch Gustav Stresemann (NLP) äußerte im März 1917 den Wunsch, »daß das natürliche Gefühl der deutschen Massen nicht nur eine Macht im Staate […], sondern eine Macht in der Hand des Staates« sei.[135] Um diese Berufung auf die »Volksmassen« von den Vorstel-

130 Llanque, Massendemokratie, S. 46. Zur Ausprägung des Massenbegriffs ab 1815 Koselleck, Volk, S. 366ff.

131 Sten. Ber., Bd. 308, S. 1733 (Hugo Haase (SAG), 11.10.1916).

132 Dazu Sten. Ber., Bd. 309, S 2839, 2841f. (Gustav Noske (SPD), 29.3.1917), S. 2907 (Eduard David (SPD), 30.3.1917); ebd., Bd. 310, S. 3446 (Hugo Haase (USPD), 16.5.1917), S. 3586 (Hugo Haase (USPD), 19.7.1917); ebd., Bd. 313, S. 5923 (Joseph Herzfeld (USPD), 8.7.1918); ebd., Bd. 314, S. 6270 (Otto Rühle (fraktionslos), 25.10.1918). Zum positiv konnotierten Massenbegriff auf sozialistischer Seite Koselleck, Volk, S. 416ff.

133 Für Wolfgang Hardtwig gilt die »Masse« als »der bildungsbürgerliche Abscheubegriff der Epoche.« Hardtwig, Einleitung, S. 19. Dazu Mai, Europa, S. 30f.

134 Vgl. Sten. Ber., Bd. 308, S. 1722f. (Friedrich Naumann (FVP), 11.10.1916). Siehe auch Sten. Ber., Bd. 309, S. 2914 (Heinrich Dove (FVP), 30.3.1917). Zu dieser Ambivalenz Koselleck, Volk, S. 416.

135 Sten. Ber., Bd. 309, S. 2857 (Gustav Stresemann (NLP), 29.3.1917). Dazu Bermbach, Vorformen, S. 51.

lungen der USPD einerseits abzugrenzen, andererseits aber an die Mehrheitssozialdemokratie sowie die liberalen Parteien anzubinden, brachte Friedrich Naumann im Mai 1917 die Bezeichnung der »Menge« und der »Vielen« als Variante des Massenbegriffs in die Diskussion ein.[136] Während sich die linksliberalen Vertreter auf semantischer Ebene um eine mehrheitsfähige Anerkennung der »Volksmassen« bemühten, grenzten sich die konservativen Abgeordneten davon ab. Entweder betonten sie, dass den »Massen« bereits jetzt schon weitgehende Rechte eingeräumt worden seien, oder sie sprachen von »Arbeitermassen«, womit sie die Legitimation der sozialdemokratischen Ausführungen in Frage stellten, indem sie den Verweis auf das »Volk« in Abrede stellten.[137]

Trotz der Bemühungen von liberaler Seite blieben die »Volksmassen« ein potenzielles Druckmittel der sozialdemokratischen Parteien gegen die Regierung und wurden erst unter dem Eindruck des Eintritts der Mehrheitssozialdemokratie in die Regierung im Oktober 1918 positiv aufgewertet. So hoben nicht nur sozialdemokratische Abgeordnete, sondern auch Redner des Zentrums die Bedeutung der Volksmassen für die Staatsaufgaben hervor. Und Prinz Max von Baden betonte, »daß die neue Regierung von dem festen Vertrauen der breiten Massen des Volkes getragen ist, ohne dessen überzeugungstreue Gefolgschaft ihr ganzes Handeln von vornherein zum Mißlingen verurteilt wäre.«[138] Indem sich der positive Bezug auf die »Volksmassen« von den Sozialdemokraten auf die Vertreter der mittleren Parteien und der Regierung ausweitete, wurde das »Volk« auch in seinen unteren Bevölkerungsschichten anerkannt, ohne jedoch eine pluralistische Sichtweise des Volkes nach sich zu ziehen.

Diesbezüglich musste erst der Bezug zum Individuum hergestellt werden, wobei die Abgeordneten in erster Linie auf zwei Begriffe zurückgriffen: den »Bürger« und den »Wähler«. Der Begriff des Bürgers wurde überwiegend von den Rednern der liberalen Parteien verwendet und diente ihnen als Zielperspektive ihrer innenpolitischen Reformforderungen. So betonte Gustav Stresemann (NLP) im März 1918, dass die Menschen im Felde und in der Heimat während dieses Krieges ihre »Pflicht als Staatsbürger« erfüllt hätten.[139] Dementsprechend müsse die Auffassung, dass »der einzelne Bürger der gegebene

---

136 Sten. Ber., Bd. 310, S. 3425f. (Friedrich Naumann (FVP), 15.5.1917). So auch sein Aussage im Oktober 1918: »Die Mehrheit, die Menge soll mitschaffen, soll mitreden.« Ebd., Bd. 314, S. 6167 (Friedrich Naumann (FVP), 22.10.1918).

137 Sten. Ber., Bd. 309, S. 3431 (Kuno Graf von Westarp (DKons.), 15.5.1917), S. 2875 (Ferdinand Friedrich Karl Werner (Wirtschaftliche Vereinigung), 29.3.1917).

138 Sten. Ber., Bd. 314, S. 6151 (Prinz Max von Baden, 5.10.1918). Siehe auch ebd., S. 6159 (Carl Herold (Z), 22.10.1918), S. 6162 (Friedrich Ebert (SPD), 22.10.1918).

139 Sten. Ber., Bd. 309, S. 2855 (Gustav Stresemann (NLP), 29.3.1917).

Gegner des Staates« sei, ersetzt werden durch die Sichtweise, dass jeder »Staatsbürger« mit dem Staat auf das Engste verbunden sei.[140] Darin pflichtete ihm sein Parteikollege Eugen Schiffer bei, indem er sich dafür aussprach, dass »jeder Volksgenosse« als »ein vollberechtigter Bürger« anerkannt werden müsse.[141] Indem der Status der »Volksgenossen« bzw. der »Untertanen« im »Bürger« aufgehoben werden sollte, diente der Bürgerbegriff den Rednern beider liberaler Parteien als semantische Integrationsformel der originären liberalen Utopie einer »klassenlosen Bürgergesellschaft«[142], mittels derer auch die Arbeiter sich als gleichberechtigte Mitglieder fühlen sollten.

Gegen diese von den Liberalen propagierte Formel machten die deutschkonservativen Abgeordneten Front, indem sie teilweise ebenfalls auf den Bürgerbegriff rekurrierten, diesen aber gegen die Reformansprüche richteten. So wandte Kuno Graf von Westarp (DKons.) im März 1917 gegen die Forderung nach einer Wahlrechtsreform in Preußen ein, dass gerade in Preußen die »Selbstverwaltung der Bürger« und die Mitarbeit der »preußischen Bürger« an der Verwaltung bereits sehr weitgehend ausgebildet sei.[143] Demgegenüber wurde von Seiten der Mehrheitssozialdemokratie der Bürgerbegriff aufgenommen, um für ihre Forderung nach allgemeiner Einführung der Verhältniswahl um Unterstützung bei den liberalen Parteien zu werben. So führte Otto Landsberg (SPD) im Zusammenhang mit der Reform des Reichstagswahlrechts aus, dass ein erfolgreicher Staat »fest im Herzen seiner Bürger« verankert sein müsse und die »Bürger sich mit dem Staat eins fühlen« sollten. Dazu sei es aber notwendig, dass der Einfluss jedes Einzelnen auf die staatlichen Verhältnisse gesichert sein müsse, wie es nur die Verhältniswahl garantiere.[144] Die Redner der Unabhängigen Sozialdemokratie verzichteten dagegen auf die Verwendung des Bürgerbegriffs und schlugen damit diese Möglichkeit der Konsensfindung aus, da sie ihrem revolutionären sozialistischen Selbstverständnis entsprechend eine

140 Sten. Ber., Bd. 309, S. 2857 (Gustav Stresemann (NLP), 29.3.1917).

141 Sten. Ber., Bd. 309, S. 2917 (Eugen Schiffer (NLP), 30.3.1917). Eine ähnliche Schlussfolgerung zog auch Friedrich Naumann (FVP) aus der Kriegszeit. So führte er im Mai 1917 aus, dass aus den »Untertanen« durch die Erfahrungen und Bewährungen im Krieg »Bürger« geworden seien, denen nun eine erweiterte Mitwirkung am Staat eingeräumt werden müsse. Ebd., Bd. 310, S. 3426 (Friedrich Naumann (FVP), 15.5.1917). Siehe auch ebd., Bd. 308, S. 1722 (Friedrich Naumann (FVP), 11.10.1916).

142 Dazu Gall, Bürgertum; ders., Liberalismus. Zur liberalen Konnotation des Bürgerbegriffs Riedel, Bürger, bes. S. 702–706, 711ff.

143 Sten. Ber., Bd. 309, S. 2860 (Kuno Graf von Westarp (DKons.), 29.3.1917). Siehe auch ebd., S. 2920 (Albrecht von Graefe (DKons.), 30.3.1917).

144 Sten. Ber., Bd. 313, S. 5912 (Otto Landsberg (SPD), 8.7.1918). Dazu Sten. Ber., Bd. 310, S. 3513 (Georg Gradnauer (SPD), 6.7.1917); ebd., Bd. 311, S. 4324 (Georg Gradnauer (SPD), 12.3.1918). Siehe auch Sten. Ber., Bd. 308, S. 1710 (Philipp Scheidemann (SPD), 11.10.1916). Zur Akzeptanz des Bürgerbegriffs auf Seiten des gemäßigten Sozialismus Riedel, Bürger, S. 722.

Einigung mit dem Bürgertum explizit ablehnten.[145] Die Bezugnahme auf den »Bürger« bildete eine semantische Formel der Konsensfindung, die insbesondere von den liberalen und mehrheitssozialdemokratischen Abgeordneten angewendet wurde. Die Vertreter des Zentrums hielten sich dabei zurück, während die Redner der Deutschkonservativen und der USPD mit unterschiedlichen Strategien auf Oppositionskurs gingen.

Der Bezug zum »Wähler« als dem zweiten Begriff, mit dem die Abgeordneten die individuelle Ebene des Volkes thematisierten, wurde im überwiegenden Maße von den Rednern der sozialdemokratischen Parteien hergestellt. Infolge der allgemeinen Zunahme der Bevölkerung im Reich sowie deren Verschiebung in industrielle Ballungsräume stellte die Sozialdemokratie bereits im »Erfurter Programm« von 1891 die Forderung auf, eine Neueinteilung der Wahlkreise vorzunehmen, bis eine grundsätzliche Änderung des Wahlrechts – Einführung des Verhältniswahlsystems, Verleihung des Wahlrechts an Frauen, die Herabsetzung des Wahlalters auf 20 Jahre – vorgenommen werde.[146] Dementsprechend machten sich die sozialdemokratischen Redner zum »Anwalt« der Wähler.[147] Nachdem sich der Verfassungsausschuss, dem im März 1917 die entsprechenden Anträge überwiesen worden waren, für eine Vermehrung der Mandate in besonders bevölkerungsstarken Wahlkreisen unter Einführung der Verhältniswahl ausgesprochen hatte und dieser Wunsch von der Reichsleitung als berechtigt anerkannt worden war,[148] mussten sich auch die Redner der übrigen Parteien mit dem »Wähler« auseinandersetzen. In der Behandlung dieses von der Sozialdemokratie auf die Tagesordnung gesetzten Themas besaßen deren Redner einen Deutungsvorteil über den Wählerbegriff. So konnte Georg Gradnauer (SPD) im März 1918 unter Verweis auf die volle »Gleichberechtigung der deutschen Wähler« und die »Gerechtigkeit für alle Wähler« die Regierungsvorlage kritisieren und sich für die Verhältniswahl das Wort aussprechen.[149]

Die von den Sozialdemokraten vertretene Verbindung zwischen dem Verweis auf den »Wähler« und die Forderung nach Einführung der Verhältniswahl versuchten die Gegner einer Wahlrechtsreform dadurch aufzubrechen, dass sie wie Kuno Graf von Westarp die Bezeichnung der »Wählermassen« verwende-

145 Zum sozialistisch-revolutionären Verständnis vom »Bürger« siehe Riedel, Bürger, S. 716–719.

146 Mommsen, Parteiprogramme, S. 351.

147 So kritisierte im März 1917 Eduard David (SPD) das »Unrecht zu Lasten der städtisch industriellen Bevölkerung«, und Georg Ledebour (SAG) forderte, dass auf jeden Abgeordneten etwa »die gleiche Anzahl von Wählern und Einwohnern« kommen solle. Sten. Ber., Bd. 309, S. 2908 (Eduard David (SPD), 30.3.1917), S. 2928 (Georg Ledebour (SAG), 30.3.1917). Siehe auch ebd., Bd. 310, S. 3511 (Georg Gradnauer (SPD), 6.7.1917).

148 Vgl. Sten. Ber., Bd. 310, S. 3507f. (Ernst Müller (FVP), 6.7.1917), S. 3508 (Karl Helfferich, 6.7.1917).

149 Sten. Ber., Bd. 311, S. 4324 (Georg Gradnauer (SPD), 12.3.1918).

ten und damit den positiv besetzten Wählerbegriff der Sozialdemokraten abwerteten.[150] Gegen eine alleinige Ausrichtung auf die Wählerzahl wurde von konservativer Seite sowie aus der Zentrumspartei die Gefahr des Bedeutungsverlusts der ländlichen Gebiete thematisiert, deren Einfluss sie mit dem Bezug auf den Grundsatz »Land und Leute« zu verteidigen suchten.[151] Darüber hinaus beriefen sie sich auch im positiven Sinne auf den »Wähler«, indem sie auf die persönliche Verbindung zwischen dem »Abgeordneten« und dem »Wähler« verwiesen, wie es das Mehrheitswahlrecht garantiere, während das Verhältniswahlrecht die Herrschaft der »Parteien« durchsetzen werde.[152] Dagegen unterstützten die sozialdemokratischen Befürworter die Verhältniswahl durch einen positiven Bezug zwischen »Wähler« und »Partei«, indem sie auf die Möglichkeit des »Wählers« verwiesen, über die ihm nahestehende »Partei« auf die Auswahl des jeweiligen Kandidaten einzuwirken.[153]

In dieser Frontstellung kam den Vertretern der liberalen Parteien die Mittlerposition zu, die ebenfalls einen positiven Bezug zum »Wähler« herstellten.[154] Unter diesen Umständen wurde das Gesetz über die Einführung der Verhältniswahl in großen Reichstagswahlkreisen am 12. Juli 1918 in dritter Lesung angenommen.[155] Der »Wähler« wurde jedoch selbst von der Sozialdemokratie allenfalls im Hinblick auf die Vertretung von Minderheiten und nicht in Bezug auf die Mitwirkung am Staat thematisiert. Zudem ermöglichte der Wählerbegriff zwar eine Annäherung des parlamentarischen Linksliberalismus an die Mehrheitssozialdemokratie, fand seine Grenzen aber bereits bei der Zentrumspartei, deren Vertreter sich mit den Konservativen und den Nationalliberalen unter der Bezeichnung »Land und Leute« zusammenfanden.

Im Hinblick auf die individuelle Ebene des Volkes waren die Begriffe des »Bürgers« und des »Wählers« zwar geeignet, parteipolitische Grenzen zu überbrücken und parlamentarische Mehrheiten zusammenzuführen. Jedoch besa-

150 Sten. Ber., Bd. 313, S. 5919 (Kuno Graf von Westarp (DKons.), 8.7.1918).

151 Sten. Ber., Bd. 310, S. 3514 (Johannes Becker (Z), 6.7.1917), S. 3516 (Friedrich Lißt (NLP), 6.7.1917); ebd., Bd. 311, S. 4331 (August von Veit (DKons.), 12.3.1918).

152 Sten. Ber., Bd. 313, S. 5919f. (Graf v. Westarp (DKons.), 8.7.1918). Siehe auch ebd., S. 5916 (Johannes Bell (Z), 8.7.1918); ebd., Bd. 311, S. 4322, (Joseph Kuckhoff (Z), 12.3.1918), S. 4332 (August von Veit (DKons.), 12.3.1918), S. 4336 (Arthur Graf von Posadowsky-Wehner (DRP), 12.3.1918); ebd., Bd. 310, S. 3514 (Hermann Kreth (DKons.), 6.7.1917), S. 3516 (Friedrich Lißt (NLP), 6.7.1917).

153 Sten. Ber., Bd. 4327 (Georg Gradnauer (SPD), 12.3.1918); ebd, Bd. 313, S. 5935 (Georg Gradnauer (SPD), 8.7.1918), S. 5923 (Joseph Herzfeld (USPD), 8.7.1918).

154 So forderte etwa Ernst Müller (FVP) die Reichsleitung auf, eine Gesetzesvorlage zu erarbeiten, welche »ohne Kleinlichkeit und ohne Parteilichkeit den Wählern ihr Recht« gebe. Sten. Ber., Bd. 310, S. 3508 (Ernst Müller (FVP), 6.7.1917); ebd., Bd. 313, S. 5924f. (Friedrich Hoff (FVP), 12.3.1918).

155 Sten. Ber., Bd. 313, S. 6118.

ßen diese wie im Falle der Wahlrechtsreform lediglich situativen Charakter und eigneten sich aufgrund ihrer Fragilität in geringem Maße für eine grundlegende Zusammenarbeit.

Auch der Bezug auf den »Volkswillen« erwies sich hierfür als nicht ergiebig, auch wenn Redner unterschiedlicher Parteien diesen Begriff für sich in Anspruch nahmen. Den Abgeordneten der Mehrheitssozialdemokratie diente er als Begründung für eine Reform des Wahlrechts im Reich wie in Preußen. Der Reichstag stelle aufgrund der ungleichen Wahlkreiseinteilung kein »getreues Spiegelbild der Anschauungen und des Willens der Bevölkerung«[156] dar, und das preußische Parlament sei wegen des Dreiklassenwahlrechts gerade »kein Ausdruck des Volkswillens, nicht ein Gradmesser der Stimmungen in den breiten Schichten des Volkes.«[157] Georg Ledebour (SAG) ging in seiner Bezugnahme auf den »Volkswillen« über diese Funktion der Kritik hinaus, indem er im März 1917 vor dem Hintergrund der russischen Revolution die bürgerlichen Parteien aufforderte, mit der Arbeiterbewegung »auch bei uns in Deutschland die demokratische Republik, gegen alle Anfechtungen gesichert, unverrückbar auf dem Boden des Volkswillens zu errichten.«[158] Die Berufung auf den »Volkswillen« diente jedoch nicht nur der Unterstützung von Reformforderungen, sondern auch der Zurückweisung eben solcher. Erich Mertin (DRP) etwa wies im März 1917 die im Reichstag gestellten Reformanträge mit der Begründung zurück, »daß in den hier gestellten Anträgen der wahre Wille des Volkes nicht zum Ausdruck kommt.«[159] Ähnlich wie der Bezug auf das »Wohl des Volkes« diente auch die Berufung auf den »Volkswillen« dazu, unterschiedliche Standpunkte zu legitimieren, ohne ihn jedoch etwa in Beziehung zu Wahlergebnissen zu stellen. Erst im Oktober 1918 bot sich dieses mit der parlamentarischen Regierungsbildung an, als sich Prinz Max von Baden explizit darauf berief, dass hinter der Regierung »ein einheitlicher, und fester, unerschütterlicher Volkswille« stehe.[160] Auf diese Weise wurde der Begriff des »Volkswillens« zwar auf die Regierungsebene gehoben. Vor dem Hintergrund der außenpolitischen Belastung durch die Waffenstillstandsgesuche wurde jedoch eine einheitliche Vorstellung perpetuiert und eben nicht in einen Zusammenhang mit einem sich in Wahlen ausdrückenden Mehrheitswillen gestellt.

156 Sten. Ber., Bd. 310, S. 3511 (Georg Gradnauer (SPD), 6.7.1917).

157 Sten. Ber., Bd. 309, S. 2907 (Eduard David (SPD), 30.3.1917).

158 Sten. Ber., Bd. 309, S. 2930 (Georg Ledebour (SAG), 30.3.1917). Siehe auch ebd., Bd. 311, S. 4334 (August Erdmann (USPD), 12.3.1918).

159 Sten. Ber., Bd. 309, S. 2923 (Erich Mertin (DRP), 30.3.1917).

160 Sten. Ber., Bd. 314, S. 6152 (Prinz Max von Baden, 5.10.1918). Siehe auch ebd., S. 6152 (Friedrich Ebert (SPD), 22.10.1918), S. 6280 (Friedrich Lißt (NLP), 26.10.1918).

Während die Berufung auf »Volkswillen« noch parteiübergreifend festzustellen war, galt dieses nicht für die Bezugnahme auf die »Volkssouveränität«. Auf diese bezogen sich ausschließlich die Unabhängigen Sozialdemokraten, wenn sie im März 1917 auf die Entwicklungen in Russland hinwiesen, wo die »Volkssouveränität« infolge der Revolution zum »Programm der provisorischen Regierung«[161] erhoben worden sei. Und im Oktober 1918 begründeten sie ihre Forderung nach alleiniger Entscheidungsbefugnis über Krieg und Frieden damit, dass »das Volk kraft seiner Souveränität« allein zu entscheiden habe.[162] Auch wenn sich Abgeordnete der übrigen Parteien teilweise für grundsätzliche Verfassungsreformen einsetzten, verzichteten sie in ihren Ausführungen auf den Begriff der »Volkssouveränität«, da eine solche Bezugnahme im Widerspruch zur Fürstensouveränität des Deutschen Kaisertums stand, die im Reichstag als allgemein verbindlich galt.[163]

Von den Rednern nahezu sämtlicher Parteien wurden die Begriffe »Volk« und »Kaiser« bzw. »Fürst« in einen positiven Zusammenhang gestellt. Dabei besaßen nun die konservativen Redner einen Deutungsvorsprung im Sinne einer größeren Deutungsmacht. So erkannte der deutschkonservative Abgeordnete Kreth im Oktober 1916 die parlamentarische Forderung, dass die Regierung in den außenpolitischen Angelegenheiten eine engere Fühlung mit dem Reichstag haben solle, zwar als berechtigt an. Eine Einführung des parlamentarischen Systems lehnte er jedoch mit dem Hinweis ab, dass sich in der Bewährungsprobe dieses Krieges gerade die »alte innige Zusammengehörigkeit zwischen Fürst und Volk« nicht nur bestätigt habe, sondern noch gefestigt worden sei.[164] In diesem Sinne führte auch Eugen Schiffer (NLP) aus, dass das »Band zwischen Kaiser und Volk« infolge des Krieges »enger und stärker« geworden sei. Er forderte aber gleichzeitig, dass das preußische Königtum wie auch das deutsche Kaisertum in der »Liebe des Volkes« wurzeln müsse.[165] Die semantische Verbindung von »Kaiser« und »Volk« wurde also von den liberalen Rednern geteilt, diente ihnen aber im Gegensatz zu ihren konservativen Kollegen nicht zur Zurückweisung, sondern als Begründung von Reformforderungen.[166] Dieses machten sich auch die sozialdemokratischen Redner zu Nutze. So führte etwa Eduard David aus, dass ein »Fürst« nur dann stark sei,

161 Sten. Ber., Bd. 309, S. 2891 (Hugo Haase (SAG), 30.3.1917).

162 Sten. Ber., Bd. 314, S. 6189 (Hugo Haase (SAG), 23.10.1918).

163 Vgl. Boldt, Staat, S. 138ff. Zu den Begriffen »Volkssouveränität« und »Fürstensouveränität« und ihres Gegensatzes ausführlich ebd., S. 129–153.

164 Sten. Ber., Bd. 308, S. 1827 (Hermann Kreth (DKons.), 26.10.1916). Siehe auch ebd., Bd. 310, S. 3432 (Kuno Graf von Westarp (DKons.), 15.5.1917).

165 Sten. Ber., Bd. 309, S. 2915 (Eugen Schiffer (NLP), 30.3.1917).

166 Vgl. Sten. Ber., Bd. 310, S. 3427 (Friedrich Naumann (FVP), 15.5.1917).

wenn er sich auf die »Mehrheit seines Volkes« stützen könne, wofür er sein Handeln an dem »Willen der Mehrheit seines Volkes« ausrichten müsse.[167] Lediglich die Vertreter der Unabhängigen Sozialdemokratie setzten »Fürst« und »Volk« in einen Gegensatz zueinander, indem sie darauf verwiesen, dass »kriegslüsterne« Fürsten »das Volk in das größte Unglück« stürzen würden.[168] Der positive Zusammenhang von »Fürst« und »Volk« wurde dagegen von den Rednern aller übrigen Parteien geteilt, auch wenn daraus unterschiedliche Haltungen gegenüber den Reformforderungen abgeleitet wurden. Folglich konnten sich die reformorientierten Kräfte mit Ausnahme der USPD nicht auf die »Volkssouveränität« berufen, ohne in einen Widerspruch zu der Verbindung von »Fürst« und »Volk« zu geraten.

Folglich bemühten sich die Reformkräfte um eine andere Redestrategie, indem sie das »Volk« in Beziehung zum »Reichstag« stellten. Auf diese Weise versuchten sie, dessen Rechte zu erweitern, ohne jedoch die monarchische Staatsform in Frage zu stellen, wie es etwa in der Debatte um die Einsetzung des Haushaltsausschusses als ständigen Ausschuss geschah, womit eine Verbindung zur Reichsleitung auch während der Vertagung des Plenums erreicht werden sollte.[169] Dabei betonten nicht nur die mehrheitssozialdemokratischen und liberalen Redner, dass aus den bisherigen Erfahrungen des Krieges »von der Volksvertretung wie vom Volk« die Schlussfolgerung zu ziehen sei, dass die auswärtige Politik einer stärkeren Kontrolle und Mitarbeit des Reichstags zu unterliegen habe.[170] Auch Adolf Gröber von der Zentrumspartei, deren Vertreter sich im Rahmen der innenpolitischen Reformdiskussion ansonsten nur zurückhaltend äußerten, forderte, »daß die Vertretung des ganzen Volkes die berechtigten Interessen und Wünsche des Volkes rechtzeitig und wirksam gerade auch auf diesem Gebiet [der Außenpolitik, H.B.] zum Ausdruck bringt.«[171] Die Verbindung von »Volk« und »Volksvertretung« konnte auch der deutschkonservative Redner Hermann Kreth nicht ignorieren. Indem er aber gleichzeitig auf das enge Verhältnis von »Fürst« und »Volk« verwies, lehnte er den Antrag für seine Partei ab. Dennoch wurde dieser mit 303 zu 31 Stimmen

---

167 Sten. Ber., Bd. 309, S. 2902 (Eduard David (SPD), 30.3.1917). Dazu auch S. 2855 (Gustav Stresemann (NLP), 29.3.1917).

168 Sten. Ber., Bd. 310, S. 3445 (Hugo Haase (USPD), 16.5.1917).

169 Dazu ausführlich Schiffers, Hauptausschuß, S. 62–73.

170 Sten. Ber., Bd. 308, S. 1816 (Conrad Haußmann (FVP), 26.10.1916). Dazu ebd., S. 1820 (Gustav Stresemann (NLP), 26.10.1916), S. 1833 (Hans Sivkovich (FVP), 26.10.1916), S. 1813 (Georg Gradnauer (SPD), 26.10.1916). Siehe auch ebd., Bd. 310, S. 3580 (Friedrich von Payer (FVP), 19.7.1917).

171 Sten. Ber., Bd. 308, S. 1809 (Adolf Gröber (Z), 26.10.1916).

angenommen.[172] Der thematisierte Zusammenhang von »Volk« und »Reichstag« eröffnete also eine semantische Möglichkeit, eine parlamentarische Mehrheit von der Mehrheitssozialdemokratie bis zur Nationalliberalen Partei zu bilden, von der sich neben den Konservativen auch die Unabhängigen Sozialdemokraten abgrenzten, indem sie das »Volk« als Druckmittel gegen das »Parlament« thematisierten.[173] Im Anschluss an diese Debatte verlor die gemeinsame Nennung von »Volk« und »Reichstag« jedoch an Bedeutung und wurde erst wieder unter der parlamentarischen Regierung im Oktober 1918 aufgegriffen, als Prinz Max von Baden seine politischen Grundsätze als Bekenntnis »des weit überwiegenden Teiles der deutschen Volksvertretung, also der deutschen Nation« bezeichnete.[174] Diese Formulierung eignete sich also, situativ eine parlamentarische Mehrheit für die Erweiterung der Parlamentsrechte zusammenzuführen, nicht jedoch, diese dauerhaft zu erhalten.

Andere semantische Verbindungen wie die positive Beziehung von »Volk« und »Staat« oder von »Volk« und »Regierung«, die im ersten Fall überwiegend von nationalliberalen Abgeordneten[175] und im zweiten Fall von den Rednern der Fortschrittlichen Volkspartei[176] getätigt wurden, erwiesen sich als weniger geeignet, parteipolitische Gegensätze zu überbrücken, da der Verwendungsbereich auf die jeweiligen Parteien beschränkt blieb. Diese Beschränkungen wurden erst im Zuge der parlamentarischen Regierungsbildung im Oktober 1918 aufgelöst, als nun auch Friedrich Ebert (SPD) die »Regierung« in einen positiven Bezug zum »Volk« stellte und die Neugestaltung des »Staates« durch das »Volk« betonte.[177] Die oppositionelle Haltung der USPD wie der konservativen Parteien fand ihren Ausdruck darin, dass die unabhängigen Vertreter »Volk« und »Reichskanzler« in einen Gegensatz zueinander stellten und stattdessen für die »Selbstregierung des Volkes« eintraten.[178] Die konservativen

---

172 Sten. Ber., Bd. 308, S. 1823, 1827 (Hermann Kreth (DKons.), 26.10.1916). Zum namentlichen Abstimmungsergebnis ebd., S. 1864ff.

173 Sten. Ber., Bd. 308, S. 1829 (Georg Ledebour (SAG), 26.10.1918), S. 1733 (Hugo Haase (SAG), 11.10.1916); ebd., Bd. 310, S. 3446 (Hugo Haase (USPD), 16.5.1917).

174 Sten. Ber., Bd. 314, S. 6151 (Prinz Max von Baden, 5.10.1918).

175 Vgl. Sten. Ber., Bd. 308, S. 1820 (Gustav Stresemann (NLP), 26.10.1916); ebd., Bd. 309, S. 2857 (Gustav Stresemann (NLP), 29.3.1917), S. 2917 (Eugen Schiffer (NLP), 30.3.1917); ebd., Bd. 310, S. 3582 (Friedrich von Payer (FVP), 19.7.1917); ebd., Bd. 314, S. 6176 (Gustav Stresemann (NLP), 22.10.1918), S. 6259f. (Georg Gothein (FVP), 25.10.1918).

176 Sten. Ber., Bd. 308, S. 1721 (Friedrich Naumann (FVP), 11.10.1916). Siehe auch ebd., Bd. 309, S. 2854f. (Gustav Stresemann (NLP), 29.3.1917).

177 Sten. Ber., Bd. 314, S. 6161f. (Friedrich Ebert (SPD), 22.10.1918). Zu Eberts Befürwortung einer Regierungsbeteiligung der SPD Mühlhausen, Ebert, S. 100ff.

178 Sten. Ber., Bd. 310, S. 3593 (Hugo Haase (USPD), 19.7.1917). Siehe auch ebd., Bd. 309, S. 2924 (Georg Ledebour (SAG), 30.3.1917); ebd., Bd. 314, S. 6296 (Eduard Bernstein (USPD), 26.10.1918).

Redner bekräftigten ihre reformfeindliche Randstellung, indem sie sich in ihren Ausführungen auf »Volk und Heer«[179] beriefen, was von keinem Redner einer anderen Partei aufgegriffen wurde.

Zusammenfassend lässt sich festhalten, dass trotz der allseitigen Berufung auf das »Volk« die Abgeordneten zentrale Demokratiebegriffe wie »Volkswille« oder »Volkssouveränität« nur äußerst selten verwendeten. Stattdessen war die Sicht des »Volkes« parteiübergreifend von einer Einheitsvorstellung bestimmt, die in der Rede vom »deutschen Volk« zudem national aufgeladen wurde. Dementsprechend waren auch die semantischen Differenzierungsformen durch Formulierungen wie »die überwiegende Mehrheit des Volkes« oder »Massen des Volkes« geprägt.[180] Demgegenüber wurde die individuelle Ebene des Volkes zwar mit den Begriffen »Bürger« und »Wähler« thematisiert, mit denen eine Annäherung von Mehrheitssozialdemokratie und Linksliberalismus ermöglicht wurde. Für eine parlamentarische Mehrheitsbildung unter Einschluss des Zentrums und der Nationalliberalen Partei erwies sich erst die Verbindung von »Volk« und »Reichstag« als ergiebig, die jedoch über die situativen Anlässe zur Erweiterung der Parlamentsrechte hinaus keine kontinuierliche Zusammenarbeit ermöglichte, bis eine solche im Oktober 1918 aufgrund des äußeren Druckes notwendig wurde. Selbst die Kooperation der Mehrheitsparteien der Friedensresolution – SPD, FVP und Zentrum – war nur äußerst fragil, wie etwa die unterschiedlichen Verwendungen der Begriffe »Volk« und »Kaiser« sowie der Gegensatz zwischen dem Wählerbegriff der Mehrheitssozialdemokratie und der Formulierung »Land und Leute« auf Seiten des Zentrums belegen.[181]

2.2. Die Thematisierung der intermediären Instanzen

Aufgaben und Funktionen der Abgeordneten

Die Diskussion der »Abgeordneten« war im Wesentlichen von deren Stellung zur Regierung bestimmt, welche den Begriff in spezifischer Weise semantisch einbettete und konturierte. Bis zur Parlamentarisierung der Reichsleitung im Oktober 1918 war das Verhältnis zwischen dem »Abgeordneten« und der »Regierung« durch zwei Stoßrichtungen geprägt. Zum einen wurde ein umfangreicheres Mitspracherecht der Abgeordneten auf die Regierungspolitik eingefor-

179 Sten. Ber., Bd. 309, S. 2860 (Kuno Graf von Westarp (DKons.), 29.3.1917); ebd., Bd. 310, S. 3584 (Kuno Graf von Westarp (DKons.), 19.7.1917).

180 Dazu Müller, Nation, S. 298f.

181 Llanque, Denken, S. 193.

dert. So traten im Oktober 1916 die Redner der Mehrheitssozialdemokratie sowie der liberalen Parteien dafür ein, dass den »gewählten Vertretern« des Volkes auf dem Gebiet der Außenpolitik durch die »Regierung« größere Möglichkeiten der Mitarbeit und der Kontrolle einzuräumen seien.[182]

Zum anderen wurde die Forderung nach Hinzuziehung von Abgeordneten in die Regierung aufgestellt. In diesem Sinne sprach sich Friedrich Naumann (FVP) dafür aus, dass die strikte Trennung zwischen den »Regierungsvertreter[n]« und den »Volkvertreter[n]« aufzuheben sei und ein »Herüber und Hinüber« ermöglicht werden müsse.[183] Auch die konservativen Abgeordneten nahmen in ihrer Zurückweisung dieser Forderungen Bezug auf das Verhältnis von »Abgeordneten« und »Regierung«, verwiesen aber auf die strikte Trennung dieser Bereiche. Denn, so hob etwa Kuno Graf von Westarp (DKons.) hervor, gerade »als Abgeordneter muß man bei dem Vergleich der Fähigkeiten und der Vorbildung der Regierungsbeamten mit denen der Abgeordneten etwas zurückhaltend sein.«[184] Zwischen diesen semantischen Fronten nahm das Zentrum eine Mittelposition ein. Dessen Vertreter Konstantin Fehrenbach führte aus, dass die »Besetzung aller obersten Reichstellen durch Parlamentarier« zwar nicht anzustreben sei, dass aber der »vielfach zutage getretene[n] geringe[n] Fühlung zwischen Regierung und Parlament [...] durch Berufung bewährter Kräfte aus dem Parlament abgeholfen werden« solle.[185] Von Seiten der Unabhängigen Sozialdemokratie wurde diese Möglichkeit mit den Hinweis abgelehnt, dass eine wesentliche Verbesserung nicht erreicht werde, wenn lediglich »einige bewährte Parlamentarier in Amtsstellen berufen« würden.[186] Das Volk verlange vielmehr, so Georg Ledebour (SAG), dass »seine Abgeordneten dieser Regierung gegenüber« innenpolitische Reformen wie die Einführung des parlamentarische Regierungssystems erzwängen.[187]

Die semantischen Anordnungen der Begriffe »Abgeordnete« und »Regierung« im Sinne einer Mitwirkung, einer strikten Trennung sowie einer Gegenüberstellung wurden im Kontext der parlamentarischen Regierungsbildung im Oktober 1918 wieder aufgegriffen, nachdem Abgeordnete in die Regierung berufen worden waren. Während Reichskanzler Prinz Max von Baden wie auch Redner der Regierungsparteien es ausdrücklich begrüßten, dass nun »Reichs-

182 Sten. Ber., Bd. 308, S. 1814 (Georg Gradnauer (SPD), 26.10.1916). Siehe auch ebd., S. 1833 (Hans Sivkovich (FVP), 16.10.1916), S. 1814 (Conrad Haußmann (FV), 26.10.1916).

183 Sten. Ber., Bd. 310, S. 3428f. (Friedrich Naumann (FVP), 15.5.1917).

184 Sten. Ber., Bd. 310, S. 3432 (Kuno Graf von Westarp (DKons.), 15.5.1917). Siehe auch ebd., Bd. 308, S. 1826 (Hermann Kreth (DKons.), 26.10.1916).

185 Sten. Ber., Bd. 310, S. 3575 (Konstantin Fehrenbach (Z), 19.7.1917).

186 Sten. Ber., Bd. 310, S. 3587 (Hugo Haase (USPD), 19.7.1917).

187 Sten. Ber., Bd. 308, S. 1830 (Georg Ledebour (SAG), 26.10.1916).

tagsabgeordnete an der Leitung der Reichspolitik«[188] beteiligt seien, verteidigten die konservativen Redner ihre Auffassung einer strikten Trennung. So kritisierte Hermann Kreth (DKons.), dass »man Vertreter des Volkes und Männer des Volkes zu allen möglichen Dingen heranzieht, auch zu denen, von denen sie nichts verstehen, zum Beispiel auch zum Regieren«.[189] Diese Auffassung erwies sich jedoch nicht mehr als anschlussfähig, wie die darauf folgende heitere Reaktion auf der linken Plenarseite belegt. Dieses zeigte sich auch in der Gegenüberstellung von »Abgeordneten« und »Regierung« durch die Redner der Unabhängigen Sozialdemokratie. So wurde die Forderung von Hugo Haase (USPD), »daß, wenn ein Parlamentsmitglied in die Regierung eintritt, es zunächst sein Mandat den Wählern zur Verfügung stellt, um festzustellen, ob es auch dann noch das Vertrauen seiner Wähler hat«[190], in den Debatten nicht weiter aufgenommen. Und auf die Kritik von Georg Ledebour (USPD), dass »nicht eine Parlamentarisierung der Regierung eingetreten« sei, sondern lediglich »einige Abgeordnete bureaukratisiert« worden seien, reagierte das Plenum ebenfalls mit Heiterkeit.[191] Innerhalb der parlamentarischen Mehrheit aus Mehrheitssozialdemokraten, Liberalen und Zentrumsanhängern setzte sich unter dem Eindruck der Parlamentarisierung die Beziehung zwischen »Abgeordneten« und »Regierung« im Sinne einer Zusammenarbeit durch.

Die Beziehung zwischen »Volk« und »Abgeordneten« wurde in erster Linie von den sozialistischen und den linksliberalen Rednern thematisiert. Dabei nahmen die Unabhängigen Sozialdemokraten eine Außenseiterrolle ein, indem sie die »Abgeordneten« als Mittel des »Volkes« konzipierten, die dessen Willen wie die Einführung des parlamentarischen Systems im imperativen Sinne umzusetzen hätten.[192] Dagegen vertraten die mehrheitssozialdemokratischen und linksliberalen Sprecher eine repräsentative Sicht dieses Verhältnisses. So betonte etwa Friedrich Ebert (SPD) im Oktober 1918 emphatisch den »Übergang zu einem neuen Staatswesen, in dem das deutsche Volk durch seine freigewählten Vertreter seine Zukunft gestalten soll.«[193] Und auch für Hans Sivkovich (FVP) stellte sich im Oktober 1916 die grundlegende Frage, ob im Deutschen Reich weiterhin eine geheime Kabinettspolitik getrieben oder ob »die auswärtige Po-

188 Sten. Ber., Bd. 314, S. 6157 (Prinz Max von Baden, 22.10.1918). Siehe auch ebd., S. 6159 (Carl Herold (Z), 22.10.1918), S. 6161 (Friedrich Ebert (SPD), 22.10.1918), S. 6169 (Friedrich Naumann (FVP), 22.10.1918), S. 6174 (Gustav Stresemann (NLP), 22.10.1918).

189 Sten. Ber., Bd. 314, S. 6220 (Hermann Kreth (DKons.), 24.10.1918). Siehe auch ebd., S. 6199 (Arthur Graf von Posadowsky-Wehner (DRP), 23.10.1918).

190 Sten. Ber., Bd. 314, S. 6189 (Hugo Haase (USPD), 23.10.1918). Dazu Grosser, Konstitutionalismus, S. 158f.

191 Sten. Ber., Bd. 314, S. 6228 (Georg Ledebour (SAG), 24.10.1918).

192 Sten. Ber., Bd. 308, S. 1830 (Georg Ledebour (SAG), 26.10.1916).

193 Sten. Ber., Bd. 314, S. 6161 (Friedrich Ebert (SPD), 22.10.1918).

litik vom deutschen Volke und von seinen gewählten Vertretern kontrolliert werden« solle.[194] Dieser Bezug zum »Volk«, wie er auch in der Selbstbezeichnung als »Volksvertreter«[195] stattfand, wertete die Stellung der Abgeordneten auf und legitimierte ihre Forderungen auf weiterreichende Mitwirkung. Auf dieses rhetorische Mittel griffen die Redner des Zentrums und der Nationalliberalen Partei nicht zurück, indem sie überwiegend von »Parlamentariern«[196] sprachen. Die konservativen Redner wandten sich gegen diesen Verweis, indem sie entweder die Begriffe »Parlamentarier«[197] bzw. »Berufsparlamentarier«[198] verwendeten oder die »Abgeordneten« im ironischen Sinne als die »Erwählten des Volkes«[199] bezeichneten. Folglich kann die Anordnung von »Abgeordneten« und »Regierung« im Sinne einer Zusammenarbeit für eine breite parlamentarische Mehrheit als verbindlich gelten. Da sich die Berufung auf das »Volk« auf die mehrheitssozialdemokratischen und linksliberalen Redner beschränkte, während dieser Verweis von Vertretern des Zentrums und der Nationalliberalen Partei weitgehend außer Acht gelassen und von konservativer Seite in Frage gestellt wurde, kann der Gedanke einer Mitwirkung der Abgeordneten als Mitwirkung des Volkes an der Regierung nicht als ein Gemeingut der parlamentarischen Mehrheit angesehen werden.

Die Parteien zwischen Ablehnung und bedingter Anerkennung

Die Parteien waren anders als die Abgeordneten und der Reichstag in der Reichsverfassung nicht erwähnt, die Notwendigkeit ihrer Thematisierung ergab sich aber aus ihrer faktischen Existenz sowie ihrer praktischen Bedeutung für das parlamentarische Geschehen. Dabei wirkte sich die Politik des »Burgfriedens«, mit der die Parteien ihren Verzicht auf die Austragung politischer Konflikte erklärten, dahingehend aus, dass sich insbesondere die liberalen und konservativen, aber auch mehrheitssozialdemokratische Parlamentsredner in ihren Forderungen explizit nicht auf einen parteipolitischen Standpunkt be-

---

194 Sten. Ber., Bd. 308, S. 1833 (Hans Sivkovich (FVP), 26.10.1916).

195 Sten. Ber., Bd. 308, S. 1710 (Philipp Scheidemann (SPD), 11.10.1916); ebd., Bd. 310, S. 3428, 3430 (Friedrich Naumann (FVP), 15.5.1917), S. 3444 (Adolf Gröber (Z), 16.5.1917).

196 Sten. Ber., Bd. 314, S. 6159 (Carl Herold (Z), 22.10.1918), S. 6174 (Gustav Stresemann (NLP), 22.10.1918).

197 Sten. Ber., Bd. 310, S. 3432 (Kuno Graf von Westarp (DKons.), 15.5.1917), S. 3448 (Hermann Kreth (DKons.), 16.5.1917); ebd., Bd. 314, S. 6199 (Arthur Graf von Posadowsky-Wehner (DRP), 23.10.1918).

198 Sten. Ber., Bd. 311, S. 4332 (August von Veit (DKons.), 12.3.1918); ebd., Bd. 313, S. 5920 (Kuno Graf von Westarp (DKons.), 8.7.1918).

199 Sten. Ber., Bd. 308, S. 1826 (Hermann Kreth (DKons.), 26.10.1916).

zogen.[200] Umgekehrt wurde aus der Zurückweisung eines parteipolitischen Interesses im Falle eigener Forderungen eine Delegitimierungsstrategie hinsichtlich des gegnerischen Standpunktes, wenn etwa Georg Gradnauer (SPD) den konservativen Vertretern, die sich gegen eine Reform des Reichstagswahlrechts stellten, »nackten Parteiegoismus« vorwarf, da sie lediglich »um ihres Parteivorteils willen« agieren würden.[201]

In der Diskussion um die Reform des Reichstagswahlrechts spitzte sich die Distanzierung gegenüber den Parteien zu, als die konservativen Abgeordneten die Parteiorganisation zum Thema machten und sich gegen den vom Verfassungsausschuss im Juli 1917 vorgebrachten Vorschlag aussprachen, die Anzahl der Abgeordneten in bevölkerungsreichen Wahlkreisen zu vermehren und für deren Verteilung das Verhältniswahlsystem einzuführen. Dieses begründeten sie mit dem Hinweis, dass auf diese Weise das persönliche Verhältnis zwischen den Wählern und dem Abgeordneten verloren gehe und durch die »Allmacht der Parteileitung« ersetzt werde.[202] Die Ablehnung des Einflusses der Parteiorganisation wurde in der zweiten Lesung des Gesetzentwurfes im Juli 1918 noch gesteigert, als Kuno Graf von Westarp (DKons.) gegen die Einführung der Verhältniswahl mit von den jeweiligen Parteien festgelegten, also gebundenen Wahllisten der Kandidaten einwandte, dass dieses »zu einer vollen Parteiherrschaft, ja zu einer absoluten Parteityrannei« führen müsse.[203] Auf diese Weise würden nicht nur die Wähler, sondern auch einzelne Richtungen innerhalb einer Partei dem »Diktat des Parteivorstandes« unterworfen.[204] Durch die Bezeichnung der »Parteityrannei« werteten die deutschkonservativen Abgeordneten den Parteibegriff ab, um so den Einfluss der Parteien zu begrenzen.

---

200 Gustav Stresemann (NLP) etwa hob im März 1917 hervor, dass seine politischen Freunde, auch wenn sie für innenpolitische Reformen eintreten würden, »niemals das parlamentarische System als Parteiforderung« aufgestellt hätten. In diesem Sinne führte der deutschkonservative Abgeordnete Kuno Graf von Westarp aus, dass seine Partei die Erörterungen der innenpolitischen Reformfragen aus grundsätzlichen Sorgen um die Einheit im Reich und nicht aus »Parteiinteresse« ablehne. Auch Philipp Scheidemann betonte im Juli 1917, dass die Forderung nach einer entscheidenden Stellung des Reichstags im Staat »nicht mehr ein Parteiziel«, sondern »ein deutsches Volksziel« geworden sei: Sten. Ber., Bd. 309, S. 2854 (Gustav Stresemann (NLP), 29.3.1917); ebd., , S. 2857 (Kuno Graf von Westarp (DKons.), 29.3.1917); ebd., Bd. 310, S. 3578 (Philipp Scheidemann (SPD), 19.7.1917). Siehe auch ebd., Bd. 308, S. 1740 (Eduard David (SPD), 11.10.1916); ebd., Bd. 310, S. 3510 (Georg Gradnauer (SPD), 6.7.1917).

201 Sten. Ber., Bd. 310, S. 3512f. (Georg Gradnauer (SPD), 6.7.1917). Siehe auch ebd., Bd. 309, S. 2924 (Georg Ledebour (SAG), 30.3.1917).

202 Sten. Ber., Bd. 310, S. 3514 (Hermann Kreth (DKons.), 6.7.1917).

203 Sten. Ber., Bd. 313, S. 5919 (Kuno Graf von Westarp (DKons.), 8.7.1918). Zur diskriminierenden Tendenz des Parteibegriffs Beyme, Partei, S. 732f.

204 Sten. Ber., Bd. 313, S. 5934 (Kuno Graf von Westarp (DKons.), 8.7.1918).

Diese Sichtweise der »Parteien« beschränkte sich jedoch nicht allein auf die konservativen Parteien, sondern wurde auch von Seiten der Zentrumspartei geteilt. Deren Redner Joseph Kuckhoff verwendete zwar nicht die abwertenden Bezeichnungen, wies aber auf die Gefahr hin, dass sich bei der Verhältniswahl »die Partei zwischen den Abgeordneten und die Wähler« schiebe.[205] Aus diesem Grund sprach er sich für die Möglichkeit aus, dass der Wähler innerhalb der Wahllisten der jeweiligen Parteien Streichungen vornehmen könne, da eine »überwiegende Mehrheit von Wählern« ihren Willen »gegen ihren Parteivorstand« durchsetzen müsse.[206]

Dementsprechend waren Befürworter der Verhältniswahl mit gebundenen Listen von Seiten der sozialdemokratischen Parteien herausgefordert, nicht nur die Verhältniswahl zu verteidigen, sondern auch den Einflussgewinn der Parteien zu legitimieren. Dazu wies Georg Gradnauer (SPD) im März 1917 darauf hin, dass in der Gesetzesvorlage der Regierung eine »Angst vor einer Parteidiktatur« zum Ausdruck komme. In seinen Augen sei diese jedoch unbegründet, da der Wähler zum einen »seinen Einfluß innerhalb der Parteiorganisation« bei der Aufstellung der Vorschlagsliste geltend machen könne. Zum anderen sei er auch bei dem vorhandenen Mehrheitswahlverfahren der »Parteileitung« ausgeliefert.[207] Joseph Herzfeld von der Unabhängigen Sozialdemokratie ging noch darüber hinaus, indem er die gebundenen Listen ausdrücklich als ein »Mittel zur Stärkung der Organisation der Parteien« einforderte.[208] Dennoch besaß die von den deutschkonservativen Abgeordneten vertretene Sicht einer notwendigen Beschränkung der Parteiherrschaft eine breitere Zustimmung auch und besonders unter den Vertretern der Zentrumspartei.

Vor diesem Hintergrund fand die Thematisierung des Verhältnisses der »Parteien« zur »Regierung« statt, die zwischen der Forderung nach stärkerer Mitwirkung von Reichstagsabgeordneten an den Regierungsgeschäften und dem Wunsch nach Beschränkung des Parteieinflusses stattfand. Damit ergab sich für zahlreiche Parlamentarier das Dilemma, dass die Ausweitung der Mitwirkungsrechte der Abgeordneten gleichzeitig den Einfluss der Parteien förderte. Hier entwickelten die liberalen Redner einen semantischen Ausweg, indem sie die Forderung nach Ausweitung der Mitwirkungsrechte des Reichstags und der Reichstagsabgeordneten personalisierten. In diesem Sinne hob Gustav Stresemann (NLP) die neu eingerichteten Konferenzen »zwischen dem

205 Sten. Ber., Bd. 311, S. 4322 (Joseph Kuckhoff (Z), 12.3.1918).
206 Sten. Ber., Bd. 313, S. 5932 (Joseph Kuckhoff (Z), 8.7.1918).
207 Sten. Ber., Bd. 313, S. 4327, 5934 (Georg Gradnauer (SPD), 12.3.1918).
208 Sten. Ber., Bd. 313, S. 5923 (Joseph Herzfeld (USPD), 8.7.1918).

Herrn Reichskanzler und den Parteiführern« positiv hervor.[209] Dieses semantische Angebot kam der Reichsleitung entgegen, da es einerseits die Abstimmung mit den Reichstagsparteien ermöglichte, ohne jedoch verfassungsrechtliche Änderungen während des Krieges herbeiführen zu müssen. In diesem Sinne äußerte der Reichskanzler Georg Michaelis in seiner Antrittsrede im Reichstag am 19. Juli 1917 den Wunsch, »daß das Vertrauensverhältnis zwischen dem Parlament und der Regierung dadurch enger wird, daß Männer in leitende Stellen berufen werden, die neben ihrer persönlichen Eignung für den betreffenden Posten auch das volle Vertrauen der großen Parteien in der Volksvertretung genießen.«[210] Dass diese Ausführungen von den linken Parteien geteilt wurden, auch wenn sich die Redner von SPD, FVP und Zentrum diesem Themenkomplex nicht zuwandten, belegen die darauf folgenden zustimmenden Reaktionen auf dieser Seite des Parlaments.[211]

Gegen eine solche personalisierte Verbindung machten auf der einen Seite die Unabhängigen Sozialdemokraten Front, indem sie »Parteien« und »Regierung« in einen grundsätzlichen Gegensatz zueinander stellten. So kritisierte etwa Hugo Haase (SAG) im März 1917, dass die Regierungsmethode des »Burgfriedens« dazu gedient habe, »die Parteien dieses Hauses zum allergrößten Teil vor den Wagen der Regierungspolitik zu spannen.«[212] Auf der anderen Seite wiesen die konservativen Abgeordneten auf die im Deutschen Reich vorhandene »Vielzahl verschiedenartigster Parteien« hin, die das Zustandekommen einer festen Mehrheit und damit die personelle Beteiligung an der Regierung verhindere. Aus diesem Grund, so die Schlussfolgerung von Erich Mertin (DRP), sei für die Auswahl der Regierungsmitglieder »der über den Parteien stehende Monarch, vor Gott und seinem Gewissen verantwortliche Monarch geeigneter [...] als die parlamentarischen Parteien, selbst wenn sie den besten Willen dazu haben.«[213] Indem die konservativen Redner die Unterschiede zwischen den Parteien hervorhoben, wurde ihnen nicht nur die Fähig-

209 »Denn es ist doch ganz selbstverständlich, daß der leitende Staatsmann im Frieden wie im Kriege das Bedürfnis hat, vor großen Entscheidungen sich mit den Führern der Parteien im Reichstag zusammenzusetzen und in Gedankenaustausch zu treten.« Sten. Ber., Bd. 308, S. 1819 (Gustav Stresemann (NLP), 26.10.1916). Siehe auch ebd., S. 1822 (Gustav Stresemann (NLP), 26.10.1916); ebd., Bd. 309, S. 2855 (Gustav Stresemann (NLP), 29.3.1917). Dazu Kolb, Stresemann, S. 52f.

210 Sten. Ber., Bd. 310, S. 3573 (Georg Michaelis, 19.7.1917). Siehe auch ebd., Bd., 308, S. 1811 (Gottlieb von Jagow, 26.10.1916).

211 Sten. Ber., Bd. 310, S. 3573.

212 Sten. Ber., Bd. 309, S. 2892 (Hugo Haase (SAG), 30.3.1917). Siehe auch ebd., S. 2924 (Georg Ledebour (SAG), 30.3.1917).

213 Sten. Ber., Bd. 309, S. 2922 (Erich Mertin (DRP), 30.3.1917). Siehe auch ebd., S. 2920 (Albrecht von Graefe (DKons.), 30.3.1917); ebd., Bd. 308, S. 1826 (Hermann Kreth (DKons.), 26.10.1916); ebd., Bd. 310, S. 3448 (Hermann Kreth (DKons.), 16.5.1917).

keit zur Regierungsbeteiligung abgesprochen. Auf diese Weise konnten sie auch die insbesondere von linksliberalen Rednern bemühte Einheit zwischen den »große[n] Parteien des Reichstags«[214] in Abrede stellen, um so deren verfassungspolitischen Forderungen als Einzel- und damit Minderheitenforderungen zurückzuweisen.

Mit der Parlamentarisierung der Reichsleitung im Oktober 1918 verlor die Forderung nach Trennung von »Parteien« und »Regierung« an Stoßkraft, nachdem die parlamentarische Regierung unter Prinz Max von Baden nicht nur in Übereinstimmung mit den Parteien der Reichstagsmehrheit aus SPD, FVP und Zentrum gebildet, sondern auch Vertreter dieser Parteien in die Regierung aufgenommen worden waren.[215] Diese grundlegende Änderung in der Zusammensetzung der Reichsleitung führte jedoch nur zu einer leicht geänderten Thematisierung der Beziehung zwischen den »Parteien« und der »Regierung«. Auf der einen Seite stellte der Reichskanzler bei seiner Antrittsrede im Reichstag am 5. Oktober 1918 heraus, dass er sich in seiner Amtsführung auf das »Programm der Mehrheitsparteien« stütze.[216] Demgegenüber setzten die Redner der nicht einbezogenen Parteien, USPD und DKons., in kritischer Absicht »Mehrheitsparteien« und »Regierung« in eins.[217]

Auf der anderen Seite besaß die überkommene personalisierte Sicht der Beziehung von »Parteien« und »Regierung« auch weiterhin eine große Bedeutung. So betonte etwa Prinz Max von Baden, dass die Grundsätze seiner Politik »mit den Führern der Mehrheitsparteien« festgelegt und dass »die Führer der Mehrheitsparteien« zu seinen »unmittelbaren Ratgebern« berufen worden seien.[218] Auf die personelle Verbindung hoben auch die Beiträge der Redner der liberalen Parteien sowie des Zentrums ab.[219] Im Vordergrund stand also

214 Sten. Ber., Bd. 310, S. 3425 (Friedrich Naumann (FVP), 16.5.1917). Siehe auch ebd., Bd. 309, S. 2844 (Ernst Müller (FVP), S. 2844).

215 Dazu ausführlich Bermbach, Vorformen, S. 285–306; Ribhegge, Frieden, S. 324–341; Matthias/Morsey, Einleitung.

216 Sten. Ber., Bd. 314, S. 6151 (Prinz Max von Baden, 5.10.1918). Auch der linksliberale Vizekanzler Friedrich von Payer verteidigte das Vorgehen, anstelle der von den Konservativen geforderten »Koalitionsregierung« aus allen Parteien eine »Regierung aus den Mehrheitsparteien« zu bilden: ebd., S. 6226 (Friedrich von Payer, 25.10.1918).

217 Sten. Ber., Bd. 314, S. 6177 (Kuno Graf von Westarp, 22.10.1918), S. 6199 (Arthur Graf von Posadowsky-Wehner (DRP), 23.10.1918), S. 6276 (Kuno Graf von Westarp (DKons.), 26.10.1918), S. 6188 (Hugo Haase (USPD), 23.10.1918), S. 6228 (Georg Ledebour (USPD), 24.10.1918), S. 6268 (Oskar Cohn (USPD), 25.10.1918).

218 Sten. Ber., Bd. 314, S. 6151 (Prinz Max von Baden, 5.10.1918).

219 So begrüßte Carl Herold (Z) den »Eintritt einer größeren Anzahl von führenden Parlamentariern aus den großen Parteien«, wie auch Friedrich Naumann (FVP) ausführte, dass die Führer, die aus den Parteien herausgewachsen und zur Auffüllung der Regierung vorhanden sind, […] Mitglieder ihrer Partei« bleiben sollen. Sten. Ber., Bd. 314, S. 6159 (Carl Herold (Z), 22.10.1918), S. 6169

auch weiterhin die personelle Verbindung der »Parteien« zur »Regierung«, während deren grundsätzliche Neufassung aufgrund der engen Zusammenarbeit allenfalls am Rande thematisiert und nicht im Sinne einer »Regierungspartei« gedeutet wurde. Diese Bezeichnung wurde nicht von den Rednern der die Regierung tragenden Parteien benutzt, sondern lediglich vom deutschkonservativen Abgeordneten Hermann Kreth aufgegriffen, der damit das Verhalten der SPD als einer »Regierungspartei« unwürdig kritisierte.[220]

Demgegenüber gewannen die Begriffe »Mehrheitsparteien« und »Opposition« infolge der Parlamentarisierung eine größere Verbreitung im Sprachgebrauch der Parlamentarier. Auf die Bezeichnung der »Mehrheitsparteien« wurde bereits vor Oktober 1918 vereinzelt von Rednern der USPD und der DKons. zurückgegriffen, um die Gruppe der reformorientierten Parteien von den Mehrheitssozialdemokraten bis zu den Nationalliberalen zu benennen.[221] Mit der Bildung der parlamentarischen Regierung erfuhr die Verwendung jedoch eine quantitative wie qualitative Ausweitung. Die oppositionellen Redner der USPD und der konservativen Parteien griffen nun nahezu ausschließlich auf diese Bezeichnung zurück, um ihre Kritik an der Regierung zu üben. Während erstere die Einheit der Mehrheitsparteien in Frage stellten, setzten letztere sie in Zusammenhang zu den negativ konnotierten »Parteien«.[222] Zum ersten Mal nahmen aber auch Vertreter der Reichsleitung wie der Reichskanzler Prinz Max von Baden und der Vizekanzler Friedrich von Payer Bezug auf die »Mehrheitsparteien«, um mit diesem Verweis die Autorität der Regierung zu erhöhen.[223] Zudem verwendeten auch die Vertreter der Fortschrittlichen Volkspartei diese Bezeichnung, indem etwa Friedrich Naumann den Gewinn dieser Verbindung für beide Seiten hervorhob.[224] Durch die Selbstbezeichnung als »Mehrheitsparteien« erkannten sie die einheitliche Richtung dieser Parteienkonstellation an. Demgegenüber verhielten sich die Vertreter der Zentrumspartei in Bezug auf diese Einheit eher zurückhaltend, da sie diese Bezeichnung

---

(Friedrich Naumann (FVP), 22.10.1918). Siehe auch ebd., S. 6176 (Gustav Stresemann (NLP), 22.10.1918).

220 Sten. Ber., Bd. 314, S. 6223 (Hermann Kreth (DKons.), 24.10.1918).

221 Sten. Ber., Bd. 308, S. 1831 (Georg Ledebour (SAG), 26.10.1916); ebd., Bd. 310, S. 3450 (Hermann Kreth (DKons.), 16.5.1917), S. 3596 (Wladislaus Kasimir Seyda (Pole), 19.7.1917).

222 Sten. Ber., Bd. 314, S. 6177 (Kuno Graf von Westarp (DKons.), 22.10.1918), S. 6199 (Arthur Graf von Posadowsky-Wehner (DRP), 23.10.1918), S. 6276 (Kuno Graf von Westarp (DKons.), 26.10.1918), S. 6188 (Hugo Haase (USPD), 23.10.1918), S. 6228 (Georg Ledebour (USPD), 24.10.1918), S. 6268 (Oskar Cohn (USPD), 25.10.1918).

223 Sten. Ber., Bd. 314, S. 6151 (Prinz Max von Baden, 5.10.1918), S. 6226 (Friedrich von Payer, 24.10.1918).

224 Sten. Ber., Bd. 314, S. 6170 (Friedrich Naumann (FVP), 22.10.1918). Siehe auch ebd., S. 6248 (Otto Fischbeck (FVP), 25.10.1918), S. 6279 (Ernst Müller (FVP), 26.10.1918).

nicht verwendeten, während die Nationalliberale Partei von der Regierungsbildung ausgeschlossen wurde und deren Vertreter auf diesen Begriff dementsprechend nicht zurückgriffen.[225] Von dieser vereinheitlichenden Sichtweise grenzten sich die Redner der Mehrheitssozialdemokratie überwiegend ab, wenn etwa Gustav Noske (SPD) stattdessen davon sprach, dass sich in der »Parteienkonstellation, die jetzt die Mehrheit des Reichstags stellt, [...] die Parteien der verschiedensten Weltanschauung zusammengefunden« hätten.[226] Mit dem weitgehenden Verzicht auf diese Bezeichnung versuchten die Redner der Mehrheitssozialdemokratie, sich dem Vorwurf einer Einheitspolitik mit der FVP und der Zentrumspartei zu entziehen, wie er insbesondere von den Unabhängigen Sozialdemokraten vorgebracht wurde.[227]

Durch die Rede von den »Mehrheitsparteien« wurde auch die Verwendung der Bezeichnungen »Opposition« und »Oppositionspartei« evoziert, welche insbesondere die konservativen Vertreter in die Diskussion einbrachten.[228] Im Kontext der parlamentarischen Regierungsbildung diente diese Formulierung aber nicht nur als Selbstbezeichnung der konservativen Redner, um sich von den die Regierung tragenden Parteien abzusetzen. Auch die Vertreter der Regierung und der Fortschrittlichen Volkspartei nutzten diesen Begriff, um sich von der konservativen Parteirichtung zu distanzieren. So hob etwa der Vizekanzler Friedrich von Payer hervor, dass die »Herren von der konservativen Partei« aufgrund ihres Rufes dem Deutschen Reich einen Dienst erweisen würden, wenn sie in der »Opposition« seien.[229] Friedrich Naumann (FVP) ging noch weiter, indem er sich um eine funktionale Neubestimmung bemühte. Er führte aus, dass im Anschluss an eine Mehrheitsbildung »als notwendiger

225 Die Zentrumsfraktion distanzierte sich in einer offiziellen Erklärung vom 16.12.1917 ausdrücklich von dem Begriff der »Mehrheitsparteien«, da dieser Ausdruck nicht zutreffe, sofern damit eine dauerhafte Verbindung gemeint sei. Dazu Grosser, Konstitutionalismus, S. 176. Zur Abseitsstellung der Nationalliberalen Partei siehe Rauh, Parlamentarisierung, S. 434; Kolb, Stresemann, S. 54f.

226 Sten. Ber., Bd. 314, S. 6218 (Gustav Noske (SPD), 24.10.1918). Lediglich an einer Stelle griff auch Ebert auf die Bezeichnung »Mehrheitsparteien« zurück: ebd., S. 6278 (Friedrich Ebert (SPD), 26.10.1918).

227 Dazu diente auch der anschließende Hinweis Noskes, dass sich jede Partei dieser Mehrheit »ihre volle Freiheit des Handelns« bewahrt habe. Sten. Ber., Bd. 314, S. 6218 (Gustav Noske (SPD), 24.10.1918).

228 So betonte etwa Kuno Graf von Westarp (DKons.) in der politischen Aussprache der Regierungserklärung am 22. Oktober 1918 ausdrücklich, dass seine Partei »in dem parlamentarischen System [...] zur jetzigen Regierung die klare Stellung der Oppositionspartei« einnehme. Sten. Ber., Bd. 314, S. 6178 (Kuno Graf von Westarp (DKons.), 22.10.1918). Siehe auch ebd., S. 6225 (Hermann Kreth (DKons.), 24.10.1918). Siehe dazu Grosser, Konstitutionalismus, S. 178ff.

229 Sten. Ber., Bd. 314, S. 6192 (Friedrich von Payer, 23.10.1918).

Bestandteil, als unentbehrlicher Bestandteil die Opposition« existiere, die versuchen müsse, durch Mehrheitsgewinnung »regierend zu werden«.[230] Eine solche Neufassung des Oppositionsbegriffs wurde jedoch von den übrigen Rednern nicht aufgenommen. Die Bezeichnung der »Opposition« wurde bereits vor dem Oktober 1918 vereinzelt von Rednern unterschiedlicher Parteien verwendet, um die Haltung der jeweiligen Partei gegenüber der Regierung oder dem König zu bezeichnen.[231] Im Oktober 1918 erfuhr sie jedoch eine neuartige Qualität, indem sie in Abgrenzung zum Begriff der »Mehrheitsparteien« verwendet und in Zusammenhang mit dem parlamentarischen Regierungssystem gestellt wurde. Jedoch beschränkte sich dieses auf die linksliberalen Abgeordneten bzw. Regierungsmitglieder sowie auf die konservativen Redner, um ihren jeweiligen parteipolitischen Standpunkt zur neuen Regierung zu verdeutlichen. Die Redner aller übrigen Parteien griffen auf diese Bezeichnung nicht zurück und schwiegen sich stattdessen zur Rolle der Parteien im neuen Regierungssystem aus.

Das Begriffspaar der »Mehrheitsparteien« und der »Opposition« stellte somit die zentrale semantische Innovation im Kontext der Parlamentarisierung der Reichsleitung im Oktober 1918 dar. Auf diese Weise konnte die geänderte Rolle der Parteien im parlamentarischen Regierungssystem, das vom Kaiser im Parlamentarisierungserlass vom 30. September 1918[232] angeordnet und in den verfassungsändernden Gesetzen vom 28. Oktober 1918[233] niedergelegt wurde, begrifflich erfasst werden. Jedoch war dieses nicht als Gemeingut des Reichstags, nicht einmal der parlamentarischen Mehrheit anzusehen, wie die auf linksliberale und konservative Abgeordnete eingeschränkte Verwendung dieser Begriffe zeigt. Zudem wurden diese Aspekte erst im Zuge der Parlamentarisierung aufgegriffen und besaßen einen reaktiven Charakter. Gerade die Bezugnahme auf die »Mehrheitsparteien« verdeutlicht, dass hiermit die parlamentarische Mehrheitsbildung lediglich widergespiegelt und nicht vorbereitet wurde, da die Redner der parlamentarischen Mehrheit aus SPD, FVP und Zentrum diesen Begriff bis zum Oktober 1918 nicht zur Selbstbezeichnung verwendeten. Erst unter dem Eindruck der Parlamentarisierung der Reichsleitung wurde dieses vorgenommen, wobei sich jedoch besonders die Vertreter der Mehr-

230 Sten. Ber., S. 6170 (Friedrich Naumann (FVP), 22.10.1918). Dazu Grosser, Konstitutionalismus, S. 165f.

231 Sten. Ber., Bd. 308, S. 1715 (Ernst Bassermann (NLP), 11.10.1916); Bd. 309, S. 2919 (Albrecht von Graefe (DKons.), 30.3.1917); Bd. 310, S. 3580 (Friedrich von Payer (FVP), 19.7.1917). Wie Raithel, Spiel, S. 34 betont, besaß der Oppositionsbegriff damit einen potenziell staatsfeindlichen Charakter und fand somit kaum politische Anerkennung. Dazu Jäger, Opposition, S. 511–514; Grosser, Sehnsucht, S. 211f.

232 Abgedruckt in: Michaelis/Schraepler, Ursachen, Bd. 1, S. 347.

233 RGBl. 1918, S. 1274f.

heitssozialdemokratie sehr zurückhaltend verhielten. Folglich kann von einem Selbstverständnis als Parlamentsmehrheit unter den Parteien des Interfraktionellen Ausschusses, aus dem heraus sie die Übernahme der politischen Verantwortung angestrebt hätten, bis zum Oktober 1918 nicht und selbst dann nur bedingt gesprochen werden.[234]

Gegen ein solches Verständnis sprach die weit verbreitete kritische Einstellung zu den Parteien, wie sie in der Diskussion um das Verhältniswahlverfahren im Kontext der Reform des Reichstagswahlrechts zum Ausdruck kam. Gegenüber der von konservativer Seite vertretenen abwertenden Ablehnung der Parteiorganisation[235] fiel es den sozialdemokratischen Befürwortern des Proportionalwahlverfahrens schwer, eine positive Sicht der Parteien zu propagieren. Aus diesem Grund traten die liberalen Redner für eine Stärkung der Mitwirkungsrechte des Reichstags ein, indem sie den geforderten Zusammenhang zwischen den politischen Parteien und der Reichsleitung auf die jeweiligen Parteiführer zuspitzten und personalisierten. Dieses sprachliche Muster der »personellen Parlamentarisierung«[236] wurde auch im Oktober 1918 verwendet, um die Regierungsbildung unter Unterstützung und Beteiligung durch die parlamentarische Mehrheit aus SPD, FVP und Zentrum nach außen zu vertreten.

Demgegenüber blieben Stellungnahmen wie etwa von Eugen Schiffer (NLP) ohne Widerhall, dass ein »gesunder Wettbewerb der Parteien, ein Kampf um ehrliche Anschauungen und Meinungen« eine »Naturnotwendigkeit« und »etwas Gesundes« darstelle.[237] Auch wurde die Aussage von Gustav Noske (SPD) von den übrigen Rednern nicht aufgenommen, dass es »das gute Recht« und »die selbstverständliche Pflicht jeder Partei« sei, »zu versuchen, die Zahl ihrer Anhänger und ihrer parlamentarischen Mandate nach Möglichkeit zu vermehren und dadurch politische Forderungen durchsetzen zu können.«[238] Die Parlamentarier betrachteten die Organisationsform der Parteien weitgehend mit Skepsis und mehr oder weniger stark ausgeprägter Ablehnung. Lediglich die sozialdemokratischen Abgeordneten bildeten hier eine Ausnahme, da sie einen Einflussgewinn der Parteien infolge der Verhältniswahl nicht nur in Kauf nahmen, sondern ausdrücklich begrüßten. Dagegen blieb die Bedeutung

---

234 Vgl. Bermbach, Vorformen, S. 74, 78; Ritter, Parteien, S. 87f., Boldt, Monarchie, S. 171; Schönberger, Parlamentarisierung, S. 660f.; Wehler Gesellschaftsgeschichte, Bd. 4, S. 200ff. Siehe auch Epstein, Ausschuß, S. 575, 584. Dagegen Rauh, Parlamentarisierung, S. 394, 400f.; Morsey, Reichstag, S. 78f.; Loth, Kaiserreich S. 160; Grosser, Konstitutionalismus, S. 150f.

235 Dazu Grosser, Konstitutionalismus, S. 179.

236 Vgl. Beyme, Regierungssysteme, S. 255f., Zitat S. 255. Siehe auch Bermbach, Vorformen, S. 125.

237 Sten. Ber., Bd. 309, S. 2916 (Eugen Schiffer (NLP), 30.3.1917).

238 Sten. Ber., Bd. 314, S. 6218 (Gustav Noske (SPD), 24.10.1918).

der Parteien für die politische Willensbildung, die Friedrich Naumann (FVP)[239] aufgriff, weitgehend unthematisiert und unerkannt.

Die Verortungen des Reichstags zwischen Volk und Regierung

Von den intermediären Instanzen besaß nur der Reichstag den Status eines Staatsorganes wie der Bundesrat, der Kaiser und der Reichskanzler.[240] Aus diesem Grund war die Bezugnahme auf den Reichstag durch die Vertreter aller Parteien naheliegend. Ihre signifikanten und umkämpften Unterschiede erhielt sie dabei jedoch durch die semantischen Verbindungen, in denen der »Reichstag« verwendet und verortet wurde. Ausgehend von der verfassungsrechtlichen Festlegung des Reichstags – er ging aus allgemeinen, gleichen, direkten und geheimen Wahlen hervor (Art. 20 RV) und war mit dem Bundesrat gleichberechtigt an der Reichsgesetzgebung beteiligt (Art. 5 RV) – ergab sich seine Stellung zwischen dem »Volk« auf der einen Seite und der »Regierung« auf der anderen Seite, welche auch die Thematisierung des Reichstags vorgaben und bestimmten.

Die semantische Vernetzung der Begriffe »Reichstag« und »Volk« diente den parlamentarischen Rednern dazu, die Autorität des Reichstags durch Verweis auf das Volk zu erhöhen. So setzten insbesondere die Redner der liberalen Parteien sowie der Zentrumspartei »Volk« und »Reichstag« gleich. Ernst Bassermann (NLP) betonte etwa im Oktober 1916, dass »der Reichstag, das deutsche Volk« den finanziellen Forderungen der Heeresleitung bereitwillig zustimmen werde.[241] Und als Berichterstatter des Verfassungsausschusses im Juli 1917 wies Ernst Müller (FVP) mit Blick auf die innenpolitischen Reformen darauf hin, dass »das Volk und die Volksvertretung [...] mit ihren Wünschen viel weiter« als die Vorschläge des Ausschusses zur Reform des Reichstagswahlrechts gehen würden.[242] In diesem Sinne übte auch der Zentrumsabgeordnete Adolf Gröber im Oktober 1916 Kritik an dem Verhalten der Reichsregierung, die »das profane Volk und die profane Volksvertretung« durch die Reichsleitung von den Fragen der auswärtigen Politik fernhalte.[243] Besonderen Nachdruck legten die Redner der Mehrheitssozialdemokratie auf diese gleichsetzende Verbindung, indem sie wie Georg Gradnauer (SPD) forderten, dass »das deutsche Volk und seine geordnete Vertretung, der Reichstag« aufgrund

239 Sten. Ber., Bd. 314, S. 6179 (Friedrich Naumann (FVP), 24.10.1918). Dazu Grosser, Konstitutionalismus, S. 165.

240 Boldt, Verfassungsgeschichte, Bd. 2, S. 174.

241 Sten. Ber., Bd. 308, S. 1712 (Ernst Bassermann (NLP), 11.10.1916).

242 Sten. Ber., Bd. 310, S. 3508 (Ernst Müller (FVP), 6.7.1917).

243 Sten. Ber., Bd. 308, S. 1808 (Adolf Gröber (Z), 26.10.1916).

der Erfahrungen des Krieges für eine Ausweitung der parlamentarischen Mitarbeit an der auswärtigen Politik einzutreten hätten.[244] Eduard David (SPD) betonte ausdrücklich, dass der »Reichstag« in »sehr engen Beziehungen zur Volksstimmung« stehe und »von Mensch zu Mensch in das Volk hinein verwurzelt« sei.[245] Auf diese Weise werteten die Redner die Stellung des Reichstags auf, indem sie ihn nicht nur in Verbindung zum »Volk« setzten, sondern ihn auch als vermeintlich authentischen Ausdruck der Volksmeinung erscheinen ließen.

Dieses nutzten die Redner der Mehrheitssozialdemokratie, um ihrer Forderung nach einer Reform des Reichstagswahlrechts Nachdruck zu verleihen. So konstatierte etwa Georg Gradnauer (SPD), dass die »Volksvertretung« aufgrund des ungleichen Mehrheitswahlrechts kein »getreues Spiegelbild der Anschauungen und des Willens der Bevölkerung« sei, welches sie erst mit der Einführung der Verhältniswahl für sich beanspruchen könne.[246] Diese wahltechnische Konsequenz, welche die Mehrheitssozialdemokraten aus der Anordnung von »Reichstag« und »Volksmeinung« zogen, fand auf Seiten der liberalen Parteien und des Zentrums keinen Widerhall. Deren Vertreter blieben bei der allgemeinen Gleichsetzung von »Volk« und »Reichstag«, wie sie im Oktober 1918 als Grundlage der parlamentarischen Regierung unter Prinz Max von Baden diente. Der neue Reichskanzler führte in seiner ersten Rede vor dem Reichstag am 5. Oktober 1918 aus, dass die Grundsätze seiner Regierungspolitik nicht nur das eigene politische Bekenntnis enthalten würden, »sondern auch das des weit überwiegenden Teiles der deutschen Volksvertretung, also der deutschen Nation, die den Reichstag auf Grund des allgemeinen, gleichen und geheimen Wahlrechts nach ihrem Wunsche zusammengesetzt hat.«[247] Das Ziel dieser Legitimationskette war es, die Stellung der Regierung aufzuwerten, indem nicht nur deren Übereinstimmung mit dem »Reichstag«, sondern in besonderem Maße mit dem »Volk« hervorgehoben wurde.

Diese enge Verbindung von »Volk« und »Reichstag« bedingte vor dem Hintergrund des Weltkrieges eine Neubestimmung der Funktionen des Parlaments. So forderten in der Auseinandersetzung um die Einsetzung des Haushaltsausschusses als dauerndes Verbindungsglied zur Reichsleitung im Oktober 1916 Gustav Stresemann (NLP), Adolf Gröber (Z), Georg Gradnauer (SPD) und Conrad Haußmann (FVP) nahezu unisono, dass den »Leistungen des deutschen Volkes« während dieses Krieges ein »erhöhter Einfluß der Volksver-

244 Sten. Ber., Bd. 308, S. 1813 (Georg Gradnauer (SPD), 26.10.1916).

245 Sten. Ber., Bd. 309, S. 2907 (Eduard David (SPD), 29.3.1917).

246 Sten. Ber., Bd. 310, S. 3511f. (Georg Gradnauer (SPD), 6.7.1917). Siehe auch ebd., Bd. 313, S. 5913 (Otto Landsberg (SPD), 8.7.1918).

247 Sten. Ber., Bd. 314, S. 6151 (Prinz Max von Baden, 5.10.1918).

tretung« auf die Fragen der auswärtigen Politik entsprechen müsse.[248] Dementsprechend wurde im Oktober 1918 von den Vertretern der Regierung und der Regierungsparteien auch die verfassungsändernde Bestimmung begründet, dass in Art. 11 RV zu Kriegserklärungen wie zu Friedensschließungen des Kaisers neben der Zustimmung des Bundesrats auch die des Reichstags festgeschrieben werden solle.[249] Dazu führte etwa Prinz Max von Baden aus, dass der »Reichstag als die berufene Volksvertretung bei der Entscheidung über die wichtigsten Lebensfragen der ganzen Nation, bei den Fragen von Krieg und Frieden ein volles Mitbestimmungsrecht« haben müsse.[250] Die Bezugnahme auf das »Volk« besaß also zudem den Zweck, hieraus Kompetenzen für den »Reichstag« abzuleiten und diese zu legitimieren. Dabei ergab sich eine hohe Übereinstimmung zwischen den Rednern der beiden liberalen Parteien und der Zentrumspartei, der sich auch die Redner der Mehrheitssozialdemokratie annäherten. Zwar wies Eduard David (SPD) auf den Verdienst des Reichstags hin, bei Ausbruch des Krieges die »Einheit des deutschen Volkes« erhalten zu haben.[251] Daraus leiteten sie aber im Gegensatz zu den Abgeordneten der Unabhängigen Sozialdemokratie keine Forderungen ab, die wesentlich über die Ausführungen der liberalen Redner hinaus reichten.

Die Redner der USPD setzten sich davon ab, indem sie das »Volk« in einen potenziellen Widerspruch zum »Parlament« stellten. Georg Ledebour (SAG) etwa wies darauf hin, dass das »Volk« auch »noch andere Mittel« habe, wenn das »Parlament« versage.[252] Eine solche übergeordnete Stellung des »Volkes« zum »Reichstag« wurde von den Abgeordneten der übrigen Parteien nicht ernst genommen, wie die heitere Reaktion des Plenums auf seine Drohung belegt.[253] Die Thematisierung von »Volk« und »Reichstag« besaß bei den Rednern der Unabhängigen Sozialdemokratie weniger einen legitimatorischen als vielmehr einen imperativen Charakter, indem sie das Parlament als ein Mittel in der Hand des Volkes darstellten.[254] Damit verstärkten sie ihre oppositionelle

248 Sten. Ber., Bd. 308, S. 1823 (Gustav Stresemann (NLP), 26.10.1916), S. 1809 (Adolf Gröber (Z), 26.10.1916), S. 1813 (Georg Gradnauer (SPD), 26.10.1916), S. 1816 (Conrad Haußmann (FVP), 26.10.1916).

249 Sten. Ber., Anlage-Bd. 325, Nr. 1951, Nr. 1982, S. 3132, 3141.

250 Sten. Ber., Bd. 314, S. 6158 (Prinz Max von Baden, 22.10.1918). Siehe auch ebd., S. 6159 (Carl Herold (Z), 22.10.1918), S. 6288 (Adolf Gröber (Z), 26.10.1918), S. 6292 (Otto Landsberg (SPD), 26.10.1918).

251 Sten. Ber., Bd. 309, S. 2904 (Eduard David (SPD), 30.3.1917); ebd. Bd. 310, S. 3579 (Philipp Scheidemann (SPD), 19.7.1917).

252 Sten. Ber., Bd. 308, S. 1829 (Georg Ledebour (SAG), 26.10.1918).

253 Sten. Ber., Bd. 308, S. 1829.

254 Dazu rekurrierten sie auch auf den Begriff der Volkssouveränität. So führte Hugo Haase (USPD) unter dem Eindruck der Parlamentarisierung der Reichsleitung im Oktober 1918 aus, dass es die »Aufgabe der Volksvertretung« sei, »in diesem historischen Augenblick, da das alte

Stellung, da sich diese Darstellung noch nicht einmal unter den Rednern der Mehrheitssozialdemokratie, geschweige denn unter denen der übrigen Parteien wiederfand.

Eine ähnliche Randstellung nahmen auch die Vertreter der konservativen Parteien ein, die sich auf die Inbeziehungsetzung von »Volk« und »Reichstag« nur selten einließen. Wenn dieses etwa in innenpolitisch angespannten Situationen geschah, so versuchten sie, die von den liberalen Parteien dominierte Deutung der Gleichsetzung von »Volk« und »Reichstag« in Frage zu stellen und damit die im Reichstag eingebrachten Reformforderungen zu delegtimieren.[255] Ansonsten verzichteten sie weitgehend auf die Thematisierung dieses Verhältnisses, da das Deutungsmuster der Gleichsetzung von der Mehrheit der parlamentarischen Redner geteilt und besetzt wurde. Sie verlagerten stattdessen die Auseinandersetzung um die Beziehung von »Reichstag« und »Volk« auf den Deutungskampf um den Begriff der »Volksvertretung«, welcher ebenfalls die Legitimation des »Reichstags« durch das »Volk« implizierte.

Auf die »Volksvertretung« rekurrierten die Abgeordneten überwiegend zu dem Zweck, ihren jeweiligen politischen Forderungen durch die Bezugnahme auf das »Volk« Nachdruck zu verleihen. Gustav Stresemann (NLP) betonte etwa, dass bei den von ihnen im Oktober 1916 gestellten Anträgen auf Einsetzung des Ausschusses für auswärtige Fragen »der Hauptnachdruck auf der Stärkung der Rechte der Volksvertretung« liege. Für ihn seien die Anträge jedoch nur »der erste Schritt auf dem Wege, die Rechte der Volksvertretung zu stärken und einen weit engeren Konnex zwischen Regierung und Volksvertretung herzustellen, als es heute der Fall ist.«[256] Diesem stimmte Adolf Gröber (Z) insoweit zu, der eine stärkere Mitwirkung des Reichstags an der auswärtigen Politik ebenfalls als notwendig ansah, einen eigenen Ausschuss jedoch ablehnte und sich für den Haushaltsausschuss aussprach. Dieses begründete er damit, dass eine »kraftvolle Stellung der Volksvertretung gegenüber der Regie-

---

System abdanken muß, auf das künftige Schicksal des deutschen Volks entscheidenden Einfluß zu üben und die Souveränität des Volks zur Geltung zu bringen.« Sten. Ber., Bd. 314, S. 6154 (Hugo Haase (USPD), 5.10.1918). Siehe auch ebd., S. 6189 (Hugo Haase (USPD), 22.10.1918).

255 So machte Erich Mertin (DRP) einen Widerspruch zwischen »Volk« und »Reichstag« auf, indem er in der Diskussion des Antrages auf Einsetzung eines Verfassungsausschusses im März 1917 ausführte, »daß das Volk auch kein Verständnis dafür hat, daß wir hier im Reichstag in dieser Zeit uns bekämpfen und gegenseitig mit Anträgen bombardieren.« Sten. Ber., Bd. 309, S. 2923 (Erich Mertin (DRP), 30.3.1917). Siehe auch ebd., Bd. 308, S. 1826 (Hermann Kreth (DKons.), 26.10.1916).

256 Sten. Ber., S. 1819 (Gustav Stresemann (NLP), 26.10.1916). Siehe auch ebd., S. 1710 (Ernst Bassermann (NLP), 11.10.1916), S. 1820, 1823 (Gustav Stresemann (NLP), 26.10.1916); ebd., Bd. 310, S. 3439 (Eugen Schiffer (NLP), 16.5.1917).

rung« nur in einem Zentralausschuss denkbar sei und die »Kraft der Volksvertretung« in der Geldbewilligung liege, sodass allein der Haushaltsausschuss in Frage komme.[257] Auch die Redner der Fortschrittlichen Volkspartei verwendeten diesen Begriff, wenn sie wie Ernst Müller (FVP) im März 1917 in religiöser Sprache darauf hinwiesen, dass es »die heilige Pflicht der Führer des ganzen deutschen Volkes, in erster Linie aber der deutschen Volksvertretung« sei, für die innenpolitische Freiheit des deutschen Volkes zu sorgen.[258] In diesem Sinne griffen auch die Redner der Mehrheitssozialdemokratie auf diese Bezeichnung zurück.[259] Den Rednern dieser Parteien diente die Formulierung der »Volksvertretung« dazu, ihre Forderung nach stärkerer Beteiligung des Reichstags mit dem Verweis auf das Volk zu legitimieren und ihr Nachdruck zu verleihen.

Aber auch die Redner der konservativen Parteien rekurrierten auf die »Volksvertretung«, um solche Reformforderungen zurückzuweisen. So betonte etwa der deutschkonservative Abgeordnete Albrecht von Graefe im März 1917, dass sich das konstitutionelle System aus Deutschland »aus zwei gleichberechtigten Faktoren« zusammensetze, »der Krone und der Volksvertretung, beide mit selbstbeständiger Meinungsberechtigung.« Mit diesem System, das er als »urdeutsche Machtteilung zwischen freier Volksvertretung und starkem Königtum« bezeichnete, sei das parlamentarische Regierungssystem nicht zu vereinbaren, da dieses den König in seiner Freiheit der Ministerauswahl allzu sehr einschränke.[260]

Die Redner der USPD verhielten sich in der Verwendung dieses Begriffs dagegen zurückhaltend. Erst unter dem Eindruck der Parlamentarisierung der

---

257 Sten. Ber., Bd. 308, S. 1810 (Adolf Gröber (Z), 26.10.1916). Siehe auch ebd., Bd. 310, S. 3444 (Adolf Gröber (Z), 16.5.1917), S. 3515 (Johannes Becker (Z), 6.7.1917), S. 3574 (Konstantin Fehrenbach (Z), 19.7.1917).

258 Sten. Ber., Bd. 309, S. 2849 (Ernst Müller (FVP), 30.3.1917). Siehe auch ebd., Bd. 308, S. 1816 (Conrad Haußmann (FVP), 26.10.1916); ebd., Bd. 310, 3429 (Friedrich Naumann (FVP), 16.5.1917), S. 3508 (Ernst Müller (FVP), 6.7.1917), S. 3580 Friedrich von Payer (FVP), 19.7.1917).

259 So forderte Philipp Scheidemann (SPD) im Juli 1917 nach dem Entstehen der parlamentarischen Zusammenarbeit aus SPD, FVP und Zentrum, dass sich der Reichstag für das Volk weiterhin als eine »wahre und starke Volksvertretung« bewähren müsse. Sten. Ber., Bd. 310, S. 3579 (Philipp Scheidemann (SPD), 19.7.1917). Siehe auch ebd., Bd. 308, S. 1814 (Georg Gradnauer (SPD), 26.10.1916); ebd., Bd. 310, S. 3511 (Georg Gradnauer (SPD), 6.7.1917).

260 Sten. Ber., Bd. 309, S. 2920 (Albrecht von Graefe (DKons.), 30.3.1917). Auch Arthur Graf von Posadowsky-Wehner (DRP) begründete seine Ablehnung einer Reform des Reichstagwahrechtes im März 1918 damit, dass »eine Volksvertretung [...] in ihrem Einfluss darauf« beruhe, dass sie eine »Resonanz im Volk« besitze. Diese werde aber durch die Vermehrung der Reichstagmandate, wie sie die Gesetzesvorlage der Regierung vorsehe, verhindert, da mit der dadurch bedingten Zunahme der Parlamentsreden deren Rezeption im Volk notwendigerweise abnehmen müsse: ebd., Bd. 311, S. 4336 (Arthur Graf von Posadowsky-Wehner (DRP), 12.3.1918).

Reichsleitung und der militärischen Niederlage im Oktober 1918 griffen sie diese Formulierung verstärkt auf. Nicht zuletzt vor dem Hintergrund der verfassungspolitischen Veränderungen sahen sie nun eine Möglichkeit, ihren Vorstellungen analog zur Thematisierung der »Volkssouveränität« durch den semantischen Rückgriff auf die »Volksvertretung« Nachdruck zu verleihen. So trat etwa Hugo Haase (USPD) in der Beratung der verfassungsändernden Gesetzesvorlagen dafür ein, das Recht des Kaisers abzuschaffen, den Reichstag aufzulösen, denn: »Zu der Volkssouveränität paßt es auch nicht, daß eine unkontrollierbare Macht, der Kaiser, nach seinem Belieben die Volksvertretung nach Hause schicken kann.«[261] Wie die Bezugnahme auf das »Volk« durch die Bezeichnung »Volksvertretung« zur Begründung weitergehender verfassungspolitischer Forderungen herangezogen wurde, griffen wiederum auch Redner der konservativen Parteien hierauf zurück, um die Verfassungsänderungen abzulehnen. So führte etwa Albrecht von Graefe (DKons.) noch in der letzten Sitzung des kaiserlichen Reichstags am 26. Oktober 1918 aus, dass die verfassungsrechtliche Festlegung der parlamentarischen Verantwortlichkeit des Reichskanzlers überflüssig sei, da »eine segensreiche und überhaupt fruchtbare Tätigkeit eines Reichskanzlers ohne das Vertrauen der Volksvertretung auf eine längere Dauer ja gar nicht denkbar ist.«[262]

Auf diese Weise wurden die Vertreter der Regierung und der sie stützenden Parteien in besonderem Maße herausgefordert, in der Diskussion um die verfassungsrechtlich neu festzulegenden Kompetenzen des Reichstags nicht ins Hintertreffen zu geraten, sondern diese mit dem Verweis auf das »Volk« offensiv zu verteidigen. Dazu nahmen sie die Bezeichnung »Volksvertretung« auf und betonten wie der zum Staatsekretär ohne Portefeuille ernannte Zentrumsabgeordnete Adolf Gröber, dass »ein Krieg nur mit der vollen Zustimmung des Volkes erklärt werden kann, und daß über den Friedensschluß unbedingt und unbeschränkt auch die Zustimmung der Volksvertretung zu erfolgen

261 Sten. Ber., Bd. 314, S. 6189 (Hugo Haase (USPD), 23.10.1918). Auf dieser Linie lag auch die Begründung dieses Antrages durch Eduard Bernstein (USPD): »Wir wollen die Machtvollkommenheit der Volksvertretung, und kein Recht anderer über die Volksvertretung.« Ebd., Bd. 314, S. 6295 (Eduard Bernstein (USPD), 26.10.1918). Siehe auch ebd., S. 6154 (Hugo Haase (USPD), 5.10.1918), S. 6235 (Georg Ledebour (USPD), 24.10.1918), S. 6293 (Eduard Bernstein (USPD), 26.10.1918).

262 Sten. Ber., Bd. 314, S. 6282 (Albrecht von Graefe (DKons.), 26.10.1918). Ebenso sei die Bestimmung, dass für den Fall einer Kriegserklärung die Zustimmung des Reichstags eingeholt werden müsse, nicht notwendig, da bereits jetzt ein Krieg nicht erklärt werden könne, »wenn man nicht der Zustimmung der Volksvertretung gewiß ist, schon wegen der Kriegskredite, deren Bewilligung nötig ist.« Ebd., S. 6282 (Albrecht von Graefe (DKons.), 26.10.1918).

hat.«[263] Parallel zu der allseitigen Bezugnahme auf das »Volk« diente auch die Verwendung der Bezeichnung der »Volksvertretung« in dieser Zeit der Legitimierung gänzlich unterschiedlicher verfassungspolitischer Positionen. Eine eindeutige Zuordnung dieser Formulierung zeichnete sich dabei nicht ab. Der Deutungskampf um das »Volk« und um die »Volksvertretung« wurde mit der Verabschiedung der Oktoberreformen nicht beendet, sondern eröffnet.

Die zweite semantische Anordnung der Begriffe »Regierung« und »Reichstag« war von zwei Grundsmustern geprägt. Von sozialdemokratischer Seite wurde der Gegensatz zwischen diesen beiden Einrichtungen betont. So führte etwa Georg Gradnauer (SPD) in der Debatte um die Einsetzung des Haushaltsausschusses als kontinuierlich tagender Ausschuss im Oktober 1916 aus, »daß die Regierung vor dem Krieg vollends, aber vielleicht auch während der Kriegszeit keine übermäßig starke Liebe zum Reichstag gezeigt hat. Die Regierung hat immer eine Neigung, den Reichstag möglichst von sich zu entfernen.«[264] Gradnauer zufolge sei es aber gerade jetzt notwendig, den Einfluss des Reichstags auf die auswärtige Politik durch die Ermächtigung des Haushaltsausschusses zur dauernden Tagung zu stärken. Dabei nahm er für seine Partei in Anspruch, im Gegensatz zu den übrigen Parteien bereits früher darauf gedrängt zu haben, »dem Reichstag einen größeren Einfluß gegenüber der Regierung zu sichern«.[265] Dieser von den Sozialdemokraten vertretenen Auffassung einer Gegnerschaft von »Regierung« und »Reichstag« stellten die liberalen Redner in derselben Debatte das Bild einer Kooperation gegenüber, um so den Einfluss des Reichstags auf die auswärtige Politik zu vergrößern.[266] Dieses Deutungsmuster einer engeren Fühlung zwischen »Regierung« und »Reichstag« bot den Rednern der liberalen Parteien die Möglichkeit, dem Wunsch des Reichstags nach einer stärkeren Mitsprache insbesondere in auswärtigen Angelegenheiten Ausdruck zu verleihen, ohne die Regierung zu brüskieren. Denn diese Forderung besaß lediglich einen informellen Charakter und zog keine verfassungsrechtliche Änderung des Verhältnisses der beiden Organe nach sich. Folglich

263 Sten. Ber., Bd. 314, S. 6288 (Adolf Gröber (Z), 26.10.1918). Siehe auch ebd., S. 6158 (Prinz Max von Baden, 22.10.1918), S. 6159 (Carl Herold (Z), 22.10.1918), S. 6216 (Otto Landsberg (SPD), 24.10.1918), S. 6290 (Adolf Gröber (Z), 26.10.1918).

264 Sten. Ber., Bd. 308, S. 1814 (Georg Gradnauer (SPD), 26.10.1916). Siehe auch ebd., Bd. 309, S. 2904 (Eduard David (SPD), 30.3.1917).

265 Sten. Ber., Bd. 308, S. 1813 (Georg Gradnauer (SPD), 26.10.1916).

266 In diesem Sinne sprach sich Gustav Stresemann (NLP) dafür aus, mittels des Antrages auf Ermächtigung des Haushaltsausschusses zur dauernden Tagung »einen weit engeren Konnex zwischen Regierung und Volksvertretung herzustellen, als es heute der Fall ist.« Sten. Ber., Bd. 308, S. 1819 (Gustav Stresemann (NLP), 26.10.1916). Siehe auch ebd., S. 1820 (Gustav Stresemann (NLP), 26.10.1916), S. 1817 (Conrad Haußmann (FVP), 26.10.1916). Zu den Bemühungen Stresemanns siehe Richter, Zusammenhalten, S. 75ff.

konnten auch die Vertreter der Regierung sowie der Deutschkonservativen Partei diese Forderung übernehmen, sprachen sich aber im Gegensatz zu den übrigen Rednern dafür aus, das Sitzungsrecht des Haushaltsausschusses während der Vertagung des Reichstags ausdrücklich auf die Kriegszeit zu beschränken.[267] Dem hielt der Zentrumsredner Adolf Gröber unter Aufnahme des liberalen Deutungsmusters entgegen, dass eine »ständige Fühlung« zwischen dem Reichstag und der Reichsregierung auch über die Kriegszeit hinaus wünschenswert und notwendig sei. Gleichzeitig griff Gröber auch das Bild eines Gegenübers auf, als er für eine »kraftvolle Stellung der Volksvertretung gegenüber der Regierung« plädierte.[268] Auf diese Weise versuchte er, eine semantische Brücke von den Liberalen zu den Sozialdemokraten zu schlagen, da er die Zustimmung beider politischen Richtungen für den Antrag des Zentrums gewinnen wollte, den Haushaltsausschuss anstelle des von den liberalen Parteien beantragten Sonderausschusses für auswärtige Fragen einzusetzen.[269]

Die Anordnung von »Reichstag« und »Regierung im Sinne einer Kooperation erwies sich also im Oktober 1916 als mehrheitsfähig und für eine Erweiterung der Reichstagsrechte als erfolgreich. Aus diesem Grund griff auch Gustav Stresemann (NLP) in der Debatte um die Einsetzung des Verfassungsausschusses im März 1917 auf dieses Stilmittel zurück und beklagte sich, dass in Deutschland ein »enger Zusammenhang zwischen Parlament und Regierung« fehle.[270] Gleichzeitig machte er auch das Verhältnis der beiden Organe zum Thema, indem er darauf hinwies, dass vor dem Hintergrund der Erfahrungen des Weltkrieges die »Frage der Stellung des Parlaments zur Reichsregierung« gestellt werden müsse.[271] An diese Formulierung suchte der Redner der Mehrheitssozialdemokratie, Eduard David, Anschluss und sprach sich für eine »Neuregelung der verfassungsrechtlichen Beziehungen zwischen Reichstag und Regierung« aus.[272] Dabei verzichtete er nun auf die bisherige Gegenüberstellung von »Regierung« und »Reichstag« und übernahm stattdessen das Bild der Kooperation.[273] Auf diese Weise bemühte sich David, in Bezug auf das Ver-

267 Sten. Ber., Bd. 308, S. 1827 (Karl Helfferich, 26.10.1916), S. 1823 (Hermann Kreth (DKons.), 26.10.1916).

268 Sten. Ber., Bd. 308, S. 1810 (Adolf Gröber (Z), 26.10.1916).

269 Dieses gelang ihm auch, wie das Abstimmungsergebnis vom 26. Oktober 1918 belegt, wonach sich 303 gegen 31 Abgeordnete der Deutschkonservativen Partei für die Annahme des Antrags aussprachen. Dazu die namentliche Abstimmung: Sten. Ber., Bd. 308, S. 1864ff.

270 Sten. Ber., Bd. 309, S. 2855 (Gustav Stresemann (NLP), 29.3.1917).

271 Sten. Ber., Bd. 309, S. 2854 (Gustav Stresemann (NLP), 29.3.1917). Dazu Bermbach, Vorformen, S. 51.

272 Sten. Ber., Bd. 309, S. 2908 (Eduard David (SPD), 30.3.1917).

273 So forderte er vom Reichskanzler institutionelle Einrichtungen, welche »die Regierung in engste Fühlung mit der Vertretung des Volks« bringen müssten. Sten. Ber., Bd. 309, S. 2909

hältnis von Regierung und Reichstag semantisch eine Brücke zu den liberalen Parteien zu schlagen. Gleichzeitig versuchte er, dieses Verhältnis im sozialdemokratischen Sinne auszudeuten, indem er die »verfassungsrechtlichen Beziehungen« neu geregelt wissen wollte, während Stresemann die Verfassungsebene nicht thematisierte. Somit sah sich nun Eugen Schiffer (NLP) aufgefordert, für seine Partei richtig zu stellen, dass diese zwar für eine »engere Fühlung zwischen der Reichsleitung, der Staatsleitung und der Volksvertretung« eintrete, eine »verfassungsrechtliche Umstellung und Umgestaltung des Verhältnisses zwischen Parlament und Regierung« aber ausdrücklich ablehne.[274]

Das Verhältnis von Reichstag und Regierung im Sinne eines eher informellen Kontaktes erwies sich auch für die Kanzlerkrise im Juli 1917 mit der Entlassung von Theobald von Bethmann Hollweg und der Ernennung von Georg Michaelis als mehrheitsfähiges Deutungsmuster. So äußerte Michaelis in seiner Antrittsrede vor dem Reichstag den Wunsch, dass »das Vertrauensverhältnis zwischen dem Parlament und der Regierung dadurch enger« werde, dass Männer mit dem Vertrauen der Reichstagsparteien in die Regierung aufgenommen würden.[275] Aber auch parlamentarische Vertreter wie Friedrich von Payer (FVP) sprachen sich für die »Parlamentarisierung der Reichsregierung« in dem Sinne aus, dass »Reichsregierung und Parlament sachlich und persönlich einander nähergebracht werden müssen«.[276]

Erst mit der parlamentarischen Regierungsbildung im Oktober 1918 geriet die semantische Anordnung von »Reichstag« und »Regierung« verstärkt in Bewegung. Zur Deutung der neuen parlamentarischen Regierungsbildung wurde teilweise auf das tradierte Muster der informellen Beziehung zurückgegriffen. So begrüßte etwa Carl Herold (Z) die »engsten Beziehung zwischen Regierung und Volksvertretung«, die durch die Aufnahme von führenden Parlamentariern hergestellt worden seien, wie auch Friedrich Naumann (FVP) die gegenseitige Bereicherung dieser personellen Verbindung hervorhob.[277] Darüber hinaus sahen die Mehrheitssozialdemokraten mit der Einführung des parlamentarischen Regierungssystems ein zentrales verfassungspolitisches Ziel erreicht und wiesen wie Friedrich Ebert (SPD) ausdrücklich darauf hin, dass nun

---

(Eduard David (SPD), 30.3.1917). Dazu Miller, Burgfrieden, S. 246; Grosser, Konstitutionalismus, S. 153.

274 Sten. Ber., Bd. 310, S. 3439f. (Eugen Schiffer (NLP), 16.5.1917). Zum liberalen Parlamentarismusverständnis Albertin, Parlamentarismus, S. 37–42.

275 Sten. Ber., Bd. 310, S. 3573 (Georg Michaelis, 19.7.1917).

276 Sten. Ber., Bd. 310, S. 3582 (Friedrich von Payer (FVP), 19.7.1917). Siehe auch ebd., S. 3575 (Konstantin Fehrenbach (Z), 19.7.1917).

277 Sten. Ber., Bd. 314, S. 6159 (Carl Herold (Z), 22.10.1918); ebd., S. 6170 (Friedrich Naumann (FVP), 22.10.1918). Siehe auch ebd., S. 6157 (Prinz Max von Baden, 22.10.1918), S. 6158 (Prinz Max von Baden, 22.10.1918), S. 6174 (Gustav Stresemann (NLP), 22.10.1918).

eine »Regierung« gebildet worden sei, »die ihre Existenz von der Zustimmung des Reichstags, von der Billigung weiter Volkskreise und insbesondere von der Mitwirkung der Vertrauensmänner der Arbeiter abhängig gemacht hat.«[278] Diese Auffassung wurde auch von Regierungsvertretern wie dem Vizekanzler Friedrich von Payer (FVP) oder dem Staatssekretär Adolf Gröber (Z) bestätigt, die auf das für die Regierung notwendige »Vertrauen der Mehrheit des Reichstags«[279] verwiesen. Dagegen brachten die deutschkonservativen Abgeordneten ihre ablehnende Haltung zum Ausdruck, indem sie wie Kuno Graf von Westarp (DKons.) von den »zentralistischen Machtgelüste[n] des Reichstags und der Mehrheit« sprachen, welche nun die »Regierung ergriffen« hätten.[280]

Ihren besonderen Ausdruck fand die Änderung in der Beziehung von »Reichstag« und »Regierung« in der Thematisierung der Begriffe »Reichstag« und »Reichskanzler«. Bis zum Oktober 1918 wurden sie überwiegend von den Rednern beider sozialdemokratischer Parteien verwendet, um die Abhängigkeit des Kanzlers vom Vertrauen des Reichstags einzufordern.[281] Aber auch die Redner der Deutschkonservativen Partei stellten diese beiden Begriffe in einen Zusammenhang, indem sie wie Hermann Kreth (DKons.) die im Verfassungsausschuss diskutierte Frage verneinten, »ob des Reichskanzlers Verantwortlichkeit gegenüber dem Reichstag durch ein Verantwortlichkeitsgesetz festgelegt« werden solle.[282] Demgegenüber verzichteten die Vertreter der liberalen Parteien und des Zentrums weitgehend auf die zusammenhängende Thematisierung von »Reichskanzler« und »Reichstag«, womit sie eine Stellungnahme in Bezug auf die Festlegung der parlamentarischen Verantwortlichkeit des Kanzlers und damit die Einführung des parlamentarischen Regierungssystems umgingen.

Dies änderte sich jedoch unter dem Eindruck der parlamentarischen Regierungsbildung Prinz Max von Badens im Oktober 1918. Nun trat nicht nur Friedrich Ebert (SPD) dafür ein, »daß der Reichskanzler nur mit Zustimmung des Reichstags ernannt werden kann und sein Amt niederzulegen hat, wenn der Reichstag es fordert.«[283] Auch der linksliberale Abgeordnete Ernst Müller

---

278 Sten. Ber., Bd. 314, S. 6161 (Friedrich Ebert (SPD), 22.10.1918). Siehe auch ebd., S. 6291 (Otto Landsberg (SPD), 26.10.1918). Zur Haltung Eberts Mühlhausen, Ebert. S. 102.

279 Sten. Ber., Bd. 314, S. 6193 (Friedrich von Payer (FVP), 23.10.1918), S. 6288 (Adolf Gröber (Z), 26.10.1918).

280 Sten. Ber., Bd. 314, S. 6177 (Kuno Graf von Westarp (DKons.), 22.10.1918).

281 So trat etwa Georg Ledebour (SAG) dafür ein, »daß die verfassungsmäßige Verantwortlichkeit des Reichskanzlers durch die Bestimmung präzisiert wird, daß der Reichskanzler zu entlassen ist, wenn der Reichstag es fordert.« Sten. Ber., Bd. 309, S. 2925 (Georg Ledebour (SAG), 30.3.1917). Siehe auch ebd., Bd. 308, S. 1710 (Philipp Scheidemann (SPD), 11.10.1916); ebd., Bd. 310, 3593 (Hugo Haase (USPD), 19.7.1917).

282 Sten. Ber., Bd. 310, S. 3450 (Hermann Kreth (DKons.), 16.5.1917).

283 Sten. Ber., Bd. 314, S. 6162 (Friedrich Ebert (SPD), 22.10.1918).

führte aus, dass seine Partei früher der Ansicht gewesen sei, »daß es nicht notwendig sei, in der Verfassung zu schreiben, daß der Reichskanzler zu seiner Amtsführung das Vertrauen des Reichstag bedürfe.« Das Wesentliche der politischen Entwicklung sah er nun in der »Verantwortung, die der Reichskanzler [...] dem Parlament gegenüber trägt.«[284] Gegen dieses Verhältnis von »Reichstag« und »Reichskanzler« wandten sich weiterhin die deutschkonservativen Abgeordneten, indem sie sich wie Albrecht von Graefe (DKons.) gegen eine »so weitgehende Unterstellung des Reichskanzlers unter die Volksvertretung« aussprachen.[285] Die Thematisierung dieses Verhältnisses im Sinne einer Abhängigkeit des »Reichskanzler« vom Vertrauen des »Reichstags« erwies sich aber als mehrheitsfähig und fand ihren Eingang in die verfassungsändernden Gesetze vom 28. Oktober 1918. Der veränderte Sprachgebrauch der Parlamentarier besaß jedoch eher einen auf den Verfassungswandel reagierenden als einen den Wandel initiierenden Charakter, da er erst im Oktober 1918 unter dem Eindruck der Parlamentarisierung auftrat, die nicht zuletzt auf Druck der Waffenstillstandesverhandlungen und der Forderungen des amerikanischen Präsidenten Wilson notwendig wurde.[286]

Dass sich diese Thematisierung des Verhältnisses von »Reichstag« und »Reichskanzler« nicht eher durchsetzen konnte, lag in besonderem Maße an der Verbindung von »Reichstag« und »Kaiser«, die durch die deutschkonservativen Abgeordneten in die Diskussion eingebracht und bestimmt wurde. So legte Albrecht von Graefe (DKons.) im März 1917 dar, dass das deutsche konstitutionelle Regierungssystem »aus zwei gleichberechtigten Faktoren« bestehe, nämlich »der Krone und der Volksvertretung, beide mit selbständiger Meinungsberechtigung. Wenn man aber vom König verlangt, daß er durch die zwangsweise Wahl seiner Minister aus der jeweiligen Mehrheit des Parlaments gewissermaßen nur zum Organ der Volksvertretung wird, dann übt doch das Parlament die Alleinherrschaft aus, und dann ist der König als solcher nichts weiter als ein Schattenkönig«.[287] Um die Forderungen nach Erweiterung der parlamentarischen Rechte wie die Verantwortlichkeit der Regierungsmitglieder zurückzuweisen, propagierten die Konservativen diese Gegenüberstellung von »Kaiser« und »Reichstag«, welche unter den Parlamentariern insbesondere der

284 Sten. Ber., Bd. 314, S. 6279 (Ernst Müller (Meiningen) (FVP), 26.10.1918).

285 Gleichzeitig verwies von Graefe darauf, dass bereits in der Vergangenheit »eine segensreiche und überhaupt fruchtbare Tätigkeit des Reichskanzlers ohne das Vertrauen der Volksvertretung auf eine längere Dauer nicht denkbar« gewesen sei: Sten. Ber., Bd. 314, S. 6282 (Albrecht von Graefe (DKons.), 26.10.1918).

286 Dazu Mai, Ende, S. 158f.

287 Sten. Ber., Bd. 309, S. 2920 (Albrecht von Graefe (DKons.), 30.3.1917). Siehe auch ebd., S. 2860 (Kuno Graf von Westarp (DKons.), 29.3.1917); ebd., Bd. 310, S. 3447 (Hermann Kreth (DKons.), 16.5.1917).

Nationalliberalen Partei eine starke Ausstrahlungskraft besaß. So wies Gustav Stresemann (NLP) extra darauf hin, dass die Erweiterung der politischen Verantwortung durch das »Parlament […] keine Schmälerung der Rechte der Regierung, auch keine Schmälerung der Kronrechte« bedeute.[288] Dieses Deutungsmuster charakterisierte auch die Redner der Fortschrittlichen Volkspartei und der Zentrumspartei, sodass sie auf eine Thematisierung dieses Verhältnisses verzichteten. Selbst die sozialdemokratischen Redner griffen trotz ihrer Ablehnung der Monarchie dieses Verhältnis nur selten auf. Lediglich die Vertreter der USPD wie Hugo Haase sprachen sich dafür aus, dass »nicht mehr der Kaser allein das Recht nach außen« haben solle, sondern dass er bei internationalen Verträgen »an die Zustimmung der Volksvertretung« gebunden sein müsse.[289]

Erst unter dem Eindruck der militärischen Niederlage und den Verfassungsänderungen im Oktober 1918 machten die Redner der Unabhängigen Sozialdemokratie dieses Verhältnis verstärkt zum Thema, indem sie es als unvereinbar mit der »Volkssouveränität« bezeichneten, dass der Kaiser nach seinem Belieben den Reichstag auflösen könne.[290] Nun wurde eine derartig monarchiekritische Thematisierung des Verhältnisses von »Kaiser« und »Reichstag« möglich, die jedoch keine Verbreitung unter den übrigen Parlamentariern fand. Zwar bezogen sich die konservativen Redner kaum noch auf den »Kaiser«, um ihre Ablehnung der Verfassungsreformen zu begründen.[291] Aber die Redner der Regierungsparteien ließen die Problematik des Verhältnisses von »Kaiser« und »Reichstag« weiterhin unthematisiert und damit offen, worin sich die restriktiven Wirkungen offenbarten, welche die Monarchie für die Verfassungsreformbestrebungen im ausgehenden Kaiserreich besaß.

Neben der Anerkennung des »Kaisers« lag diese Haltung auch in einer abwertenden Sichtweise des parlamentarischen Gegenübers begründet. Von den konservativen Rednern wie Albrecht von Graefe (DKons.) wurde dem »Kaiser« nicht der »Reichstag« als Institution gegenübergestellt, sondern auf die »jeweilige Mehrheit des Parlaments« verwiesen, welche dem Monarchen die Regierungsmitglieder aufzwingen würde.[292] Denn nachdem sich die Parteien bei Kriegsausbruch zum Verzicht auf politische Meinungskämpfe verpflichtet hatten, um die nationale Einheit aufrechtzuerhalten, konnte die Herausbildung

288 Sten. Ber., Bd. 309, S. 2855 (Gustav Stresemann (NLP), 29.3.1917). Siehe auch ebd., Bd. 310, S. 3439 (Eugen Schiffer (NLP), 16.5.1917).

289 Sten. Ber., Bd. 310, S. 3593 (Hugo Haase (USPD), 19.7.1917).

290 Sten. Ber., Bd. 314, S. 6189 (Hugo Haase (USPD), 23.10.1918). Siehe auch ebd., S. 6295 (Eduard Bernstein (USPD), 26.10.1918).

291 Sten. Ber., Bd. 314, S. 6177 (Kuno Graf von Westarp (DKons.), 22.10.1918).

292 Sten. Ber., Bd. 309, S. 2920 (Albrecht von Graefe (DKons.), 30.3.1917). Siehe auch ebd., S. 2860 (Kuno Graf von Westarp (DKons.), 29.3.1917).

einer parlamentarischen Mehrheit als eine Verletzung dieses »Burgfriedens« angesehen werden. Dementsprechend griffen insbesondere die konservativen Redner auf die Bezeichnung einer »Mehrheit des Parlaments« zurück, um die Forderungen nach Erweiterung der Parlamentsrechte im Hinblick auf die Regierung als Verletzung der nationalen Einheit zu brandmarken und so zurückweisen zu können. Auch Eugen Schiffer (NLP) lehnte in diesem Sinne jegliche Verfassungsreform ab, welche die parlamentarische Abhängigkeit der Regierung verfassungsrechtlich festlege und letztlich darauf abziele, dass die »Regierung nur ein Ausschuß des Parlaments, ein geschäftsführender Ausschuß der Mehrheit der Volksvertretung« sein solle.[293]

Vor dem Hintergrund dieses negativ besetzten Mehrheitsverständnisses waren die Vertreter reformorientierter Parteien gezwungen, für die Handlungsfähigkeit des Reichstags nicht nur eine parlamentarische Mehrheit zu bilden, sondern auch ein positives Verständnis einer Parlamentsmehrheit durchzusetzen. So bemühte sich Friedrich Naumann (FVP) bereits im Mai 1917 für ein solches, indem er ausführte, dass für eine Ausweitung des parlamentarischen Einflusses auf die Regierung »zunächst das Parlament selbst beweisen [müsse], daß es zur Mehrheitsbildung und zur Vereinigung auf mögliche Mehrheitsziele die nötige Fähigkeit in sich selbst besitzt.«[294] Mit der Verbindung von »Reichstag« und »Mehrheit« nahm er jedoch eine Außenseiterrolle ein, die von keinem übrigen Redner geteilt wurde. Erst infolge der Regierungskrise und der Herausbildung einer parlamentarischen Mehrheit aus SPD, FVP und Zentrum im Juli 1917 wurde eine positivere Sichtweise der Reichstagsmehrheit vertreten. So wähnte der Zentrumsabgeordnete Joseph Kuckhoff (Z) bereits am 6. Juli 1917 in den Vorschlägen des Verfassungsausschusses zur Reform des Reichstagswahlrechts »für unser Volk ein[en] Beweis, daß es der überwältigenden Mehrheit der Volksvertretung ernst damit ist, auf innenpolitischem Gebiet mit der sogenannten Neuorientierung zu beginnen«[295] Im Zusammenhang mit der Verabschiedung der Friedensresolution, die durch die Parteien des Interfraktionellen Ausschusses eingebracht wurde und zu der sich der Reichskanzler Georg Michaelis eingeschränkt bekannte, ging Friedrich von Payer (FVP) am 19. Juli 1917 noch einen Schritt weiter, indem er das Abstimmungsergebnis als zahlenmäßigen Ausdruck derer ansah, »die nicht hinter der Regierung und der Mehrheit der Volksvertretung stehen.«[296] Mit dieser Gleichsetzung von »Regie-

293 Sten. Ber., Bd. 309, S. 3439 (Eugen Schiffer (NLP), 30.3.1917).

294 Sten. Ber., Bd. 310, S. 3425 (Friedrich Naumann (FVP), 15.5.1917).

295 Sten. Ber., Bd. 310, S 3515 (Joseph Becker (Z), 6.7.1917). Siehe auch ebd., S. 3507 (Ernst Müller (FVP), 6.7.1917).

296 Sten. Ber., Bd. 310, S. 3581 (Friedrich von Payer (FVP), 19.7.1917).

rung« und »Reichstagsmehrheit« versuchte er auch, letztere als politischen Faktor zu etablieren.

Eine weitere Aufwertung erfuhr diese Bezeichnung im Zuge der parlamentarischen Regierungsbildung unter Prinz Max von Baden im Oktober 1918, als nun auch Regierungsvertreter wie Friedrich von Payer (FVP) oder Adolf Gröber (Z) betonten, dass die Regierung auf das »Vertrauen der Mehrheit des Reichstags« angewiesen sei.[297] Gleichzeitig diente diese Formulierung jedoch weiterhin den deutschkonservativen Rednern zur Ablehnung der neuen Regierung wie der beabsichtigten verfassungsrechtlichen Einführung des parlamentarischen Regierungssystems. So lehnte etwa Albrecht von Graefe (DKons.) die verfassungsrechtliche Bestimmung der parlamentarischen Verantwortlichkeit des Reichskanzlers ab, da dieser so nur ein »Beauftragter der jeweiligen Reichstagsmehrheit sei.[298] Das Verständnis einer parlamentarischen Mehrheit am Ende des Kaiserreichs war folglich von einer eigentümlichen Ambivalenz geprägt. Auf der einen Seite wurde die Reichstagsmehrheit im Zusammenhang mit der verfassungsrechtlichen Festschreibung der parlamentarischen Verantwortlichkeit des Reichskanzlers als zentraler politischer Faktor anerkannt. Auf der anderen Seite wurde sie insbesondere, aber nicht ausschließlich von konservativer Seite skeptisch bis ablehnend beurteilt, was aufgrund der Verbreitung dieser Sichtweise bis zu den liberalen Rednern als Beleg für fehlende Akzeptanz von Mehrheitsentscheidungen im Reichstag des ausgehenden Kaiserreichs angesehen werden kann.[299]

Zusammenfassend lässt sich festhalten, dass in den Verfassungsreformdebatten des ausgehenden Kaiserreichs der »Reichstag« von den Parlamentariern in seinem Verhältnis zum »Volk« sowie zur »Regierung« thematisiert und zwischen diesen verortet wurde. Dabei verfolgte die Bezugnahme auf das »Volk« grundsätzlich einen legitimatorischen Zweck, indem die Abgeordneten auf diese Weise die Autorität ihrer Ausführungen über das Parlament aufzuwerten versuchten, wie es in besonderem Maße durch die parteiübergreifend festzustellende Verwendung der Bezeichnung »Volksvertretung« geschah. Zwecks Aufwertung des Reichstags setzten insbesondere die Redner der liberalen Parteien »Volk« und »Reichstag« gleich, während die Abgeordneten der Mehrheitssozialdemokratie die fehlende Übereinstimmung dieser Aspekte aufgrund des ungleichen Mehrheitswahlrechts zum Thema machten und daraus ihre Forderungen nach Einführung der Verhältniswahl auf Reichsebene ableiteten.

---

297 Sten. Ber., Bd. 314, S. 6193 (Friedrich von Payer (FVP), 23.10.1918), S. 6288 (Adolf Gröber (Z), 26.10.1918). Vgl. Grosser, Konstitutionalismus, S. 150f.

298 Sten. Ber., Bd. 314, S. 6285 (Albrecht von Graefe (DKons.), 26.10.1918). Siehe auch ebd., S. 6177 (Kuno Graf von Westarp (DKons.), 22.10.1918).

299 Dazu Schönberger, Parlamentarisierung, S. 629ff., 659ff.

Dominiert wurde die Thematisierung des Reichstags jedoch durch das Verhältnis zur Regierung. Dabei erwies sich die Formulierung einer »engen Fühlungnahme« von den liberalen Rednern über die der Zentrumspartei bis zu denen der Mehrheitssozialdemokratie als anschluss- und mehrheitsfähig, da diese Forderung ohne eine formelle Änderung der Verfassung auskam.[300] Aus diesem Grund wurde auch die von den sozialdemokratischen Rednern vorgebrachte Forderung nach Feststellung der Abhängigkeit des »Reichskanzlers« von dem Vertrauen des »Reichstags« zurückgewiesen, indem insbesondere die konservativen Parlamentarier auf die positiv besetzte Stellung des »Kaisers« und auf die negativ konnotierte »Mehrheit des Reichstags« verwiesen, der sich die nationalliberalen Redner weitgehend anschlossen und die Vertreter der FVP und des Zentrums nur wenig entgegensetzten. Die festzustellenden Veränderungen im Hinblick auf die positive Anordnung von »Regierung« bzw. »Reichskanzler« und »Reichstag« im Zuge der Parlamentarisierung im Oktober 1918 innerhalb des Liberalismus und der Zentrumspartei waren aus diesem Grund überwiegend reagierender Natur auf die auf kaiserliche Anordnung vorgenommene Bildung einer parlamentarischen Regierung.

Darüber hinaus blieb die Thematisierung des »Reichstags« in seiner Scharnierfunktion zwischen dem »Volk« und der »Regierung« in den Verfassungsberatungen unterbelichtet. Zwar sprach sich Gustav Stresemann (NLP) im März 1917 dafür aus, dass »Regierung und Volksvertretung und Volk ein einheitliches Ganzes« zu bilden hätten, und Otto Landsberg (SPD) wies im Oktober 1918 darauf hin, dass mit den Verfassungsänderungen »die Regierungsgewalt in entscheidenden Punkten in die Hände des Volkes [...] durch die Vermittlung der dem Parlament verantwortlichen Regierung« gelegt werde.[301] Solche Aussagen, die den Gesamtzusammenhang von »Volk«, »Reichstag« und »Regierung« thematisierten, blieben jedoch die Ausnahme und waren zudem wie im ersten Fall von einer Identität dieser drei Elemente geprägt und stellten wie im zweiten Fall eher eine Reaktion als eine Initiation des Verfassungswandels dar. Folglich zielte die Thematisierung des Reichstags in den Verfassungsreformdebatten stärker auf eine Stärkung der »Parlamentsrechte« innerhalb des Verfassungssystems[302] als auf eine Etablierung einer demokratischen Herrschaftsordnung.

---

300 Vgl. Grosser, S. 145f.

301 Sten. Ber., Bd. 309, S. 2857 (Gustav Stresemann (NLP), 29.3.1917); ebd., Bd. 314, S. 6191 (Otto Landsberg (SPD), 26.10.1918).

302 Vgl. dazu Sten. Ber., Bd. 308, S. 1809 (Adolf Gröber (Z), 26.10.1918), S. 1813f (Georg Gradnauer (SPD), 26.10.1916), S. 1819f. (Gustav Stresemann (NLP), 26.10.1916); ebd., Bd. 309, S. 2854 (Gustav Stresemann (NLP), 29.3.1917), S. 2860 (Kuno Graf von Westarp (DKons.), 29.3.1917);

2.3. Strategien der Einflussgewinnung auf die Regierung

Mit der Thematisierung der Reichsregierung legten die Reichstagsabgeordneten nicht nur ihre jeweilige parteipolitische Haltung zur Politik der Regierung dar. Sie nutzten diese Möglichkeit auch, um Einfluss auf die Regierungspolitik zu nehmen, da ihnen die Reichsverfassung von 1871 einen direkten Zugriff auf die Reichsregierung etwa über eine parlamentarische Verantwortlichkeit des Reichskanzlers versagte. Zu diesem Zweck thematisierten sie die »Regierung« überwiegend in Zusammenhang mit anderen Verfassungsorganen wie dem »Reichstag« und dem »Volk«, mittels deren Autorität sie politischen Druck auszuüben versuchten. Wie im Zusammenhang mit dem Reichstagsbegriff gezeigt wurde, war die semantische Anordnung der Begriffe »Regierung« und »Reichstag« von zwei Grundsmustern geprägt: von einem Gegensatz auf Seiten der Sozialdemokraten und von einer Kooperation durch die Liberalen. Letzteres erwies sich bereits in der Auseinandersetzung im Oktober 1916 als mehrheitsfähig und fand im Frühjahr 1917 zunehmend Anhänger unter den mehrheitssozialdemokratischen Rednern.[303]

Erst im Zuge der parlamentarischen Regierungsbildung im Oktober 1918 geriet die liberal geprägte Deutung ins Wanken. Zwar berief sich der neue Reichskanzler Prinz Max von Baden bei seiner Antrittsrede im Reichstag noch auf das traditionelle Bild, indem er ausführte, dass die »Reichsleitung unter Mitwirkung des Reichstags« gebildet worden sei.[304] Friedrich Ebert (SPD) hob jedoch kurze Zeit später hervor, dass die neue Regierung ihre Existenz ausdrücklich von der »Zustimmung des Reichstags« abhängig gemacht habe.[305] Eine solche Neufassung des Verhältnisses von Regierung und Reichstag, wie sie infolge der geänderten Regierungsbildung notwendig wurde, fand sich jedoch neben den Mehrheitssozialdemokraten nur noch bei den konservativen Rednern. So hielt Arthur Graf von Posadowsky-Wehner (DRP) eine Wiederherstellung des bisherigen Regierungssystems für ausgeschlossen, nachdem »die Volksvertretung sich in einem Lande einmal erst die parlamentarische Regierung erobert hat«.[306] Die Redner der liberalen Parteien wie auch des Zentrums hielten sich demgegenüber in der Thematisierung dieses Verhältnisses

ebd., Bd. 310, S. 3575 (Konstantin Fehrenbach (Z), 19.7.1917). Eine Ausnahme bildeten hier die Unabhängigen Sozialdemokraten: ebd., Bd. 308, S. 1831 (Georg Ledebour (SAG), 26.10.1918).

303 So forderte Eduard David (SPD) vom Reichskanzler institutionelle Einrichtungen, welche »die Regierung in engste Fühlung mit der Vertretung des Volks« bringen müssten. Sten. Ber., Bd. 309, S. 2909 (Eduard David (SPD), 30.3.1917).

304 Sten. Ber., Bd. 314, S. 6151 (Prinz Max von Baden, 5.10.1917).

305 Sten. Ber., Bd. 314, S. 6161 (Friedrich Ebert (SPD), 22.10.1918).

306 Sten. Ber., Bd. 314, S. 6200 (Arthur Graf von Posadowsky-Wehner (DRP), 23.10.1918). Siehe auch ebd., S. 6179 (Kuno Graf von Westarp (DKons.), 22.10.1918).

weitgehend zurück, worin sich deren Scheu vor einer verfassungsrechtlichen Neugestaltung der Beziehungen zwischen Reichsleitung und dem Reichstag etwa im Sinne einer parlamentarischen Abhängigkeit ausdrückte.

Besonders deutlich lässt sich diese Einstellung anhand der Thematisierung der »parlamentarischen Regierung« bzw. des »parlamentarischen Regierungssystems« aufzeigen, deren Forderung einen fundamentalen Verfassungswandel des Regierungssystems der konstitutionellen Monarchie nach der Reichsverfassung von 1871 bedeutete. Insbesondere die Redner der deutschkonservativen Partei griffen die Bezeichnung der »parlamentarischen Regierung« auf, um sich von diesem Regierungssystem abzugrenzen und ihrem parteipolitischen Programm[307] entsprechend alle Forderungen zurückzuweisen, die einen stärkeren Einfluss des Reichstags auf die Regierung bezweckten.[308] Dagegen griffen die Redner der Unabhängigen Sozialdemokratie auf diese Formulierung zurück, um ihren Forderungen nach einer grundlegenden Änderung des Regierungssystems Ausdruck zu verleihen. Ausgehend von ihrer grundsätzlichen Opposition waren sie zu keiner Rücksichtnahme auf die Regierung oder auf andere Parteien gezwungen.[309] Folglich konnte Georg Ledebour (SAG) im März 1917 die Forderung aufstellen, »durch den Reichstag das parlamentarische Regierungssystem zu erzwingen«.[310]

Folglich bestand für die Mehrheitssozialdemokraten die Aufgabe nun darin, die Forderung nach Einführung des parlamentarischen Regierungssystems gegen die Redner der USPD weiterhin für sich in Anspruch zu nehmen und gleichzeitig auf die Vertreter der liberalen Parteien und des Zentrums Rücksicht zu nehmen, die den hierfür notwendigen Verfassungsänderungen skeptisch bis ablehnend gegenüberstanden.[311] Aus diesem Grund verzichteten sie

307 Vgl. Mommsen, Parteiprogramme, S. 79.

308 So lehnte Herrmann Kreth (DKons.) im Oktober 1916 eine Erweiterung der Parlamentsrechte mittels der Kompetenzen des Haushaltsausschusses mit der Begründung ab, dass seine Partei diesen »Schritt auf dem Wege zum parlamentarischen Regierungssystem« nicht mitmachen wolle: Sten. Ber., Bd. 308, S. 1824 (Hermann Kreth (DKons.), 26.10.1916). Auch Albrecht von Graefe (DKons.) sprach sich gegen die parlamentarische Regierungsform aus, da »beim parlamentarischen Regime […] nur ein Schattenkönigtum« übrig bleibe. Sten. Ber., Bd. 309, S. 2919 (Albrecht von Graefe (DKons.), 30.3.1917). Siehe auch ebd., S. 2860 (Kuno Graf von Westarp (DKons.), 29.3.1917), S. 2921 (Erich Mertin (DRP), 30.3.1917); ebd., Bd. 310, S. 3448 (Hermann Kreth (DKons.), 16.5.1917). Zur Abgrenzung der Konservativen vom parlamentarischen Regierungssystem Boldt, Parlament, S. 668ff.

309 Vgl. die »Organisationsgrundlinien für die Opposition der Sozialdemokratischen Partei Deutschlands (Unabhängige Soziademokratische Partei Deutschlands)« bei Mommsen, Parteiprogramme, S. 388–391, hier S. 389. Dazu Krause, USPD, S. 90.

310 Sten. Ber., Bd. 309, S. 2925 (Georg Ledebour (SAG), 30.3.1917). Siehe auch ebd., Bd. 308, S. 1828f. (Georg Ledebour (SAG), 26.10.1916).

311 Grosser, Konstitutionalismus, S. 153.

anders als die Vertreter der USPD darauf, die konkrete Einführung des parlamentarischen Regierungssystems zu fordern. Vielmehr versuchten sie gegen die Ausführungen der konservativen Redner, den Anträgen auf Erweiterung der Parlamentsrechte ihre Bedeutung für das parlamentarische System zu nehmen. So führte etwa Georg Gradnauer (SPD) im Oktober 1916 aus, dass der Antrag auf Einsetzung des Haushaltsausschusses als permanent tagender Ausschuss keinen »Übergang zum parlamentarischen Regierungssystem im eigentlichen Sinne« darstelle.[312] Oder sie verliehen ihren Ausführungen über das parlamentarische System einen allgemeinen Charakter, indem sie wie Philipp Scheidemann (SPD) im Juli 1917 formulierten: »Ob man nun vom parlamentarischen Regime spricht oder [...] von konsequent durchgeführter Demokratie – auf den Namen soll es uns nicht ankommen!«[313]

Gerade diese allgemeine und unkonkrete Verwendungsweise der »parlamentarischen Regierung« ermöglichte den Rednern der FVP, mit den Mehrheitssozialdemokraten für eine Erweiterung der Parlamentsrechte einzutreten. So löste etwa Friedrich Naumann (FVP) das »parlamentarische Regime« aus dem konkreten Zusammenhang der Abhängigkeit der Reichsregierung vom Vertrauen des Reichstags und definierte es abstrakt als »Wachsen des Volksstaates in den bureaukratischen Staat«.[314] Unter diesem Vorzeichen konnte von Seiten der FVP die Forderung nach Einführung des parlamentarischen Systems mit der nach einem verfassungskonformen Konnex von Reichsregierung und Reichstag verbunden werden, wie sie die Nationalliberale Partei und das Zentrum vertraten. Deren Mitglieder verzichteten jedoch nicht zuletzt aufgrund ihrer verfassungsrechtlichen Vorbehalte weitgehend auf die Verwendung dieser Bezeichnung.

Selbst unter dem Eindruck der parlamentarischen Regierungsbildung im Oktober 1918 setzte sich unter den Vertretern der Mehrheitsparteien SPD, FVP und Zentrum die Thematisierung der »parlamentarischen Regierung« im Sinne einer Abhängigkeit der Reichsregierung vom Vertrauen des Parlaments nicht durch. Lediglich oppositionelle Redner wie Arthur Graf von Posadowsky-Wehner (DRP) und Georg Ledebour (USPD) verwendeten die Bezeichnung »parlamentarische Regierung«, um ihrer Kritik an dem nun eingeführten

---

312 Sten. Ber., Bd. 308, S. 1813 (Georg Gradnauer (SPD), 26.10.1916).

313 Sten. Ber., Bd. 310, S. 3578 (Philipp Scheidemann (SPD), 19.7.1917). Siehe auch ebd., Bd. 309, S. 3433 (Otto Landsberg (SPD), 15.5.1917).

314 Sten. Ber., Bd. 310, S. 3428 (Friedrich Naumann (FVP), 15.5.1917). Siehe auch ebd., Bd. 308, S. 1833 (Hans Sivkovich (FVP), 26.10.1916). Dazu Boldt, Parlament, S. 669. In diesem Sinne sprach sich auch Friedrich von Payer (FVP) für eine »Parlamentarisierung der Reichsregierung« aus, indem »Reichsregierung und Reichstag sachlich und persönlich einander nähergebracht« würden: ebd., Bd. 310, S. 3582 (Friedrich von Payer (FVP), 19.7.1917). Dazu Grosser, Konstitutionalismus, S. 163f.

Regierungssystem Ausdruck zu verleihen.[315] Der unter den Rednern der Mehrheitsparteien festzustellende Verzicht auf diese Formulierung trotz der praktischen Einführung verdeutlicht das eingeschränkte Bekenntnis zum »parlamentarischen Regierungssystem«. Selbst die Mehrheitssozialdemokraten, welche die Forderung nach Abhängigkeit des Reichskanzlers vom Vertrauen des Reichstags in ihrem Aktionsprogramm vom Mai 1918 ausdrücklich festschrieben, verzichteten auf diese Bezeichnung, um die Zusammenarbeit mit den übrigen beiden Regierungsparteien nicht zu belasten.[316]

Während die Rede von der »parlamentarischen Regierung« einen Verfassungswandel implizierte, besaß die Bezeichnung der »verbündeten Regierungen« den gegenteiligen Effekt, indem diese auf die verfassungsmäßige Regierungsform verwies. Die Reichsleitung stand nach den Bestimmungen der Reichsverfassung von 1871 dem Reichskanzler als Vorsitzenden der im Bundesrat vertretenen Einzelstaaten und somit der Verfassungstheorie nach den im Bundesrat vertretenen »verbündeten Regierungen« zu, auch wenn der Bundesrat als Föderativregierung realiter nicht in Erscheinung trat.[317] Mit der Verwendung dieser Formulierung wurde die korrekte verfassungsrechtliche Konzeption der Reichsleitung wiedergegeben und auf diese Weise gleichzeitig die Gültigkeit der Reichsverfassung bestätigt. Folglich griffen in besonderem Maße die Anhänger des konstitutionellen Systems diese Bezeichnung auf und versuchten wie die Redner der Deutschkonservativen Partei, Druck auf die Reichsleitung auszuüben. So äußerten sie in den Beratungen des Gesetzentwurfs zur Reform des Reichstagswahlrechts Kritik an der reformbereiten Haltung des im Oktober 1917 zum Vizekanzler ernannten Friedrich von Payer (FVP), da diese ihrer Ansicht nach im Widerspruch zu den »verbündeten Regierungen« stehe.[318] Daneben griffen auch die Vertreter der reformorientierten Parteien wie der SPD und der FVP diese Bezeichnung auf, was sich jedoch ausschließlich auf die konkrete Gesetzesarbeit etwa in den Lesungen des Gesetzentwurfs zur Abänderung des Reichstagswahlrechts 1918 beschränkte, als sie um die Zustimmung der »verbündeten Regierungen« für ihre parteipolitischen Änderungsvorschläge warben.[319] Demgegenüber verzichteten die Unabhängigen So-

315 Sten. Ber., Bd. 314, S. 6199 (Arthur Graf von Posadowsky-Wehner (DRP), 23.10.1918), S. 6228 (Georg Ledebour (USPD), 24.10.1918).

316 Mommsen, Parteiprogramme, S. 391–397, hier S. 393. Zu diesem Programmentwurf Miller, Burgfrieden, S. 347–351.

317 Vgl. Brandt, Weg, S. 138f., Boldt, Verfassungsgeschichte, Bd. 2, S. 181f.

318 Sten. Ber., Bd. 311, S. 4332 (August von Veit (DKons.), 12.3.1918); ebd., Bd. 313, S. 5925 (Kuno Graf von Westarp (DKons.), 8.7.1918).

319 Vgl. Sten. Ber., Bd. 310, S. 3508 (Erich Müller (FVP), 6.7.1917), S. 3515 (Joseph Becker (Z), 6.7.1917), S. 3518 (Felix Waldstein (FVP), 6.7.1917); ebd., Bd. 311, S. 4323 (Georg Gradnauer

zialdemokraten gänzlich auf diese Bezeichnung, womit sie ihrer grundsätzlichen Oppositionshaltung zum gesamten System zusätzlich Ausdruck verliehen. Über die verfassungsrechtliche Stellung der Reichsregierung als »verbündete Regierungen« bestand bis zum Oktober 1918 ein bis in die Reihen der Mehrheitssozialdemokratie reichender Minimalkonsens. Mit der Parlamentarisierung der Reichsleitung änderte sich dies jedoch schlagartig, da nun die Reichsleitung vom Vertrauen des Reichstags abhängig war. Folglich war sie kein Organ des Bundesrats mehr, sodass auch die Rede von den »verbündeten Regierungen« und damit der Verweis auf die frühere Stellung der Reichsregierung hinfällig wurden.[320] Eine deutende Neufassung, wie es die Bezugnahme auf die »parlamentarische Regierung« bot, erwies sich jedoch dennoch nicht als mehrheitsfähig. Trotz der gesetzmäßigen Festlegung der parlamentarischen Verantwortlichkeit des Reichskanzlers vom 28. Oktober 1918 war die Stellung der Reichsregierung im Hinblick auf eine mehrheitlich akzeptierte verfassungsrechtliche Deutung noch ungeklärt.

Die zusammenhängende Thematisierung von »Regierung« und »Volk« stellte ein weiteres semantisches Mittel dar, mit dem die Abgeordneten politischen Druck auf die Reichsleitung auszuüben versuchten. Dabei war die Anordnung dieser beiden Begriffe ebenfalls durch die Deutungsmuster einer Gegnerschaft und einer Kooperation geprägt.

Der Aspekt des Gegeneinanders von »Volk« und »Regierung« wurde ausschließlich von sozialdemokratischer Seite, insbesondere von den Rednern der Unabhängigen Sozialdemokratie betont. Aufgrund ihrer expliziten Oppositionshaltung zur Reichsregierung betonten sie in ihrer Kritik der Regierungspolitik den Gegensatz zwischen »Volk« und »Regierung«. So berief sich etwa Georg Ledebour (SAG) auf das »Volk«, das von »seinen Abgeordneten« verlangen werde, »daß sie dieser Regierung gegenüber die Zähne zeigen und alle parlamentarischen Machtmittel anwenden, daß unverfälschte parlamentarische Regierungssystem zu erzwingen«.[321] Zudem griffen sie auf den Begriff der »Volksmassen« bzw. der »Massen« zurück, deren revolutionäres Potenzial sie

(SPD), 12.3.1918); ebd., Bd. 313, S. 5912 (Otto Landsberg (SPD), 8.7.1918), S. 5915 (Erich Müller (FVP), 8.7.1918), S. 5926 (Georg Gradnauer (SPD), 8.7.1918).

320 Zwar lehnte Kuno Graf von Westarp (DKons.) noch am 22. Oktober 1918 die neue Art der Regierungsbildung mit der Begründung ab, es sei nun gänzlich ausgeschlossen, »daß die verbündeten Regierungen in der Folge noch auf irgend einem Gebiete in der Lage sein werden, dem zentralistischen Machtgelüste des Reichstags und der Mehrheit, die jetzt die Regierung ergriffen hat, wirksamen Widerstand zu leisten.« Jedoch nahm er mit dieser Bezugnahme selbst unter den konservativen Rednern eine Ausnahmeposition ein. Sten. Ber., Bd. 314 (Kuno Graf von Westarp (DKons.), 22.10.1918).

321 Sten. Ber., Bd. 308, S. 1829 (Georg Ledebour (SAG), 26.10.1916).

hervorhoben und als Druckmittel gegen die Regierung verwendeten.[322] Die Gegenüberstellung von »Regierung« und »Volk« bzw. »Volksmassen« verstärkten sie unter dem Eindruck der Februarrevolution in Russland, als die sozialdemokratischen Redner diese auf den »Reichskanzler« zuspitzten. Abermals Haase führte im März 1917 aus, dass der »Reichskanzler« den »Ansprüche[n] der Massen auf ein gleiches Wahlrecht [in Preußen, H.B.]« nicht gerecht werde. Um seiner Forderung Nachdruck zu verleihen, stellte Haase im Hinblick auf die revolutionären Ereignisse in Russland apodiktisch die Frage: »Will der Reichskanzler es darauf ankommen lassen, daß die Massen in Deutschland russisch reden?«[323]

Nun übernahmen auch die Redner der Mehrheitssozialdemokratie verstärkt diese Form der Gegenüberstellung von »Regierung« und »Volk«, um die Reichsleitung auf die Dringlichkeit innenpolitischer Reformen hinzuweisen.[324] Zwar grenzten sie sich vor dem Hintergrund des »Burgfriedens« in der Schärfe der Gegenüberstellung der »Regierung« und der »Volksmassen« von der äußersten Linken ab. Dennoch übernahmen sie das Deutungsmuster einer Gegnerschaft zwischen »Volk« und »Regierung«, womit sie den politischen Druck auf die Reichsleitung verstärkten. Damit gaben sie ihre bisherige Strategie eines eher gemäßigten Druckes auf, der auf die Freiwilligkeit der Reichsleitung zu innenpolitischen Reformen abzielte, wie es etwa Philipp Scheidemann (SPD) noch im Oktober 1916 formulierte: »Ich wünsche unserem Lande eine Regierung, die dem Volk soviel Brot gibt, wie sie hat, und die ihm Rechte gibt, soviel ein Volk an Rechten überhaupt nur besitzen kann.«[325]

Dieses Deutungsmuster eines Miteinanders von »Regierung« und Volk« fand sich in besonderem Maße auf Seiten der Redner der liberalen Parteien. So forderte Gustav Stresemann (NLP), dass mittels einer »enge[n] Verbindung zwischen Volksvertretung mit der Regierung […] ein inniger Konnex der Regierung mit dem Volke« hergestellt werden müsse, da »Regierung und Volks-

322 In diesem Sinne berief sich etwa Hugo Haase (SAG) in Bezug auf innenpolitische Reformen auf die »Massen«, die davon ausgehen würden, »daß die Regierung ihnen nichts bieten wird, was auch nur den bescheidensten Ansprüchen genügt.« Schließlich bündelte er seine Ausführungen in der Drohung, dass »die Regierungen nicht glauben [sollen], daß die Geduld der Volksmassen unerschöpflich wäre.« Sten. Ber., Bd. 308, S. 1733f. (Hugo Haase (SAG), 11.10.1916).

323 Sten. Ber., Bd. 309, S. 2888 (Hugo Haase (SAG), 30.3.1917).

324 So betonte etwa Gustav Noske (SPD), dass die »Reichsregierung« über die vorherrschende »ernste Mißstimmung im Volke« nicht erstaunt sein dürfe. Gerade im Hinblick auf die notwendige Wahlrechtsreformen im Reich wie in Preußen stelle sich die Frage, »wie lange der Reichskanzler den Volksmassen zumuten will, dieser ungleichen Behandlung ruhig zuzusehen, wie lange er zögern will, den Reden, die sich ganz nett angehört haben, nun auch entsprechende Taten folgen zu lassen.« Sten. Ber., Bd. 309, S. 2841 (Gustav Noske (SPD), 29.3.1917).

325 Sten. Ber., Bd. 308, S. 1710 (Philipp Scheidemann (SPD), 11.10.1916).

vertretung und Volk ein einheitliches Ganzes« zu bilden hätten.[326] Das Ziel dieser Verbindung von »Regierung« und »Volk« sah er dabei in der Stärkung der Monarchie, wie er im März 1917 ausführte: »Kein Monarch ist stärker nach außen hin als derjenige, der darauf hinweisen kann, daß hinter ihm und seiner Regierung die Mehrheit des Volkes steht.«[327] Im Gegensatz zu den sozialdemokratischen Rednern interpretierten die Redner der liberalen Parteien das Verhältnis von »Regierung« und »Volk« nicht als ein gegensätzliches, sondern bemühten sich um eine funktionale Anordnung, indem sie die Vorteile dieser Verbindung für die Reichsleitung in den Vordergrund stellten. Auf diese Weise konnten sie die Reichsleitung auffordern, den Interessen des Volkes Rechnung zu tragen, ohne eine verfassungsrechtliche Änderung des konstitutionellen Regierungssystems im Sinne der parlamentarischen Regierungsweise zu implizieren.

Eine Verschiebung in der Beziehung dieser Begriffe trat mit der parlamentarischen Regierungsbildung im Oktober 1918 ein. Insbesondere die Mehrheitssozialdemokraten stellten vor dem Hintergrund der eigenen Beteiligung an der Regierung den Zusammenhang dieser neuen Reichsleitung mit dem Volk heraus, um so ihre Mitwirkung zu legitimieren.[328] Friedrich Ebert (SPD) etwa hob hervor, dass nun eine »Regierung« gebildet worden sei, »die ihre Existenz von der Zustimmung des Reichstags, von der Billigung weitester Volkskreise und insbesondere von der Mitwirkung der Vertrauensmänner der Arbeiter abhängig gemacht hat.« Diesen Zusammenhang verstärkte er noch, indem er Formulierungen wie »Regierung des Volksvertrauens« oder »Regierung für das Volk durch das Volk« verwendete.[329] Dieses Bild der Übereinstimmung von »Regierung« und »Volk« wurde auch von Seiten der neu gebildeten Reichsleitung übernommen, um die Regierungsbeteiligung der Mehrheitssozialdemokraten und damit den neuen Charakter der Reichsleitung zu betonen. So hob Prinz Max von Baden bei seiner Antrittsrede im Reichstag am 5. Oktober 1918 hervor, »daß die neue Regierung von dem festen Vertrauen

326 Die Zitate in dieser Reihenfolge Sten. Ber., Bd. 308, S. 1820 (Gustav Stresemann (NLP), 26.10.1916); ebd., Bd. 309, S. 2857 (Gustav Stresemann (NLP), 29.3.1917). In diesem Sinne führte auch Friedrich Naumann (FVP) im Hinblick auf die Außenpolitik der Regierung im Oktober 1916 aus: »Das deutsche Volk sucht eine Regierung, die im tapferen Krieg auch über den Krieg hinausdenkt, weil wir auch nach dem Kriege noch wieder Volk unter Völkern sein müssen, wieder ein Glied der sich nach vielen Enttäuschungen mit geschlagenen Wunden sammelnden Menschheit werden müssen.« Ebd., Bd. 308, S. 1721 (Friedrich Naumann (FVP), 11.10.1916).

327 Sten. Ber., Bd. 309, S. 2855 (Gustav Stresemann (NLP), 29.3.1917).

328 Vgl. Miller, Bürde, S. 26–37.

329 Sten. Ber., Bd. 314, S. 6161f. (Friedrich Ebert (SPD), 22.10.1918). Mühlhausen, Ebert, S. 102.

der breiten Massen des Volkes getragen ist«.[330] Denselben Zweck erfüllten auch die Gleichsetzung der »Regierung« mit dem »Volkswillen«, die neben Prinz Max von Baden auch Carl Herold (Z) vornahm,[331] sowie die Bezeichnung »Volksregierung«, die von Friedrich Ebert (SPD) und Prinz Max von Baden gleichermaßen verwendet wurde.[332] Indem sie diese in eine direkte Verbindung zum Volk stellten, versuchten die Redner der an der neuen Regierung beteiligten Parteien, die Autorität der neuen Exekutive zu erhöhen.

Dieses Deutungsmuster war so erfolgreich, dass die Abgeordneten der Oppositionsparteien dem Bild einer weitgehenden Übereinstimmung von »Regierung« und »Volk« kein eigenes entgegenstellten. Im Falle der konservativen Parteien fügten sie sich der Deutungshoheit der Mehrheitsparteien insoweit, dass deren Redner das vorherrschende Deutungsmuster als Ausgangspunkt ihrer Kritik an der Regierung nahmen. So merkte Arthur Graf von Posadowsky-Wehner (DRP) am 23. Oktober 1918 zweifelnd an, »ob es der neuen Regierung möglich sein wird, in gleicher Weise [wie die bisherigen Regierungen, H.B.] für das Wohl des Volkes zu arbeiten.«[333] Ihrer grundsätzlich ablehnenden Haltung gegenüber der neuen parlamentarischen Regierung verliehen die Redner der oppositionellen Parteien dadurch Ausdruck, dass sie neue Begrifflichkeiten einbrachten. So verwendeten die Redner der Unabhängigen Sozialdemokratie Bezeichnungen wie die »bürgerliche Regierung« oder die »kapitalistischen Regierungen«, mittels derer sie den Klassencharakter der neuen Regierung entlarven und so die Regierungsbeteiligung der Mehrheitssozialdemokraten verurteilen wollten.[334] Die konservativen Redner versuchten die Autorität der neuen Regierung zum einen dadurch zu untergraben, dass sie mittels Formulierungen wie »Parteienministerium« oder »Parteiregierung« die Bindung an die parlamentarischen Parteien betonten und ihr damit die Überparteilichkeit absprachen.[335] Zum anderen griffen sie auf den negativ besetzten Mehrheitsaspekt zurück, indem sie die neue Regierung als »Mehrheits-

330 Sten. Ber., Bd. 314, S. 6151 (Prinz Max von Baden, 5.10.1918). Siehe auch ebd., S. 6159 (Carl Herold (Z), 22.10.1918).

331 Vgl. Sten. Ber., Bd. 314, S. 6152 (Prinz Max von Baden, 5.10.1918), S. 6159 (Carl Herold (Z), 22.10.1918).

332 Vgl. Sten. Ber., Bd. 314, S. 6158 (Prinz Max von Baden, 22.10.1918), S. 6162 (Friedrich Ebert (SPD), 22.10.1918). Siehe auch ebd., Bd. 308, S. 1710 (Philipp Scheidemann (SPD), 11.10.1916).

333 Sten. Ber., Bd. 314, S. 6202 (Arthur Graf von Posadowsky-Wehner (DRP), 23.10.1918). Siehe auch ebd., S. 6180 (Kuno Graf von Westarp (DKons.), 22.10.1918).

334 Vgl. Sten. Ber., Bd. 314, S. 6236 (Georg Ledebour (SAG), 24.10.1918), S. 6268 (Oskar Cohn (USPD), 25.10.1918), S. 6270 (Otto Rühle (fraktionslos), 25.10.1918). Zur pejorativen Konnotation des Adjektivs »bürgerlich« auf sozialistischer Seite Riedel, Bürger, S. 724.

335 Sten. Ber., Bd. 314, S. 6178 (Kuno Graf von Westarp (DKons.), 22.10.1918), S. 6207 (Kuno Graf von Westarp (DKons.), 23.10.1918).

regierung« bezeichneten und wie Albrecht von Graefe (DKons.) die Instabilität einer solchen betonten, die sich durch sich ändernde Mehrheiten ergebe.[336] Gegen diese Form der Abwertung gingen jedoch insbesondere die Anhänger der Fortschrittlichen Volkspartei vor, indem sie wie der Vizekanzler Friedrich von Payer (FVP) die »Mehrheitsregierung« positiv von einer »Koalitionsregierung« unter Beteiligung aller Parteien absetzte, die zwar von den Konservativen gefordert worden sei, aber nicht das nötige Vertrauen in der Bevölkerung genossen hätte.[337] Im positiven Sinne nahm Friedrich Naumann (FVP) die Bezeichnung der »Mehrheitsregierung« für die neue Regierung in Anspruch und wirkte so der von den Konservativen lancierten abwertenden Bedeutung entgegen.[338] Die einzige parteiübergreifend festzustellende Gemeinsamkeit in der Thematisierung der Regierung bildete die Betonung des neuartigen Charakters, wie er in der Formulierung von der »neuen Regierung« zum Ausdruck kam, die von Rednern der konservativen Parteien, der USPD wie auch der Regierungsparteien und der Reichsleitung verwendet wurde.[339] Hier tat sich insbesondere der Redner der Mehrheitssozialdemokratie, Gustav Noske, hervor, der damit den fundamentalen Unterschied zwischen der parlamentarischen Regierung unter Prinz Max von Baden und den bisherigen konstitutionellen Regierungen hervorhob, um nicht zuletzt die Beteiligung der eigenen Partei an dieser »neuen Regierung« zu legitimieren.[340]

In Bezug auf die verfassungsrechtliche Deutung der neuen Regierung war jedoch kein mehrheitliches, geschweige den allgemein gültiges Muster vorhanden. Zwar wurde der Zusammenhang der Regierung mit dem Volk von einer breiten parlamentarischen Mehrheit geteilt. Eine verfassungsrechtliche Festlegung dieser Verbindung, die etwa Otto Landsberg (SPD) dahingehend formulierte, dass die »Regierungsgewalt in den entscheidenden Punkten in die Hände des Volkes [...] durch die Vermittlung der dem Parlament verantwortlichen Regierung« gelegt worden sei, stellte jedoch die seltene Ausnahme dar.[341] Die überwiegende Anzahl der Parlamentarier trat zwar für die Überwindung des bisherigen konstitutionellen Regierungssystems ein, auf ein neues konnte sich die Mehrheit jedoch nicht einigen.

336 Sten. Ber., Bd. 314, S. 6286 (Albrecht von Graefe (DKons., 26.10.1918). Siehe auch ebd., S. 6179 (Kuno Graf von Westarp (DKons.), 22.10.1918).

337 Sten. Ber., Bd. 314, S. 6191f. (Friedrich von Payer (FVP), 23.10.1918).

338 Sten. Ber., Bd. 314, S. 6171 (Friedrich Naumann (FVP), 22.10.1918).

339 Sten. Ber., Bd. 314, S. 6152 (Prinz Max von Baden, 5.10.1918), S. 6159 (Carl Herold (Z), 22.10.1918), S. 6180 (Kuno Graf von Westarp (DKons.), 22.10.1918), S. 6188 (Hugo Haase (USPD), 23.10.1918), S. 6192 (Friedrich von Payer (FVP), 23.10.1918), S. 6202 (Arthur Graf von Posadowsky-Wehner (DRP), 23.10.1918).

340 Sten. Ber., Bd. 314, S. 6212, 6215, 6218 (Gustav Noske (SPD), 24.10.1918).

341 Sten. Ber., Bd. 314, S. 6291 (Otto Landsberg (SPD), 26.10.1918).

Dem Kaisertum kam hierbei eine zentrale Bedeutung zu, wie sich anhand der Verwendung des Kaiserbegriffs aufzeigen lässt. So wurden die Bezeichnungen »Kaiser« bzw. »Fürst« und »Volk« von den Rednern aller Parteien mit Ausnahme der USPD in einen positiven Zusammenhang gestellt. Dabei taten sich die Redner der konservativen Parteien besonders hervor, die wie Hermann Kreth (DKons.) die »alte innige Zusammengehörigkeit zwischen Fürst und Volk« herausstellten, welche sich in diesem Krieg bewährt habe und somit innenpolitische Reformen überflüssig mache.[342] Auch liberale Redner betonten den engen Zusammenhang von »Kaiser« und »Volk«, den sie aber im Gegensatz zu den konservativen Abgeordneten zum Ausgangspunkt für ihre Reformforderungen machten.[343]

Diese überwiegend positive Deutung des Verhältnisses von »Kaiser« und »Volk« wirkte sich auf die Erörterung der Regierung aus, wobei hier den konservativen Rednern eine große Deutungsmacht zukam. So führte Albrecht von Graefe (DKons.) gegen die Forderungen, den Einfluss des Reichstags auf die Regierung zu erweitern, im März 1917 aus, dass sich das konstitutionelle System des Deutschen Reichs aus der »Krone« und der »Volksvertretung« als zwei gleichberechtigte Faktoren zusammensetze, und schlussfolgerte nun:

»Wenn man aber vom König verlangt, daß er durch die zwangsweise Wahl seiner Minister aus der jeweiligen Mehrheit des Parlaments gewissermaßen nur zum Organ der Volksvertretung wird, dann übt doch das Parlament die Alleinherrschaft aus, und dann ist der König als solcher nichts weiter als ein Schattenkönig.«[344]

Dieses Deutungsmuster, welches die »Regierung« dem »Kaiser« und nicht dem »Reichstag« zuwies, übernahmen auch die Vertreter der Nationalliberalen Partei.[345] Implizit wurde sie von den Abgeordneten der Fortschrittlichen Volkspartei und der Zentrumspartei bestätigt, indem sie auf eine Problematisierung

342 Sten. Ber., Bd. 308, S. 1827 (Hermann Kreth (DKons.), 26.10.1916). Siehe auch ebd., Bd. 310, S. 3432 (Kuno Graf von Westarp (DKons.), 15.5.1917).

343 Sten. Ber., Bd. 309, S. 2855 (Gustav Stresemann (NLP), 29.3.1917), S. 2915 (Eugen Schiffer (NLP), 30.3.1917); ebd., Bd. 310, S. 3427 (Friedrich Naumann (FVP), 15.5.1917). Diese Redestrategie übernahm Eduard David (SPD), um die Unterstützung der liberalen Parteien für die innenpolitische Reformvorstellungen seiner Partei zu gewinnen, die er damit begründete, dass sich ein starker »Fürst« auf die »Mehrheit seines Volkes« stützen müsse: ebd., Bd. 309, S. 2902 (Eduard David (SPD), 30.3.1917).

344 Sten. Ber., Bd. 309, S. 2920 (Albrecht von Graefe (DKons.), 30.3.1917). Siehe auch ebd., S. 2860 (Kuno Graf von Westarp (DKons.), 29.3.1917); ebd., Bd. 310, S. 3447 (Hermann Kreth (DKons.), 16.5.1917).

345 So lehnte Eugen Schiffer (NLP) alle innenpolitische Reformforderungen ab, welche darauf abzielten, »daß die Volksvertretung in der Lage sein soll, dem König die Minister aufzuzwingen«. Sten. Ber., Bd. 310, S. 3439 (Eugen Schiffer (NLP), 16.5.1917). Siehe auch ebd., Bd. 309, S. 2855 (Gustav Stresemann (NLP), 29.3.1917).

dieser Beziehung verzichteten, wie sich auch die Redner der SPD in dieser Hinsicht trotz ihrer Forderung nach dem parlamentarischen Regierungssystem weitgehend zurückhielten. Lediglich die Vertreter der USPD traten etwa im Zuge der Verfassungsänderungen im Oktober 1918 für eine Einschränkung der Rechte des Kaisers in Bezug auf die Stellung der Volksvertretung ein.[346]

Unter dem Eindruck der militärischen Niederlage und den Verfassungsänderungen im Oktober 1918 wurde eine kritische Auseinandersetzung mit dem Kaisertum zwar möglich, diese blieb jedoch auf die Unabhängigen Sozialdemokraten beschränkt. Zwar besaß der Verweis nicht mehr die Wirkmacht wie bisher, sodass selbst die konservativen Redner nur noch selten auf den »Kaiser« rekurrierten.[347] Aber auch die Redner der Regierungsparteien verzichteten auf jegliche Thematisierung des Kaisertums, was nicht zuletzt der außenpolitisch angespannten Lage der Waffenstillstandsverhandlungen geschuldet war. Auf diese Weise setzten sie sich aber nicht vom »Kaiser« ab, was als Beleg für die große Bedeutung gelten kann, die der Monarchie noch am Ende des Kaiserreichs zukam. Sie bildete weiterhin das Zentrum der politischen Herrschaftsordnung.[348]

Vor dem Hintergrund, dass der Kaiser implizit weiterhin als ein zentrales Element des Regierungssystems betrachtet wurde, war auch ein klares Bekenntnis zur »parlamentarischen Regierung« seitens der Vertreter der Regierungsparteien nicht möglich. Zwar konnte das Argument des Kaisertums die Demokratisierung der Herrschaftsordnung im Oktober 1918 nicht verhindern, da diese gerade mit dem kaiserlichen Erlass vom 30. September 1918 angeordnet und durch die Waffenstillstandsverhandlungen mit dem amerikanischen Präsidenten als conditio sine qua non notwendig wurde.[349] Sie prägte jedoch die parlamentarischen Beratungen über die verfassungsrechtliche Festlegung des neuen Regierungssystems in der Weise, dass die Herausbildung eines gemeinsamen Deutungsmusters im Sinne des parlamentarischen Regierungssystems selbst unter den Vertretern der Mehrheitsparteien verhinderte. Folglich war es auch mehr als ein Missverständnis, als die Soldaten und die Arbeiter im Oktober und November 1918 gegen die politische Führung demonstrierten und die Revolution auslösten.[350] Die Parlamentarisierung des Kaiserreichs im

---

346 Sten. Ber., Bd. 314, S. 6189 (Hugo Haase (USPD), 23.10.1918), S. 6270 (Otto Rühle (fraktionslos), 25.10.1918), S. 6295 (Eduard Bernstein (USPD), 26.10.1918). Dazu auch Sten. Ber., Bd. 310, S. 3593 (Hugo Haase (USPD), 19.7.1917).

347 Sten. Ber., Bd. 314, S. 6177 (Kuno Graf von Westarp (DKons.), 22.10.1918).

348 Langewiesche, Klasse, S. 15.

349 Der kaiserliche Erlass ist abgedruckt bei Michaelis/Schraepler, Ursachen und Folgen, Bd. 2, S. 347. Der Notenwechsel in: ebd., S. 378, 384, 391, 393f., 423ff., 429ff., 437.

350 So Loth, Kaiserreich, S. 166. Gegen Rosenberg, Entstehung, S. 223f.

Herbst 1918 warf im Hinblick auf das Regierungssystem also mehr Fragen auf, als sie beantwortete.

2.4. Der Staat und die Staatsform im Widerstreit der Meinungen

Der Staatsbegriff wurde in den Verfassungsberatungen überwiegend von den Rednern der liberalen Parteien verwendet. Mit Blick auf die Lasten und Leistungen des Volkes im Krieg traten sie für eine Neufassung des Staates ein, wozu sie den »Staat« häufig in Verbindung mit dem Volksbegriff thematisierten und auf den notwendigen Zusammenhang dieser beiden Aspekte verwiesen. So forderte Gustav Stresemann (NLP) im Oktober 1916, den Einfluss des Reichstags zu erweitern, da sich allein auf diese Weise der notwendige »Konnex zwischen Volk und Staat« herstellen lasse.[351] Über das von nationalliberaler Seite entworfene Bild einer Einheit ging Friedrich Naumann (FVP) noch hinaus, der »Staat« und »Volk« nicht nur zu einer Einheit zusammenführen, sondern den »Staat« in das »Volk« verlegen wollte, indem er ihn als den »innerliche[n] Wille des ganzen Volkes von unten bis oben« und als »lebendigen Organismus eines zu hoher Weiterentwicklung neu anfangenden, frisch aus dem Krieg herauskommenden Volkes« bezeichnete.[352]

Die Redner beider liberaler Parteien stimmten darin überein, dass sie den Zusammenhang des Staates mit dem Volk nicht nur auf der kollektiven Ebene durch die Verwendung des Volksbegriffs, sondern auch auf der für die Liberalen charakteristischen individuellen Ebene thematisierten. In diesem Sinne griffen die nationalliberalen Redner auf den Bürgerbegriff zurück und forderten wie Gustav Stresemann (NLP), dass mit der Auffassung aufgeräumt werden müsse, dass »der einzelne Bürger der gegebene Gegner des Staates« sei. Vielmehr sei ein Gefühl notwendig, dass der »Staatsbürger [...] ein Glied des Staates ist, dessen Vorwärtsschreiten ihn ebenso vorwärts bringt, wie sein Niederbruch seinen eigenen Niederbruch herbeiführt.«[353] Plakativ formulierte Fried-

351 Sten. Ber., Bd. 308, S. 1820 (Gustav Stresemann (NLP), 26.10.1916). In diesem Sinne äußerte auch Eugen Schiffer (NLP) die Meinung, dass vor dem Krieg ein »Kluft zwischen Staat und Volk« bestanden habe und es nun notwendig sei, »daß der Staat wieder an das Volk herangebracht werden muß. Die Einheit von Staat und Volk – das ist das letzte und höchste Ziel, das erreicht werden muß, wenn wirklich ein gesunder Zustand herbeigeführt werden soll.« Ebd., Bd. 310, S. 3441 (Eugen Schiffer (NLP), 16.5.1917). Siehe auch ebd., Bd. 309, S. 2854, 2857 (Gustav Stresemann (NLP), 29.3.1917).

352 Die Zitate in dieser Reihenfolge Sten. Ber., Bd. 308, S. 1722 (Friedrich Naumann (FVP), 11.10.1916); ebd., Bd. 310, S. 3426 (Friedrich Naumann (FVP), 15.5.1917).

353 Sten. Ber., Bd. 309, S. 2857 (Gustav Stresemann (NLP), 29.3.1917). Siehe auch ebd., Bd. 310, S. 3441 (Eugen Schiffer (NLP), 16.5.1917).

rich Naumann (FVP) diese Sichtweise im Mai 1917: »[E]s ist unser Staat, wir sind der Staat, der Staat sind wir!«[354]

Darüber hinaus griffen sie auf den Begriff der Massen zurück, der ansonsten nahezu ausschließlich von den Rednern der sozialdemokratischen Parteien verwendet wurde.[355] Über die Verwendung des Massenbegriffs bemühten sich die Redner der liberalen Parteien, auf semantischer Ebene eine Brücke zu den Mehrheitssozialdemokraten zu schlagen, um so deren Unterstützung ihrer parteipolitischer Reformvorstellungen im Hinblick auf eine Neugestaltung des Staates zu gewinnen. Diesem Versuch entzogen sich die Abgeordneten der SPD, indem sie das Verhältnis von »Staat« und »Volk« für ihre eigenen parteipolitischen Ziele einzusetzen versuchten. Dazu nahmen sie etwa in der Diskussion um die Reform des Reichstagswahlrechts das Stilmittel der liberalen Redner auf, das »Volk« auf der individuellen Ebene zu thematisieren und in einen Zusammenhang zum »Staat« zu stellen. So problematisierten sie zur Begründung ihrer Forderung auf Einführung des Frauenwahlrechts das Verhältnis von »Staat« und »Frau«.[356] Analog zu diesem Versuch griff auch Otto Landsberg (SPD) im Juli 1918 den Bürgerbegriff auf. Er erläuterte die sozialdemokratischen Forderungen auf Einführung der Verhältniswahl damit, dass allein dieses Wahlrecht den Einfluss eines jeden Bürgers sichere und »in kritischen Zeiten derjenige Staat die beste Aussicht hat, sich behaupten zu können, der fest im Herzen seiner Bürger verankert ist, und dessen Bürger sich mit dem Staat eins fühlen.«[357] Da die Redner der übrigen Parteien den sozialdemokratischen Wahlrechtsforderungen jedoch ablehnend gegenüberstanden, wurde diese Form des Zusammenhangs von »Staat« und »Volk« von ihnen nicht übernommen. Vielmehr blieb sie auf die Abgeordneten der Mehrheitssozialdemo-

---

354 Sten. Ber., Bd. 310, S. 3426 (Friedrich Naumann (FVP), 15.5.1917). Siehe auch ebd., S. 3441 (Eugen Schiffer (NLP), 16.5.1917).

355 In diesem Sinne äußerte Gustav Stresemann (NLP) den Wunsch, dass »das natürliche Gefühl der deutschen Massen nicht nur eine Macht im Staate […], sondern eine Macht in der Hand des Staates« werde. Sten. Ber., Bd. 309, S. 2857 (Gustav Stresemann (NLP), 29.3.1917). Dementsprechend wies Friedrich Naumann (FVP) vor dem Hintergrund, dass sich im Krieg das Volk als Einheit bewährt habe, auf die wichtige Aufgabe hin, »die Massen hineinzunehmen in die volle Mitwirkung des jetzigen deutschen Staates«. Ebd., Bd. 310, S. 3427 (Friedrich Naumann (FVP), 15.5.1917).

356 So kritisierte Georg Gradnauer, dass die »Frau« in allen ihren Tätigkeiten immer darauf angewiesen sei, »vom Staat Gesetze entgegenzunehmen, unter diesen Gesetzen zu leben, ohne daß sie bisher irgendwelche Möglichkeiten hatte, auf die Gestaltung der Gesetze einen selbständigen Einfluß zu üben.« Sten. Ber., Bd. 310, S. 3509 (Georg Gradnauer (SPD), 6.7.1917). Siehe auch ebd., Bd. 313, S. 5912 (Otto Landsberg (SPD), 8.7.1918). Zur Diskussion um das Frauenwahlrecht im Weltkrieg Müller, Nation, S. 312–319. Allgemein hierzu Clemens, Kampf; Bock, Frauenwahlrecht.

357 Sten. Ber., Bd. 313, S. 5912 (Otto Landsberg (SPD), 8.7.1918).

kratie beschränkt, die sich ansonsten in der Verwendung des Staatsbegriffs weitgehend zurückhielten, da ihr Hauptaugenmerk im Gegensatz zu den Abgeordneten der liberalen Parteien weniger auf den Umbau als auf die Überwindung des bestehenden konstitutionellen Staates gerichtet war.[358] Folglich griffen sie das von den Liberalen propagierte Bild einer Einheit von »Volk« und »Staat« erst im Zuge der Parlamentarisierung der Reichsleitung im Oktober 1918 auf, als mit den Oktoberreformen die Demokratisierung der Staatsordnung verfassungsrechtlich festgelegt wurde. Nun sahen sie sich in der Lage, die Verbindung von »Staat« und »Volk« hervorzuheben.[359]

Der kommunikative Aushandlungsprozess über die Deutung des Verhältnisses von »Staat« und »Volk« zwischen den liberalen Rednern und der SPD lässt sich besonders deutlich anhand der Verwendung des Begriffs »Volksstaat« aufzeigen. Diese Bezeichnung wurde von den linksliberalen Rednern als Zielvorstellung ihrer innenpolitischen Reformforderungen in die Diskussion eingebracht, um die zwischen den Begriffen »Monarchie« und »Republik« bestehende Frontstellung zu vermeiden. Besondere Ausprägung fand diese Bezeichnung durch Friedrich Naumann (FVP), der im Mai 1917 den »Übergang Deutschlands zum nationalen Volksstaat« und ein »Wachsen des Volksstaates in den bureaukratischen Staat« forderte.[360] Der Begriff des Volksstaates bot den Rednern der FVP im Oktober 1918 die Möglichkeit, den Übergang vom konstitutionellen zum parlamentarischen Regierungssystem zu beschreiben.[361] Vor dem Hintergrund der verfassungsrechtlichen Änderung des Regierungssystems nahmen nun zum ersten Mal auch die Redner der Mehrheitssozialdemokratie diese Bezeichnung auf.[362] Die semantische Annäherung zwischen der SPD und der FVP geschah im Oktober 1918 jedoch nicht einseitig mittels der Übernahme des Volksstaatsbegriffs durch die Mehrheitssozialdemokraten. Indem etwa Georg Gothein (FVP) betonte, dass sich »das deutsche Volk […] aus dem Obrigkeitsstaat […] zum Volksstaat durchgerungen«[363] habe, über-

358 Dazu Nipperdey, Deutsche Geschichte, Bd. 2, S. 564.

359 So begründete Otto Landsberg (SPD) die von den Mehrheitsparteien gestellten Anträge auf Abänderung der Reichsverfassung damit, dass auf diese Weise der »Staat in das Volk« verlegt werde. Sten. Ber., Bd. 314, S. 6292 (Otto Landsberg (SPD), 26.10.1918). Siehe auch ebd., S. 6192 (Friedrich Ebert (SPD), 22.10.1918).

360 Sten. Ber., Bd. 310, S. 3428 (Friedrich Naumann (FVP), 15.5.1917). Dazu Mager, Reich, S. 644.

361 So führte Friedrich Naumann (FVP) aus, dass »aus dem Zusammenbruche des alten Systems […] sich etwa herausarbeiten [will], was wir Volksstaat nennen, was wir aber in seiner Fertigkeit heute alle miteinander noch nicht sehen.« Sten. Ber., Bd. 314, S. 6169 (Friedrich Naumann (FVP), 22.10.1918). Siehe auch ebd., S. 6259, 6262 (Georg Gothein (FVP), 25.10.1918).

362 Ebert hob hervor, dass sich gegenwärtig »der deutsche Volksstaat […] im Wege der politischen Entwicklung« durchsetze. Sten. Ber., Bd. 314, S. 6161 (Friedrich Ebert (SPD), 22.10.1918).

363 Sten. Ber., Bd. 314, S. 6259 (Georg Gothein (FVP), 25.10.1918). Siehe auch ebd., S. 6262 (Georg Gothein (FVP), 25.10.1918).

nahmen die Redner der FVP mit dem »Obrigkeitsstaat« einen Begriff der Sozialdemokraten, um den alten und überkommenen Staat zu beschreiben. Dieser wurde von Philipp Scheidemann (SPD) und Hugo Haase (USPD) bereits im Juli 1917 als Bezeichnung für den gegenwärtigen und zu überwindenden Staat eingebracht und im Oktober 1918 benutzt.[364] Mit der wechselseitigen Übernahme der Bezeichnungen »Volksstaat« und »Obrigkeitsstaat« fand im Hinblick auf die Deutung des neuen Staatswesens auf abstrakter Ebene eine Verständigung zwischen den Linksliberalen und den Mehrheitssozialdemokraten statt. Sie beschränkte sich jedoch auf diese beiden Parteien, da die Redner der übrigen Parteien diese Bezeichnungen nicht aufgriffen und sich so von diesen Deutungsmustern absetzten.

Gegen diese Deutungsmacht, welche den liberalen Rednern im Hinblick auf den Staat zukam, wurde von konservativer Seite nicht die Verwendung des Staatsbegriffs, sondern die Thematisierung der Staatsform ins Feld geführt. So griffen die Redner beider konservativer Parteien auf den Begriff der Monarchie zurück, um die bestehende konstitutionelle Staatsform zu verteidigen. In der Beratung über die Einsetzung eines Verfassungsausschusses im März 1917 hob etwa Graf von Westarp (DKons.) ausdrücklich hervor, dass für Deutschland »die Staatsform der konstitutionellen Monarchie [...] die am besten geeignete Form« dargestellt habe und dass auch weiterhin »eine starke, lebensvolle Monarchie« notwendig sei.[365] Das Eintreten der konservativen Redner für die »Monarchie« verdeutlicht den Prozess einer zunehmenden »Entmonarchisierung« des Staates, da der Begriff allmählich zu einem konservativen Parteibegriff wurde.[366] Noch besaß er jedoch eine so starke Wirkungsmacht insbesondere auf die Redner der liberalen Parteien, dass diese sich im Rahmen ihrer innenpolitischen Reformvorstellungen auf die »Monarchie« bezogen, um die staatskonforme Ausrichtung hervorzuheben. Dazu führte etwa Eugen Schiffer (NLP) im Mai 1917 aus, dass sich die Forderung nach einer engeren Verbindung von Regierung und Reichstag nicht gegen den König richte, sondern vielmehr »ein gutes Werk für unsere Monarchie wie das ganze konstitutionelle Wesen« bilde.[367]

---

364 Sten. Ber., Bd. 310, S. 3577 (Philipp Scheidemann (SPD), 19.7.1917), S. 3593 (Hugo Haase (USPD), 19.7.1917); ebd., Bd. 314, S. 6217f. (Gustav Noske (SPD), 24.10.1918). Zum Schlagwortcharakter von »Obrigkeitsstaat« siehe Sellin, Regierung, S. 413–416.

365 Sten. Ber., Bd. 309, S. 2860 (Kuno Graf von Westarp (DKons.), 29.3.1917). Siehe auch ebd., Bd. 308, S. 1725 (Kuno Graf von Westarp (DKons.), 11.10.1916); ebd., Bd. 309 S. 2875 (Ferdinand Friedrich Karl Werner (Wirtschaftliche Vereinigung), 29.3.1917), S. 2919 (Albrecht von Graefe (DKons.), 30.3.1917).

366 Zu dieser Entwicklung des Monarchiebegriffs Boldt, Monarchie, S. 189ff.

367 Sten. Ber., Bd. 310, S. 3439 (Eugen Schiffer (NLP), 16.5.1917). Auch Ernst Müller (FVP) verteidigte den Entschluss des Verfassungsausschusses, den Kaiser bei der Ernennung von

Diesem Druck durch den Bezug auf die »Monarchie« unterstanden zunächst auch die sozialdemokratischen Redner. Eduard David (SPD) etwa betonte im Oktober 1916, dass die sozialdemokratischen Reformforderungen wie die Festlegung der parlamentarischen Verantwortlichkeit des Reichskanzlers und die Einführung des allgemeinen, gleichen, direkten und geheimen Wahlrechts in Staat und Gemeinden im »Rahmen der konstitutionellen Monarchie« durchaus erfüllbar seien.[368] Während David hier noch die Staatsform der konstitutionellen Monarchie anerkannt hatte, kritisierte er im März 1917 die Bezugnahme auf die »Monarchie« durch die Konservativen, nachdem in Russland die Monarchie infolge der Ereignisse der Februarrevolution gestürzt worden war.[369] So führte er aus, dass »hinter dieser Parole: Schutz der Monarchie [...] sich nichts anderes als der Schutz der persönlichen, wirtschaftlichen und politischen Interessen der betreffenden Herren [verberge]. Die Monarchie dient ihnen [den Konservativen, H.B.] dabei als Deckschild für ihre Vorrechte und Sonderinteressen.«[370] Über diese kritische Thematisierung der Monarchie gingen die Redner der Sozialdemokratischen Arbeitsgemeinschaft noch hinaus, indem sie wie Georg Ledebour (SAG) die Staatsform der Monarchie ausdrücklich ablehnten und betonten, dass sie zwar »die konstitutionelle Monarchie als Übergangsstadium, das hoffentlich in diesem Jahrhundert nicht mehr zu lange währt, mit in Kauf« nähmen, dass sie jedoch »die Republik als das unvermeidliche Ziel auch für Deutschland« betrachten würden.[371] Auch wenn diese Form der expliziten Ablehnung der monarchischen Staatsform sich auf die Redner der Unabhängigen Sozialdemokratie beschränkte und selbst von den Mehrheitssozialdemokraten nicht aufgegriffen wurde, belegt sie dennoch die sich ausweitenden Möglichkeiten der Infragestellung der »Monarchie« und die Abnahme der Wirkmacht des Monarchiebezuges in den Verfassungsberatungen des ausgehenden Kaiserreichs.[372] Aus diesem Grund konnte Otto Landsberg (SPD) im Oktober 1918 letztlich ausführen, »daß über die Frage der Mo-

---

Offizieren nach Art. 53 RV an die Gegenzeichnung des Reichskanzlers zu binden, mit dem Hinweis: »[W]ir kämpfen für die höchsten Interessen der Armee und der Monarchie, indem wir für Recht und Gesetzlichkeit auch im Heere eintreten.« Sten. Ber., Bd. 310, S. 3453 (Ernst Müller (FVP), 16.5.1917). Dazu Nipperdey, Deutsche Geschichte, Bd. 2, S. 839; Gusy, Entstehung, S. 756. Zu den Beratungen im Verfassungsausschuss Rauh, Parlamentarisierung, S. 378ff.

368 Sten. Ber., Bd. 308, S. 1740 (Eduard David (SPD), 11.10.1916).

369 Bermbach, Vorformen, S. 49. Zur Februarrevolution Hildermeier, Geschichte, S. 64–72.

370 Sten. Ber., Bd. 309, S. 2902 (Eduard David (SPD), 30.3.1917).

371 Sten. Ber., Bd. 309, S. 2925 (Georg Ledebour (SAG), 30.3.1917).

372 Zum Legitimitätsverfall der Monarchie im ausgehenden Kaiserreich siehe Böckenförde, Zusammenbruch, S. 18–23; Barth, Dolchstoßlegenden, S. 180–195; Sösemann, Verfall.

narchie allenthalben im Lande lebhaft diskutiert« werde.[373] Dagegen beriefen sich nur noch die konservativen Redner wie Herrmann Kreth (DKons.) im positiven Sinne auf die »Monarchie«, während die Redner der liberalen Parteien und des Zentrums auf die Verwendung des Monarchiebegriffs und damit auf die Thematisierung dieser Staatsform verzichteten.[374]

Die »Monarchie« nahm also trotz zunehmend kritischer Stellungnahmen eine wichtige Rolle für die Verfassungsreformdiskussion ein, da eine alternative Staatsform lediglich auf Seiten der Unabhängigen Sozialdemokraten durch den Republikbegriff[375] postuliert wurde. Unter dem Eindruck der russischen Februarrevolution mit dem Sturz der Monarchie und der Ausrufung der Republik führte etwa Hugo Haase (SAG) im März 1917 aus, dass sogar »die russische Bourgeoisie, die Kadetten [...] für die demokratische Republik« eintreten würden.[376] Diese Entwicklung übertrugen sie auch auf Deutschland, indem etwa Georg Ledebour (SAG) forderte, »auch bei uns in Deutschland die demokratische Republik, gegen alle Anfechtungen gesichert, unverrückbar auf dem Boden des Volkswillens zu errichten.«[377] Vor dem Hintergrund dieses Republikbekenntnisses sahen sie in der Parlamentarisierung des Kaiserreichs im Oktober 1918 lediglich ein »Übergangsstadium für die Durchführung der Republik«[378] und forderten ihrerseits die Einführung der »sozialistische[n] Republik«[379], womit sie durch das Adjektiv »sozialistisch« den Republikbegriff in ihrem parteipolitischen Sinne deuteten und von einer »bürgerlichen Republik« abgrenzten.[380]

Demgegenüber verzichteten die Redner der Mehrheitssozialdemokratie gänzlich auf die Verwendung des Republikbegriffs, obwohl sie für die republikanische Staatsform eintraten und der Staatsform der Monarchie kritisch bis ablehnend gegenüberstanden. Dieses geschah nicht zuletzt aus dem Grund, dass sie sich mit der Bezugnahme auf die »Republik« dem Vorwurf von konservativer Seite ausgesetzt hätten, dass sie auf den Sturz der Monarchie und »auf eine Republik« hinarbeiten würden, wie es etwa Albrecht von Graefe

373 Sten. Ber., Bd. 314, S. 6217 (Otto Landsberg (SPD), 24.10.1918). Siehe auch ebd., S. 6231 (Georg Ledebour (USPD), 24.10.1918), S. 6268 (Oskar Cohn (USPD), 25.10.1918).

374 Sten. Ber., Bd. 314, S. 6224 (Hermann Kreth (DKons.), 24.10.1918).

375 Zur Entwicklung des Republikbegriffs Langewiesche, Republik. Siehe auch Mager, Republik, bes. S. 639–648. Zur Verbindung des Begriffs mit sozialer Programmatik ebd., S. 629–632.

376 Sten. Ber., Bd. 309, S. 2891 (Hugo Haase (USPD), 30.3.1917). Siehe auch ebd., Bd. 310, S. 3446 (Hugo Haase (USPD), 16.5.1917).

377 Sten. Ber., Bd. 309, S. 2902 (Georg Ledebour (SAG), 30.3.1917).

378 Sten. Ber., Bd. 314, S. 6231 (Georg Ledebour (USPD), 24.10.1918). Siehe auch ebd., S. 6270 (Otto Rühle (fraktionslos), 25.10.1918).

379 Sten. Ber., Bd. 314, S. 6269 (Oskar Cohn (USPD), 25.10.1918). Siehe auch ebd., S. 6189 (Hugo Haase (USPD), 23.10.1918); ebd., Bd. 310, 3587 (Hugo Haase (USPD), 19.7.1917).

380 Dazu Langewiesche, Republik, S. 12. Siehe auch Mager, Republik, S. 645.

(DKons.) im März 1917 formulierte.[381] Dabei waren die Abgeordneten der SPD im Gegensatz zu den Unabhängigen Sozialdemokraten um eine Annäherung in innenpolitischen Fragen mit den liberalen Parteien bemüht, welche an der Staatsform der Monarchie festhielten. Um die interfraktionelle Zusammenarbeit nicht zu gefährden, machten die Mehrheitssozialdemokraten die Frage der Staatsform zu einem Anathema, da sie selbst unter dem Eindruck der Verfassungsänderungen vom Oktober 1918 den Republikbegriff nicht verwendeten.[382] Gleichzeitig verzichteten jedoch auch die Redner der liberalen Parteien auf den Monarchiebegriff. Vielmehr wurde auf beiden Seiten die Frage der Staatsform bis zum Sturz der Monarchie am 9. November 1918 gänzlich ausgeklammert.

Zusammenfassend lässt sich sagen, dass die Thematisierung des Staates in den Verfassungsberatungen insbesondere durch die Ausführungen von den Rednern der liberalen Parteien geprägt war. Diese bezogen »Staat« und »Volk« aufeinander, indem sie sich für innenpolitische Reformen aussprachen, um diese beiden Aspekte miteinander zu verbinden. Für dieses Ziel bemühten sie sich um Unterstützung von Seiten der Mehrheitssozialdemokratie, indem sie den Massenbegriff aufnahmen und ihn in Verbindung zum »Staat« stellten. Jedoch erwies sich dieses erst unter dem Eindruck der Parlamentarisierung der Reichsleitung und dem Regierungseintritt der Mehrheitssozialdemokraten im Oktober 1918 als erfolgreich, da sich nun der positive Bezug auf den »Volksstaat« und die negative Abgrenzung zum »Obrigkeitsstaat« als gemeinsames Deutungsmuster zwischen den Rednern der SPD und der FVP herauskristallisierten. Diese Bezeichnungen blieben jedoch auf die Redner dieser beiden Parteien beschränkt und waren zudem sehr allgemein gehalten. Eine konkretere Deutungsform des Staates erwies sich nicht zuletzt aufgrund der Frage der Staatsform selbst im Zuge der Verfassungsreformen vom Oktober 1918 zwischen den parteipolitischen Lagern als nicht anschlussfähig.

2.5. Die Polarisierung durch den Demokratiebegriff

Der Begriff der Demokratie polarisierte wie kein zweiter die parlamentarische Verfassungsdiskussion des ausgehenden Kaiserreichs. Er wurde nahezu ausschließlich von Rednern der sozialdemokratischen und der konservativen Parteien verwendet und fungierte dabei als Fokus der einander gegensätzlich bis feindlich gegenüberstehenden Positionen. Den sozialdemokratischen Rednern

381 Sten. Ber., Bd. 314, S. 2919 (Albrecht von Graefe (DKons.), 30.3.1917).

382 Langewiesche, Republik, S. 21. Siehe auch Euchner, Sozialdemokratie, S. 129f.

diente der Demokratiebegriff als Schlagwort für ihre innenpolitischen Reformforderungen. So verurteilte Philipp Scheidemann (SPD) im Oktober 1916 die außerparlamentarischen politischen Aktionen von konservativer Seite gegen die Politik Bethmann Hollwegs, welche nur durch die »wirkliche Ordnung« zu verhindern sei, »wie sie ganz allein durch die Demokratie möglich ist.«[383] Diese Forderung der Mehrheitssozialdemokraten nach »Demokratie« wurde von den Rednern der Unabhängigen Sozialdemokraten untermauert, die hierin das notwendige und zwangsläufige Ziel der politischen Entwicklung sahen.[384] Während sich die Redner der SPD auf die »Demokratie« als abstraktes Fahnenwort für ihre parteipolitischen Forderungen wie die Einführung des parlamentarischen Regierungssystems beriefen, gingen die Redner der USPD darüber hinaus, indem sie mit der Bezeichnung der »Demokratisierung« die konkrete Umsetzung demokratischer Reformen einforderten. So sprach sich Hugo Haase (USPD) im Juli 1917 für die »volle Demokratisierung der Verfassung und Verwaltung des Reichs und der Einzelstaaten« aus, wobei er ausdrücklich betonte, dass »um die Demokratisierung gekämpft werden« müsse.[385] Aufgrund dieser Beanspruchung durch die Vertreter der Arbeiterparteien blieb der Demokratiebegriff auch im ausgehenden Kaiserreich sozialistisch konnotiert, wie es seit der Reichsgründung der Fall war.[386]

Folglich griffen die konservativen Redner den Demokratiebegriff auf, um die sozialistischen Reformforderungen zurückzuweisen. So führte etwa Hermann Kreth (DKons.) mit Blick auf den Kriegseintritt demokratischer Staaten wie Italien und Bulgarien im Mai 1917 aus, dass »der gegenwärtige Zeitpunkt [...] der allerungeeigneteste [sei], sich auf den Standpunkt der Demokratie stellen zu wollen«, da »gerade die Demokratie, die Straße, einzelne demokratisch regierte Länder gezwungen hat, in den Krieg einzutreten«.[387] Die Verwendung des Demokratiebegriffs war also einerseits von einer Bejahung seitens der Sozialdemokraten und andererseits von einer Zurückweisung durch die konservativen Redner geprägt. Demgegenüber nahmen die Redner der liberalen Parteien

383 Sten. Ber., Bd. 308, S. 1709 (Philipp Scheidemann (SPD), 11.10.1916). Siehe auch ebd., Bd. 310, S. 3578 (Philipp Scheidemann (SPD), 19.7.1917).

384 So die programmatische Aussage von Hugo Haase (USPD): »Wir fordern im Innern die Demokratie, und keine Macht kann diese gesellschaftliche und politische Entwicklung aufhalten.« Sten. Ber., Bd. 309, S. 2897 (Hugo Haase (SAG), 30.3.1917).

385 Sten. Ber., Bd. 310. S. 3587 (Hugo Haase (USPD), 19.7.1917). Siehe auch ebd., S. 3593 (Hugo Haase (USPD), 19.7.1917); ebd., Bd. 308, S. 1733 (Hugo Haase (SAG), 11.10.1916); ebd., Bd. 309, S. 2891 (Hugo Haase (SAG), 30.3.1917).

386 Conze, Demokratie, S. 892, 895.

387 Sten. Ber., Bd. 310, S. 3447 (Hermann Kreth (DKons.), 16.5.1917). Siehe auch ebd., Bd. 309, S. 2918 (Albrecht von Graefe (DKons.), 30.3.1917). Zum Kriegseintritt Italiens und Rumäniens siehe Mommsen, Urkatastrophe, S. 48, 51ff., 68f. Speziell zu Italien Isneghi, Italien.

wie Friedrich Naumann (FVP) oder Gustav Stresemann (NLP) den Demokratiebegriff lediglich am Rande auf und wiesen ihm keinen prominenten Platz zu, um im Hinblick auf ihre Reformforderungen nicht einer der beiden Lagern zugeordnet zu werden und sich so ihre politische Handlungsfreiheit zu erhalten.[388]

Mit der Parlamentarisierung der Reichsleitung und dem Regierungseintritt der Mehrheitssozialdemokraten im Oktober 1918 veränderte sich die Auseinandersetzung mit der »Demokratie« dahingehend, dass nun die Redner der SPD in besonderem Maße auf den Demokratiebegriff rekurrierten. Nachdem zentrale verfassungspolitische Forderungen der SPD wie die Einführung der parlamentarischen Verantwortlichkeit des Reichskanzlers im Sinne einer demokratischen Herrschaftsordnung umgesetzt worden waren, diente ihnen der Verweis auf den demokratischen Charakter der neuen Staatsordnung dazu, die eigene Regierungsbeteiligung zu legitimieren.[389] In diesem Sinne bezeichnete Friedrich Ebert (SPD) die Bildung der parlamentarischen Regierung unter Prinz Max von Baden als den »Geburtstag der deutschen Demokratie« und setzte den Demokratiebegriff mit der neu gebildeten Regierung gleich, wenn er drohend feststellte: »Wer sich jetzt noch der deutschen Demokratie widersetzt, vergeht sich nicht nur an den Menschenrechten unseres Volkes, sondern auch an der Sicherheit unseres Landes.«[390] Die Formulierung der »deutschen Demokratie« diente Ebert dazu, eine möglichst breite Zustimmung für die neue Regierung zu erreichen, indem er mit dem Demokratiebegriff die Anhänger der Sozialdemokratie und mit dem Zusatz »deutsch« die nationalen Kreise anzusprechen versuchte.

Dagegen verschärften die konservativen Redner ihre bisher abwertende Verwendung des Demokratiebegriffs. So stellte Kuno Graf von Westarp (DKons.) vor dem Hintergrund der militärischen Niederlage des Deutschen Reiches die »deutsche Demokratie« in einen direkten Zusammenhang mit den Kriegsgegnern, indem er die Einführung des parlamentarischen Regierungssystems als das Ergebnis bezeichnete, »was gleichzeitig das Ziel der deutschen Demokratie und der Wunsch unserer Feinde« gewesen sei.[391] Darüber hinaus perhorreszierte er die Gefahren einer demokratischen Ordnung, indem er diese in einen Bezug zu dem aus liberaler und konservativer Sicht negativ be-

388 Vgl. Sten. Ber., Bd. 308, S. 1823 (Gustav Stresemann (NLP), 26.10.1916); ebd., Bd. 310, S. 3427 (Friedrich Naumann (FVP), 15.5.1917). Zur Zurückhaltung der Liberalen gegenüber dem Demokratiebegriff siehe Conze, Demokratie, S. 892, 895f.

389 Dazu Miller, Bürde, S. 29–37; Grosser, Konstitutionalismus, S. 157f.

390 Sten. Ber., Bd. 314, S. 6161 (Friedrich Ebert (SPD), 22.10.1918). Siehe auch ebd., S. 6160 (Friedrich Ebert (SPD); 22.10.1918). Dazu Mühlhausen, Ebert, S. 102. Zur übereilten Einschätzung Eberts Gusy, Entstehung, S. 757. Zum Charakter der Oktoberreformen allgemein Sauer, Scheitern.

391 Sten. Ber., Bd. 314, S. 6177 (Kuno Graf von Westarp (DKons.), 22.10.1918).

setzten Massenbegriff stellte und den konservativen »Widerstand gegen die weitere Radikalisierung, Demokratisierung und einseitige Massenherrschaft« ankündigte.[392]

Zu dieser tradierten Frontstellung zwischen den Vertretern der SPD und den deutschkonservativen Rednern trat im Oktober 1918 eine zweite Trennungslinie hinzu, da die Unabhängigen Sozialdemokraten den Eintritt der Mehrheitssozialdemokratie in die bürgerlich-parlamentarische Regierung verurteilten.[393] So nahm Eduard Bernstein (USPD) für seine Partei den »Grundsatz der Demokratie« in Anspruch, mit dem er den von seiner Partei gestellten Antrag begründete, Kriegserklärungen und Friedensschlüsse allein von der Zustimmung des Reichstags und nicht, wie von den Regierungsparteien vorgeschlagen, von Reichstag und Bundesrat abhängig zu machen.[394]

Die positive Berufung auf die »Demokratie, wie sie die Mehrheitssozialdemokraten vertraten, wurde also im Oktober 1918 von zwei Seiten in Frage gestellt: zum einen von den Konservativen, welche die »Demokratie« an sich zurückwiesen, und zum anderen von den Unabhängigen Sozialdemokraten, welche die parlamentarische Form der »Demokratie« ablehnten und für eine sozialistische Form eintraten. Diese doppelte Frontstellung wurde zusätzlich verschärft, indem die Vertreter der beiden anderen Regierungsparteien, FVP und Zentrum, trotz der verfassungsrechtlichen Einführung des parlamentarischen Regierungssystems auf den Demokratiebegriff gänzlich verzichteten. Die »Demokratie« konnte sich als Sammlungsbegriff der Mehrheitsparteien aus SPD, FVP und Zentrum nicht durchsetzen, sondern behielt bis zum Ende des Kaiserreichs einen parteipolitischen Charakter als sozialdemokratisch besetzter Begriff.

Ein ähnliches Muster zeigte sich bei der Verwendung des Adjektivs »demokratisch«, das ebenfalls überwiegend von Rednern der sozialdemokratischen und der konservativen Parteien aufgegriffen wurde. Dabei ist besonders der damit in Verbindung gestellte Begriff von Bedeutung, der als »demokratisch« beschrieben wurde. Zum einen stand das Adjektiv »demokratisch« bei den Rednern beider Parteirichtungen in Verbindung mit dem Wahlrecht. So forderte etwa Georg Ledebour (SAG) mit Blick auf das preußische Dreiklassenwahlrecht, dass neben dem Reichstag auch sämtliche Landesparlamente »auf

---

392 Sten. Ber., Bd. 314, S. 6178 (Kuno Graf von Westarp (DKons.), 22.10.1918).

393 Vgl. Krause, USPD, S. 110f.

394 Sten. Ber., Bd. 314, S. 6293 (Eduard Bernstein (USPD), 26.10.1918). Ebenso sprach der fraktionslose, der USPD nahestehende Reichstagsabgeordnete Otto Rühle der neuen staatlichen Ordnung den von den Mehrheitssozialdemokraten propagierten demokratischen Charakter ab, indem er diese im Hinblick auf die Anordnung der parlamentarischen Regierungsbildung durch den kaiserlichen Erlass vom 30. September 1918 als »sogenannte Demokratie von Hindenburgs Gnaden« und als »Scheindemokratie« bezeichnete und stattdessen die »Demokratie des Sozialismus« einforderte. Ebd., S. 6270 (Otto Rühle (fraktionslos), 25.10.1918).

die breiteste demokratische Grundlage des allgemeinen Wahlrechts« zu stellen seien.[395] Auch die konservativen Redner griffen die Bezeichnung »demokratisch« für das allgemeine Wahlrecht auf. So wies Graf von Westarp (DKons.) im Mai 1917 Reformforderungen Friedrich Naumanns (FVP) mit dem Hinweis zurück, dass dieser »dem hohen Maße politischer Rechte, wie es das demokratischste Wahlrecht der Welt den Massen« bereits vor dem Krieg eingeräumt habe, nicht gerecht geworden sei.[396] Dieser von Westarp vertretene demokratische Charakter des Reichstagswahlrechts wurde auch von den Rednern der Mehrheitssozialdemokratie bestätigt, als Otto Landsberg (SPD) in direkter Erwiderung auf die Ausführungen von Westarp die Konservativen davor warnte, »die Axt an die Wurzel dieses demokratischsten Wahlrechts« zu legen. Vielmehr betonte er, »daß das demokratischste Wahlrecht der Welt, und wenn es noch viel demokratischer wird, uns nichts hilft, solange das aristokratische Preußen das Reich beherrscht.«[397] Im Zusammenhang mit der Wahlrechtsthematik fungierte die Bezeichnung »demokratisch« also als charakteristisches Merkmal des allgemeinen, geheimen und direkten Wahlrechts, wie es für den Reichstag nach Art. 20 RV und dem Reichswahlgesetz vom 31. Mai 1869 festgelegt worden war.[398]

Zum anderen wurde die Beschreibung »demokratisch« im Zusammenhang mit dem Bereich des Staates verwendet. Dieser Bezug diente den konservativen Rednern zur Ablehnung von innenpolitischen Reformforderungen, wie sie etwa von sozialdemokratischer Seite vorgebracht wurden. So wies Kuno Graf von Westarp (DKons.) im Oktober 1916 die Vorstellungen der Sozialdemokratie mit der Begründung zurück, dass hiermit »ein volles Programm eines demokratisch regierten und organisierten Staates« entrollt werde.[399] Dagegen nahmen die Redner der Sozialdemokratischen Arbeitsgemeinschaft die genau entgegengesetzte Position ein, indem sie die ausschließlich von ihnen thematisierte republikanische Staatsform mit dem Zusatz »demokratisch« versahen. So forderte etwa Georg Ledebour (SAG), neben Russland »auch bei uns in

395 Sten. Ber., Bd. 308, S. 1831 (Georg Ledebour (SAG), 26.10.1916).

396 Sten. Ber., Bd. 310, S. 3431 (Kuno Graf von Westarp (DKons.), 15.5.1917).

397 Sten. Ber., Bd. 310, S. 3433f. (Otto Landsberg (SPD), 15.5.1917).

398 Art. 20 RV. Vgl. auch die Aussagen von Eduard David (SPD), Felix Waldstein (FVP) und Prinz Max von Baden: Sten. Ber., Bd. 309, S. 2903 (Eduard David (SPD), 30.3.1917); ebd., Bd. 310, S. 3519 (Felix Waldstein (FVP), 6.7.1917); ebd., Bd. 314, S. 6151 (Prinz Max von Baden, 5.10.1918). Zu diesem Wahlrecht allgemein siehe Biefang, Modernität; Pollmann, Parlamentarismus, S. 223–227.

399 Sten. Ber., Bd. 308, S. 1725 (Kuno Graf von Westarp (DKons.), 11.10.1916). Siehe auch ebd., Bd. 309, S. 2859 (Kuno Graf von Westarp (DKons.), 29.3.1917).

Deutschland die demokratische Republik, gegen alle Anfechtungen, unverrückbar auf dem Boden des Volkswillens zu errichten.«[400]

Dieser polarisierten Verwendungsweise versuchten Redner der übrigen Parteien entgegenzuwirken, indem sie wie Gustav Stresemann (NLP) im März 1917 die »demokratisch regierten Länder« aufwerteten, denen er vor dem Hintergrund ihrer Kriegsleistungen eine den konstitutionellen Staaten entsprechende Erfüllung der notwendigen staatlichen Aufgaben bescheinigte.[401] Von Seiten der Mehrheitssozialdemokratie sprach sich Eduard David (SPD) für ein »wirklich modernes konstitutionell-demokratisches Staatswesen« aus, das durch die Umsetzung der Verfassungsreformen zu errichten sei.[402] Mit der semantischen Verbindung der Bezeichnungen »konstitutionell« und »demokratisch« versuchte David, unter den Anhängern des konstitutionellen Regierungssystems die Bereitschaft für innenpolitische Reformen zu gewinnen. Seine Redestrategie erwies sich jedoch als nicht erfolgreich, da weder seine Fraktionskollegen noch die Redner der übrigen Parteien diese Bezeichnung aufnahmen, was als Beleg für die innerhalb der parlamentarischen Verfassungsdiskussion allgemein geteilten Auffassung von der Unvereinbarkeit einer konstitutionellen und einer demokratischen Herrschaftsordnung gelten kann.

Mit der Regierungsbeteiligung der Mehrheitssozialdemokraten im Oktober 1918 nahmen nun in erster Linie deren Redner die Formulierung vom »demokratischen Staat« für sich in Anspruch.[403] Aber auch von Vertretern der Regierung wurde die Formulierung vom »demokratische[n] Deutschland«[404] verwendet, um den Bestrebungen innerhalb der polnischen Bevölkerung entgegenzuwirken, sich vom Deutschen Reich loszusagen und einen eigenen Staat zu gründen. Die Verbindung von »demokratisch« und »Staat« wurde jedoch von den Rednern der FVP und des Zentrums nicht geteilt, da sie allenfalls am Rande auf dieses Adjektiv zurückgriffen.[405] Dagegen spitzten die Redner der oppositionellen Parteien ihre Kritik zu, indem sie den demokratischen Charakter der neuen Regierung in Frage stellten. So bezeichnete Georg Ledebour

---

400 Sten. Ber., Bd. 309, S. 2930 (Georg Ledebour (SAG), 30.3.1917). Siehe auch ebd., S. 2891 (Hugo Haase (SAG), 29.3.1917).

401 Sten. Ber., Bd. 309, S. 2854 (Gustav Stresemann (NLP), 29.3.1917).

402 Sten. Ber., Bd. 309, S. 2910 (Eduard David (SPD), 30.3.1917). Siehe auch ebd., S. 2903 (Eduard David (SPD), 30.3.1917).

403 So stellte Gustav Noske (SPD) heraus, »daß Deutschland in den letzten Monaten zum demokratischen Staat wurde«. Sten. Ber., Bd. 314, S. 6217 (Gustav Noske (SPD), 24.10.1918).

404 Sten. Ber., Bd. 314, S. 6211 (Wilhelm Heinrich Solf, 24.10.1918). Siehe dazu auch die Aussage des polnischen Abgeordneten: ebd., S. 6198 (Anton Stychel (Pole), 23.10.1918).

405 So bezeichnete Friedrich Naumann (FVP) die neue Ordnung als »demokratisches System« und sprach vom »demokratischen Öl«, das auf das Volk verteilt werden solle. Sten. Ber., Bd. 314, S. 6167, 6169 (Friedrich Naumann (FVP), 22.10.1918).

(USPD) das neu gebildete Ministerium als eines, das lediglich »höflicherweise demokratisch«[406] genannt werde. Albrecht von Graefe (DKons.) wiederum kritisierte die Entscheidung der Reichsleitung, nicht in eine parlamentarische Besprechung der Antwortnote des amerikanischen Präsidenten Wilson vom 23. Oktober 1918 einzutreten, mit den Worten, dass so »das freie deutsche Volk unter der demokratischen Führung« in Unkenntnis gehalten werde.[407] Von Seiten der Oppositionsparteien wurde also auf die Beschreibung »demokratisch« zurückgegriffen, um die Inanspruchnahme durch die Mehrheitssozialdemokraten zu unterlaufen und die neue Regierung durch den Verweis auf den nicht vorhandenen demokratischen Charakter zu delegitimieren.

Analog zum Begriff der »Demokratie« war mit dem Adjektiv »demokratisch« lediglich auf Seiten der Mehrheitssozialdemokratie ein positives Bekenntnis verbunden, wie sie insbesondere in der Aussage von Gustav Noske (SPD) vom »demokratischen Staat«[408] zum Ausdruck kam. Von Seiten der konservativen Parteien wurde dagegen ein negatives Bild vertreten, indem deren Vertreter von einer »demokratische[n] Welle« sprachen, welche die »Grundlage für die Sicherheit und das Gedeihen der Zukunft des deutschen Volkes« hinwegzuschwemmen drohe und der sich die Konservativen entgegenstemmen würden.[409] Mit dem Eintritt der Mehrheitssozialdemokraten in das Kabinett Prinz Max von Badens im Oktober 1918 wurde dieser Gegensatz in der Verwendung der Bezeichnung »demokratisch« um eine zweite Trennungslinie zur USPD erweitert.[410] Vor dem Hintergrund dieser gegensätzlichen Verwendungsweisen hielten sich selbst die Redner der reformorientierten Parteien wie der FVP mit der Bezeichnung »demokratisch« zurück und versahen ihre Aussagen mit einem möglichst allgemeinen Charakter.[411] Nachdem auch die natio-

---

406 Sten. Ber., Bd. 314, S. 6227 (Georg Ledebour (USPD), 24.10.1918). Siehe auch ebd., S. 6188 (Hugo Haase (USPD), 23.10.1918).

407 Sten. Ber., Bd. 314, S. 6287 (Albrecht von Graefe (DKons.), 26.10.1918). Die Note ist abgedruckt bei Michaelis/Schraepler, Ursachen, Bd. 2, S. 429ff. Zu den Waffenstillstandsverhandlungen Mai, Ende, S. 153–156.

408 Sten. Ber., Bd. 314, S. 6217 (Gustav Noske (SPD), 24.10.1918). Siehe auch ebd., Bd. 308, S. 1740 (Eduard David (SPD), 11.10.1916).

409 Sten. Ber., Bd. 309, S. 2863 (Kuno Graf von Westarp (DKons.), 29.3.1917). Siehe auch ebd., Bd. 308, S. 1725 (Kuno Graf von Westarp (DKons.), 26.10.1916).

410 Deren Redner sprachen der neuen Regierung den von den Mehrheitssozialdemokraten propagierten demokratischen Charakter ab, indem etwa Hugo Haase (USPD) ausführte, dass sich dieses Regime lediglich »die Allüren eines demokratischen Regimes« gebe. Sten. Ber., Bd. 314, S. 6188 (Hugo Haase (USPD), 23.10.1918).

411 So bekannte sich etwa Friedrich von Payer (FVP) im Juli 1917 im Namen seiner Partei zum »demokratischen Gedanken« und betonte die »Notwendigkeit einer modernen, mehr demokratischen Gestaltung unserer staatsrechtlichen Zustände«. Sten. Ber., Bd. 310, S. 3580f.

nalliberalen Redner die Bezeichnung »demokratisch« nur am Rande aufnahmen und die Zentrumsredner gänzlich auf diese verzichteten, blieben die Bezeichnungen »demokratisch« und »Demokratie« nahezu ausschließlich den Rednern der Mehrheitssozialdemokraten vorbehalten. Trotz der von den Mehrheitssozialdemokraten, Linksliberalen und Zentrumsabgeordneten getragenen Verfassungsreformen im Oktober 1918, durch die das parlamentarische Regierungssystem und damit eine demokratische Herrschaftsordnung verfassungsrechtlich festgelegt wurde, besaß die Berufung auf die »Demokratie« keinen mehrheitlich als positiv anerkannten, sondern einen auf die SPD eingeschränkten parteipolitischen Charakter.

2.6. Der Verfassungsausschuss als Ort begrenzter Zusammenarbeit

Der Ausschuss und seine Arbeit

Der Antrag auf Einsetzung eines Verfassungsausschusses der Nationalliberalen Partei wurde am 30. März 1917 in namentlicher Abstimmung mit 228 gegen 33 Stimmen bei 5 Enthaltungen angenommen.[412] An diesem parlamentarischen Vorgang überraschte insbesondere die überragende Mehrheit, mit der dieser Antrag gegen die Stimmen der beiden konservativen Parteien angenommen wurde. Dieses Ereignis lag in der innenpolitischen Situation des Deutschen Reichs im Frühjahr 1917 begründet: Angesichts der zunehmenden Belastungen der deutschen Bevölkerung durch die Versorgungsmängel im Winter 1916/17, den Ereignissen der Februarrevolution in Russland und der Opposition durch die SAG sah sich insbesondere die SPD herausgefordert, die Reichsleitung zur Durchführung innenpolitischer Reformen zu drängen.[413] Im Zentrum ihrer verfassungspolitischen Zielsetzungen stand dabei die Reform des preußischen Dreiklassenwahlrechts, durch welches die Vormachtstellung der Konservativen im preußischen Abgeordnetenhaus perpetuiert und so der Zwiespalt zwischen der preußischen Volksvertretung und dem Reichstag verschärft wurde. Aufgrund der verfassungsrechtlichen Stellung des preußischen Staates im Bundesrat waren damit jegliche Reformbestrebungen von Seiten des Reichstags zum Scheitern verurteilt, sofern sie nicht mit den Anschauungen im preußischen Abgeordnetenhaus konform waren. Aus diesem Grund legten die Sozialdemo-

(Friedrich von Payer (FVP), 19.7.1917). Siehe auch ebd., S. 3426 (Friedrich Naumann (FVP), 15.5.1917).

412 Vgl. Sten. Ber., Bd. 309, S. 2933–2936.

413 Miller, Burgfrieden, S. 283; Ullrich, Großmacht, S. 515f.; Loth, Kaiserreich, S. 153; Patemann, Kampf, S. 53.

kraten ein solches Gewicht auf die Abschaffung des ungleichen Dreiklassenwahlrechts in Preußen und die Einführung des allgemeinen, gleichen, direkten und geheimen Wahlrechts für sämtliche Landtage der Einzelstaaten.[414]

Gegenüber diesen Reformforderungen verhielt sich die Reichsleitung reserviert. Reichskanzler Bethmann Hollweg bekannte sich zwar zu der Notwendigkeit einer Reform des preußischen Wahlrechts, wollte diese aber auf die Zeit nach dem Kriege verschieben, um einen großen innenpolitischen Konflikt mit den Konservativen zu vermeiden. Diese zögerliche Haltung der Reichsleitung, die einer »Reformrhetorik ohne Aktion«[415] glich, erzeugte jedoch nicht nur auf Seiten der Sozialdemokraten, sondern auch unter den Konservativen ein Konfliktpotenzial, das im März 1917 zum offenen Ausbruch kam. Nachdem sich konservative Redner im preußischen Herrenhaus in scharfer Weise gegen die Neuorientierungspolitik des Reichskanzlers gewandt und statt einer Wahlrechtsreform in Preußen eine Reform des Reichstagswahlrechts im Sinne des preußischen Dreiklassenwahlrechts gefordert hatten, sahen sich nicht nur die sozialdemokratischen, sondern auch die liberalen Parteien zur Verschärfung ihrer Reformforderungen gezwungen.[416]

In der daran anschließenden Etatberatung des Reichstags am 29./30. März 1917 taten sich insbesondere die Vertreter der FVP hervor, die sich bereits in ihrem Einigungsprogramm aus dem Jahre 1910 für ein »[a]llgemeines, gleiches, direktes und geheimes Wahlrecht für die Volksvertretungen des Reiches und der Einzelstaaten« ausgesprochen hatten.[417] So brachten sie einen Resolutionsantrag ein, den Reichskanzler zu ersuchen, in allen Bundesstaaten auf die Einführung einer konstitutionellen Verfassung mit einer Volksvertretung hinzuwirken, die aus allgemeinen, gleichen, direkten und geheimen Wahlen hervorgehen solle.[418] An der Frage des preußischen Wahlrechts schien also die durch den »Burgfrieden« bedingte Geschlossenheit aller Parteien mit Ausnahme der SAG zu zerbrechen, nachdem in der parlamentarischen Debatte vom 29. März 1917 Gustav Noske (SPD) und Ernst Müller (FVP) über die Reform des preußischen Dreiklassenwahlrechts hinaus weitere innenpolitische Reformen gefordert hatten.[419] Während sich die Zentrumspartei durch ihren Vertre-

414 Dieses wurde bereits im Eisenacher Programm von 1869 für alle Männer ab dem 20. Lebensjahr gefordert und im Erfurter Programm von 1891 um das Frauen- und Verhältniswahlrecht erweitert. Vgl. Mommsen, Parteiprogramme, S. 312, 351. Dazu Rauh, Parlamentarisierung, S. 365f.

415 Nipperdey, Deutsche Geschichte, Bd. 2, S. 834.

416 Dazu Bermbach, Vorformen, S. 49f.; Rauh, Parlamentarisierung, S. 366f. Zu den Reden im preußischen Herrenhaus siehe Patemann, Kampf, S. 50, 55.

417 Mommsen, Parteiprogramme, S. 174.

418 Sten. Ber., Anlage-Bd. 320, Nr. 690, S. 1285. Dazu Hackl, Versuch, S. 53.

419 Vgl. Sten. Ber., Bd. 309, S. 2839–2842 (Gustav Noske (SPD), 29.3.1917), S. 2847ff. (Ernst Müller (FVP), 29.3.1917).

ter Peter Spahn diesen Fragen gegenüber eher zurückhaltend verhielt, ergriff der nationalliberale Redner Gustav Stresemann die Initiative, indem er sich für die sofortige Inangriffnahme einer innenpolitischen Neuordnung Deutschlands einschließlich der Wahlrechtsfrage in Preußen aussprach, um das Auseinanderbrechen der Einheit des Reichstags zu verhindern.[420] Zu diesem Zwecke stellte die Nationalliberale Partei den Antrag, »einen besonderen Ausschuß von 28 Mitgliedern (Verfassungsausschuß) zu bilden für die Prüfung verfassungsrechtlicher Fragen, insbesondere der Zusammensetzung der Volksvertretung und ihres Verhältnisses zur Regierung«. Diesem sollten die entsprechenden Anträge und Resolutionen zur Beratung überwiesen werden, wie es der von der SPD gestellte, ähnlich lautende Antrag auf Einsetzung eines Ausschusses »zur Vorberatung von Reformen, die auf die politische Neuordnung im Deutschen Reiche abzielen«, forderte.[421] Mit der Einsetzung dieses Ausschusses verfolgten die Nationalliberalen das Ziel, eine Beruhigung der Auseinandersetzung um die innenpolitischen Reformforderungen zu erreichen, die sich in der preußischen Wahlrechtsfrage zuspitzten und die mittels des Ausschuss kanalisiert werden sollten.[422] Unter diesen Umständen fand sich am 30. März 1917 eine breite parlamentarische Mehrheit von der SAG und der SPD über die beiden liberalen Parteien bis zum Zentrum zusammen, welche für den nationalliberalen Antrag votierten, auch wenn die innenpolitischen Reformvorstellungen mitunter erheblich differieren konnten.

Durch diese kompakte parlamentarische Mehrheitsbildung war die Regierungspolitik gescheitert, die Wahlrechtsfrage auf die Zeit nach dem Krieg zu verschieben. Folglich sah sich die Reichsleitung herausgefordert, auf die innenpolitischen Reformforderungen zu reagieren. So bemühte sich Anfang April 1917 Reichskanzler Bethmann Hollweg um einen Gesetzentwurf zur Einführung des gleichen Wahlrechts in Preußen, scheiterte damit jedoch am Widerstand des preußischen Staatsministeriums sowie dem Umfeld des Kaisers.

420 Sten. Ber., Bd. 2854–2857 (Gustav Stresemann (NLP), 29.3.1917). Vgl. Rauh, Parlamentarisierung, S. 367; Bermbach, Vorformen, S. 51. Allgemein zur innenpolitischen Zielsetzung Stresemanns Kolb, Stresemann, S. 52ff. Zur Haltung des Zentrums Sten. Ber., Bd. 309, S. 2831ff. (Peter Spahn (Z), 29.3.1917). Siehe auch Bermbach, Vorformen, S. 50.

421 Siehe Sten. Ber., Bd. 309, S. 2932 (Heinrich Prinz zu Schoenaich-Carolath (NLP), 29.3.1917). Die jeweiligen Anträge ebd., Anlage-Bd. 321, Nr. 735, S. 1406 (NLP), Nr. 730, S. 1402 (SPD).

422 So das Fazit von Eugen Schiffer (NLP): »Die Neuorientierung war eben nun einmal im Gange [...]. Es kam also darauf an, für sie das Bett zu graben, das ihnen einen geregelten, nicht allzu stürmischen Verlauf sicherte. Was wäre wohl geschehen, wenn alle Anträge, sowohl die bereits gestellten als die noch zu erwartenden, im Plenum des Reichstags verhandelt worden wären? Selbst die spärlichen Reste des Burgfriedens wären darüber zu Bruch gegangen. Deshalb war es ein berechtigter und glücklicher Gedanke, die entfesselten Wogen abzuleiten, um sie in ein ruhigeres und klärendes Fahrwasser zu bringen.« Schiffer, Verfassungsausschuß, S. 4. Dazu Loth, Katholiken, S. 319; Rauh, Parlamentarisierung, S. 367ff.; Hackl, Versuch, S. 61f.

Dieser erließ stattdessen am 7. April 1917 die »Osterbotschaft«, in der er verkündete, dass nach »den gewaltigen Leistungen des ganzen Volkes in diesem furchtbaren Kriege [...] für das Klassenwahlrecht in Preußen kein Raum mehr« sei und dass das unmittelbare und geheime Wahlrecht eingeführt werde.[423] Auch wenn diese Botschaft kurzfristig eine Entspannung in der preußischen Wahlrechtsfrage erzielte, verschaffte sie als »dilatorischer Formelkompromiß«[424] lediglich einen Aufschub, da von der Einführung des geforderten gleichen Wahlrechts ausdrücklich nicht die Rede war.[425] Folglich war die Reichsleitung weiterhin gezwungen, sich zu dieser und den weiteren Reformforderungen zu positionieren, die im Reichstag in mündlicher und schriftlicher Form vorgebracht wurden und deren Behandlung im Verfassungsausschuss zu erwarten war.

In diesem Zusammenhang erstellte der Staatsekretär des Innern Karl Helfferich am 23. April 1917 eine geheime Denkschrift für das preußische Staatsministerium, in welcher er sich zu den zu erwartenden Fragen im Verfassungsausschuss äußerte.[426] Den Forderungen nach einer Wahlrechtsreform in Preußen sah er mit der Osterbotschaft »den Wind aus Segeln genommen«[427], sodass diese Frage nicht zur Behandlung stehen werde, auch wenn nahezu alle Redner der linken Parteien in der Plenardebatte am 29./30. März 1917 für die Zuständigkeit des Reichstags in dieser Frage plädiert hatten. In Bezug auf die Verantwortlichkeit des Reichskanzlers sprach er sich ausdrücklich gegen die Bestrebungen im Reichstag aus, einen Einfluss auf die Besetzung des Reichskanzlerpostens zu gewinnen und damit die Einführung des parlamentarischen Systems vorzubereiten, da dies ein »Bruch mit dem bisherigen Regierungssystem«[428] darstelle. Lediglich im Hinblick auf die Reformforderungen des Reichstagswahlrechts sprach er sich für eine »Teilreform«[429] aus, indem in bevölkerungsreichen Wahlkreisen mit einer Einwohnerzahl von über 200.000 eine Vermehrung der Abgeordneten pro zusätzliche 100.000 Einwohner unter Einführung der Verhältniswahl stattfinden solle. Von Seiten der Reichsleitung konn-

423 Der Text ist abgedruckt bei Michaelis/Schraepler, Ursachen, Bd. 1, S. 318ff., Zitat S. 319. Zum Scheitern der Initiative von Bethmann Hollweg und zur Entstehung der Osterbotschaft ausführlich Patemann, Kampf, S. 58–63. Siehe auch Mai, Ende, S. 123f.; Ullrich, Großmacht, S. 519f.; Rosenberg, Entstehung, S. 139f.

424 Nipperdey, Deutsche Geschichte, Bd. 2, S. 835.

425 Vgl. Patemann, Kampf, S. 63ff.

426 Äußerung des Stellvertreters des Reichskanzlers, betreffend den vom Reichstag beschlossenen Verfassungs-Ausschuß. Dem Königlichen Staatsministerium ergebenst vorzulegen vom 23. April 1917. BAB R43/2278, fol. 1r.–17v.

427 Ebd., fol. 5r.

428 Ebd., fol. 6v.

429 Ebd., fol. 13v.

te der Verfassungsausschuss also lediglich im Falle einer Reform des Reichstagswahlrechts die Bereitschaft eines Entgegenkommens erwarten, während sie in den übrigen Fragen eine zurückhaltende bis ablehnende Stellung einnahm.

Unter diesen Voraussetzungen konstituierte sich am 2. Mai 1917 der Verfassungsausschuss als 26. Ausschuss des Reichstags, zu dessen Vorsitzenden Philipp Scheidemann (SPD) gewählt wurde und dem insgesamt 28 Mitglieder angehörten, die sich wie folgt auf die einzelnen Fraktionen verteilten: 4 DKons., 2 Deutsche Fraktion, 6 Zentrum, 1 Pole, 1 Elsass-Lothringer, 3 NLP, 3 FVP, 6 SPD, 2 USPD.[430] Nachdem die preußische Wahlrechtsfrage durch die Osterbotschaft zunächst von der parlamentarischen Tagesordnung genommen worden war, beschäftigte sich der Verfassungsausschuss in den ersten Sitzungen zwischen dem 4. und 11. Mai 1917 mit der Verbesserung der rechtlichen Stellung des Reichstags sowie mit der Reform des Reichstagswahlrechts. In Bezug auf die Rechtsstellung des Reichstags ergriffen die liberalen Parteien und das Zentrum die Initiative, indem diese drei Parteien gemeinsam eine Reihe von Anträgen mit folgenden Forderungen einbrachten: die Bildung eines Staatsgerichtshofes zur Feststellung der juristischen Verantwortlichkeit des Reichskanzlers und der Staatssekretäre, die Gegenzeichnungspflicht des Reichskanzlers oder seiner Stellvertreter zu allen Anordnungen und Verfügungen des Kaisers, insbesondere im Falle der Ernennungen von Offizieren in Heer und Marine, das Recht zur ununterbrochenen Versammlung des Reichstags während eines Krieges, weitergehende Befugnisse des Reichstags im Rahmen der Wahlprüfung, die Möglichkeit von nichtöffentlichen Reichstagssitzungen zur Erörterung auswärtiger Fragen sowie die Ausweitung der Immunität und die Festlegung eines Zeugnisverweigerungsrechtes der Abgeordneten.[431] Da diese drei Parteien jedoch nur über 12 der insgesamt 28 Stimmen im Ausschuss verfügten, waren sie auf die Unterstützung der Mehrheitssozialdemokraten angewiesen. Nachdem diese Anträge zur weiteren Beratung einem Unterausschuss überwiesen worden waren und dieser sie leicht redigiert wieder an den Ausschuss zurückgegeben hatte, wurden sie dort in den überwiegenden Fällen mehrheitlich mit den Stimmen der Mehrheitssozialdemokraten gegen die Stimmen der Deutschkonservativen angenommen.

Dabei stieß der Antrag, die Gegenzeichnungspflicht des Reichskanzlers bei Offiziersernennungen in Heer und Marine einzuführen, auf besonders starken Widerstand, da auf diese Weise in die Kommandogewalt des Kaisers eingegriffen werde, wie es insbesondere von Seiten der Konservativen und der Regierung vorgebracht wurde. Dennoch nahm der Ausschuss diesen Antrag gegen

430 Dazu die Übersicht BAB R43/2275, fol. 54r.

431 BAB R43/2275, fol. 57r., 60r. Dazu Rauh, Parlamentarisierung, S. 370ff.; Bredt, Reichstag, S. 165f.

die Stimmen der konservativen Parteien an.[432] Dagegen wurde der Antrag der USPD, verfassungsmäßig festzustellen, dass der Reichskanzler zu entlassen sei, wenn es der Reichstag durch Mehrheitsbeschluss fordere, gegen die Stimmen der Sozialdemokraten abgelehnt.[433]

Dem Verfassungsausschuss war also mehrheitlich an einem Ausbau der Parlamentsrechte gelegen, ohne jedoch das parlamentarische Regierungssystem einzuführen. Dementsprechend verwahrten sich die Antragsteller der liberalen Parteien und des Zentrums auch gegen die Kritik von konservativer Seite, dass die beantragten Vorschriften allesamt »Schritte zur Einführung des parlamentarischen Systems« bedeuten würden. Sie verwiesen darauf, dass die gestellten Anträge nicht auf einen Einfluss auf die Auswahl der leitenden Staatsmänner, sondern lediglich auf eine »Verbesserung der Stellung des Reichstags« und auf den »folgerichtigen Weiterbau des verfassungsmäßigen Konstitutionalismus« abzielen würden.[434]

Um die reformorientierte Zusammenarbeit von der SPD über die liberalen Parteien bis zum Zentrum nicht zu gefährden, verzichteten selbst die Befürworter des parlamentarischen Regierungssystems wie die Vertreter der SPD oder der FVP darauf, dahingehende Anträge zu stellen. So beschränkten sich die Mehrheitssozialdemokraten auf die Forderung, das allgemeine, gleiche, direkte und geheime Wahlrecht für alle männlichen und weiblichen Staatsangehörigen über 20 Jahre nach den Grundsätzen der Verhältniswahl für den Reichstag sowie für die Volksvertretungen in allen Bundesstaaten einzuführen.[435]

In Bezug auf die Reform des Reichstagswahlrechts fand sich in den Beratungen zwischen dem 8. und dem 10. Mai 1917 nicht zuletzt aufgrund der Reformbereitschaft der Reichsleitung eine Mehrheit für den Antrag der FVP zusammen, alsbald einen Gesetzentwurf vorzulegen, der für bevölkerungsreiche Wahlkreise eine entsprechende Vermehrung der Mandate unter Einführung der Verhältniswahl bestimme. Gegen diesen Antrag sprachen sich lediglich die

432 Vgl. Rauh, Parlamentarisierung, S. 378f.; Huber, Verfassungsgeschichte, Bd. 5, S. 146f.; Rosenberg, Entstehung, S. 138f. Zur heftigen Zurückweisung dieser Anträge von Seiten der Reichsleitung siehe die Telegramme des Reichskanzlers Bethmann Hollweg an den Kaiser vom 5.5.1917 und das Antworttelegramm vom 12.5.1917 BAB R43/2275, fol. 70r.–73r., 111r.–112r.

433 BAB R101/2284, fol. 13r. Der Antrag der USPD ebd., fol. 59r. Siehe dazu auch Anlage zur Niederschrift über die Verhandlungen des Verfassungsausschusses: Zusammenstellung der im Verfassungsausschuß des Reichstags gestellten Anträge und der von dem Ausschuß bis zum 11. Mai 1917 gefaßten Beschlüsse, BAB R101/2284, fol. 84r.–89r.

434 Vgl. den zweiten Bericht des Verfassungsausschusses über einen Gesetzentwurf betreffend die Abänderung der Reichsverfassung, Sten. Ber., Anlage-Bd. 322, Nr. 1104, S. 1870–1882, hier S. 1871. Dazu Rauh, Parlamentarisierung, S. 375.

435 BAB R43/2275, fol. 58r. Dazu Rauh, Parlamentarisierung, S. 374.

Vertreter beider konservativer Parteien, der USPD sowie ein Zentrumsvertreter aus.[436]

Die Frage der einzelstaatlichen Wahlrechte wurde erst Anfang Juli 1917 wieder aufgegriffen, als die liberalen Parteien im Verfassungsausschuss den Antrag auf eine Resolution stellten, wonach der Reichskanzler dahin wirken solle, »daß die volle staatsbürgerliche Gleichberechtigung in allen Bundesstaaten ohne Verzug durchgeführt wird.«[437] Jedoch blieben die Beratungen bezüglich des Wahlrechts in den Einzelstaaten im Juli 1917 aufgrund der Kanzlerkrise um Bethmann Hollweg ohne Ergebnis, nachdem der Ausschuss die Abstimmung über die Resolutionsanträge ausgesetzt hatte.[438]

Ein ähnliches Schicksal widerfuhr dem von Conrad Haußmann (FVP) gestellten Antrag auf Aufhebung des Art. 9 Satz 2 der Reichsverfassung, welcher bestimmte, dass niemand gleichzeitig Mitglied des Bundesrats und des Reichstags sein konnte.[439] In dieser Inkompatibilitätsklausel sahen die Linksliberalen das entscheidende Hindernis zur Parlamentarisierung der Reichsleitung, da der Eintritt eines Parlamentariers in die Reichsleitung im Rahmen des föderativen Reichskonstitutionalismus die Mitgliedschaft im Bundesrat beinhaltete und damit den Austritt aus dem Reichstag nach sich zog. Auch wenn die Aufhebung dieser Bestimmung nicht die Einführung des parlamentarischen Regierungssystems bedeutete, ermöglichte sie den Eintritt von Parlamentariern in die Reichsleitung unter Beibehaltung ihres Reichstagsmandats, was den Einfluss des Reichstags auf die Reichsleitung vergrößern und damit eine Grundlage für die Einführung des parlamentarischen Systems darstellen konnte. Folglich war dieser Antrag auch innerhalb der ansonsten zusammenarbeitenden Mittelparteien, insbesondere zwischen der FVP und der NLP, umstritten, sodass Haußmann seinen Antrag nicht im Rahmen der von NLP, FVP und Zentrum gemeinsam gestellten Anträge einbrachte, sondern ihn als Einzelantrag am letzten Sitzungstag des Verfassungsausschusses im Mai 1917 stellte, womit er in der ersten Sitzungsperiode nicht mehr zur Besprechung kam.[440] Erst am 27. September 1917 beschäftigte sich der Ausschuss mit ihm, der in

436 BAB R101/2284, fol. 35v. Zum Antrag der FVP siehe ebd., fol. 86r; BAB R43/2275, fol. 90r. Dazu Huber, Verfassungsgeschichte, Bd. 5, S. 145.

437 BAB R101/2284, fol. 103r.

438 Vgl. die Aufzeichnung der 10. Sitzung des Verfassungsausschusses vom 6. Juli BAB R1501/16707, fol. 252r.–256r., hier fol. 256r. Dazu Rauh, Parlamentarisierung, S. 369.

439 Antrag Nr. 17, BAB R101/2284, fol. 83r.

440 Vgl. Rauh, Parlamentarisierung, S. 373, 380f.; Mommsen, Weber, S. 191. Zur Verfassungskonstruktion auch Boldt, Verfassungsgeschichte, Bd. 2, S. 182; ders., Monarchie, S. 163. Zur außerparlamentarischen Debatte um die dominierende Stellung des Bundesrats Schönberger, Parlament, S. 258–263. Siehe auch die zeitgenössischen Stellungnahmen von Kaufmann, Erbe, S. 71–82; Weber, Abänderung; ders., Parlament, S. 420–429. Dazu Mommsen, Weber, S. 190–195.

der Abstimmung mit lediglich 15 Stimmen von SPD, FVP, NLP, der Polen, der Elsässer sowie eines Vertreters des Zentrums gegen 12 Stimmen der konservativen Parteien, der USPD sowie der übrigen Zentrumsabgeordneten angenommen wurde.[441]

Mit der Berichterstattung über den Antrag und die Beratung bezüglich der Aufhebung des Artikels 9 Satz 2 RV wurde Conrad Haußmann beauftragt, der am 4. Oktober 1917 diesen dritten Bericht des Verfassungsausschusses dem Reichstag vorlegte.[442] Im Plenum kam dieser Bericht nicht mehr zur Beratung, wie auch der zweite Bericht über die Beschlüsse betreffend der Rechtsstellung des Reichstags, ebenfalls auf den 4. Oktober 1917 datiert, unerledigt blieb.[443] Allein der erste Bericht über die Vorschläge des Ausschusses bezüglich einer Reform des Reichstagswahlrechts sowie der vierte Bericht über die Beratungen des von der Reichsleitung vorgelegten Entwurfs eines Wahlgesetzes wurden im Plenum am 6. Juli 1917 bzw. 8. Juli 1918 besprochen und fanden in dem Wahlgesetz vom 24. August 1918 Berücksichtigung.[444]

Vor dem Hintergrund dieser Ergebnisse schien also von dem Verfassungsausschuss in Bezug auf die Umgestaltung der Reichsverfassung allenfalls eine marginale Wirkung auszugehen.[445] Von zentraler Bedeutung waren jedoch weniger die Ergebnisse als vielmehr die Tatsache der Zusammenarbeit einer parlamentarischen Mehrheit von der Mehrheitssozialdemokratie über die liberalen Parteien bis zum Zentrum. So zeigten sich die Vertreter dieser Parteien zum ersten Mal bereit, im Rahmen des vermeintlich Durchsetzbaren Kompromisse zu schließen und sich auf ein »Minimum koalitionsfähiger Gemeinsamkeit«[446] zu einigen, welches sich zwar für eine grundlegende Umgestaltung der konstitutionellen Reichsverfassung als nicht hinreichend erwies, jedoch entscheidend zur Institutionalisierung dieser Mehrheit im Interfraktionellen Ausschuss im Juli 1917 beitrug.[447] Diese Bereitschaft zur Einigung auf gemeinsame Mindestziele zwischen den genannten Parteien wirkte sich auch auf die Kommunikation im Ausschuss dahingehend aus, dass sich die Redner der Mittelparteien in ihren Forderungen zurückhaltender als auf Plenarebene äußerten.[448]

441 Vgl. BAB R1501/16707, fol. 329r.–334v., hier fol. 334v.

442 Sten. Ber., Anlage-Bd. 322, Nr. 1125, S. 1911–1917.

443 Sten. Ber., Anlage-Bd. 322, Nr. 1104, S. 1870–1882.

444 RGBl. 1918, S. 1079–1083. Zu den entsprechenden Ausschussberichten Sten. Ber., Anlage-Bd. 321, Nr. 895, S. 1666–1671; ebd., Anlage-Bd. 324, Nr. 1681, S. 2357–2364. Zur Einführung der Wahlrechtsreform Schanbacher, Wahlen, S. 42ff.

445 So Miller, Burgfrieden, S. 286.

446 Bermbach Vorformen, S. 53.

447 Vgl. Bermbach, Vorformen, 52ff.; Matthias/Morsey, Einleitung, S. XVIIf.; Rauh, Parlamentarisierung, S. 370.

448 Nipperdey, Deutsche Geschichte, Bd. 2, S. 837.

Die Verwendung des Volksbegriffs

Auf den Volksbegriff griffen die Ausschussmitglieder im Verhältnis zu den übrigen Begriffen weniger zurück, als es im Plenum der Fall war. In den Sitzungen Anfang Mai 1917 berief sich Adolf Gröber (Z) auf das »Volk«, als er den Antrag, dem Reichstag das Recht auf ununterbrochene Versammlung während eines Krieges einzuräumen, damit begründete, dass dieses »zur Beruhigung des Volkes« notwendig sei.[449] Ebenso wies Eduard David (SPD) darauf hin, dass eine Ergebnislosigkeit des Ausschusses in den Fragen der innenpolitischen Reformen »eine schwere Enttäuschung des Volkes« nach sich zöge, womit er politischen Druck auf die übrigen reformorientierten Mittelparteien auszuüben versuchte.[450] Diese Form der funktionalen Bezugnahme auf den Begriff des Volkes zur Untermauerung ihrer Forderungen blieb jedoch nicht zuletzt aufgrund der fehlenden Öffentlichkeit der Ausschusssitzungen eine Randerscheinung.

Überwiegend wurde das »Volk« im Zusammenhang mit der Diskussion um die Reform des Reichstagswahlrechts thematisiert. Zur Legitimierung ihrer Forderung nach Einführung der Verhältniswahl griffen sie den Begriff des Wählers auf, indem sie darauf verwiesen, dass dessen angemessener Einfluss allein durch dieses Wahlrecht gesichert werde.[451] Demgegenüber verwendeten die Gegner einer allgemeinen Einführung der Verhältniswahl auf Seiten der NLP und des Zentrums sowie der Reichsleitung durch den Ministerialdirektor im Reichsamt des Innern Theodor Lewald die Formulierung »Land und Leute«, welche auch Eingang in die Plenarverhandlungen fand. Damit lehnten sie eine ausschließliche Berücksichtigung der Stimmenzahl ab und betonten gleichzeitig den weiterhin notwendigen bedeutenden Einfluss der ländlichen Bevölkerung, wie ihn das bisher gültige Mehrheitswahlrecht sicherte.[452]

Eine verstärkte Bezugnahme auf das »Volk« fand erst im Juli 1917 statt, als der Ausschuss mit der Beratung der Anträge bezüglich der preußischen Wahlrechtsreform begann. In diesem Zusammenhang führte Otto Landsberg (SPD) aus, dass eine Reform des preußischen Dreiklassenwahlrechts im Sinne eines

449 BAB R101/2284, fol. 14v. (Adolf Gröber (Z), 5.5.1917).

450 BAB R101/2284, fol. 33r. (Eduard David (SPD), 9.5.1917). Siehe auch ebd., fol. 30v. (Johannes Hoffmann (SPD), 9.5.1917).

451 BAB R101/2284, fol. 27r. (Otto Landsberg (SPD), 8.5.1917), fol. 28r. (Georg Ledebour (USPD), 8.5.1917), fol. 35v. (Georg Ledebour (USPD), 10.5.1917). Dagegen ebd., fol. 28v. (Eugen Schiffer (NLP), 8.5.1917), fol. 29v. (Matthias Erzberger (Z), 9.5.1917).

452 BAB R101/2284, fol. 28v. (Eugen Schiffer (NLP), 8.5.1917), fol. 29v. (Matthias Erzberger (Z), 9.5.1917), fol. 32r. (Theodor Lewald, 9.5.1917), fol. 35r. (Eugen Schiffer (NLP), 10.5.1917). Dagegen ebd., fol. 31r. (Johannes Hoffmann (SPD), 9.5.1917), fol. 33r.–33v. (Eduard David (SPD), 9.5.1917).

weiterhin ungleichen Pluralwahlrechts »eine Verhöhnung der berechtigten Ansprüche des Volkes« darstelle.[453] Auch Johannes Becker vom Zentrum betonte, dass »die überwältigende Mehrheit des deutschen Volkes die Übertragung des [gleichen, H.B.] Reichstagswahlrechtes auf die Bundesstaaten« wünsche und dass die Konservativen aufgrund ihres ablehnenden Standpunktes »mit dem Volk in Konflikt« geraten würden.[454] Nun waren auch die Redner der konservativen Parteien gezwungen, auf den Volksbegriff zu rekurrieren, um ihren Standpunkt zu verteidigen. Dabei erkannte Erich Mertin (DRP) »angesichts der Bewegung, die durch das deutsche Volk gehe, eine freiheitliche Gestaltung des Staatswesens und besonders des Wahlrechts in den Einzelstaaten« durchaus an, vermied jedoch in seinen Ausführungen wie auch in dem von seiner Partei vorgelegten Resolutionsantrag das Bekenntnis zum gleichen Wahlrecht.[455] Demgegenüber bezogen sich die Deutschkonservativen auf das »Volk«, um ihren ablehnenden Standpunkt zu legitimieren. Denn das »Volk«, so Hermann Kreth (DKons.), kümmere sich »zur Zeit mehr um Fragen seiner Ernährung als um solche des allgemeinen und gleichen Wahlrechts«.[456] Die Tatsache, dass der Volksbegriff ansonsten in den Beratungen des Verfassungsausschusses eine randständige Rolle einnahm und nur in diesem Kontext parteiübergreifend frequentiert wurde, belegt die neuralgische Bedeutung, die der Frage des preußischen Wahlrechts im Rahmen der innenpolitischen Neuordnungsdebatte zukam.[457] Jedoch verhielt sich Reichsleitung weiterhin abwartend, sodass diese unterschiedlichen Formen der Bezugnahme auf das »Volk« nicht zur Klärung kamen und unvermittelt nebeneinander stehen blieben, was sich in der Aussetzung der Abstimmung über die verschiedenen Resolutionsanträge ausdrückte.[458]

Zur Legitimierung ihrer jeweiligen Forderungen thematisierten die Ausschussmitglieder den Volksbegriff in Verbindung mit anderen Begriffen. So stellten sie in ihrer Begründung des Antrags, den Abgeordneten ein Zeugnisverweigerungsrecht einzuräumen, »Volk« und »Abgeordneter« in einen Zusammenhang, indem sie auf ein großes Interesse verwiesen, »das die Abgeordneten

---

453 BAB R1501/16707, fol. 246r. (Otto Landsberg (SPD), 4.7.1917). Siehe auch ebd., fol. 254r. (Otto Landsberg (SPD), 6.7.1917).

454 BAB R1501/16707, fol. 251v. (Johannes Becker (Z), 27.9.1917).

455 BAB R1501/16707, fol. 252v. (Erich Mertin (DRP), 6.7.1917). Zum Antrag siehe BAB R101/2284, fol. 111r.

456 BAB R1501/16707, fol. 248v. (Hermann Kreth (DKons.), 4.7.1917).

457 Patemann, Kampf. S. 5; Matthias/Morsey, Einleitung, S. XVI. Siehe auch Schönberger, Parlamentarisierung, S. 665.

458 BAB R1501/16707, fol. 256r.

daran haben, daß sie von dem Publikum Mitteilungen erhalten.«[459] Im Gegensatz zu dieser Verbindung, welche innerhalb des Ausschusses nicht in Frage gestellt wurde und sich in der Annahme des Antrags gegen die Stimmen der Deutschkonservativen wiederfand, war die Verbindung von »Volk« und »Regierung« stärker umstritten. In der Beratung des Antrags auf Aufhebung des Art. 9 Satz 2 RV führte etwa Erich Mertin (DRP) aus, dass zwar »gerade im jetzigen Kriege eine Fühlung zwischen Regierung und Volk notwendig sei«. Diese sei jedoch in der jetzigen Form einer Zusammenarbeit zwischen der Reichsregierung und den Reichstagsausschüssen bereits gegeben, sodass eine Aufhebung dieses Artikels, geschweige denn die Einführung des parlamentarischen Systems dafür nicht notwendig sei.[460] Dem hielt Otto Landsberg (SPD) entgegen, dass die »gewünschte engere Fühlung zwischen Regierung und Volk« ohne die Parlamentarisierung nicht möglich sei und dass die Sozialdemokratie »Regierung und Volk zu einer Einheit« machen wolle, indem die »Regierung aus der Parlamentsmehrheit« hervorgehen solle.[461] Das Bild einer »engere[n] Verbindung zwischen Regierung und Volk«[462] wurde also von nahezu allen Mitgliedern geteilt. Die verfassungsrechtliche Konkretisierung war jedoch hinsichtlich einer Aufhebung der Inkompatibilitätsklausel umstritten, wie es das knappe Abstimmungsergebnis von fünfzehn gegen zwölf Stimmen für den Antrag verdeutlicht.[463]

In den Ausschussberatungen nahm das »Volk« im Ganzen nur eine untergeordnete Rolle ein, was neben den Bemühungen um Verständigung zwischen den Mittelparteien auch auf die fehlende Öffentlichkeit der Ausschusssitzungen zurückzuführen ist. Lediglich im Kontext der preußischen Wahlrechtsfrage rekurrierten die Redner verstärkt auf den Volksbegriff, um ihren jeweiligen parteipolitischen Standpunkt zu vertreten. Semantische Formen der Differenzierung wurden dabei nur äußerst selten gewählt. Auch die Thematisierung der individuellen Ebene blieb überwiegend auf die sozialdemokratischen Redner beschränkt, die mit den Formulierungen vom »Wähler« und »Staatsbürger«[464] unter den liberalen Parteien Unterstützung für Wahlrechtsforderungen zu erlangen suchten, ohne dass sich die Begriffe in diesem Kontext als anschlussfähig erwiesen. Diese randständige Thematisierung des »Volkes« belegt, dass die

459 BAB R101/2284, fol. 25v. (Wolfgang Heine (SPD), 8.5.1917), fol. 25v. (Konstantin Fehrenbach (Z), 8.5.1917). Siehe auch ebd., fol. 24v. (Eduard David (SPD), 8.5.1917), fol. 25v. (Wilhelm Bruhn (Deutsche Reformpartei), 8.5.1917).

460 BAB R1501/16707, fol. 330r. (Erich Mertin (DRP), 27.9.1917).

461 BAB R1501/16707, fol. 332r. (Otto Landsberg (SPD), 27.9.1917).

462 BAB R1501/16707, fol. 334v. (Johannes Becker (Z), 27.9.1917).

463 BAB R1501/16707, fol. 334v.

464 BAB R101/2284, fol. 33v. (Eduard David (SPD), 9.5.1917); BAB R1501/16707, fol. 247v. (Arthur Stadthagen (USPD), 4.7.1917).

Beratungen des Verfassungsausschusses weniger auf die »Vermehrung der Volksrechte«[465] als vielmehr auf die technischen Fragen der Ausweitung der Rechte des Reichstags abzielten.

Die Thematisierung der Abgeordneten

Innerhalb der Ausschussberatungen wurde die Stellung des Abgeordneten überwiegend im Kontext der Einführung eines Zeugnisverweigerungsrechts und der Forderungen nach einer Reform des Reichstagswahlrechts sowie nach Aufhebung des Art. 9 Satz 2 RV thematisiert. Dabei fand eine überwiegend positive Bezugnahme auf den »Abgeordneten« in der Frage des Zeugnisverweigerungsrechts statt, als sich nicht nur Eduard David (SPD), sondern auch Wilhelm Bruhn von der Deutschen Reformpartei für einen »Schutz der Mitteilungen von Privatpersonen an den Abgeordneten« und damit für die Annahme des entsprechenden Antrags aussprachen.[466] Gegenüber Bedenken von konservativer Seite gegen diese Bestimmung wertete Eugen Schiffer (NLP) die Stellung des Abgeordneten auf, indem er auf das »Taktgefühl der Abgeordneten« verwies, von diesem Recht Gebrauch zu machen.[467] Mit Ausnahme der Deutschkonservativen[468] vertraten die Ausschussmitglieder ein positives Bild des Abgeordneten, um so die Forderungen nach einer Verbesserung der Rechtsstellung wie im Falle des Zeugnisverweigerungsrechts zu legitimieren.

Dabei spielte der Verweis auf das Volk nur eine untergeordnete Rolle. Zwar führte etwa Eduard David (SPD) aus, dass dem Abgeordneten ein Zeugnisverweigerungsrecht eingeräumt werden müsse, da ansonsten »die Bevölkerung schwere Bedenken hegen [werde], ihre Wünsche und Beschwerden dem Abgeordneten vorzutragen.«[469] Ansonsten wurde dieses Verhältnis nur noch im Zusammenhang mit den Wahlrechtsforderungen thematisiert, indem parteiübergreifend die Beziehung des Abgeordneten zum Wahlkreis unter dem gülti-

465 Vgl. die entsprechende Kritik des SPD-Abgeordneten Johannes Hoffmann vom 9.5.1917: BAB R101/2284, fol. 30v.

466 BAB R101/2284, fol. 25v. (Wilhelm Bruhn (Deutsche Reformpartei), 8.5.1917), fol. 24r. (Eduard David (SPD), 8.5.1917).

467 BAB R101/2284, fol. 24v.–25r. (Eugen Schiffer (NLP), 8.5.1917). Siehe auch ebd., fol. 332v. (Johannes Junck (NLP), 27.9.1917).

468 In der Frage der Aufhebung des Art. 9 Satz 2 RV und damit eines möglichen Zwiespalts, in den ein Abgeordneter zwischen seiner eigenen Meinung als Reichstagsmitglied und der Meinung der einzelstaatlichen Regierung als Bundesratsmitglied geraten könne, vermochte Hermann Kreth (DKons.) nicht, ein solches Vertrauen zu dem »Taktgefühl der Parlamentarier« aufzubringen. BAB R1501/16707, fol. 334r. (Hermann Kreth (DKons.), 27.9.1917).

469 BAB R101/2284, fol. 24v. (Eduard David (SPD), 8.5.1917). Siehe auch ebd., fol. 25v. (Wolfgang Heine (SPD), 8.5.1917), fol. 25v. (Konstantin Fehrenbach (Z), 8.5.1917), fol. 25v. (Wilhelm Bruhn (Deutsche Reformpartei) 8.5.1917).

gen Mehrheitswahlrecht hervorgehoben wurde, welche mit der Einführung der Verhältniswahl verloren ginge. In diesem Sinne verwiesen nicht nur die konservativen Ausschussmitglieder, sondern auch die Vertreter der Mittelparteien wie Hermann Pachnicke (FVP) auf das »persönliche Verhältnis des Abgeordneten zum Wahlkreis«, welches selbst von den Mehrheitssozialdemokraten als Befürworter des Verhältniswahlrechts anerkannt wurde.[470] Da der Volksbegriff in den nichtöffentlichen Ausschusssitzungen nur eine untergeordnete Rolle einnahm, blieb auch der Verweis auf die Stellung des Abgeordneten als »Vertreter des gesamten Volkes«[471] eine Randerscheinung.

Auf die besondere Stellung des »Abgeordneten« wurde weniger im Rahmen der Reformforderungen als vielmehr bei deren Zurückweisung rekurriert. So bezogen sich die deutschkonservativen Redner auf den »Abgeordneten«, um die Forderungen nach Erweiterung der verfassungsrechtlichen Kompetenzen des Reichstags zurückzuweisen, indem sie auf den damit verbundenen Bedeutungszuwachs der Parteien und den entsprechenden Rückgang des Abgeordneten verwiesen.[472] Gleichzeitig verwahrten sie sich gegen eine Ausweitung der Stellung des Abgeordneten, indem sie wie im Falle des beantragten Zeugnisverweigerungsrechts »Abgeordnete« und »Reichstag« in einen Zusammenhang stellten. So sprachen sie sich in Übereinstimmung mit der Reichsleitung dafür aus, analog zur verfassungsrechtlich festgelegten Immunität des Abgeordneten nach Art. 31 RV dieses Recht »nicht seinem persönlichen Ermessen, sondern der Beschlussfassung des Reichstags zu überlassen.«[473]

Im Zusammenhang mit der geforderten Erweiterung der Kompetenzen der Abgeordneten stand auch die Thematisierung der »Abgeordneten« und der »Regierung«. In der Beratung über die beantragte Aufhebung des Art. 9 Satz 2 RV erkannte der Zentrumsvertreter Carl Herold zwar die »notwendige Fühlungnahme zwischen Regierung und Reichstag« an, lehnte jedoch den gestellten Antrag ab, da diese Verbindung auch ohne »Übernahme einiger Abgeordneter in die Regierung« möglich sei.[474] Dagegen sprach sich Otto Lands-

---

470 BAB R101/2284, fol. 27r. (Hermann Pachnicke (FVP), 8.5.1917), fol. 27r. (Otto Landsberg (SPD), 8.5.1917), fol. 27v. (Hermann Kreth (DKons.), 8.5.1917), fol. 35r. (Konstantin Fehrenbach (Z), 10.5.1917).

471 BAB R101/2284, fol. 35r. (Konstantin Fehrenbach (Z), 10.5.1917).

472 So führte Hermann Kreth (DKons.) bereits in der ersten Ausschusssitzung aus, dass »der Parlamentarismus […] die einzelnen Abgeordneten zur strafferen Parteidisziplin nötigen, also in ihrem Gewissen binden werde.« BAB R101/2284, fol. 13r. (Hermann Kreth (DKons.), 4.5.1917).

473 BAB R101/2284, fol. 25r. (Hermann Kreth (DKons.), 8.5.1917). Siehe auch ebd., fol. 26r. (Theodor Lewald, 8.5.1917) sowie fol. 25r.–25v. (Adolf Gröber (Z), 8.5.1917).

474 BAB R1501/16707, fol. 331v. (Carl Herold (Z), 27.9.1917). Siehe auch ebd., fol. 331r. (Hermann Kreth (DKons.), 27.9.1917).

berg (SPD) für die Aufhebung des entsprechenden Verfassungsartikels aus, indem er die für jeden ehrgeizigen Politiker abschreckende Wirkung des jetzigen Zustandes kritisierte, »wonach ein Abgeordneter nicht in die Regierung eintreten könne, ohne sein Mandat zu verlieren«.[475] Die Deutung des Verhältnisses der »Abgeordneten« zur »Regierung« war also nicht zwischen der Ausschussmehrheit von SPD, FVP, NLP und Zentrum auf der einen und den Deutschkonservativen auf der anderen Seite, sondern vielmehr innerhalb dieser Mehrheit umstritten, wie das Abstimmungsergebnis von 15 gegen 12 Stimmen für den Antrag auf Aufhebung belegt, bei dem drei Zentrumsvertreter gegen die Annahme votierten.[476] Daneben trat das Verhältnis der Thematisierung des Verhältnisses des »Abgeordneten« zum »Staat« weitgehend zurück.[477]

Die Verwendung des Abgeordnetenbegriffs in den Ausschussberatungen zeigt, dass in erster Linie die Fragen zur Verbesserung der Rechtsstellung der Abgeordneten im Rahmen der bestehenden Verfassungsordnung im Mittelpunkt standen, worin eine breite Mehrheit des Ausschusses übereinstimmte, sodass auf eine legitimierende Bezugnahme zum »Volk« verzichtet werden konnte. Die Stellung der Abgeordneten zur Reichsleitung bildete jedoch den sensiblen Punkt der Beratungen, war sie doch selbst innerhalb der Mehrheit umstritten, wie die Auseinandersetzung über die Aufhebung des Art. 9 Satz 2 RV belegt. Ein reformorientiertes Wirken war innerhalb der Ausschussmehrheit gegen die ablehnende Haltung der Konservativen zwar möglich, blieb jedoch auf die konkrete Rechtsstellung des Abgeordneten beschränkt.

Die Parteien als Hindernis

In den Fällen, in denen die »Parteien« in den Beratungen des Verfassungsausschusses überhaupt thematisiert wurden, geschah dies in erster Linie durch die deutschkonservativen Ausschussmitglieder. Diese rekurrierten in erster Linie auf die »Parteien«, um ihre Ablehnung gegenüber den Reformforderungen der übrigen Parteien zu begründen. Die Einführung des parlamentarischen Regierungssystems, welches sie mit den beantragten Verfassungsänderungen mehr oder minder direkt verbunden sahen, lehnten sie ab, indem sie auf die Stellung

475 BAB R1501/16707, fol. 332r. (Otto Landsberg (SPD), 27.9.1917).

476 BAB R1501/16707, fol. 334v.

477 Lediglich Erich Mertin (DRP) führte gegen die Einführung eines Zeugnisverweigerungsrechtes für die Abgeordneten aus, dass diese verpflichtet seien, »in erster Linie das Staatswohl zu berücksichtigen.« Darüber hinaus wurde das Verhältnis im Zusammenhang mit der der beantragten Aufhebung des Artikels 9 Satz 2 RV thematisiert, als Carl Herold (Z) auf den »seelischen Zwiespalt« durch die Bindung des Abgeordneten als Bundesratmitglied an das »Votum seines Staates« hinwies. BAB R101/2284, fol. 25v. (Erich Mertin (DRP), 8.5.1917); BAB R1501/16707, fol. 331v. (Carl Herold (Z), 27.9.1917).

der Abgeordneten und der Regierung verwiesen.[478] Im September 1917 führte Hermann Kreth (DKons.) in seiner Ablehnung der beantragten Aufhebung des Art. 9 Satz 2 RV sowie des parlamentarischen Systems aus, dass hierfür »eine wirkliche Mehrheitspartei« im Reiche fehle: »Ein Staatsekretär aus dem heutigen Mehrheitsblock könne nicht immer die Meinung seiner Partei vertreten, er müsse auch die Meinung anderer Parteien erfüllen helfen.«[479]

Diese abwertende Sichtweise der Parteien beschränkte sich jedoch nicht auf die deutschkonservativen Ausschussmitglieder, sondern wurde auch von Rednern anderer Parteien geteilt, wie es in der Diskussion um die von den Mehrheitssozialdemokraten beantragte Einführung der Verhältniswahl zum Ausdruck kam. In diesem Zusammenhang wiesen nicht nur Kreth, sondern auch Linksliberale wie Hermann Pachnicke (FVP) auf den »Einfluß der Parteileitungen« hin, den diese über die Aufstellung der Kandidatenliste erhalten würden.[480] Diese Sorgen erkannte auch Georg Ledebour (USPD) an, der in dem alleinigen Recht der Parteileitungen zur Aufstellung der Listen ebenfalls »eine zu große Macht« erblickte. Im Gegensatz zu seinen Vorrednern zog er daraus jedoch nicht den Schluss, die Einführung des Verhältniswahlrechts auf Reichsebene abzulehnen, sondern forderte, dass »die Gesamtheit der Partei darüber abstimmen [müsse], wer auf die Liste kommt.«[481] Die Vertreter der Unabhängigen Sozialdemokratie stellten der negativen Sichtweise eine positive gegenüber, indem sie die »Parteien« als zentrale Faktoren des politischen Lebens zu etablieren suchten, wobei sie den entscheidenden Aspekt der Partei weniger in der Parteileitung als vielmehr in den Parteimitgliedern sahen.[482] Dieser Versuch einer Aufwertung der Parteien erwies sich jedoch als nicht anschlussfähig, da nicht einmal Mehrheitssozialdemokraten trotz ihrer Befürwortung der Verhältniswahl diese teilten. Denn sie bemühten sich, die Zusammenarbeit mit den liberalen Parteien nicht zu gefährden, die eher dem von den Konservativen vertretenen negativen Bild anhingen. Zwischen den Vertretern der Ausschussmehrheit sparte man die Thematisierung der »Parteien« und ihrer Bedeutung in den Auseinandersetzungen also weitgehend aus, um nicht

---

478 So führte Hermann Kreth (DKons.) aus, dass in einem parlamentarisch regierten Staate »die einzelnen Abgeordneten zur straffen Parteidisziplin« gezwungen würden, und Kuno Graf von Westarp (DKons.) sah den entscheidenden Grund gegen ein solches Regierungssystem in »unseren Parteiverhältnissen, die unserer Regierung keine feste Stütze geben.« BAB R101/2284, fol. 13r. (Hermann Kreth (DKons.), 4.5.1917); ebd., fol. 12r. (Kuno Graf von Westarp (DKons.), 4.5.1917).

479 BAB R1501/16707, fol. 331r. (Hermann Kreth (DKons.), 27.9.1917).

480 BAB R101/2284, fol. 27r. (Hermann Pachnicke (FVP), 8.5.1917). Siehe auch ebd., fol. 27v. (Hermann Kreth (DKons.), 8.5.1917).

481 BAB R101/2284, fol. 28r.–28v. (Georg Ledebour (USPD), 8.5.1917).

482 Vgl. BAB R1501/16707, fol. 331r.–331v. (Arthur Stadthagen (USPD), 27.9.1917).

einer der parteipolitischen Fronten zugeordnet zu werden und die Kooperation der Ausschussmehrheit zu belasten. Aufgrund der Außenseiterstellung der USPD wurde auf diese Weise jedoch das negative Bild der Konservativen perpetuiert, da diesem kein anderes wirksam gegenübergestellt wurde. Die »Parteien« dienten also weiterhin als Argument gegen eine umfassende Erweiterung der Reichstagskompetenzen, da die damit verbundene Aufwertung auf eine mehrheitlich geteilte Ablehnung stieß.

Die Stellung des Reichstags

Aufgrund der Bestrebungen der reformorientierten Ausschussmehrheit, die verfassungsrechtlichen Kompetenzen des Reichstags insbesondere gegenüber der Reichsleitung zu erweitern, standen die entsprechenden Begriffe »Reichstag« und »Regierung« im Vordergrund. Die Redner stellten diese Bezeichnungen häufig in einen Zusammenhang, um das Verhältnis dieser beiden Aspekte zu thematisieren, wobei sich zwei zentrale Deutungsmuster gegenüberstanden: die Trennung und die Zusammenführung der beiden Aspekte.

Ausgehend von der ablehnenden Haltung, welche die Deutschkonservativen gegenüber den Reformforderungen einnahmen, sprachen sich deren Vertreter für die Aufrechterhaltung der Trennung von »Reichstag« und »Regierung« aus, wie sie durch den konstitutionellen Verfassungsrahmen vorgegeben war. So lehnte Kuno Graf von Westarp (DKons.) den von Mittelparteien gestellten Antrag, dass der Reichstag während eines Krieges als ununterbrochen versammelt gelten solle, mit der Begründung ab, dass auf diese Weise der Kaiser in seiner verfassungsmäßigen Kompetenz der Einberufung und Schließung des Reichstags gemäß Art. 12 RV eingeschränkt werde und dass es sich hier um die »Absicht des Reichstags [handele], auf Kosten der Exekutive seine Befugnisse zu erweitern.«[483]

In dieser Sichtweise fanden die deutschkonservativen Ausschussmitglieder Unterstützung von Seiten der Reichsleitung. Bereits zu Beginn der Beratungen machte der Staatssekretär des Innern Karl Helfferich deutlich, dass sich die Reichsleitung ihre Stellungnahme zu den eingebrachten Anträgen auf Abänderung der Reichsverfassung vorbehalten müsse, da diese »nicht nur die Rechte

483 BAB R101/2284, fol. 16r. (Kuno Graf von Westarp (DKons.), 5.5.1917). Ebenso wandte er sich gegen die beantragte Erweiterung der Parlamentskompetenzen im Falle von Wahlprüfungen, als er ausführte, dass damit eine »Verletzung der Abgrenzung zwischen Legislative und Exekutive« eintrete. So solle hiermit »der Reichstag […] zum ersten Male ermächtigt werden, Rechte auszuüben, die sonst nur der Exekutive zustünden.« Ebd., , fol. 22r. (Kuno Graf von Westarp (DKons.), 7.5.1917). Siehe auch ebd., fol. 12r. (Kuno Graf von Westarp (DKons.), 4.5.1917).

und Funktionen des Reichstags, sondern auch Rechte und Funktionen der verbündeten Regierungen und des Kaisers berühren.«[484] In diesem Sinne lehnte auch der an den Beratungen teilnehmende Vertreter des Reichsamtes des Innern, Theodor Lewald, die beantragte Beschränkung des Rechts von Bundesratsmitgliedern, jederzeit im Reichstag das Wort zu ergreifen, mit der Begründung ab, dass auf diese Weise die »Stellung der Regierung zum Reichstag [...] in einer für die Regierung nachteiligen Weise verschoben« werde.«[485] Dieses Bild der Trennung von »Reichstag« und »Regierung« diente also den Vertretern der Deutschkonservativen Partei wie der Reichsleitung dazu, die in dem konstitutionellen Regierungssystem gründende Trennung von Exekutive und Legislative zu verteidigen und damit die von der Ausschussmehrheit gestellten Forderungen nach Ausweitung der Reichstagskompetenzen zurückzuweisen.

Folglich waren die Befürworter der Reformen gezwungen, diesem Bild ein eigenes gegenüberzustellen, um ihre Forderungen nach Ausweitung der parlamentarischen Rechte zu legitimieren. Dafür traten die Redner der Ausschussmehrheit für eine Zusammenführung dieser beiden Aspekte ein, wie sie von den Plenarverhandlungen bereits bekannt war. So führte Eduard David (SPD) in seiner Begründung des Antrags, dem Reichstag in Kriegszeiten das Recht der dauernden Versammlung einzuräumen, aus, dass »während eines Krieges eine dauernde Verbindung zwischen Exekutive und Reichstag herzustellen« sei, nicht zuletzt, weil die Regierung auf die Bewilligung der entsprechenden Kredite angewiesen sei.[486] Dieses Bild einer Zusammenführung diente den Rednern der Ausschussmehrheit also dazu, die von ihnen beantragten Erweiterungen der Reichstagkompetenzen gegenüber den Einwänden einer vermeintlichen Beschränkung der Reichsleitung zu verteidigen und zu legitimieren.

Die Fragilität dieses Bildes innerhalb der Ausschussmehrheit zeigte sich in der konkreten verfassungsrechtlichen Umsetzung dieser Zusammenführung in Form der von Conrad Haußmann (FVP) beantragten Aufhebung des Art. 9 Satz 2 RV. Zwar sprachen sich in der Beratung dieses Antrags am 27. September 1917 Otto Landsberg (SPD), Johannes Junck (NLP) sowie Carl Herold

484 BAB R101/2284, fol. 12v. (Karl Helfferich, 4.5.1917).

485 BAB R101/2284, fol. 19v. (Theodor Lewald, 7.5.1917). Auch die beantragte Gegenzeichnungspflicht des jeweiligen Kriegsministers bei Offiziersernennungen und damit die Übernahme der Verantwortlichkeit gegenüber dem Reichstag wies er mit der Begründung zurück, dass »eine unmittelbare Verantwortlichkeit des preußischen, sächsischen, württembergischen Kriegsministers gegenüber dem Reichstag durch die Konstruktion des Stellvertretungsgesetz ausgeschlossen sei«. Ebd., fol. 16v.–17r. (Theodor Lewald, 5.5.1917).

486 BAB R101/2284, fol. 14r. (Eduard David (SPD), 5.5.1917). Siehe auch ebd., fol. 14v. (Adolf Gröber (Z), 5.5.1917), fol. 12r. (Conrad Haußmann (FVP), 4.5.1917), fol. 11v. (Johannes Junck (NLP). 4.5.1917), fol. 16r. (Ernst Müller (FVP), 5.5.1917), fol. 20v. (Conrad Haußmann (FVP), 7.5.1917).

vom Zentrum nahezu unisono für die »notwendige Fühlungnahme zwischen Regierung und Reichstag« aus. Anders als Landsberg, der sich für eine »Regierung aus der Parlamentsmehrheit«[487] stark machte und somit für die Aufhebung des entsprechenden Verfassungsartikels votierte, sah Herold die Verbindung auch ohne Übernahme von Parlamentariern und unter Beibehaltung der entsprechenden Bestimmung als möglich an. Dabei übernahm er das von den Deutschkonservativen vertretene Bild der Trennung, indem er den »Reichstag« in seiner Funktion als unabhängige »Kontrollinstanz der Regierung« bestimmte.[488] In der Frage der konkreten Ausgestaltung der Zusammenführung von »Reichstag« und »Regierung« stieß also die Gemeinsamkeit zwischen den Mehrheitssozialdemokraten und den Liberalen auf der einen und den Zentrumsvertretern auf der anderen Seite an ihre Grenzen. Zum Ausdruck kam diese Differenz der Ausschussmehrheit in der Abstimmung über die beantragte Aufhebung der Inkompatibilitätsklausel, bei der lediglich eines der fünf anwesenden Zentrumsmitglieder für die Aufhebung votierte, die aber dennoch mit den Stimmen der Mehrheitssozialdemokraten, der FVP und der NLP sowie des Vertreters der Polen und der Elsässer mit fünfzehn gegen zwölf Stimmen angenommen wurde.[489]

Für diese Teilseparierung der Ausschussmehrheit war nicht zuletzt auch die Haltung der USPD verantwortlich. Deren Vertreter waren aufgrund der oppositionellen Haltung ihrer Partei anders als die Mehrheitssozialdemokraten nicht gezwungen, Rücksicht auf politische Vorstellungen kooperierender Parteien zu nehmen. Somit konnten sie wie Georg Ledebour (USPD) die »Parlamentsherrschaft«[490] fordern und sich wie Arthur Stadthagen (USPD) für einen »parlamentarisch regierte[n] Staat« aussprechen, »dessen Regierung in der Hand der Volksvertretung liege.«[491] Mit dieser am weitesten gehenden Sichtweise des Verhältnisses von »Reichstag« und »Regierung« nahmen die Unabhängigen Sozialdemokraten innerhalb der Verfassungsberatungen jedoch eine Außenseiterrolle ein, da sich solche Formulierungen unter den Rednern der übrigen Parteien als nicht anschlussfähig erwiesen. Dennoch übten sie auf diese Weise Druck auf die Mehrheitssozialdemokraten aus, indem diese sich herausgefordert sahen, zu dem Verhältnis von »Reichstag« und »Regierung« Stellung zu beziehen. Folglich verwendete Otto Landsberg (SPD) im Septem-

487 BAB R1501/16707, fol. 331v. (Carl Herold (Z), 27.9.1917) , fol. 332r. (Otto Landsberg (SPD), 27.9.1917), fol. 332v. (Johannes Junck (NLP), 27.9.1917).

488 BAB R1501/16707, fol. 331v.–332r. (Carl Herold (Z), 27.9.1917).

489 BAB R1501/16707, fol. 334v. Dazu Rauh, Parlamentarisierung, S. 383f.

490 BAB R101/2284, fol. 12v. (Georg Ledebour (USPD), 4.5.1917). Dagegen ebd., fol. 12r. (Hermann Kreth (DKons.), 4.5.1917).

491 BAB R1501/16707, fol. 331r. (Arthur Stadthagen (USPD), 27.9.1917).

ber 1917 anders als sein Parteikollege Eduard David (SPD) im Mai desselben Jahres nicht mehr die allgemeine Form einer »dauernde[n] Verbindung zwischen Exekutive und Reichstag«[492], sondern forderte ausdrückliche eine »Regierung aus der Parlamentsmehrheit«.[493] Dieses durch die Vertreter der USPD bedingte Bekenntnis der Mehrheitssozialdemokraten ließ wiederum auf Seiten des Zentrums politische Vorbehalte zutage treten, da deren Vertreter dem parlamentarischen Regierungssystem ablehnend gegenüberstanden.[494] Folglich bildete die Fragilität der Ausschussmehrheit, wie sie sich im September 1917 zeigte, keine Ausnahme, sondern aufgrund der gegensätzlichen Haltungen gegenüber dem parlamentarischen System ein immanentes Problem der Zusammenarbeit der Mehrheitsparteien. Im Falle konkreter Verfassungsänderungen trat dieses offen zutage, worunter deren Reformkraft erheblich litt.

Die Beschränkung dieser Zusammenarbeit auf allgemeine Aussagen zeigte sich auch im Zusammenhang mit der Diskussion um die preußische Wahlrechtsreform im Juli 1917, als nicht nur von Seiten der liberalen Parteien, sondern auch von Zentrumsseite das »Recht des Reichstags« hervorgehoben wurde, zur Osterbotschaft und damit zum Wahlrecht in Preußen Stellung zu nehmen.[495] Jedoch verharrten die Vertreter der Zentrumspartei auf ihrem Standpunkt, dass der Reichstag in die verfassungsrechtlichen Kompetenzen der Bundesstaaten nicht eingreifen dürfe. Dieses widersprach den Ansichten der Fortschrittlichen Volkspartei, die den Antrag einer Resolution eingebracht hatten, in welcher der Reichstag sich dafür aussprechen solle, dass »die volle staatsbürgerliche Gleichberechtigung in allen Bundesstaaten ohne Verzug« durchgeführt werden solle.[496] Auch wenn in dieser beantragten Resolution von der Einführung des gleichen Wahlrechts in den Bundesstaaten nicht die Rede war, standen die Zentrumsvertreter ihr ablehnend gegenüber, sodass die Abstimmung im Verfassungsausschuss ausgesetzt werden musste.[497] Die Rede vom »Recht des Reichstags«, auf das sich Vertreter der liberalen Parteien wie des Zentrums bezogen, belegt, dass sich die Einigung der Ausschussmehrheit in erster Linie unter dem Aspekt der Erweiterung der Reichstagsrechte vollzog, dass diese Einheit jedoch bereits bei Fragen der verfassungsrechtlichen Konkretisierungen an ihre Grenzen stieß.

---

492 BAB R101/2284, fol. 14r. (Eduard David (SPD), 5.5.1917).

493 BAB R1501/16707, fol. 332r. (Otto Landsberg (SPD), 27.9.1917).

494 Dazu Grosser, S. 175f.; Loth, Katholiken, S. 349f.

495 BAB R1501/16707, fol. 254r. (Konstantin Fehrenbach (Z), 6.7.1917). Siehe auch ebd., fol. 249r. (Ernst Müller (FVP), 4.7.1917), fol. 249r. (Johannes Junck (NLP), 4.7.1917), fol. 252v. (Eugen Schiffer (NLP), 6.7.1917).

496 BAB R101/2284, fol. 103r.

497 BAB R1501/16707, fol. 256r.

Dementsprechend wurde auch der Zusammenhang zwischen »Reichstag« und »Volk« von den Ausschussmitgliedern nur wenig thematisiert. Adolf Gröber (Z) sprach sich zwar für das Recht des Reichstags auf ununterbrochene Versammlung während eines Krieges mit der Begründung aus, dass diese Bestimmung »schon zur Beruhigung des Volkes« geschaffen werden müsse.[498] Auch Georg Ledebour (USPD) forderte die Einführung des Verhältniswahlrechts, da »der neue Reichstag der Volksstimmung richtiger« zu entsprechen habe.[499] Diese Inbeziehungsetzung von »Reichstag« und »Volk« blieb jedoch eine Randerscheinung, wie auch der Begriff der Volksvertretung nur äußerst selten verwendet wurde. Lediglich im Kontext weitreichender Änderungsvorschläge bezüglich der Stellung des Reichstags wurde diese Bezeichnung verwendet. So wies der Vertreter des Reichsamtes des Innern, Theodor Lewald, den Antrag auf ein ununterbrochenes Versammlungsrecht des Reichstags während eines Krieges mit der Begründung zurück, dass eine solche »Permanenzerklärung von Volksvertretungen nur in Zeiten der Revolution« stattgefunden habe.[500] In diesem Sinne forderte auch Arthur Stadthagen (USPD), dass »die Regierung in der Hand der Volksvertretung« liegen müsse.[501]

Die Thematisierung des »Reichstags« war in erster Linie von den Fragen der verfassungsrechtlichen Stellung des Reichstags, insbesondere gegenüber der Reichsleitung geprägt. Dabei belegen die Beratungen die These, dass es der Ausschussmehrheit weniger um eine grundsätzliche Änderung der Stellung des Reichstags als vielmehr um die Erweiterung der parlamentarischen Rechte innerhalb des konstitutionellen Regierungssystems ging. Folglich stellten deren Redner einschließlich der Mehrheitssozialdemokraten den Bezug zum »Volk« nur selten her und griffen die Bezeichnung der »Volksvertretung« nicht auf, um durch diesen Verweis die Zusammenarbeit zwischen den Parteien nicht zu belasten. Diese Einheit fand sich unter dem allgemeinen Punkt einer Zusammenführung von »Reichstag« und »Regierung« zusammen und stieß bereits in Fragen der verfassungsrechtlichen Konkretisierung an ihre Grenzen, worin sich nicht zuletzt die Wirkmacht der von Seiten der Deutschkonservativen und der Reichsleitung vertretenen Trennung dieser beiden Aspekte ausdrückte. Einer Etablierung des Reichstags als entscheidende verfassungsrechtliche Instanz stand die grundsätzliche Problematik der Bildung einer sich dafür einsetzenden Parlamentsmehrheit entgegen. Folglich liefen die Bestrebungen der Ausschussmehrheit, die Kompetenzen des Reichstags zu erweitern, gerade nicht auf das

498 BAB R101/2284, fol. 14v. (Adolf Gröber (Z), 5.5.1917).
499 BAB R101/2284, fol. 28v. (Georg Ledebour (USPD), 8.5.1917).
500 BAB R101/2284, fol. 14r. (Theodor Lewald, 5.5.1917).
501 BAB R1501/16707, fol. 331r. (Arthur Stadthagen (USPD), 27.9.1917).

Prinzip der Parlamentarisierung hinaus, sondern stießen an genau diesem Punkt an ihr Ende.[502]

Der Verweis auf die Regierung

Die Verwendung der Bezeichnungen »Regierung, »Exekutive« u.a. fand aufgrund der verfassungsrechtlichen Reformvorstellungen der Ausschussmehrheit häufig im Zusammenhang mit dem Reichstagsbegriff statt. Im Hinblick auf das Verhältnis dieser beiden Aspekte standen sich, wie gerade gezeigt, zwei zentrale Deutungsmuster gegenüber: das Bild der Trennung von Seiten der Deutschkonservativen und der Reichsleitung sowie das Bild einer Zusammenführung durch die Redner der Ausschussmehrheit. Dabei standen letztere unter dem Druck, die von ihnen gestellten Anträge gegen die von den deutschkonservativen Ausschussmitgliedern vorgebracht Kritik zu verteidigen, die Parlamentsrechte auf Kosten der Exekutive auszuweiten.[503] Vor diesem Hintergrund führten die Vertreter von FVP, NLP und Zentrum in der Diskussion um den Antrag, das Rederecht der Bundesratsmitglieder dahingehend einzuschränken, dass lediglich die Mitglieder der Reichsleitung uneingeschränkt das Wort ergreifen dürfen, nahezu unisono aus, dass ein »Eingreifen in die Rechte der Exekutive […] nicht beabsichtigt«[504] sei. Es gehe lediglich darum, »die Mitteilungen der Regierungsvertreter möglichst in den Rahmen der Verhandlungen einzupassen«[505], da auch weiterhin »die Reichsregierung das Recht [habe], jederzeit für wichtige Mitteilungen das Wort zu nehmen.«[506] Mit dieser positiven Bezugnahme auf die »Regierung« und der Anerkennung ihrer verfassungsrechtlichen Stellung verteidigten sich die Redner der liberalen Parteien und des Zentrums nicht nur gegen die von konservativer Seite vorgebrachte Kritik, sondern warben auch um Unterstützung durch die Reichsleitung, auf die sie im Falle der beantragten Verfassungsänderungen aufgrund der vorgeschriebenen Zustimmung des Bundesrats angewiesen waren.

Eine kritische Behandlung der »Regierung« fand folglich nicht auf dieser Seite der Ausschussmehrheit statt, sondern wurde von den Rednern der Mehrheitssozialdemokratie vorgebracht. Diese versuchten, politischen Druck auf die Reichsleitung auszuüben, um sie zur praktischen Umsetzung der innenpoli-

---

502 Vgl. Schönberger, Parlamentarisierung, bes. S. 624, 632f. Gegen Rauh, Parlamentarisierung, S. 369f. Siehe auch Boldt, Parlamentarismustheorie, S. 400.

503 BAB R101/2284, fol. 14r. (Kuno Graf von Westarp (DKons.), 5.5.1917).

504 BAB R101/2284, fol. 22r. (Adolf Gröber (Z), 7.5.1917).

505 BAB R101/2284, fol. 20v. (Johannes Junck (NLP), 7.5.1917).

506 BAB R101/2284, fol. 20v. (Conrad Haußmann (FVP), 7.5.1917).

tischen Reformvorhaben zu zwingen.[507] Ihre besondere Zuspitzung fand diese Form der Bezugnahme auf die »Regierung« in der Diskussion um die Resolutionsanträge bezüglich der preußischen Wahlrechtsreform im Juli 1917. Neben den Vertretern der Mehrheitssozialdemokratie[508] teilten nun auch linksliberale Redner die kritische Thematisierung der »Regierung«, indem sie wie Ernst Müller (FVP) und Hermann Pachnicke (FVP) ausführten, dass sich die »Regierung [...] über die Stimmungen im Volk und der Soldaten an der Front nicht täuschen«[509] solle und dass »die Reichsregierung jetzt zur Tat schreiten müsse.«[510] Mit dieser Form der sprachlichen Annäherung bemühten sich die Redner der FVP um die Unterstützung der Mehrheitssozialdemokraten für ihren Antrag einer Resolution, in welcher der Reichstag sein Bestreben auf die Einführung der »volle[n] staatsbürgerliche[n] Gleichberechtigung in allen Bundesstaaten« bekunden solle.[511] Gleichzeitig verloren sie damit aber die Unterstützung der dieses Vorgehen ablehnenden Zentrumspartei, sodass die Abstimmung über die Anträge am 6. Juli 1917 ausgesetzt wurde.[512]

Die Thematisierung der »Regierung« konnte daneben auch zur Zurückweisung innenpolitischer Reformforderungen dienen. Dazu verwendeten die Vertreter der Reichsleitung die Formulierung von den »verbündeten Regierungen«, deren Auffassung zunächst einzuholen sei, bevor die Vertreter der Reichsleitung ihre Stellungnahmen zu den jeweiligen eingebrachten Anträgen abgeben könnten.[513] Mit dieser Bezugnahme auf die »verbündeten Regierungen« bekräftigten die Regierungsvertreter nicht nur das bestehende konstitutionelle Regierungssystem des Deutschen Reiches, in welchem der Bundesrat als Vertretungsorgan der Bundesstaaten die Reichsleitung bildete. Gleichzeitig diente sie

---

507 So sah Eduard David (SPD) im Zusammenhang der von seiner Partei beantragten Reform des Reichstagswahlrechts ein »Abrücken der Regierung von dem Grundsatz der Gleichheit der Stimmen im Wahlgesetze«, da die Reichsleitung nur für eine begrenzte Anzahl der Reichstagswahlkreise eine Reform des Wahlrechts unter Einführung der Verhältniswahl vorsehe. BAB R101/2284, fol. 33r (Eduard David (SPD), 9.5.1917). Siehe auch ebd., fol. 21r. (Wolfgang Heine (SPD), 7.5.1917), fol. 22r. (Eduard David (SPD), 8.5.1917).

508 So führten Georg Gradnauer oder Otto Landsberg aus, dass sich in dieser Frage die »Regierung [...] nun endlich zur Tat« entschließen möge, da ansonsten die »Gefahr [drohe], daß die Linke radikalisiert werde, wie es die Rechte bereits ist.« BAB R1501/16707, fol. 249v. (Georg Gradnauer (SPD), 4.7.1917); ebd., fol. 247r. (Otto Landsberg (SPD), 4.7.1917).

509 BAB R1501/16707, fol. 249r. (Ernst Müller (FVP), 4.7.1917).

510 BAB R1501/16707, fol. 250v. (Hermann Pachnicke (FVP), 4.7.1917). Siehe auch ebd., 253r. (Eugen Schiffer (NLP), 6.7.1917).

511 Vgl. BAB R101/2284, fol. 103r.

512 BAB R1501/16707, fol. 256r.

513 Vgl. BAB R101/2284, fol. 12v. (Karl Helfferich, 4.5.1917), fol. 15v. (Theodor Lewald, 5.5.1917), fol. 15v. (Arnold Wahnschaffe, 5.5.1917), fol. 26v. (Theodor Lewald, 8.5.1917), fol. 24v. (Hermann Lisco, 8.5.1917).

auch zur Schwächung der Initiativkraft des Verfassungsausschusses, indem sich die Reichsleitung auf diese Weise einer konstruktiven Mitarbeit innerhalb der Beratungen entziehen und sich jedwede Stellungnahme vorbehalten konnte. Vor dem Hintergrund, dass die Rede von den »verbündeten Regierungen« reformblockierend eingesetzt wurde, nahmen die Ausschussmitglieder diese Bezeichnung nur am Rande auf.[514]

Ein weiteres semantisches Mittel zur Zurückweisung der Reformforderung stellte wie Plenum die Bezugnahme auf den »Kaiser« dar, wie sie von Seiten der deutschkonservativen Ausschussmitglieder sowie von den Regierungsvertretern herausgestellt wurde. Insbesondere im Zusammenhang mit der beantragten Gegenzeichnungspflicht des Reichskanzlers bzw. der Kriegsminister bei Offiziersernennungen durch den Kaiser wies Kuno Graf von Westarp (DKons.) in seiner Ablehnung des Antrags darauf hin, dass es sich hierbei »um einen weitgehenden Eingriff in die Kommandogewalt des Kaisers« handele.[515] Folglich waren die Vertreter der Antrag stellenden Parteien gezwungen, ebenfalls auf den »Kaiser« Bezug zu nehmen, um sich gegen diesen Verweis zu wehren. Dazu führte etwa Ernst Müller (FVP) aus, dass im Falle des Antrags auf ununterbrochene Tagung des Reichstags während eines Krieges die »Prärogative des Kaisers«[516] nicht eingeschränkt werde und dass auch mit der beantragten Gegenzeichnungspflicht ein »Eingriff in die Kommandogewalt des Kaisers [...] nicht beabsichtigt« sei.[517] Im Kontext der Wahlrechtsfrage in Preußen wendete der nationalliberale Redner Johannes Junck diesen Bezug sogar im reformorientierten Sinne, indem er ausführte, dass es »im Interesse der Krone [liege], die preußische Wahlrechtsreform sofort in die Hand zu nehmen.«[518]

Hinsichtlich der Bezugnahme auf den »Kaiser« hingen die Vertreter der liberalen Parteien einer Vorstellung eines Gleichgewichts zwischen »Kaiser« und »Reichstag« an. So betonte etwa Conrad Haußmann (FVP) im Hinblick auf eine Zusammenführung von »Reichstag« und »Reichskanzler«, dass letzterer »eine starke Stütze nicht nur beim Kaiser [...], sondern auch beim Reichstag« haben müsse.[519] Dagegen gingen die Redner der Unabhängigen Sozialdemokratie noch einen Schritt weiter, indem sie wie Georg Ledebour

---

514 BAB R101/2284, fol. 26r. (Adolf Gröber (Z), 8.5.1917); BAB R1501/16707, fol. 246r.–246v. (Otto Landsberg (SPD), 4.7.1917).

515 BAB R101/2284, fol. 16r. (Kuno Graf Westarp (DKons.), 5.5.1917). Siehe auch ebd., fol. 12r. (Kuno Graf von Westarp (DKons.), 4.5.1917), fol. 14v. (Theodor Lewald, 5.5.1917).

516 BAB R101/2284, fol. 14v. (Ernst Müller (FVP), 5.5.1917).

517 BAB R101/2284, fol. 16r. (Ernst Müller (FVP), 5.5.1917).

518 BAB R1501/16707, fol. 249v. (Johannes Junck (NLP), 4.7.1917). Siehe auch ebd., fol. 255r. (Johannes Junck (NLP), 6.7.1917).

519 BAB R101/2284, fol. 12r.–12v. (Conrad Haußmann (FVP), 4.5.1917).

(USPD) dafür eintraten, dass dem »Kaiser […] ein Berater zur Seite gestellt werden [solle], der dem Reichstag verantwortlich sei«.[520] Mit dieser Forderung nach rechtlicher Bindung des Kaisers an den Reichstag nahmen die Vertreter der USPD jedoch abermals eine Außenseiterrolle ein, nachdem sich nicht einmal die Mehrheitssozialdemokraten dieser Forderung anschlossen. Nicht zuletzt aus Rücksicht auf den Zusammenhalt der Ausschussmehrheit verzichteten sie gänzlich auf die Erörterung der Kaiserthematik.

Die Redner der USPD bestätigten ihre oppositionelle Rolle auch in anderer Hinsicht. So sprachen sie bis zum September 1917 als einzige vom »parlamentarische[n] Regierungssystem«, dessen Einführung sie mit ihrem Antrag forderten, dass der Reichskanzler zu entlassen sei, wenn es der Reichstag durch Mehrheitsbeschluss fordere.[521] Vor dem Hintergrund der von deutschkonservativer Seite vorgebrachten Zurückweisung des »Parlamentarismus«[522] vermieden nicht nur die Redner der liberalen Parteien, sondern auch die Mehrheitssozialdemokraten die Formulierung des »parlamentarischen Systems«. Erst im Zuge der Beratung des von Conrad Haußmann (FVP) eingebrachten Antrags auf Aufhebung des Art. 9 Satz 2 RV und seiner Begründung, dass diese Bestimmung die »Parlamentarisierung der Reichsregierung«[523] verhindere, trat hier eine Veränderung ein. Nun konnte der Vertreter der Mehrheitssozialdemokratie, Otto Landsberg, erklären, dass sich an der jeweiligen Haltung zu diesem Antrag entscheide, ob jemand »ein Freund oder ein Gegner des parlamentarischen Systems« sei.[524] Gleichzeitig betonte jedoch Carl Herold von der Zentrumspartei, dass sich unter dem »viel besprochenen parlamentarischen System […] jeder etwas anderes« vorstelle.[525] Und Erich Mertin (DRP) führte für seine Fraktion aus, dass diese sich »geschlossen gegen die Einführung des parlamentarischen Systems« ausspreche.[526]

Die Ausschussmitglieder nahezu aller Parteien sprachen sich zwar unisono für eine »engere Fühlung zwischen Regierung und Volk«[527] sowie für eine Zusammenführung von »Regierung« und »Reichstag« aus, wie die Analyse des letzten Begriffs gezeigt hat. Mit der Bezugnahme auf das »parlamentarische System« traten die verfassungspolitischen Differenzen jedoch nicht nur zwi-

---

520 BAB R101/2284, fol. 17r. (Georg Ledebour (USPD), 5.5.1917).

521 BAB R101/2284, fol. 14v. (Georg Ledebour (USPD), 5.5.1917). Siehe auch ebd., fol. 21r. (Georg Ledebour (USPD), 7.5.1917).

522 BAB R101/2284, fol. 13r. (Hermann Kreth (DKons.), 4.5.1917).

523 BAB R1501/16707, fol. 329v. (Conrad Haußmann (FVP), 27.9.1917).

524 BAB R1501/16707, fol. 332r. (Otto Landsberg (SPD), 27.9.1917).

525 BAB R1501/16707, fol. 331v. (Carl Herold (Z), 27.9.1917).

526 BAB R1501/16707, fol. 330r. (Erich Mertin (DRP), 27.9.1917).

527 BAB R1501/16707, fol. 330r. (Erich Mertin (DRP), 27.9.1917). Siehe auch ebd., fol. 332r. (Otto Landsberg (SPD), 27.9.1917), fol. 334v. (Johannes Becker (Z), 27.9.1917).

schen der Ausschussmehrheit und den konservativen Parteien bzw. der USPD, sondern auch innerhalb dieser Mehrheit offen zutage. Um deren Zusammenhalt und damit deren Handlungsfähigkeit zu sichern, verzichteten insbesondere die Redner der Mehrheitssozialdemokratie auf die Thematisierung umstrittener Aspekte, indem sie nicht vom »parlamentarischen Regierungssystem« oder vom »Kaiser« sprachen. Somit herrschte in den Ausschussberatungen eine konstitutionelle Sichtweise der Regierung als eigenständigem und vom Reichstag unabhängigem Faktor vor, wie sie von den Rednern insbesondere der Zentrumspartei unter dem Druck der Deutschkonservativen vertreten wurde.

Die Bezugnahme auf den Staat

Die Thematisierung des Staates trat in den Ausschussberatungen weitgehend in den Hintergrund, da von den Vertretern der liberalen Parteien sowie des Zentrums der Eindruck einer grundlegenden Neufassung des konstitutionellen Regierungssystems und des Staates vermieden werden sollte. Lediglich im Kontext der Diskussion um die preußische Wahlrechtsreform im Juli 1917 wurde der Staatsaspekt mit der Bezeichnung des »Einzelstaates« problematisiert. So wandten insbesondere die Ausschussmitglieder der beiden konservativen Parteien gegen die von der FVP beantragte Resolution zur Feststellung der staatsbürgerlichen Gleichberechtigung in den Bundesstaaten ein, »daß die Reichsgesetzgebung kein Recht zum Eingreifen in die Verfassung der Einzelstaaten habe«.[528] Mit der Verwendung der Bezeichnung »Einzelstaat« hoben die konservativen Redner den Staatscharakter der Bundesstaaten ausdrücklich hervor, um die Kompetenzansprüche des Reichstags zurückweisen, auf die Wahlrechtsregelungen der Bundesstaaten von Reichs wegen einzuwirken.[529]

Folglich waren die Befürworter einer Wahlrechtsreform in Preußen insbesondere auf Seiten der Mehrheitssozialdemokratie darauf angewiesen, ebenfalls auf diese Bezeichnung zu rekurrieren und die Kompetenz des Reichstags in diesen Fragen gegenüber den Rechten der »Einzelstaaten« zu legitimieren. Dazu führte Otto Landsberg (SPD) aus, dass das »Reich […] das Recht und unter den gegebenen Verhältnissen auch die Pflicht [habe], in die Verfassungen

528 BAB R1501/16707, fol. 252v. (Kuno Graf von Westarp (DKons.), 6.7.1917). Siehe auch ebd., fol. 247v. (Hermann Kreth (DKons.), 4.7.1917), fol. 248v. (Erich Mertin (DRP), 4.7.1917), fol. 251v. (Emil Heinrich Gräfe (Deutsche Reformpartei), 4.7.1917), fol. 252v. (Erich Mertin (DRP), 6.7.1917).

529 Vgl. die Aussage des Deutschkonservativen Hermann Kreth: »Die Einzelstaaten im Bundesstaate bleiben, obwohl sie einzelne Bereiche an den Bundesstaat abgegeben hätten, doch Staaten.« BAB R1501/16707, fol. 247v.–248r. (Hermann Kreth (DKons.), 4.7.1917).

der Einzelstaaten einzugreifen.«[530] Innerhalb dieser Gegenüberstellung der unterschiedlichen Thematisierung der »Einzelstaaten« nahmen die Vertreter des Zentrums die entscheidende Stellung ein. Sie stellten wie Johannes Becker (Z) ebenfalls Bezug auf die »Einzelstaaten« her, der sich dafür aussprach, dass »früher oder später das allgemeine gleiche Wahlrecht in allen Einzelstaaten« einzuführen sei. Gleichzeitig betonte er aber, dass »in die Verfassung keines Einzelstaates durch Reichsgesetz eingegriffen werden solle, wenn nicht der Bundesrat eine entsprechende Gesetzesvorlage mache.«[531] Indem sich die Zentrumsvertreter für eine Wahlrechtsreform in den »Einzelstaaten« aussprachen und zugleich deren Eigenständigkeit als Staaten betonten, nahmen sie die Mittelposition zwischen den mehrheitssozialdemokratischen und konservativen Rednern ein. Damit verhinderten sie in der Frage der preußischen Wahlrechtsreform ein Zusammenwirken der Ausschussmehrheit und die Annahme der von der FVP beantragten Resolution, deren Abstimmung ausgesetzt wurde.[532]

Der Bezug auf die »Einzelstaaten« diente aber den konservativen Rednern nicht nur in der Frage des preußischen Wahlrechts dazu, die innenpolitischen Reformforderungen der Ausschussmehrheit wie in der Frage des preußischen Wahlrechts zurückzuweisen. Auch in der Diskussion um die Streichung des Art. 9 Satz 2 RV lehnten sie die Aufhebung der Inkompatibilität von Bundesrats- und Reichstagsmandat ab, indem sie darauf verwiesen, dass »jeder Einzelstaat seine besonderen Interessen« besitze und entsprechend diesen die ihm zustehenden Bundesratsmitglieder instruiere.[533] Dieses stehe aber im Widerspruch zur verfassungsrechtlichen Stellung der Reichstagsabgeordneten, die nach Art. 29 RV an Aufträge und Instruktionen nicht gebunden seien.

Auf den »Staat« allgemein bezogen sich die Vertreter der übrigen Parteien nur am Rande, wenn sie dessen Verhältnis zum »Volk« thematisierten. So erkannte Erich Mertin (DRP) »angesichts der Bewegung, die durch das deutsche Volk gehe, eine freiheitlichere Gestaltung des Staatswesens«[534] durchaus an, und Otto Landsberg (SPD) sprach sich dafür aus, dass der »Staat [...] den Massen näher gebracht werden« müsse.[535] Gegenüber diesen sehr allgemein gehaltenen Ausführungen über den »Staat« übten die Redner der USPD, ausge-

530 BAB R1501/16707, fol. 253v. (Otto Landsberg (SPD), 6.7.1917). Siehe auch ebd., fol. 246r.–246v. (Otto Landsberg (SPD), 4.7.1917).

531 BAB R1501/16707, fol. 251v. (Johannes Becker (Z), 4.7.1917). Siehe auch ebd., fol. 253v. (Carl Herold (Z), 6.7.1917), fol. 254v. (Konstantin Fehrenbach (Z), 6.7.1917), fol. 256r. (Johannes Becker (Z), 6.7.1917).

532 BAB R1501/16707, fol. 256r.

533 BAB R1501/16707, fol. 330v. (Hermann Kreth (DKons.), 27.9.1917). Siehe auch ebd., fol. 333r. (Theodor Lewald, 27.9.1917).

534 BAB R1501/16707, fol. 252v. (Erich Mertin (DRP), 4.7.1917).

535 BAB R1501/16707, fol. 247r.–247v. (Otto Landsberg (SPD), 4.7.1917).

hend von ihrer dem politischen System ablehnend gegenüberstehenden Haltung, scharfe Kritik am bestehenden Staat. Diesen bezeichnete Arthur Stadthagen (USPD) aufgrund der Aufrechterhaltung des ungleichen Wahlrechts in Preußen als »Helotenstaat«[536] und sprach sich stattdessen für eine grundsätzliche staatliche Neuordnung im Sinne eines »parlamentarisch regierte[n] Staat[es]«[537] aus. Aufgrund des im Verfassungsausschuss vorherrschenden Fokus, die verfassungsrechtliche Stellung des Reichstags innerhalb der konstitutionellen Staatsordnung auszubauen, stellten solche semantische Formen einer Neukonzeption des Staates einschließlich des Verhältnisses zum Volk lediglich eine Randerscheinung dar. Mit diesem Verweis stellten sich nämlich die entsprechenden Redner außerhalb der bestehenden staatlichen Ordnung, was von der überwiegenden Ausschussmehrheit abgelehnt wurde.

Zusammenfassung

Aufgrund der Nichtöffentlichkeit der Sitzungen und der Bestrebungen der Ausschussmehrheit, die verfassungsrechtliche Stellung des Reichstags gegenüber der Reichsleitung auszubauen, standen die Begriffe »Reichstag« und »Regierung« im Mittelpunkt der Beratungen des Verfassungsausschusses im Jahre 1917. Demgegenüber traten nicht nur die weiteren intermediären Instanzen wie die »Abgeordneten« und die »Parteien« weitgehend zurück, da diese Aspekte aufgrund der gestellten Anträge allenfalls am Rande zur Diskussion standen. Auch auf die übrigen Bezeichnungen wie »Volk« und »Demokratie« bzw. »demokratisch«[538] wurde nur selten zurückgegriffen, da die legitimierende Funktion dieser Formulierungen auf die Wirkungen in der Öffentlichkeit angewiesen war. Auch der Staatsbegriff wurde außerhalb der Bezugnahme auf die »Einzelstaaten« nur bedingt aufgegriffen, da es der Ausschussmehrheit nicht um eine grundsätzliche verfassungsrechtliche Neufassung des Staates, sondern um eine Verbesserung der Stellung des Reichstags gegenüber der Reichsleitung innerhalb der bestehenden staatlichen Ordnung ging. Dabei erreichte diese Mehrheit aus SPD, FVP, NLP und Zentrum zwar die Annahme der von den liberalen Parteien und des Zentrums eingebrachten Anträge. Die eingeschränkte Wirkung dieser vermeintlichen »Reformmehrheit«[539] in den Fragen der

536 BAB R1501/16707, fol. 247v. (Arthur Stadthagen (USPD), 4.7.1917).

537 BAB R1501/16707, fol. 331v. (Arthur Stadthagen (USPD), 27.9.1917).

538 Diese tauchen lediglich in der Formulierung vom »gleiche[n] demokratische[n] Wahlrecht« sowie in der Agitation des Auslandes für eine »Demokratisierung Deutschlands« auf: BAB R101/2284, fol. 29r. (Eduard David (SPD), 8.5.1917); BAB R1501/16707, fol. 249r. (Ernst Müller (FVP), 4.7.1917).

539 Bermbach, Vorformen, S. 53.

innenpolitischen Neuorientierung zeigte sich jedoch nicht nur in der marginalen Behandlung der Ausschussberichte im Reichstagsplenum, wo nur die Berichte zur Reform des Reichstagswahlrechts besprochen wurden. Auch innerhalb der Beratungen stieß diese interfraktionelle Zusammenarbeit schnell an ihre Grenzen, wenn es, wie im Falle der von der FVP beantragten Aufhebung der Inkompatibilitätsklausel nach Art. 9 Satz 2 RV, um die verfassungsrechtliche Konkretisierung der Zusammenführung von »Reichstag« und »Regierung« ging. Folglich fand sich im Verfassungsausschuss auch keine Mehrheit zu einer grundlegenden Verfassungsreform zusammen. Von ihm gingen weder gezielte noch ungewollte Bestrebungen auf die Einführung des parlamentarischen Regierungssystems aus.[540] Aus diesem Grund lässt sich der Verfassungsausschuss als Ort begrenzter Zusammenarbeit charakterisieren: Zwar wurde hier die Praxis der Kooperation zwischen Mehrheitssozialdemokraten, den Vertretern der liberalen Parteien und den Zentrumsanhängern eingeübt. Damit traten aber die verfassungspolitischen Differenzen offen zutage, welche sich durch den im konstitutionellen System fehlenden Zwang zur Kompromissfindung eher verfestigten als auflösten.

3. Die begleitende Presseberichterstattung

Die Presselandschaft im Kaiserreich war aufgrund der engen Verbindung der politischen Parteien mit ihren jeweiligen »sozial-moralischen Milieus« (M. R. Lepsius) in besonderem Maße parteipolitisch aufgespaltet. Da das jeweilige Milieu mit seiner politischen Haltung das potenzielle und anzusprechende Lesepublikum für eine Tageszeitung bildete, verortete sich die Tagespresse nicht nur innerhalb der jeweiligen parteipolitischen Richtung, sondern übernahm und vertrat die entsprechenden Standpunkte.[541] Dieses drückte sich auch in der Berichterstattung über die Verfassungsreformdebatten im ausgehenden Kaiserreich aus.

Bezüglich des Beschlusses des Reichstags vom 27. Oktober 1916, den Haushaltsausschuss zur dauernden Beratung zu ermächtigen, stellte der *Vorwärts* heraus, dass auch unter den Liberalen und den Zentrumsvertretern eine weitreichende Unzufriedenheit über die Machtlosigkeit des Parlamentes bestanden habe. Der Antrag auf Einsetzung des Haushaltsausschusses bilde je-

540 Gegen Rauh, Parlamentarisierung, S. 369f. Siehe auch Bermbach, Vorformen, S. 52ff.

541 Vgl. Requate, Journalismus, S. 290–293.

doch nur einen von den »schüchternen und bescheidenen Versuchen«, den Einfluss des Reichstags zu stärken, da sich die Reichsleitung bereits diesen zurückhaltenden Bestrebungen gegenüber, trotz ihres Bekenntnisses zur Neuorientierung, sehr abweisend verhalten habe.[542] Folglich handele es sich bei diesem Beschluss »nur um einen geringfügigen Schritt«. Das Ziel der Sozialdemokratie sei dagegen die »Herbeiführung des parlamentarischen Systems, die Herrschaft der Volksvertretung«, wobei die Regierung sich auf das Vertrauen einer Reichstagsmehrheit stützen müsse.[543]

In ähnlicher Weise äußerte sich auch die linksliberale *Frankfurter Zeitung* (FZ). Zwar lobte sie den parlamentarischen Beschluss und betonte die »starke Mehrheit«, die sich im Reichstag auf den Antrag des Zentrums zusammengefunden habe. Über diese Entscheidung hinaus forderte sie, auch zukünftig »dem Reichstag als Vertretung des Volkes den ihm gebührenden Anteil [zu] sichern«.[544] Dafür sei aber eine kenntnisreiche parlamentarische Arbeit die notwendig Vorbedingung, sodass »im Reichstage künftig eine sachverständige, gründliche und von der Regierung nicht auszuschaltende Kontrolle« stattfinden müsse.[545]

Während der sozialdemokratische *Vorwärts* wie die linksliberale *Frankfurter Zeitung* den Beschluss des Reichstags auf Einsetzung des Haushaltsausschusses grundsätzlich positiv bewerteten, sprach sich die deutschkonservative *Neue Preußische Zeitung (Kreuzzeitung)* gegen diesen aus. Zwar erkannte sie das Bedürfnis an, dass dem Reichstag in auswärtigen Fragen ein erhöhter Einfluss eingeräumt werden müsse. Dieses sei aber unter den gegebenen Verhältnissen und ohne den entsprechenden Reichstagsbeschluss möglich, in welchem die parlamentarische Linke »einen ersten Schritt auf dem Wege der Neuorientierung und der Erweiterung der parlamentarischen Rechte« sähen, dem die Konservativen mit aller Entschiedenheit entgegen treten müssten.[546]

Dagegen berichteten die katholische *Kölnische Volkszeitung* (KV) wie auch die rechtsliberale *Kölnische Zeitung* (KöZ) erst im Frühjahr 1917 über die parlamentarische Verfassungsdiskussion. Nicht zuletzt aufgrund des von der Nationalliberalen Partei in der Etatberatung am 29./30. März 1917 eingebrachten Antrages, einen Verfassungsausschuss einzusetzen, lobte die *Kölnische Zeitung* die entsprechenden Reichstagsverhandlungen, in denen sie »Offensivgeist,

542 Vorwärts, Nr. 295, 26.10.1916, S. 3: Vorgeplänkel zur Neuorientierung.
543 Vorwärts, Nr. 296, 27.10.1916, S. 3: Ein ganz bescheidener Schritt.
544 FZ, Nr. 298, 27.10.1916 (Ab.), S. 1: Frankfurt, 27. Oktober.
545 FZ, Nr. 298, 27.10.1916 (2. Mo.), S. 1: Die Parlamentskontrolle über die auswärtigen Angelegenheiten.
546 NPZ, Nr. 550, 27.10.1916, S. 1: Berlin, 27. Oktober.

Wagemut und ein frisches Draufgängertum« am Werke sah.[547] Dabei sei nicht nur die Einsetzung des Verfassungsausschusses an sich von besonderer Bedeutung, sondern auch das eindeutige Abstimmungsergebnis von 227 gegen 33 Stimmen. Mit dieser Abstimmung habe sich eine gänzlich neue politische Lage ergeben, da die gemeinsame Stellungnahme der Parteien zu »neue[n] Faktoren« geführt habe, »an denen die Regierung nicht vorbeigehen können wird und die sie in ihre Rechnung einstellen muß.«[548] Das Abstimmungsergebnis war für die KöZ letztlich der Ausdruck einer starken Reichstagsmehrheit, die sich für die Inangriffnahme innenpolitischer Reformen aussprachen und die von der Reichsleitung nicht mehr ignoriert werden konnte.

Diese Sichtweise wurde auch in der Berichterstattung des *Vorwärts* und der *Frankfurter Zeitung* geteilt. Äußerte sich der *Vorwärts* am 30. März 1917 noch zurückhaltend, indem er von einem »Anschein« sprach, »als ob sich im Schoße der Volksvertretung ein neues Willenszentrum bilden würde«[549], so konnte er am darauf folgenden Tag bereits seiner Zufriedenheit Ausdruck verleihen. Unter dem Eindruck des Abstimmungsergebnisses stellte er fest, dass »sich die deutsche Volksvertretung gestern vor aller Welt als eine politische Potenz erwiesen« habe, indem der Reichstag »die drängende Frage der politischen Neuordnung mit ruhiger Festigkeit in die Hand genommen und auf den ordentlichen Weg gebracht« habe. Gleichzeitig warnte er jedoch davor, dass der vom Reichstag eingesetzte Verfassungsausschuss keine raschen und wirksamen Ergebnisse liefere.[550]

In demselben Sinne sprach auch die *Frankfurter Zeitung* vom »Ausschuß der Neuorientierung«, da »in dem heute gefassten Beschluß das Bekenntnis zum Gedanken der Neuorientierung« enthalten sei, auch wenn die Einsetzung eines Reformausschusses die Reformen an sich noch nicht gewährleiste.[551] Von besonderer Bedeutung sei vielmehr die überwältigende Abstimmungsmehrheit, da hiermit die »Mehrheit der deutschen Volksvertretung« erklärt habe, »daß sie diese Neugestaltung entschlossen will, weil hinter ihr tatsächlich der durch den Krieg kraftvoll gewachsene politische Wille des Volkes steht, daß sie die notwendigen Reformen aber auch herbeizuführen gesonnen ist, nicht bloß in Worten des Bekenntnisses, sondern in praktischen, starken und schnellen Taten der Verwirklichung.«[552] Die positive Berichterstattung über die Einsetzung des Verfassungsausschusses durch die liberale wie die mehrheitssozialdemo-

547 KöZ, Nr. 313, 30.3.1917, S. 1: Ein letztes Wort?
548 KöZ, Nr. 318, 31.3.1917, S. 1: Neue Faktoren.
549 Vorwärts, Nr. 88, 30.3.1917, S. 1: Scharfe Kritik im Reichstag.
550 Vorwärts, Nr. 89, 31.3.1917, S. 1: Der Entschluß des Reichstags.
551 FZ, Nr. 89 (2. Mo.), 31.3.1917, S. 1: Die Debatte über die Neuorientierung.
552 FZ, Nr. 89 (Ab.), 31.3.1917, S. 1: Frankfurt, 31. März.

kratische Tagespresse bekräftigte dabei die Bestrebungen der Reichstagsmehrheit, die Verfassungsreformen voranzubringen.

Demgegenüber verhielt sich die katholische *Kölnische Volkszeitung* zurückhaltender. Auch wenn sie sich nicht gegen den Beschluss des Reichstags aussprach, wies sie in Bezug auf die preußische Wahlrechtsfrage die Ausführungen von Gustav Noske (SPD) zurück, dessen »Schärfen, bisweilen drohende Worte gegen Staat und Monarchie« sie kritisierte. Ebenso verurteilte sie die Rede von Ernst Müller, der sich »förmlich an demokratischen Schlagworten und leidenschaftlichen Demonstrationsphrasen« berauscht habe. Den vorgebrachten demokratischen Forderungen setzte sie die Monarchie entgegen, indem sie ausführte:

»Wenn die demokratische Welle wirklich kommt, die sie [die Sozialdemokraten und die Linksliberalen, H.B.] erwarten – sie wird nicht gegen die Monarchie anrollen. Die Monarchie und das Ansehen des Kaisers sind durch den Krieg stärker verankert worden. Sie stehen wie ein gewaltiger Felsblock in dieser demokratischen Welle.«[553]

Die von der *Kreuzzeitung* geübte Kritik an den Reichstagverhandlung ging noch darüber hinaus, indem sie dem Reichstag nicht nur seine Zuständigkeit in der preußischen Wahlrechtsfrage absprach, sondern auch allgemein auf die »unzeitgemäße Proklamierung der »Neuorientierung« hinwies.[554] Denn noch vor die Betrachtung, wann und in welchem Maße die vom Reichskanzler versprochene Neuorientierung durchgeführt werden solle, stellte sie die grundsätzliche Frage, ob »eine mit dem Krieg innerlich zusammenhängende Notwendigkeit, unser gesamtes politisches Dasein von Grund auf umzugestalten«, überhaupt gegeben sei. In Übereinstimmung mit den deutschkonservativen Reichstagsvertretern verneinte sie diese und verwies auf die Widerstandskraft des Deutschen Reiches im Krieg, welche die tragfähigen Grundlagen des Staates belegen würden. Die Reformforderungen der parlamentarischen Linken seien lediglich darauf zurückzuführen, »ihre längst schon vor dem Kriege gehegten programmatischen Parteibedürfnisse endlich zu befriedigen.«[555]

Gegenüber der positiven Bewertung der Einsetzung des Verfassungsausschusses von Seiten der liberalen und sozialdemokratischen Presse wurde insbesondere von konservativer Seite versucht, die innenpolitische Initiative des Reichstags als Parteipolitik abzuwerten und die bestehenden staatlichen Grundlagen zu verteidigen. Obwohl die Zentrumspartei im Plenum für den Antrag auf Einsetzung des Verfassungsausschusses gestimmt hatte, wurde dieser Ver-

553 KV, Nr. 250, 30.3.1917, S. 2: Ein großer Tag im Reichshause. Siehe auch KV, Nr. 252, 30.3.1917, S. 2: Kriege im Kriege?

554 NPZ, Nr. 164, 30.3.1917, S. 1: Berlin, 30. März.

555 NPZ, Nr. 166, 31.3.1917, S. 1: Berlin, 31. März.

such auch von der katholischen Presse unterstützt, die auf diese Weise zwischen dem reformorientierten Abstimmungsverhalten der Partei und der Reformskepsis der katholischen Bevölkerung zu vermitteln suchte.

Die parteipolitische Perspektivbindung der Presseberichterstattung zeigte sich im besonderen Maß im Anschluss an die Reichstagssitzung vom 19. Juli 1917, in der die Friedensresolution von der Mehrheit des interfraktionellen Ausschusses aus SPD, FVP und Zentrum verabschiedet wurde.[556] Für den *Vorwärts* stand dabei die Mehrheitsbildung im Mittelpunkt, da »sich hier zum erstenmal in der deutschen Geschichte ein Willensakt der deutschen Volksvertretung, der die auswärtige Politik entscheidend bestimmt, aus ihrer eigenen Mitte heraus gebildet und vollzogen hat.« Denn mit der Annahme dieses Programms sei nun die Regierung gezwungen, nach diesem zu handeln.[557] Ebenso hob auch die *Frankfurter Zeitung* die Bildung der parlamentarischen Mehrheit aus SPD, FVP und Zentrum besonders hervor.[558] In der »imposante[n] Willensbildung des deutschen Reichstags« sah die FZ die Vorbedingung für die weitere innenpolitische Reformentwicklung mit einem wachsenden Einfluss des Reichstags, wenn auch Unterschiede in den Demokratisierungsvorstellungen zwischen den Parteien der parlamentarischen Mehrheit durchaus noch vorhanden seien.[559] Die Hauptaufgabe für den Reichstag bestehe nun darin, »daß die Mehrheit arbeitsfähig und arbeitswillig zusammenbleibe«, um die inneren Reformen weiter voranzutreiben.[560]

Gegenüber solchen Darstellungen, in denen die parlamentarische Mehrheitsbildung besonders hervorgehoben wurde, spielte die *Kölnische Volkszeitung* genau diese herunter. Hier stand vielmehr die Rede des neuen Reichskanzlers Georg Michaelis im Mittelpunkt, dessen mit Einschränkungen versehenes Bekenntnis zur Friedensresolution und zur Parlamentarisierung sie ausdrücklich begrüßte. Dagegen betrachtete die KV die Haltung der Zentrumsfraktion zur Friedensresolution und zur interfraktionellen Zusammenarbeit lediglich als zweckmäßig, um im Innern wieder Ruhe einkehren zu lassen. Besondere Kritik

---

556 Dazu und zum Kanzlerwechsel von Theobald von Bethmann Hollweg zu Georg Michaelis Matthias/Morsey, Einleitung, bes. S. XVIII–XXXV; Bermbach, Vorformen, S. 58–62; Mai, Ende, S. 125–128; Oppelland, Reichstag, S. 253–256; Loth, Kaiserreich, S. 155–158.

557 Vorwärts, Nr. 196, 20.7.1917, S. 1: Das Friedensprogramm des Reichstags. Angenommen mit 214 gegen 116 Stimmen.

558 So betonte die FZ, dass »unzweideutig […] die Mehrheit den Willen, sich durchzusetzen, bekundet [hat]; der Reichstag, der eine Mehrheit hat, gab das erste Zeichen seines Kraftbewußtseins. Er bekundet damit, daß eine neue Zeit für Deutschland angebrochen ist. Die Demokratisierung ist auf dem Marsche.« FZ, Nr. 198, 20.7.1917 (Ab.), S. 1: Frankfurt, 20. Juli.

559 FZ, Nr. 198, 20.7.1917 (2. Mo.), S. 1: Der Wille zur Mehrheit. Siehe auch FZ, Nr. 198, 20.7.1917 (2. Mo.), S. 1: Eine denkwürdige Sitzung.

560 FZ, Nr. 198, 20.7.1917 (Ab.), S. 1: Frankfurt, 20. Juli.

übte sie an der Haltung der Mehrheitssozialdemokratie, deren Redner Philipp Scheidemann dem neuen Kanzler »in gebieterischer Form sein Programm« diktiert habe. Auch der parlamentarischen Mehrheitsbildung maß die KV keine allzu große Bedeutung bei.[561] Anders als die *Frankfurter Zeitung*, welche stolz auf die »Majorität von 98 Stimmen«[562] verwies, bezog sich die *Kölnische Volkszeitung* auf die Ablehnung von Seiten der Nationalliberalen Partei und auf das Fehlen zahlreicher Abgeordneter, welche gemeinsam zu der nur knapp über der absoluten Mehrheit liegenden Majorität geführt hätten. Während der *Vorwärts* und die FZ in der Mehrheitsbildung den Anfang von weiteren innenpolitischen Veränderungen ausmachten, sah die KV darin eher den Abschluss dieser Bestrebungen und wollte den Einfluss der parlamentarischen Linksparteien aus SPD und FVP begrenzen.[563]

Unterstützung fand diese Sichtweise durch die *Kölnische Zeitung*. Sie sah in der parlamentarischen Debatte vom 19. Juli 1917 ein »Rückzugsgefecht«, in welchem sich die Mehrheitsparteien zwar vereinzelt für weitere Reformen ausgesprochen hätten, ihre grundsätzliche Forderung, den Einfluss des Reichstags auf die Regierungspolitik zu erweitern, aber wieder zurückgenommen hätten. Da zudem der neue Reichskanzler ein entschlossenes Auftreten an den Tag gelegt habe, hätte die Resolution der Mehrheitsparteien stark an Bedeutung verloren.[564] Die KöZ war also bemüht, nicht nur die Wirkung der parlamentarischen Auseinandersetzung über Kriegsziele und innenpolitische Reformen, sondern auch die Bedeutung der parlamentarischen Mehrheitsbildung an sich herunterzuspielen, um so die politische Diskussion wieder in ruhige und von den Nationalliberalen mitgetragene Bahnen zurückzulenken und die »Wiederherstellung der geschlossenen Innenfront« zu erreichen.[565]

Die konservative *Kreuzzeitung* ging dagegen im Juli 1917 auf offenen Konfrontationskurs zum Reichstag. Sie kritisierte nicht nur das Verhalten der Linksparteien, welche in »überheblicher und abstoßender Weise« über die preußische Wahlrechtsfrage gesprochen hätten.[566] Grundsätzlich verurteilte sie die parlamentarischen Vorgänge der vorausgegangenen Wochen: Der Reichstag habe seine verfassungsmäßigen Aufgaben der Regierungskontrolle und der Mitwirkung an der Gesetzgebung in unerhörter Weise überschritten, da er in

561 KV, Nr. 560, 20.7.1917, S. 2: Der neue Kanzler vor dem Reichstag. Vgl. auch KV, Nr. 562, 20.7.1917, S. 1: Das Ganze sammeln.

562 FZ, Nr. 198, 20.7.1917 (2. Mo.), S. 1: Der Wille zur Mehrheit.

563 Dazu Loth, Ordnung, S. 66ff. Siehe auch ders., Katholiken, S. 340ff.; Morsey, Zentrumspartei, S. 63f.

564 KöZ, Nr. 690, 20.7.1917: Der neue Kanzler vor dem Reichstag.

565 KöZ, Nr. 691, 20.7.1917: Die Kriegskredite und die Friedenskundgebung.

566 NPZ, Nr. 364, 20.7.1917, S. 1: Die Reichstagsverhandlungen.

die Staatsleitung eingegriffen und damit die Interessen des deutschen Volkes schwer geschädigt habe. Dieses führte sie insbesondere auf die Zusammensetzung der Reichstagsmehrheit zurück, deren Einigkeit die notwendige Voraussetzung für die Übernahme der politischen Führung darstelle, welche in ihren Augen jedoch nicht vorhanden sei.[567] Mit der Betonung der Differenzen innerhalb der Reichstagsmehrheit versuchte die *Kreuzzeitung*, weiteren Reformbestrebungen entgegenzuwirken, indem sie in den parlamentarischen Vorgängen im Juli 1917 einen Beleg gegen die Erweiterung der Reichstagsrechte und die Einführung des parlamentarischen Regierungssystems sah.

Unter dem Eindruck der außenpolitischen Waffenstillstandsverhandlungen und der innenpolitischen Parlamentarisierung der Reichsleitung im Oktober 1918[568] näherten sich die in der Tagespresse vorhandenen unterschiedlichen Haltungen zu den Reformbestrebungen des Reichstags dahingehend an, dass mit Ausnahme der konservativen *Kreuzzeitung* die parlamentarische Regierungsbildung unter Prinz Max von Baden wie auch die Verfassungsänderungen positiv hervorgehoben wurden, wenn auch Unterschiede in dem jeweiligen Maße bestanden.

Der *Vorwärts* betonte vor dem Hintergrund der Beteiligung der SPD die parlamentarische Form der Regierungsbildung, indem er die neugebildete Reichsleitung als »Vertrauensausschuß des Parlaments«[569] bezeichnete und dieses auch für die Zukunft feststellte.[570] Entsprechend dem Eintreten der SPD für die Parlamentarisierung der Reichsleitung[571] begrüßte er besonders die verfassungsändernde Bestimmung, dass niemand als Reichskanzler im Amt bleiben könne, wenn er nicht das Vertrauen des Reichstags besitze. Dieser Beschluss sei, so der *Vorwärts*, »der am tiefsten einschneidende«, da es nun der Reichstag in der Hand habe, »jeden ihm nicht mehr vertrauenswürdigen Kanzler zu beseitigen und ihn durch einen Mann seines Vertrauens zu ersetzen.«

567 So führte sie aus, dass »die geschlossene Mehrheit, die die Demokratie, die soziale wie die bürgerliche, in einen solchen Machtrausch versetzt hat, […] selbst in der Friedensfrage nur eine scheinbare [ist]. Vollends in der Verfassungsfrage besteht sie überhaupt nicht.« NPZ, Nr. 365, 20.7.1917, S. 1: Berlin, 20. Juli.

568 Dazu Mai, Ende, S. 151–167; Ullrich, Großmacht, S. 557–566; Nipperdey, Deutsche Geschichte, Bd. 2, S. 862–868; Wehler, Gesellschaftsgeschichte, Bd. 4, S. 174–182.

569 Vorwärts, Nr. 292, 23.10.1918, S. 1: Die Reichstagssitzung vom 22. Oktober.

570 Ausdrücklich betonte er, dass es auch »in Zukunft keine Macht in Deutschland geben [werde] als das deutsche Volk, das seine politische Gewalt durch die Volksvertretung und die von ihrem Vertrauen gestützte Regierung ausüben wird.« Vorwärts, Nr. 294, 25.10.1918, S. 1: Wilson für den Waffenstillstand.

571 Vgl. Miller, Bürde, S. 28f. Siehe auch den Entwurf eines Aktionsprogramms der MSPD, Mai 1918, abgedruckt in: Mommsen, Parteiprogramme, S. 391–397, hier S. 393, sowie die Denkschrift der Mehrheitsparteien vom 22.9.1918, abgedruckt in: Matthias/Morsey, Ausschuß, Bd. 2, S. 647–669, hier S. 666.

Dabei verwies er auf die damit verbundene Zäsur, da nun das Ende der »konservativen Parteienherrschaft« und gleichzeitig der Beginn einer »Geschichte des deutschen Volkstaates« gekommen seien.[572]

Noch deutlicher bekräftigte die *Frankfurter Zeitung* die Zustimmung zur neuen Regierung und zu den Verfassungsänderungen. Noch vor der ersten Rede des neuen Reichskanzlers im Reichstag betonte sie bereits die »neue Zeit«, welche die »erste und eigentliche deutsche Volksregierung« eröffne, da sich das Regierungsprogramm in Übereinstimmung mit den Ansichten der überwiegenden Mehrheit des Volkes befinde.[573] Gerade die erste Erklärung habe dem Ausland gezeigt, dass nun eine »Volksregierung auf breitester demokratischer Grundlage« geschaffen worden sei.[574] Dementsprechend sprach sich die FZ dafür aus, dass dieses neue Regierungssystem schnellstmöglich gesetzmäßig in der Verfassung zur »Grundlegung des deutschen Volksstaates« verankert werden müsse.[575] Unter den Verfassungsänderungen hob sie die Abhängigkeit des Reichskanzlers vom Vertrauen des Reichstags besonders hervor, da diese sicherstelle, dass die »Mehrheit der Volksvertretung [...] die Richtung der Politik« bestimme. Die zentrale Bedeutung dieser Bestimmung bestand für die FZ aber weniger in der Stellung des Reichstags als vielmehr in der daraus folgenden Stärke und Freiheit, welche der Regierung auf diese Weise gegenüber dem Monarchen zukomme. Dabei nahm sie auch den Reichstag in die Verantwortung. So verwies sie darauf, dass dessen Stellung in besonderem Maße davon abhängen werde, inwieweit er zu einer geschlossenen Mehrheitsbildung als Grundlage für die neue »Volksregierung« imstande sei.[576] Die FZ unterstütze also wie der *Vorwärts* die parlamentarische Regierung Prinz Max von Badens und die von ihr eingebrachten und vom Reichstag verabschiedeten Verfassungsreformen, wobei ihr Hauptaugenmerk im Unterschied zum Presseorgan der SPD weniger auf dem Reichstag als vielmehr auf der Reichsleitung lag.[577]

Zurückhaltender fiel dagegen die Unterstützung von Seiten der *Kölnischen Volkszeitung* aus. Zwar sprach auch sie davon, dass mit der parlamentarischen

---

572 Vorwärts, Nr. 296, 27.10.1918, S. 1: Der Reichstagsbeschluß für die Demokratie.

573 FZ, Nr. 276, 5.10.1918 (Ab.), S. 1: Frankfurt, 5. Oktober.

574 FZ, Nr. 277, 6.10.1918 (2. Mo.), S. 1: Die Reichstagssitzung.

575 FZ, Nr. 294, 23.10.1918 (Ab.), S. 1: Frankfurt, 23. Oktober.

576 FZ, Nr. 299, 28.10.1918 (Ab.), S. 1: Frankfurt, 28. Oktober.

577 So führte sie programmatisch aus: »Kraft und Initiative muß bei der Regierung sein, und das Vertrauen, das ihr die Mehrheit sichert, die freiwillige Gefolgschaft der Fraktionen an die aus ihnen in die Regierung delegierten Führer muß gerade dazu dienen, schnelle Entschlüsse und kräftige Schritte leicht zu machen. Die parlamentarische Regierung muß führen, die Parteien im Parlament und nicht minder das Volk draußen.« FZ, Nr. 296, 25.10.1918 (Ab.), S. 1: Frankfurt, 25. Oktober.

Regierung Prinz Max von Badens »eine neue Zeit, eine neue Epoche« angebrochen sei, in der sich nun die Reichsleitung in Übereinstimmung mit dem Volk befinde.[578] Bei der KV lag der Fokus im Gegensatz zur FZ und zum *Vorwärts* weniger auf der Innenpolitik als auf der Wahrnehmung dieser Reformen im Ausland und den davon abhängigen Waffenstillstandsbedingungen.[579] Die katholische Presse stimmte den Verfassungsänderungen des Reichstags im Oktober 1918 zwar zu, nahm damit aber einen pragmatischen Standpunkt ein.

Dagegen äußerte sich die *Kölnische Zeitung* zustimmend über die Regierungsbildung und die vorgesehenen Verfassungsänderungen, obwohl deren parteipolitisches Pendant, die Nationalliberale Partei, an der Regierung Prinz Max von Badens nicht unmittelbar beteiligt war. Noch vor dem ersten Auftreten des neuen Reichskanzlers im Reichstag lobte die KöZ die parlamentarische Form dieser Regierungsbildung, die in ihren Augen eine »geschichtlich notwendig gewordene Entwicklungsform« darstelle.[580] Dementsprechend begrüßte sie den am 23. Oktober 1918 eingebrachten Resolutionsantrag, in dem der Reichstag der Reichsleitung ihr Vertrauen aussprechen sollte und der am folgenden Tag in namentlicher Abstimmung mit 193 gegen 52 Stimmen bei 23 Enthaltungen angenommen wurde.[581] Diese Vertrauensfrage war für die KöZ letztlich der »parlamentarische Ausdruck der Umbildung des Regierungssystems und der neuen Zusammensetzung des Kabinetts.«[582] Insbesondere die Erfahrungen dieses Krieges hätten nicht nur die Notwendigkeit einer grundlegenden Umgestaltung des politischen Systems aufgezeigt, sondern gleichzeitig eine »Beschleunigung der demokratischen Entwicklung« vollbracht. Diese habe schon vor dem Krieg in Deutschland eingesetzt, sei nun aber endgültig zum Durchbruch gekommen, sodass fortan »das deutsche Volk [...] sich selbst unter Beteiligung aus allen Schichten regieren« werde.[583] Die KöZ stand den

578 KV, Nr. 788, 6.10.1918, S. 2: Die neue Regierung vor dem Reichstag. Das neue deutsche Friedensangebot. Siehe auch KV, Nr. 853, 29.10.1918, S. 1: Bürgerliche Regierung und militärische Kontrollgewalt.

579 So stellte die KV pragmatisch fest: »Man mag nun im Reiche den Verfassungsänderungen mit Sorge oder hoffnungsvoll und zustimmend gegenüberstehen, nach außen steht jedenfalls fest, daß, nachdem jene Veränderungen die Zustimmung aller maßgebenden Faktoren gefunden haben, von irgendwelchen Zweifeln in die Festigkeit der demokratischen Neuordnung, von einer über den Gesetzen stehenden Militärgewalt, oder was sonst noch eingewendet werden möchte, ehrlicherweise nicht mehr die Rede sein kann.« KV, Nr. 853, 29.10.1918, S. 1: Bürgerliche Regierung und militärische Kontrollgewalt.

580 KöZ, Nr. 931, 5.10.1918, S. 1: Zur heutigen Reichstagssitzung. Siehe auch KöZ, Nr. 932, 6.10.1918, S. 1f.: Der neue Reichskanzler vor dem Reichstag.

581 Zum Abstimmungsergebnis Sten. Ber., Bd. 314, S. 6242ff.

582 KöZ, Nr. 990, 23.10.1918, S. 1: Der Aufmarsch der Regierungsparteien und die konservative Opposition.

583 KöZ, Nr. 994, 24.10.1918, S. 1: Der neue Kurs.

beantragten und beschlossenen Verfassungsänderungen also wohlwollend gegenüber, forderte aber dazu auf, dass dieser grundlegende Systemwechsel in ruhigen und beschränkten Bahnen verlaufen müsse.[584] Indem sie die Veränderung unterstützte und zugleich vor zu weitreichenden Änderungen warnte, versuchte sie wie die Nationalliberale Partei im Reichstag, Einfluss auf den rechten Flügel der Reichstagsmehrheit und damit auf die Regierungspolitik zu nehmen.

Demgegenüber stand die konservative *Kreuzzeitung* entsprechend der deutschkonservativen Haltung in ausdrücklicher Gegnerschaft zu der parlamentarischen Regierungsbildung und den beschlossenen Verfassungsänderungen. Bereits zu Beginn der Beratungen kritisierte sie die Ausführungen des Reichskanzlers, der die mit den demokratischen Reformen verbundenen positiven Zukunftsaussichten für das Deutsche Reich unterstrich. Die *Kreuzzeitung* lehnte die Demokratie als Staatsordnung ab, die ihrer Ansicht nach »in zu starkem Gegensatz zu den Erfahrungen der Geschichte« stehe, da die demokratisch regierten Staaten wie England und Frankreich auf den Krieg gedrängt hätten. Gleichzeitig wertete sie die demokratischen Bestrebungen ab, indem sie deren »sprunghafte überhastete Entwicklung der Staats- und Gesellschaftsform« kritisierte und eine Orientierung nach »Forderungen unserer Feinde« unterstellte.[585] Den Feinbezug baute sie im Verlaufe der Verfassungsberatungen zum zentralen Argument gegen die von der Regierung eingebrachten und vom Reichstag beschlossenen Verfassungsänderungen aus, die in ihren Augen ein »Nachgeben der schlimmsten Art gegen die Wilsonschen Forderungen«[586] darstellen würden. Zudem kritisierte sie die Hast der vorgenommenen Reformen und forderte, dass die Rücksichtnahme auf den Staat wichtiger als die parteipolitischen Forderungen sein müsse.[587] Die *Kreuzzeitung* nahm für sich in Anspruch, sich für »das Wohl des Staates« einzusetzen, indem sie »gegen die Radikalisierung und die Massenherrschaft« kämpfe.[588] Mit dieser Haltung bekräftigte sie nicht nur ihre grundsätzliche Ablehnung der verfassungsrechtlichen Umgestaltung, sondern auch ihre Außenseiterstellung, nachdem sich über den *Vorwärts* und die *Frankfurter Zeitung* hinaus auch die *Kölnische Volkszeitung*

---

584 KöZ, Nr. 990, 23.10.1918, S. 1: Der Aufmarsch der Regierungsparteien und die konservative Opposition.

585 NPZ, Nr. 542, 23.10.1918, S. 1: Politische Tagesübersicht. Die gestrige Reichstagssitzung – Liebknecht – Unsere Note. Siehe auch NPZ, Nr. 541, 23.10.1918, S. 1: Der Kanzler über die Note und die Verfassung.

586 NPZ, Nr. 549, 27.10.1918, S. 1f.: Die innere Politik der Woche. Siehe auch NPZ, Nr. 551, 28.10.1918, S. 1: Politische Tagesübersicht. Die dritte deutsche Note an Wilson.

587 NPZ, Nr. 548, 26.10.1918, S. 1f.: Weiter auf abschüssiger Bahn.

588 NPZ, Nr. 551, 28.10.1918, S. 1: Politische Tagesübersicht. Die dritte deutsche Note an Wilson.

für das katholische und die *Kölnische Zeitung* für das rechtsliberale Bevölkerungsspektrum die Beschlüsse des Reichstags unterstützten.

Im Hinblick auf die Verfassungsberatungen des Reichstags lässt sich also zusammenfassend festhalten, dass die Berichterstattung in den jeweiligen Tageszeitungen konform zu den politischen Haltungen der entsprechenden Partei verlief. Die parlamentarischen Reformbestrebungen wurden nur vom *Vorwärts* und von der *Frankfurter Zeitung* durchgängig unterstützt, deren parteipolitische Pendants, SPD und FVP, am entschiedensten für innenpolitische Reformen und die Erweiterung des Reichstagseinflusses auf die Regierungspolitik eintraten. Ihren besonderen Ausdruck fand diese Unterstützung im Juli 1917, als in beiden Blättern die Herausbildung einer parlamentarischen Mehrheit als das zentrale Ereignis herausgestellt und darin die Grundlage für die weiteren Reformschritte gesehen wurde. Dagegen spielte die *Kölnische Volkszeitung* die Bedeutung dieses Ereignisses herunter, da sie, entsprechend der Ablehnung des parlamentarischen Regierungssystems durch die Zentrumspartei, einer Erweiterung der Reichstagsrechte zwar nicht entgegentrat, diese aber nicht an eine feste parlamentarische Mehrheit gekoppelt sehen wollte. Besonders deutlich zeigte sich die parteipolitische Bindung der Tageszeitungen im Falle der *Kölnischen Zeitung*. In Übereinstimmung mit der Nationalliberalen Partei unterstütze sie die innenpolitischen Reformbestrebungen des Reichstags im März 1917, lehnte aber aufgrund der Differenzen in Kriegszielfragen die Erweiterung des parlamentarischen Einflusses im Juli 1917 als Überschreiten der verfassungsmäßigen Kompetenzen des Reichstags ab. Demgegenüber trat die konservative *Kreuzzeitung*, der Haltung der Deutschkonservativen Partei entsprechend, konsequent allen Bemühungen entgegen, die auf eine Erweiterung des Reichstagseinflusses abzielten.

Diese drei Positionen der Unterstützung, der Begrenzung und der Ablehnung der Reformbestrebungen des Reichstags näherten sich erst im Oktober 1918 einander an, als unter dem Eindruck der Waffenstillstandsverhandlungen die verfassungsrechtliche Feststellung des parlamentarischen Regierungssystems notwendig wurde. Mit Ausnahme der *Kreuzzeitung* begrüßten die übrigen Tageszeitungen je nach parteipolitischer Richtung mehr oder weniger entschieden die Reichstagsbeschlüsse. Dabei stellten der *Vorwärts* und die *Frankfurter Zeitung* die innenpolitischen Reformen besonders heraus, während sich die *Kölnische Volkszeitung* wie die *Kölnische Zeitung* zurückhaltender verhielten, indem sie den Verfassungsänderungen zwar zustimmten, aber für deren Begrenzung eintraten.

Insgesamt führte die Milieubindung in der Presseberichterstattung dazu, dass die parteipolitischen Grenzen in der »nachlesenden Öffentlichkeit« nicht nur nachgezeichnet, sondern in parteipolitisch polarisierten Situationen wie im

Juli 1917 auch verstärkt wurden. Als sich die Zusammenarbeit der parlamentarischen Mehrheit aus SPD, FVP und Zentrum in der Annahme der Friedensresolution konkretisierte, setzten nicht nur auf Seiten der reformfeindlichen konservativen und der abseits stehenden rechtsliberalen Presse, sondern auch in der Zentrumspresse verstärkt Bemühungen ein, sich von dieser Mehrheit abzugrenzen und die Eigenständigkeit des parteipolitischen Handelns zu bewahren. Demgegenüber betonten der *Vorwärts* und die *Frankfurter Zeitung* zwar die Herausbildung einer parlamentarischen Mehrheit und forderten deren wirksames Zusammenbleiben. Ein Hinweis auf die dafür notwendige Kompromissbereitschaft fand sich jedoch auch hier nicht. Der Herausbildung einer Reichstagsmehrheit stand im ausgehenden Kaiserreich also nicht nur das Problem entgegen, auf innerparlamentarischer Ebene einen mehrheitlich geteilten Konsens zwischen den unterschiedlichen parteipolitischen Vorstellungen herzustellen, sondern auch die Herausforderung, im außerparlamentarischen Bereich eine solche Mehrheitsbildung öffentlich zu vermitteln. Dass dieses im Falle der interfraktionellen Mehrheit im Juli 1917 in lediglich eingeschränktem Maße und im Oktober 1918 unter dem Druck der außenpolitischen Lage gelöst wurde, verdeutlicht die entsprechende Presseberichterstattung. Von einer in sich geschlossenen und mit einem entsprechenden Rückhalt in der Bevölkerung versehenen parlamentarischen Mehrheit, welche die Grundlage für eine Demokratisierung und Parlamentarisierung des Verfassungssystems hätte bilden können, konnte im ausgehenden Kaiserreich also keinesfalls die Rede sein.

4. Zusammenfassung

Ausgehend von der Frage nach den demokratischen Potenzialen der parlamentarischen Verfassungsdiskussion im ausgehenden Kaiserreich lässt sich festhalten, dass der Volksbegriff die zentrale Position einnahm. Nicht nur die Vertreter der sozialdemokratischen und liberalen Parteien beriefen sich in ihren Ausführungen auf das »Volk«, das in ihren Augen aufgrund der erbrachten Leistungen im Krieg Ansprüche auf die Erweiterung seiner innenpolitischen Rechte erworben habe. Auch die Vertreter der konservativen Parteien begründeten ihre Zurückweisung dieser Forderungen mit dem »Volk«, welches ihrer Meinung nach solche Ansprüche nicht hege. Dabei war auf beiden Seiten die Verwendung des Volksbegriffs von einer Einheitsvorstellung geprägt, die zudem national aufgeladen war, wie die häufige Verwendung der Formulierung vom »deutschen Volk« belegt. Dieses einheitliche Verständnis wirkte sich auch auf die semantischen Differenzierungsformen vom »Volk« dahingehend aus, dass Formulierungen wie die »überwiegende Mehrheit des Volkes« oder »Massen des Volkes« verwendet wurden. Damit perpetuierten die Sprecher jedoch eher eine einheitliche als eine pluralistische Sichtweise. Die individuelle Ebene des Volkes wurde dagegen lediglich von den Vertretern der Mehrheitssozialdemokratie und des Linksliberalismus mit den Begriffen »Bürger« und »Wähler« thematisiert, die im Falle der Reform des Reichstagswahlrechts ein Zusammenwirken dieser beiden parteipolitischen Richtungen ermöglichten. Für eine weiterreichende parlamentarische Mehrheitsbildung unter Einschluss des Zentrums und der Nationalliberalen Partei erwies sich jedoch lediglich die semantische Anordnung von »Volk« und »Reichstag« als ergiebig. Über punktuelle Erweiterungen der Parlamentsrechte bot aber auch sie keine Möglichkeit, eine für grundsätzliche Verfassungsreformen eintretende Reichstagsmehrheit herauszubilden.

Unter den intermediären Instanzen war der Bezug auf die »Abgeordneten« durch eine klare Frontlinie geprägt, die bei dem Verhältnis zur »Regierung« offen zutage trat: Für eine strikte Trennung dieser beiden Bereiche im Sinne des konstitutionellen Systems sprachen sich die konservativen Redner aus, während von Vertretern der Mehrheitssozialdemokratie sowie der liberalen Parteien das Bild einer Zusammenführung vertreten wurde, um auf diese Weise den parlamentarischen Einfluss auf die Reichsleitung auszubauen.

Auch die »Partei« genoss kaum Anerkennung, sondern diente den Vertretern der konservativen Parteien sowie des Zentrums als Gegenargument der von den sozialdemokratischen Parteien geforderten Einführung der Verhältniswahl. Erst im Zuge der parlamentarischen Regierungsbildung unter Beteiligung von SPD, FVP und Zentrum im Oktober 1918 trat eine Änderung ein, als nun die Begriffe »Mehrheitspartei« und »Oppositionspartei« Eingang in den Sprachgebrauch der Parlamentarier fanden. Eine Auffassung der Parteien als notwendige Instrumente der parlamentarischen Willensbildung wurde jedoch nicht entwickelt.

Lediglich der Reichstagsbegriff ermöglichte es, eine Parlamentsmehrheit von der Mehrheitssozialdemokratie über die liberalen Parteien bis zum Zentrum zusammenzuführen. Zum einen verwiesen die Redner dieser Parteien nahezu unisono auf die Beziehung zwischen »Volk« und »Reichstag«, indem sie sich für einen Einfluss des Reichstags aussprachen, der den Leistungen des Volkes entsprechen sollte. Zum anderen thematisierten insbesondere die Redner der liberalen Parteien das Verhältnis von »Reichstag« und »Regierung«, zwischen denen eine engere Verbindung hergestellt werden sollte. Auf diese Weise versuchten sie, den Einfluss des Reichstags auf die Reichsleitung zu erweitern, ohne jedoch einen formellen Verfassungswandel zu implizieren. Diesem Bild schlossen sich auch die Mehrheitssozialdemokraten an, nachdem sich ihre weitergehenden Forderungen unter den liberalen Abgeordneten als nicht anschlussfähig erwiesen. Um die dem konstitutionellen Regierungssystem entsprechende parlamentarische Unabhängigkeit der Reichsleitung zu erhalten, vertraten die konservativen Abgeordneten ein Bild der Trennung dieser beiden Aspekte. Somit lässt sich festhalten, dass der »Reichstag« zwar in seiner Stellung zwischen dem »Volk« einerseits und der »Regierung« andererseits thematisiert wurde. Das Deutungsmuster einer Verbindung dieser drei Aspekte blieb jedoch eine Ausnahmeerscheinung. Folglich zielte die Bezugnahme auf den Reichstag weniger auf die Etablierung einer Volksherrschaft als vielmehr auf einen Ausbau der Reichstagsrechte gegenüber der Reichsleitung, wie es insbesondere die Verhandlungen im Verfassungsausschuss belegen.

Unter diesem Aspekt stand auch die Thematisierung der »Regierung«. So wurde zum einen das bereits angesprochene Verhältnis zum »Reichstag« aufgenommen. Zum anderen stellten insbesondere die sozialdemokratischen Vertreter die »Regierung« in einen Gegensatz zum »Volk«, um so Druck auf die Regierung auszuüben und eine Ausrichtung der Regierungspolitik nach vermeintlichen Ansprüchen des Volkes zu erwirken. Auf Seiten der liberalen Parteien wurde demgegenüber das Bild eines Miteinanders vertreten, indem ihre Vertreter das Ziel der innenpolitischen Reformen in der Zusammenführung von »Regierung« und »Volk« sahen. Diese Sichtweise diente im Oktober 1918 den Rednern der Regierungsparteien zur Legitimation der parlamentarischen Regierung, indem sie etwa mit der Bezeichnung »Volksregierung« die Übereinstimmung der Regierung mit dem Volk herausstrichen. Demgegenüber verliehen die Oppositionsvertreter ihrer Ablehnung Ausdruck, indem sie Beschreibungen wie »bürgerliche Regierung« im Falle der USPD oder »Parteiregierung« im Falle der DKons. im pejorativen Sinne verwendeten. Dagegen etablierten die Redner der Regierungsparteien keine alternative Bezeichnung für die neue Ordnung, etwa durch die Formulierung der »parlamentarischen Regierung«. Die überwiegende Anzahl der Parlamentarier konnte sich also trotz der Forderung nach einem Umbau des konstitutionellen Regierungssystems auf ein neues verfassungsrechtliches Deutungsmuster, welches über den allgemeinen Zusammenhang von »Regierung« und »Volk« hinausging, nicht einigen.

Ähnliches gilt für die Verwendung des Staatsbegriffs, der in besonderem Maße von den Vertretern der liberalen Parteien aufgegriffen wurde, die sich für innenpolitische Reformen im Sinne einer Zusammenführung von »Staat« und »Volk« aussprachen. Dieser Sichtweise entzogen sich jedoch die Mehrheitssozialdemokraten, die erst im Oktober 1918 verstärkt auf den »Staat« rekurrierten und wie die Linksliberalen mit den Formulierungen des entstehenden »Volksstaates« sowie des überkommenen »Obrigkeitsstaates« den Wandel herausstrichen. Jedoch waren diese Deutungsmuster sehr allgemein und erwiesen sich aufgrund des von Konservativen und Zentrumsanhängern vorgebrachten Bezuges auf die »Monarchie« über diese beiden Parteien hinaus als nicht anschlussfähig.

Die sich bereits in der Verwendung der vorausgegangenen Begrifflichkeiten abzeichnende Frontstellung zwischen den parteipolitischen Lagern fand ihre Zuspitzung in der Bezugnahme auf die »Demokratie«. Während die Redner der sozialdemokratischen Parteien diese für ihre innenpolitischen Reformforderungen in Anspruch nahmen, wurde sie von den deutschkonservativen Abgeordneten kategorisch zurückgewiesen. Folglich verzichteten die Vertreter der übrigen Parteien weitgehend auf diesen Begriff, um nicht einem der beiden parteipolitischen Lager zugeordnet zu werden. Mit der parlamentarischen Regierungsbildung im Oktober 1918 änderte sich diese Frontstellung dahingehend, dass nun insbesondere auf Seiten der Mehrheitssozialdemokratie die »Demokratie« als Bezeichnung für die neue staatliche Ordnung verwendet wurde, um den Regierungseintritt der eigenen Partei zu legitimieren. Daraufhin trat zu der Frontlinie mit den konservativen Rednern, die weiterhin auf ihrer Zurückweisung der »Demokratie« verharrten, eine zweite Abgrenzungslinie zu den Unabhängigen Sozialdemokraten, welche die nun eingeführte Regierungsform als »Scheindemokratie« abwerteten. Als ein über die SPD hinausreichender Sammlungsbegriff der übrigen Mehrheitsparteien setzte sich der Demokratiebegriff jedoch nicht durch, sondern behielt bis zum Ende des Kaiserreichs einen mehrheitssozialdemokratischen Charakter.

Mit den Verweisen auf die unterschiedlichen Demokratieaspekte verfolgten die Redner aller Parteien in erster Linie das Ziel, eigene parteipolitische Ansprüche zu reklamieren, die mit Ausnahme der Unabhängigen Sozialdemokraten ihren Bezugspunkt im konstitutionellen Verfassungssystem besaßen. Lediglich über die Modifikation bestanden unterschiedliche Meinungen, wobei sich die Mehrheitssozialdemokraten und die Linksliberalen am weitesten hervorwagten. In ihren Reihen fand sich am ehesten ein empirisches und pluralistisches Volksverständnis wieder, wie auch hier die Erörterung der Reichstagsstellung als Vertretung des Volkes eine zentrale Rolle einnahm. Dagegen wies die Thematisierung der »Abgeordneten« und des »Staates« lediglich auf Seiten der Mehrheitssozialdemokraten bzw. der Liberalen demokratische Elemente auf, während die Sichtweise der Parteien und der Regierung eher von der von den Konservativen vertretenen konstitutionellen Sichtweise geprägt war. Auch der Verweis auf die »Demokratie« blieb lediglich auf die Sozialdemokraten beschränkt.

Um eine die demokratisch-parlamentarischen Verfassungsreformen tragende Reichstagsmehrheit im ausgehenden Kaiserreich zusammenzuführen, mussten die verfassungspolitischen Gegensätze zwischen den reformorientierten

Parteien auf der Grundlage dieser demokratietheoretischen Ansätze überbrückt werden. Diese Bemühungen wurden durch die untergeordnete Stellung belastet, die dem Reichstag in der politischen Kultur des Kaiserreiches trotz allen Bedeutungszuwachses im Verlaufe des Krieges zukam. Darüber hinaus erschwerte die enge Bindung an das entsprechende sozialmoralische Milieu die öffentliche Vermittlung einer Mehrheits- und einer Kompromissbildung, wie die Analyse der begleitenden Presseberichterstattung verdeutlicht. Vor diesem Hintergrund war die Fragilität der »Reformmehrheit« (Udo Bermbach), welche in den Beratungen des Verfassungsausschusses bei Fragen einer weitergehenden verfassungsrechtlichen Konkretisierung der Reformvorstellungen zum Ausdruck kam, die naheliegende Folge. Folglich lassen sich die Reformbestrebungen des kaiserlichen Reichstags nicht als eine »stille Parlamentarisierung« (Manfred Rauh) beschreiben, da nicht nur das explizite Ziel der Einführung des parlamentarischen Regierungssystems fehlte, sondern auch eine nicht intendierte Verwirklichung der parlamentarischen Regierungsweise als wenig wahrscheinlich gelten konnte. Denn die Nationalliberalen wie die Zentrumsvertreter, welche sich nach dem Ausscheiden der NLP aus der interfraktionellen Zusammenarbeit für die parlamentarische Mehrheitsbildung als unentbehrlich erwiesen, traten allen weitergehenden Reformbestrebungen von Seiten der SPD oder der FVP entschieden entgegen. Somit hatten sich auch die reformorientierten Parteien in dem konstitutionellen Regierungssystem in der Art eingerichtet, die als »segmentierte Partizipation« (Christoph Schönberger) treffend gekennzeichnet werden kann. Ein zwingender, geschweige denn »naturnotwendiger« Übergang zur demokratisch-parlamentarischen Regierungsweise ohne äußere Einwirkung war also von diesem Reichstag nicht zu erwarten.[589] Dennoch verdeutlicht die allseitige Berufung auf den Volksbegriff eine zunehmende Akzeptanz des Volkssouveränitätsgedankens, welche die Demokratisierung der Herrschaftsordnung im Sinne einer Konkordanzdemokratie mit konsensualen Verhandlungsmustern anstelle von Mehrheitsentscheidungen nicht ausschloss.[590] Aber die verfassungsrechtliche Durchsetzung dieser Herrschaftsform war nicht unmittelbar zu erwarten, da die hierfür notwendige Akzeptanz der intermediären Instanzen, insbesondere der Parteien, als Foren der politischen Willensbildung nur unzureichend ausgeprägt war.

589 So Schönhoven, Entstehung, S. 18. Dazu Wehler, Gesellschaftsgeschichte, Bd. 4, S. 164f.

590 Vgl. Schönberger, Parlamentarisierung, S. 659–664. Siehe auch Kühne, Demokratisierung, S. 316; Kreuzer, Verfassungsordnung, S. 38f. Zur Form der Konkordanzdemokratie Schmidt, Demokratietheorien, S. 325–340.

III. Die Beratungen der Nationalversammlung von Weimar 1919

1. Der Ort der Beratungen

Die Einberufung der Nationalversammlung für den 6. Februar 1919 nach Weimar war über die politische Entscheidung in den unruhigen Revolutionsmonaten 1918/19 hinaus insbesondere in semantischer Hinsicht prägend für die junge Republik. So wurde nicht nur das Verfassungswerk vom linksliberalen Abgeordneten Conrad Haußmann zum Abschluss der Verfassungsarbeit als Dank der Nationalversammlung an die Stadt mit dem Titel »Weimarer Verfassung« versehen.[1] Auch setzte sich im wissenschaftlichen wie im allgemeinen Sprachgebrauch die Bezeichnung »Weimarer Republik« für die Epoche zwischen dem 9. November 1918 und dem 30. Januar 1933 durch, wobei »Weimar« teilweise schlicht als Synonym für diese Zeit und ihre Verfassung fungiert.[2] Dieses verwundert umso mehr, da der offizielle Name des deutschen Staates weiterhin »Deutsches Reich« und Berlin die Reichshauptstadt war. Für eine Analyse der Verfassungsberatungen der Nationalversammlung stellt sich die Frage, warum es zu der Verlegung in die mitteldeutsche Kleinstadt kam und welche Auswirkungen diese für die parlamentarische Kommunikation besaß.

Dazu werden im Folgenden zunächst die äußeren Gegebenheiten der Verfassungsberatungen untersucht, wobei die rechtliche Stellung der Nationalversammlung und die Spezifika des Tagungsortes im Mittelpunkt stehen. Daran anschließend werden die inneren Strukturen der Beratungen analysiert, welche anhand der Regelung durch die Geschäftsordnung, der parteipolitischen Zusammensetzung sowie der Regierungsbildung rekonstruiert werden. Abschließend werden die verfassungspolitischen Entscheidungen im Vorfeld der Nationalversammlung dargelegt, welche die Nationalversammlung formell zwar

---

1 Sten. Ber., Bd. 328, S. 2083 (Conrad Haußmann (DDP), 29.7.1919).

2 Vgl. nur die Titel von Möller, Weimar; Winkler, Weimar; Schulze, Weimar. Jüngst wieder Gusy, Schatten. Zur Bezeichnung »Weimarer Republik« und zu ihrer Etablierung in der frühen Bundesrepublik Ullrich, Schall, bes. S. 198–205.

nicht banden, aber im Sinne der »normativen Kraft des Faktischen« (Georg Jellinek) praktisch nur schwer rückgängig zu machen waren.[3]

1.1. Der äußere Rahmen

Die rechtliche Stellung der Nationalversammlung

Der Vorschlag, eine verfassunggebende deutsche Nationalversammlung zur Entscheidung über das Regierungssystem einzuberufen, wurde im November 1918 zunächst nicht von den Mehrheitssozialdemokraten in die Diskussion gebracht, auch wenn diese sich an die Spitze der revolutionären Aufstände der Soldaten und Arbeiter gestellt hatten.[4] Der Gedanke wurde vielmehr vom Reichskanzler Prinz Max von Baden geäußert, um die revolutionären Erhebungen in kontrollierte Bahnen zurückzuführen. So trug er in der Besprechung mit Vertretern der SPD am 9. November 1918 Friedrich Ebert (SPD) das Amt des Reichskanzlers an und wies auf den von ihm an den Kaiser gerichteten Vorschlag hin, »Wahlen zu einer verfassunggebenden deutschen Nationalversammlung« festzulegen, die entscheiden solle, »wie Deutschland künftig regiert werden soll.« Ebert, der bereits zu Beginn der Unterredung im Namen seiner Partei die Übertragung der Regierungsgewalt gefordert hatte, erklärte sich sowohl mit der Übernahme des Reichskanzleramtes als auch mit dem Gedanken der Nationalversammlung einverstanden.[5] Anschließend gab er in einem Aufruf an die deutschen Bürger am selbigen Tag bekannt, »eine Regierung im Einvernehmen mit den Parteien zu bilden«.[6] Damit verfolgte Ebert das Ziel, seiner Regierung eine möglichst breite politische Basis zu verschaffen, indem er deren Bildung ausdrücklich nicht auf die sozialistischen Parteien beschränkte, sondern auch auf die reformorientierten bürgerlichen Parteien ausweitete. Dieses Vorhaben wurde jedoch von seinem Parteikollegen Philipp Scheidemann durchkreuzt, der gegen 14 Uhr desselben Tages vor den am Reichstagsgebäude versammelten Massen »die deutsche Republik« proklamierte und erklärte, dass Ebert eine Regierung mit »alle[n] sozialistischen Parteien« zusammenstellen werde.[7] Damit wurde nicht nur die Hinzuziehung der USPD zur Regierung

---

3 So Dreyer, Entstehung, S. 36. Dazu auch Gusy, Reichsverfassung, S. 62.

4 Dazu Mommsen, Aufstieg, S. 35–42; Winkler, Revolution, S. 34–44; Kluge, Soldatenräte, S. 63–69.

5 Vgl. die Aufzeichnungen über die Vorgänge in der Reichskanzlei vom 9.11.1918 bei Matthias/Miller, Regierung, Bd. 1, S. 3–8, Zitate S. 6. Dazu Mühlhausen, Ebert, S. 104ff.

6 Aufruf Eberts an die deutschen Bürger vom 9.11.1918, abgedruckt in: Ritter/Miller; Revolution, S. 79f., hier S. 79. Zu Eberts Motiven ausführlich Mühlhausen, Ebert, S. 106ff.

7 Ritter/Miller, Revolution, S. 77f. Siehe auch die Schilderung der Ereignisse von Scheidemann, Memoiren, S. 309–314. Vgl. Schmersal, Scheidemann, S. 160–164; Jessen-Klingenberg, Ausru-

offiziell verkündet, sondern gleichzeitig auch der Ausschluss der bürgerlichen Parteien impliziert, deren Beteiligung die Unabhängigen Sozialdemokraten bereits im Vorfeld abgelehnt hatten.

Am Nachmittag des 9. Novembers 1918 stand also die USPD als Mitträgerin der von den Mehrheitssozialdemokraten zu bildenden Regierung fest. Nun unterbreitete Friedrich Ebert (SPD) den Vertretern der USPD den Vorschlag, ein gemeinsames Kabinett zu bilden, das zu gleichen Teilen aus Mehrheitssozialdemokraten und Unabhängigen Sozialdemokraten gebildet und mit nicht gleichberechtigten bürgerlichen Fachministern ergänzt werden sollte. Daraufhin formulierten die Unabhängigen unter dem Einfluss von Karl Liebknecht ihre Bedingungen für eine Regierungsbeteiligung, in denen sie sich für eine »soziale Republik« aussprachen und forderten, dass die »gesamte exekutive, legislative und jurisdiktionelle Macht in den Händen von gewählten Vertrauensmännern der gesamten werktätigen Bevölkerung und der Soldaten« liegen solle.[8] Demgegenüber traten die Mehrheitssozialdemokraten für die Einberufung einer »konstituierenden Nationalversammlung« ein, die sie bereits in einem Aufruf der neuen Reichsregierung vom 9. November 1918 verkündet hatten und an deren Wahl »alle über 20 Jahre alten Bürger beider Geschlechter mit vollkommen gleichen Rechten teilnehmen« sollten.[9] Dementsprechend betonte der Vorstand der SPD in seinem Antwortschreiben an die USPD, dass auch die Mehrheitssozialdemokratie für eine soziale Republik eintrete, über die jedoch allein »das Volk durch die konstituierende Versammlung« zu entscheiden habe. Eine »Diktatur eines Teiles einer Klasse« ohne die Unterstützung einer Volksmehrheit müssten sie dagegen als Widerspruch zu ihren »demokratischen Grundsätzen« ablehnen.[10] Aufgrund dieses Nachdrucks von Seiten der SPD sah sich der Vorstand der USPD unter Hugo Haase in dieser Frage zu einem bedingten Entgegenkommen gezwungen, indem er am folgenden Tag erklärte, dass die »Frage der Konstituierenden Versammlung [...] erst nach der Konsolidierung der durch die Revolution geschaffenen Zustände aktuell« werde und somit »späteren Erörterungen vorbehalten bleiben« könne.[11] Damit stimmten die Vertreter der USPD der Nationalversammlung zu, traten aber für deren Einberufung zu einem späten Zeitpunkt ein, um in der Zwischenzeit die

fung. Zu den Ereignissen um den 9. November 1918 siehe auch die detaillierte Darstellung bei Haffner, Revolution, S. 79–121.

8 Siehe das Schreiben des Vorstandes der SPD an den Vorstand der USPD vom 9.11.1918, abgedruckt in: Matthias/Miller, Regierung, Bd. 1, S. 20f. Dazu Bernstein, Revolution, S. 64ff.

9 Aufruf der neuen Reichsregierung vom 9.11.1918, abgedruckt in: Ritter/Miller, Revolution, S. 80f.

10 Matthias/Miller, Regierung, Bd. 1, S. 20f.

11 Siehe die Antwort des Vorstandes der USPD an den Vorstand der SPD vom 10.11.1918, abgedruckt in: Matthias/Miller, Regierung, Bd. 1, S. 30f. Dazu Winkler, Revolution, S. 49–53; Miller, Bürde, S. 93–96; Bernstein, Revolution, S. 61–66; Schönhoven, Reformismus, S. 43f.

revolutionären Errungenschaften abzusichern und auszubauen. Dagegen traten die Mehrheitssozialdemokraten für einen frühen Einberufungstermin ein, da sie ihrem parlamentarischen Demokratieverständnis entsprechend die Entscheidungen der Nationalversammlung übertragen und das Aufkommen bolschewistischer Zustände verhindern wollten.[12]

Nach wie vor bestanden also grundlegende Differenzen über Bedeutung und Funktion der verfassunggebenden Versammlung, welche sich in der Frage des Einberufungstermins zuspitzten. Kurzfristig ermöglichte die Stellungnahme der USPD das Zusammenkommen der beiden Parteien, da sich die Unabhängigen Sozialdemokraten nicht gegen eine Nationalversammlung ausgesprochen und die Mehrheitssozialdemokraten nicht auf ein Bekenntnis zu einer baldigen Einberufung beharrten. Unter diesen Voraussetzungen konnte am 10. November 1918 der von SPD und USPD paritätisch besetzte »Rat der Volksbeauftragten« gebildet werden.[13] Faktisch wurde er jedoch von den Mehrheitssozialdemokraten dominiert, nachdem diese während der formalen Alleinherrschaft zwischen dem 9. und dem 10. November bereits zentrale Regierungsposten besetzt hatten.[14] Als erste Amtshandlung erließ die neue Reichsregierung am 12. November 1918 den »Aufruf des Rates der Volksbeauftragten an das deutsche Volk«, in welchem persönliche Freiheiten zugesichert, sozialpolitische Verordnungen erlassen, die Einführung des Verhältnis- und Frauenwahlrechts angekündigt und schließlich auch die »Konstituierende Versammlung« in Aussicht gestellt wurde.[15]

Damit war die Einberufung einer Nationalversammlung zwar in das Regierungsprogramm aufgenommen, ihre Durchsetzung hing jedoch noch von der Zustimmung der Arbeiter- und Soldatenräte ab, die sich Anfang November 1918 landesweit als die zentrale Organisationsform des revolutionären Umsturzes herausgestellt hatten.[16] Am 10. November 1918 wurden in der Reichshauptstadt Berlin Arbeiter- und Soldatenräte gewählt, die noch am selben

12 Vgl. Rürup, Entstehung, S. 221; Möller, Weimar, S. 41f.; Böckenförde, Zusammenbruch, S. 29ff.; Miller, Bürde, S. 107–110; Lehnert, Novemberrevolution, S. 104–117; Vestring, Mehrheitssozialdemokratie, S. 28ff. Zum Parlamentarismusverständnis der SPD ebd., S. 11ff. Zur »Bolschewismusfurcht« der SPD Lösche, Bolschewismus, S. 169–175 sowie etwas abgewogener Zarusky, Sozialdemokraten, S. 92–95.

13 Ihm gehörten je drei Vertreter der SPD (Friedrich Ebert, Philipp Scheidemann und Otto Landsberg) und der USPD (Hugo Haase, Wilhelm Dittmann und Emil Barth) an. Zur Bildung des Rates der Volksbeauftragten Matthias, Revolutionsregierung, S. 20–30; Winkler, Weimar, S. 35ff.; Mommsen, Aufstieg, S. 44ff.

14 Vgl. Schulze, Weimar, S. 162ff.; Kolb, Arbeiterräte, S. 122–125.

15 RGBl. 1918, S. 1303f., Zitat S. 1304. Zu diesem Aufruf Gusy, Reichsverfassung, S. 55ff. Siehe auch Melzer, Gesetzgebung, S. 119–122; Hock, Gesetzgebung, S. 6–28.

16 Vgl. Tormin, Rätediktatur, S. 55–62; Arnold, Rätebewegung, S. 44–47; Kolb, Räte-Wirklichkeit, S. 167–171.

Abend zu einer Vollversammlung im Zirkus Busch zusammentraten, um eine provisorische Regierung zu bilden. Da die Mehrzahl der etwa 3000 Arbeiter- und Soldatenräte der SPD nahestanden, bestätigte die Versammlung den Rat der Volksbeauftragten in seiner Regierungsfunktion. Gleichzeitig beschloss sie jedoch auch die Bildung eines eigenen Aktionsausschusses, den die radikalen »Revolutionären Obleute« als Gegenpart zu der von der SPD dominierten Regierung beantragt hatten. Auf Betreiben der gemäßigten Soldatenräte wurde jedoch festgelegt, dass dieser so genannte »Vollzugsrat« aus sieben dem linken Rand der USPD zuzurechnenden »Revolutionären Obleute«[17], sieben Vertretern der SPD sowie vierzehn parteilosen Soldaten zu besetzen war, wobei eine genaue Abgrenzung der Kompetenzen zwischen den beiden Räteinstitutionen nicht vorgenommen wurde. In dieser Hinsicht blieb auch die Vereinbarung vom 23. November 1918 sehr allgemein, in der lediglich festgestellt wurde, dass die »politische Gewalt [...] in den Händen der Arbeiter- und Soldatenräte der deutschen sozialistischen Republik« liege und die »Bestellung des Rates der Volksbeauftragten durch den Arbeiter- und Soldatenrat von Groß-Berlin« vorgenommen worden sei, dem damit das Kontrollrecht wie auch das Recht zur »Berufung und Abberufung der Mitglieder des entscheidenden Kabinetts« zustehe.[18] Die faktische Ausgestaltung dieses Verhältnisses blieb der praktischen Machtausübung überlassen, wobei sich der Rat der Volksbeauftragten aufgrund der ihm mit der Reichsverwaltung zur Verfügung stehenden Ressourcen als überlegen erwies.[19]

In grundlegenden politischen Entscheidungen wie in der Frage der einzuberufenden Nationalversammlung blieb er aber auf die Zustimmung des Vollzugsrats angewiesen. In diesem Gremium sprachen sich die stark vertretenen »Revolutionären Obleute« für eine Räterepublik und somit kategorisch gegen die Einberufung einer verfassunggebenden Versammlung aus. Um dieses offiziell festzustellen, brachte Ernst Däumig am 13. November 1918 die Resolution ein, in der sich der Vollzugsrat »gegen eine konstituierende Nationalver-

17 Zu dieser Gruppe näher Tormin, Rätediktatur, S. 41–44; Rosenberg, Geschichte, S. 22f.; Krause, USPD, S. 118f.

18 Amtliche Bekanntmachung einer Vereinbarung zwischen dem Vollzugsrat und dem Rat der Volksbeauftragten, abgedruckt in: Matthias/Miller, Regierung, Bd. 1, S. 127–130, Zitate S. 128ff. Siehe auch die gemeinsame Sitzung von Kabinett und Vollzugsrat vom 18.11.1918: ebd., S. 73–97. Dazu Carsten, Revolution, S. 102–105; Tormin, Rätediktatur, S. 74–81; Matthias, Revolutionsregierung, S. 98–101.

19 Vgl. Kolb, Arbeiterräte, S. 117–127; Kluge, Soldatenräte, S. 91–94; Möller, Weimar, S. 39ff.; Winkler, Weimar, S. 37f.; Miller, Bürde, S. 97f., 130f.; Ziegler, Nationalversammlung, S. 18f. Siehe auch Kolb/Rürup, Einleitung, S. XIII–XXII.

sammlung« und für »den Ausbau der Arbeiterräte« aussprechen sollte.[20] Nachdem dieser Antrag mit zwölf gegen zehn Stimmen abgelehnt worden war, unternahmen die »Revolutionären Obleute« einen letzten Versuch, die Einberufung einer Konstituante zu verhindern. Im Rahmen einer von ihnen einberufenen Vollversammlung der Berliner Arbeiter- und Soldatenräte am 19. November 1918 bemühten sie sich, diese zum gewaltsamen Widerstand gegen die Einberufung der Nationalversammlung aufzurufen. Dieser Vorstoß mobilisierte jedoch weniger die Gegner als vielmehr die Befürworter einer verfassunggebenden Versammlung, da nun mit Ausnahme der äußersten Linken[21] die gesamte Presse- und Parteienlandschaft sowie der überwiegende Teil der Arbeiter- und Soldatenräte in der Öffentlichkeit offensiv für eine baldige Einberufung der Nationalversammlung eintraten.[22] Unter diesem Eindruck wurde auch in die Vereinbarung zwischen dem Vollzugsrat und dem Rat der Volksbeauftragten ohne weitere Konkretisierung lediglich die Formulierung aufgenommen, dass das Berufungsrecht von Kabinettsmitgliedern dem Vollzugsrat »bis zur endgültigen Regelung der staatlichen Verhältnisse«[23] zustehe. Damit sprach sich der Vollzugsrat weder für noch explizit gegen die Nationalversammlung aus, womit die Bemühungen von linksradikaler Seite, die Rätebewegung gegen die konstituierende Versammlung zu mobilisieren, endgültig gescheitert waren. Der überwiegende Teil der Arbeiter- und Soldatenräte lehnte eine räterepublikanische Ordnung nach sowjetischem Vorbild ab und trat stattdessen für eine parlamentarische Demokratie und für rasche Wahlen zur Nationalversammlung ein.[24]

Nachdem sich auch die Vertreter der Länder auf der Reichskonferenz am 25. November 1918 mehrheitlich für eine baldige Einberufung der National-

---

20 Ritter/Miller, Revolution, S. 110. Dazu Tormin, Rätediktatur, S. 75; Kolb, Arbeiterräte, S. 131; Miller, Bürde, S. 111. Zu den Rätevorstellungen Däumings Lösche, Bolschewismus, S. 228ff.; Zarusky, Sozialdemokraten, S. 75f.

21 Zur Oppositionshaltung des Spartakusbundes ausführlich Kolb, Arbeiterräte, S. 138–157; Tormin, Rätediktatur, S. 71ff., 86–89, 110–113. Siehe auch Schönhoven, Reformismus, S. 42f.; Miller, Bürde, S. 110ff.; Weber, Wandlung, S. 23–27; Flechtheim, KPD, S. 121–129; Rosenberg, Geschichte, S. 23ff.

22 Vgl. Kolb, Arbeiterräte, S. 131f.; ders., Weimarer Republik, S. 14f.; Lehnert, Novemberrevolution, S. 110ff.; Rürup, Entstehung, S. 221. Zu den Forderungen der Parteien siehe Huber, Verfassungsgeschichte, Bd. 5, S. 992, Anm. 13; Salomon, Parteiprogramme, S. 32f., 36f., 38, 41ff., 53ff., 57. Dass die Forderung nach baldiger Einberufung der Nationalversammlung sich nicht nur auf das Bürgertum beschränkte, sondern auch von Arbeiter- und Soldatenräten vertreten wurde, belegen die zahlreichen Eingaben an die Reichsregierung unter BAB R1501/17139f.

23 Matthias/Miller, Regierung, Bd. 1, S. 130.

24 Vgl. den Überblick bei Kolb, Weimarer Republik, S. 169–178. Dazu auch Wirsching, Weimarer Republik, S. 51–54.

versammlung[25] ausgesprochen hatten, nutzte der Rat der Volksbeauftragten die Stimmungslage, um mit der »Verordnung über die Wahlen zur verfassunggebenden deutschen Nationalversammlung (Reichswahlgesetz)«[26] vom 30. November 1918 vollendete Tatsachen zu schaffen. Mit dieser Verordnung wurde nicht nur die Einberufung formell angekündigt, sondern auch der Termin der Wahlen auf den 16. Februar 1919 bestimmt. In dem ersten Entwurf hatte der im November 1918 zum Staatssekretär des Innern ernannte Hugo Preuß (DDP)[27] die Wahlen sogar auf den 2. Februar 1919 terminiert. In der Kabinettsbesprechung am 29. November 1919 regte sich jedoch von Seiten der Unabhängigen Sozialdemokraten Widerstand, die sich auf einen Termin nicht festlegen wollten. Ihrer Meinung nach könne eine Wahl erst dann stattfinden, wenn die Beteiligung der Angehörigen der Osttruppen wie auch der Kriegsgefangenen gesichert sei.[28] Letztlich versuchten sie, auf diese Weise die Einberufung der Nationalversammlung bis zum Frühjahr 1919 hinauszuzögern, um die revolutionären Errungenschaften zu sichern und ihre eigene Parteiorganisation mit Blick auf die Wahlen auszubauen, wie es von der Mehrheit ihrer Anhänger gewünscht wurde.[29] In die entgegengesetzte Richtung zielte der Vorschlag von Friedrich Ebert (SPD), die Wahlen auf den 19. Januar 1919 vorzuverlegen, was er damit begründete, dass »die überwältigende Mehrheit des deutschen Volkes die Konstituante« verlange. Sein Parteikollege Otto Landsberg drohte sogar mit dem Ausscheiden der SPD-Vertreter aus der Regierung, falls es nicht zu einer Festlegung des Wahltermins in dem Gesetz komme. Aufgrund dieses Drucks einigten sich die Volksbeauftragten darauf, den 16. Februar 1919 als Wahltag anzugeben und die endgültige Festlegung des Termins der für Dezember anberaumten allgemeinen Räteversammlung zu überlassen.[30]

---

25 So das Resümee von Friedrich Ebert (SPD): Matthias/Miller, Regierung, Bd. 1, S. 149–215, hier S. 199. Vgl. ebd., S. 171 (Berthold Heymann (SPD), Württemberg), S. 175 (August Merges (USPD), Braunschweig), S. 177 (Arthur Crispien (USPD), Württemberg), S. 178 (Anton Geiß (SPD), Baden), S. 178 (Kurt Eisner (USPD), Bayern), S. 188 (Ludwig Haas (FVP), Baden), S. 193 (Georg Gradnauer (SPD), Sachsen). Dazu Huber, Verfassungsgeschichte, Bd. 5, S. 784–787; Böckenförde, Zusammenbruch, S. 32; Ziegler, Nationalversammlung, S. 21f.

26 RGBl. 1918, S. 1345–1349.

27 Zur Ernennung des linksliberalen Staatsrechtlers Hugo Preuß siehe III.1.3.

28 Siehe das Protokoll der Kabinettssitzung vom 29.11.1918 bei Matthias/Miller, Regierung, Bd. 1, S. 224–229, hier S. 227, und den Aufruf des Vollzugsrat vom 23.11.1918, abgedruckt bei Ritter/Miller, Revolution, S. 121f.

29 Vgl. Miller, Bürde, S. 107ff. Dazu auch Pohl, Obrigkeitsstaat, S. 58. Zur Lage der USPD und ihren heterogenen Strömungen Kolb, Arbeiterräte, S. 157–169; Krause, USPD, S. 116–122.

30 Matthias/Miller, Regierung, Bd. 1, S. 227f. Dazu Miller, Bürde, S. 112f.; Kolb, Arbeiterräte, S. 132f.

Damit lag die Entscheidungsbefugnis beim Ersten Allgemeinen Kongress der Arbeiter- und Soldatenräte.[31] Für dessen Einberufung setzte sich insbesondere der Vollzugsrat ein, der sich lediglich als provisorische Spitze der Rätebewegung bis zur Einberufung einer allgemeinen Versammlung aller Arbeiter- und Soldatenräte verstand und somit seine Gewalt an ein vom allgemeinen Rätekongress eigens zu bestimmendes Vollzugsorgan übergeben wollte. Anders als von den »Revolutionären Obleuten« und den Vertretern der USPD erhofft, fiel in den Wahlen die überwiegende Mehrheit der 514 Delegierten nicht auf die Befürworter, sondern auf die Kritiker des Rätesystems: 300 Abgesandte gehörten der SPD und 100 der USPD an, während nur zehn Teilnehmer dem linksradikalen Spartakusbund zuzurechnen waren. Der Rest entfiel entweder auf das linksliberale Lager oder war parteilos. Damit stand die Entscheidung für einen frühen Wahltermin bereits vor der Eröffnung des Kongresses fest.

Am 19. Dezember 1918 wurde der von Ernst Däumig eingebrachte Antrag, »unter allen Umständen an dem Rätesystem als Grundlage der Verfassung der sozialistischen Republik« festzuhalten, folglich mit 344 gegen 98 Stimmen abgelehnt, wohingegen der von Max Cohen (SPD) gestellte Antrag, die Wahlen auf den 19. Januar 1919 festzusetzen, mit einer Mehrheit von etwa 400 gegen 50 Stimmen angenommen wurde.[32] Mit diesem eindeutigen Votum im Rücken erließ die Reichsregierung noch am selben Tag eine Verordnung, in welcher der Wahltag auf den 19. Januar 1919 festgelegt wurde.[33]

Durch diese Entscheidung war auch das Schicksal des 1912 gewählten letztel kaiserlichen Reichstags endgültig besiegelt, dessen Auflösung im November 1918 formell nicht erfolgt war. Dessen Einberufung als provisorische Volksvertretung wäre für die Übergangszeit bis zum Zusammentritt der Nationalversammlung eine Option gewesen, um die neu gebildete sozialistische Reichsregierung parlamentarisch zu legitimieren und gleichzeitig ein Gegengewicht zu den Arbeiter- und Soldatenräten herzustellen.[34] Aufgrund der parteipolitischen

31 Dieser wurde am 23. November 1918 in der Vereinbarung zwischen Vollzugsrat und dem Rat der Volksbeauftragten angekündigt und für den 16. Dezember 1918 nach Berlin einberufen: Matthias/Miller, Regierung, Bd. 1, S. 128, 130.

32 Siehe die entsprechenden Protokolle der Beratung vom 19.12.1919 zur Frage »Nationalversammlung oder Rätesystem«: Kongreß, S. 105–144, 150, Zitat S. 142. Dazu Winkler, Weimar, S. 50f.; ders., Revolution, S. 100–104; Miller, Bürde, S. 126–129; Potthof, Verfassungswerk, S. 445f.; Möller, Weimar, S. 43f.; Kolb, Arbeiterräte, S. 198f.; Tormin, Rätediktatur, S. 97–100; Carsten, Revolution, S, 106f.; Huber, Verfassungsgeschichte, Bd. 5, S. 845–848; Ziegler, Nationalversammlung, S. 24f.

33 RGBl. 1918, S. 1441.

34 So z.B. eine Eingabe an Friedrich Ebert vom 24.11.1918: »Bis zum Zusammentritt der Nationalversammlung ist der bisherige Reichstag die alleinige Vertretung des deutschen Volkes. Ohne dessen Zustimmung kann auch kein Friede geschlossen werden. Ich fordere daher: 1. unverzügliche Einberufung des Reichstags, 2. sofortige Zuziehung von Vertretern der

Zusammensetzung des letzten kaiserlichen Reichstags und der präjudiziellen Wirkungen für die Verfassungsfrage, welche von einer Einberufung des durch die Verfassung des Kaiserreichs legitimierten Parlaments ausgegangen wäre, besaß der Rat der Volksbeauftragten kein Interesse an dessen Heranziehung. Vielmehr war er der Meinung, dass infolge der politischen Umwälzungen vom 9. November 1918 eine Berechtigung für ein Zusammentreten des Reichstags nicht mehr vorliege.[35] Auf diese Weise sollte der Reichstag faktisch ausgeschaltet werden, ohne ihn jedoch formell auflösen zu müssen.[36] Demgegenüber betonte der amtierende Reichstagspräsident Konstantin Fehrenbach (Z) in einem Schreiben an Friedrich Ebert vom 18. November 1918, dass die Einberufung aufgrund der fehlenden formellen Auflösung weiterhin legitimiert sei, auch wenn davon in der jetzigen Umbruchssituation abgesehen werden müsse. Er behielt sich aber das Recht vor, den Reichstag unter bestimmten Verhältnissen einzuberufen, »die sowohl der jetzigen, wie auch der künftigen Reichsleitung den Zusammentritt des Reichstags als erwünscht, vielleicht sogar als notwendig erscheinen lassen.«[37] Dieses Verhalten begründete Fehrenbach damit, dass er »in dieser schwierigen Zeit der Reichsleitung Schwierigkeiten nicht machen wolle, sofern sie imstande sei, das Reichsschiff über die Klippen hinüberzubringen«, dass er »aber nach wie vor, solange der Reichstag nicht aufgelöst ist, das Recht zu seiner Einberufung geltend mache.«[38] Nachdem die Verhandlungen über eine Fortsetzung des Waffenstillstands Anfang Dezember aufgrund einer vermeintlichen Verhandlungsunfähigkeit der Regierung ins Stocken gerieten, machte er von diesem Recht Gebrauch und verkündete in einem Schreiben an die Reichstagsabgeordneten vom 12. Dezember 1918, dass er den

---

bürgerlichen Parteien zur Regierung, um diese geschäfts- und verhandlungsfähig zu machen, 3. sofortige Auflösung aller Arbeiter- etc. Räte bezw. deren Unterordnung unter die bestehenden Verwaltungsbehörden, zu deren Unterstützung und Beratung sie herangezogen werden können.« BAB R1501/17145, fol. 58r.–59r., hier fol. 59r. Siehe auch den Berliner Aufruf der Zentrumsfraktion des Reichstags vom 15.11.1918, abgedruckt in: Salomon, Parteiprogramme, S. 32ff., hier S. 33.

35 So das Antwortschreiben der Reichsregierung vom 15.11.1918 auf die Anfrage des Reichstagspräsidenten Fehrenbach vom 14.11.1918, ob die Reichsregierung Einwendungen gegen die vielfach geforderte baldige Einberufung des Reichstags erhebe. Die Schreiben befinden sich unter BAB R43/2480, fol. 47r., 48r. Siehe auch das Protokoll der Kabinettssitzung vom 15.11.1918 bei Matthias/Miller, Regierung, Bd. 1, S. 47.

36 Huber, Verfassungsgeschichte. Bd. 5, S. 729f.

37 Das Schreiben befindet sich unter BAB R43/2480, fol. 49r.–49v., Zitat fol. 49v. Siehe auch den Bericht des Reichstagspräsidenten Fehrenbach über seine Bemühungen um die Einberufung des Reichstags in der Zeit vom 14.11. bis zum 16.12.1918, abgedruckt in: Matthias/Miller, Regierung, Bd. 1, S. 381–392, hier S. 381ff. Dazu Mühlhausen, Ebert, S. 112.

38 So Fehrenbach in einem Brief vom 2.12.1918: NL Konstantin Fehrenbach, BAK KLE 370, fol. 1r.

Reichstag einberufe, sich aber Ort und Zeit der Tagung vorbehalte.[39] Daraufhin wandte sich der Rat der Volksbeauftragten in einem Schreiben an Fehrenbach gegen die Einberufung und verwies ausdrücklich auf seine eigene durch die Entente anerkannte Stellung, sodass Fehrenbach von einem solchen Schritt vorläufig absah.[40] Auch wenn die formelle Auflösung des Reichstags erst durch eine Verordnung der Reichsregierung vom 2. Februar 1919[41] erfolgte, schied die Möglichkeit einer Einberufung mit der Vorverlegung des Wahltermins auf den 19. Januar 1919 faktisch aus, da sich die Übergangszeit bis zum Zusammentritt der Nationalversammlung auf wenige Wochen beschränkte und sich dementsprechend auch in bürgerlich-konservativen Kreisen die Notwendigkeit einer provisorischen Volksvertretung nicht mehr ergab.

Die letzte Bewährung für die rechtlich souveräne Stellung der Nationalversammlung bildete die zweite Staatenkonferenz mit insgesamt 129 Vertretern der deutschen Regierungen, die am 25. Januar 1919 im Reichsamt des Innern tagte.[42] Den Grund für diese Beratung bildete der am 20. Januar 1919 veröffentlichte Verfassungsentwurf von Hugo Preuß, dessen unitarische Grundzüge in diesem Rahmen diskutiert wurden. Dabei sahen sich die Ländervertreter veranlasst, die Rechte der Einzelstaaten zu wahren und konkrete Zusicherungen wie das Mitspracherecht in der Verfassung- und Gesetzgebung durch einen Staatenausschuss einzufordern. Diesbezüglich stellte der bayerische Ministerpräsident Kurt Eisner (USPD) im Namen der Staatenvertreter von Bayern, Sachsen, Württemberg, Baden und Hessen den Antrag, dass die Nationalversammlung zunächst ein »vorläufiges Reichsgrundgesetz« zur Sicherung der »Aktionsfähigkeit der Reichsregierung« beschließen solle, das in Zusammenarbeit von Reichsregierung und Staatenausschuss zu erstellen und von Nationalversammlung und Staatenausschuss gemeinsam zu erlassen sei.[43] Das unabdingbare Mitsprachrecht in der Verfassunggebung begründete Eisner mit der Lebensmöglichkeit der Einzelstaaten, welche im Gegensatz zu der »absolute[n] Souveränität der Nationalversammlung« stehe.[44] Dagegen wies Ebert diesen

39 Vgl. das Schreiben Fehrenbachs an die Reichstagsabgeordneten vom 12.12.1918, abgedruckt in: Matthias/Miller, Regierung, Bd. 1, S. 389f., Zitat S. 390.

40 Vgl. Matthias/Miller, Regierung, Bd. 1, S. 388–392. Dazu Huber, Verfassungsgeschichte, Bd. 5, S. 819–823.

41 RGBl. 1919, S. 145. Dazu Jellinek, Revolution, S. 18f.

42 Vgl. die Aufzeichnung über die Besprechung im Reichsamt des Innern vom 25. Januar 1919 über den der verfassunggebenden deutschen Nationalversammlung vorzulegenden Verfassungsentwurf, BAB R43 I/1863, S. 103r.–141r. Der Entwurf von Preuß ist abgedruckt bei Triepel, Quellensammlung, S. 10–16. Dazu und zum Folgenden Schulz, Demokratie, S. 142–149; Apelt, Geschichte, S. 64ff.

43 BAB R43 I/1863, S. 115f.

44 BAB R43 I/1863, S. 122.

Antrag als Eingriff in die Kompetenzen der Nationalversammlung zurück und betonte, dass an der »Souveränität der Nationalversammlung in der Verfassungsfrage [...] nicht gerüttelt werden« dürfe.[45] Jedoch konnte er sich mit dieser Auffassung nicht durchsetzen und schlug stattdessen vor, einen Ausschuss einzusetzen, dem ein Mitglied eines jeden Bundesstaates angehören solle und dem der Gesetzentwurf über die vorläufige Reichsgewalt und der Verfassungsentwurf zur Beratung zu überweisen sei.[46] Nachdem sich die Versammlung mit dem Vorschlag einverstanden erklärt hatte, konstituierte sich am folgenden Tag der Staatenausschuss, der sich in gemäßigter Atmosphäre letztlich ohne größere Widerstände auf die souveräne Stellung der Nationalversammlung in der Verfassunggebung einigte, da das Hauptaugenmerk der Beratungen stärker auf der Sicherung des ständigen Mitspracherechts der Länder lag.[47] So wurde im ausgearbeiteten Gesetzentwurf festgestellt, dass die »verfassunggebende deutsche Nationalversammlung [...] die Aufgabe [habe], die künftige Reichsverfassung sowie auch sonstige dringende Reichsgesetze zu beschließen. [...] Die künftige Reichsverfassung wird von der Nationalversammlung verabschiedet. Es kann jedoch der Gebietsbestand der Freistaaten nur mit ihrer Zustimmung geändert werden.«[48]

Diese einschränkende Formulierung wurde in dem »Gesetzentwurf über die vorläufige Reichsgewalt« aufgenommen, der am 8. Februar 1919 in die Nationalversammlung eingebracht, zwei Tage später mit der Zustimmung der oppositionellen Rechtsparteien angenommen und bereits am 11. Februar 1919 veröffentlicht wurde.[49] Mit diesem Gesetz wurde die verfassunggebende Gewalt nun ausschließlich und unwiderruflich der Nationalversammlung übertragen, die am Ende der politischen Auseinandersetzung letztlich durch das Vertrauen nahezu aller Bevölkerungsgruppen legitimiert war: von den alten Mächten des Kaiserreichs durch den Vorschlag Prinz Max von Badens am 9. No-

45 BAB R43 I/1863, S. 117.

46 BAB R43 I/1863, S. 135, 141.

47 So erklärte der bayerische Ministerpräsident Kurt Eisner (USPD), dass er die »Souveränität der Nationalversammlung [...] an sich nicht« bestreite, knüpfte dieses jedoch an die »Voraussetzung, daß sie es vermeidet, uns Unmögliches zuzumuten.« Diese Einschränkung wurde jedoch bereits vom badischen Minister Ludwig Haas (DDP) entkräftet, der darauf verwies, dass die »Souveränität der Nationalversammlung« zwar beschränkt sei, jedoch »nicht durch das Veto eines Einzelstaates«, sondern »durch den Widerstand anderer Machtzentren« gesellschaftlicher Art. BAB R1501/164471/1, fol. 1v.–2r. Dazu und zum Folgenden Schulz, Demokratie, S. 149–156.

48 BAB R1501/164471/1, fol. 10v.–11r. Die verschiedenen Entwürfe sind abgedruckt in: Matthias/Miller, Regierung, Bd. 2, S. 334–338, hier S. 334, 336.

49 RGBl. 1919, S. 169ff. Der eingebrachte Gesetzentwurf ist abgedruckt bei Sten. Ber., Anlage-Bd. 335, Nr. 3, S. 26. Zur Beratung und Abstimmung in der Nationalversammlung siehe ebd., Bd. 326, S. 12–15, 20–36.

vember 1918, vom Bürgertum aufgrund dessen Ablehnung einer Rätediktatur, von den Arbeiter- und Soldatenräten durch die entsprechenden Beschlüsse vom 19. Dezember 1918, von den Einzelstaaten in den Reichskonferenzen vom November 1918 bzw. Januar 1919 und schließlich vom Rat der Volksbeauftragten als Inhaber der Staatsgewalt. Also war »die Nationalversammlung von 1919, anders als die von 1848, der kommende Souverän.«[50] Die rechtliche Stellung der verfassunggebenden deutschen Nationalversammlung als souveräne Entscheidungsinstanz in der Verfassungsfrage war damit zwar gesichert, für ihre praktische Durchführung galt dieses jedoch noch nicht.

Der Tagungsort

Mit der Proklamation der Republik und der Machtübernahme des Rates der Volksbeauftragten am 9./10. November 1918 war die konstitutionelle Ordnung des Deutschen Kaiserreichs formell zwar beseitigt, die Stellung der neuen Reichsregierung aber noch keineswegs gefestigt. Die Rückführung und Auflösung der Armee, die noch ungeklärte Stellung und Funktion der Arbeiter- und Soldatenräte sowie die gewaltsamen Auseinandersetzungen innerhalb der Arbeiterbewegung über den Fortgang der Revolution führten zu einer konstant anhaltenden Unruhe in der Reichshauptstadt Berlin, die sich im Dezember 1918 in den sogenannten Weihnachtskämpfen auch direkt gegen die Reichsregierung richtete.[51]

---

50 So Jellinek, Nationalversammlung, S. 121. Siehe auch ders., Revolution, S. 33; Schneider, Reichsverfassung, S. 93; Gusy, Reichsverfassung, S. 60; Wedel, Verfahren, S. 136; Huber, Verfassungsgeschichte, Bd. 5, S. 1078.

51 Am 23. Dezember 1918 setzten revoltierende Matrosen wegen Lohnstreitigkeiten die Mitglieder der Reichsregierung in der Reichskanzlei fest. Während deren Freigabe noch auf dem Verhandlungsweg erreicht wurde, konnte die Plünderung des von den Matrosen ebenfalls besetzten Stadtschlosses und die Gefangennahme des Stadtkommandanten Otto Wels (SPD) nicht verhindert werden. In dieser Situation entschied sich Friedrich Ebert (SPD) dafür, das preußische Kriegsministerium um Hilfe zu bitten. Dessen militärisches Eingreifen brachte jedoch nicht den erhofften Erfolg, sondern endete in einem Blutbad und mit einer politischen Niederlage für die Reichsregierung, die den Forderungen der Matrosen auf Erhalt ihrer Volksmarinedivision nachgeben musste. Eine weitere Folge der sogenannten Berliner Weihnachtskämpfe bestand darin, dass die Unabhängigen Sozialdemokraten am 28./29. Dezember 1918 ihren Austritt aus dem Rat der Volksbeauftragten bekannt gaben, da sie sich mit der Militäraktion gegen die meuternden Soldaten nicht einverstanden erklären konnten. Die Erklärung ist abgedruckt bei Matthias/Miller, Regierung, Bd. 2, S. 137f. Zu den Weihnachtsunruhen Winkler, Weimar, S. 53f.; ders., Revolution, S. 109–112; Miller, Bürde, S. 208f.; Kluge, Soldatenräte, S. 262–267; Möller, Weimar, S. 45–50; Holste, Tagungsort, S. 224–227; Hürten, Bürgerkriege, S. 83. Eine ausführliche Darstellung der Ereignisse findet sich bei Bernstein, Revolution, S. 146–173. Zur Situation in Berlin Benz, Klassiker, S. 195f. Zur Radikalisierung der Arbeiterschaft Feldmann, Massenbewegungen, S. 94–101.

Aufgrund der innenpolitischen Belastungen äußerten Friedrich Ebert (SPD) und Otto Landsberg (SPD) bereits in den Kabinettssitzungen vom 23. bzw. 24. Dezember 1918 den Vorschlag, die Regierung aus Berlin zu verlegen.[52] Noch sprachen sich die Vertreter der USPD gegen diese Pläne aus, da sie letztlich die revolutionäre Entwicklung nicht unterbinden wollten und dementsprechend auf die notwendige Zustimmung des Vollzugsrats verwiesen.[53] Da sich die innenpolitische Situation nach dem Ausscheiden der Unabhängigen Sozialdemokraten aus der Regierung als Folge der Weihnachtskämpfe verschärfte und schließlich in den gewaltsamen Januarunruhen[54] eskalierte, blieb die Frage nach einer eventuellen Verlegung des Tagungsortes von Reichsregierung und Nationalversammlung weiterhin virulent.

Hinzu trat ein weiteres politisches Moment, welches in den dezentral verlaufenden Revolutionsereignissen begründet lag. Durch den militärischen Zusammenbruch war die von Preußen dominierte Reichspolitik insbesondere in den süddeutschen Staaten stark diskreditiert, sodass hier im Zusammenhang mit den einzelstaatlichen Revolutionen eine »Los-von-Berlin-Bewegung« einsetzte, die auf eine stärkere Stellung der Einzelstaaten drängte.[55] Diesen zentrifugalen Tendenzen versuchte Ebert dadurch entgegenzuwirken, dass er in der Kabinettssitzung am 31. Dezember 1918 vorschlug, die Nationalversammlung »aus politischen Gründen« nicht in Berlin tagen zu lassen, sondern sie mit Blick auf Süddeutschland »mehr in das Herz Deutschlands hineinzuverlegen.« Als mögliche Orte nannte er die Städte Frankfurt am Main, Bayreuth, Kassel und Weimar, wobei er einen Ort mittlerer Größe präferierte.[56]

Nachdem diese Pläne an die Öffentlichkeit gelangt waren, richteten nicht nur Vertreter dieser Städte, sondern auch von Bamberg, Eisenach, Erfurt, Jena, Nürnberg und Würzburg Eingaben an die Reichsregierung, in denen sie ihre besondere Eignung als Tagungsort für die Nationalversammlung hervorhoben.[57] Selbst der Magistrat von Potsdam bemühte sich um den Zuschlag, indem er auf die Nähe zu Berlin verwies.[58] Gegen diese Pläne wandte sich je-

---

52 Matthias/Miller, Regierung, Bd. 2, S. 17, 35. Eine solche Vorgehensweise, die darauf abzielte, die Nationalversammlung dem Hauptort des revolutionären Geschehens zu entziehen, fand sich bereits in der Revolution von 1848. Dazu Hachtmann, Hauptstädte.

53 Matthias/Miller, Regierung, Bd. 2, S. 18, 35.

54 Dazu Winkler, Weimar, S. 56–60; ders., Revolution, S. 120–131; Miller, Bürde, S. 225–236; Kolb, Arbeiterräte, S. 223–240; Kluge, Soldatenräte, S. 267ff. Siehe auch die ausführliche Darstellung von Bernstein, Revolution, S. 181–236.

55 Dazu Holste, Tagungsort, S. 227ff. Siehe auch Dorrmann, Potsdam, S. 22.

56 Vgl. Matthias/Miller, Regierung, Bd. 2, S. 164ff., Zitate ebd.

57 Dazu Dreyer, Entstehung, S. 34. Die Eingaben sind einzusehen unter BAB R1501/17141.

58 Telegramm des Magistrats von Potsdam vom 28.1.1919, BAB R43/2484, fol. 284r. Diese Anfrage wurde von der Reichsleitung aufgrund der am 21.1.1919 getroffenen Entscheidung für

doch der Oberbürgermeister von Berlin, der in einem Schreiben vom 19. Januar 1919 die Beibehaltung Berlins als Tagungsort forderte und auf die »Pflicht« der Mitglieder der Nationalversammlung verwies, »sich im politischen Kampf zu stählen und ihm nicht aus dem Weg zu gehen.«[59]

Diesen Versuchen der Einflussnahme gegenüber verhielt sich die Reichsregierung sehr zurückhaltend. Erst am 14. Januar 1919 trat sie wieder in die Beratung über den Tagungsort der Nationalversammlung ein, nachdem Alfred Schulze vom Reichsministerium des Innern und der Reichstagsdirektor Bernhard Jungheim Anfang Januar 1919 die in Betracht kommenden Städte im Auftrag der Regierung in Augenschein genommen hatten und sich die süddeutschen Regierungen am 10. Januar 1919 für Würzburg als Sitz der Nationalversammlung ausgesprochen hatten.[60] In dem von Schulze abgelegten Bericht wurden nur noch Bayreuth, Nürnberg, Jena und Weimar in die engere Wahl gezogen. Dabei schieden Bayreuth wegen der unzureichenden Unterbringungsmöglichkeiten, Nürnberg aufgrund von Sicherheitsbedenken und Jena angesichts mangelnder Räume für die Regierung aus. In Weimar dagegen hätten sich »[s]ehr angenehme Verhältnisse« gefunden, da das dortige Theater als »moderner, freistehender Bau« den »bestgeeignete[n] Raum für die Nationalversammlung« darstelle und das Schloss gute Unterbringungsmöglichkeiten für die Regierung böte.[61] In der anschließenden Aussprache sprach sich die Mehrheit der drei anwesenden Volksbeauftragten für Weimar als Tagungsort aus, während sich unter den übrigen Sitzungsteilnehmern die Befürwortung Weimars mit der Berlins die Waage hielt.[62] Der offizielle Beschluss wurde jedoch

---

Weimar abschlägig behandelt. Siehe dazu das Antworttelegramm vom 30.1.1919, BAB R43/2484, fol. 285r.

59 So die Eingabe des Magistrats von Berlin vom 19.1.1919, BAB R1501/16820, fol. 6r.–7r., Zitat fol. 6r. Dazu Dreyer, Entstehung, S. 34f.

60 Vgl. das Kabinettsprotokoll vom 14.1.1919 bei Matthias/Miller, Regierung, Bd. 2, S. 223–234. Dazu Ziegler, Nationalversammlung, S. 27f. Zum Vorschlag der süddeutschen Staaten Matthias/Miller, Regierung, Bd. 2, S. 206.

61 Matthias/Miller, Regierung, Bd. 2, S. 223f.

62 In der Aussprache trat zunächst Hugo Preuß (DDP) für Berlin als Tagungsort ein, wie er es bereits im Dezember 1918 in einem Schreiben an den Rat der Volksbeauftragten getan hatte. Seiner Meinung nach sei die Herstellung der notwendigen Sicherheit in Berlin bei energischem Durchgreifen seitens der Regierung durchaus möglich, wohingegen eine Verlegung der Nationalversammlung »nicht gerade ein Beweis der Stärke und des Machtgefühls« sei. Matthias/Miller, Regierung Bd. 2, S. 224. Der Brief vom 5.12.1918 befindet sich unter BAB R43/2484, fol. 105r.–106r. Dagegen sprach sich Friedrich Ebert (SPD) aufgrund der in Süddeutschland herrschenden Stimmung »aus rein politischen Gründen gegen eine Berufung nach Berlin« aus und favorisierte aufgrund der Sicherheitslage die Einberufung der Nationalversammlung nach Weimar. Dieser Auffassung schloss sich Philipp Scheidemann (SPD) an, während Otto Landsberg (SPD) Berlin favorisierte. Ebenfalls für Berlin votierten der Staatssekretär im Reichsaußenamt Ulrich Graf von Brockdorff-Rantzau und der Chef der Reichskanzlei Kurt

erst nach den Wahlen zur Nationalversammlung am 20. Januar 1919 gefasst und einen Tag später veröffentlicht.[63]

Die Reaktionen auf die Verlegung der Nationalversammlung von Berlin nach Weimar riefen in der Presselandschaft unterschiedliche Reaktionen hervor. Berliner Zeitungen aller politischen Couleur kritisierten einhellig den Abzug der Nationalversammlung aus der Hauptstadt, wobei sich »Die Freiheit« als Parteiorgan der USPD am weitesten vorwagte, indem sie die Verlegung als »Flucht nach Weimar« aus Angst vor der revolutionären Situation in Berlin bezeichnete. Partikularistische Blätter Süd- und Westdeutschlands lobten dagegen die Entscheidung als den ersten Erfolg der »Los-von-Berlin-Bewegung«, wohingegen die Wahl Weimars als Ausdruck einer neu anbrechenden Zeit lediglich vereinzelt hervorgehoben wurde.[64]

Für die Einberufung nach Weimar anstelle von Berlin machte sich insbesondere Ebert stark, um zum einen die reibungslose Tagung der Nationalversammlung zu gewährleisten und zum anderen die zentrifugalen Strömungen in den süddeutschen Staaten zu beruhigen.[65] Dem ideell-kulturellen Bezug auf den »Geist von Weimar« als Ausdruck der klassisch-humanistischen Tradition Deutschlands kam dagegen nur eine untergeordnete Bedeutung zu. Zwar wurde dieser Bezug durch Ebert in der Beratung vom 14. Januar 1919 angemerkt[66] und in seiner Eröffnungsrede am 6. Februar 1919 ausdrücklich betont.[67] Dieses diente jedoch einer Nutzbarmachung für den neuen Staat, um in Abgrenzung zum bisher vorherrschenden »Geist von Potsdam« als Symbol des Militarismus und Imperialismus den Anbruch einer neuen Zeit hervorzuheben. Für die Entscheidung spielte der kulturell-humanistische »Geist von Weimar« keine

---

Baake für Weimar, der preußische Kriegsminister Walther Reinhardt, der Staatssekretär im Reichsjustizamt Paul von Krause. Vgl. Matthias/Miller, Regierung, Bd. 2, S. 224–231. Dazu Holste, Tagungsort, S. 231f.

63 Matthias/Miller, Regierung, Bd. 2, S. 232, 283, 285.

64 Dorrmann, Potsdam, S. 22; Holste, Tagungsort, S. 234.

65 Vgl. Holste, Tagungsort, S. 234ff. Dazu auch Richter, Verfassungsgebung, S. 627f.

66 Matthias/Miller, Regierung, Bd. 2, S. 225. Dazu Mühlhausen, Ebert, S. 169f.

67 »Wie der 9. November 1918 angeknüpft hat an den 18. März 1848, so müssen wir hier in Weimar die Wandlung vollziehen vom Imperialismus zum Idealismus, von der Weltmacht zur geistigen Größe. […] Jetzt muß der Geist von Weimar, der Geist der großen Philosophen und Dichter, wieder unser Leben erfüllen.« Sten. Ber., Bd. 326, S. 3 (Friedrich Ebert (SPD), 6.2.1919). Siehe auch die Aussage von Conrad Haußmann (DDP) am 29.7.1919: »Als der Sturm in die Zeit gefahren ist, der Sturm der heute noch in der Zeit ist, als die Fundamente des alten Reichstags, des Reichstagsgebäudes wortwörtlich geschwankt haben, sodaß wir den Reichstag und das Gebäude verlassen mussten, da sind wir ausgewandert. Aber nicht nach Potsdam sind wir ausgewandert, sondern nach Weimar.« Sten. Ber., Bd. 328, S. 2083 (Conrad Haußmann (DDP), 29.7.1919). Zum viel beschworenen »Geist von Weimar« Merseburger, Mythos, S. 285–290; Dorrmann, Potsdam, S. 28f.

Rolle.[68] Letztlich entsprach Weimar den organisatorischen, politischen und sicherheitstechnischen Anforderungen am besten: Für die Nationalversammlung und die Reichsregierung standen ausreichend große Räumlichkeiten zu Verfügung, die Stadt gehörte bis 1918 zum Großherzogtum Sachsen-Weimar-Eisenach und damit nicht zum preußischen Staatsgebiet und war mit etwa 37.000 wenig revolutionären Einwohnern von mittlerer Größe.[69] Mit der Unterbringung der Nationalversammlung und ihrer Mitglieder sowie der Reichsregierung und ihrer Mitarbeiter stand die Stadt jedoch vor einer logistischen Herausforderung, auch wenn von Regierungsseite versucht wurde, den »Kreis der nach Weimar zu entsendenden so eng als irgend möglich« zu halten.[70]

Für die Nationalversammlung wurde das 1908 fertig gestellte Hoftheater angemietet, das seit dem 19. Januar 1919 den Namen »Deutsches Nationaltheater« führte.[71] Für die Nutzung wurde für die Zeit zwischen Januar und April 40.000 Mark, zwischen den Monaten Mai und Juni 30.000 Mark und zwischen Juli und September 14.000 Mark als Mietzins für die durch die Tagung entstandenen Ausfallkosten vereinbart. Für das ebenfalls angemietete Sophienstift war ein monatlicher Betrag von 1500 Mark zu entrichten, wohingegen die Räumlichkeiten des Residenzschlosses unentgeltlich überlassen wurden.[72] Den Mitgliedern und Mitarbeitern der Reichsregierung standen mit den 135 Wohn- und Büroräumen des Schlosses ausreichende Räumlichkeiten zur Verfügung, wohingegen die Abgeordneten entweder in zentral vermittelten Privatquartier-

68 Vgl. Richter, Verfassungsgebung, S. 628; Apelt, Verfassung, S. 53f. Siehe auch Schmidt-Möbius/Möbius, Kulturgeschichte, S. 253. Dagegen Dorrmann, Potsdam S. 22, 34.

69 Aufgrund der politisch und wirtschaftlich dominierenden Stellung des Hofes war das Stadtbürgertum überwiegend monarchistisch eingestellt und die Arbeiterschaft nur schwach ausgebildet. Dieses fand seinen Ausdruck neben den weitgehend friedlich verlaufenden Demonstrationen im November 1918 auch in dem Ergebnis der Nationalversammlungswahlen vom 19. Januar 1919. Von den 20.511 in Weimar abgegebenen Stimmen entfielen 7.288 auf die SPD, lediglich 576 auf die USPD und mit 12.647 weit über die Hälfte auf die bürgerlichen Parteien. Dementsprechend waren revolutionäre Ausschreitungen gegen die Nationalversammlung von der Weimarer Stadtbevölkerung nicht zu erwarten, die der neuen staatlichen Ordnung vielmehr reserviert gegenüberstand. Vgl. Schmidt-Möbius/Möbius, Kulturgeschichte, S. 250f.; Merseburger, Mythos, S. 291f. Siehe auch Dreyer, Entstehung, S. 35f.; Lingelbach, Weimar, S. 32ff. Zu der Einwohnerzahl von 37.000 ebd., S. 37. Die Sozialstruktur der Einwohnerschaft Weimars wird ausführlich referiert von Kaiser, Nationalversammlung, S. 6–10.

70 So Hugo Preuß (DDP) in einem Rundbrief vom 20.1.1919 an die Reichsregierung, die Chefs der obersten Reichsbehörden, die preußischen Ministerien und die nichtpreußischen Landesregierungen, BAB R1501/16825, fol. 2r. Bereits Friedrich Ebert (SPD) wies am 14.1.1919 darauf hin, den »Beamtenstab in Weimar […] auf das Äußerste« zu beschränken und lediglich mit einer »Husarenausrüstung« anzureisen. Matthias/Miller, Regierung, Bd. 2, S. 232.

71 Stapff, 1919, S. 2f.; Dorrmann, Potsdam, S. 23f.

72 Siehe dazu den Mietvertrag zwischen dem Reichsfiskus und dem Staatsministerium in Weimar vom 6./17.6.1919, BAB R1501/16825, fol. 56r.–58r.

en oder in Hotels untergebracht wurden, in denen auch die jeweiligen Fraktionen ihr Quartier aufschlugen.[73]

Zudem waren zahlreiche technische Vorbereitungen für den reibungslosen Ablauf der Nationalversammlung zu treffen, da Weimar über keine adäquate Anbindung an die Informationswege der Zeit verfügte. Dementsprechend wurden die Telegraphen- und Fernsprechleitungen ausgebaut, eine Telegraphen- und Postzentrale im Sophienstift eingerichtet, der Bau einer Funkstation in die Wege geleitet und erstmals in Deutschland eine Flugpostverbindung eröffnet, die zweimal täglich die Strecke zwischen Berlin und Weimar flog.[74] Zudem wurde ein Parlamentszug eingerichtet, um eine engere Verbindung zwischen der Nationalversammlung und den Regierungsstellen in Berlin zu gewährleisten.[75]

Vergleichbare Anstrengungen wurden auch auf dem Gebiet der militärischen und polizeilichen Sicherung des Tagungsortes unternommen. Bereits am 17. Januar 1919 lag der Reichsregierung ein Gutachten des Oberstleutnants von Klüber über die Gefahrensituation in Weimar vor, in dem der Verfasser als potenzielle Gefahren Attentate einzelner Personen, Zusammenrottung ortsansässiger oder zugewanderter Personen sowie Überfälle mit der Eisenbahn oder mit Kraftwagen, aber auch Angriffe zu Fuß anmarschierender Personen und letztlich auch Fliegerangriffe ausmachte. Vor diesem Hintergrund hielt er eine Bereitstellung von fünf bis sechs Bataillonen, etwa 5.000 bis 6.000 Mann, zum Schutz der Nationalversammlung für nötig, wobei drei Bataillone in unmittelbarer Umgebung des Nationaltheaters zu postieren waren.[76] Nicht zuletzt unter dem Eindruck der Januarunruhen in Berlin genehmigte die Reichsregierung nicht nur die gewünschte Bereitstellung dieser Kräfte und deren Unterstellung unter dem Volksbeauftragten Gustav Noske (SPD), sondern setzte unter dem Befehl des Generalmajors Georg Maerker zusätzlich ein

73 So residierten die Deutschnationalen im Hotel »Erbprinzen«, die Rechtsliberalen im Hotel »Elephant« und im »Hotel Mende«, die Linksliberalen im »Fürstenhof«, die Unabhängigen Sozialdemokraten im »Thüringer Hof«, während die Mehrheitssozialdemokraten aufgrund ihrer Fraktionsgröße von 165 Personen zunächst im Weimarer Volkshaus und dann schließlich im Theater ihre Sitzungen abhielten. Dazu Dorrmann, Potsdam, S. 26f.; Richter, Verfassungsgebung, S. 630ff.

74 Dorrmann, Potsdam, S. 23; Richter, Verfassungsgebung, S. 633.

75 Dieser Zug wurde für Regierungsvertreter, Abgeordnete und Pressevertreter freigegeben und verkehrte täglich von 8.30 Uhr bis 13.00 Uhr von Berlin nach Weimar und von 19.00 bis 23.00 Uhr wieder zurück. Siehe die Telegramme von Hugo Preuß (DDP) an das Reichsarbeitsministerium vom 20.1.1919, an das Reichsschatzamt vom 24.2.1919 und das Antworttelegramm des Reichsarbeitsministeriums vom 29.1.1919: BAB R1501/16820, fol. 10v.–11v., 19r.–20r., 63r. Dazu auch Richter, Verfassungsgebung, S. 633.

76 Denkschrift des Oberstleutnant v. Klüber vom 17.1.1919, BAB R1501/16820, fol. 150r.–153r.

Landjägerkorps ein, das die Stadt in einem Umkreis von sieben Kilometern weiträumig abzusperren und gegen etwaige Fliegerangriffe zu schützen hatte.[77] Darüber hinaus erließ die Reichsregierung am 1. Februar 1919 die »Verordnung über die Beschränkung des Aufenthalts in Weimar während der Dauer der deutschen verfassunggebenden Nationalversammlung«, in welcher der Zutritt zur Stadt Weimar durch eine Ausweispflicht eingeschränkt wurde. Neben den Mitgliedern der Nationalversammlung und den Mitarbeitern der Reichsregierung, die sich ebenfalls auszuweisen hatten, durften nur die Personen Weimar betreten, die in ihren Pässen eine entsprechende Einreise- und Aufenthaltserlaubnis der hierfür eingerichteten Fremdenstelle vorweisen konnten.[78] Zusätzlich wurde der Zutritt zum Nationaltheater überwacht, indem aus Berlin überstellte Polizisten in einem abgesperrten Bereich um das Gebäude die Ausweise der Nationalversammlungs- und Regierungsmitglieder sowie die Einlasskarten der Besucher und der Pressevertreter kontrollierten.[79] Somit kam es in Weimar trotz revolutionärer Aufstände in den nahegelegenen Städten Eisenach, Gotha und Erfurt zu keinen nennenswerten Zwischenfällen, sodass die Nationalversammlung bis zu ihrer letzten Sitzung in Weimar am 21. August 1919 reibungslos tagen konnte, bevor sie nach der Sommerpause im September 1919 wieder nach Berlin zurückkehrte.[80]

An den Verhandlungen herrschte trotz der Zugangsbeschränkungen ein großes Interesse auf Seiten der Presse und des Publikums vor.[81] Zur Eröffnung am 6. Februar 1919 waren die Besucher- wie die Pressetribünen überfüllt, nachdem alle führenden deutschen und ausländischen Zeitungen eigene Berichterstatter nach Weimar entsandt und sich somit über 400 Journalisten im Nationaltheater eingefunden hatten. Jedoch besaßen nur die größten deutschen Tageszeitungen ständige Berichterstatter vor Ort, während viele mittlere und kleinere Blätter aus Kostengründen darauf verzichteten und auf die offiziellen Berichte von Nachrichtenbüros wie Wolff's Telegraphisches Bureau (W.T.B.) zurückgriffen, das für seine Dienste von der Reichsregierung finanziell entschä-

77 Dazu Lingelbach, Weimar, S. 43; Richter, Verfassungsgebung, S. 628; Dorrmann, Potsdam, S. 26; Schmidt-Möbius/Möbius, Kulturgeschichte, S. 254.

78 Siehe RGBl. 1919, S. 125–128. Dazu Dorrmann, Potsdam, S. 26.

79 Lingelbach, Weimar, S. 45.

80 Vgl. Lingelbach, Weimar, S. 42–46; Dorrmann, Potsdam, S. 26f.; Richter, Verfassungsgebung, S. 634.

81 Dazu Dorrmann, Potsdam, S. 24. Jedoch ging mit dem großen Interesse auf Seiten der Presse nicht unbedingt eine Wertschätzung der parlamentarischen Arbeit einher, wie die anonym veröffentliche polemische Darstellung eines Journalisten über die Verhandlungen der Weimarer Nationalversammlung verdeutlicht: Anonymus, Friedrich.

digt wurde.[82] Auf diese Weise konnte trotz technischer Behinderungen durch die Überlastungen der Telegraphen- und Telefonverbindungen die Presseberichterstattung aus Weimar in hinreichendem Maße erfolgen.

Die Kleinstadt Weimars wirkte sich auf die parlamentarische Tätigkeit unterschiedlich aus. Ein Teil der Abgeordneten empfand die Enge und Abgeschiedenheit als belastend.[83] Jedoch führten das im Verhältnis zu Berlin stark eingeschränkte kulturelle Angebot und der enge Kontakt zu den Partei- und Parlamentskollegen im Nationaltheater sowie in den Hotels und Kneipen zu einer Intensität der parlamentarischen Arbeit, welche die Erledigung der umfangreichen parlamentarischen Arbeit ermöglichte und unter den Parlamentariern ein kollegiales Zusammengehörigkeitsgefühl entstehen ließ.[84] Erst unter dem Eindruck der Bekanntgabe der Friedensbedingungen im Mai 1919 wurde die »Kleinstadtidylle« als unpassend empfunden, als die immense Tragweite der in Weimar getroffenen Entscheidungen bis zu einer möglichen Wiederaufnahme des Krieges besonders deutlich wurde. Im Nachhinein bewerteten die meisten Parlamentarier den sechsmonatigen Umzug nach Weimar aufgrund des »genius loci« und des kollegialen Klimas jedoch überwiegend als gelungen.[85]

Zu der kollegialen und kooperativen Atmosphäre leistete auch der Tagungsraum seinen Beitrag: Das Weimarer Hoftheater wurde zwischen 1906 und 1908 von den Architekten Jakob Heilmann und Max Littmann aus München als neoklassizistischer Bau errichtet.[86] Dabei waren sie an die Vorgaben gebunden, das Theater für 1050 Zuschauer auszulegen und allen Plätzen ein

82 Die Reichsregierung überwies dem W.T.B. monatlich 25.000 Mark für seine Nachrichtendienste. Vgl. die Briefe des Direktors des W.T.B. an den Pressechef der Reichskanzlei vom 14.3.1919 und 25.3.1919 unter BAB R43 I/2473, fol. 27r.–27v., 28r.–29r. sowie die Antwortschreiben vom 1.4.1919 unter ebd., fol. 30r. Zur Presseberichterstattung aus Weimar Richter, Verfassungsgebung, S. 634ff. Zum W.T.B. ausführlich Basse, Bureau, bes. S. 194–210. Siehe auch Koszyk, Geschichte, S. 127–134; Dussel, Tagespresse, S. 125f.

83 So beklagte etwa der linksliberale Abgeordnete Friedrich von Payer im Rückblick, dass das »Leben der Abgeordneten der Weimarer Nationalversammlung äußerlich ziemlich langweilig und doch durch die zahlreichen Kommissions- und Fraktionssitzungen ziemlich anstrengend« gewesen sei. Payer, Aufzeichnungen, S. 227f., Zitat S. 227.

84 Vgl. Mergel, Parlamentarische Kultur, S. 41ff., 79f.

85 Dazu Dorrmann, Potsdam, S. 27f.; Richter, Verfassungsgebung, S. 636f. Zur Bekanntgabe der Friedensbedingungen und deren Wirkung siehe Krüger, Versailles, S. 9–15. Niedhart, Außenpolitik, S. 7–10; ders., Geschichte, S. 50–55.

86 Bereits in den 1870er Jahren existierten Pläne für einen Umbau des alten Theaters oder einen Neubau, die aber nicht weiter verfolgt wurden. Erst infolge des Amtsantritts des Großherzogs Wilhelm Ernst im Jahre 1901 wurden sie wieder aufgenommen, nachdem sich der Fürst bereit erklärt hatte, den größten Teil der veranschlagten Bausumme von zwei Millionen Mark für den Neubau des Großherzoglichen Hoftheaters an der Stelle des bisherigen Theatergebäudes zu übernehmen. Dazu Littmann, Hoftheater, S. 12f. Zu den verschiedenen Plänen eines Neubaus ausführlich Rößner, Weimar, S. 153–164.

freies Sichtfeld zu garantieren. Dementsprechend konzipierten sie den Neubau als Rangtheater, wobei 106 Sitze auf den I. Rang, 158 Sitze auf den II. Rang und 238 Sitze auf den III. Rang entfielen, während 549 Zuschauer im stark ansteigenden Parkett Platz fanden.[87] Während der Tagung der Nationalversammlung wurde die erste Reihe im ersten Rang und der gesamte zweite Rang von den Pressevertretern belegt, während für die Besucher der Rest des ersten Ranges und der dritte Rang zur Verfügung stand. Die Vertreter der Reichsregierung sowie der Länder waren mit dem Präsidium der Nationalversammlung und den Stenographen auf dem vorderen Teil der Bühne untergebracht. Im Parkett hatten die Abgeordneten ihre Plätze, die nach den Fraktionen verteilt wurden. Da die Grundfläche des Parketts mit etwa 19 mal 19 Metern um nahezu die Hälfte kleiner als der Plenarsitzungssaal des Reichstagsgebäudes ausfiel, mussten die Abgeordneten auf eigene Pulte verzichten. Dementsprechend konnte im Sitzungssaal nicht gearbeitet werden, wobei auch sonst ein ruhiger Arbeitsplatz für die Abgeordneten schwer zu erlangen war, da die Nebenräume des Theaters für die Ausschüsse sowie einzelne Kabinetts- wie Fraktionssitzungen reserviert waren.[88] Der auf der Höhe des I. Ranges gelegene Foyerraum war dabei von besonderer Bedeutung, da sich hier die Abgeordneten aller Parteien wie auch die Regierungsmitglieder in den Sitzungspausen aufhielten und miteinander sprachen.[89]

In der Dekoration des Foyers zeigte sich zudem die künstlerische Ausgestaltung des gesamten Theaters, das sich mit den Worten des Architekten Max Littmann durch ein »weises Maßhalten« auszeichnete. Die Wände des Foyerraumes wurden mit den in Marmor ausgeführten Porträtreliefs von Dichtern wie Shakespeare, Goethe sowie Schiller und farbenprächtigen Friesen verkleidet, welche dem Raum einen »festlichen Charakter« verliehen.[90] Mit dieser Ausgestaltung stand das Theatergebäude in einem expliziten Gegensatz zum Berliner Reichstagsgebäude, denn während Letzteres die »Macht« und nicht den »Geist« in den Vordergrund[91] stellte, lag beim Nationaltheater der umgekehrte Fall vor. Hier dominierte der »Geist«, wohingegen die Attribute der »Macht« weitgehend fehlten. Besonders sinnfällig wurde die Gegensätzlichkeit der beiden Tagungsorte in der Ausgestaltung der jeweiligen Vorplätze. Beim

87 Vgl. Littmann, Hoftheater, S. 20ff. Das Steigungsverhältnis im Parkett betrug etwa 18 Prozent.

88 Dazu Richter, Verfassungsgebung, S. 632; Mergel, Parlamentarische Kommunikation, S. 48. Die Maßangaben nach dem Grundriss und dem Maßstab bei Littmann, Hoftheater, S. 15. Die Maße des Plenarsitzungssaales des Reichstags betrugen dagegen 22 mal 29 Meter: Reichstagshandbuch 1920, S. 393.

89 Mergel, Parlamentarische Kultur, S. 43.

90 Vgl. Littmann, Hoftheater, S. 28f.

91 So Roeck, Reichstag, S. 148.

Verlassen des Berliner Reichstagsgebäudes durch den Haupteingang blickten die Parlamentarier auf Bismarck-Denkmal und Siegessäule, die beide auf die militärische Einigung des Deutschen Reiches von 1870/71 verwiesen. In Weimar hingegen schauten die Abgeordneten vom Ausgang des Nationaltheaters auf das von Ernst Rietschel 1857 entworfene Goethe-Schiller-Denkmal, das an die kulturelle Blüte Weimars erinnerte.[92] Gegenüber der in Berlin vorherrschenden Machtdemonstration, die als Ab- und Ausgrenzung fungierte, unterstütze die in Weimar dominierende Bezugnahme auf ideelle Güter die Atmosphäre einer kollegialen Zusammenarbeit, da sie Anknüpfungspunkte für jede politische Richtung bot.

Für die parlamentarische Kommunikation der Nationalversammlung war neben diesem kulturellen Stadtcharakter insbesondere die »Quarantänesituation in Weimar« von zentraler Bedeutung. Aufgrund der räumlichen Nähe bestanden unter den Abgeordneten zahlreiche Kontakte über die Parteigrenzen hinweg, die letztlich auch zu dem kollegialen Zusammengehörigkeitsgefühl führte, welches sich auch in den Kommunikationsformen widerspiegelte. So zeichneten sich die Parlamentsverhandlungen durch »ein hohes Maß an kommunikativer Offenheit« aus, da die Abgeordneten trotz aller parteipolitischen Konflikte bei grundsätzlichen Themen immer wieder um eine Kooperation in sachlichen Fragen bemüht waren.[93] Zwischen diesen beiden kommunikativen Polen – Konflikt in Grundsatzfragen und Kooperation in der Sache – verliefen die Verfassungsberatungen der Weimarer Nationalversammlung zwischen dem 24. Februar und dem 31. Juli 1919.

1.2. Die internen Regularien

Die Regelung durch die Geschäftsordnung

Als am 6. Februar 1919 397 der 423 gewählten Abgeordneten in Weimar zur konstituierenden Sitzung der Nationalversammlung zusammen kamen, stellte sich zunächst die Aufgabe, für den formellen Gang der Verhandlungen eine Geschäftsordnung zu erlassen. Dazu machte Wilhelm Pfannkuch (SPD), der als Alterspräsident bis zur Konstituierung des Vorstandes und der Wahl des definitiven Präsidenten den Interimsvorsitz einnahm, den Vorschlag, die Geschäftsordnung des kaiserlichen Reichstags als Provisorium zu übernehmen.[94]

92 Littmann, Hoftheater, S. 11, 13; Schmidt-Möbius/Möbius, Kulturgeschichte, S. 219–223.

93 Vgl. ausführlich Mergel, Parlamentarische Kultur, S. 41–80, Zitate S. 49, 79.

94 Sten. Ber., Bd. 326, S. 4 (Wilhelm Pfannkuch (SPD), 6.2.1919). Zur Funktion des Alterspräsidenten siehe Reichstags-Handbuch 1912, S. 148; Hatschek, Parlamentsrecht, S. 195ff. Die

Nachdem dieser Vorschlag ohne Diskussion und Widerspruch angenommen worden war, diente die Geschäftsordnung in der Fassung vom 31. Dezember 1918 als ordnungsmäßige Grundlage der parlamentarischen Verhandlungen.[95] Vor dem Hintergrund der umfangreichen Aufgaben, die sich der Nationalversammlung mit der Verfassunggebung, dem Friedensschluss und den weiteren Gesetzgebungstätigkeiten stellten, war diese Entscheidung in erster Linie pragmatischer Art, um die Handlungsfähigkeit der Nationalversammlung herzustellen.[96] Auf diese Weise konnten nicht nur langwierige Beratungen zwischen den Parteien vermieden und direkt mit der parlamentarischen Arbeit begonnen werden, da etwa einem Drittel der Abgeordneten und dem überwiegenden Teil der Mitglieder der Fraktionsvorstände dieser Gang der Parlamentsverhandlungen aus ihrer früheren Tätigkeit als Reichstagsabgeordnete bekannt war.[97] Mit dieser Entscheidung, die nicht nur die Vorteile einer geregelten Durchführung der parlamentarischen Beratungen, sondern auch die Nachteile einer fehlenden Begrenzung der Redezeit sowie der geringen Sanktionsmöglichkeiten des Präsidenten gegen Störungen mit sich brachte, schloss die Nationalversammlung also direkt an die Arbeitsweise des Reichstags an.[98]

Die politischen Parteien und ihre Verfassungsziele

Die Anknüpfung in der parlamentarischen Arbeit an das Kaiserreich zeigte sich auch im Hinblick auf das deutsche Parteiensystem, das sich im Übergang von der Monarchie zur Republik nur geringfügig veränderte.[99] Die Sozialdemokratie hatte sich auf der linken Seite des Parteienspektrums bereits während des Weltkrieges in die USPD und die (M)SPD aufgespaltet und mit der Gründung der »Kommunistischen Partei Deutschlands« (KPD) am 30. Dezember 1918 weiter ausdifferenziert.[100] In der Mitte blieb die Zentrumspartei als Ver-

---

Angabe der 397 anwesenden Abgeordneten ergab der Namensaufruf am Schluss der konstituierenden Sitzung am 6.2.1919: Sten. Ber., Bd. 326, S. 4f.

95 Lediglich die Bestimmungen über die Abteilungen nach § 2 GO sollten entfallen, die ursprünglich zur Aushebelung der Fraktionsmacht gedacht waren, aber bereits im Kaiserreich von den Fraktionen und Ausschüssen ersetzt und damit obsolet wurden. Die Geschäftsordnung ist abgedruckt in: Handbuch 1919, S. 72–96. Zu den Abteilungen siehe Huber, Verfassungsgeschichte, Bd. 3, S. 885f.; Mergel, Parlamentarische Kultur, S. 47 mit Anm. 37.

96 Zur Arbeitsbelastung der Nationalversammlung siehe Richter, Reichspräsident, S. 17f.

97 Diese Angaben nach Molt, Reichstag, S. 358f. Dazu Ritter, Kontinuität, S. 256f.

98 Mergel, Parlamentarische Kultur, S. 47. Siehe auch Gusy, Reichsverfassung, S. 59f.

99 Dazu und zum Folgenden Ritter, Kontinuität, S. 255–258; Rohe, Wahlen, S. 121–140; Fenske, Parteiengeschichte, S. 151–160; Huber, Verfassungsgeschichte, Bd. 5, S. 953–1001.

100 Die KPD stellte den parteipolitischen Ausdruck des linksradikalen Spartakusbundes dar, der sich unter dem Einfluss von Karl Liebknecht Anfang Dezember 1918 von der USPD losgesagt hatte. Zur Gründung der KPD Miller, Bürde, S. 218–224; Winkler, Revolution, S. 114–

tretung der katholischen Minderheit erhalten, von der sich jedoch die »Bayerische Volkspartei« (BVP) am 12. November 1918 als eigenständige Regionalpartei abgelöst hatte.[101]

Im liberalen Spektrum blieb die parteipolitische Trennung erhalten, obwohl die innen- wie außenpolitischen Differenzen zwischen der FVP und der NLP mit der Revolution und der Kriegsniederlage hinfällig wurden und es mehrere Einigungsversuche gab. Bereits am 16. November 1918 wurde im »Berliner Tageblatt« ein Manifest zur Gründung einer »große[n] demokratisch[n] Partei für das einige Reich« veröffentlicht. Die sich anschließenden Fusionsverhandlungen zwischen den beiden liberalen Parteien scheiterten jedoch an dem Widerstand der Protagonisten der neuen Parteigründung, Theodor Wolff und Alfred Weber, welche die Aufnahme des rechten Flügels der Nationalliberalen um Gustav Stresemann aufgrund deren Kriegszielpolitik ablehnten. Dementsprechend fusionierte am 20. November 1918 die FVP lediglich mit einem Teil der NLP zur »Deutschen Demokratischen Partei« (DDP).[102] Daraufhin forcierte die nationalliberale Führung um Stresemann gegen den Alleinvertretungsanspruch der DDP den Gedanken einer eigenen Parteigründung als Nachfolgeorganisation der NLP, der am 15. Dezember 1918 mit der Gründung der »Deutschen Volkspartei« (DVP) schließlich in die Tat umgesetzt wurde.[103] Bei den Wahlen zur verfassunggebenden Nationalversammlung standen sich also weiterhin zwei liberale Parteien gegenüber, deren Differenzen sich durch das Scheitern der Einigungsversuche noch weiter verschärft hatten.

Demgegenüber verlief auf der rechten Seite des Parteienspektrums die Zusammenführung der konservativen Parteien erfolgreicher. Am 24. November 1918 erschien in der *Kreuzzeitung* der Aufruf zur Gründung der »Deutschnationalen Volkspartei« (DNVP), der von Deutschkonservativen, Freikonser-

---

118; Kolb, Arbeiterräte, S. 217–221; Weber, Kommunismus, S. 40–45. Zur KPD in der Frühphase der Weimarer Republik allgemein Mallmann, Kommunisten, S. 18–24.

101 Zur Gründung der BVP Schönhoven, Bayerische Volkspartei, S. 17–22. Zur Situation des Zentrums im November 1918 umfassend Morsey, Zentrumspartei, S. 79–109.

102 Das Manifest kam auf Betreiben des Publizisten Theodor Wolff und des Professors Alfred Weber zu Stande und war von sechzig Persönlichkeiten unterzeichnet, darunter Wissenschaftler wie Hugo Preuß oder Albert Einstein sowie Politiker beider liberaler Parteien wie Heinrich Dove oder Georg Gothein für die FVP und Hartmann von Richthofen und Johannes Junck für die NLP. Der Aufruf ist abgedruckt bei Salomon, Parteiprogramme, S. 40ff., Zitat S. 41. Dazu Albertin, Liberalismus, S. 54–59; Richter, Deutsche Volkspartei, S. 32ff.; Kolb/Richter, Einleitung,, S. 9–18; Portner, Verfassungspolitik, S. 23–29. Siehe auch Stephan, Aufstieg, S. 13–17; Hartenstein, Anfänge, S. 11ff.

103 Vgl. Richter, Partei; ders., Deutsche Volkspartei, S. 35–45; Kolb/Richter, Einleitung, S. 18–29; Albertin, Liberalismus, S. 59–72; Hartenstein, Anfänge, S. 14–33. Zum Anteil von Stresemann Kolb, Stresemann, S. 57–63; Portner, Verfassungspolitik, S. 30–33.

vativen, Christlich-Sozialen, Deutschvölkischen sowie von weiteren Nichtparlamentariern unterzeichnet worden war.[104] Mit dieser Parteineugründung sollte ein Sammelbecken für alle rechtsgerichteten Kräfte geschaffen werden, um der politischen Rechten ein einheitliches Forum im Kampf um die neue Staats- und Verfassungsordnung zu geben. Nach anfänglichem Zögern der deutschkonservativen Parteileitung rief sie am 4. Dezember 1918 zum Anschluss an die neue Partei auf, sodass am 16. Dezember 1918 die DNVP gegründet wurde, der sich auch die Mitglieder des Alldeutschen Verbandes und einige ehemalige Nationalliberale anschlossen. Damit bildete diese Partei den parteipolitischen Ausdruck aller restaurativen Kräfte.[105]

An den Wahlen zur Nationalversammlung vom 19. Januar 1919 nahmen mit Ausnahme der KPD[106] die sieben Parteien teil. Aufgrund der kurzen Zeitspanne zwischen der Formierung der Parteien und dem Wahltermin stellte nur die BVP ein Parteiprogramm auf, in welchem sie dem revolutionären Umbruch Rechnung trug und ihre den geänderten Rahmenbedingungen angepassten verfassungspolitischen Grundsätze der Öffentlichkeit verkündete.[107] Bei den übrigen Parteien erfolgte dieses ausschließlich in Aufrufen und Richtlinien. Die Aufgabe, ein Verfassungskonzept für die Arbeit in der Nationalversammlung zu entwickeln, stellte insbesondere die beiden sozialdemokratischen Parteien vor eine große Herausforderung. Ihrer marxistischen Ausrichtung entsprechend gingen sie von dem zwangsläufigen Untergang des bestehenden Obrigkeitsstaates und dem Beginn des sozialistischen Zukunftsstaates aus und maßen somit verfassungsrechtlichen Überlegungen keine zentrale Bedeutung bei. Folglich verfügten sie im November 1918 über kein umfassendes Verfassungskonzept[108] und formulierten ihre verfassungspolitischen Stellungnahmen entsprechend allgemein.

Die Parteileitung der USPD trat in einem Aufruf vom 9. Dezember 1918 für den »Neuaufbau unserer Gesellschaft« und die »Sicherung und den Ausbau der sozialistischen Republik« ein. Um dieses Ziel zu erreichen, forderte sie den »unverzüglichen Beginn der Sozialisierung« und die »möglichst schnelle Um-

---

104 Der Aufruf ist abgedruckt bei Liebe, Deutschnationale Volkspartei, S. 107f. Zu diesem Aufruf näher ebd., S. 8–11; Huber, Verfassungsgeschichte, Bd. 5, S. 958f.

105 Vgl. Liebe, Deutschnationale Volkspartei, S. 7–15; Trippe, Verfassungspolitik, S. 23–28; Hiller, Volkspartei, S. 169f. Dazu auch die Erinnerungen von Westarp, Politik, S. 17–27. Der Aufruf vom 4.12.1918 ist abgedruckt bei Salomon, Parteiprogramme, S. 56ff.

106 Auf ihrem Gründungsparteitag am 30. Dezember 1918 wurde mit 62 zu 23 Stimmen gegen das Votum des Vorstandes der Verzicht auf Beteiligung beschlossen. Dazu Flechtheim, KPD, S. 128; Winkler, Revolution, S. 118f.; Kolb, Arbeiterräte, S. 219f.

107 Das Programm ist abgedruckt bei Mommsen, Parteiprogramme, S. 502–506. Dazu näher Schönhoven, Bayerische Volkspartei, S. 22–27.

108 Vestring, Mehrheitssozialdemokratie, S. 10; Rürup, Entstehung, S. 223.

wandlung des kapitalistischen Klassenstaates in die sozialistische Gesellschaft«, für die ein »großes Stück Aufklärungsarbeit« zu leisten sei.[109] Dabei standen die Unabhängigen rätedemokratischen Konzeptionen[110] nahe, ohne jedoch über den verfassungsrechtlichen Aufbau der durch die Nationalversammlung zu schaffenden staatlichen Ordnung genauere Auskünfte zu geben.

Ähnlich verhielt es sich auch bei den Mehrheitssozialdemokraten, deren programmatische Grundlage über den revolutionären Umbruch hinaus die wahl- und grundrechtlichen sowie sozialpolitischen Forderungen des Erfurter Programms von 1891 bildeten.[111] Lediglich das Verhältnis von Parlament und Regierung wurde in den Jahren 1917/18 einer Revision unterzogen. Unter dem Eindruck der Parteispaltung und der sich abzeichnenden Zusammenarbeit mit den bürgerlichen Parteien wandten sich die Vertreter dem demokratisch-parlamentarischen System zu. So sprachen sie sich im Aktionsprogramm vom Mai 1918 dafür aus, »daß das Volk entscheidenden Einfluß auf den Reichstag, die einzelstaatlichen und kommunalen parlamentarischen Vertretungen erlangt und diese wieder auf die Regierungsgewalt.« Explizit stellten sie die Forderung auf, dass dem Reichstag die Entscheidung über die Berufung und Entlassung des Reichskanzlers sowie der Staatsekretäre und Minister zukommen müsse.[112] Auf diese verfassungspolitischen Grundsätze griffen die Mehrheitssozialdemokraten in den Revolutionsmonaten 1918/19 zurück und verzichteten dementsprechend auf weitergehende Aufrufe.[113] Im Hinblick auf eine verfassungsrechtliche Konzeption knüpfte die SPD letztlich an das bereits im Krieg abge-

109 Aufruf der Parteileitung der Unabhängigen Sozialdemokratischen Partei Deutschlands. 9. November 1918, abgedruckt in: Salomon, Parteiprogramme, S. 28ff., Zitate S. 29f.

110 Dazu Euchner, Sozialdemokratie, S. 132–139.

111 Weiterhin traten die Mehrheitssozialdemokraten für die Herabsetzung des Wahlalters auf 20 Jahre, für die Einführung des Frauen- und Verhältniswahlrechts sowie für die direkte Gesetzgebung durch das Volk ein. Darüber hinaus forderte sie die Meinungs-, Vereinigungs- und Versammlungsfreiheit, die Trennung von Staat und Kirche sowie die Festsetzung eines achtstündigen Maximalarbeitstages: Das Erfurter Programm, 1891, abgedruckt in: Mommsen, Parteiprogramme, S. 349–353, hier S. 351ff. Dazu Vestring, Mehrheitssozialdemokratie, S. 13ff. Zu den kirchen- und schulpolitischen Forderungen der SPD Richter, Kirche, S. 73–78.

112 Entwurf eines Aktionsprogramms der Mehrheitssozialdemokratie, Mai 1918, abgedruckt in: Mommsen, Parteiprogramme, S. 391–397, Zitat, S. 392. Zur Hinwendung der SPD zum Repräsentativsystem siehe Grosser, Konstitutionalismus, S. 50–54; Vestring, Mehrheitssozialdemokratie, S. 11ff.

113 In programmatischer Hinsicht gaben sie lediglich durch die Reichsregierung nach dem Ausscheiden der USPD-Mitglieder am 29. Dezember 1918 bekannt, dass die dringlichsten Aufgaben in der Vorbereitung der Nationalversammlung, der Durchführung der vom Rätekongress beschlossenen Sozialisierung, der materiellen Sicherung der Erwerbslosen und Hinterbliebenen sowie der Herbeiführung des Friedens beständen: Programm der Reichsregierung nach Ausscheiden der Unabhängigen. Berlin, 29. Dezember 1918, abgedruckt in: Salomon, Parteiprogramme, S. 31f.

legte Bekenntnis zum parlamentarischen System an, welches um grundrechtliche und sozialpolitische Forderungen sowie um die direkte Gesetzgebung durch das Volk ergänzt werden sollte.

Dagegen waren die Vertreter der Zentrumspartei gezwungen, ihre verfassungspolitischen Grundsätze den geänderten Rahmenbedingungen anzupassen. Der revolutionäre Umbruch vom 9. November 1918 entzog ihnen als Anhängern der Monarchie die Grundlage ihrer politischen Grundvorstellungen und wirkte auf sie wie eine Erschütterung. Erst am 15. November 1918 wurde in Berlin der Versuch unternommen, die Parteiarbeit wieder aufzubauen. Begleitet wurden diese Bemühungen von einer intensiven Programmdiskussion, da sich für das Zentrum in besonderem Maße die Frage stellte, ob es weiterhin an bisherigen Grundsätzen festhalten oder sich in der demokratischen Republik als »Christliche Volkspartei« neu formieren sollte. Während sich rheinische Zentrumsmitglieder in ihrem Programmentwurf eher für eine Neuausrichtung ihrer Partei aussprachen, traten die in der Reichshauptstadt ansässigen Vertreter in den von ihnen aufgestellten »Berliner Leitsätzen« stärker für die Übernahme bisheriger Grundsätze ein.[114] Zur Einigung dieser beiden Gruppen kam es Mitte Dezember 1918, als sie gemeinsam die »Leitsätze für die Politik des neuen Zentrums« aufstellten, welche überwiegend an die traditionelle Ausrichtung anknüpften.[115] Von dem kurzfristig für den 30. Dezember 1918 einberufenen Reichsparteiausschuss wurden diese lediglich in einzelnen Punkten modifiziert und als vorläufig verbindliche Richtlinien für die Zentrumspartei beschlossen. Darin wurde betont, dass zwar eine »neue Ordnung [...] auf dem Boden der Tatsachen« geschaffen werden müsse, dass diese jedoch nicht die »Form einer sozialistischen Republik« erhalten dürfe, sondern eine »demokratische Republik« zu sein habe. Das Ziel der Zentrumspartei bestehe nun darin, an dieser »großen und schweren Aufgabe« mitzuarbeiten, wobei sie sich in verfassungspolitischer Hinsicht für eine schleunige Verfassunggebung, für die Einführung der Verhältniswahl und des Frauenwahlrechts, für die Schaffung von »Volksregierungen, die des Vertrauens der Volksvertretungen für ihre Amtsführung bedürfen«, sowie für die verfassungsrechtliche Verankerung der Grundrechte, insbesondere der Meinungs-, Versammlungs- und Vereinigungsfreiheit einsetzen werde. Im Rahmen der Kulturpolitik trat sie für die »Erhaltung und Kräftigung des christlichen Kultur- und Erziehungsideals« ein, während sie im Bereich der Wirtschafts- und Sozialpolitik einen geordneten »Aufbau der Volkswirtschaft im Dienste der sozialen Gerechtigkeit« und die

114 Vgl. ausführlich Morsey, Zentrumspartei, S. 79–94, 99–109. Siehe auch Lönne, Katholizismus, S. 218ff.

115 Leitsätze für die Politik des neuen Zentrums. 20. Dezember 1918, abgedruckt in: Salomon, Parteiprogramme, S. 37–40.

»Erhaltung der auf persönlichem Eigentum beruhenden [...] Privatwirtschaft« forderte.[116] Ohne sich ausdrücklich zur republikanischen Staatsform zu bekennen, stellte sich die Zentrumspartei auf den »Boden der gegebenen Tatsachen«, indem sie für eine demokratische Republik und das parlamentarische Regierungssystem eintrat, während sie in kulturpolitischer Hinsicht an ihren christlichen Wertvorstellungen festhielt.[117]

Die BVP besaß als Parteineugründung solche Schwierigkeiten der programmatischen Ausrichtung nicht.[118] Auf dem Gründungsparteitag am 12. November 1918 konnte sie ein erstes Parteiprogramm verabschieden, das sich weitgehend an den verfassungspolitischen Entscheidungen der Zentrumspartei orientierte. So sahen die Mitglieder der BVP in dem staatspolitischen Zustand Bayerns nach dem revolutionären Sturz der Monarchie am 7./8. November 1918 ebenfalls »eine gegebene geschichtliche Tatsache«, mit deren Herbeiführung sie sich nicht einverstanden erklärten, deren Änderung sie aber nur auf dem »Wege von Recht und Gesetz« zustimmen konnten. Dementsprechend verlangten sie von der provisorischen Regierung in Bayern, dass diese »entsprechend den demokratischen Grundsätzen ohne jeden Verzug eine konstituierende Nationalversammlung« einberufe, welche »die künftige Staatsform und die Verfassung des bayerischen Staates« festzulegen habe und dabei die »Einführung des parlamentarischen Regierungssystems und für besonders wichtige, in der Verfassung festzulegende Fragen die Einführung der direkten Volksabstimmung« vornehmen solle. Im Rahmen der Kultur- und Wirtschaftspolitik stellte sich die BVP wie die Zentrumspartei auf den »Boden der christlichen Weltanschauung« und verlangte die Beibehaltung von »Eigentum und Erbrecht als Grundlage der heutigen Wirtschaftsordnung«, wenn auch die Auswüchse des Kapitalismus durch soziale Einschränkungen zu begrenzen seien. Mit Blick auf die Reichsebene trat sie für die Gleichberechtigung der deutschen Staaten auf föderativer Grundlage und für eine weitgehende politische, kulturelle und wirtschaftliche Selbstständigkeit Bayerns ein.[119] Wie die Zentrumspartei erkannte auch die BVP den Sturz der Monarchie und die Ein-

---

116 Der Aufruf des Reichsausschusses der deutschen Zentrumspartei vom 30. Dezember 1918 und die »Leitsätze« für die Politik der deutschen Zentrumspartei, abgedruckt in: Bachem, Vorgeschichte, S. 366–369, wieder abgedruckt in: Mommsen, Parteiprogramme, S. 481–486, Zitate S. 482–485. Dazu Morsey, Zentrumspartei, S. 128–133; Bachem, Vorgeschichte, S. 262ff.

117 Bachem, Vorgeschichte, S. 270. Zu den kulturpolitischen Vorstellungen des Zentrums ausführlich Richter, Kirche, S. 94–103.

118 Sie musste lediglich die Ablösung von der bayerischen Zentrumspartei durchsetzen, welche am 15. November 1918 ohne Komplikationen beschlossen wurde. Dazu Schönhoven, Bayerische Volkspartei, S. 19ff.

119 Bayerische Volkspartei, Allgemeines Parteiprogramm vom November 1918, abgedruckt in: Mommsen, Parteiprogramme, S. 502–506, Zitate S. 502f.

führung der Republik als gegeben an und forderte die Einführung des parlamentarischen Regierungssystems sowie die Beibehaltung der christlichen Werte und der kapitalistischen Wirtschaftsordnung.

Wirtschaftspolitische Fragen nahmen auch bei der DDP eine zentrale Rolle ein. Während noch im Gründungsaufruf vom 16. November 1918 »für monopolistisch entwickelte Wirtschaftsgebiete die Idee der Sozialisierung«[120] befürwortet worden war, stand im Wahlaufruf vom 15. Dezember 1918 bereits die Forderung, dass die »von der Sozialdemokratie angestrebte Überführung aller Produktionsmittel in das Eigentum der Gesellschaft« zu verwerfen und die »Frage der Sozialisierung« nur noch für den Einzelfall zu konzedieren sei.[121] Das Bekenntnis zur Republik blieb jedoch bestehen, wobei die DDP anders als das Zentrum und die BVP ausdrücklich hervorhob, dass sie auf dem »Boden der republikanischen Staatsform« bzw. auf dem »Boden der Republik« stehe.[122] Dieses Bekenntnis explizierte sie dahingehend, dass sie von einer »deutschen Republik« sprach, in der »alle öffentliche Macht allein auf dem Willen des souveränen Volkes« beruhe und in der »volle politische Gleichberechtigung« bestehe. Um dieses sicherzustellen, traten sie für die schleunige Einberufung der Nationalversammlung ein, um »das Schicksal Deutschlands weder der Reaktion aus[zu]liefern, noch der Sozialdemokratie allein [zu] überlassen.«[123] In kulturpolitischer Sicht trat die DDP allgemein für eine Trennung von Staat und Kirche ein, wobei jedoch die finanzielle Selbstständigkeit der Kirche gesichert bleiben müsse.[124] Die DDP legte ihr Hauptaugenmerk also weniger auf verfassungspolitische Details als vielmehr auf die allgemeine Grundrichtung, die sich im Bekenntnis zur demokratischen Republik und in der Betonung ihrer programmatischen Mittelststellung zwischen den sozialdemokratischen und den reaktionären Parteien äußerte und die letztlich für den großen Zuspruch dieser Partei in den ersten Wochen der Republik verantwortlich war.[125]

Dementsprechend schwer fiel es der DVP, sich gegenüber der liberalen Schwesterpartei zu positionieren und zu behaupten. Aufgrund der späten Gründung am 15. Dezember 1918 mangelte es ihr nicht nur an organisatorischer und finanzieller Unterstützung, sondern auch und besonders an einem zugkräftigen verfassungspolitischen Programm, um sich von den parteipoliti-

120 Salomon, Parteiprogramme, S. 41.

121 Wahlaufruf der Deutschen demokratischen Partei, 15. Dezember 1918, abgedruckt in: Salomon, Parteiprogramme, S. 42–45, hier S. 44; ebenfalls abgedruckt in: Heilfron, Nationalversammlung, S. 140ff. Dazu Albertin, Liberalismus, S. 73.

122 Salomon, Parteiprogramme, S. 41f.

123 Salomon, Parteiprogramme, S. 42f., 45.

124 Salomon, Parteiprogramme, S. 43f. Dazu Richter, Kirche, S. 87–91.

125 Vgl. Albertin, Liberalismus, S. 75ff., 83ff. Siehe auch Schustereit, Linksliberalismus, S. 39ff.

schen Grundsätzen der DDP abzugrenzen. In dem Wahlaufruf vom 18. Dezember 1918 bekannte sich die DVP lediglich zu einer »nationalen und wahrhaft demokratischen Politik« und zum »demokratischen, allgemeinen, gleichen und geheimen Wahlrecht nach der Verhältniswahl für beide Geschlechter«. Darüber hinaus forderte sie die verfassungsrechtliche Festlegung der Meinungs-, Vereinigungs- und Versammlungsfreiheit sowie die »[v]olle Gleichberechtigung aller deutschen Bürger auf allen Gebieten des öffentlichen Lebens«. In wirtschaftspolitischer Hinsicht trat sie für die Beibehaltung des »Grundsatze[s] des Privateigentums«, lehnte aber eine »Überführung dazu geeigneter Betriebszweige in die Leitung und das Eigentum der öffentlichen Gewalt« nicht grundsätzlich ab. Auf kulturpolitischer Ebene trat sie für die »geschichtlich überkommene Verbindung von Staat und Kirche« ein, während sie sich mit Blick auf die Staatsform weder für noch gegen die Republik aussprach, sondern sich lediglich dazu bereit erklärte, »für Ruhe und Ordnung [...] unter der jetzigen Regierungsform mitzuarbeiten«. Um die Regierungsgewalt in eine Rechtsordnung zu überführen, verlangte sie in Übereinstimmung mit allen bürgerlichen Parteien die »unverzügliche Einberufung einer Nationalversammlung als verfassung- und gesetzgebender Körperschaft«.[126] Letztlich unterschied sich dieser Wahlaufruf nur geringfügig von den verfassungspolitischen Grundsätzen der DDP. Folglich schärften die DVP-Mitglieder ihre parteipolitischen Grundsätze im Wahlkampf durch Angriffe sowohl gegen die SPD als auch gegen die DDP, ohne diese dabei jedoch zu konkretisieren.[127]

Dagegen fiel es der DNVP als Sammlungspartei der konservativen und reaktionären Elemente leichter, innerhalb des parteipolitischen Spektrums Stellung zu beziehen. Unter dem Eindruck des revolutionären Umbruchs hielten sich die deutschnationalen Vertreter in dem Gründungsaufruf vom 24. November 1918 jedoch zunächst zurück. So wünschten sie die baldige Einberufung der Nationalversammlung, erklärten aber gleichzeitig ihre grundsätzliche Bereitschaft, »auf dem Boden jeder Staatsform mitzuarbeiten, in der Recht und Ordnung herrschen.« In verfassungspolitischer Hinsicht forderten sie die »Rückkehr von der Diktatur einer einzelnen Bevölkerungsklasse zu der nach den letzten Ereignissen allein möglichen parlamentarischen Regierungsform«, die Festlegung persönlicher Freiheiten, insbesondere der Gewissens- und Meinungsfreiheit sowie das Festhalten an dem »Grundsatz der Privatwirtschaft«.[128]

---

126 Aufruf der Deutschen Volkspartei. 18. Dezember 1918, abgedruckt in: Salomon, Parteiprogramme, S. 50–54, Zitate ebd. Dazu Richter, Deutsche Volkspartei, S. 46f. Zu den kulturpolitischen Forderungen der DVP ders., Kirche, S. 103–108.

127 Vgl. Richter, Deutsche Volkspartei, S. 47f.; Hartenstein, Anfänge, S. 59ff. Zum Vergleich der Wahlaufrufe Albertin, Liberalismus, S. 72ff.

128 Liebe, Deutschnationale Volkspartei, S. 107f.

Einen anderen Ton schlug der Vorstand der DNVP in seinem Aufruf vom 27. Dezember 1918 an, in welchem die Richtlinien für die politische Arbeit der Partei veröffentlicht wurden. Auch hier betonten die Deutschnationalen, dass sie »in jeder durch die Nationalversammlung geschaffenen Staatsform für das Wohl des Vaterlandes mitarbeiten« würden und dass die »gegebene Verfassung für den deutschen Staat [...] nunmehr die parlamentarische Regierungsform« sei. Im Gegensatz zum Gründungsaufruf bekannte sich die Partei nun jedoch eindeutig zur Monarchie, indem sie ihrer Überzeugung Ausdruck gab, »daß auch in der neuen demokratischen Verfassung Deutschlands eine monarchische Spitze als ein über den Parteien stehender, persönlicher Faktor der Stetigkeit des politischen Lebens der geschichtlich gewordenen Eigenart unseres Volkes wie der politischen Zweckmäßigkeit entspricht.« Darüber hinaus betonte die DNVP auch weiterhin die »starke Kraft des Christentums« und forderte dementsprechend eine »rechtlich gewährleistete Stellung der Kirchen«, sah in dem Privateigentum und der Privatwirtschaft die »Grundlagen unserer wirtschaftlichen Arbeit« und sprach sich für eine »Reichseinheit [...] auf föderalistischer Grundlage« aus. [129] Im Vorfeld der Nationalversammlung bezog die DNVP zwar mit ihrem Bekenntnis zur Monarchie in der Frage der Staatsform Stellung, erklärte sich aber bereit, die durch die Nationalversammlung geschaffene Staats- und Regierungsform einschließlich des parlamentarischen Systems zu akzeptieren.

Im Hinblick auf die Verfassungsarbeit der Nationalversammlung verfügte also keine der sieben Parteien über ein geschlossenes Verfassungskonzept. Vielmehr traten sie alle mit relativ allgemein und vage gehaltenen verfassungspolitischen Vorstellungen an, sodass sie gezwungen waren, ihre parteipolitischen Vorstellungen im Wahlkampf durch Absetzung von den konkurrierenden Parteien zu profilieren. So war selbst die Wahlpropaganda der linksliberalen DDP stark antisozialistisch ausgerichtet, und auch die Zentrumspartei griff auf dieses Mittel zurück, um für die eigene Partei Stimmen zu gewinnen.[130] Dagegen bezog auch die SPD in ihrem Bemühen, die absolute Mehrheit zu gewinnen, Position gegen die bürgerlichen Parteien, insbesondere gegen die DDP, deren sozialpolitischen Forderungen in ihren Augen lediglich als Vor-

---

129 Aufruf des Vorstandes der Deutschnationalen Volkspartei. 27. Dezember 1918, abgedruckt in: Salomon, Parteiprogramme, S. 58–64, Zitate S. 60–63; ebenfalls abgedruckt in Heilfron, Nationalversammlung, S. 125–128. Dazu Trippe, DNVP, S. 40–43; Liebe, Deutschnationale Volkspartei, S. 18ff. Zur Problematik der programmatischen Neuausrichtung insgesamt Thimme, Flucht, S. 15–26; Fritzsche, Breakdown. Zu den kulturpolitischen Ansätzen Richter, Kirche, S. 108–111.

130 Morsey, Zentrumspartei, S. 138. Siehe auch Richter, Kirche, S. 81–84, 98–103. Zum antisozialistischen Wahlkampf der DDP Schustereit, Linksliberalismus, S. 48.

wand fungierten, um weiterhin ihre kapitalistische Politik zu betreiben.[131] Der Wahlkampf war also durch eine starke Polarität gekennzeichnet, die sich letztlich auf den Gegensatz von sozialdemokratischen und bürgerlichen Parteien zuspitzte.[132]

Die parteipolitische Zusammensetzung

Die Wahlen vom 19. Januar 1919 fanden, wie im Aufruf der Volksbeauftragten vom 12. November 1918 angekündigt und im Reichswahlgesetz vom 30. November 1918 festgelegt, nach den Grundsätzen der Verhältniswahl statt.[133] Wahlberechtigt waren alle deutschen Männer und Frauen über 20 Jahre. Mit dieser Ausweitung des Wahlrechts auf die Frauen und der Herabsetzung des Wahlalters von 25 auf 20 Jahre trat eine Vermehrung des Elektorats von rund 14 Millionen bei den letzten Reichstagswahlen im Jahre 1912 auf nunmehr über 36 Millionen ein. Obwohl der Anteil der Neuwähler damit weit über der Hälfte lag, zeichnete sich das Wahlergebnis durch eine hohe Kontinuität aus.[134]

Aus den Wahlen mit einer Wahlbeteiligung von 83,0 Prozent ging die SPD zwar als Sieger hervor, die 37,9 Prozent der Stimmen und 165 Mandate erhalten hatte. Jedoch betrug der Zugewinn gegenüber der Reichstagswahl von 1912 lediglich 3,1 Prozentpunkte, womit die Mehrheitssozialdemokraten die

---

131 Dazu Schustereit, Linksliberalismus, S. 50f.

132 Dieses zeigte sich auch in den eingegangenen Listenverbindungen. So vereinbarten die bürgerlichen Parteien in allen 36 Wahlkreisen solche Verbindungen in verschiedenen Konstellationen, um die überhängenden Stimmen der eigenen Partei nicht verfallen zu lassen, sondern für ein weiteres Mandat zu sammeln, das der stärksten Parteien zukam. Auf diese Weise sollte die zu erwartende Mehrheit der sozialdemokratischen Parteien begrenzt werden. So ging die DVP in den 21 Wahlkreisen, in denen sie mit einer eigenen Liste kandidierte, Verbindungen mit den übrigen bürgerlichen Parteien ein, während sie in den übrigen 15 Wahlkreisen ihre Kandidaten von vornherein in einer gemeinsamen bürgerlichen Liste aufstellte. Und die DDP verzichtete letztlich aus rein taktischen Gründen auf eine an sich gewünschte Listenverbindung mit der SPD, nachdem diese ein Wahlabkommen mit der USPD eingegangen war. Vgl. Hartenstein, Deutsche Volkspartei, S. 65f.; Schustereit, Linksliberalismus, S. 48ff. Dazu auch Schanbacher, Wahlen, S. 52, 67 mit Anm. 8. Zu den eingegangenen Listenverbindungen Milatz, Wähler, S. 32ff.

133 Dazu wurde das Reichsgebiet zunächst in 38 Wahlkreise aufgeteilt, die sich nach dem Ausscheiden Elsass-Lothringens und der Zusammenlegung zweier Wahlkreise in Württemberg auf 36 reduzierten. Auf durchschnittlich 150.000 Einwohner entfiel ein Abgeordneter, sodass 423 zu verteilen waren, nachdem die für Elsass-Lothringen vorgesehenen zwölf Mandate entfallen waren und den an der Ostfront stationierten Soldaten am 21. Januar 1919 das Recht eingeräumt worden war, am 2. Februar 1919 nachträglich zwei weitere Abgeordnete zu wählen. RGBl. 1918, S. 1345–1352, Zitat S. 1345. Die Verordnung vom 21.1.1919 bezüglich des Wahlrechts der Osttruppen ist abgedruckt in RGBl. 1919, S. 93f. Hierzu Schanbacher, Wahlen, S. 47–51; Milatz, Wähler, S. 29–39; Wedel, Verfahren, S. 171ff. Zum Status von Elsass-Lothringen Winkler, Weimar, S. 66.

134 Dazu Rohe, Wahlen, S. 123ff.; Peukert, Weimarer Republik, S. 43f. Siehe auch Pyta, Kultur, S. 205f.

angestrebte absolute Mehrheit verfehlten. Auch mit den Stimmen der USPD, die 7,6 Prozent der Stimmen und 22 Mandate für sich verbuchen konnte, gab es keine sozialistische Mehrheit. Demgegenüber konnte sich das bürgerliche Lager weitgehend behaupten: Die Zentrumspartei, die gemeinsam mit der BVP bei den Wahlen antrat und in der Nationalversammlung eine gemeinsame Fraktion bildete, konnte ihre Stellung sogar noch ausbauen, indem auf sie 19,7 Prozent der Stimmen (1912: 16,4 Prozent) und 91 Mandate entfallen waren. Der Überraschungssieger war jedoch die DDP, die 18,5 Prozent der Stimmen und 75 Mandate erhielt und mit einer Zunahme von 6,2 Prozentpunkten gegenüber dem Ergebnis der FVP von 1912 den größten Zugewinn aller Parteien für sich verbuchen konnte. Demgegenüber fiel die DVP mit 4,4 Prozent der Stimmen weit hinter das Ergebnis der NLP von 13,6 Prozent aus dem Jahre 1912 zurück, sodass ihr nur 19 Mandate zukamen. Demgegenüber behauptete sich die DNVP trotz des revolutionären Umbruches mit 10,3 Prozent der Stimmen und 44 Mandaten, da sie gegenüber dem Wahlresultat der konservativen Parteien von 1912 lediglich 5,4 Prozentpunkte verlor. Auf die übrigen Parteien entfielen 1,6 Prozent der Stimmen und 7 Mandate.[135]

Das Ziel der bürgerlichen Parteien, eine sozialistische Mehrheit in der Nationalversammlung zu verhindern, war damit also erreicht. Folglich war die SPD gezwungen, eine Koalitionsregierung unter Einschluss mindestens einer der bürgerlichen Parteien einzugehen, da eine sozialdemokratische Minderheitsregierung selbst unter Einschluss der USPD nicht zur Disposition stand. Zwar wäre rechnerisch auch eine rein bürgerliche Regierung aus DDP, DVP, Zentrum und DNVP möglich gewesen. Diese Möglichkeit schied aber aufgrund der vorhandenen Gegensätze in verfassungspolitischen Fragen und der Sorge um eine eventuelle Radikalisierung der Sozialdemokratie aus.

Als erster Koalitionspartner bot sich für die SPD die DDP an, die mit dem Ziel in den Wahlkampf gegangen war, sich an der künftigen Regierung zu beteiligen, um so den Einfluss der Sozialdemokratie zu begrenzen.[136] Gemeinsam verfügten beide Fraktionen mit 240 Mandaten über eine klare Mehrheit in der Nationalversammlung. Eine Regierungsbeteiligung der Zentrumsfraktion war also nicht zwingend notwendig, wurde aber von den Vertretern der DDP in einer Vorbesprechung mit der SPD am 1. Februar 1919 gewünscht. Diese verfolgten damit das Ziel, sich in der Mittelstellung zwischen der Mehrheitssozialdemokratie und dem Zentrum eine taktisch günstige Position zu verschaffen und gegenüber der SPD das bürgerliche Gegengewicht in der Regie-

135 Die Angaben nach Kolb, Weimarer Republik, S. 308. Siehe auch Möller, Weimar, S. 286; Falter, Wahlen, S. 67. Die Wahlergebnisse der Reichstagswahl von 1912 bei Loth, Kaiserreich, S. 237. Zur Interpretation der Wahlergebnisse Böckenförde, Zusammenbruch, S. 37ff.

136 So Albertin, Liberalismus, S. 85. Dazu auch Gottschalk, Linksliberalen, S. 151ff.

rung zu stärken.[137] In der SPD wie im Zentrum bestanden jedoch Bedenken gegen eine solche Koalition. Als grundsätzliche Voraussetzung für eine Koalitionsregierung wurde von Seiten der Mehrheitssozialdemokratie die Bedingung gestellt, die republikanische Staatsform anzuerkennen und sich zur finanzpolitischen Heranziehung von Vermögen und Besitz sowie zur Sozialpolitik und zur Sozialisierung geeigneter Betriebe bereit zu erklären.[138] Für das Zentrum stellte sich dagegen das Problem, dass es den Wahlkampf mit kulturpolitischen Fragen gegen die SPD geführt hatte und sich eine starke Minderheitengruppe dementsprechend gegen eine Regierungsbeteiligung aussprach. Eine solche Entscheidung hätte aber zu einem Einflussverlust in allen staatlichen Belangen, insbesondere in der Frage der Verfassunggebung bedeutet. Folglich rang sich die Zentrumsfraktion am 8. Februar 1919 schließlich zu dem Entschluss durch, mit der SPD und der DDP über eine Regierungsbeteiligung zu verhandeln. Als Bedingung stellte sie, dass keine der kultur- und wirtschaftspolitischen Grundsätze der Zentrumspartei verletzt werde, wobei sie sich im Gegenzug bereit erklärte, die republikanische Staatsform zu akzeptieren.[139] Nach der Ablehnung eines lediglich formalen Angebots zur Regierungsbeteiligung der SPD durch die USPD am 6. Februar 1919[140] standen die Verhandlungen über die personelle Besetzung der drei obersten Regierungsämter an. Aufgrund besonderen Druckes der DDP verzichtete die SPD entgegen ihrer ursprünglichen Zielsetzung, alle drei Posten zu besetzen, auf das Amt des Parlamentspräsidenten, beanspruchte aber die Ämter des Reichspräsidenten und des Ministerpräsidenten, für die Friedrich Ebert (SPD) bzw. Philipp Scheidemann (SPD) vorgesehen waren.[141] Damit war die Bildung der »Weimarer Koalition« endgültig besiegelt. Ebert wurde am 11. Februar 1919 von der Nationalversammlung mit 277 von 379 abgegebenen Stimmen zum vorläufigen Reichspräsidenten[142] gewählt, und der zwei Tage später zum Ministerpräsidenten ernannte Scheidemann gab die erste Erklärung der aus SPD, DDP und Zentrum gebildeten

137 Dazu Richter, Kirche, S. 205–210. Siehe auch Arns, Regierungsbildung, S. 55–59; Schustereit, Linksliberalismus, S. 55f.

138 Dazu Kastning, Sozialdemokratie, S. 21f. Siehe auch Miller, Bürde, S. 244f.

139 Vgl. Richter, Kirche, S. 210–214; Morsey, Zentrumspartei, S. 166ff. Siehe auch Hehl, Marx, S. 163ff.

140 Dazu Miller, Bürde, S. 245ff.; Winkler, Revolution, S. 144f.; Kastning, Sozialdemokratie, S. 22f.

141 Die Verhandlungen werden ausführlich referiert von Richter, Reichspräsident, bes. S. 20–34. Dazu auch Arns, Regierungsbildung, S. 62–65. Aus Sicht der SPD Mühlhausen, Ebert, S. 174-180. Zum Anspruch Eberts auf das Amt des Reichspräsidenten siehe Miller, Bürde, S. 243f.; Mommsen, Ebert, S. 298f.; Witt, Ebert, S. 120; Mühlhausen, Pathos, S. 43f.

142 Sten. Ber., Bd. 326, S. 40f. Dazu Mühlhausen, Ebert, S. 180f.; ders., Pathos, S. 45f.; Richter, Reichspräsident, S. 34f.; Kolb, Ebert, S. 109f.

Regierung ab, der sieben sozialdemokratische und sieben bürgerliche Minister angehörten.[143]

Damit war die sich im ausgehenden Kaiserreich der Jahre 1917/18 herausbildende parteipolitische Aufteilung mit den Regierungsparteien aus Mehrheitssozialdemokraten, Linksliberalen und Zentrumsvertretern in der Mitte, den Unabhängigen Sozialdemokraten auf der linken Seite und der rechtsliberalen DVP und der konservativen DNVP auf der rechten Seite in die Weimarer Zeit überführt worden, die sich nun auch in der parlamentarischen Sitzordnung wieder fand. Im Weimarer Nationaltheater tauschten die Zentrumsmitglieder und die Rechtsliberalen die Plätze, sodass sich die Parteien der Weimarer Koalition anders als im kaiserlichen Reichstag gemeinsam in der Mitte des Hauses einfanden, die von der USPD am linken und der DVP und der DNVP am rechten Rande umrahmt wurden.[144]

Eine weitere Veränderung bestand in den zu Grunde liegenden Mehrheitsverhältnissen. Während die Mittelparteien im 1912 gewählten Reichstag über 243 von 397 Mandaten und damit über eine Mehrheit von etwa 61 Prozent verfügten, besaßen sie in der Nationalversammlung 331 von 423 Sitzen und damit eine Mehrheit von über 78 Prozent. Die eindeutigen Mehrheitsverhältnisse vereinfachten die parlamentarische Verfassungsarbeit jedoch nur geringfügig. Denn zum einen mussten selbst innerhalb der Regierungskoalition mitunter tiefgreifende verfassungspolitische Differenzen in kultur- und wirtschaftspolitischen Fragen überbrückt werden, in denen SPD und DDP gegen das Zentrum bzw. DDP und Zentrum gegen die SPD Position bezogen.[145] Zum anderen verfolgten die Vertreter der Regierungsparteien das Ziel, die Zustimmung zur Verfassung unter den Parteien so weit wie möglich zu ziehen, wie es bereits die Aufnahme des Zentrums in die Regierungskoalition zeigte, um so eine breite Akzeptanz innerhalb der Bevölkerung zu schaffen. Folglich war man auf Regierungsseite bemüht, auch die oppositionellen Parteien in die

---

143 Sten. Ber., Bd. 326, S. 44–49. Die Regierung setzte sich aus Philipp Scheidemann (SPD, Ministerpräsident), Gustav Bauer (SPD, Arbeitsminister), Rudolf Wissell (SPD, Wirtschaftsminister), Robert Schmidt (SPD, Ernährungsminister), Otto Landsberg (SPD, Justizminister), Gustav Noske (SPD, Wehrminister), Eduard David (SPD, Minister ohne Portefeuille), Eugen Schiffer (DDP, Finanzminister), Hugo Preuß (DDP, Innenminister), Ulrich Graf Brockdorff-Rantzau (parteilos, Außenminister), Georg Gothein (DDP, Minister ohne Portefeuille), Johannes Bell (Z, Kolonialminister), Johann Giesberts (Z, Postminister), Matthias Erzberger (Z, Minister ohne Portefeuille) zusammen. Dazu Schulze, Einleitung, S. XXIII–XXXIII; Arns, Regierungsbildung, S. 65ff.; Ritter, Kontinuität, S. 248f.

144 Siehe dazu die Pläne der Sitzungssäle von 1912 und 1919 in: Reichstags-Handbuch 1912; Handbuch 1919.

145 So Boldt, Reichsverfassung, S. 49. Zu den kulturpolitischen Differenzen ausführlich Richter, Kirche, S. 73–103. Zu den unterschiedlichen wirtschaftspolitischen Vorstellungen Schustereit, Linksliberalismus, S. 56–62.

Verfassungsarbeit mit einzubeziehen. Die parteipolitische Zusammensetzung und die Regierungsbildung bedingte damit ebenfalls die in der Nationalversammlung vorherrschende kommunikative Offenheit der Verständigung in Sachfragen bei Gegnerschaft im Grundsätzlichen.

2. Verfassungspolitische Vorentscheidungen

2.1. Die Berufung von Hugo Preuß

Am 15. November 1918 ernannte der Rat der Volksbeauftragten den linksliberalen, jüdischen Staatsrechtler Hugo Preuß[146] zum Staatsekretär des Innern, der mit der Ausarbeitung eines Verfassungsentwurfs beauftragt wurde.[147] Die Gründe hierfür waren neben seiner unbelasteten Haltung[148] seine verfassungsrechtlichen Vorstellungen, die er bereits im Krieg entworfen hatte. In einem Gutachten vom Juli 1917 hatte er sich für eine Abänderung der kaiserlichen Reichsverfassung ausgesprochen, indem die gesetzgebenden Kompetenzen des Bundesrats eingeschränkt, die Stellung des Reichstags ausgebaut und verantwortliche Ressortminister geschaffen werden sollten. Letztlich zielten diese Vorschläge auf die Einführung des parlamentarischen Regierungssystems ab, da er den Reichstag in das verfassungsrechtliche Zentrum stellte, wo durch die Ablehnung einer bestimmten Regierung zunächst ein negativer Wille als erster Schritt zu einer eigenen Willensbildung entstehen sollte.[149] Vor diesem Hinter-

146 Zu Lebensweg und Werdegang von Preuß Schefold, Preuß, S. 430–436; Faatz, Preuß; ders., Entwicklung, S. 6–35; Gillessen, Preuß, S. 16–20; Grassmann, Preuß, S. 6–16; Heuß, Preuß.

147 Dazu und zum Folgenden Elben, Problem, S. 45ff.; Richter, Kirche, S. 128ff.; Köster, Entstehungsgeschichte, S. 65–69; Mauersberg, Ideen, S. 57ff.; Gillessen, Preuß, S. 103f. Siehe auch Apelt, Geschichte, S. 56, der den Berufungstermin irrtümlich auf den 14. November 1918 vorverlegte. Zunächst wurde auch der Heidelberger Soziologieprofessor Max Weber für diesen Posten in Betracht gezogen, der jedoch aufgrund seines vehementen Eintretens gegen die Regierung der Volksbeauftragten als Kandidat letztlich ausschied. Dazu Matthias/Miller, Regierung, Bd. 1, S. 41; Mommsen, Weber, S. 324f., 357.

148 So führte Friedrich Ebert auf der Reichskonferenz am 25.11.1918 aus: »Das Reichsamt des Innern haben wir neu besetzt mit einem Manne, der als einer der hervorragendsten Staatsrechtslehrer anerkannt wird, der durch die Kriegspolitik nicht belastet ist, mit einem Manne, von dem wir hoffen, daß er mit uns unser neues Staatswesen aufbauen kann.« Matthias/Miller, Regierung, Bd. 1, S. 181. Dazu Elben, Problem, S. 47; Mauersberg, Ideen, S. 58.

149 Preuß, Vorschläge, bes. S. 296ff. Zu dieser Schrift ausführlich Gillessen, Preuß, S. 98–102. Siehe auch Mauersberg, Ideen, S. 43–56; Pohl, Denken, S. 69ff. Zu den staatstheoretischen Grundlagen und dem Parlamentarismusverständnis bei Preuß siehe die konzise Darstellung von Schönberger, Parlament, S. 369–404, bes. S. 373–382. Siehe auch Haungs, Reichspräsident, S. 22–29.

grund galt Hugo Preuß unter den Zeitgenossen als »der am weitesten links gerichtete Staatsrechtslehrer des damaligen Deutschland«.[150] Zudem herrschte im November 1918 das Gerücht vor, er verfüge bereits über einen ausgearbeiteten Verfassungsentwurf, was jedoch nicht der Fall war.[151] Preuß hatte sich zwar bereits am 14. November in dem programmatischen Artikel *Volksstaat oder verkehrter Obrigkeitsstaat?* vehement gegen die Alleinherrschaft der Sozialdemokraten ausgesprochen und das Bürgertum aufgefordert, im Rahmen einer einzuberufenden konstituierenden Nationalversammlung »Hand in Hand mit den neuen Mächten [zu gehen], aber nicht als Handlanger, sondern als gleichberechtigter Genosse.«[152] Hinter diesen Forderungen stand aber kein ausgereiftes Verfassungskonzept.

Insbesondere aufgrund des Bekenntnisses zur parlamentarischen Lösung der Verfassungsfrage im ausgehenden Kaiserreich erschien Preuß in den Augen Eberts in besonderem Maße geeignet, mit dem Amt des Staatssekretärs des Innern und der Aufgabe der Erstellung eines Verfassungsentwurfes betraut zu werden, zumal die Mehrheitssozialdemokraten in ihren eigenen Reihen über keinen geeigneten Kandidaten verfügten.[153] Mit dieser Berufung verfolgte Ebert ein doppeltes Ziel. Zum einen versuchte er, die Basis für die zu schaffende Verfassung bis in das bürgerliche Lager hinein zu erweitern. Zum anderen traf er im Sinne des SPD-Programms eine Vorentscheidung für einen liberal-demokratischen und repräsentativ-parlamentarischen Verfassungsentwurf anstelle einer sozialistischen Räteordnung.[154] Somit bildete die Berufung von Preuß »eine der wesentlichsten verfassungspolitischen Grundentscheidungen vor dem Zusammentritt der Nationalversammlung«.[155] Um jedoch diese allgemeinen verfassungsrechtlichen Grundgedanken in einen Verfassungsentwurf zu übersetzen, bedurfte es noch verschiedener Vorbesprechungen.

---

150 So Jellinek, Entstehung, S. 127. Dazu Gusy, Entstehung, S. 759f.

151 Mommsen, Weber, S. 357.

152 Preuß, Volksstaat, Zitat S. 367. Siehe dazu Gillessen, Preuß, S. 103; Mauersberg, Ideen, S. 56f.

153 Siehe Ziegler, Nationalversammlung, S. 364, Anm. 18: »Nach persönlicher Mitteilung von Frau Dr. Preuß soll Ebert Preuß gesagt haben: Herr Professor, sind Sie bereit, die Verfassung zu machen? Wir sind nicht in der Lage, sie zu machen. Wenn Sie nicht bereit sind, müßte ich mich an andere wenden.« Dazu Rürup, Entstehung, S. 222f.; Potthoff, Verfassungswerk, S. 453; Immel, Preuß, S. 29ff.

154 Diesbezüglich hatte sich Preuß in seinen Veröffentlichungen eindeutig geäußert. Dazu Rürup, Entstehung, S. 221ff. Siehe auch Winkler, Weimar, S. 99; Morsey, Reichsverfassung, S. 44.

155 So Richter, Kirche, S. 130.

2.2. Die Dezemberkonferenz 1918

Am 3. Dezember 1918 gab Preuß dem Rat der Volksbeauftragten bekannt, dass er »einen kleinen Beirat mit den Vorarbeiten für den Entwurf einer deutschen Verfassung« zu betrauen gedenke, an dem die Volksbeauftragten Hugo Haase (USPD) und Otto Landsberg (SPD), die Beigeordneten im Reichsamt des Innern Joseph Herzfeld (USPD) und Max Quarck (SPD), der Staatsrechtler Gerhard Anschütz, der Nationalökonom und Soziologe Max Weber sowie je ein Vertreter von Österreich, Bayern, Württemberg und den Hansestädten teilnehmen sollten.[156] Einen Tag später ließ Preuß die entsprechenden Einladungen zur »vertrauliche[n] Besprechung über Vorarbeiten für die künftige Reichsverfassung« für den 9. bis 12. Dezember 1918 im Reichsministerium des Innern in Berlin telegraphieren, die sich neben den vorgesehenen Teilnehmern auch an den württembergischen Linksliberalen Friedrich von Payer sowie die ehemaligen preußischen Minister Bill Drews und Clemens von Delbrück richteten.[157] Aus verschiedenen Gründen konnten sie jedoch nicht an der Tagung teilnehmen: Payer wie auch Anschütz mussten aufgrund von Verkehrsschwierigkeiten absagen, während Drews an einer Grippe erkrankt war und Delbrück als Anhänger der Monarchie und als Mitbegründer der DNVP aus »grundsätzliche[n] Erwägungen und Rücksichten persönlicher Art« seinen Verzicht auf eine Teilnahme erklärte.[158]

An der Besprechung nahmen letztlich neben dem Vorsitzenden Hugo Preuß von der Regierung die Beigeordneten Max Quarck (SPD) und Joseph Herzfeld (USPD), aus dem Reichsamt des Innern der Unterstaatsekretär Theodor Lewald, der Oberregierungsrat Alfred Schulze, der Regierungsrat Karl von Zahn, vom Auswärtigen Amt der Ministerialdirektor Walter Simons und der Legationsrat Kurt Riezler sowie darüber hinaus der Staatsekretär des Reichsjustizamtes Paul von Krause, der Hamburger Senator Carl Petersen, Max Weber und von der österreichischen Gesandtschaft Ludo Moritz Hartmann und Alfred von Verdross teil.[159] Auffallend war neben dem Übergewicht an hohen

156 Matthias/Miller, Regierung, Bd. 1, S. 251f. Die Einladung des Soziologen Max Weber geht nach Ansicht von Wolfgang J. Mommsen auf dessen verfassungspolitische Schriften zurück, die er zwischen dem 22. November und dem 5. Dezember 1918 in der »Frankfurter Zeitung« veröffentlichte und anschließend unter dem Titel »Deutschlands künftige Staatsform« als eigenständige Broschüre herausgab: Weber, Staatsform. Dazu dieser Schrift Mommsen, Weber, S. 358, 380.

157 Das Einladungsschreiben befindet sich unter BAB R1501/16807, fol. 2r.–2v., Zitat fol. 2r.

158 Die entsprechenden Telegramme sind einzusehen unter BAB R1501/16807, fol. 16r. (Anschütz), 25r., 65r.–65v. (Delbrück), 107r. (Drews), 108r. (Payer). Dazu Richter, Kirche, S. 131f.

159 Vgl. die »Aufzeichnung über die Verhandlungen im Reichsamt des Innern über die Grundzüge des der verfassunggebenden deutschen Nationalversammlung vorzulegenden Verfassungs-

Reichsbeamten insbesondere die Tatsache, dass dieser Besprechung trotz des ausdrücklichen Wunsches von Preuß kein Mitglied des Rates der Volksbeauftragten beiwohnte, nachdem die juristisch ausgebildeten Regierungsmitglieder Otto Landsberg (SPD) und Hugo Haase (USPD) ihre Teilnahme aufgrund von anderweitigen Aufgaben abgesagt hatten. Dementsprechend schwer fiel es den einzigen beiden sozialdemokratischen Vertretern, ihren Vorstellungen Gehör zu verschaffen.[160]

Die Verhandlungen sollten, so Hugo Preuß in seiner Eröffnungsrede, lediglich »dem Zwecke einer vertraulichen Aussprache dienen« und Material für spätere Ausarbeitung liefern. Folglich standen keine Vorentwürfe zur Verfügung, sondern die Grundprinzipien des noch auszuarbeitenden Verfassungsentwurfs allgemein zur Diskussion, ohne dass über diese abgestimmt wurde.[161] Die Besprechung begann mit den Grundfragen des staatlichen Aufbaus und der Abgrenzung der Zuständigkeiten zwischen dem Reich und den Einzelstaaten, ging anschließend auf die Grundrechte und die Vertretung der Einzelstaaten durch ein Reichsorgan ein, bevor zum Ende die Stellung des Volkshauses, die Frage des Reichsoberhauptes und die Verantwortlichkeit der Reichsminister zur Beratung standen.[162]

Den Ausgangspunkt der in dieser Besprechung eingebrachten verfassungstheoretischen Überlegungen bildete die Anerkennung der Volksouveränität. Hier stellte Hugo Preuß bereits zu Beginn der Besprechung auf die Frage des Beigeordneten Joseph Herzfeld (USPD), wo zukünftig die »Quelle der Staatsgewalt« liegen solle, unmissverständlich fest, »daß die Quelle aller Gewalt beim souveränen Volke liege.«[163] Diese programmatische Festlegung diente in erster Linie als legitimierende Grundlage gegen die Arbeiter- und Soldatenräte, in denen Preuß nur einen »vorübergehende[n] Machtfaktor«[164] sah, was von keinem der Teilnehmer in Frage gestellt wurde. Darauf aufbauend wurden Überlegungen zur funktionalen Bestimmung des Volkes angestellt, wobei hier die Legitimation der obersten Staatsorgane durch eine unmittelbare Wahl im Vordergrund stand. Insbesondere in der Frage, ob der vorgesehene Präsident durch das Volk oder durch das Parlament zu wählen sei, führte wiederum Preuß aus,

entwurfs vom 9. bis 12. Dezember 1918», BAB R1501/16807, fol. 31r.–49v., hier fol. 31r., wieder abgedruckt in: Weber, Neuordnung, S. 51–90. Zu den Teilnehmern ebd., S. 52. Siehe auch Ziegler, Werk, S. 92; Jellinek, Entstehung, S. 128.

160 Siehe Richter, Kirche, 132f.

161 BAB R1501/16807, fol. 31v. Dazu Gillessen, Preuß, S. 106; Richter, Kirche, S. 133f.

162 Zur Beratung dieser Gegenstände siehe ausführlich Gillessen, Preuß, S. 106–112; Mommsen, Weber, S. 380–396. Dazu auch Mauersberg, Ideen, S. 65–77.

163 BAB R1501/16807, fol. 31v.

164 BAB R1501/16807, fol. 31v.

dass der »Präsident [...] aus Volkswahlen hervorgehen« müsse.[165] Auch das geplante, von den einzelstaatlichen Regierungen zu bestellende Staatenhaus stehe letztlich neben diesen »durch Volkswahl berufenen Organen.«[166] Besondere Unterstützung erhielt er in dieser Hinsicht von Max Weber, der ein unverzichtbares »Gegengewicht gegen das Parlament [...] in dem vom Volk bestellten Präsidenten« sah.[167] Folglich müsse der »Präsident als der Erwählte des Volkes« auch das Recht haben, mittels eines Referendums »von dem Parlament an das Volk appellieren« zu können.[168] Gleichzeitig wollte Weber die Verantwortlichkeit des Präsidenten an das Volk binden, indem er sich für eine »Absetzung des Reichs-Präsidenten durch Volksinitiative (etwa 1/10 der Wähler) und Referendum« aussprach.[169]

Gegen die Bindung des Präsidenten an das Volk wandte lediglich Joseph Herzfeld (USPD) ein, dass in seinen Augen »die Gefahr [bestehe], daß die Volkswahl, so nützlich und notwendig sie sein möge, dem Präsidenten das Übergewicht über das Parlament verleihe.«[170] Aber auch er konnte sich dem Verweis auf das »Volk« nicht entziehen. So meldete er zwar gegen das vorgeschlagene Recht des Präsidenten zur Auflösung des Reichstags Bedenken an. Aber im Falle des von Weber eingeforderten Rechts zur Ansetzung eines Referendums könne er als »Demokrat [...] keine Einwendung dagegen erheben, daß der Präsident sich an das Volk wenden könne.«[171] Die Forderung nach Volkswahlen diente in den Beratungen also in erster Linie zur Legitimation staatlicher Organe sowie zur Begrenzung ihrer Macht.[172] Vor diesem Hintergrund gelang es den sozialdemokratischen Abgeordneten nicht, ihre Bedenken gegen eine starke Stellung des Reichspräsidenten zu begründen.

Der Legitimationsverweis auf das »Volk« kam der Stellung des Parlamentes nur bedingt zugute. Den Ausgangspunkt bildete auch hier das Volk, das nach den Worten von Hugo Preuß den Präsidenten als auch das Volkshaus zu bestellen habe.[173] Max Weber sprach sich dafür aus, dass der »Reichstag [...] ein Enquête-Recht bekommen« müsse, das insbesondere den parlamentarischen

165 BAB R1501/16807, fol. 46r.
166 BAB R1501/16807, fol. 41r.
167 BAB R1501/16807, fol. 46v. Siehe auch ebd., fol. 45r.
168 BAB R1501/16807, fol. 48r.
169 BAB R1501/16807, fol. 48v.
170 BAB R1501/16807, fol. 46r.–47v.
171 BAB R1501/16807, fol. 48r.
172 So betonte Walter Simons, dass für ihn die Gefahr eines Missbrauchs der Kompetenzen bei einer »Volkswahl des Präsidenten« nicht sehr groß sei. BAB R1501/16807, fol. 45v.
173 BAB R1501/16807, fol. 46r. Auch hob er in der Auseinandersetzung um die Stellung eines Staatenhauses als Vertretung der Einzelstaaten ausdrücklich hervor, dass »die politische Führung beim Volkshaus« liegen müsse. Ebd., fol. 42r.

Minderheiten diese Möglichkeit einzuräumen sei, womit sich die Mehrheit einverstanden erklärte.[174] Ohne Diskussion wurde auch die parlamentarische Abhängigkeit des Reichsministeriums festgehalten, nachdem Hugo Preuß ausgeführt hatte, dass der Präsident das Ministerium ernennen müsse, welches an das »Vertrauen des Volkshauses« gebunden sei.[175]

Dennoch war die Haltung gegenüber dem Reichstag unter der Mehrheit der Teilnehmer von einem Misstrauen geprägt, dass Max Weber wie folgt auf den Punkt brachte: »Auch die Parlamente seien heute in schweren Misskredit gekommen. Ihnen alle Gewalt anzuvertrauen, sei bedenklich.«[176] Dieses Misstrauen manifestierte sich in der Ausgestaltung des Verhältnisses zwischen Parlament und Präsident, da nicht nur Weber einen vom Volk gewählten Präsidenten als Gegengewicht zum Reichstag forderte.[177] Kurz zuvor hatte sich bereits Hugo Preuß im Zusammenhang mit der Frage der plebiszitären oder parlamentarischen Bestimmung des Präsidenten ausgeführt, dass es »nicht folgerichtig [sei], daß der Präsident aus der Wahl des Parlaments hervorgehe.«[178] Gegenüber dieser von Weber und Preuß vertretenen strikten Trennung konnten sich die von sozialdemokratischer Seite vorgebrachten Vorschläge, den Präsidenten an das Parlament zu binden, nicht durchsetzen. Weder der Wunsch von Max Quarck (SPD) nach einem »Präsidenten, der organisch aus dem Parlament und dem Ministerium hervorgehe«, noch die Forderung von Joseph Herzfeld (USPD), dass »der Präsident dem Volkshaus von Zeit zu Zeit nach amerikanischem Muster über den Zustand des Staates Bericht zu erstatten habe«, fand Zustimmung unter den übrigen Teilnehmern.[179] Gegen die Bedenken von Herzfeld sprach sich die Mehrheit sogar dafür aus, dem Präsidenten das Recht zur Parlamentsauflösung einzuräumen.[180] Die Stellung des Reichstags blieb damit letztlich in dem von Hugo Preuß vorgegebenen Rahmen einer »mittlere[n] Linie« zwischen dem amerikanischen System, in welchem dem Parlament mit der Volkswahl des Präsidenten nahezu kein Einfluss auf die Exekutive zukomme, und dem französischen System, in welchem der Präsident wie die Regierung vom Parlament gewählt werde und somit von ihm abhängig sei.[181]

---

174 BAB R1501/16807, fol. 43r.–43v., Zitat fol. 43r. Dazu Mommsen, Weber, S. 388f.

175 BAB R1501/16807, fol. 46r.

176 BAB R1501/16807, fol. 46v.

177 BAB R1501/16807, fol. 46v.

178 BAB R1501/16807, fol. 46r. Preuß bezeichnete es sogar als »ausgeschlossen, daß der Reichstag mittelbar oder unmittelbar das oberste Organ des Reichs bestimme.« Ebd., fol. 47r.

179 BAB R1501/16807, fol. 46v., 43v.

180 BAB R1501/16807, fol. 48r.–48v.

181 BAB R1501/16807, fol. 46r.

Von entscheidender Bedeutung für diese Verfassungsvorstellung war also die Stellung des Präsidenten. In diesem Zusammenhang verwies Max Weber zunächst auf die grundsätzliche Notwendigkeit eines solchen Amtes, da die »Beamtenschaft und die Offiziere [...] ihre Spitze im Präsidenten« haben müssten.[182] Auch Hugo Preuß trat »für die Präsidentschaft« ein, da »jeder andere Weg ungangbar«[183] sei, und konnte am Ende feststellen, dass auch »die überwiegende Meinung«[184] dieses unterstütze. Zuvor hatte Max Quarck (SPD) zwar noch eingewendet, dass die in Deutschland gemachten Erfahrungen mit dem Kaisertum »zu einem Versuch mit der Präsidentschaft wenig ermutigen« könnten, auch wenn ein »Bedürfnis nach einer starken Spitze der Reichsverwaltung« durchaus vorhanden sei.[185] Solche Einwände gegen das Präsidentenamt blieben jedoch auch in diesem Fall ohne Widerhall. Stattdessen wurde der Versuch unternommen, die von sozialdemokratischer Seite vorgebrachten Bedenken mit dem Hinweis auf die Wahl durch das Volk zu zerstreuen.[186] Ebenso wurde der Wunsch nach starken Machtbefugnissen des Präsidenten[187] mit dem Hinweis auf die plebiszitäre Bestimmung begründet. So wandte Max Weber gegen den Vorschlag von Max Quarck (SPD) nach einer parlamentarischen Wahl des Präsidenten[188] ein, dass es »sehr zweifelhaft [sei], ob dann dieser Präsident herrschen werde oder seine Untergebenen.«[189] Somit sei es notwendig, dass der Präsident nicht aus Parlamentswahlen, sondern aus unmittelbaren Volkswahlen hervorgehe.[190] Damit der Präsident seine Stellung zur Geltung bringen könne, plädierte Weber dafür, ihm zudem das Recht einzuräumen, mittels eines Referendums »von dem Parlament an das Volk appellieren« zu können.[191] Dieser Sichtweise, die auch von Hugo Preuß[192] vertreten wurde,

182 BAB R1501/16807, fol. 45r. Diese Auffassung wurde von Kurt Riezler unterstützt, der mit besonderem Blick auf die auswärtige Politik die »einheitliche, nicht mit dem Reichsministerium zusammenfallende [...] Spitze« sowie die »Notwendigkeit einer starken Stellung des Präsidenten« betonte. Ebd., fol. 45r., 47r.

183 BAB R1501/16807, fol. 47r. In dem Sinne auch die Aussage von Walter Riezler: »Demnach bliebe nur die Präsidentschaft übrig.« Ebd., fol. 45v.

184 BAB R1501/16807, fol. 46r.

185 BAB R1501/16807, fol. 45v., 46v. Dazu Gniffke, Genosse, S. 277ff. Auch Joseph Herzfeld (USPD) wies darauf hin, dass bei der »Präsidentschaft [...] stets die Gefahr bestehe, daß sie der alten Monarchie zu ähnlich werde.« Ebd., fol. 47r.

186 BAB R1501/16807, fol. 45v. So war in den Augen von Hugo Preuß eine »zu große Machtfülle des Präsidenten [...] nicht zu befürchten, wenn seine Stellung der eines beschränkten parlamentarischen Monarchen ähnlich gemacht werde.« Ebd., fol. 47r.

187 So die Forderung etwa von Kurt Riezler: BAB R1501/16807, fol. 45v.

188 BAB R1501/16807, fol. 46v.

189 BAB R1501/16807, fol. 46v.

190 BAB R1501/16807, fol. 46r.

191 BAB R1501/16807, fol. 48r.

192 BAB R1501/16807, fol. 46r.

hatten die sozialdemokratischen Vertreter abermals nur wenig entgegenzusetzen. Zwar wies Joseph Herzfeld (USPD) auf die Gefahr hin, dass die »Volkswahl [...] dem Präsidenten das Übergewicht über das Parlament verleihe.«[193] Mit dem Recht, »daß der Präsident sich an das Volk wenden könne«, erklärte er sich jedoch einverstanden.[194] Folglich konnte Preuß zusammenfassend feststellen, »daß die einhellige Ansicht dahin gehe, daß der Präsident die Initiative zum Referendum haben solle, und daß die Mehrheit ihm auch das Recht zur Reichstagsauflösung einräumen wolle.«[195] Wie die einstimmige Anerkennung des Referendums aufzeigt, lag der entscheidende Grund für die allgemeine Zustimmung dieses so konzipierten Präsidentenamtes in der Inbeziehungsetzung zum Volk, der jedoch zwei unterschiedliche Sichtweisen zu Grunde lagen. Während die sozialdemokratischen Vertreter damit die Entscheidungsgewalt ausschließlich beim Volk verorteten, diente diese Verbindung bei Max Weber in erster Linie zur plebiszitären Legitimation und damit für eine machtvolle Stellung des Präsidenten.[196]

Offen zutage trat diese Differenz jedoch erst bei der Stellung des Parlaments: Wie oben dargelegt wurde, konnte der Reichstag für Weber wie für Preuß aufgrund seiner heterogenen parteipolitischen Zusammensetzung nicht die Grundlage für eine solche Machtstellung abgeben, sodass der Präsident nicht in einem Abhängigkeitsverhältnis zu diesem stehen durfte. Dieser hatte vielmehr seine unabhängige bis übergeordnete Stellung gegenüber dem Reichstag zu wahren, die sich in dem Recht zur Parlamentsauflösung ausdrückte. Folgerichtig setzte an genau diesem Punkt der Widerspruch der sozialdemokratischen Vertreter ein, die sich gegen ein mögliches Übergewicht des Präsidenten aussprachen und dieses Recht der Parlamentsauflösung für den Präsidenten ablehnten. Der Grund für diese Differenz lag also letztlich in der jeweiligen Perspektive begründet, von der aus die demokratische Herrschaftsordnung konzipiert wurde: Während Weber und Preuß bei der Handlungsfähigkeit der Regierung ansetzten und somit für einen vom Volk gewählten Präsidenten plädierten, gingen die teilnehmenden Sozialdemokraten von dem Volk als Grundlage dieser Herrschaftsform aus, das durch das Parlament vertreten werde, welches somit verfassungsrechtlich so wenig wie möglich eingeschränkt werden dürfe. Diese Differenz kulminierte also in der Frage, wem die letztlich entscheidende Herrschaftsposition zukommen sollte.

193 BAB R1501/16807, fol. 46v.–47r.

194 BAB R1501/16807, fol. 48r.

195 BAB R1501/16807, fol. 48v.

196 Vgl. Mommsen, Weber, S. 363–370; 378ff., 389ff. Dazu Weber, Staatsform, S. 127ff. Siehe auch ders., Reichspräsident.

Die weiteren Punkte waren demgegenüber weitaus weniger umstritten. Ausgehend von der mehrheitlich unterstützten gleichgewichtigen Anordnung von Präsident und Parlament konzipierte Preuß die Stellung der parlamentarischen Regierung als »Bindeglied« zwischen den beiden Organen, deren Mitglieder vom Präsidenten ernannt würden und gleichzeitig vom Vertrauen des Parlaments abhängig seien.[197] Da diese Form der parlamentarischen Regierungsweise sowohl mit präsidiellen als auch mit parlamentarischen Vorstellungen harmonisierte, stieß sie von keiner Seite auf Widerspruch. Ebenso verhielt es sich mit der Stellung der Abgeordneten und der Sichtweise der Parteien. Im ersten Fall kam man aufgrund entsprechender Vorschläge von Hugo Preuß und Joseph Herzfeld (USPD) überein, die parlamentarischen Immunitätsrechte der Abgeordneten auszubauen.[198] Demgegenüber wurden die Parteien weiterhin kritisch bewertet, als Hugo Preuß im Zusammenhang mit dem Wahlprüfungsrecht des Reichstags die Einsetzung eines außerparlamentarischen Gerichts favorisierte, da die »Parteien des Volkshauses [...] nicht in der Lage [seien], unparteiisch zu entscheiden.«[199] Auch im Hinblick auf die Staatsform kam es zu keiner Diskussion, nachdem Hugo Preuß gleich zu Beginn konstatiert hatte, dass die Frage, »ob das Deutsche Reich Republik sein solle oder nicht«, durch die neuen Verhältnisse bereits entschieden sei, während die Beantwortung der weiteren Frage eines Einheits- oder Bundesstaates noch ausstehe. Diesem Aspekt maß er jedoch keine zu große Bedeutung bei, da selbst die Schaffung eines Einheitsstaates nur mit einer starken Dezentralisation möglich sei.[200] An diese Frage knüpfte sich zwar eine Diskussion an, in der sich Max Weber aus »praktischen Erwägungen« für eine »föderalistische Verfassung« mit möglichst weitreichenden unitarischen Zügen aussprach. Auch Paul von Krause hielt »den Einheitsstaat für undenkbar«, während Max Quarck (SPD) für den »Gedanke[n] des Unitarismus« plädierte.[201] Diese unterschiedlichen Ansichten lagen jedoch stärker in einzelstaatlichen Interessenlagen als in grundsätzlichen Vorstellungen politischer Herrschaft begründet und konnten aus diesem Grund mit dem Kompromiss ausgeräumt werden, zur Vertretung der Einzeltstaaten ein Staatenhaus einzusetzen. [202] Denn die aufgeworfene Frage

---

197 BAB R1501/16807, fol. 46r. Siehe auch ebd., fol. 49r.

198 BAB R1501/16807, fol. 44r.–44v.

199 BAB R1501/16807, fol. 43v. Gegen die Einsetzung eines Ministeriums als oberste Reichsspitze führte Walter Simons die »Parteizersplitterung« an, die »zu groß für eine solche Regierungsweise« sei. Ebd., fol. 45v.

200 BAB R1501/16807, fol. 31v.

201 Vgl. BAB R1501/16807, fol. 32r.–33r., Zitate fol. 32r. Siehe dazu Schulz, Demokratie, S. 129–132.

202 Vgl. BAB R1501/16807, fol. 39r.–42v. Dazu Gillessen, Preuß, S. 108ff. Siehe auch Benz, Süddeutschland, S. 84ff.

knüpfte anders als die des Staatsoberhauptes nur mittelbar an die grundlegende Frage nach dem ausschlaggebenden Faktor der Herrschaftsgewalt an.

Im Hinblick auf den noch zu erstellenden Verfassungsentwurf zeichneten sich am Ende der Beratungen also bereits die zentralen Punkt ab: Das künftige Staatsgebilde war eine Republik auf föderaler Grundlage, in der den Einzelstaaten durch das Staatenhaus ein Mitwirkungsrecht eingeräumt wurde und in der die Staatsgewalt beim souveränen Volk lag. Dieses nahm seine Funktion dadurch wahr, dass es in Wahlen die zwei obersten Staatsorgane bestimmte, den Reichspräsidenten und den Reichstag. Zwischen diesen beiden fungierte die parlamentarische Regierung als Bindeglied, indem diese vom Präsidenten ernannt wurde und vom Vertrauen des Reichstags abhängig war. Dem Präsidenten wurden zudem die Kompetenzen eingeräumt, gegen das Parlament ein Referendum anzuordnen und den Reichstag aufzulösen. Diese Grundlinien wurden von Alfred Schulze, der als Mitarbeiter im Reichsamt des Innern an der Besprechung teilgenommen hatte, Ende Dezember 1918 zu einem Vorentwurf[203] zusammengestellt und von Hugo Preuß zwischen dem 26. Dezember 1918 und dem 3. Januar 1919 zu einem ersten »Entwurf des allgemeinen Teils der künftigen Reichsverfassung«[204] überarbeitet. Sie überdauerten letztlich alle weiteren Beratungen, sodass das Grundgerüst des späteren Verfassungsbaus bereits in der Dezemberbesprechung festgelegt wurde, die somit als die eigentliche »Geburtskammer der Weimarer Reichsverfassung« gelten kann.[205] Dabei trat die grundsätzliche Problematik, nämlich die Frage nach dem letztlich entscheidenden Faktor der Herrschaftsgewalt in einem parlamentarisch regierten Staate anhand der Stellung des Präsidenten bereits offen zutage.

2.3. Die Redslobsche Parlamentarismustheorie und ihre Rezeption

Für die grundlegende Frage nach der Sicherung einer handlungsfähigen Exekutive bot der aus dem Elsass stammende und in Rostock lehrende Staatsrechtler Robert Redslob mit seiner 1918 erschienenen Abhandlung über *Die parlamentarische Regierung in ihrer wahren und in ihrer unechten Form*[206] zentrale

203 Siehe die »Unverbindlichen Vorschläge für den Entwurf des allgemeinen Teils der künftigen Reichsverfassung. Referent: Geheimer Ober-Regierungsrat Dr. Schulze«, BAB R1501/16807, fol. 71r.–88r. Dieser Entwurf wurde nach Apelt, Geschichte, S. 57, nach »den von Preuß gegebenen Anweisungen« erstellt.

204 Abgedruckt in: Triepel, Quellensammlung, S. 7ff.

205 So Mommsen, Weber, S. 380. Siehe auch Richter, Kirche, S. 137.

206 Redslob, Regierung. Dazu und zum Folgenden Schönberger, Parlament, S. 384–392; Mommsen, Weber, S. 372–376, Möller, Parlamentarismus-Diskussion, S. 145ff. Siehe auch Friedrich, Plan, S. 193–197; Glum, Regierungssystem, S. 151–156.

Interpretationsmöglichkeiten, welche von Hugo Preuß und Max Weber für ihre konzeptionellen Überlegungen übernommen wurden. Das parlamentarische Regierungssystem definierte Redslob allgemein als ein »System des Gleichgewichts […] zwischen der exekutiven und legislativen Gewalt«, welches sich dadurch auszeichne, dass auf der einen Seite das Regierungskabinett nicht in Widerspruch mit der Parlamentsmehrheit geraten dürfe, während auf der anderen Seite das Parlament der Regierung nicht seinen Willen aufzwingen, sondern lediglich Kritik anbringen dürfe. Dieses Gleichgewicht sei jedoch ständig bedroht, da das Parlament dazu tendiere, die Handlungsfreiheit der Regierung zu beschränken und die Regierung sich von den parlamentarischen Bindungen loszulösen versuche. Folglich stelle sich die grundlegende Herausforderung, die Macht zwischen diesen beiden Institutionen so auszutarieren, dass die Regierung die notwendige Handlungs- und Entscheidungsfreiheit besitzt, ohne die ebenfalls notwendige Fühlung mit dem Parlament zu verlieren. Das zentrale Mittel, um dieses sicherzustellen, bestehe in der Auflösung des Parlaments: Für den Fall, dass es in grundlegenden Fragen zu keiner Einigung zwischen dem Parlament und der Regierung komme, müsse das Volk bzw. die Wähler ein Urteil zwischen den beiden streitenden Parteien fällen, indem sie in Neuwahlen entweder die bestehende Parlamentsmehrheit bestätigen oder eine die Regierungspolitik unterstützende Mehrheit zusammenstellen würden. Der Zugriff auf dieses Mittel stehe nach Redslob jedoch nicht nur dem Ministerium offen, welches das Staatsoberhaupt zur Ausschreibung von Neuwahlen veranlasse, sondern auch dem Parlament, indem es zentrale Gesetzesvorhaben verwerfe und somit die Ernennung eines neuen Ministeriums oder die Ausschreibung von Neuwahlen erforderlich mache. Letztlich seien also sowohl die exekutive als auch die legislative Gewalt der »Prärogative des Wählers« unterworfen, sodass keine von beiden »eine höhere Autorität [besitze], welche ihr erlaubt, die andere zu beherrschen.«[207]

Den entscheidenden Platz nahm in dieser Gleichgewichtskonzeption das Staatsoberhaupt ein, das in einer Monarchie durch den König und in einer Republik durch den Präsidenten dargestellt wurde. Auch wenn das Staatsoberhaupt die Politik nicht nach seinem eigenen Willen leite, maß ihm Redslob dennoch die »schöpferische Kraft dieses Mechanismus« zu, da es mit den Befugnissen ausgestattet sei, die Regierung in Übereinstimmung mit der Parlamentsmehrheit zu bilden und das Parlament aufzulösen, um so Parlament und Regierung durch Neuwahlen dem Urteil der Wähler zu unterstellen. Diese Konzeption eines parlamentarischen Regimes veranschaulichte Redslob anhand des Bildes einer Waage, bei der Regierung und Parlament die beiden

207 Redslob, Regierung, S. 1–4, Zitate S. 1, 3f.

Waagschalen darstellen würden, auf welche die Schwerkraft in der Form des in den Parlamentswahlen geäußerten Willens einwirke. Dem Staatsoberhaupt, das als nomineller Träger der Gewalt die Waage in seinen Händen halte, falle die Aufgabe zu, das Gleichgewicht mit dem Appell an das Wahlvolk immer wieder herzustellen.[208] Jedoch weist Redslob auch darauf hin, dass das Auflösungsrecht nicht als »Angriffswaffe« gegen das Parlament missbraucht werden dürfe, sondern dass der »Spruch der Wähler« letztlich für alle Gewalten und damit auch für das Staatsoberhaupt bindend sei.[209]

Als Vorbild für ein solches parlamentarisches System dienten Redslob die englischen Verfassungsverhältnisse, in denen der englische König die Befugnis besaß, die Regierung zu bilden und gegebenenfalls wieder zu stürzen, indem er mittels Parlamentsneuwahlen den Appell an das Volk richtete.[210] Das Gegenbild zu diesem, von Redslob als »echt« bezeichneten Parlamentarismus bildete die Verfassungsordnung von Frankreich der Dritten Republik, in der sich der Präsident aufgrund seiner Wahl durch die parlamentarischen Kammern in einer abhängigen Stellung befand und nicht über die gleiche Autorität wie das Parlament und damit faktisch über kein Auflösungsrecht verfügte.[211] In Frankreich herrschte also anstelle eines Gleichgewichts zwischen der Exekutive und der Legislative die Allmacht des Parlaments vor, was Redslob einen »nicht authentischen Parlamentarismus« nannte.[212] Damit fasste Redslob weitgehend die bereits von der französischen Staatsrechtslehre vorgebrachte Kritik an dem praktizierten System der Parlamentsherrschaft der Dritten Republik zusammen, für deren Diskussionskontext er die Schrift in erster Linie verfasst hatte. Demgegenüber war seine Darstellung der englischen Verfassungsordnung mit der Vorstellung eines über den parlamentarischen Parteien stehenden Königs bereits zum Zeitpunkt des Erscheinens anachronistisch, da Redslob sich überwiegend auf Abhandlungen über die englische Verfassung gestützt hatte, die aus der Feder monarchistischer französischer Autoren stammten und damit diese monarchische Staatsform idealisierend eingefärbt worden war.[213]

Im Grunde war dieses von Redslob konzipierte Modell einer parlamentarischen Regierung jedoch weniger ein parlamentarisches als vielmehr ein konsti-

208 Redslob, Regierung, S. 4–7.

209 Redslob, Regierung, S. 131f.

210 Vgl. Redslob, Regierung, S. 40–46.

211 Vgl. Redslob, Regierung, S. 114–120.

212 Redslob, Regierung, S. 178ff., Zitat S. 180.

213 Dieses veranlasste Ernst Fraenkel zu der Feststellung, dass letztlich Robert Redslob dafür verantwortlich sei, »daß im Jahre 1919 nicht die englische Verfassung, sondern die Glosse rezipiert worden ist, die französische Monarchisten zu ihr geschrieben haben.« Fraenkel, Komponente. S. 148. Dazu Schönberger, Parlament, S. 386–389. Allgemein zur Rezeption des englischen Parlamentarismus 1917/18 Döring, Anmerkungen.

tutionelles, auch wenn er mit der Anerkennung der Souveränität des Volkes, das in den Parlamentswahlen über die Regierung und damit über die politische Richtung zu entscheiden habe, über die Staatstheorie des Konstitutionalismus hinaus ging. Er blieb ihr jedoch weiterhin eigentümlich verhaftet, wenn er von der konstitutionellen Vorstellung eines Dualismus von Regierung und Parlament ausging, welcher in einem parlamentarischen Regierungssystem von der engen Verbindung zwischen Regierung und Parlamentsmehrheit und der nun wichtigeren Trennungslinie zwischen Regierungsmehrheit und Opposition abgelöst wurde. Folglich verzichtete Redslob auch darauf, dem Parlament offiziell das Recht einzuräumen, die Regierung durch ein Misstrauensvotum zu stürzen, womit er den entscheidenden Aspekt der parlamentarischen Regierungsweise gänzlich außen vor ließ.[214] Darüber hinaus übernahm er die konstitutionelle Vorstellung einer Identifikation des Staatsoberhauptes mit der gesamten Exekutive, sodass die Objekte des Gleichgewichts von ihm nicht eindeutig benannt wurden: Zu Beginn seiner Abhandlung ging er von einem Gleichgewicht zwischen Regierung und Parlament aus, welches das Staatshaupt als »pouvoir neutre« garantieren solle, während er am Ende auf das »große mechanische Gesetz« verwies, »nach welchem Parlament und Staatshaupt über eine gleichwertige Macht verfügen« müssten.[215]

Insbesondere diese konstitutionellen Überhänge[216] bedingten letztlich die besondere Attraktivität des Redslobschen Gleichgewichtsmodells für die Verfassunggebung 1918/19. Hier wurde im Namen des »echten« Parlamentarismus ein Regierungssystem entworfen, das die aus dem konstitutionellen System gewohnte Selbstständigkeit der Exekutive trotz der parlamentarischen Kontrollfunktion gewährleistete, indem diese durch die Parlamentsauflösung an den Volkswillen gebunden und so eingeschränkt wurde.[217] Ausdrücklich berief sich Hugo Preuß bereits in der Dezemberbesprechung 1918 auf die Redslobsche Parlamentarismustheorie, als er das französische System, den Präsidenten durch das Parlament wählen zu lassen, mit den Worten ablehnte, dass es sich hierbei um ein »unechtes parlamentarisches System« handele. Folglich plädierte er dafür, dass das Volk nicht nur das Parlament, sondern auch den Präsidenten zu wählen habe. Als Bindeglied zwischen diesen beiden Organen solle die parlamentarische Regierung fungieren, indem sie vom Präsidenten ernannt werde und gleichzeitig vom Vertrauen des Parlaments abhängig sei. Auf

214 Schönberger, Parlament, S. 391. Siehe auch Kluxen, Geschichte, S. 179.

215 Redslob, Regierung, S. 178. Dazu Schönberger, Parlament, S. 390; Mommsen, Weber, S. 374.

216 Die Formulierung »konstitutionelle Eierschalen« von Wolfgang J. Mommsen bringt dieses bildlich zum Ausdruck: Mommsen, Weber, S. 375.

217 Siehe Schönberger, Parlament, S. 393.

diese Weise gelange man, so Preuß, »zu einer starken demokratischen Exekutive, aber ohne schädigenden Dualismus.«[218]

Nachdem diese Auffassung in der Besprechung weitgehend geteilt worden war, wurde sie als Grundlage für die Ausarbeitung eines Verfassungsentwurfs herangezogen. Ende Dezember 1918 formulierte Alfred Schulze vom Reichsministerium des Innern nach den Weisungen von Hugo Preuß erste »Unverbindliche Vorschläge für den Entwurf eines allgemeinen Teils der künftigen Reichsverfassung«[219], die anschließend von Preuß an einzelnen Stellen überarbeitet und zu einem »Entwurf des allgemeinen Teils der künftigen Reichsverfassung« zusammengestellt wurden, ohne jedoch die von Schulze angelegte Grundkonzeption zu verändern. Dieser unveröffentlichte Urentwurf, der so genannte Entwurf I, wurde am 11. Januar 1919 dem Rat der Volksbeauftragten zur vertraulichen Beratung unterbreitet.[220] In den von Schulze und Preuß ausgearbeiteten 68 Paragraphen wurde bezüglich der Stellung des Reichspräsidenten festgelegt, dass dieser nach § 53 »durch das ganze deutsche Volk« zu wählen sei, dass ihm nach § 34 das Recht der Parlamentsauflösung zukam und dass ihm in den §§ 62f. die Befugnis zugesprochen wurde, im Notstand Anordnungen zu treffen, die jedoch auf Verlangen des Reichstags aufzuheben seien. Darüber hinaus besaß der Reichstag nach § 67 seinerseits die Möglichkeit, mit einer Zweidrittelmehrheit eine Volksabstimmung über die Absetzung des Reichspräsidenten anzuordnen. Zwischen diesen beiden Organen wurde die Stellung der Regierung als verbindendes Glied in folgender Form konzipiert: Nach § 64 ernannte der Reichspräsident den Reichskanzler und auf dessen Vorschlag die Reichsminister, welche wiederum nach § 65 zu ihrer Amtsfüh-

---

218 BAB R1501/16807, fol. 46r.–46v.

219 BAB R1501/16807, fol. 71r.–88r. Dazu Richter, Kirche, S. 143, Anm. 120; Apelt, Geschichte, S. 57.

220 Das Schreiben befindet sich unter BAB R1501/16807, fol. 162r. Die Nummerierung folgt der gängigen Weise nach Triepel, Quellensammlung, S. 7–33: Entwurf I vom 3.1.1919, Entwurf II vom 20.1.1919, Entwurf III vom 17.2.1919, Entwurf IV vom 21.2.1919. Das handschriftlich überarbeitete Exemplar von Preuß ist einzusehen unter BAB R1501/16807, fol. 182r.–221r. Der »Vorentwurf zur Verfassung des Deutschen Reiches (Entwurf I) vom 3. Januar 1919« ist abgedruckt bei Triepel, Quellen, S. 7ff. Die entsprechenden Verweise beziehen sich auf den »Entwurf einer Verfassung des Deutschen Reichs (Entwurf II)« vom 20. Januar 1919, abgedruckt in ebd., S. 10–16. Eine vollständige Wiedergabe findet sich bei Matthias/Miller, Regierung, Bd. 2, S. 249–266; Mauersberg, Ideen, S. 87–100. Preuß übernahm die Einteilung in die Abschnitte »Das Reich und seine Freistaaten«, »Der Reichstag« und »Der Reichspräsident und die Reichsregierung« sowie die grundlegende Bestimmung über die Anordnung und die Kompetenzen der obersten Reichsorgane. In Bezug auf die Stellung des Präsidenten setzte er die Amtsdauer des Präsidenten von sieben auf zehn Jahre herauf. Siehe dazu BAB R1501/16807, fol. 87r.; Matthias/Miller, Regierung, Bd. 2, S. 265.

rung auf das Vertrauen des Reichstags angewiesen und durch ein parlamentarisches Misstrauensvotum zum Rücktritt gezwungen waren.[221]

Diesem Entwurf hatte Preuß eine auf dem 3. Januar 1919 datierte Denkschrift beigefügt, in welcher er die Leitgedanken seiner Verfassungskonzeption genauer erläuterte.[222] Darin führte er aus, dass die obersten Reichsorgane die »Beauftragte[n] des Volkes« seien, welche die Aufgabe hätten, »dessen Gemeinwillen zum Ausdruck [zu] bringen«, sofern dieses nicht dem »Volk unmittelbar in Gestalt des Referendums« vorbehalten bleibe. In Bezug auf deren Ausgestaltung erteilte er dem Direktorialsystem, in welchem die Volksvertretung ein Regierungskollegium als oberstes Organ wähle, eine Absage, da dieses in seinen Augen für die Verhältnisse eines Großstaates ungeeignet sei. Folglich bleibe allein die Bestellung eines Reichspräsidenten übrig, der die Reichsregierung zu ernennen habe. Für dessen Beziehung zum Parlament kämen nach Preuß das dualistische und das parlamentarische System in Betracht. Während im ersten Fall der Präsident das Haupt der Regierung bilde, dessen Mitglieder in keiner parlamentarischen Abhängigkeit ständen, habe der Präsident im zweiten Fall das Kabinett in Übereinstimmung mit der Parlamentsmehrheit zu bilden, da hier die Minister zu ihrer Amtsführung auf das parlamentarische Vertrauen angewiesen seien. Aufgrund der Schwächen des dualistischen Systems, die sich für ihn in einer »geistigen Verarmung und politischen Verödung der Volksvertretungen« äußern würden, sprach er sich für die »Entwicklung und Festigung einer parlamentarischen Demokratie« aus.[223]

Gleichzeitig betonte er jedoch ausdrücklich, dass diese Entscheidung für das parlamentarische System nicht die Wahl des Präsidenten durch das Parlament voraussetze, in welcher er mit Verweis auf das französische System einen »unechten Parlamentarismus« sah. Ohne ausdrückliche Nennung Redslobs, aber in eindeutiger Bezugnahme auf dessen Theorie führte Preuß weiter aus:

»Der echte Parlamentarismus setzt nämlich zwei einander wesentlich ebenbürtige höchste Staatsorgane voraus; unterscheidet sich jedoch vom Dualismus dadurch, daß sie nicht in unverbundener Gegensätzlichkeit nebeneinanderstehen, sondern daß die parlamentarische Regierung das bewegliche Bindeglied zwischen ihnen bildet. In der parlamentarischen Monarchie steht die Krone neben dem Parlament. In der parlamentarischen Demokratie, in der alle politische Gewalt vom Volkswillen ausgeht, erhält der Präsident die ebenbürtige Stellung

221 Vgl. Triepel, Quellensammlung, S. 8f., 15f., Zitat S. 15. Zur Aufnahme der Notstandsparagraphen 62f. im Anschluss an die Dezemberkonferenz Richter, Vorgeschichte, S. 16–22.

222 Die beigegebene Denkschrift findet sich unter BAB R1501/16807, fol. 182r.–221r. Die am 20.01.1919 im Reichsanzeiger veröffentlichte Version ist wiederabgedruckt: Preuß, Denkschrift. Zu dieser Schrift ausführlich Mauersberg, Ideen, S. 101–122.

223 Preuß, Denkschrift, S. 384–387, Zitate S. 384, 386f. Dazu Beyme, Regierungssysteme, S. 266. Siehe auch Lehnert, Verfassungsprojekte, S. 176ff.

neben der vom Volk unmittelbar gewählten Volksvertretung nur, wenn er nicht von dieser selbst, sondern unmittelbar vom Volk gewählt wird.«[224]

Seine Regierungsfunktion könne der Präsident aber nur »unter der verantwortlichen Mitwirkung der von ihm ernannten, doch vom Vertrauen des Parlaments abhängigen Reichsminister« ausüben, sodass die Regierung in Übereinstimmung mit der parlamentarischen Mehrheit geführt werden müsse. Die ebenbürtige Stellung von Reichspräsident und Parlament fand ihren Ausdruck – auch darin folgte Preuß der Redslobschen Theorie – in den gegenseitigen Kontrollmechanismen: Auf der einen Seite komme dem Präsidenten das Recht zu, das Parlament aufzulösen sowie in Einzelfällen einen Volksentscheid über parlamentarisch beschlossene Gesetze anzuordnen, während auf der anderen Seite dem Parlament die Möglichkeit eingeräumt werde, im Falle schwerwiegender Konflikte mit einer Zweidrittelmehrheit eine Volksabstimmung über die Weiterführung der Präsidentschaft anzuordnen. Da nämlich, so Preuß, »sowohl der Reichspräsident wie das Parlament ihre politische Gewalt vom deutschen Volke ableiten, so muß die Entscheidung über sonst nicht auszugleichende politische Konflikte wiederum dem Volk zufallen.«[225]

Die in diesem Entwurf von Preuß entwickelte Konzeption eines verfassungsmäßigen Gleichgewichts zwischen dem Präsidenten und dem Parlament mit der Regierung als Verbindungsglied entsprach letztlich zwar nicht der reinen Form des Redslobschen Modells, in dem Parlament und Regierung die beiden Schalen einer Waage bildeten, die vom Präsidenten lediglich gehalten wurde. Die Preußsche Auslegung stellte aber auch keine Modifikation dieses Modells dar, da selbst Redslob ausdrücklich auf das Gleichgewicht zwischen dem Staatsoberhaupt und dem Parlament hinwies.[226]

2.4. Stellungnahmen und private Verfassungsentwürfe

Mit der Verfassungskonzeption fand Preuß auch außerhalb des Teilnehmerkreises der Dezemberbesprechung eine breite Unterstützung, wie die verschiedenen Stellungnahmen und privaten Verfassungsentwürfe verdeutlichen: Bereits im November 1918 erstellte der ehemalige preußische Innenminister Bill

224 Preuß, Denkschrift, S. 387.

225 Preuß, Denkschrift, S. 387–390, Zitate S. 387f. Dazu Mauersberg, Ideen, S. 115–118. Siehe auch Friedrich, Plan, S. 197–200.

226 Redslob, Regierung, S. 178. Gegen Glum, Regierungssystem, S. 165f., der hierin eine entscheidende Modifikation der Auffassung der Redslobschen Theorie durch Preuß zu erkennen glaubte. Dazu Schönberger, Parlament, S. 390, Anm. 207. Siehe auch Portner, Verfassungspolitik, S. 137.

Drews eine erste Denkschrift über die Gestalt der künftigen Reichsverfassung, die Preuß jedoch erst nach der Dezemberbesprechung vorlag.[227] In der ersten Schrift stellte Drews ausdrücklich fest, dass der »Träger der Staatsgewalt [...] das deutsche Volk« sei, welches »seine Gewalt durch seine Organe (Reichstag, Reichsministerium, Präsident)« ausübe. Dabei würden dem Reichstag die Legislative und die Kontrolle der Exekutive obliegen, während dem Präsident die Aufgabe zukommen solle, die Reichsminister zu ernennen und das Reich nach außen zu vertreten. Da der Präsident überwiegend repräsentative Aufgaben zu erfüllen habe, solle er auch nicht vom Volk, sondern vom Reichstag und vom Bundesrat gewählt werden.[228]

Diesbezüglich änderte Drews jedoch seine Auffassung, nachdem er das Beratungsprotokoll der Dezemberbesprechung erhalten hatte, an der er aufgrund einer Erkrankung nicht hatte teilnehmen können.[229] In der daraufhin erstellten zweiten Denkschrift[230] hob er zwar weiterhin die zentrale Stellung des Reichstags hervor, dem als Vertreter des deutschen Volkes allein die entscheidende Rolle in der Reichsgesetzgebung und der Handhabung der Exekutive zukommen müsse.[231] In Bezug auf die Stellung des Präsidenten sprach er sich jedoch nun für dessen »Wahl direkt durch das Volk« aus, warnte aber vor einer zu starken Ausgestaltung dieses Amtes. Seiner Meinung nach sei es unhaltbar, wenn »das Reichsoberhaupt etwas gegen den Willen des die Mehrheit des souveränen Volkes darstellenden Reichstags« ausführe. Der Präsident habe lediglich die »Stellung eines streng konstitutionellen-parlamentarischen Monarchen« einzunehmen.[232] Auch wenn Drews weiterhin einen großen Wert auf die Stellung des Reichstags legte, unterstützte er doch die von Preuß entwickelte Konzeption eines verfassungsrechtlichen Gleichgewichts zwischen Parlament und Reichstag, indem er zum Schluss ausführte:

»Gegen den Willen des Reichstags darf es lediglich eins geben – nämlich den unmittelbaren Appell an das Volk selbst und zwar bei Einzelfragen in Form des Referendums oder, wenn der oberste Vertrauensmann des Volkes der Ansicht ist, daß der Reichstag in seiner Gesamt-

227 Die Denkschrift »Ideen zur künftigen Verfassung des Deutschen Reichs« befindet sich unter BAB R1501/16807, fol. 58r.–61r. Siehe dazu Richter, Kirche, S. 141.

228 BAB R1501/16807, fol. 59r.–61r., Zitat fol. 59r.

229 Siehe dazu das Schreiben von Preuß an die Volksbeauftragten Otto Landsberg und Hugo Haase sowie an Friedrich von Payer, Bill Drews und Gerhard Anschütz vom 18.12.1918 mit der Überreichung der Aufzeichnungen der Dezemberbesprechung »zur streng vertraulichen Kenntnisnahme«, BAB R1501/16807, fol. 29r. Die Absage von Drews vom 8.12.1918 findet sich ebd., fol. 108r.

230 BAB R1501/16807, fol. 132r.–150r.

231 BAB R1501/16807, fol. 134r.

232 BAB R1501/16807, fol. 148r.

auffassung dem Willen der Volksmehrheit nicht mehr entspricht, in der Form der Auflösung des Reichstags.«[233]

Diese Vorstellung diente Drews als Grundlage für seinen Verfassungsentwurf, den er kurz nach der öffentlichen Bekanntgabe des Preußschen Verfassungsentwurfs am 20. Januar 1919 als dessen Kommentar veröffentlichte, indem er in seinem Verfassungsentwurf auf die jeweiligen Parallelbestimmungen verwies. Bezüglich der Stellung der obersten Staatsorgane übernahm Drews dabei die im Regierungsentwurf angegebenen Bestimmungen, sodass dieser Entwurf eine Bestätigung des von Preuß konzipierten verfassungsrechtlichen Gleichgewichts zwischen Reichspräsident und Reichstag darstellte.[234]

Eine ähnliche Positionsverschiebung fand auch beim Staatsrechtler Gerhard Anschütz statt, der aufgrund verkehrstechnischer Probleme seine Teilnahme an der Dezemberbesprechung absagen musste und wie Bill Drews erst durch die Übersendung der Aufzeichnung über die Beratung in Kenntnis gesetzt wurde.[235] Daraufhin erstellte er eine auf den 20. Dezember 1918 datierte Denkschrift über die künftige Reichsverfassung, die noch Ende Dezember 1918 dem Reichsministerium des Innern zuging und die er in überarbeiteter Form am 1. Februar 1919 unter dem Titel *Die kommende Reichsverfassung* veröffentlichte.[236] Den Ausgangspunkt für die verfassungsrechtlichen Überlegungen von Anschütz bildete die Anerkennung der Volkssouveränität. So führte er aus, dass der »Souverän [...] dem demokratischen Prinzip zufolge nur die Nation selbst sein« könne, sodass »die vom Souverän gewählte, ihn unmittelbar verkörpernde Versammlung, das künftige Reichsparlament [...] von allen Organen des künftigen Reiches das höchste sein und insbesondere auch höher stehen muß als die Reichsregierung.«[237] In der Frage des Staatsoberhauptes sprach sich Anschütz für einen Präsidenten aus, da die deutsche Republik auf eine »solche – monokratische, nicht monarchische – Spitze« nicht verzichten

233 BAB R1501/16807, fol. 149r.

234 So sei der Reichspräsident vom deutschen Volke in unmittelbarer Wahl zu wählen (§ 54) und besitze die Befugnisse, den Reichstag aufzulösen (§§ 25, 59) sowie den Reichskanzler und die Reichsminister zu ernennen (§ 68), die zu ihrer Amtsführung wiederum auf das Vertrauen des Reichstags angewiesen seien (§ 69). Zudem habe der Reichstag die Möglichkeit, mit einer Zweidrittelmehrheit eine Volksabstimmung über die Absetzung des Reichspräsidenten anzuordnen (§ 66): Bill Drews, Entwurf eines allgemeinen Teils der künftigen Reichsverfassung, Berlin 1919, S. 4, 6ff. Zu diesem Entwurf siehe auch Richter, Kirche, S. 187.

235 Die Absage von Anschütz vom 9.12.1918 findet sich unter BAB R1501/16807, fol. 16r. Zur Übersendung des Beratungsprotokolls vom 18.12.1918 ebd., fol. 29r. Zu Leben und Werk von Anschütz siehe Dreier, Staatsrechtslehrer.

236 Anschütz, Reichsverfassung. Die Denkschrift »Gedanken über die künftige Reichsverfassung« findet sich unter BAB R1501/16807, fol. 151r.–161r. Siehe dazu Richter, Kirche, S. 138.

237 BAB R1501/16807, fol. 153r.

könne. In Bezug auf dessen Bestimmung sah er den Vorzug einer plebiszitären anstelle einer parlamentarischen Wahl darin, dass der Präsident mit einer höheren Autorität ausgestattet werde. Jedoch wies er ausdrücklich darauf hin, dass dieser Vorzug »vermutlich mit der Preisgabe des parlamentarischen Regierungssystems, das doch die Richtschnur sein soll, erkauft werden müßte. Die plebiszitäre Präsidentschaft duldet neben sich kein parlamentarisches Ministerium als faktischen Alleinträger der Regierungsgewalt. Der plebiszitäre Präsident ist politisch zu stark für ein Parlament, welches mehr und noch anderes will als bloß debattieren und mitreden.« Unter diesen Voraussetzungen käme dem Reichstag auch weiterhin nur die »Rolle eines Sprechsaals« zu. Folglich plädierte Anschütz dafür, dass der Präsident nicht plebiszitär, sondern parlamentarisch zu bestimmen sei, um ein starkes und regierendes Parlament zu schaffen.[238] Im Gegensatz zu Preuß erkannte Anschütz also die Gefahren der dualistischen Gleichgewichtskonstruktion für das parlamentarische System, da der Reichstag durch die plebiszitäre Präsidentschaft darin behindert werde, in seine zentrale Rolle als notwendige Stütze der Regierung hineinzuwachsen.[239] Dieses Votum gegen die Volkswahl des Präsidenten revidierte Anschütz jedoch nach dem Erscheinen des offiziellen Verfassungsentwurfs und der zugehörigen Denkschrift von Preuß. Nicht zuletzt vor dem Hintergrund der schwierigen innen- wie außenpolitische Situation des Reiches zu Beginn des Jahres 1919 sprach er sich nun für die plebiszitäre Präsidentschaft aus, da er sich »bei nochmaligen Nachdenken über diese Frage an der Hand der vorzüglichen Ausführungen der Denkschrift eines anderen überzeugt« habe und in dieser nun nicht mehr die von ihm ursprünglich angenommene Unvereinbarkeit mit der parlamentarischen Regierungsform sehe.[240]

Eine weitere Stellungnahme erhielt Preuß von dem in Berlin lehrenden Historiker Friedrich Meinecke, der ihm, obwohl er nicht ausdrücklich darum gebeten worden war, einen Fahnenabzug seines Artikels *Verfassung und Verwaltung der deutschen Republik* zusandte, welcher im Januar 1919 veröffentlicht wurde.[241] Meinecke erkannte, obwohl er selber die Monarchie befürwortete, in der gegenwärtigen Situation den »demokratische[n] Volkswille« als die Grundlage des Staates an und sah in der Republik »diejenige Staatsform, die uns am wenigstens trennt.«[242] Jedoch hing er weiterhin der aus dem Konstitu-

238 BAB R1501/16807, fol. 159r.

239 Schönberger, Parlament, S. 401.

240 Anschütz, Aufbau, Sp. 204. Dazu Albertin, Liberalismus, S. 269.

241 Meinecke, Verfassung. Der Fahnenabzug befindet sich unter BAB R1501/16810, fol. 118r.–133r. Zu dieser Schrift siehe Haungs, Reichspräsident, S. 32ff. Zum politischen Denken Meineckes umfassend Schmidt, Historismus, S. 115–184.

242 BAB R1501/16810, fol. 118r.–119r.

tionalismus überkommenen dualistischen Auffassung einer strikten Trennung von exekutiver und legislativer Gewalt an. So forderte er, dass die Parteien den im demokratischen Staat zukommenden Einfluss auf die gesetzgebenden Institutionen zu beschränken und sich von der Verwaltung und der Exekutive fernzuhalten hätten, da die »Exekutivgewalt [...] ihren eigenen, von den wechselnden Parlamentsmehrheiten unabhängigen Ankergrund im Volkswillen haben« müsse.[243] Dafür komme aufgrund der Parteienzersplitterung aber nicht das parlamentarische System in Betracht, da die zusammengesetzten und wechselnden Parlamentsmehrheiten nicht die notwendige Einheitlichkeit an der Reichsspitze garantieren könnten. Die einzige Möglichkeit sah Meinecke folglich »in einer vom Volk unmittelbar auf eine Reihe gewählten Präsidentschaft im nordamerikanischen Vorbilde«, wobei dem Präsidenten nicht nur das Recht eingeräumt werden müsse, gegen Beschlüsse des Reichstags ein suspensives Veto einzulegen. Als der »natürliche Tribun des Volkes« müsse er auch die Möglichkeit haben, eine unmittelbare Volksbefragung anzuordnen.[244] Zwar ging Meinecke mit diesem Plädoyer für eine präsidiale Demokratie nach dem Vorbild der USA über die Vorstellung einer Verbindung von präsidialen und parlamentarischen Elementen bei Preuß hinaus. Seine Ausführungen stellten aber dennoch eine Unterstützung für die vorgesehene plebiszitäre Wahl des Reichspräsidenten dar.

Die Frage nach der verfassungsrechtlichen Ausgestaltung der obersten Staatsorgane wurde auch in den zahlreichen privaten Verfassungsentwürfen erörtert, die in einem weniger unmittelbaren Zusammenhang mit der Dezemberbesprechung standen. Im Folgenden werden dazu die exemplarisch ausgewählten Entwürfe des Kölner Staatsrechtlers Fritz Stier-Somlo, von Curt Loewenstein/Fritz Stern, des Berliner Vereins »Recht und Wirtschaft« sowie des Marburger Staatsrechtlers Johann Viktor Bredt vorgestellt.[245] Für das parlamentarische System sprach sich der Entwurf Stier-Somlos aus, der in § 4 festlegte, dass die »vollziehende Gewalt (Verwaltung) [...] den im Auftrage der Mehrheit der Nationalversammlung wirkenden Regierungskörper (Ministerium, Kabinett) unter verfassungsmäßig geordneter Mitwirkung des Oberhaupts der Reichsrepublik« zustehe.[246] Zwar solle das Staatsoberhaupt, das vom Volk

243 BAB R1501/16810, fol. 124r.

244 Vgl. BAB R1501/16810, fol. 125r.–129r., Zitat S. 127r., 129r.

245 Stier-Somlo, Staaten; Loewenstein/Stern, Entwurf; Verfassungsausschuß, Entwurf; Bredt, Entwurf. Eine erste, unvollständige Aufzählung findet sich bei Jellinek, Revolution, S. 123. Eine umfassendere Auflistung bietet Schiffers, Elemente, S. 97, Anm. 1. Allgemein hierzu Fenske, Verfassungsentwürfe.

246 Stier-Somlo, Staaten, S. 16. Siehe dazu und zum Folgenden Gienow, Leben, S. 106–116; Fenske, Verfassungsentwürfe, S. 42ff.

auf vier Jahre zu wählen sei (§ 26), mit den Rechten ausgestattet werden, das Parlament aufzulösen (§ 16) und die Mitglieder der Reichsregierung zu berufen. Diese seien jedoch aus der die parlamentarische Mehrheit bildende »Partei oder Parteigruppe« zu entnehmen (§ 25).[247] In seiner Begründung führte Stier-Somlo dazu aus, dass die Reichsregierung »nach dem parlamentarischen System« zu berufen sei, was wiederum voraussetze, dass »das Kabinett der Ausschuß der Mehrheit der Nationalversammlung« sei: »Die Reichsregierung wird daher von der Mehrheit der Nationalversammlung bestimmt; dem Staatsoberhaupt kommt nur eine formale Aufgabe zu, die führenden Staatsmänner der herrschenden Partei zu berufen.« Dementsprechend plädierte Stier-Somlo explizit dafür, dass in Deutschland eine »ausdrückliche Verfassungsbestimmung« eingeführt werden müsse, um festzulegen, »daß die Staatsgewalt nicht bei einem mit überragenden Machtvollkommenheiten ausgestatteten Präsidenten« liege.[248] Sein Entwurf ziele also darauf ab, »das Staatsoberhaupt im wesentlichen auf die äußere Repräsentation des deutschen Volkes [zu] beschränken«, da für ihn die parlamentarische Regierungsweise einschließlich einer Verbindung von Reichsregierung und Parlament »das Kennzeichnende für die deutsche Reichsrepublik« sein solle.[249]

Noch einen Schritt weiter ging der Entwurf von Curt Loewenstein und Fritz Stern, die sich auf das »radikal demokratische Prinzip« beriefen, das durch diesen Entwurf zur Durchführung gebracht werden solle.[250] Folglich stand am Beginn des Entwurfs die Anerkennung der Volkssouveränität, indem in Art. 1 § 1 festgelegt wurde, dass Deutschland »einen einheitlichen, unter der Herrschaft des Volkes stehenden Freistaat« bilde. An der Spitze dieses Volksstaates solle jedoch kein Präsident, sondern nach Art. 3 § 1 ein »Rat der Volksbeauftragten« stehen, der aus drei vom Parlament zu wählenden Personen zusammenzusetzen sei, die ihre Entscheidungen gemeinschaftlich und übereinstimmend zu treffen hätten und die zu ihrer Amtsführung auf das parlamentarische Vertrauen angewiesen seien.[251] In ihrer Erläuterung führten sie diesbezüglich aus, dass die Volksvertretung die »Trägerin der Souveränität« darstelle und keiner Auflösung unterliege. Diese übertrage die oberste exekutive Gewalt drei Volksbeauftragten, welche damit gänzlich vom parlamentarischen Vertrauen abhängig seien und jederzeit vom Parlament abberufen werden könnten. Die Schaffung eines Präsidenten lehnten sie mit der Begründung ab, dass »dieser als Einzelperson viel schwerer kontrollierbar ist und, namentlich in beweg-

247 Stier-Somlo, Staaten, S. 21ff., Zitat S. 22.

248 Vgl. Stier-Somlo, Staaten, S. 86–89, Zitate S. 87, 89.

249 Stier-Somlo, Staaten, S. 91ff., Zitate S. 92.

250 Loewenstein/Stern, Entwurf, S. 3.

251 Loewenstein/Stern, Entwurf, S. 4f.

ten Zeiten, leicht in die Rolle eines Diktators gelangen könnte.«[252] Loewenstein/Stern sprachen sich in ihrem Entwurf also nicht nur für die Einführung des parlamentarischen Regierungssystems aus, sondern interpretierten dieses im imperativen Sinne, indem sie die entscheidende Position ausschließlich dem Parlament zuwiesen und diesem das Ernennungs- und Abberufungsrecht der kollegialen Reichsspitze und somit letztlich die alleinige Entscheidungsgewalt übertrugen.

Eine andere Position vertrat dagegen der Entwurf des im Dezember 1918 gebildeten Verfassungsausschusses des Vereins »Recht und Wirtschaft«, dem u.a. die konservativen Staatsrechtler Erich Kaufmann und Heinrich Triepel angehörten.[253] Zwar bildete auch hier die Anerkennung der Volkssouveränität den Ausgangspunkt, indem in Art. 91 festgestellt wurde, dass »[a]lle Gewalten des Deutschen Reichs [...] im deutschen Volke« ruhen würden, das »seinen Willen unmittelbar durch Wahlen und Abstimmungen, im übrigen durch seine verfassungsmäßig berufenen Organe« äußere. Die legislative Gewalt solle durch den Reichstag und das Volk in unmittelbaren Abstimmungen wahrgenommen werden (Art. 93), wohingegen die exekutive Gewalt durch die Reichsregierung und den Reichspräsidenten ausgeübt werde (Art. 94, 104). Letzterer sei in einer Volkswahl auf sieben Jahre zu bestimmen (Art. 96) und besitze die Kompetenzen, den Reichstag aufzulösen (Art. 102) sowie den Reichskanzler und die Reichsminister zu ernennen und zu entlassen, die wiederum zu ihrer Amtsführung auf das Vertrauen des Parlaments angewiesen seien (Art. 100).[254] In der Erläuterung des Entwurfs, die Erich Kaufmann in der vereinseigenen Monatsschrift »Recht und Wirtschaft« im März 1919 nachlieferte, wurde zunächst betont, dass sich der Ausschuss »vorbehaltlos auf den Boden der von der Revolution geschaffenen Tatsachen« gestellt habe und bestrebt war, »eine auf rein demokratischer Grundlage stehende Verfassung zu entwerfen.« Unter dieser Prämisse sei die Stellung des Präsidenten so konzipiert worden, dass sie zwischen dem französischen und dem amerikanischen System liege, um so »die Vorzüge aller dieser demokratischen Gestaltungen [zu] vereinigen.« So garantiere die unmittelbare Volkswahl des Präsidenten das notwendige Maß an Selbstständigkeit gegenüber dem Parlament, ohne jedoch eine vollständige Unabhängigkeit zu erreichen, die in Deutschland aufgrund der vom Reichstag gewonnenen Stellung weder angebracht noch möglich sei. Folglich habe man sich für diese »Verfassungsform [...] der parlamentarischen

252 Loewenstein/Stern, Entwurf, S. 16f.

253 Verfassungsausschuß, Entwurf, S. 3. Zu diesem Verein Wirth, Düringer, S. 56–68; Fenkse, Verein. Zu den genannten Personen näher Friedrich, Kaufmann; Hollerbach, Leben.

254 Vgl. Verfassungsausschuß, Entwurf, S. 22–25, Zitate S. 22. Dazu Fenske, Verein, S. 158; Trippe, Verfassungspolitik, S. 46f.

Präsidentschaftsrepublik« entschieden.[255] Diese Befürwortung einer Mischung von präsidialen und parlamentarischen Elementen wies erhebliche Parallelen zum Preußschen Verfassungsentwurf auf, auch wenn dieser den Verfassern zum Zeitpunkt des Abschlusses ihrer Arbeit nicht vorlag.[256]

Eine noch stärkere Stellung des Präsidenten entwarf der Verfassungsvorschlag von Johann Viktor Bredt, der ebenfalls vor dem Erscheinen des offiziellen Verfassungsentwurfs am 20. Januar fertig gestellt worden war, anschließend aber als Reaktion auf den Preußschen Entwurf in selbiger Form ein zweites Mal veröffentlicht wurde.[257] Zwar erkannte auch Bredt die Volkssouveränität an, wenn er in § 2 feststellte, dass das deutsche Volk »[s]eine Macht und seine Kraft [...] aus sich selbst« nehme. Jedoch trat er für eine stärkere Beibehaltung des Dualismus von Exekutive und Legislative ein, indem er die »gesetzgebende Gewalt des deutschen Volkes [...] im Reichstag und dem Staatenhause unter Mitwirkung des Präsidenten« verkörpert sah (§ 4), wohingegen die »vollziehende Gewalt« ausschließlich dem Präsidenten zustehe (§ 5).[258] Dieser sei nach § 70 »vom gesamten deutschen Volke« zu wählen und habe die Befugnis, den Reichstag aufzulösen, wenn dessen Beschlüsse eine Gefährdung für das »Wohl des Reiches« darstellen würden (§ 62). Darüber hinaus habe er die Reichskanzler und die Reichsminister zu ernennen (§ 74), die zu ihrer Amtsführung jedoch nicht auf das Vertrauen des Parlaments angewiesen seien, sondern von diesem lediglich vor einem Reichsgericht angeklagt werden könnten (§ 83).[259] Diese Befürwortung einer präsidialen Verfassungsordnung nach amerikanischem Vorbild begründete Bredt damit, dass sich während des Krieges im deutschen Volk das »Verlangen nach einem führenden Manne« gezeigt habe und dass somit »dem deutschen Volkes die Möglichkeit gegeben [werden müsse], sich seinen Führer selbst zu wählen und ihn da zu nehmen, wo es ihn findet.« Für diese Aufgabe sei das Parlament jedoch gänzlich ungeeignet, da die Einführung des Verhältniswahlrechts dazu geführt habe, dass sich der Schwerpunkt von den Wählern auf die Parteivorstände verschoben habe, die wiederum nicht nach der Persönlichkeit, sondern der Parteidisziplin ihre Kandidaten aufstellen würden. In den Augen von Bredt führe eine Wahl des Präsidenten durch die parlamentarischen Parteien letztlich

255 Vgl. Kaufmann, Verfassungsentwurf, Zitate S. 46, 48f.

256 Verfassungsausschuß, Entwurf, S. 4.

257 Bredt, Entwurf. Der Titel des Bandes »Das Werk des Herrn Preuß oder Wie soll eine Verfassung nicht aussehen? « führte zum Bruch der langjährigen Freundschaft zwischen Bredt und Preuß. Dazu Richter, Kirche, S. 198f.; Schumacher, Erinnerungen, S. 147f. Zu Bredt allgemein Schumacher, Einleitung. Zur Unkenntnis des Entwurfs von Preuß bei Abfassung seiner Schrift Bredt, Entwurf, S. 4. Dazu Trippe, Verfassungspolitik, S. 47f.

258 Bredt, Entwurf, S. 5.

259 Bredt, Entwurf, S. 11–14.

zu einer »Inzucht, welche jedes urwüchsige Wachstum ertötet« und welche allein durch die Volkswahl zu verhindern sei. Ebenso notwendig sei die Ausstattung des Präsidenten »mit einer gewissen selbständigen Machtbefugnis«, um ihm die »Stellung als Vertrauensmann des ganzen Volkes« zu geben und um so eine »starke Persönlichkeit an der Spitze des Reiches« zu gewinnen, die kein »willenlose[s] Werkzeug der Parlamentsmehrheit« darstelle. In Bezug auf das Verhältnis zum Reichstag führte Bredt weiter aus, dass der Präsident selbstverständlich nicht gegen den Reichstag regieren könne und dass der Schwerpunkt weiterhin beim Reichstag liegen müsse. In der Ministerauswahl dürfe der Präsident jedoch nicht an das Parlament gebunden sein, und auch die Minister hätten nicht von dessen Vertrauen abhängig zu sein.[260]

Auch wenn die im Reichsministerium des Innern eingegangenen Stellungnahmen und Verfassungsentwürfe keine unmittelbaren Auswirkungen auf die weitere verfassungsrechtliche Ausgestaltung der oberen Reichsorgane besaßen,[261] so übten sie einen mittelbaren Einfluss aus, indem sie zum überwiegenden Teil die Preußsche Gleichgewichtskonzeption unterstützten. Hierfür sprach sich etwa der Entwurf des Vereins »Recht und Wirtschaft« noch vor Kenntnis des Regierungsentwurfs aus, und Bill Drews wie Gerhard Anschütz ließen sich nach dessen Kenntnisnahme davon überzeugen. Aber auch die Plädoyers für eine präsidiale Regierungsform von Friedrich Meinecke und Johann Viktor Bredt befürworteten die von Preuß vorgesehene plebiszitäre Bestimmung des Reichspräsidenten, wohingegen sich die Befürworter einer rein parlamentarischen Regierungsweise nicht durchsetzen konnten. Die Stellungnahmen und privaten Verfassungsentwürfe unterstützten also weitgehend die von Preuß vertretene verfassungsrechtliche Grundkonzeption, der sich damit in seinen Ansichten bestätigt sehen konnte.

2.5. Der weitere Verlauf

Die Besprechung im Rat der Volksbeauftragten

Als Hugo Preuß den ersten Verfassungsentwurf mitsamt der Denkschrift am 11. Januar 1919 an den Rat der Volksbeauftragten übersandte, bat er um eine »möglichst baldige Ansetzung einer Besprechung«, um diese Unterlagen den Regierungen der Einzelstaaten zur Verfügung stellen zu können.[262] Trotz der

260 Bredt, Entwurf, S. 29f.

261 Wedel, Verfahren, S. 226. In kulturpolitischen Fragen war dieses jedoch anders, wie Ludwig Richter am Beispiel der Kirchen- und Schulartikel nachzeichnet. Richter, Kirche, S. 201–204.

262 Das Schreiben findet sich unter BAB R1501/16807, fol. 162r.

damit verbundenen kurzen Vorbereitungszeit für die Reichsregierung[263] kam sie dem Wunsch von Preuß nach und widmete sich bereits am 14. Januar 1919 in einer Kabinettssitzung dem Verfassungsentwurf.[264] Nach einer einführenden Begründung durch Preuß wurde dieser jedoch nicht Punkt für Punkt besprochen, sondern einzelne Aspekte herausgegriffen, von denen sich letztlich einige als Kernpunkte herauskristallisierten.

Als ein zentraler Punkt stellte sich die Frage heraus, inwieweit Grundrechte in die Verfassung aufzunehmen seien, wofür sich insbesondere Friedrich Ebert (SPD) einsetzte. So habe er »in der Vorlage die scharfe, ins Auge fallende Betonung gewisser demokratischer Gesichtspunkte [vermisst]: persönliche Freiheit, Freiheit der Wissenschaft in der Lehre, Gewerbefreiheit, Pressefreiheit, Versammlungsfreiheit, Koalitionsfreiheit usw.« Sachlich ständen diese zwar bereits in der Vorlage, »aus politischen und taktischen Gründen« sei es jedoch notwendig, diese prägnant hervorzuheben.[265] Unterstützt wurde Ebert in dieser Frage durch den Zentralratsvorsitzenden Robert Leinert, der sich ebenfalls für die explizite Aufnahme der Grundrechte aussprach, da ansonsten ein »Sturm der Entrüstung [drohe], daß die Errungenschaften der Revolution infrage gestellt werden.«[266] Demgegenüber hatte Preuß bereits in der Dezemberbesprechung auf eine gesonderte Anführung der Grundrechte verzichtet, indem er darauf verwies, dass das »Verfassungswerk der Paulskirche [...] großenteils infolge der Endlosigkeit der Verhandlungen über die Grundrechte gescheitert« sei, auch wenn die »Aufnahme einzelner grundrechtlicher Bestimmungen kaum zu vermeiden« sei.[267] In Erwiderung auf die Ausführungen Eberts verteidigte Preuß nun sein Vorgehen mit dem Hinweis, dass »man darüber allein drei Monate reden« könne und dass die grundsätzlichen Aspekte »bei uns schon längst geltendes Recht« seien. Lediglich die Aufnahme der Koalitionsfreiheit könne in Betracht gezogen werden.[268] Ebert gab sich mit dieser Stellungnahme jedoch nicht zufrieden und machte zum Ende der Sitzung abermals auf die Aufnahme der Grundrechte aufmerksam. Nachdem Preuß diese Hinweise jedoch ignoriert hatte, griff schließlich dessen Mitarbeiter Alfred

263 Zwar wurden Friedrich Ebert bereits am 3.1.1919 die Aufzeichnungen der Dezemberbesprechung und die Stellungnahmen von Bill Drews, Gerhard Anschütz, Friedrich von Payer, Friedrich Meinecke und Walter Vogel vom Reichsministerium des Innern übersandt: BAB R1501/16807, fol. 98r.–160r. Darunter befand sich jedoch nicht der Preußsche Verfassungsentwurf, welcher der Reichsregierung erst am 11.1.1919 vorlag. Dazu Richter, Kirche, S. 150f.

264 Das Protokoll ist abgedruckt bei Matthias/Miller, Regierung, Bd. 2, S. 237–248. Dazu und zum Folgenden Richter, Kirche, S. 150–155.

265 Matthias/Miller, Regierung, Bd. 2, S. 240.

266 Matthias/Miller, Regierung, Bd. 2, S. 243.

267 BAB R1501/16807, fol. 38v.

268 Matthias/Miller, Regierung, Bd. 2, S. 242.

Schulze vermittelnd ein, indem er sich bereit erklärte, diese »aus der 48er Verfassung ab[zu]schreiben, soweit sie heute noch paßt.«[269] So wurden in dem überarbeiteten Verfassungsentwurf vom 20. Januar 1919, dem so genannten Entwurf II, »Die Grundrechte des deutschen Volkes« als eigenständiger Abschnitt an zweiter Stelle eingefügt.[270]

Den zweiten Kernpunkt bildete die von Preuß konzipierte Stellung des Reichspräsidenten. So machte Friedrich Ebert (SPD) deutlich, dass ihm die »Machtbefugnisse des Präsidenten [...] zu weit« gehen würden, auch wenn er konzedierte, dass »zu einer entschlossenen und kraftvollen Führung der Reichsgeschäfte gewisse Machtbefugnisse« notwendig seien.[271] In dieser moderaten Form der Kritik erhielt Ebert Unterstützung von seinem Amtskollegen Otto Landsberg (SPD), der sich in erster Linie gegen die Bestimmung des § 55 wandte, wonach der Präsident Gesetze zur nochmaligen Beschlussfassung an den Reichstag zurücksenden dürfe. In Kombination mit der Befugnis der Parlamentsauflösung führe sie dazu, dass der Präsident letztlich eine stärkere Stellung »als irgendein Monarch« habe. Folglich forderte er eine dahingehende Einschränkung dieses Auflösungsrechts, dass es »nur einmal ausgeübt werden« dürfe.[272] Insbesondere gegen die Einwände von Leinert verteidigte Preuß seine Konzeption, indem er darauf verwies, dass der »vom Volk gewählte Präsident« die Möglichkeit besitzen müsse, »an das Volk [zu] appellieren« und dementsprechend auch »die Auflösung des Reichstags durch Referendum« [zu] bewirken, auch wenn er dieses »natürlich nicht beliebig wiederholen« dürfe.[273] Mit der übrigen, allenfalls an Detailfragen, nicht aber an der Grundkonzeption des Präsidentenamtes und des Regierungssystems geübten Kritik konnte sich Preuß einverstanden erklären, auch wenn er »sie nicht für Verbesserungen« halte und sich »nicht allein für sie verantwortlich zeichnen« könne.[274]

Im Anschluss an diese Besprechung änderte Preuß seinen Verfassungsentwurf nicht nur dahingehend ab, dass er die Grundrechtsbestimmungen als eigenständigen Abschnitt aufnahm (§§ 18–29) und auf die Neueinteilung des Reichsgebietes verzichtete (§ 29). Auch strich er die kritisierte Bestimmung des § 55 (§ 60), bezeichnete eine wiederholte Auflösung des Reichstags aus glei-

269 Matthias/Miller, Regierung, Bd. 2, S. 247. Dazu Richter, Nachwirkungen, S. 446–452. Siehe auch Köster, Entstehungsgeschichte, S. 96–100. Zu den Fernwirkungen der Grundrechte der Paulskirchenverfassung auf die Weimarer Reichsverfassung Kühne, Reichsverfassung, S. 136–140. Zur Grundrechtsproblematik allgemein Pauly, Grundrechtslaboratorium; Gusy, Grundrechte.

270 Triepel, Quellensammlung, S. 12f.

271 Matthias/Miller, Regierung, Bd. 2, S. 240.

272 Matthias/Miller, Regierung, Bd. 2, S. 246. Siehe auch ebd., S. 241.

273 Matthias/Miller, Regierung, Bd. 2, S. 245. Siehe auch ebd., S. 242.

274 Matthias/Miller, Regierung, Bd. 2, S. 246.

chem Anlass als unzulässig (§ 40) und setzte die Legislaturperiode des Reichstags auf Vorschlag von Landsberg von fünf auf drei Jahre herab (§ 37).[275] Insgesamt gesehen wurde der Preußsche Verfassungsentwurf aber weitgehend vom Rat der Volksbeauftragten akzeptiert und bezüglich der Gestaltung der obersten Reichsorgane nahezu keine Veränderungen vorgenommen.[276] In dieser von Preuß revidierten und von der Reichsregierung genehmigten Form wurde er am 17. Januar 1919 den Regierungen der deutschen Einzelstaaten mit der Einladung zu einer »unverbindliche[n] Aussprache über den Entwurf« im Reichsamt des Innern am 25. Januar 1919 übersandt und am 20. Januar 1919 im Reichsanzeiger veröffentlicht.[277]

Die Einflussnahme der Einzelstaaten

Die Bekanntgabe des Preußschen Verfassungsentwurfsentwurfs rief in den Einzelstaaten jedoch einen allgemeinen »Sturm der Entrüstung« hervor, der sich in erster Linie gegen die geplante Neugliederung des Reiches mit der Aufteilung der Bundesstaaten und insbesondere Preußens sowie gegen die Ausdehnung der Reichskompetenzen richtete.[278] Die für den 25. Januar 1919 angesetzte zweite Staatenkonferenz diente insbesondere dazu, diese heftige Kritik, mit der weder das Kabinett noch Preuß gerechnet hatten, weitgehend auszuräumen. Folglich verlief die Auseinandersetzung auch nicht zwischen den Repräsentanten des alten Regimes und denen der Revolution, auch wenn sich unter den 129 teilnehmenden Personen nahezu Zweidrittel hohe und höchste Beamte und damit Repräsentanten des alten Regimes befanden, sondern zwischen den Vertretern des Reichs und denen der Länder.[279]

275 Siehe dazu die synoptische Darstellung der Verfassungsentwürfe I und II bei Matthias/Miller, Regierung, Bd. 2, S. 249–266, hier S. 259, 263. Zum Vorschlag von Landsberg ebd., S. 243.

276 Vgl. Rürup, Entstehung, S. 226f.; Richter, Kirche, S. 153ff.; Vestring, Mehrheitssozialdemokratie, S. 159f.

277 Deutscher Reichsanzeiger 1919, Nr. 15 (Beilage). Dazu Apelt, Geschichte, S. 60. Das Schreiben an die einzelstaatlichen Regierungen befindet sich unter BAB R1501/16807, fol. 275r.

278 Vgl. Benz, Süddeutschland, S. 92f., Zitat S. 92; Richter, Kirche, S. 156–159. Zur Auseinandersetzung über die Aufteilung Preußens siehe Möller, Parlamentarismus, S. 64–69; Eimers, Verhältnis, S. 67–70.

279 Die »Aufzeichnung über die Besprechung im Reichsamt des Innern vom 25. Januar 1919 über den der verfassunggebenden deutschen Nationalversammlung vorzulegenden Verfassungsentwurf« befindet sich BAB R1501/16447/1, fol. 13r.–30r. sowie unter BAB R43 I/1863, S. 103–141. Zum Teilnehmerverzeichnis siehe ebd., S. 103–107. Dazu Schulz, Demokratie, S. 142, der in dieser Konferenz aufgrund der Zusammensetzung von 84 hohen und höchsten Beamten gegenüber 35 parlamentarischen Politikern und Ministern »mehr ancien regime als Revolution« repräsentiert sah. Siehe auch Richter, Kirche, S. 168. Zu dieser Konferenz ausführlich

Insbesondere auf Seiten der Reichsregierung war man bemüht, die Wogen wieder zu glätten, um die Unterstützung der Länder zu gewinnen. Dementsprechend erkannte der Vorsitzende Friedrich Ebert (SPD) in seiner Eröffnungsrede die wiederholten Klagen über den mangelnden Kontakt zwischen der Reichsregierung und den Einzelstaaten an und versprach, »künftig eine engere Fühlung zwischen der Reichsleitung und den Vertretern der Einzelstaaten in allen politischen wichtigen Fragen der Reichspolitik herbeizuführen.« Jedoch wies er auch darauf hin, »daß die Entscheidung über die Verfassungsfrage vollständig in der Hand der konstituierenden Nationalversammlung liegt.«[280] Mit diesen Ausführungen verfolgte Ebert das Ziel, den Vertretern der Einzelstaaten nicht den Eindruck eines bereits abgeschlossenen Verfassungswerkes zu vermitteln, sondern ihnen die Möglichkeit der Mitarbeit zu eröffnen, um so deren Verständnis und Zustimmung für den Verfassungsentwurf zu gewinnen. Dieses Bemühen unterstützte auch Hugo Preuß, der anschließend ausführte, daß der Entwurf »seiner Natur nach ein Kompromissentwurf ist, indem er versucht die mittlere Linie zwischen Einheit und Zersplitterung zu finden.« Folglich habe er in seinem Entwurf auf »den großzügigen Gedanken einer vollkommenen deutschen Einheit« verzichtet, da dieses Ziel an dem »Widerstand der Tatsachen« scheitern müsse. Gleichzeitig betonte er jedoch die »nationale Einheit des Volkes«, auf die allein die »Republik als Staatsform der Souveränität des Volkes« gegründet sein könne, denn ein »Volksstaat, der sich auf etwas anderes stützen will als auf die nationale Einheit, ist ein Widerspruch in sich.« Dementsprechend unternehme der Entwurf den Versuch, nur an den notwendigen Stellen zu zentralisieren und demgegenüber den Einzelstaaten den weitestgehenden Freiraum zu lassen.[281]

Dieser Versuch einer Verständigung scheiterte jedoch am Widerstand der Einzelstaaten. So hatten sich die Regierungen von Bayern, Württemberg, Baden und Hessen am 27./28. Dezember 1918 zusammengefunden und die »Neueinrichtung des Reichs bundesstaatlicher Grundlage« sowie die »Schaffung einer aktionsfähigen Reichsregierung und Nationalversammlung« beschlossen, um auf diese Weise den Einzelstaaten ein Mitspracherecht bezüglich der kommenden Reichsverfassung und künftigen Reichsgesetzgebung zu si-

Benz, Süddeutschland, S. 96–99; Schulz, Demokratie, S. 142–149; Richter, Kirche, S. 168–171; Apelt, Geschichte, S. 64ff.

280 BAB R43 I/1863, S. 111.

281 BAB R43 I/1863, S. 111–115, Zitate S. 111f. Vgl. Schulz, Demokratie, S. 143f., Richter, Kirche, S. 168f.

chern.[282] Auf dieser Grundlage wurden innerhalb der bayerischen Regierung am 22. Januar 1919 »Richtlinien für das Reichsgrundgesetz« erstellt, die noch am 24. Januar 1919 von den Vertretern Bayerns, Badens und Württembergs besprochen und am folgenden Tag auf der Staatenkonferenz durch den bayerischen Ministerpräsidenten Kurt Eisner (USPD) vorgebracht wurden.[283] Im Anschluss an die Rede von Preuß stellte Eisner ohne weitere Einleitung den bereits im Dezember 1918 vereinbarten Antrag unter Zustimmung der Vertreter Sachsens, dass die »Nationalversammlung [...] über ein vorläufiges Reichsgrundgesetz Beschluß fassen« solle, um die »Aktionsfähigkeit der Reichsregierung« zu sichern. Dazu sei ein Staatenausschuss einzurichten, der nach den bisherigen Bestimmungen bezüglich des Bundesrats bestellt werden müsse. Dieser solle in Kooperation mit der Reichsregierung an der Erstellung eines solchen Gesetzentwurfs beteiligt werden, welcher anschließend von der Nationalversammlung und dem Staatenausschuss übereinstimmend zu beschließen sei.[284]

Das Ziel dieses Vorstoßes war es, die Mitbestimmung der Einzelstaaten an der Gesetzgebung des Reiches zu sichern und in der Verfassungsfrage mit der an dem Vorbild des Bundesrats ausgerichteten Institution des Staatenausschusses vollendete Tatsachen zu schaffen. Insbesondere aus diesem Grund wies Friedrich Ebert (SPD) diesen Antrag energisch zurück, da er »materiell in das Verfassungswerk« eingreife und damit Entscheidungen der Nationalversammlung vorwegnehme, während an der »Souveränität der Nationalversammlung in der Verfassungsfrage [...] nicht gerüttelt werden« dürfe.[285] Man einigte sich auf den Vorschlag Eberts, einen Ausschuss einzusetzen, dem der Entwurf eines provisorischen Grundgesetzes sowie der Verfassungsentwurf zur weiteren Beratung zu überweisen sei und der am folgenden Tag unter dem Vorsitz von Preuß mit mindestens einem Vertreter pro Einzelstaat zusammentreten solle.[286]

282 Das Telegramm der entsprechenden Regierungen an die Reichsregierung vom 30.12.1918 ist einzusehen unter BAB R43/2519, fol. 26r. Zu dieser Besprechung ausführlich Benz, Süddeutschland, S. 66–78. Siehe auch Schulz, Demokratie, S. 139, Anm. 76.

283 Benz, Süddeutschland, S. 94f.

284 BAB R43 I/1863, S. 115ff., Zitat S. 115.

285 BAB R43 I/1863, S. 117. An diese Ausführung knüpfte eine Diskussion über die souveräne Stellung der Nationalversammlung an, die etwa von Kurt Eisner (USPD) und von dem bayerischen Minister Edgar Jaffé gänzlich abgesprochen wurde. Demgegenüber hob die Regierungsseite durch Eduard David (SPD) und Otto Landsberg (SPD) ihre alleinige Entscheidungsbefugnis hervor, wohingegen sich die Gesandten Württembergs und Hessens, Wilhelm von Blume und Maximilian von Biegeleben, in vermittelnder Absicht allgemein für eine stärkere Beteiligung der Einzelstaaten aussprachen. Ebd., S. 122 (Kurt Eisner), S. 125 (Eduard David, Wilhelm von Blume), S. 129 (Edgar Jaffé), S. 130 (Otto Landsberg), S. 139 (Maximilian von Biegeleben).

286 Zum Beschluss BAB R43 I/1863, S. 141. Zum Vorschlag von Ebert ebd., S. 135.

Das Hauptanliegen der Staatenvertreter war die »Fixierung des Mitspracherechts der Staaten an der künftigen Reichsverfassung«[287] und durchzog auch die weiteren Sitzungen des Staatenausschusses zwischen dem 26. Januar und dem 21. Februar 1919.[288] Dementsprechend wandten sich die Beratungen zunächst dem vom Verfassungsentwurf in den §§ 32ff. vorgesehenen Staatenhaus zu, das nach den Vorschlägen von Preuß von den Parlamenten der Einzelstaaten zu bestellen sei und lediglich als Oberhaus neben dem vom Volk direkt gewählten Volkshaus fungieren solle. Demgegenüber wurde den Regierungen nach den §§ 14ff. nur die Möglichkeit eingeräumt, Vertreter zur Anhörung an die Reichsregierung und die Ministerien zu senden. Diese Konzeption lehnte der bayerische Gesandte Konrad von Preger mit dem Hinweis ab, dass sie nicht der Bedeutung der Einzelstaaten entspreche, und forderte anstelle des Staatenhauses die Einsetzung eines Staatenausschusses »in der Weise des alten Bundesrats, als gleichberechtigten Faktor neben dem Reichstag«.[289] Nachdem sich auch die Vertreter Württembergs, Preußens und Sachsens für eine Anknüpfung an die Institution des alten Bundesrats mit geminderten Kompetenzen ausgesprochen hatten, erklärte sich auch Hugo Preuß mit der Einrichtung eines »Bundesrat[s] in geminderter Stellung« statt eines Staatenhauses einverstanden.[290] Demgegenüber fand Eduard David (SPD) mit seiner Auffassung, dass der Bundesrat »im früheren Reiche die Quelle der Schwierigkeiten für die Reichsregierung« gebildet habe und somit für den staatlichen Aufbau des neuen Reiches ungeeignet sei, keine weitere Unterstützung.[291] Letztlich wurde ein Antrag der Vertreter Preußens, Württembergs, Sachsens, Anhalts und Mecklenburgs angenommen, dass ein von den einzelstaatlichen Regierungen zu bestellender »Reichsrat« – diese Bezeichnung wurde vom preußischen Vertreter

287 So Benz, Süddeutschland, S. 99.

288 Der Staatenausschuss tagte vom 26. bis zum 30. Januar sowie am 1. Februar 1919 in Berlin vom 5. bis zum 8. Februar und vom 18. bis zum 21. Februar 1919 in Weimar. Die »Aufzeichnung über die Beratung des auf Grund des Beschlusses der Staatenvertreter vom 25. Januar 1919 zusammengetretenen Ausschusses im Reichsamt des Innern vom 26. bis zum 30. Januar 1919« befindet sich unter BAB R1501/16447/1, fol. 1r.–12v.; die »Aufzeichnung über die Beratungen in dem Ausschuß der Staatenvertreter im Reichsamt des Innern vom 1. Februar 1919« unter ebd., fol. 31r.–36v.; die »Niederschrift über die Verhandlung der Staatenvertreter in Weimar (Fürstenhaus) vom 5. bis zum 8. Februar 1919« unter ebd., fol. 37r.–63v.; die »Aufzeichnung über die Beratung des Staatenausschusses über den Entwurf einer Verfassung des Deutschen Reiches in Weimar vom 18. bis 20. Februar 1919« unter ebd., fol. 64r.–85v.; die »Niederschrift über die 2. Lesung des Entwurfs einer Verfassung des Deutschen Reichs im Staatenausschuß vom 21. Februar 1919« unter ebd., fol. 86r.–89v. Ebenfalls einzusehen sind diese Protokolle unter BAB R43 I/1863.

289 BAB R1501/16447/1, fol. 4r.–4v., Zitat fol. 4v.

290 BAB R1501/16447/1, fol. 4v.

291 BAB R1501/16447/1, fol. 5r.

Friedrich Freund vorgeschlagen – einzusetzen sei, dem über bereits vorgesehene Kompetenzen hinaus die Befugnis zukommen solle, gegen Gesetzesentwürfe des Reichstags ein Veto einzulegen, welches nur durch ein vom Reichspräsidenten angeordnetes Referendum aufzuheben sei.[292]

Aufgrund dieses Nachdrucks, den die Staatenvertreter auf die Einsetzung eines Reichsrats anstelle des Staatenhauses legten, sah sich die Reichsregierung gezwungen, der Aufnahme des so konzipierten Staatenausschusses sowohl für den Gesetzentwurf über die vorläufige Reichsgewalt als auch für die Verfassung ihre Zustimmung zu erteilen. Noch am selben Tag wurden die entsprechenden Beschlüsse des Staatenausschusses vom Reichsamt des Innern zu einem Entwurf zusammengefasst, wonach die Regierungen der Einzelstaaten die Vertreter des Reichsrats zu stellen hätten, deren Anzahl sich nach den Einwohnern des jeweiligen Einzelstaates richte. Den Vorsitz führe ein Mitglied der Reichsregierung, ohne jedoch Stimmrecht zu haben. Bezüglich der Gesetzgebung liege seine Kompetenz in erster Linie darin, Gesetzesentwürfe der Reichsregierung vor der Einbringung in den Reichstag zu beraten, eigene Gesetzesvorschläge an den Reichstag stellen zu können und gegen vom Reichstag beschlossene Gesetze Einspruch einzulegen, woraufhin der Reichspräsident im Falle einer Nichteinigung zwischen Reichstag und Reichsrat eine Volksabstimmung herbeiführen könne. Diese Bestimmungen wurden in der Versammlung der Staatenvertreter am 1. Februar 1919 besprochen, und, nachdem sie dort auf weitgehende Zustimmung gestoßen waren, als Art. 24ff. in den von Preuß erstellten Verfassungsentwurf vom 17. Februar 1919, dem so genannten Entwurf III aufgenommen.[293] Dieser zeichnete sich zusätzlich durch die Aufnahme von drei weiteren Abschnitten über »Das Finanz- und Handelswesen«, über »Das Verkehrswesen« und über »Die Rechtspflege« aus, um die Kompetenzverteilung zwischen dem Reich und den Einzelstaaten zu regeln, sodass er nunmehr insgesamt 109 Artikel umfasste. Nach weiteren leichten Veränderungen durch den Staatenausschuss, der zwischen dem 18. und dem 21. Februar 1919 diesen Entwurf in zwei Lesungen beriet, wurde er am 21. Februar 1919 unter dem Aktenstück Nr. 59 als »Entwurf einer Verfassung des Deutschen Reiches« schließlich der Nationalversammlung zur weiteren Beratung und endgültigen Beschlussfassung überwiesen. Hinsichtlich der Stellung der obersten Reichsorgane wurden bei den organisatorischen Bestimmungen mit Aus-

292 Dazu Benz, Süddeutschland, S. 103f. Siehe auch Apelt, Geschichte, S. 71f.

293 Vgl. Schulz, Demokratie, S. 159–163; Apelt, Geschichte, S. 73ff.; Mauersberg, Ideen, S. 136ff. Der Verfassungsentwurf ist abgedruckt bei Triepel, Quellensammlung, S. 18–28.

nahme der Einfügung des Reichrats keine grundlegenden Veränderungen zu den ersten beiden Entwürfen vorgenommen.[294]

Das Gesetz über die vorläufige Reichsgewalt

Unter dem Aspekt der Mitwirkung der Einzelstaaten stand auch die Erarbeitung des Gesetzentwurfes über die vorläufige Reichsgewalt, die vom bayerischen Ministerpräsidenten Kurt Eisner (USPD) auf der Staatenkonferenz am 25. Januar 1919 angeregt wurde. Im Namen der Staaten Bayern, Baden und Württemberg beantragte er diesbezüglich die Feststellung, dass das Deutsche Reich weiterhin einen Bund bilden und seine Gesetzgebung durch die »Nationalversammlung [...] unter Zustimmung der Vertretung der einzelnen Bundesstaaten« ausüben solle. Darüber hinaus sei der Präsident des Reiches von der Nationalversammlung mit einfacher Stimmenmehrheit zu wählen und mit dem Recht auszustatten, das Regierungsministerium zu ernennen, welches »zu seiner Amtsführung des Vertrauens der Nationalversammlung« bedürfe.[295] Trotz der Zurückweisung dieses Antrags durch Friedrich Ebert (SPD) erklärte er sich mit dem grundsätzlichen Gedanken einer provisorischen Verfassung einverstanden.[296] Auch Hugo Preuß sprach sich in diesem Sinne aus, betonte jedoch, dass die von den Einzelstaaten vorgelegten Richtlinien noch umzuformen seien, worüber man sich aber in der für den kommenden Tag einzuberufenden Kommission der Staatenvertreter verständigen müsse.[297]

Damit hatte die Reichsregierung zwar ihre Absicht erklärt, der Nationalversammlung ein Gesetz über die vorläufige Reichsgewalt vorzulegen, über einen fertigen Entwurf verfügte sie jedoch noch nicht. Folglich wurde noch in der Nacht vom 25. auf den 26. Januar im Reichsministerium des Innern ein solcher Entwurf[298] ausgearbeitet, der sich im Wesentlichen an den von Preuß vorgeschlagenen Bestimmungen für die Reichsverfassung orientierte. So wurde festgestellt, dass die Reichsgesetzgebung ausschließlich durch die Nationalversammlung ausgeübt werde und dass dem aus 11 Mitgliedern bestehenden Staatenausschuss lediglich das Recht der Anhörung und der Vorbringung ihrer An-

294 Sten. Ber., Anlage-Bd. 335, Nr. 59, S. 48–57. Die Änderungen sind abgedruckt bei Triepel, Quellensammlung, S. 28–33. Zu den Verhandlungen über die einzelstaatlichen Reservatrechte Benz, Süddeutschland, S. 108–113; Schulz, Demokratie, S. 164–170.

295 BAB R43 I/1863, S. 115ff., Zitate S. 116.

296 So verkündete er im Namen der Reichsregierung, dass diese »schon die Absicht gehabt [habe], der Nationalversammlung zunächst eine Gesetz zur Regelung der provisorischen Reichsgewalt vorzulegen«, bei dem auch die vorgebrachten Wünsche der Einzelstaaten in Betracht gezogen werden könnten. BAB R43 I/1863, S. 130. Siehe auch ebd., S. 135.

297 BAB R43 I/1863, S. 140.

298 So die Erinnerung des Mitarbeiters im Reichsamt des Innern Apelt, Jurist, S. 89.

sichten in der Nationalversammlung einzuräumen sei (§§ 1ff.). Bezüglich der obersten Staatsorgane fand sich der Entwurf in Übereinstimmung mit den von Eisner vorgestellten Richtlinien. So seien die Geschäfte des Reichs von einem Präsidenten zu führen (§ 5), der von der Nationalversammlung mit einfacher Stimmenmehrheit gewählt werde (§ 6) und der das Reichsministerium zu berufen habe, das zu seiner Amtsführung auf das Vertrauen der Nationalversammlung angewiesen sei (§ 7). Darüber hinaus seien alle Anordnungen des Präsidenten von einem Reichsminister gegenzuzeichnen, welcher damit die Verantwortung gegenüber der Nationalversammlung übernehme (§ 8).[299]

Dieser Entwurf wurde dem am 26. Januar 1919 zusammengetretenen Staatenausschuss vorgelegt, wo er aufgrund seiner Bestimmungen bezüglich der Mitwirkung der Einzelstaaten erwartungsgemäß auf starke Kritik stieß. So forderten die Vertreter der süddeutschen Staaten, dass das dem Staatenhaus eingeräumte Recht der Anhörung durch die Pflicht der Zustimmung ersetzt werden müsse und dass der Staatenausschuss nach dem Vorbild des Bundesrats zusammenzusetzen sei.[300] Zusätzlich beschloss der Staatenausschuss, einen weiteren Paragraphen einzufügen, in welchem die notwendige Zustimmung des Staatenausschusses zu Beschlüssen der Nationalversammlung festgelegt wurde. Auf Betreiben der Reichsregierung galt dieser nicht für die Verabschiedung der Reichsverfassung mit Ausnahme der Abänderung der einzelstaatlichen Gebietsbestände. Gegen den mit diesen Abänderungen versehenen Entwurf[301] stimmten nur die Vertreter Bayerns, welche die Zustimmungspflicht des Staatenausschusses auch in Bezug auf die Reichsverfassung verankert wissen wollten, damit aber unter den übrigen Staatenvertretern keine Anhänger fanden.[302]

Der Gesetzentwurf wurde anschließend der Reichsregierung überstellt, die ihn zunächst in der Kabinettssitzung am Vormittag des 28. Januars 1918 besprach. Dabei bemängelte Hugo Preuß die »Restitution des Bundesrats«, für die sich die Einzelstaaten eingesetzt hätten. Dennoch sprach er sich für den Entwurf aus, da man sich bemüht habe, eine von der Nationalversammlung

---

299 Siehe dazu den Entwurf A eines Gesetzes über die vorläufige Reichsgewalt unter BAB R1501/16447/1, fol. 8v.–9r., wieder abgedruckt unter der Nr. 122a bei: Matthias/Miller, Regierung, Bd. 2, S. 334–338.

300 So beantragte etwa der württembergische Finanzminister Theodor Liesching, »daß in § 2 ausgesprochen wird, daß Gesetzesvorlagen der Reichsregierung an die Nationalversammlung nur mit Zustimmung des in der Weise des Bundesrats konstruierten Staatenausschusses gebracht werden dürfen; kommt eine Übereinstimmung nicht zustande, so entscheidet eine Volksabstimmung.« BAB R1501/16447/1, fol. 2r.–2v. Vgl. Benz, Süddeutschland, S. 100ff.

301 Entwurf B eines Gesetzes über die vorläufige Reichsgewalt unter BAB R1501/16447/1, fol. 9v.–10r., wieder abgedruckt als Nr. 122b bei: Matthias/Miller, Regierung, Bd. 2, S. 334–338.

302 Benz, Süddeutschland, S. 101; Mauersberg, Ideen, S. 128f.; Apelt, Geschichte, S. 67f.

ohne längere Diskussion anzunehmende Vorlage zu erstellen, um »[m]öglichst schnell eine geordnete Regierung zu bilden«. Insbesondere hob Preuß die Einbringung des Präsidentenamtes in das Provisorium durch die Vorschläge Bayerns positiv hervor, da damit ein »politisch aktiver Mann« geschaffen werde, sodass man insgesamt gesehen »mit dem Entwurf sehr zufrieden sein« könne.[303] Auf Kritik stieß also weniger die grundsätzliche Beteiligung des Staatenausschusses an der Gesetzgebung als vielmehr die Orientierung am Bundesrat, insbesondere hinsichtlich der Zusammensetzung und des Stimmenverhältnisses.[304] In dem daraufhin vom Reichsamt des Innern abgeänderten Entwurf wurde folglich eine Verteilung der Stimmen im Staatenausschuss in der Form beschlossen, dass grundsätzlich auf eine Million Einwohner eine Stimme entfalle, wobei jedoch kein Staat mehr als ein Drittel der Stimmen besitzen dürfe.[305] Nachdem dieser Entwurf noch am Nachmittag des 28. Januars 1919 mit dem Zentralrat besprochen und ohne Veränderungen am 29. Januar in der Presse veröffentlicht worden war, kam er am 30. Januar 1919 noch ein letztes Mal auf die Tagesordnung der Reichsregierung. In dieser Kabinettssitzung führte Preuß aus, dass für die »Notverfassung [...] den Einzelstaaten gewisse Konzessionen« zu machen waren, insbesondere »für den mit einigen Modifikationen wiedererstandenen Bundesrat.« Somit betonte Friedrich Ebert (SPD) ausdrücklich, dass die »Notverfassung [...] das äußerste Maß dessen dar[stelle], was das Reich den Einzelstaaten an Einfluß gestatten« könne.[306] Damit konnte der Gesetzentwurf über die vorläufige Reichsgewalt am 1. Februar 1919 der Nationalversammlung zur Beschlussfassung überstellt werden, die ihn am 8. und am 10. Februar 1919 beriet und verabschiedete.[307]

In dieser Debatte begründete zunächst Hugo Preuß (DDP) den Gesetzentwurf, indem er die Souveränität der Nationalversammlung als »Vertreterin des souveränen Volkes« herausstellte, die in ihren Entscheidungen zwar nicht gebunden sei, sich aber aus freien Stücken in ihrer Stellung beschränken und mit der Vertretung der Einzelstaaten absprechen könne. Dazu sei der Staatenausschuss eingerichtet worden, der zwar »Ähnlichkeiten mit dem früheren Bundesrat« habe, aber keine Wiederherstellung dessen sei, da im Falle von Meinungsverschiedenheit nicht er, sondern eine Volksabstimmung die Entschei-

303 Matthias/Miller, Regierung, Bd. 2, S. 324ff.

304 Vgl. Matthias/Miller, Regierung, Bd. 2, S. 326–329.

305 Siehe den Entwurf C eines Gesetzes über die vorläufige Reichsgewalt unter BAB R1501/16447/1, fol. 10v.–11v., wieder abgedruckt als Nr. 122c bei: Matthias/Miller, Regierung, Bd. 2, S. 334–338.

306 Matthias/Miller, Regierung, S 355 (Hugo Preuß), S. 357 (Friedrich Ebert). Dazu Mauersberg, Ideen, S. 130.

307 Sten. Ber., Bd. 326, S. 12–36. Zum Gesetzentwurf ebd., Anlage-Bd. 335, Nr. 3, S. 26.

dung herbeiführe. Hinsichtlich der übrigen Reichsorgane führte Preuß aus, dass der Reichspräsident im Wesentlichen mit den Befugnissen ausgestattet sei, »die republikanischen Staatsoberhäuptern zuzustehen pflegen«, wobei er in allen seinen Anordnungen an die verantwortliche Mitwirkung eines der Nationalversammlung verantwortlichen Ministeriums gebunden sei.[308] Preuß versuchte also, die eventuell in der Nationalversammlung bestehenden Bedenken gegenüber den Mitwirkungsrechten der Einzelstaaten und gegenüber dem Amt des Reichspräsidenten zu zerstreuen und die Zustimmung zu dem Gesetzentwurf und damit zur Bildung einer »neuen von der Nationalversammlung sanktionierten Regierung« zu gewinnen, deren »Einsetzung […] ein dringendstes Erfordernis unserer inneren wie äußeren Politik ist.«[309] In der am 10. Februar 1919 stattfindenden Aussprache gaben nicht nur die Redner der Koalitionsparteien aus SPD, DDP und Zentrum die zustimmenden Stellungnahmen ihrer Parteien ab, in denen sie den Gesetzentwurf aufgrund der äußeren wie inneren Lage der Politik für notwendig erklärten, sich aber ihre Haltung zu den künftigen Bestimmungen der Reichsverfassung ausdrücklich vorbehielten.[310] Darüber hinaus sprachen sich auch die Redner der rechten Oppositionsparteien, Clemens von Delbrück (DNVP) und Rudolf Heinze (DVP), im Namen ihrer Parteien für den Entwurf aus, auch wenn auch sie sich gegen eine Festlegung zur endgültigen Verfassung verwahrten.[311] Lediglich die Vertreter der BVP und der USPD erklärten sich gegen den Gesetzentwurf.[312]

Trotz dieses Widerspruchs wurde das »Gesetz über die vorläufige Reichsgewalt« in der Gesamtabstimmung mit »großer Mehrheit«[313] angenommen und trat auf Vorschlag des Abgeordneten Felix Waldstein (DDP) bereits mit der Annahme in Kraft, noch bevor es am folgenden Tag im Reichsgesetzblatt veröffentlicht wurde.[314] Mit der Annahme dieses Gesetzes, das bereits den »vorgezeichneten Grundriß der neuen Verfassungsordnung«[315] erkennen ließ, setzten

---

308 Sten. Ber., Bd. 326, S. 14 (Hugo Preuß (DDP), 8.2.1919).

309 Sten. Ber., Bd. 326, S. 15 (Hugo Preuß (DDP), 8.2.1919).

310 Sten. Ber., Bd. 326, S. 20 (Paul Löbe (SPD), 10.2.1919), S. 20f. (Friedrich von Payer (DDP), 10.2.1919), S. 26 (Adolf Gröber (Z), 10.2.1919).

311 Sten Ber., Bd. 326, S. 21 (Clemens von Delbrück (DNVP), 10.2.1919), S. 21 (Rudolf Heinze (DVP), 10.2.1919).

312 Diese Haltung begründete Georg Heim (BVP) mit dem zu weitgehenden Eingriff in die Rechte der Einzelstaaten, während Oskar Cohn (USPD) die Schaffung eines Reichspräsidentenamtes und die fehlende Einbeziehung der Räteorganisation kritisierte. Sten. Ber., Bd. 326, S. 21 (Georg Heim (BVP), 10.2.1918), S. 22–26 (Oskar Cohn (USPD), 10.2.1918).

313 Sten. Ber., Bd. 326, S. 36.

314 RGBl. 1919, S. 169ff. Zum Beschluss der Nationalversammlung bezüglich des Inkrafttretens Sten. Ber., Bd. 326, S. 35f. Zu diesem Gesetz allgemein Huber, Verfassungsgeschichte, Bd. 5, S. 1077–1081.

315 Kolb, Weimarer Republik, S. 179.

sich zum einen die Einzelstaaten mit ihrer Forderung nach Mitwirkungskompetenzen in der Gesetzgebung durch.[316] Zum anderen erwies sich die von Preuß entworfene gleichgewichtige Anordnung von Reichspräsident und Nationalversammlung mit der parlamentarisch verantwortlichen Regierung als Bindeglied als anschlussfähig.[317]

2.6. Zusammenfassung

Zum Zeitpunkt der Überweisung an die Nationalversammlung am 21. Februar 1919 hatte der Verfassungsentwurf bereits mehrere Weichenstellungen durchlaufen. Die erste stellte sich bereits mit der Ernennung von Hugo Preuß zum Staatsekretär des Innern durch den Volksbeauftragten Friedrich Ebert (SPD) am 15. November 1918, womit die Ausarbeitung eines liberal-demokratischen und parlamentarisch-repräsentativen anstelle eines sozialistisch-rätedemokratischen Verfassungsentwurfs präjudiziert wurde. Die zweite Weiche wurde auf der Dezemberkonferenz 1918 gestellt, bei der sich Hugo Preuß mit seiner von Robert Redslob beeinflussten Vorstellung eines parlamentarischen Regierungssystems durchsetzte, in dem die obersten Reichsorgane im Sinne eines Gleichgewichts zwischen einem vom Volk gewählten Reichspräsidenten und dem Reichstag mit einer präsidiell zu ernennenden und parlamentarisch verantwortlichen Regierung als Bindeglied anzuordnen waren. An dieser Grundkonzeption wurden auch in den sich anschließenden Besprechungen keine grundlegenden Veränderungen vorgenommen. Der Rat der Volksbeauftragten setzte sich in erster Linie für die Aufnahme der Grundrechte ein, während die Staatenvertreter auf die Institutionalisierung des einzelstaatlichen Einflusses in der Form eines Reichsrats hinwirkten. Den ersten Ausdruck fand diese Konzeption in dem Gesetz über die vorläufige Reichsgewalt vom 10. Februar 1919. An diese Vorentscheidungen war die Nationalversammlung, als sie am 24. Februar 1919 in die Beratung des Verfassungsentwurfs eintrat, formell zwar nicht gebunden. Durch die breite Zustimmung zu zentralen Aspekten wie etwa die Verbindung von präsidiellen und parlamentarischen Elementen wurde sie

316 So wurde der von den einzelstaatlichen Regierungen zu bestellende Staatenausschuss als Teil der Reichsorganisation noch vor Beginn der Verfassungsberatungen der Nationalversammlung verbindlich festgelegt und damit die Institution des Reichsrats zu präjudiziert. Dazu Benz, Süddeutschland, S. 102f. Siehe auch Rürup, Entstehung, S. 227f.

317 Nachdem diese Konzeption bereits in den von Kurt Eisner (USPD) auf der Staatenkonferenz vorgeschlagenen Richtlinien dargelegt worden war, wurde sie in dem ersten Gesetzentwurf über die vorläufige Reichsgewalt aufgenommen und erfuhr in den folgenden Entwürfen nahezu keine Veränderung mehr. Siehe dazu die synoptische Darstellung der drei Gesetzesentwürfe bei Matthias/Miller, Regierung, Bd. 2, S. 334–338.

jedoch in ihrer Entscheidungsfreiheit für ein gänzlich anderes Verfassungsmodell eingeschränkt.[318] Trotz der namensgebenden Aufgabe der Verfassunggebung bestand die Hauptaufgabe für die Nationalversammlung folglich nicht mehr in der Erstellung eines beliebigen, sondern lediglich in der Ausgestaltung des vorliegenden und durch die verschiedenen Entscheidungen vorgeprägten Verfassungsentwurfs.

3. Die Auseinandersetzung um zentrale Aspekte im Plenum

3.1. Die ubiquitäre Berufung auf das Volk

In den Beratungen des Verfassungsentwurfs, welche die Nationalversammlung am 24. Februar 1919 aufnahm und am 31. Juli 1919 abschloss, kam dem Volksbegriff die zu erwartende zentrale Bedeutung zu. Redner sämtlicher Parteien beriefen sich auf das »Volk«, um ihre jeweiligen verfassungspolitischen Positionen zu begründen. Hierbei taten sich nicht nur die Vertreter der Regierungsparteien SPD, DDP und Zentrum[319] hervor, die ihrer grundsätzlichen Zustimmung zum Entwurf Ausdruck verliehen, indem sie auf die herausgehobene Stellung des Volkes als Inhaber der staatlichen Macht[320] und als ausschlaggebende Entscheidungs- und Kontrollinstanz[321] verwiesen. Auch die

318 Dazu Dreyer, Entstehung, S. 36; Rürup, Entstehung, S. 229.

319 Mit dem Rücktritt der Regierung Scheidemann am 20.6.1919 infolge der Auseinandersetzung um den Versailler Friedensvertrages schied die DDP zwar offiziell aus der Regierungskoalition aus. In innen- und verfassungspolitischen Fragen unterstützte sie jedoch weiterhin das aus SPD und Zentrum gebildete Kabinett von Gustav Bauer (SPD) und war durch Hugo Preuß (DDP) als Vertreter des Reichsministeriums des Innern unmittelbar an den Verfassungsarbeiten beteiligt, sodass sie im Folgenden zu den Regierungsparteien gezählt wird. Zum Ausscheiden der DDP aus der Regierung ausführlich Albertin, S. 324–354. Siehe auch Winkler, Weimar, S. 91–95; Mommsen, Aufstieg, S. 100ff.; Boden, Nationalversammlung, S. 131–135; Krüger, Versailles, S. 45f. Zur Lage von Preuß Gillessen, Preuß, S. 158. Die Erklärung von Friedrich Ebert (SPD) vom 25.6.1919, dass Preuß »für die weiteren Arbeiten am Verfassungswerke mit der Vertretung des Reichsministeriums betraut« worden war, findet sich unter BAB R1501/16813, fol. 11r.

320 So hob Bruno Ablaß (DDP) ausdrücklich hervor, dass das »Volk […] allein souverän« sei und »seine Macht […] durch seine Organe« ausübe: Sten. Ber., Bd. 327, S. 1309 (Bruno Ablaß (DDP), 3.7.1919). Siehe auch ebd., Bd. 328, S. 2075 (Simon Katzenstein (SPD), 29.7.1919), S. 2083 (Conrad Haußmann (DDP), 29.7.1919).

321 Im Zusammenhang mit den Bestimmungen bezüglich der Volksabstimmung sprach sich Erich Koch (DDP) dafür aus, dass für die »schwerwiegenden Fälle der Gesetzgebung […] eine Kontrolle durch das Volk« zuzulassen sei: Sten. Ber., Bd. 327, S. 1356 (Erich Koch (DDP), 7.7.1919). Und Simon Katzenstein (SPD) pflichtete ihm dahingehend bei, dass vom Reichstag beschlossene Gesetze durch den Reichspräsident zu verkünden oder der »Oberent-

Redner der oppositionellen Parteien bezogen sich in ihren Ausführungen auf das »Volk«, wenn sie sich wie Rudolf Heinze (DVP) oder Ernst Oberfohren (DNVP) gegen die von der SPD beantragte Herabsetzung der Legislaturperiode des Reichstags auf drei Jahre aussprachen[322] oder wie Oskar Cohn (USPD) eine Erweiterung der parlamentarischen Mitspracherechte in außenpolitischen Angelegenheiten forderten.[323] Der in dieser allseitigen Berufung auf das »Volk« enthaltene Widerspruch trat offen zutage, wenn sie zur Legitimierung diametral entgegengesetzter Standpunkte herangezogen wurde. Nachdem sich die Vertreter der DVP und DNVP gegen den Antrag der SPD, die Abschaffung der Todesstrafe in der Verfassung festzulegen, unter Berufung auf das »Volk« und das »Volksempfinden« ausgesprochen hatten, wandte Hugo Sinzheimer (SPD) ein: »[W]er ist denn dieses Volk, auf das man sich immer beruft? Wir glauben, daß es nur kleine und dünne Schichten des Volkes sind, die heute die Todesstrafe erhalten wollen«.[324] Das Problem der Instrumentalisierung der Bezugnahme auf das »Volk« für eigene parteipolitische Standpunkte wurde an dieser Stelle zwar offenkundig, zur Lösung konnte es jedoch nicht kommen, da die Meinung des Volkes in konkreten Fragen der Interpretation des jeweiligen Sprechers überlassen blieb.[325] Vor diesem Hintergrund versuchten die Abge-

---

scheidung des Volkes« zu unterziehen seien: Ebd., S. 1361 (Simon Katzenstein (SPD), 7.7.1919). Siehe auch ebd., Bd. 328, S. 2078 (Peter Spahn (Z), 29.7.1919). Zur Auseinandersetzung um diese Bestimmungen ausführlich Schiffers, Elemente, S. 130–154.

322 Ernst Oberfohren (DNVP) begründete seine Ablehnung mit dem Hinweis, dass »vom Standpunkt des wählenden Volkes [...] ein Parlament mit längerer Wahlperiode für das zweckmäßigste« zu halten sei: Sten. Ber., Bd. 327, S. 1271 (Ernst Oberfohren (DNVP), 3.7.1919). Siehe auch ebd., S. 1273 (Rudolf Heinze (DVP), 3.7.1919).

323 »Das Volk darf nicht mehr Objekt einer Außenpolitik sein, es muß Subjekt der Außenpolitik werden, es muß durch seine gewählten Vertreter die Möglichkeit haben, vor dem Abschluß eines irgendwie gearteten Vertrages mit den auswärtigen Staaten dazu Stellung zu beziehen.« Sten. Ber., Bd. 327, S. 1320 (Oskar Cohn (USPD), 5.7.1919). Siehe auch ebd., Bd. 326, S. 404 (Oskar Cohn (USPD), 28.2.1919); ebd., Bd. 327, S. 1629 (Gustav Raute (USPD), 16.7.1919).

324 Sten. Ber., Bd. 327, S. 1584 (Hugo Sinzheimer (SPD), 16.7.1919). Zu den Ausführungen der oppositionellen Redner siehe ebd., S. 1587 (Wilhelm Kahl (DVP), 16.7.1919), S. 1589 (Franz Heinrich Költzsch (DNVP), 16.7.1919).

325 Dieses Problem verdeutlicht die Aussage von Conrad Haußmann (DDP): »Wir können die Frage der Todesstrafe in einem demokratischen Staat nur lösen, wenn wir uns fragen und ehrlich beantworten: was ist der Wille unseres Volkes? Ich bin der Meinung, daß in ruhigen Zeiten das Volk auf der Kulturhöhe sein wird, die Frage so zu beantworten, wie ich es wünsche. Wenn wir aber heute in diesen Verwirrungen, in diesen Sorgen und Todesängsten, die viele durchgemacht haben, die Frage stellen, so bin ich nicht überzeugt, daß die Mehrheit unseres Volkes auf dem Standpunkt der Entbehrlichkeit dieser Strafe stehen wird; sie wird dann die Festlegung dieser Frage in der Verfassung nicht als einen Ausdruck ihres Gesetzgebungswillens empfinden, sondern als ein Hinweggehen über ihr eigens Empfinden.« Sten. Ber., Bd. 327, S. 1588 (Conrad Haußmann (DDP), 16.7.1919). Der Antrag wurde in nament-

ordneten, ihre Formen der Berufung auf das »Volk« semantisch aufzuwerten, um so eine authentischere Interpretation für sich in Anspruch zu nehmen.

Hierfür bot sich in besonderem Maße das aus der Verfassungsdiskussion des ausgehenden Kaiserreichs bekannte Stilmittel der nationalen Konnotation an, indem der Volksbegriff mit dem Adjektiv »deutsch« versehen wurde. Insbesondere in den grundsätzlichen Aussprachen über den Verfassungsentwurf der ersten und der dritten Lesung griffen die Vertreter sämtlicher Parteien auf dieses Mittel zurück, um ihrer jeweiligen Haltung etwa zur Bedeutung der Verfassunggebung[326] oder zur Frage der Reichsfarben und der Stellung zur Verfassungsordnung des Kaiserreichs[327] Nachdruck zu verleihen. Insbesondere die Redner der DNVP stachen hierbei hervor, da sie nicht nur in der allgemeinen Aussprache über den Verfassungsentwurf, sondern auch in der Spezialdiskussion der zweiten Lesung diese Formulierung verwendeten, als etwa Albrecht Philipp (DNVP) seine Forderung nach einer stärkeren Stellung der Exekutive damit begründete: »Das deutsche Volke will regiert werden, und gerade die Ereignisse der letzten Monate haben das Autoritätsgefühl im deutschen Volke – in vielen Teilen jedenfalls – gestärkt.«[328]

Besonderen Ausdruck fand die nationale Konnotation des Volksbegriffs in der Rede vom »Charakter« und vom »Wesen des deutschen Volkes«, welche die Vorstellung vom »Volk« als einer organischen Einheit transportierten. Auf diese Formulierung griffen die Redner der Zentrumspartei und der liberalen Parteien zurück, wenn sie unter Bezug auf den »föderativen Charakter des deutschen Volkes«[329] den Einheitsstaat ablehnten, während sie den Deutschna-

---

licher Abstimmung mit 153 gegen die 128 Stimmen der sozialdemokratischen Parteien bei zwei Enthaltungen abgelehnt: ebd., S. 1615ff.

326 Hier taten sich insbesondere die Redner der Regierungsparteien hervor: Sten. Ber., Bd. 326, S. 285 (Hugo Preuß (DDP), 24.2.1919), S. 371 (Richard Fischer (SPD), 28.2.1919), S. 464 (Konrad Beyerle (Z), 3.3.1919), S. 379 (Peter Spahn (Z), 28.2.1919), S. 401 (Oskar Cohn (USPD), 28.2.1919), S. 451 (Hugo Preuß (DDP), 3.3.1919), S. 502 (Eduard David (SPD), 4.3.1919), S. 2071 (Hugo Preuß (DDP), 29.7.1919); ebd., Bd. 328, S. 2076 (Simon Katzenstein (SPD), 29.7.1919), S. 2081 (Conrad Haußmann (DDP), 29.7.1919); ebd., Bd. 329, S. 2194 (Eduard David (SPD), 31.7.1919), S. 2195 (Konstantin Fehrenbach (Z), 31.7.1919).

327 Insbesondere die Redner der DVP und der DNVP beriefen sich auf das »deutsche Volk«, das seinen Aufstieg der bisherigen Verfassungsordnung zu verdanken habe: Sten. Ber., Bd. 326, S. 396 (Rudolf Heinze (DVP, 28.2.1919). Siehe auch ebd., S. 384 (Clemens von Delbrück (DNVP), 28.2.1919). Zur Auseinandersetzung um die Reichsfarben Buchner, Identität, S. 45–52, 77–82.

328 Sten. Ber., Bd. 327, S. 1304 (Albrecht Philipp (DNVP), 4.7.1919). Siehe auch ebd., S. 1321 (Clemens von Delbrück (DNVP), 4.7.1919); ebd., Bd. 328, 1586 (Adelbert Düringer (DNVP), 16.7.1919).

329 Sten. Ber., Bd. 326, S. 377 (Peter Spahn (Z), 28.2.1919). Siehe auch ebd., S. 398 (Rudolf Heinze (DVP), 28.2.1919), S. 467 (Konrad Beyerle (Z), 3.3.1919); ebd., Bd. 328, S. 2074 (Hugo Preuß (DDP), 29.7.1919).

tionalen zur Forderung einer starken Exekutive und eines machtvollen Reichspräsidenten diente.[330] Auch wenn der Begriff der Nation in den Verfassungsberatungen aufgrund seiner fortbestehenden französischen Konnotation[331] nur am Rande aufgegriffen wurde,[332] enthielt die Verwendung des Volksbegriffs durchaus nationale Elemente. Auf diese rekurrierten die Redner der Mittelparteien jedoch eher in allgemeinen Ausführungen oder in der Forderung nach einem föderativen Reichsaufbau, während die Vertreter der DNVP sie im nationalistischen Sinne für die konkrete Ausgestaltung der Verfassung verwendeten.

Im Gegensatz zur Verfassungsdiskussion des Kaiserreichs, in welcher der Volksbegriff lediglich zur Begründung für die Einräumung weitergehender Mitbestimmungsrechte im Rahmen der konstitutionellen Verfassungsordnung gedient hatte, musste die Bezugnahme auf das »Volk« in der Weimarer Nationalversammlung in verfassungsrechtliche Bestimmungen umgesetzt werden, da es sich hier um die Neufassung einer Herrschaftsordnung handelte, in der das »Volk« die Grundlage darzustellen hatte. Hierfür wurde zunächst das Verhältnis zum Staat aufgegriffen, indem die Begriffe »Volk« und »Staat« in einem Zusammenhang verwendet wurden. Als Ausgangspunkt diente der in Art. 2 des Verfassungsentwurfs festgelegte Satz, dass die »Staatsgewalt [...] beim Volke« liege.[333] Hugo Preuß (DDP) hob diesen Satz ausdrücklich als »Leitgedanken der freistaatlichen deutschen Verfassung von Weimar« hervor, womit er insbesondere Unterstützung auf sozialdemokratischer Seite fand.[334] Die Verbindung von »Volk« und »Staatsgewalt« wurde von den Befürwortern einer stärkeren Selbstständigkeit der Einzelstaaten, etwa von Seiten des Zentrums oder der DVP, zwar leicht eingeschränkt, indem sie auf die Staatsgewalt der Einzelstaaten verwiesen. Grundsätzlich in Frage gestellt wurde dieser Zusammenhang aber auch von dieser Seite nicht.[335] Lediglich Clemens von Delbrück

330 So berief sich Albrecht Philipp (DNVP) in seiner Forderung, für den künftigen Reichspräsidenten eine breitere und damit machtvollere Grundlage zu schaffen, auf den »gesunden Sinn des deutschen Volkes« und begründete die Einschränkung des passiven Wahlrechts zum Reichspräsidenten mit dem »gesunden Empfinden des deutschen Volkes, daß Deutschland nur durch Deutsche regiert werden soll.« Sten. Ber., Bd. 327, S. 1306 (Albrecht Philipp (DNVP), 4.7.1919).

331 Koselleck, Volk, S. 390.

332 Sten. Ber., Bd. 326, S. 380 (Peter Spahn (Z), 28.2.1919), S. 464 (Konrad Beyerle (Z), 3.3.1919); ebd., Bd. 327, S. 1304 (Albrecht Philipp (DNVP), 4.7.1919).

333 Sten. Ber., Anlage-Bd. 335, Nr. 59, S. 48–57, hier S. 48.

334 Sten. Ber., Bd. 326, S. 285 (Hugo Preuß (DDP), 24.2.1919). Zu ähnlichen Äußerungen sozialdemokratischer Vertreter siehe ebd., S. 498 (Eduard David (SPD), 4.3.1919); ebd., Bd. 327, S. 1219 (Eduard David (SPD), 2.7.1919).

335 Dazu Sten. Ber., Bd. 326, S. 379 (Peter Spahn (Z), 28.2.1919), S. 397 (Rudolf Heinze (DVP), 28.2.1919), S. 467f. (Konrad Beyerle (Z), 3.3.1919); ebd., Bd. 327, S. 1205 (Wilhelm Kahl (DVP), 2.7.1919).

(DNVP) führte aus, dass die verfassungsrechtliche Festlegung der republikanischen Staatsform und des Volkes als Inhaber der Staatsgewalt »eine Umwälzung unserer Verhältnisse von Grund auf« bedeuten würden, womit sich die deutschnationalen Vertreter wegen ihrer Forderung nach Wiederherstellung der Monarchie nicht einverstanden erklären könnten.[336] Jedoch beschränkte sich diese Sichtweise ausschließlich auf die Anhänger der DNVP. Unter den Vertretern der übrigen Parteien fand das Deutungsmuster des Volkes als Inhaber der Staatsgewalt eine so breite Akzeptanz, dass sich die Redner der sozialdemokratischen Parteien in ihren Forderungen nach Beschränkung der Machtbefugnisse des Reichspräsidenten und nach einer stärkeren Zentralisierung des Reichsaufbaus auf dieses Muster beriefen, ohne jedoch die Unterstützung der bürgerlichen Parteien zu gewinnen.[337]

Um den allgemein anerkannten Zusammenhang von »Volk« und »Staat« in verfassungsrechtliche Bestimmungen umzusetzen, stellten die Redner semantische Beziehungen zu den übrigen Reichsorganen her. Den ersten Fokus bildete hier die zusammenhängende Thematisierung von »Volk« und »Reichspräsident«, deren Verhältnis durch Hugo Preuß (DDP) in seiner Begründung des Verfassungsentwurfs vor der Nationalversammlung am 24. Februar 1919 bereits vorgegeben wurde, als er sich für die Volkswahl des Präsidenten aussprach.[338] Unterstützung erhielt Preuß nicht nur von den Vertretern der koalierenden bürgerlichen Parteien, die wie Erich Koch (DDP) den Wunsch äußerten, »daß der Präsident vom gesamten Volk gewählt wird, damit er in ernster Stunde ein Gegengewicht gegen die Parlamentsroutine bildet.«[339] Auch die Redner der oppositionellen Rechtsparteien forderten die unmittelbare Volkswahl des Präsidenten.[340] Aufgrund der breiten Akzeptanz einer engen Verbindung von »Volk« und »Reichspräsident« hatten es die Redner der sozialdemo-

---

336 Sten. Ber., Bd. 327, S. 1216 (Clemens von Delbrück (DNVP), 2.7.1919).

337 Sten. Ber., Bd. 326, S. 374 (Richard Fischer (SPD), 28.2.1919); ebd., Bd. 327, S. 1211 (Oskar Cohn (USPD), 2.7.1919).

338 So führte Preuß aus, dass ein »Präsident [...] aus unmittelbaren Volkswahlen hervorgehen« müsse, um »neben das aus unmittelbaren, rein demokratischen Volkswahlen hervorgehende Parlament eine durch dieselbe demokratische Grundlage starke Präsidentengewalt zu stellen.« Sten. Ber., Bd. 326, S. 291 (Hugo Preuß (DDP), 24.2.1919). Vgl. hierzu und zum Folgenden Schiffers, Elemente, S. 117–130.

339 Sten. Ber., Bd. 326, S. 393 (Erich Koch (DDP), 28.2.1919). Siehe auch ebd., S. 382f. (Peter Spahn (Z), 28.2.1919); ebd., Bd. 327, S. 1221 (Erich Koch (DDP), 2.7.1919), S. 1306f. (Ludwig Haas (DDP), 4.7.1919), S. 1309 (Bruno Ablaß (DDP), 4.7.1919); ebd., Bd. 328, S. 2078 (Peter Spahn (Z), 29.7.1919), S. 2081 (Conrad Haußmann (DDP), 29.7.1919).

340 So die programmatische Aussage von Albrecht Phillipp (DNVP): »Der Reichspräsident ist vom gesamten deutschen Volk zu wählen.« Sten. Ber., Bd. 327, S. 1305 (Albrecht Philipp (DNVP), 4.7.1919). Siehe auch ebd., Bd. 326, S. 472 (Adelbert Düringer (DNVP), 3.3.1919); ebd., Bd. 328, S. 2095 (Rudolf Heinze (DVP), 30.7.1919).

kratischen Parteien schwer, ihrer kritischen Einstellung gegenüber dem Präsidentenamt unter Bezugnahme auf das »Volk« Ausdruck zu verleihen. In ihrer Forderung nach Beschränkung der präsidialen Kompetenzen wiesen sie zwar ausdrücklich darauf hin, dass die Staatsgewalt beim Volke und nicht beim Reichspräsidenten liege.[341] Jedoch hatten sie dem Deutungsmuster einer durch die Wahl bedingten engen Verbindung von »Volk« und »Reichspräsident« wenig entgegenzusetzen. Letztlich übernahmen die Vertreter der SPD dieses Bild sogar, als Max Quarck (SPD) gegen die Forderung von Bruno Ablaß (DDP) nach einem von den Volksmassen möglichst unabhängigen Präsidenten ausführte, dass »der Reichspräsident aus der Masse gewählt« werde und somit »die legitime Vertretung der Massenbedürfnisse und der Massenwünsche« sei.[342] Vor dem Hintergrund der einheitlichen Befürwortung der Volkswahl des Präsidenten durch die bürgerlichen Vertreter fanden sich die Abgeordneten der SPD also weitgehend mit dieser Art der Verbindung von »Volk« und »Reichspräsident« ab. Somit stellte der Vorschlag von Simon Katzenstein (SPD) in der dritten Lesung, den Präsidenten nicht vom Volk, sondern vom Reichstag und Reichsrat wählen zu lassen, lediglich ein für das eigene Parteiklientel abgegebenes Lippenbekenntnis dar und wurde aufgrund der fehlenden Unterstützung durch die bürgerlichen Regierungsparteien auf Beschluss der SPD-Fraktion am 30. Juli 1919 zurückgezogen.[343]

Den zweiten Fokus der parlamentarischen Auseinandersetzung bildete die Beziehung zwischen dem »Volk« und dem »Reichstag«. Zunächst thematisierten ausschließlich die sozialdemokratischen Redner diese Verbindung, wobei sie den aus der Verfassungsdiskussion des Kaiserreichs bekannten semantischen Bahnen folgten und »Volk« und »Volksvertretung« weiterhin in eins setzten.[344] Eine mögliche Neufassung dieses Verhältnisses entwickelte Conrad Haußmann (DDP) im Anschluss an die Arbeiten des Verfassungsausschusses, indem er in seinem Bericht ausführte: »Der Reichstag ist der Träger der Souveränität, die beim Volk ruht.«[345] Mit dieser Anordnung wurden »Volk« und

341 Sten. Ber., Bd. 326, S. 374 (Richard Fischer (SPD), 28.2.1919). Siehe auch ebd., S. 404 (Oskar Cohn (USPD), 28.2.1919).

342 Sten. Ber., Bd. 327, S. 1311 (Max Quarck (SPD), 4.7.1919). Die Aussage von Ablaß ebd., S. 1310 (Bruno Ablaß (DDP), 4.7.1919).

343 Sten. Ber., Bd. 328, S. 2076 (Simon Katzenstein (SPD), 29.7.1919). Zum Rückzug des Antrags ebd., S. 2111. Der Beschluss der Fraktionssitzung bei Potthoff/Weber, SPD-Fraktion, S. 148.

344 So die Aussage von Eduard David (SPD): »Wir haben nicht nur die Republik, sondern wir haben die demokratische Republik, eine Republik, in der die höchste Staatsgewalt beim Volke ruht, in der die Volksvertretung die Quelle aller politischen Macht ist.« Sten. Ber., Bd. 326, S. 498 (Eduard David (SPD), 4.3.1919). Siehe auch ebd., S. 404 (Oskar Cohn (USPD), 28.2.1919).

345 Sten. Ber., Bd. 327, S. 1204 (Conrad Haußmann (DDP), 2.7.1919). Siehe auch ebd., S. 1309 (Bruno Ablaß (DDP); 4.7.1919).

»Reichstag« auf der Grundlage des demokratischen Verfassungsentwurfs in einen funktionalen Zusammenhang gestellt, in welchem der Reichstag nicht per se mit dem Volk zu identifizieren war, sondern als Repräsentant des Volkes fungierte. In dieser Sichtweise war jedoch die Möglichkeit enthalten, dass der Reichstag in seinen Entscheidungen nicht mit der Volksmeinung übereinstimmte und korrigiert werden musste. Dieses sollte durch die verfassungsrechtliche Einräumung der Möglichkeit eines Volksbegehrens geschehen, wofür sich die Vertreter der SPD wie der DDP im Verfassungsausschuss eingesetzt hatten.[346] Dementsprechend führte Simon Katzenstein (SPD) aus, dass der Reichstag zwar das »höchste Organ der Volksvertretung« sei, dass »aber über ihm [...] das Volk selber [stehe], das durch die Volksgesetzgebung seinen Willen souverän über dem Willen des Reichstags geltend machen kann.«[347] Aufgrund der breiten Akzeptanz, welche diese Sichtweise innerhalb der DDP wie des Zentrums[348] besaß, fand Rudolf Heinze (DVP) mit seiner Forderung nach einer Stärkung der Stellung des Reichstags gegenüber dem Volk keinen Widerhall.[349]

Im Gegensatz zum Verhältnis von »Volk« und »Reichspräsident« erfüllte die Bezugnahme auf das »Volk« in Verbindung mit dem »Reichstag« also weniger einen legitimatorischen Zweck. Vielmehr diente sie dem Ausdruck des Wunsches nach einer Kontrolle des Parlaments. Mittels der verfassungsrechtlichen Bestimmungen über die direkte Gesetzgebung sollte dem Volk die Möglichkeit eingeräumt werden, parlamentarische Entscheidungen zu korrigieren und so ein weiteres Gegengewicht zum Parlament zu bilden.[350] Gegenüber diesen Verhältnissen trat die Thematisierung der Beziehung zwischen dem »Volk« und der »Regierung« stark zurück und wurde lediglich am Rande von sozialdemokratischer und linksliberaler Seite aufgegriffen.[351] Ausgehend von der allgemein akzeptierten Anerkennung der Verbindung mit der »Staatsgewalt« standen also der gleichgewichtigen Verfassungskonzeption entsprechend die Ver-

346 Vgl. Schiffers, Elemente, S. 130–137; Mittag, Keil, S. 191–194, Winkler, Revolution, S. 232ff.; Bollmeyer, Partizipation.

347 Sten. Ber., Bd. 327, S. 1266 (Simon Katzenstein (SPD), 2.7.1919).

348 Sten. Ber., Bd. 327, S. 1273 (Wilhelm Grünwald (DDP), 3.7.1919), S. 1345 (Erich Koch (DDP), 5.7.1919), S. 1356 (Erich Koch (DDP), 7.7.1919); ebd., Bd. 329, S. 2195 (Konstantin Fehrenbach (Z), 31.7.1919).

349 So forderte Heinze, dass es im Falle eines »Konflikt[s] zwischen der Reichstagsmehrheit und der Gesamtheit des Volkes [...] bei den Beschlüssen des vom Volk gewählten Reichstags« zu belassen sei: Sten. Ber., Bd. 327, S. 1353 (Rudolf Heinze (DVP), 5.7.1919).

350 Gusy, Reichsverfassung, S. 94. Siehe auch Möller, Weimar, S. 181f.

351 Eduard David (SPD) führte diesbezüglich aus, dass man in Deutschland mit der Einführung der parlamentarischen Regierungsweise zu einem »ganz neuen Verhältnis zwischen Regierung und Volk« komme: Sten. Ber., Bd. 326, S. 499 (Eduard David (SPD), 4.3.1919). Siehe auch ebd., Bd. 328, S. 2081 (Conrad Haußmann (DDP), 29.7.1919).

bindungslinien vom »Volk« zum »Reichspräsidenten« sowie zum »Reichstag« im Mittelpunkt, die im ersten Fall der Legitimation und im zweiten Fall der Kontrolle dienten. Dabei kam den Rednern der bürgerlichen Parteien die Deutungshoheit zu, wogegen sich die sozialdemokratischen Redner mit ihren Sichtweisen und Deutungsmustern nicht durchsetzen konnten, sodass sie wie im Falle der SPD letztlich auf die Linie der bürgerlichen Parteien einschwenkten.

Bezüglich der semantischen Differenzierungsformen des Volkes lässt sich feststellen, dass die Rede von der »Einigkeit des Volkes«, welche die Verfassungsdiskussion des ausgehenden Kaiserreichs im Schatten der Burgfriedenspolitik noch stark geprägt hatte, immens an Bedeutung verlor. Zwar wurde mit der »Volksgemeinschaft« ein neuer Begriff von Seiten des Zentrums und der Mehrheitssozialdemokratie eingeführt, der eine Einheitsvorstellung des Volkes perpetuierte. Dieser wurde jedoch nur am Rande aufgegriffen und diente hier eher als Synonym für das Reichsvolk in Abgrenzung zu den Völkern der Einzelstaaten.[352] Aber auch die Rede von der »Mehrheit des Volkes« erfuhr nur eine geringe Aufwertung. Zwar wurde auf sie im Zusammenhang mit wahltechnischen Fragen zurückgegriffen, als liberale und deutschnationale Redner die Ersetzung der vom Verfassungsausschuss vorgeschlagenen relativen Mehrheitswahl des Reichspräsidenten durch eine absolute forderten, da ansonsten die Gefahr bestehe, dass hinter dem so gewählten Amtsinhaber die »große Mehrheit des Volkes« nicht stehe.[353] Gegenüber diesen konkreten Fällen der Thematisierung der »Mehrheit des Volkes« stellte deren grundsätzliche Anerkennung als entscheidende Instanz die Ausnahme dar. Lediglich Redner der SPD wie Simon Katzenstein (SPD) fassten das »eigentliche Wesen der Demokratie« dahingehend zusammen:

»[D]ie Mehrheit soll herrschen, sie soll sich nicht beugen unter den Willen einer, sei es von alters her ererbten, sei es auf irgendwelche Gewaltmittel sich stützenden Minderheit. Aber

352 Paradigmatisch hierfür der Wunsch von Simon Katzenstein (SPD) nach einer »einheitlichen freien deutschen Volksgemeinschaft.« Sten. Ber., Bd. 328, S. 2076 (Simon Katzenstein (SPD), 29.7.1919). Siehe auch ebd., Bd. 326, S. 467 (Konrad Beyerle (Z), 3.3.1919); ebd., Bd. 328, S. 1560 (Christine Teusch (Z), 15.7.1919).

353 Sten. Ber., Bd. 327, S. 1307 (Ludwig Haas (DDP), 4.7.1919). Siehe auch ebd., S. 1306 (Albrecht Philipp (DNVP), 4.7.1919), S. 1312 (Rudolf Heine (DVP), 4.7.1919). Auch in der Auseinandersetzung um die Quoren für das Volksbegehren begründete Erich Koch (DDP) seine Forderung nach Heraufsetzung der Beteiligung auf die Hälfte aller Stimmberechtigten mit dem Hinweis, da ansonsten »mit einer kleinen Minderheit ein neues Gesetz [...] entgegen dem Willen der Mehrheit des Volkes« beschlossen werden könne: Sten. Ber., Bd. 328, S. 2114 (Erich Koch (DDP), 30.7.1919).

die Mehrheit soll die Minderheit auch nicht vergewaltigen. Der Minderheit soll ihr volles Recht zu teil werden.«[354]

Diese Sichtweise blieb jedoch auf die mehrheitssozialdemokratischen Abgeordneten beschränkt, während die Redner der übrigen Parteien pauschal und ohne weitere Erläuterungen die »Mehrheit des Volkes« für ihre eigenen Standpunkte in Anspruch nahmen.[355] Eine besondere Steigerung erfuhr diese Form der Thematisierung durch Formulierungen wie das »Volk [...] in seiner ganz überwiegenden Mehrheit«[356] oder das »Volk in weiten Kreisen«[357], auf die sich insbesondere die Redner der DNVP, aber auch Vertreter der bürgerlichen Mittelparteien sowie der Sozialdemokratie beriefen, um ihre jeweilige parteipolitische Position zu untermauern.[358] Der Rückgriff auf die schon 1917 geläufige Scheindifferenzierung des Volkes, indem einer überwiegenden Mehrheit eine zu vernachlässigende Minderheit gegenübergestellt und somit eine Einheitsvorstellung perpetuiert wurde, belegt in besonderem Maße die Anknüpfung an die Volksvorstellung des Kaiserreichs. Die Abgeordneten der Nationalversammlung entwickelten mit Ausnahme der Mehrheitssozialdemokraten keine adäquate pluralistische Sichtweise des Volkes mittels einer empirischen Unterteilung in Mehrheit und Minderheit. Vielmehr hingen sie weiterhin einer Einheitsvorstellung des Volkes an, die sich in der Skepsis gegenüber einer empiri-

354 Sten. Ber., Bd. 328, S. 2075f. (Simon Katzenstein (SPD), 29.7.1919). In diesem Sinne auch die Ansage des Reichsministers des Innern Eduard David (SPD) nach der Annahme des Verfassungsentwurfs am 31. Juli 1919 an die politischen Gegner: »Sie [die Reichsverfassung, H.B.] hindert Sie nicht, Ihre politischen Aufgaben zu vertreten, sie gibt Ihnen die Möglichkeit, auf legalem Wege die Umgestaltung in Ihrem Sinne zu erreichen, vorausgesetzt, daß Sie die erforderliche Mehrheit des Volkes für Ihre Anschauungen gewinnen.« Sten. Ber., Bd. 329, S. 2194 (Eduard David (SPD), 31.7.1919). Siehe auch ebd., Bd. 326, S. 498 (Eduard David (SPD), 4.3.1919).

355 In der Auseinandersetzung um die beantragte verfassungsrechtliche Festlegung, dass die Todesstrafe abgeschafft sei, führte Conrad Haußmann (DDP) aus, er sei nicht der Meinung, dass die »Mehrheit unseres Volkes auf dem Standpunkt der Entbehrlichkeit dieser Strafe« stehe: Sten. Ber., Bd. 328, S. 1588 (Conrad Haußmann (DDP), 16.7.1919). Siehe auch ebd., Bd. 327, S. 1304 (Albrecht Philipp (DNVP), 4.7.1919).

356 Sten. Ber., Bd. 328, S. 1586 (Adelbert Düringer (DNVP), 16.7.1919).

357 Sten. Ber., Bd. 328, S. 1590 (Franz Heinrich Költzsch (DNVP), 16.7.1919).

358 Sten. Ber., Bd. 326, S. 372 (Simon Katzenstein (SPD), 28.2.1919), S. 404 (Oskar Cohn (USPD), 28.2.1919), S. 474 (Adelbert Düringer (DNVP), 3.3.1919); ebd., Bd. 327, S. 1218 (Clemens von Delbrück (DNVP), 2.7.1919), S. 1305 (Albrecht Philipp (DNVP), 4.7.1919), S. 1320 (Oskar Cohn (USPD), 5.7.1919); ebd., Bd. 328, S. 1586 (Wilhelm Kahl (DVP), 16.7.1919), S. 2089 (Adelbert Düringer (DNVP), 30.7.1919); ebd., Bd. 329, S. 2195 (Konstantin Fehrenbach (Z), 31.7.1919).

schen Mehrheit und damit letztlich in einer fehlenden Akzeptanz von Mehrheitsentscheidungen ausdrückte.[359]

Ähnlich verhielt es sich in dieser Hinsicht mit dem Begriff der Masse, auf den nun auch Vertreter der bürgerlichen Parteien verstärkt rekurrierten. Vor dem Hintergrund, dass die SPD die stärkste Fraktion in der Nationalversammlung stellte und die dominierende Position innerhalb der Regierungskoalition inne hatte, mussten die Vertreter der übrigen Parteien die sozialdemokratische Wählerklientel der »Massen« in ihren Ausführungen berücksichtigen. Von linksliberaler Seite geschah dieses durch eine Aufwertung der »Masse«, deren Aufstieg von Hugo Preuß (DDP) als zentraler Bezugspunkt der Verfassungsarbeit ausgegeben und die von Ludwig Haas (DDP) mit der »großen Mehrheit des Volkes« identifiziert wurde.[360] Demgegenüber versuchten die Vertreter der DNVP, die »Massen« für ihre Positionen in Anspruch zu nehmen, indem sie wie Clemens von Delbrück die durch das Reichstagswahlrecht gegebenen Mitwirkungsrechte der »breiten Massen des Volkes« im Kaiserreich hervorhoben oder sich wie Ernst Oberfohren auch auf den »Standpunkt der Masse« stellten, als er sich für eine längere Legislaturperiode aussprach.[361] Beide Sichtweisen waren jedoch weiterhin negativ besetzt, wenn etwa Bruno Ablaß (DDP) im Zusammenhang mit der Stellung des Reichspräsidenten forderte, »daß [nicht] die Masse der Führer ist, sondern daß der Abgeordnete, der Erwählte, derjenige Führer ist, der nicht sklavisch dasjenige ausführt, was ihm als Befehl der Masse vorgetragen wird, sondern der ein Leiter, ein Lenker der Masse ist, ein Erzieher des Volkes.«[362] Damit grenzten sich die bürgerlichen Vertreter bei aller Berufung auf das »Volk« nachdrücklich von einem Verständnis als »revolutionäre Masse« ab.[363] Somit hatten es die Redner der sozialdemokratischen Parteien schwer, ein positives Bild der »Massen« zu propagieren. Zwar bezogen sie sich in ihren Forderungen etwa nach Ausweitung der direkten Gesetz-

359 Vgl. dazu auch die Überlegungen von Kühne, Denken, bes. S. 127–131. Vor diesem Hintergrund bemühten sich die Parlamentarier der Weimarer Republik in ihrer Gesetzgebungstätigkeit, möglichst große Mehrheiten herzustellen, um so gegenüber dem pluralistischen Volk weitgehende Einigkeit zu demonstrieren: Mergel, Parlamentarische Kultur, S. 227.

360 Sten. Ber., Bd. 326, S. 285 (Hugo Preuß (DDP), 24.2.1919); ebd., Bd. 327, S. 1307 (Ludwig Haas (DDP), 4.7.1919). Siehe auch ebd., Bd. 328, S. 2102 (Hugo Preuß (DDP), 30.7.1919).

361 Sten. Ber., Bd. 326, S. 385 (Clemens von Delbrück (DNVP), 28.2.1919); ebd., Bd. 327, S. 1271 (Ernst Oberfohren (DNVP), 3.7.1919).

362 Sten. Ber., Bd. 327, S. 1310 (Bruno Ablaß (DDP), 4.7.1919). Im Zusammenhang mit der direkten Gesetzgebung führte Clemens von Delbrück (DNVP) aus, »daß die Masse der Wähler nicht die geeignete Instanz ist, um eine gesetzgeberische Initiative ausüben zu können.« Ebd., S. 1354 (Clemens von Delbrück (DNVP), 7.7.1919). Siehe auch ebd., S. 1566 (Oskar Maretzky (DVP), 15.7.1919).

363 Zur semantischen Alternative des Volksbegriffs zwischen dem »Staatsvolk« und als »revolutionäre Masse« siehe Koselleck, Volk, S. 396.

gebung auf die »Volksmassen«.[364] Und im Zusammenhang mit der Wahl des Reichspräsidenten wies Max Quarck (SPD) ausdrücklich darauf hin, dass der »Reichspräsident aus der Masse« gewählt werde.[365] Aufgrund der mangelnden Akzeptanz von Mehrheiten und Mehrheitsentscheidungen blieb die Möglichkeit ungenutzt, die »Masse« aus dem sozialdemokratischen Umfeld einer einheitlichen großen Menge von Personen und insbesondere Arbeitern zu lösen und im Sinne einer Mehrheit in einen empirisch verstandenen Volksbegriff zu integrieren. Diesen Versuch unternahm zwar Simon Katzenstein (SPD), als er den Verfassungsentwurf dahingehend würdigte, dass er aufgrund der demokratischen Grundlage »so viel Sozialismus haben wird, […] wie die Masse des Volkes es selber haben will.«[366] Diese Auffassung wurde jedoch noch nicht einmal von den Rednern der SPD, geschweige denn von den Vertretern der bürgerlichen Parteien aufgenommen. Die »Masse« blieb in erster Linie ein sozialdemokratisch besetzter Begriff, der auf Seiten der übrigen Parteien nicht ignoriert werden konnte, hier aber nicht in einer empirischen und pluralistischen Sichtweise aufgelöst wurde, sondern seinen negativen Charakter behielt.

Ähnliches gilt auch für die Thematisierung der individuellen Ebene des Volkes anhand der Begriffe des Staatsbürgers oder des Wählers, die in den Verfassungsberatungen nur eine untergeordnete Rolle spielten. Den ersten Begriff benutzten insbesondere die Redner der SPD, die in dem »politisch freie[n] Staatsbürger« das Ziel der neu zu schaffenden Verfassungsordnung ausmachten, indem die Arbeiter als »Staatsbürger« anzuerkennen seien.[367] Aber in dem Maße, wie die mehrheitssozialdemokratischen Abgeordneten auf den ursprünglich liberal besetzten Bürgerbegriff[368] rekurrierten, verzichteten die Redner der DDP auf diesen. An einzelnen Stellen nahmen sie ihn zwar weiterhin auf, wenn sie wie Gustav Hartmann (DDP) für das neue Staatswesen die »Mitarbeit aller Staatsbürger« einforderten.[369] Und Conrad Haußmann (DDP)

364 So kritisierte Oskar Cohn (USPD) die Haltung der DVP, dass diese »der unmittelbaren Beteiligung breiterer Volksmassen an der Gesetzgebung« ihre Zustimmung nicht geben wolle: Sten. Ber., Bd. 327, S. 1356 (Oskar Cohn (USPD), 7.7.1919). Dazu ebd., S. 1354 (Simon Katzenstein (SPD), 7.7.1919). Siehe auch ebd., Bd. 326, S. 461 (Johann Vogel (SPD), 3.3.1919), S. 500 (Eduard David (SPD), 4.3.1919); ebd., Bd. 327, S. 1209 (Oskar Cohn (USPD), 2.7.1919); ebd., Bd. 328, S. 2097 (Oskar Cohn (USPD), 30.7.1919).

365 Sten. Ber., Bd. 327, S. 1311 (Max Quarck (SPD), 4.7.1919).

366 Sten. Ber., Bd. 328, S. 2075 (Simon Katzenstein (SPD), 29.7.1919).

367 Die Zitate in dieser Reihenfolge Sten. Ber., Bd. 326, S. 501 (Eduard David (SPD), 4.3.1919), S. 375 (Richard Fischer (SPD), 28.2.1919). Siehe auch ebd., Bd. 327, S. 1269 (Frieda Hauke (SPD), 3.7.1919); ebd., Bd. 328, S. 1560 (Marie Juchacz (SPD), 15.7.1919).

368 Vgl. Riedel, Bürger, bes. S. 706–709, 711ff.

369 Sten. Ber., Bd. 327, S. 1267 (Gustav Hartmann (DDP), 3.7.1919). Siehe auch ebd., Bd. 326, S. 286 (Hugo Preuß (DDP), 24.2.1919), S. 450 (Hugo Preuß (DDP), 3.3.1919); ebd., Bd. 328, S. 1557 (Hermann Luppe (DDP), 15.7.1919).

nahm sogar die von der Mehrheitssozialdemokratie geschlagene semantische Brücke explizit auf, als er forderte, dass auf dem Boden der Verfassung »[j]eder Arbeiter [...] ein Bürger, und jeder Bürger [...] ein Arbeiter werden« müsse.[370] Jedoch spielten die Aussagen zum Bürgerbegriff innerhalb der Verfassungsdiskussion nur eine untergeordnete Rolle, was sich auch an dessen Verwendung durch die Redner der oppositionellen Parteien zeigte, die lediglich am Rande auf ihn zurückgriffen.[371] Auf der Grundlage des Bürgerbgriffs gelang eine Zusammenführung der verfassungsrechtlichen Positionen nicht einmal zwischen den Regierungsparteien.

Eine ähnliche untergeordnete Bedeutung kam auch dem Begriff des Wählers zu. Lediglich Hugo Preuß (DDP) verwendete diesen Begriff an prominenter Stelle. So begründete er die Verfassungskonzeption, welche dem Reichspräsidenten das Recht der Parlamentsauflösung und dem Reichstag die Möglichkeit einer Volksabstimmung über den Reichspräsidenten einräumte, mit dem Hinweis, auf diese Weise könne man »ganz im demokratischen Sinne vom Gewählten an die Wähler [...] appellieren.«[372] Daneben rekurrierten die Abgeordneten auf den »Wähler« noch im Zusammenhang mit der Dauer der Legislaturperiode des Reichstags, als sich die Befürworter einer kurzen Wahlperiode von der SPD für das »Recht der Bevölkerung, der Wähler«[373] einsetzten, wohingegen die Gegner auf Seiten der bürgerlichen Parteien auf die stärkere Stellung des Reichstags »gegenüber den Wählern« verwiesen.[374] Letztlich erfuhr der »Wähler« also lediglich von sozialdemokratischer Seite eine Aufwertung, indem er in seiner neuen Funktion als entscheidender Faktor auch gegenüber der Regierung[375] thematisiert wurde, während auf bürgerlicher Seite Vorbehalte gegenüber der »Masse der Wähler«[376] vorherrschten und der »Wähler«

370 Sten. Ber., Bd. 327, S. 1204 (Conrad Haußmann (DDP), 2.7.1919).

371 So kritisierte Oskar Cohn (USPD) die verfassungsrechtliche Außerkraftsetzung der »Grundrechte der Staatsbürger« durch die Verhängung des Belagerungszustandes: Sten. Ber., Bd. 327, S. 1328 (Oskar Cohn (USPD), 5.7.1919). Und Arthur Posadowsky-Wehner (DNVP) lehnte die Abschaffung des Adels als tiefen Eingriff in die »Rechtsfähigkeit des einzelnen Staatsbürgers« ab: ebd., Bd. 328, S. 1562 (Arthur Posadowsky-Wehner (DNVP), 15.7.1919). Siehe auch ebd., Bd. 327, S. 1266 (Margarete Behm (DNVP), 3.7.1919); ebd., Bd. 328, S. 1567 (Oskar Maretzky (DVP), 15.7.1919).

372 Sten. Ber., Bd. 326, S. 291 (Hugo Preuß (DDP), 24.2.1919). Siehe auch ebd., S. 450 (Hugo Preuß (DDP), 3.3.1919).

373 Sten. Ber., Bd. 327, S. 1273 (Simon Katzenstein (SPD), 3.7.1919).

374 Sten. Ber., Bd. 326, S. 291 (Hugo Preuß (DDP), 24.2.1919).

375 So wies Eduard David (SPD) ausdrücklich darauf hin, dass mit der Einführung des parlamentarischen Regierungssystems ein »ganz anderes Verhältnis zwischen Regierung und Volk, zwischen Ministern und Wählern« entstehe: Sten. Ber., Bd. 326, S. 499 (Eduard David (SPD), 4.3.1919).

376 Sten. Ber., Bd. 327, S. 1354 (Clemens von Delbrück (DNVP), 7.7.1919).

in der Perspektive von Preuß weniger in seiner Entscheidungs- als in seiner Schiedsrichterfunktion wahrgenommen wurde.

Gegenüber der untergeordneten und mit Vorbehalten behafteten Thematisierung der individuellen Ebene des Volkes besaßen die für die Demokratie zentralen Begrifflichkeiten »Volkswille« und »Volkssouveränität« parteiübergreifend eine hohe Akzeptanz. Insbesondere auf den »Volkswillen« beriefen sich liberale[377] wie sozialdemokratische[378] Abgeordnete. Selbst der deutschnationale Abgeordnete Adelbert Düringer erklärte trotz der republikanischen Staatsform die Bereitschaft seiner Parteianhänger, dem Staat gegenüber loyal zu sein und »den Volkswillen zu achten, der sich für diese Staatsform entschieden hat.«[379] Demgegenüber beschränkte sich die Bezugnahme auf die »Volkssouveränität« stärker auf die Parteien der Regierungskoalition, wo sie jedoch einen hohen Stellenwert genoss. So erklärte der Zentrumsabgeordnete Peter Spahn das »Prinzip der Volkssouveränität« zu einem Grundpfeiler der Verfassung, und auch Bruno Ablaß (DDP) berief sich in seinem Plädoyer für einen starken Reichspräsidenten ausdrücklich auf den »demokratischen Gedanken der Volkssouveränität.«[380] Damit geriet die »Volkssouveränität« zu einem von den Regierungsparteien besetzten Begriff, auf den weder die Redner der USPD noch die der oppositionellen Rechtsparteien rekurrierten, da sie im ersten Fall das damit verbundene parlamentarische Regierungssystem ablehnten und im zweiten Fall als Anhänger der Monarchie auf eine solche Bezugnahme verzichteten.

Die breite Akzeptanz der Begriffe »Volkswille« und »Volkssouveränität« fand ihre Entsprechung in den Formulierungen »Volksabstimmung«, »Volks-

377 Erich Koch (DDP) forderte beispielsweise eine demokratische Herrschaftsordnung, die sich nicht nur auf »den Willen des Volkes zu stützen«, sondern auch »den Willen des Volkes zu vollstrecken« habe. Sten. Ber., Bd. 326, S. 392 (Erich Koch (DDP), 28.2.1919). Siehe auch ebd., Bd. 327, S. 1203 (Conrad Haußmann (DDP), 2.7.1919), S. 1206 (Wilhelm Kahl (DVP), 2.7.1919), S. 1212 (Hugo Preuß (DDP), 2.7.1919), S. 1221 (Erich Koch (DDP), 2.7.1919), S. 1356 (Erich Koch (DDP), 7.7.1919); Bd. 328, S. 1588 (Conrad Haußmann (DDP), 16.7.1919).

378 Simon Katzenstein (SPD) führte im Namen seiner Partei aus, »daß wir nicht mit Gewalt regieren, sondern den Willen des Volkes zur Herrschaft bringen wollen.« Sten. Ber., Bd. 328, S. 2075 (Simon Katzenstein (SPD), 29.7.1919). In diesem Sinne auch die programmatische Aussage des Reichsinnenministers Eduard David (SPD) nach der Verabschiedung der Reichsverfassung: »Der Wille des Volkes ist fortan oberstes Gesetz. Wer den Willen des Volkes für seine politischen Auffassungen und Ziele gewinnt, der gewinnt das Recht, das Steuer des Reiches zu führen.« Ebd., Bd. 329, S. 2194 (Eduard David (SPD), 31.7.1919). Siehe auch ebd., Bd. 327, S. 1211 (Oskar Cohn (USPD), 2.7.1919), S. 1274 (Simon Katzenstein (SPD), 3.7.1919), S. 1274 (Emanuel Wurm (USPD), 3.7.1919); ebd., Bd. 328, S. 2076 (Simon Katzenstein (SPD), 29.7.1919).

379 Sten. Ber., Bd. 328, S. 2089 (Adelbert Düringer (DNVP), 30.7.1919).

380 Sten. Ber., Bd. 328, S. 2078 (Peter Spahn (Z), 29.7.1919); ebd., Bd. 327, S. 1309 (Bruno Ablaß (DDP), 4.7.1919). Siehe auch ebd., S. 1203f. (Conrad Haußmann (DDP), 2.7.1919), S. 1354f. (Simon Katzenstein (SPD), 7.7.1919).

entscheid«, »Volksbegehren« und »Referendum«. Erich Koch (DDP) sprach sich etwa für die »Volksabstimmung« aus, da sie die einzige Möglichkeit biete, »den Willen des Volkes in seinem Urgrund nachzumessen«.[381] Und Simon Katzenstein wie Peter Spahn (Z) beriefen sich auf die »Souveränität des Volkes«, welche sich in den Möglichkeiten des Volksentscheids und des Volksbegehrens ausdrücke.[382] In erster Linie kam die Wertschätzung der »Volksabstimmung« jedoch dem Reichspräsidenten zugute, dessen Hervorgehen aus einer »Volksabstimmung« etwa von Conrad Haußmann (DDP) zu Legitimationszwecken besonders betont wurde.[383] Demgegenüber wurde in Bezug auf den Reichstag von liberaler Seite die Korrekturfunktion der »Volksabstimmung« hervorgehoben, wohingegen die Redner der SPD versuchten, die Legitimation durch die »Volksabstimmung« ebenso dem Parlament zukommen zu lassen, ohne damit jedoch Zuspruch von den Vertretern der bürgerlichen Koalitionsparteien zu erhalten.[384] Der Rückgriff auf das semantische Feld von »Volksentscheid« und »Volksbegehren« konzentrierte sich zwar in erster Linie auf die Vertreter der Regierungsparteien. Aber auch die Redner der Oppositionsparteien griffen auf diese Formulierungen zurück, wobei die Vertreter der USPD sogar für eine Ausweitung der direkten Gesetzgebung eintraten, in der sie ein »wichtige[s] Mittel zur Politisierung der Bevölkerung«[385] ausmachten. Dagegen sprachen sich die Vertreter der DVP und der DNVP für deren Begrenzung aus, indem sie auf deren Schwächung der staatlichen Organe durch die Zufälligkeiten des Referendums verwiesen.[386] Ingesamt wurde die Deutung der »Volksabstimmung« von den Vertretern der Regierungsparteien dominiert,

---

381 Sten. Ber., Bd. 327, S. 1221 (Erich Koch (DDP), 2.7.1919). Siehe auch ebd., S. 1203 (Conrad Haußmann (DDP), 2.7.1919), S. 1345 (Erich Koch (DDP), 5.7.1919).

382 Sten. Ber., Bd. 327, S. 1354 (Simon Katzenstein (SPD), 7.7.1919); ebd., Bd. 328, S. 2078 (Peter Spahn (Z), 29.7.1919).

383 Sten. Ber., Bd. 327, S. 1203 (Conrad Haußmann (DDP), 2.7.1919). Siehe auch ebd., S. 1345 (Erich Koch (DDP), 5.7.1919).

384 So hob Max Quarck (SPD) ausdrücklich hervor, dass der »Reichspräsident genau wie das Parlament aus der Volksabstimmung hervorgehen« werde: Sten. Ber., Bd. 327, S. 1311 (Max Quarck (SPD), 4.7.1919). Siehe auch ebd., S. 1274 (Simon Katzenstein (SPD), 3.7.1919). Zur Haltung der DDP ebd., S. 1273 (Wilhelm Gründwald (DDP), 3.7.1919).

385 Sten. Ber., Bd. 327, S. 1356 (Oskar Cohn (USPD), 7.7.1919).

386 Paradigmatisch hierfür die Aussage von Rudolf Heinze (DVP): »Wenn nun einmal der Reichstag gewählt ist, wenn aus dem Reichstag die Reichsregierung hervorgegangen ist, dann haben wir die Organe, die berufen sind, die Geschicke des deutschen Volkes zu leiten, und dann darf nicht die Gesetzgebung so eingerichtet werden, daß diese Organe sich ihrer Verantwortung durch ein Referendum entziehen können, durch ein Referendum, das letzten Endes vielfach von Zufälligkeiten abhängen wird; denn wie sollen komplizierte Gesetze von der Mehrheit des Volkes verstanden werden?« Sten. Ber., Bd. 327, S. 1353 (Rudolf Heinze (DVP), 7.7.1919). Siehe auch ebd., S. 1319 (Rudolf Heinze (DVP), 5.7.1919), S. 1321 (Clemens von Delbrück (DNVP), 5.7.1919), S. 1354 (Clemens von Delbrück (DNVP), 7.7.1919).

die darin einen unmittelbaren Ausdruck des allgemein anerkannten Volkswillens sahen und sich aus diesem Grund für die verfassungsrechtliche Aufnahme der plebiszitären Elemente ein- und diese durchsetzten.

Die Thematisierung des »Volkes« in den Verfassungsberatungen der Weimarer Nationalversammlung setzte an den aus dem Kaiserreich bekannten semantischen Bahnen der allseitigen Berufung auf das »Volk«[387] bei gleichzeitigen Vorbehalten gegenüber der »Mehrheit« an. Jedoch trat mit der Aufgabe, eine demokratische Verfassungsordnung zu erlassen, eine grundlegende Neuerung ein, die sich in der Verbindung von »Volk« und »Staatsgewalt« und dem legitimatorischen Verweis vom »Volk« auf die Staatsorgane ausdrückte. Hiervon profitierte nahezu ausschließlich das Amt des Reichspräsidenten, was insbesondere von den Rednern der bürgerlichen Parteien forciert wurde, sodass sich auch die Abgeordneten der SPD trotz ihrer Vorbehalte gegenüber einem plebiszitär gewählten Staatsoberhaupt diesem Verweis nicht zu entziehen vermochten. Ebenso wenig konnten die mehrheitssozialdemokratischen Vertreter verhindern, dass »Volk« und »Reichstag« von Seiten der Liberalen in einen potenziellen Gegensatz zueinander gestellt wurden, der in der Thematisierung der »Volksabstimmung« offen zutage trat. Dass sie in den Verfassungsberatungen überhaupt zur Sprache kam, lag an der sich ausweitenden Anerkennung zentraler demokratischer Begrifflichkeiten wie der »Volkssouveränität« und des »Volkswillens«, der als eine durch eine Volksbefragung unmittelbar zu ermittelnde Größe aufgefasst wurde. Folglich konnte die Akzeptanz zentraler demokratischer Werte mit einer nur schwach ausgeprägten empirisch differenzierten Sichtweise des »Volkes« einhergehen, wie die weitgehende Skepsis gegenüber der »Mehrheit« und die randständige Verwendung der Begriffe des Bürgers oder des Wählers belegen. Die Anerkennung der Volkssouveränität und des Volkswillens als entscheidende Größen bedingten also keine empirische Auffassung des Volkes, sondern fungierten in erster Linie als Legitimation des Reichspräsidenten, der in absoluter Mehrheitswahl durch das Volk gewählt werden sollte. Insbesondere die Abgeordneten der bürgerlichen Parteien gingen davon aus, dass das »Volk« und der »Volkswille« vor dem Hintergrund der Realität zwar keine einheitlichen Größen darstellten, dass sich aber ein gewisses Maß an Einheit erreichen ließe, wenn der Volkswille unmittelbar und mit absoluter Mehrheit festgestellt würde. Dieser Vorstellung entsprechend konnte sich der Volkswille über den Volksentscheid hinaus nur im Reichspräsidenten ausdrücken, da dieser als Person eine Willenseinheit garantierte. Dagegen gaben die im Parlament zum Ausdruck kommenden Mehrheitsverhältnisse den Volkswillen vermittelt und damit verfälscht wieder, da hier eine Willenseinheit

387 Dazu Koselleck, Volk, S. 394.

selbst als Mehrheitswille herzustellen ist. Vor diesem Hintergrund konnten sich die Vertreter der bürgerlichen Regierungsparteien im demokratischen Sinne für einen vom Volk gewählten Reichspräsidenten einsetzen. Unterstützt wurden sie von Seiten der bürgerlichen Opposition, sodass der Widerstand der Mehrheitssozialdemokratie gegen die plebiszitäre Reichsspitze und ihr Eintreten für einen parlamentarischen Ausdruck des Volkwillens letztlich erfolglos blieb.

3.2. Die Macht der intermediären Instanzen

Die allgemein anerkannte Stellung der Abgeordneten

In den Verfassungsberatungen erfuhr die Stellung der Abgeordneten eine Aufwertung, indem diese in eine direkte Verbindung zum »Volk« gestellt und in ihrer Vertretungsfunktion thematisiert wurden. So fasste etwa Conrad Haußmann (DDP) die »demokratische Grundlage« programmatisch dahingehend zusammen, »daß das Volk sich nur den Gesetzen unterwerfen muß, die es sich durch seine Vertreter gegeben hat.«[388] Diese Sichtweise war unter den Abgeordneten so weit verbreitet, dass auch die Redner der oppositionellen USPD auf diese zurückgriffen, um ihren Forderungen nach einer Erweiterung der Rechte der Parlamentarier Nachdruck zu verleihen.[389] Die breite Anerkennung stieß jedoch selbst innerhalb der Regierungsparteien an ihre Grenzen, wenn es um die verfassungsrechtliche Konkretisierung ging, wie sich in der Frage nach der Dauer der Legislaturperiode zeigte. Hier sprach sich Simon Katzenstein (SPD) unter Bezugnahme auf das »Volk« für eine möglichst kurze Zeit aus, bis sich die »Mitglieder [des Reichstags, H.B.] aufs neue das Vertrauenszeugnis der Wählerschaft« holen müssten. Dagegen verwendete Wilhelm Grünwald von der DDP diese Beziehung zur Begründung einer längeren Legislaturperiode, indem er ausführte, »daß die Volksvertreter sich eine Reihe von Jahren einarbeiten und die Interessen des Volkes in allen den Zweigen, mit denen das

388 Sten. Ber., Bd. 328, S. 2083 (Conrad Haußmann (SPD), 29.7.1919). In diesem Sinne auch die Aussage von Simon Katzenstein (SPD), dass die »Volksherrschaft […] zum Teil unmittelbar dadurch ausgeübt [werde], daß das Volk in der Abstimmung seinen Willen als Gesetzgeber kundgibt, in überwiegendem Maße aber mittelbar durch die Wahl von Vertretern.« Ebd., Bd. 327, S. 1263 (Simon Katzenstein (SPD), 3.7.1919). Siehe auch ebd., S. 1294 (Simon Katzenstein (SPD), 5.7.1919).

389 Sten. Ber., Bd. 327, S. 1320 (Oskar Cohn (USPD), 5.7.1919). In diesem Sinne sprach er sich auch für die Aufnahme des Interpellationsrechts in die Verfassung aus, »um die Teilnahme nicht nur des einzelnen Abgeordneten, sondern des ganzen Volkes lebendiger zu gestalten«. Ebd., Bd. 326, S. 405 (Oskar Cohn (USPD), 28.2.1919).

Parlament beschäftigt wird, intensiv und nachhaltig vertreten können.«[390] Das Verhältnis von »Volk« und »Abgeordneten« im Sinne einer Vertretung wurde zwar von beiden Seiten anerkannt. Diese Übereinstimmung beschränkte sich jedoch auf die Legitimation der Stellung der Abgeordneten und bezog sich nicht auf deren Ausgestaltung. Hier traten die Mehrheitssozialdemokraten mit der Verkürzung der Wahlperiode für eine stärkere Kontrolle durch das Volk und damit für den Ausbau des imperativen Aspektes ein, während die linksliberalen Abgeordneten versuchten, das repräsentative Element dieser Verbindung zu stärken und die Abgeordneten vor einer zu weitgehenden Bindung an das Volk zu schützen.[391]

In dieser Hinsicht erhielten die Abgeordneten der DDP Unterstützung von Seiten der Deutschnationalen, die sich ebenfalls für eine längere Legislaturperiode aussprachen. Dazu stellte Ernst Oberfohren (DNVP) den »Abgeordneten« in Beziehung zum »Parlament«, indem er statt von »Abgeordneten« oder »Volksvertretern« von den »Mitglieder[n] des Parlaments« sprach, die sich »im Sinne und im Interesse des Parlamentarismus« in die parlamentarischen Aufgaben einarbeiten müssten, was im nahezu gleichen Wortlaut auch von Wilhelm Grünwald (DDP) gefordert wurde.[392] Mit diesem Verweis auf das »Parlament« wurde der Begriff des Abgeordneten auf bürgerlicher Seite vom »Volk« gelöst, um ihm so eine stärkere Eigenständigkeit in seiner Eigenschaft als Parlamentsmitglied zu verleihen, ohne dabei die grundsätzliche Funktion der Vertretung des Volkes in Frage zu stellen. Nicht zuletzt aufgrund dieser übereinstimmenden Sichtweise von linksliberalen und den deutschnationalen Vertretern wurde in zweiter Lesung der Antrag der SPD, die Wahlperiode des Reichstags von fünf auf die drei Jahre herabzusetzen, abgelehnt und erst in dritter Lesung der von der DDP eingebrachte Kompromissvorschlag von vier Jahren angenommen.[393]

---

390 Sten. Ber., Bd. 327, S. 1273 (Wilhelm Grünwald (DDP), 3.7.1919), S. 1274 (Simon Katzenstein (SPD), 3.7.1919).

391 Besonders deutlich formulierte dieses Bruno Ablaß (DDP), als er bezüglich der Stellung des Reichspräsidenten ausführte: »Das ist es, was wir wünschen und wollen; nicht daß die Masse der Führer ist, sondern daß der Abgeordnete, der Erwählte, derjenige Führer ist, der nicht sklavisch dasjenige ausführt, was ihm als Befehl der Masse vorgetragen wird, sondern der ein Leiter, ein Lenker der Masse, ein Erzieher des Volkes ist.« Sten. Ber., Bd. 327, S. 1310 (Bruno Ablaß (DDP), 4.7.1919).

392 Sten. Ber., Bd. 327, S. 1271 (Ernst Oberfohren (DNVP), 3.7.1919). So wies der DDP-Abgeordnete Wilhelm Grünwald auf die Notwendigkeit hin, »daß die Mitglieder des Parlaments sich in ihren Aufgaben einleben und vertiefen, daß sie die Gesetzgebung und die parlamentarischen Gepflogenheiten und Gewohnheiten besser in sich aufnehmen können.« Ebd., S. 1272 (Wilhelm Grünwald (DDP), 3.7.1919).

393 Während am 4.7.1919 die beantragte Herabsetzung in namentlicher Abstimmung noch mit 159 gegen 141 Stimmen abgelehnt wurde, votierten am 30. Juli 1919 166 gegen 139 Abgeord-

Die »Abgeordneten« nahmen in den Verfassungsberatungen nur eine untergeordnete Rolle ein, waren aber dennoch allgemein anerkannt, da sich über die Vertreter der Regierungsparteien hinaus auch die oppositionellen Redner auf sie beriefen, um ihren jeweiligen Forderungen Nachdruck zu verleihen. Die Wertschätzung lag in besonderem Maße in der Beziehung zum »Volk« begründet, aus dessen Vertretung die Abgeordneten ihre Legitimation bezogen. Jedoch schieden sich bereits bei der Frage der verfassungsrechtlichen Konkretisierung dieses Verhältnisses die Geister. Während die sozialdemokratischen Abgeordneten für eine engere Bindung mittels kürzerer Wahlperioden und damit für eine Erweiterung des kontrollierenden und imperativen Elements eintraten, versuchten die bürgerlichen Vertreter, den repräsentativen Aspekt dieses Verhältnisses auszubauen und die Stellung der Abgeordneten gegenüber den Wählern durch längere Wahlperioden zu stärken. Trotz des Kompromisses der vierjährigen Legislaturperiode wurden die Differenzen zwischen den Regierungsparteien jedoch bereits in dieser Frage offenkundig, die sich auch in der Sichtweise zu Organisationsformen der Abgeordneten, der Parteien und Fraktionen ausdrückte.

Die Parteien zwischen Negation und Neubestimmung

Im Gegensatz zu den Abgeordneten war die Thematisierung der »Parteien« im Wesentlichen von einer negativen Sichtweise bestimmt, die zum Teil unmittelbar an den aus dem Kaiserreich tradierten Deutungsmustern anknüpfte.[394] Die Kritik an der durch die Wahlrechtsänderung bedingten Machtzunahme der Parteiorganisationen beschränkte sich jedoch auf die Abgeordneten der bürgerlichen Parteien, da die Sozialdemokraten als Befürworter des Proportionalwahlsystems diese in Kauf nahmen.[395] Jedoch war damit keine grundsätzliche Anerkennung der Parteien verbunden. Vielmehr stimmten die Redner der SPD in die kritische Thematisierung der Parteien der bürgerlichen Vertreter mit ein, als sie die ausschließliche Fokussierung auf parteipolitische Standpunkte als

---

nete für den Kompromissvorschlag der DDP. Zu den Abstimmungen Sten. Ber., Bd. 327, S. 1288, 1314ff.; ebd., Bd. 328, S. 2106. Dazu Albertin, Liberalismus, S. 273ff.

394 So fassten in der Diskussion über die verfassungsrechtliche Festlegung der Verhältniswahl deutschnationale wie liberale Redner ihre Bedenken dahingehend zusammen, dass dieses Wahlsystem zu einer »ganz außerordentlich bedenklichen Steigerung des Einflusses der Parteiorganisationen« führen werde. Sten. Ber., Bd. 327, S., 1271 (Ernst Oberfohren (DNVP), 3.7.1919). In diesem Sinne wies auch Erich Koch (DDP) darauf hin, dass bei der Aufstellung der Kandidaten »die Wähler nicht vollkommen in die Hand der Parteileitung geraten« dürften: ebd., S. 1282 (Erich Koch (DDP), 4.7.1919).

395 Vgl. Euchner, Sozialdemokratie, S. 146ff.

»Fraktionsfanatismus«[396] bezeichneten und von einer in Deutschland vorherrschenden »traurigen Kräfte- und Parteizersplitterung«[397] sprachen, was in ähnlicher Weise auch von liberalen und deutschnationalen Abgeordneten vertreten wurde.[398] Das Vorhandensein parteipolitischer Gegensätzlichkeiten wurde also parteiübergreifend als fragmentarische Zersplitterung aufgefasst, welche der Bildung einer einheitlichen Meinung im Wege stand, und somit nicht als pluralistischer Ausdruck unterschiedlicher politischer Meinungen gedeutet, die durch Kompromisse zum Ausgleich gebracht werden müssten.[399]

Diese Sichtweise trat in besonderem Maße in der zusammenhängenden Thematisierung von »Reichspräsident« und »Parteien« zum Ausdruck, wobei letztere als Negativfolie fungierten. Hier taten sich insbesondere die liberalen und die deutschnationalen Abgeordneten hervor, die wie Ludwig Haas (DDP) die Alternativlosigkeit der Volkswahl des Reichspräsidenten damit begründeten, dass es »seinem Ansehen und seiner Würde« nicht entspräche, wenn er aus »vielleicht recht schwierigen und unangenehmen Kompromißverhandlungen zwischen den Fraktionen« im Falle einer parlamentarischen Wahl hervorgehe.[400] Auf beiden Seiten wurde der Versuch unternommen, die Bezeichnungen

---

396 Sten. Ber., Bd. 327, S. 1289 (Georg Davidsohn (SPD), 3.7.1919).

397 Sten. Ber., Bd. 327, S. 1311 (Max Quarck (SPD), 4.7.1919). Siehe auch ebd., S. 1286 (Richard Fischer (SPD), 4.7.1919).

398 So rekurrierte Ludwig Haas (DDP) ebenfalls auf den Begriff der »Parteizersplitterung«, während Adelbert Düringer die »Parteigegensätze« in den Vordergrund stellte: Sten. Ber., S. 1307 (Ludwig Haas (DDP), 4.7.1919); ebd., Bd. 328, S. 2089 (Adelbert Düringer (DNVP), 30.7.1919). Die negative Sichtweise der Parteiarbeit griff wiederum Adelbert Düringer (DNVP) auf, als er sich auf die nicht im »Parteifanatismus« befangenen Bevölkerungsgruppen berief. In diesem Sinne beklagte Erich Koch (DDP) die mangelnde Würdigung des Verfassungswerkes im Volk aufgrund der vorherrschenden »Parteileidenschaft«: ebd., Bd. 326, S. 474 (Adelbert Düringer (DNVP), 3.3.1919); ebd., Bd. 327, S. 1220 (Erich Koch (DDP), 2.7.1919).

399 In diesem Zusammenhang stehen die Bemühungen verschiedener Redner, die Fragmentierung der Parteien durch Hervorhebung der Einheit zu überbrücken. So rief etwa Konrad Beyerle (Z) dazu auf, sich »ohne Unterschied der Partei« für die gemeinsame Arbeit die Hand zu reichen, während Hugo Preuß (DDP) die »Mitarbeit aller Parteien« im Verfassungsausschuss herausstellte: Sten. Ber., Bd. 326, S. 470 (Konrad Beyerle (Z), 3.3.1919); ebd., Bd. 327, S. 1212 (Hugo Preuß (DDP), 2.7.1919). Siehe auch ebd., S. 1202 (Conrad Haußmann (DDP), 2.7.1919). In diesem Sinne sind auch die würdigenden Ausführungen im Anschluss an die Verabschiedung der Reichsverfassung zu sehen, in denen auf die Leistung »alle[r] Parteien dieses Hauses ohne Unterschied« verwiesen wurde: ebd., Bd. 329, S. 2195 (Konstantin Fehrenbach (Z), 31.7.1919). Siehe auch ebd., S. 2195 (Gustav Bauer (SPD), 31.7.1919). Diese Betonung der Einheit gründete letztlich in dem Wunsch nach einer Überwindung der Parteiengegensätze, womit sie dem Gedanken eines Ausgleiches dieser Gegensätze durch Kompromissfindung entgegenstand.

400 Sten. Ber., Bd. 327, S. 1307 (Ludwig Haas (DDP), 4.7.1919). Dieser Ansicht schloss sich auch Albrecht Philipp (DNVP) an, als er gegen die beantragte absolute Mehrheitswahl des Reichspräsidenten anführte, dass bei einer Stichwahl die Möglichkeit bestehe, dass »durch eine Ver-

»Reichspräsident« und »Parteien« in einen Gegensatz zueinander zu stellen, um auf diese Weise ihre Bestrebungen zu legitimieren, das Präsidentenamt plebiszitär zu bestimmen und damit dem Einfluss des Parlaments und der Parteien zu entziehen.[401] Der Erfolg dieser Bemühungen zeigte sich nicht zuletzt darin, dass selbst die Mehrheitssozialdemokraten trotz ihrer Vorbehalte gegen die Volkswahl des Staatsoberhauptes diese Gegenüberstellung übernahmen, als sich auch Max Quarck (SPD) für einen »Reichspräsidenten« aussprach, der »nicht direkt [...] an Parteizusammenhänge« gebunden sei.[402] Der Bezug auf die Parteien wurde in der Diskussion um die Volkswahl des Staatsoberhauptes von liberaler und deutschnationaler Seite als negativer Bezugspunkt eingesetzt, um die parlamentarische Wahl zu delegitimieren, indem die fehlende Eignung der Parteien als Ausdruck der politischen Gegensätze für die Bestimmung des Reichspräsidenten als Garanten einer politischen Einheit in den Vordergrund gestellt wurde.

Eine ähnliche Strategie verfolgten die Redner der oppositionellen Rechtsparteien, um der Regierung eine größtmögliche Eigenständigkeit gegenüber den Parteien zu sichern. In diesem Kontext stellten sie »Regierung« und »Parteien« in einen Gegensatz zueinander, indem sie ihre Ablehnung der Regierungspolitik damit zum Ausdruck brachten, dass sie wie bereits unter der Regierung Prinz Max von Badens im Oktober 1918 »Regierung« und »Parteien« in eins setzten.[403] Das Ziel dieser Gleichsetzung war es, den parteipolitischen Charakter der Regierung hervorzuheben, um sie zu delegitimieren.[404] Insbesondere diente ihnen dieser zum Ende der Beratungen als Grundlage für ihre Ablehnung des Verfassungsentwurfs, als Adelbert Düringer (DNVP) und Rudolf Heinze (DVP) übereinstimmend die Abhängigkeit der Ministerauswahl

ständigung der Parteien nach der Wahl ein ausgesprochner Parteimann deutscher Reichspräsident« werde. Ebd., Bd. 327, S. 1306 (Albrecht Philipp (DNVP), 4.7.1919).

401 Dementsprechend begründete Rudolf Heinze (DVP) die Ablehnung des Verfassungsentwurfs durch seine Partei damit, dass der »Präsident« zwar vom Volk gewählt werde, jedoch »in seinen Amtshandlungen durchaus abhängig von Parteien« etwa im Falle der Ministerernennung sei. Sten. Ber., Bd. 328, S. 2095 (Rudolf Heinze (DVP), 30.7.1919). Siehe auch ebd., Bd. 327, S. 1339 (Rudolf Heinze (DVP), 5.7.1919).

402 Sten. Ber., Bd. 327, S. 1311 (Max Quarck (SPD), 4.7.1919).

403 So sprach Clemens von Delbrück (DNVP) von den »Wünschen der Mehrheitsparteien und der Regierung«, während Adelbert Düringer (DNVP) die »Doppeleigenschaft als Minister und als Parteimänner« kritisierte: Sten. Ber., Bd. 327, S. 1215 (Clemens von Delbrück (DNVP), 2.7.1919), ebd., Bd. 326, S. 472 (Adelbert Düringer (DNVP), 3.3.1919).

404 In analoger Weise beabsichtigten dieses auch die Vertreter der USPD, indem sie die Regierung als »Parteiregierung« bezeichneten: Sten. Ber., Bd. 327, S. 1337 (Hugo Haase (USPD), 5.7.1919).

von den Parteien bei der parlamentarischen Regierungsweise kritisierten.[405] Mit dieser Gegenüberstellung hingen die Redner der bürgerlichen Oppositionsparteien weiterhin der überkommenen konstitutionellen Vorstellung einer über den Parteien stehenden Regierung an, obwohl diese mit der Einführung des parlamentarischen Systems obsolet geworden war. Folglich fand diese Sichtweise unter den Rednern der Regierungsparteien keine Unterstützung. Zwar stellte auch hier eine positive Deutung der notwendig gewordenen Verbindung von »Regierung« und »Parteien«, wie sie etwa von Hugo Preuß (DDP)[406] vertreten wurde, eine Ausnahme dar. Dem Bild eines Gegensatzes schlossen sich deren Redner jedoch nicht an, sondern fanden sich mit der Verbindung weitgehend ab.[407] Diese Unterschiede in der Deutung des Verhältnisses von Parteien und Regierung kulminierte in der Auseinandersetzung um den Begriff der »Parteiherrschaft«. Dieser wurde in der dritten Lesung von Rudolf Heinze (DVP) erstmals eingeführt, als er die Ablehnung des Verfassungsentwurfs damit begründete, dass die Einführung der parlamentarischen Regierungsweise »von der Parlamentsherrschaft, die an sich noch erträglich wäre, zur Parteiherrschaft« führe, die aufgrund des Parteiencharakters als Interessenvertretung eine immense Gefährdung des Staatslebens bedeute.[408] Dagegen unternahm Hugo Preuß (DDP) den Versuch, diese negativ konnotierte Bezeichnung positiv umzudeuten und für sich in Anspruch zu nehmen, indem er von einer »wechselnde[n] Parteiherrschaft« sprach. Der Vorzug des parlamentarischen Systems bestand für ihn darin, dass es eine »wechselnde Herrschaft der Parteien« begründe, wohingegen sich das konstitutionelle Regierungssystem des Kaiserreichs durch die Herrschaft einer einzelnen Partei ausgezeichnet habe.[409] Mit dieser Auffassung blieb er jedoch weitgehend isoliert.

---

405 So führte Adelbert Düringer (DNVP) diesbezüglich aus, dass die »Männer der Regierung [...] nicht mehr wie im verlästerten Obrigkeitsstaat in erster Linie nach der persönlichen Tüchtigkeit ausgewählt [würden], sondern nach der Stellung des einzelnen in der Fraktion und in der Partei.« Dementsprechend bemängelte Rudolf Heinze (DVP), dass die »Ministerwahl direkt von den Parteien« abhänge. Sten. Ber., Bd. 328, S. 2089 (Albrecht Philipp (DNVP), 30.7.1919), S. 2095 (Rudolf Heinze (DVP), 30.7.1919). Siehe auch ebd., Bd. 327, S. 1339 (Rudolf Heinze (DVP), 5.7.1919). Dazu Trippe, Verfassungspolitik, S. 72f.

406 So führte Preuß diesbezüglich aus: »Wo sollen die Minister herkommen, wenn sie nicht aus dem freien Streit und Wettkampf der Parteien, der politischen Geistesrichtungen hervorgehen.« Sten. Ber., Bd. 328, S. 2101 (Hugo Preuß (DDP), 30.7.1919).

407 Vgl. dazu die pragmatische Aussage von Adolf Gröber (Z) zur künftigen Redeordnung: »Jetzt wird die Regierung aus den Parteien entnommen, und jetzt entsteht die Frage, inwieweit Redner vom Regierungstisch auf die Rednerliste der Parteien angerechnet werden sollen.« Sten. Ber., Bd. 327, S. 1290 (Adolf Gröber (Z), 4.7.1919). Siehe auch ebd., Bd. 328, S. 2082 (Conrad Haußmann (DDP), 29.7.1919).

408 Sten. Ber., Bd. 328, S. 2094 (Rudolf Heinze (DVP), 30.7.1919).

409 Sten. Ber., Bd. 328, S. 2101 (Hugo Preuß (DDP), 30.7.1919).

Die negative Sichtweise der Parteien war auf Seiten der Vertreter der bürgerlichen Opposition letztlich vom Verhältnis zu den Regierungsorganen bestimmt, wobei sie von der konstitutionellen Vorstellung einer über den Parteien stehenden und unabhängig von diesen handelnden Exekutive ausgingen. Während diese Sichtweise in Bezug auf die Volkswahl des Reichspräsidenten von den Linksliberalen geteilt und letztlich sogar von den Mehrheitssozialdemokraten anerkannt wurde, stieß sie im Falle der parlamentarischen Regierungsbildung an ihre Grenze, da sie die Unterstützung der Regierungsparteien besaß, auch wenn die damit zusammenhängende Verbindung von Parteien und Regierung eher in Kauf genommen als ausdrücklich begrüßt wurde. Weitergehende Ansätze, die Funktion der Parteien als Elemente der politischen Willensbildung in dem parlamentarisch-pluralistischen Regierungssystem zu bestimmen, stellten die Ausnahme dar.[410]

Gegenüber dem Problem der theoretischen Neufassung standen für die Deutung der praktischen Aufteilung der Parteien nach ihrer Stellung zur Regierung die bereits im Kaiserreich entwickelten Bezeichnungen der »Mehrheitsparteien«, »Regierungsparteien« und »Opposition« zur Verfügung, auf welche die parlamentarischen Redner zahlreich zurückgriffen. Insbesondere geschah dieses durch die Redner der oppositionellen Parteien, welche damit die Regierung bildende Parteienkoalition zu delegitimieren versuchten. Mit der Rede von den »Mehrheitsparteien« verwiesen sie darüber hinaus auf den negativ besetzten Begriff der »Mehrheit«, während ihnen der Begriff der »Regierungsparteien« vor dem Hintergrund des vermeintlichen Gegensatzes zwischen »Regierung« und »Parteien« dazu diente, einen inneren Widerspruch herzustellen.[411] Die Wirkmacht dieser negativen Konnotation zeigte sich darin, dass nur vereinzelt Vertreter der Regierungskoalition diese Bezeichnungen für sich in

410 Neben Hugo Preuß (DDP), der im parteipolitische Ringen um die Herrschaft den »Lebenszweck« der Parteien ausmachte und den »rechtlich geordneten Kampf der Parteien« hervorhob, vertrat nur noch Max Quarck (SPD) eine neue Sicht der Parteien, als er diese als die »notwendigen Instrumente des politischen Kampfes« bezeichnete. Sten. Ber., Bd. 327, S. 1341 (Max Quarck (SPD), 5.7.1919). Die Zitate von Preuß in dieser Reihenfolge: ebd., S. 1285 (Hugo Preuß (DDP), 4.7.1919); ebd., Bd. 328, S. 2101 (Hugo Preuß (DDP), 30.7.1919). Zur Parteienkritik und ihrer Bedeutung für das parlamentarische System Raithel, Funktionsstörungen, S. 259–263.

411 Zu der Rede von den »Mehrheitsparteien« siehe Sten. Ber., Bd. 326, S. 387 (Clemens von Delbrück (DNVP); 28.2.1919); ebd., Bd. 327, S. 1215 (Clemens von Delbrück (DNVP); 2.7.1919), S. 1287 (Hugo Haase (USPD), 4.7.1919), S. 1339 (Rudolf Heinze (DVP), 5.7.1919). Zur Rede von den »Regierungsparteien« ebd., Bd. 326, S. 387 (Clemens von Delbrück (DNVP), 28.2.1919); ebd., Bd. 327, S. 1292 (Rudolf Heinze (DVP), 4.7.1919); ebd., Bd. 328, S. 1594 (Oskar Cohn (USPD), 16.7.1919).

Anspruch nahmen.[412] Dagegen wurde der Begriff der »Opposition« auf beiden Seiten gleich häufig verwendet, da sich nicht nur die Redner der DNVP und der DVP auf ihren »Standpunkt [...] als Oppositionspartei«[413] beriefen, sondern auch die Redner der Regierungsparteien, um etwa wie Simon Katzenstein (SPD) »Opposition« und »Regierungsparteien« einander gegenüber zu stellen.[414] Damit unterschieden sich Vertreter der Regierungsparteien von den Deutschnationalen, welche die Opposition ausschließlich in Abgrenzung von der Regierung verstanden.[415] In dem unterschiedlichen Verständnis drückten sich letztlich die Gegensätze in der Sichtweise des Verhältnisses der Parteien zur Regierung aus. Während die deutschnationalen Vertreter ihrem konstitutionellen Grundverständnis entsprechend »Parteien« und »Regierung« einander gegenüberstellten und die »Opposition« für die Gesamtheit aller Parteien in Anspruch nahmen, differenzierten die Vertreter der SPD und der DDP die »Parteien« nach ihrer jeweiligen Stellung zur »Regierung« und verstanden die »Opposition« als Gegensatz zu den »Regierungsparteien«, womit sie der parlamentarischen Regierungsweise Rechnung trugen.

Insgesamt wurde ein dem parlamentarischen System angemessenes Verständnis der Parteien als Mittel der politischen Willensbildung einschließlich der Aufteilung in »Regierungsparteien« und »Opposition« und ihres Wechselspiels in den Verfassungsberatungen lediglich auf Seiten der SPD und mit Einschränkung der DDP vertreten.[416] Linksliberale Abgeordnete nahmen diese nur bedingt auf und waren trotz ihrer Befürwortung der parlamentarischen Regierungsweise von einer grundsätzlichen Skepsis gegenüber der Funktionsfähigkeit der politischen Parteien bestimmt, die in der Gegensätzlichkeit gründete und in der Auseinandersetzung um die Volkswahl des Reichspräsidenten

---

412 Sten. Ber., Bd. 326, S. 451 (Hugo Preuß (DDP), 3.3.1919); ebd., Bd. 327, S. 1324 (Simon Katzenstein (SPD), 5.7.1919), S. 1335 (Simon Katzenstein (SPD), 5.7.1919); ebd., Bd. 328, S. 2100 (Hugo Preuß (DDP), 30.7.1919).

413 Sten. Ber., Bd. 327, S. 1297 (Clemens von Delbrück (DNVP), 4.7.1919). Siehe auch ebd., Bd. 326, S. 396 (Rudolf Heinze (DVP), 28.2.1919), S. 491 (Gustav Stresemann (DVP), 4.3.1919); ebd., Bd. 327, S. 1217 (Clemens von Delbrück (DNVP), 2.7.1919).

414 Sten. Ber., Bd. 327, S. 1324 (Simon Katzenstein (SPD), 5.7.1919). Auch Hugo Preuß (DDP) thematisierte die »Opposition«, als er auf deren Aufgabe in einem parlamentarischen System verwies, politische Alternativen für den Fall einer Regierungsübernahme zu entwickeln: ebd., Bd. 328, S. 2101 (Hugo Preuß (DDP), 30.7.1919). Siehe auch ebd., Bd. 326, S. 392 (Erich Koch (DDP), 28.2.1919), S. 450 (Hugo Preuß (DDP), 3.3.1919); ebd., Bd. 327, S. 1325 (Erich Koch (DDP), 5.7.1919); ebd., S. 2100 (Hugo Preuß (DDP), 30.7.1919).

415 So äußerte Clemens von Delbrück (DNVP) den Wunsch, dass auch zukünftig »aus den Reihen der Regierungsparteien noch Opposition gegen die Regierung« zu hören sei: Sten. Ber., Bd. 326, S. 387 (Clemens von Delbrück (DNVP), 28.2.1919). Siehe auch ebd., Bd. 327, S. 1327 (Clemens von Delbrück (DNVP), 4.7.1919).

416 Jäger, Opposition, S. 514f.

besonders prägnant zum Ausdruck kam. Diese Sichtweise wurde insbesondere von den Vertretern der bürgerlichen Oppositionsparteien unterstützt, die der konstitutionellen Vorstellung eines Gegensatzes von Exekutive und Legislative anhingen und somit nicht nur das Amt des Reichspräsidenten, sondern auch die Stellung der parlamentarischen Regierung dem Einfluss der Parteien zu entziehen suchten. Der Verzicht auf eine Problematisierung der Parteien von Seiten der USPD ist im Wesentlichen darauf zurückzuführen, dass deren Vertreter das parlamentarische System und somit die Parteien weitgehend ablehnten. Trotz der von Vertretern der Mittelparteien vorgebrachten Ansätze zur funktionalen Neubestimmung fand also keine grundsätzliche Aufwertung der Parteien statt. Von linksliberaler wie von sozialdemokratischer Seite wurde mit dem Verweis auf die »Parteizersplitterung« vielmehr eine negative Sichtweise geteilt, in der die Parteien in erster Linie als Ausdruck der gesellschaftlichen Vielfalt gedeutet wurden, deren Einfluss auf die Regierung zwar nicht gänzlich auszuschließen sei, jedoch wie im Falle des Reichspräsidenten beschränkt werden müsse, um eine notwendiges Maß an politischer Einheit zu sichern.[417] Analog zur Verfassungsdiskussion im ausgehenden Kaiserreich erschienen die Parteien der überwiegenden Mehrheit der Nationalversammlung also eher als notwendige Begleiterscheinungen der politischen Organisiertheit des Volkes denn als zentrale Instrumente seiner Willensbildung.[418]

Die Vorbehalte gegenüber dem Reichstag

Aufgrund der zentralen Stellung, die dem Reichstag mit Einführung der parlamentarischen Regierungsweise zukommen sollte, wurde dieser von den Rednern aller Parteien thematisiert, um Einfluss auf die Ausgestaltung seiner verfassungsrechtlichen Kompetenzen zu nehmen. Dazu standen den Parlamentariern die Begriffe »Nationalversammlung«, »Reichstag«, »Parlament« und »Volksvertretung« zur Verfügung, die in unterschiedlichen thematischen Kontexten verwendet wurden. Auf die »Nationalversammlung« rekurrierten in besonderem Maße Redner der Regierungsparteien, die zu Beginn der Beratungen ihre souveräne Stellung in der Verfassungsfrage sowie am Ende ihre Leistung mit der Verabschiedung des Verfassungswerkes herausstellten.[419] Aber

417 Vgl. Boldt, Stellung, S. 56ff. Dazu Grüner, Einheitssehnsucht, S. 226–230. Zur Parteienkritik siehe auch Raithel, Funktionsstörungen, S. 259f.

418 So auch Gusy, Lehre, S. 31. Dazu Rürup, Entstehung, S. 235.

419 Am Ende der ersten Lesung hob etwa Eduard David (SPD) hervor, dass die Vertreter der Einzelstaaten davon überzeugt worden seien, dass der »Nationalversammlung die Souveränität in Verfassungsfragen« zu lassen sei. Und in der dritten Lesung bezeichnete Hugo Preuß (DDP) es als eine bedeutende Tatsache, »daß die verfassunggebende Deutsche Nationalver-

auch die Vertreter der oppositionellen USPD sowie die Befürworter einer stärkeren Berücksichtigung der Einzelstaaten benutzten diese Bezeichnung, um ihrer jeweiligen Kritik an dieser Institution Ausdruck zu verleihen.[420] Der Begriff der »Nationalversammlung« wurde von den parlamentarischen Rednern ausschließlich in diesem konkreten Sinne verwendet und bezog sich auf die in Weimar tagende Versammlung. Demgegenüber besaß der Reichstagsbegriff eine weiterreichende Bedeutung, da er auf die verfassungsrechtliche Stellung des Parlaments über den Prozess der Verfassunggebung hinaus verwies. So diente er zum einen dazu, die Handlungs- und Reformmöglichkeiten des Reichstags im ausgehenden Kaiserreich zu thematisieren und damit eine eventuelle Mitverantwortung für die revolutionären Ereignisse zu problematisieren.[421] Zum anderen griffen die Redner parteiübergreifend auf diesen Begriff zurück, wenn sie Aussagen über dessen Stellung und Kompetenzen im Rahmen der künftigen Verfassungsordnung trafen.[422]

---

sammlung zustande gekommen ist und daß sie im Begriff ist, dieses Werk abzuschließen.« Sten. Ber., Bd. 326, S. 500 (Eduard David (SPD), 4.3.1919); ebd., Bd. 328, S. 2071 (Hugo Preuß (DDP), 29.7.1919). Siehe auch ebd., Bd. 326, S. 393 (Erich Koch (DDP), 28.2.1919), S. 453, 471 (Hugo Preuß (DDP), 3.3.1919); ebd., Bd. 328, S. 2081 (Conrad Haußmann (DDP), 29.7.1919); ebd., Bd. 329, S. 2194 (Eduard David (SPD), 31.7.1919), S. 2195 (Konstantin Fehrenbach (Z), 31.7.1919).

420 So plädierte etwa der bayerische Zentrumsabgeordnete Konrad Beyerle für eine Verständigung mit den Einzelstaaten und warnte vor einer »Überspannung der Souveränität der Nationalversammlung«: Sten. Ber., Bd. 326, S. 470 (Konrad Beyerle (Z), 3.3.1919). Noch darüber hinaus gingen die Redner der USPD, da sie ihrer sozialistischen und rätedemokratischen Staatsauffassung entsprechend die Verfassungsarbeit der Nationalversammlung insgesamt ablehnten und wie Oskar Cohn (USPD) ausführten: »Die Nationalversammlung, der Saul ist ausgezogen, das Königreich der Demokratie zu gewinnen, und er ist heimgekehrt mit dem Esel dieser Verfassung.« Ebd., Bd. 327, S. 1331 (Oskar Cohn (USPD), 5.7.1919). Siehe auch ebd., Bd. 326, S. 489f. (Alfred Henke (USPD), 4.3.1919); ebd., Bd. 327, S. 1270 (Luise Zietz (USPD), 3.7.1919), S. 1275 (Emanuel Wurm (USPD), 3.7.1919).

421 In diesem Zusammenhang warfen deutschnationale Abgeordnete wie Clemens von Delbrück (DNVP) den Vertretern der damaligen Mehrheitsparteien vor, dass sie »[i]hre Macht im alten Reichstag immer unterschätzt« hätten. Dagegen verwahrten sich insbesondere die Redner der SPD, die wie Eduard David (SPD) darauf hinwiesen, dass aufgrund der fehlenden Kompetenzen der »Reichstag [...] kein vollwertiges Parlament, [sondern] nur ein Scheinparlament« gewesen sei: Sten. Ber., Bd. 326, S. 387 (Clemens von Delbrück (DNVP), 28.2.1919), S. 499 (Eduard David (SPD), 4.3.1919). Siehe auch ebd., S. 391 (Erich Koch (DDP), 28.2.1919), S. 488 (Alfred Henke (USPD), 4.3.1919).

422 So hob Simon Katzenstein (SPD) in der zweiten Lesung als Berichterstatter hervor, dass die »Stellung des Reichstags [...] gegenüber der früheren Verfassung erheblich erweitert« worden sei. Auch Erich Koch (DDP) führte diesbezüglich aus, dass »[i]m Gegensatz zu der alten Reichsverfassung [...] die neue Reichsverfassung den Reichstag in den Mittelpunkt der Gesetzgebung« stelle: Sten. Ber., Bd. 327, S. 1263 (Simon Katzenstein (SPD), 3.7.1919), S. 1344f. (Erich Koch (DDP), 5.7.1919). Siehe auch ebd., Bd. 326, S. 290 (Hugo Preuß (DDP), 24.2.1919), S. 382 (Peter Spahn (Z), 28.2.1919); ebd., Bd. 327, S. 1296 (Hugo Haase (USPD),

Während der Rückgriff auf die »Nationalversammlung« wie auf den »Reichstag« überwiegend in konkreten Verwendungszusammenhängen erfolgte, dienten die Bezeichnungen »Parlament« und »Volksvertretung« den Abgeordneten als semantische Hilfsmittel, ihren jeweiligen Positionen zur Stellung des Reichstags Nachdruck zu verleihen. Aufgrund der grundsätzlichen Zusammenhänge, auf die der Parlamentsbegriff im Kontext des parlamentarischen Systems verwies, verwendeten Redner der bürgerlichen Parteien diesen, als sie sich für die Heraufsetzung der Legislaturperiode des Reichstags von drei auf fünf Jahren einsetzten und sich dabei auf den »Standpunkt des Parlaments« beriefen, das ein Interesse an einer längeren Einarbeitungszeit seiner Mitglieder besitze.[423] Neben verfassungsrechtlichen Detailfragen[424] bezogen sich die Abgeordneten insbesondere dann auf das »Parlament«, wenn es sich um die Grundkonzeption der Verfassung handelte, wie es etwa in Bezug auf die Stellung des Reichspräsidenten als Gegengewicht zum Reichstag der Fall war. Hier taten sich insbesondere die Redner der DDP hervor, die wie Ludwig Haas (DDP) forderten, dass der »Reichspräsident […] eine selbständige Kraft neben dem Parlament darstellen [solle] und nicht abhängig sein [dürfe] vom Parlament.«[425] Nachdem sich die Mehrheitssozialdemokraten mit der Anordnung von Reichspräsident und Reichstag als voneinander unabhängige Elemente abgefunden hatten, griffen auch sie auf dieses Stilmittel zurück, um trotz ihrer Vorbehalte gegenüber dem Amt des Reichspräsidenten ihre Zustimmung auszudrücken, als etwa Max Quarck (SPD) einen »Dualismus zwischen Präsident und Parlament« aufgrund derselben Bestimmungsweise der Volkswahl aus-

---

4.7.1919), S. 1319 (Rudolf Heinze (DVP), 5.7.1919), S. 1354 (Clemens von Delbrück (DNVP), 5.7.1919).

423 Sten. Ber., Bd. 327, S. 1271 (Ernst Oberfohren (DNVP), 3.7.1919). Siehe auch ebd., Bd. 326, S. 291 (Hugo Preuß (DDP), 24.2.1919); ebd., Bd. 327, S. 1273 (Rudolf Heinze (DVP), 3.7.1919), S. 1273 (Wilhelm Grünwald (DDP), 3.7.1919).

424 So warb Hugo Preuß (DDP) um Unterstützung für den Verfassungsartikel, die Wahlprüfung nicht mehr von einem Reichstagsausschuss durchzuführen, sondern einem Gerichtshof unter Beteiligung des Reichstags zu überantworten, mit dem Hinweis, dass das »Parlament […], sobald es in seiner Rechtsstellung und Existenz gesichert ist, sehen [solle], diese Aufgabe los zu werden«. Sten. Ber., Bd. 326, S. 291 (Hugo Preuß (DDP), 24.2.1919). Siehe auch ebd., Bd. 327, S. 1285 (Hugo Preuß (DDP), 4.7.1919).

425 Sten. Ber., Bd. 327, S. 1306f. (Ludwig Haas (DDP), 4.7.1919). In diesem Sinne lehnte Hugo Preuß (DDP) mit Blick auf Frankreich die »Monokratie des Parlaments« ab, wie auch Erich Koch (DDP) erklärte, »nicht Anhänger einer Alleinherrschaft des Parlaments [zu sein], die von keiner Seite kontrolliert werden kann.« Ebd., Bd. 326, S. 291 (Hugo Preuß (DDP), 24.2.1919); ebd., Bd. 327, S. 1356 (Erich Koch (DDP), 7.7.1919). Siehe auch ebd., Bd. 326, S. 383 (Erich Koch (DDP), 28.2.1919); ebd., Bd. 327, S. 1221 (Erich Koch (DDP), 2.7.1919), S. 1309 (Bruno Ablaß (DDP), 4.7.1919).

schloss.[426] Darüber hinaus nutzten auch die Redner der Oppositionsparteien den Parlamentsbegriff, um ihre Forderungen nach Beschränkungen des parlamentarischen Einfluss auf die Regierungsbildung im Falle der DVP[427] bzw. nach Erweiterung der parlamentarischen Kompetenzen etwa bei der Verhängung des Belagerungszustandes im Falle der USPD[428] zu untermauern.

Dem Zweck des sprachlichen Nachdrucks diente auch der Begriff der Volksvertretung, der mittels des impliziten Verweises auf das Volk die Stellung des Reichstags zusätzlich legitimierte. Auf diese Bezeichnung griffen jedoch im Unterschied zum Parlamentsbegriff nahezu ausschließlich die Vertreter der Regierungsparteien zurück und darunter insbesondere die Mehrheitssozialdemokraten, die damit ihre Zustimmung zum parlamentarischen Regierungssystem des Verfassungsentwurfs betonten, indem sie vom Reichstag als der »oberste[n] Volksvertretung« sprachen und in der »Volksvertretung die Quelle aller politischen Macht« sahen.[429] Auch rekurrierten sie auf diese Bezeichnung, um ihren Forderungen nach einer stärkeren Stellung des Reichstags gegenüber der Regierung Nachdruck zu verleihen. So begründete Simon Katzenstein (SPD) die verfassungsrechtliche Festlegung eines ständigen Ausschusses für auswärtige Angelegenheiten sowie eines zur »Überwachung der Tätigkeit der Reichsregierung« bzw. zur »Wahrung der Rechte der Volksvertretung gegenüber der Reichsregierung«[430] mit dem Hinweis, dass »die parlamentarischen

426 Sten. Ber., Bd. 327, S. 1311 (Max Quarck (SPD), 4.7.1919). In diesem Sinne hatte bereits Simon Katzenstein (SPD) am Tag zuvor das »System der unbeschränkten Parlamentsherrschaft« abgelehnt: ebd., S. 1263 (Simon Katzenstein (SPD), 3.7.1919).

427 So verwies Rudolf Heinze (DVP) ausdrücklich auf das »Vertrauen des Parlaments«, auf welches die Minister in einem parlamentarischen Regierungssystem angewiesen seien, was jedoch nicht heiße, dass diese dem Parlament zu entnehmen seien. Sten. Ber., Bd. 327, S. 1339 (Rudolf Heinze (DVP), 5.7.1919).

428 Bei der Anordnung der Reichsexekution durch den Reichspräsidenten begründete Oskar Cohn (USPD) die geforderte Gegenzeichnungspflicht des gesamten Reichsministeriums mit der Notwendigkeit, »daß darüber [über die Anordnung der Reichsexekution, H.B] vom Reichsministerium diskutiert und daß das Parlament vorher zu Rate gezogen wird.« Sten. Ber., Bd. 327, S. 1325 (Oskar Cohn (USPD), 5.7.1919). In diesem Sinne auch ebd., Bd. 328, S. 2098 (Oskar Cohn (USPD), 30.7.1919). Zur Auseinandersetzung über die Ausnahmegewalt des Reichspräsidenten allgemein Richter, Ausnahmegewalt, bes. S. 230–234.

429 Die Zitate in dieser Reihenfolge Sten. Ber., Bd. 327, S. 1263 (Simon Katzenstein (SPD), 3.7.1919); ebd., Bd. 326, S. 498 (Eduard David (SPD), 4.3.1919).

430 Die von der DDP beantragte Änderung des Titels auf die zweite Fassung wurde in der zweiten Lesung angenommen, nachdem die erste Fassung insbesondere von liberalen Vertretern wie Rudolf Heinze (DVP), Walther Schücking (DDP) und Hugo Preuß (DDP) als Misstrauensausdruck gegenüber der Regierung kritisiert worden war und sich Simon Katzenstein (SPD) für seine Partei mit der Änderung einverstanden erklärt hatte: Sten. Ber., Bd. 327, S. 1291–1299. In der nichtamtlichen Parlamentssprache wurde dieser Ausschuss jedoch als »Überwachungsausschuss« geführt. Anschütz, Verfassung, S. 204. Dazu Bollmeyer, Partizipation, S. 120f.; Pohl, Denken, S. 215f.

nicht eine längere Zeit des Jahres vollständig auf eigene Hand arbeiten, sondern daß die Fühlung mit der Volksvertretung eine dauernde ist.«[431] Aber auch die Redner der bürgerlichen Koalitionsparteien nahmen die Bezeichnung der Volksvertretung auf, indem sie ihre Zustimmung zum Verfassungsentwurf zum Ausdruck brachten und etwa darauf hinwiesen, dass die Reichsgesetzgebung ausschließlich in der »Hand der Volksvertretung« liege und dass das künftige politische Führungspersonal »aus dem Volk und der Volksvertretung« hervorgehe.[432] Demgegenüber trat der Begriff der »Volksvertretung« bei den Oppositionsparteien weitgehend in den Hintergrund. Lediglich die Unabhängigen Sozialdemokraten verwendeten ihn an prominenter Stelle, als Hugo Haase (USPD) das Amt des Reichspräsidenten ablehnte und stattdessen ein »Gesamtministerium unter der Kontrolle der Volksvertretung« als Staatsspitze forderte.[433]

Damit blieb die »Volksvertretung« eine von den Regierungsparteien besetzte Bezeichnung, die insbesondere von den Abgeordneten der SPD in den Vordergrund gestellt wurde. Dieses lässt sich darauf zurückzuführen, dass sich die Mehrheitssozialdemokraten in besonderem Maße dem »Volk« und der Durchsetzung der »Volksherrschaft« verpflichtet sahen, was durch die herausgehobene Stellung des Reichstags als »Volksvertretung« politisch ermöglicht werden sollte. Demgegenüber rekurrierten die Vertreter der bürgerlichen Parteien stärker auf den Parlamentsbegriff, womit sie den Reichstag als Element innerhalb des parlamentarischen Regierungssystems und weniger als Vertretung des Volkes deuteten. Vor diesem Hintergrund ermöglichte die Bezugnahme »Volksvertretung« durch die Redner der bürgerlichen Koalitionsparteien auf semantischer Ebene eine Annäherung an die Vorstellungen der Mehrheitssozialdemokraten, um so verfassungspolitische Differenzen etwa bezüglich der Ausgestaltung des Staatsoberhauptes zu überbrücken.

Über diese Verwendungen bestimmter Bezeichnungen hinaus erfuhren die unterschiedlichen Parlamentskonzeptionen ihre besondere Konturierung durch die semantische Anordnung mit anderen Begriffen. Dabei bildete der Bezug zum »Volk« einen zentralen Kontext, den jedoch wie im Falle der »Volksver-

431 Sten. Ber., Bd. 327, S. 1294 (Simon Katzenstein (SPD), 4.7.1919). Siehe auch ebd., Bd. 326, S. 374 (Richard Fischer (SPD), 28.2.1919), S. 463 (Johann Vogel (SPD), 3.3.1919); ebd., Bd. 327, S. 1264 (Simon Katzenstein (SPD), 3.7.1919); ebd., Bd. 328, S. 2112 (Simon Katzenstein (SPD), 29.7.1919).

432 Die Zitate in dieser Reihefolge Sten. Ber., Bd. 326, S. 381 (Peter Spahn (Z), 28.2.1919); ebd., Bd. 328, S. 2101 (Hugo Preuß (DDP), 30.7.1919). Siehe auch ebd., Bd. 326, S. 290 (Hugo Preuß (DDP), 24.2.1919), S. 453 (Hugo Preuß (DDP), 3.3.1919); ebd., Bd. 327, S. 1204 (Conrad Haußmann (DDP), 2.7.1919), S. 1296 (Adolf Gröber (Z), 4.7.1919); ebd., Bd. 328, S. 2081 (Conrad Haußmann (DDP), 29.7.1919); ebd., Bd. 329, S. 2195 (Konstantin Fehrenbach (Z), 31.7.1919).

433 Sten. Ber., Bd. 327, S. 1308 (Hugo Haase (USPD), 4.7.1919).

tretung« nahezu ausschließlich die Redner der Regierungsparteien herstellten, indem etwa der Reichstag als der »unmittelbare Vertreter des Volkes« bezeichnet wurde.[434] Dieser Deutung des Verhältnisses von Reichstag und Volk im Sinne einer Vertretung schlossen sich vereinzelt auch die Redner der Oppositionsparteien an. Jedoch nahmen sie diese nicht für grundsätzliche Stellungnahmen in Anspruch, sondern setzten sie lediglich punktuell für eigene parteipolitische Forderungen ein. So beabsichtigte Oskar Cohn (USPD), den Reichspräsidenten einer stärkeren Kontrolle durch einen dauernden Kontakt »mit dem Volk oder mindestens mit seiner gewählten Vertretung«[435] zu unterwerfen, und Rudolf Heinze (DVP) versuchte, die Bestimmungen über die unmittelbare Gesetzgebung durch das Volk einzuschränken, indem er auf die Legitimation des Reichstags durch das Volk verwies.[436] Aber auch die Redner der Regierungsparteien versahen das Vertretungsverhältnis mit der Einschränkung, dass das Volk nicht nur die Legitimationsgrundlage für den Reichstag darstelle, sondern als Inhaber der Staatsgewalt über dem Reichstag stehe.[437] Die Vertreter der Regierungsparteien gingen also von einer Überordnung des Volkes über den Reichstag aus, die sie dazu veranlassten, dem Volk Möglichkeiten der unmittelbaren Einflussnahme auf die Gesetzgebung mittels plebiszitärer Elemente wie der Volksabstimmung oder des Volksbegehrens einzuräumen. Diese sollten als Korrektur der parlamentarischen Entscheidungen und damit als Gegengewicht zum Reichstag fungieren, der auf diese Weise in seiner Stellung

434 Sten. Ber., Bd. 326, S. 381 (Peter Spahn (Z), 28.2.1919). Siehe auch ebd., S. 376 (Richard Fischer (SPD), 28.2.1919), S. 379 (Peter Spahn (Z), 28.2.1919); ebd., Bd. 327, S. 1204 (Conrad Haußmann (DDP), 2.7.1919), S. 1309 (Bruno Ablaß (DDP), 4.7.1919); ebd., Bd. 328, S. 2075 (Simon Katzenstein (SPD), 29.7.1919); ebd., Bd. 329, S. 2157 (Felix Waldstein (DDP), 31.7.1919).

435 Sten. Ber., Bd. 326, S. 404 (Oskar Cohn (USPD), 28.2.1919).

436 »Wenn nun einmal der Reichstag gewählt ist, wenn aus dem Reichstag die Reichsregierung hervorgegangen ist, dann haben wir die Organe, die berufen sind, die Geschicke des deutschen Volkes zu leiten, und dann darf nicht die Gesetzgebung so eingerichtet werden, daß diese Organe sich ihrer Verantwortung durch ein Referendum entziehen können, durch ein Referendum, das letzten Endes vielfach von Zufälligkeiten abhängen wird; denn wie sollen komplizierte Gesetze von der Mehrheit des Volkes verstanden werden?« Sten. Ber., Bd. 327, S. 1353 (Rudolf Heinze (DVP), 7.7.1919).

437 Simon Katzenstein (SPD) zufolge sei der Reichstag zwar »das höchste Organ der Volksvertretung; aber über ihm steht das Volk selber, das durch die Volksgesetzgebung seinen Willen souverän über dem Willen des Reichstags geltend machen kann.« Sten. Ber., Bd. 327, S. 1266 (Simon Katzenstein (SPD), 3.7.1919). So auch die Ausführung von Wilhelm Grünwald (DDP), dass das »Volk [...], wenn es mit dem Parlament unzufrieden ist, veranlassen [kann], daß durch eine Volksabstimmung eine Korrektur eintritt.« Ebd., S. 1273 (Wilhelm Grünwald (DDP), 3.7.1919). Siehe auch ebd., S. 1345 (Erich Koch (DDP), 5.7.1919), S. 1356 (Erich Koch (DDP), 6.7.1919); ebd., Bd. 328, S. 2078 (Peter Spahn (Z); 29.7.1919).

als souveräne und durch die Volkswahl legitimierte Vertretung des Volkes eingeschränkt wurde.[438]

Die unter den Abgeordneten der Weimarer Nationalversammlung weit verbreiteten Vorbehalte gegenüber dem Reichstag wurden bei der Thematisierung des Verhältnisses zum »Reichspräsidenten« besonders offenkundig. Die Grundlage bildeten die Ausführungen von Hugo Preuß (DDP), der in seiner Begründung des Verfassungsentwurfs vor der Nationalversammlung am 24. Februar 1919 die gleichgewichtige Anordnung wie folgt umschrieb:

»Dem Präsidenten steht die Befugnis zu, den Reichstag aufzulösen, das heißt ganz in demokratischem Sinne vom Gewählten an die Wähler zu appellieren. Aber dem steht das Korrelat gegenüber, daß auch der Reichstag das Recht hat, dem Präsidenten gegenüber von dem Gewählten an die Wähler zu appellieren.«[439]

Unterstützung fand Preuß in dieser Sichtweise in besonderem Maße bei seinen Parteikollegen, die wie Bruno Ablaß (DDP) forderten, »den Reichspräsidenten [...] als das starke Gegengewicht aus der Volkskraft heraus gegenüber einem Parlament [auszugestalten], das sich seiner Pflichten nicht vollständig bewußt ist.«[440] Während also von linksliberaler Seite unter Zustimmung der Zentrumsvertreter[441] der »Reichspräsident« als Gegenpart zum »Reichstag« gestellt wurde, versuchten die mehrheitssozialdemokratischen Redner als Befürworter einer stärkeren Stellung des Reichstags, diesen Gegensatz aufzulösen. Dazu betonte etwa Max Quarck (SPD), dass der »Reichspräsident genau wie das Parlament aus der Volksabstimmung hervorgehen« werde und somit »ein Dualismus zwischen Präsident und Parlament so gut wie ausgeschlossen« sei.[442] Zwar forderten sie an einzelnen Stellen eine engere Bindung des Reichspräsidenten an den Reichstag wie im Falle der Verhängung des Belagerungszustandes, letztlich vertraten aber auch sie die gleichgewichtige Anordnung des Preußschen Verfassungsentwurfs, indem sie die Auflösung des Reichstags durch den Reichspräsidenten sowie dessen Absetzung durch eine Volksabstimmung nach

---

438 Vgl. Bollmeyer, Partizipation, bes. 130–133. Siehe auch Potthoff, Verfassungswerk, S. 469ff., Albertin, Parlamentarismus, S. 45f. Umfassend zu diesem Themenkomplex Schiffers, Elemente, S. 130–154. Dazu Gusy, Reichsverfassung, S. 90–96.

439 Sten. Ber., Bd. 326, S. 291 (Hugo Preuß (DDP), 24.2.1919). Siehe auch ebd., S. 450 (Hugo Preuß (DDP), 3.3.1919).

440 Sten. Ber., Bd. 327, S. 1309 (Bruno Ablaß (DDP), 4.7.1919). Siehe auch ebd., Bd. 326, S. 393 (Erich Koch (DDP), 28.2.1919); ebd., S. 1306f. (Ludwig Haas (DDP), 4.7.1919).

441 So sprach sich auch Peter Spahn (Z) für die Volkswahl des Präsidenten aus: »Wenn aber der Reichspräsident ein Gegengewicht bilden soll, dann muß er unabhängig sein von dem Reichstag selbst, er muß sein Mandat herleiten unmittelbar von der Stimme des Volkes.« Sten. Ber., Bd. 328, S. 2078 (Peter Spahn (Z), 29.7.1919). Siehe auch ebd., Bd. 326, S. 382 (Peter Spahn (Z), 28.2.1919).

442 Sten. Ber., Bd. 327, S. 1311 (Max Quarck (SPD), 4.7.1919).

Beschluss des Reichstags anerkannten.[443] Aufgrund dieser Verständigung innerhalb der Regierungsparteien erwiesen sich die Bemühungen der Unabhängigen Sozialdemokraten als nicht anschlussfähig, den Begriff des Reichspräsidenten dem des Reichstags unterzuordnen.[444]

Vor dem Hintergrund, dass auf sozialdemokratischer Seite die Kritik an einer selbstständigen Stellung des Reichspräsidenten neben dem und gegen den Reichstag mehr oder weniger stark ausgeprägt war, hielten sich die Vertreter der bürgerlichen Oppositionsparteien trotz ihrer Forderung nach einer machtvollen Ausgestaltung des Präsidentenamtes in der Vertretung einer dem Parlament übergeordneten Sichtweise weitgehend zurück. Vielmehr schlossen sie sich der gleichgewichtigen Anordnung an, indem sie etwa im Falle des Belagerungszustandes ausdrücklich auf die Bindung des Reichspräsidenten an die Genehmigung des Reichstags verwiesen.[445] Auf diese Weise versuchten sie, die Bestrebungen der bürgerlichen Regierungsparteien zu unterstützen, den Reichspräsidenten gegen die Bedenken der SPD als starkes Gegengewicht neben dem Reichstag auszubauen. Charakteristisch für das Verhältnis von »Reichspräsident« und »Reichstag« war also die von Seiten der DDP mit Nachdruck vertretene gleichgewichtige Anordnung, die aus einer rigorosen Zurückweisung einer Unterordnung des Präsidenten entsprang und somit die Ten-

443 Sten. Ber., Bd. 327, S. 1263 (Simon Katzenstein (SPD), 3.7.1919). Bezüglich der stärkeren Bindung des Reichspräsidenten an den Reichstag forderte Simon Katzenstein (SPD) im Namen seiner Partei, bei der Verhängung des Belagerungszustandes »die gleichen Einschränkungen einzusetzen, die in Art. 49 vorgesehen sind. Dort wird der Reichspräsident, um die darin angeführten Maßnahmen zur Herstellung der öffentlichen Sicherheit und Ordnung, also die Verhängung des sogenannten Belagerungszustandes eintreten zu lassen, verpflichtet, unverzüglich die Genehmigung des Reichstags einzuholen, der berechtigt ist, die Aufhebung dieser Maßnahen zu verlangen.« Sten. Ber., Bd. 327, S. 1323 (Simon Katzenstein (SPD), 5.7.1919). In diesem Sinne ist auch die Kritik Katzensteins an dem Auflösungsrecht des Reichspräsidenten zu sehen, da seiner Meinung nach »ein Zustand unerträglich ist, bei dem im Falle der Auflösung, also der allerhöchsten politischen Spannung, vielleicht bei einem schweren Konflikt zwischen dem Reichspräsident und dem Reichstag, der Reichstag ausgeschlossen sein soll«. Ebd., S. 1282 (Simon Katzenstein (SPD), 4.7.1919).

444 So führte Oskar Cohn (USPD) die Ablehnung des Verfassungsentwurfs in der Schlussabstimmung auch darauf zurück, dass er »[k]eine Verpflichtung des Präsidenten oder des Reichsministers [enthalte], in gemessenen, regelmäßigen Zwischenräumen seinem Auftraggeber, dem Parlament, über die Lage des Reiches Rechenschaftsberichte zu erstatten, wie sie in jedem Verein, wie sie in jeder Verwaltung notwendig und üblich sind.« Sten. Ber., Bd. 328, S. 2098 (Oskar Cohn (USPD), 30.7.1919). Siehe auch ebd., Bd. 326, S. 404 (Oskar Cohn (USPD), 28.2.1919); ebd., Bd. 327, S. 1325 (Oskar Cohn (USPD), 5.7.1919).

445 In diesem Zusammenhang wies etwa Clemens von Delbrück (DNVP) darauf hin, »daß auch hier der Reichspräsident verpflichtet ist, die Genehmigung des Reichstags einzuholen und seine Anordnung aufzuheben, wenn der Reichstag die Genehmigung versagt.« Sten. Ber., Bd. 327, S. 1335 (Clemens von Delbrück (DNVP), 5.7.1919). Siehe auch ebd., S. 1332 (Alexander Graf zu Dohna (DVP), 5.7.1919). Dazu ebd., S. 1331 (Hugo Preuß (DDP), 5.7.1919).

denz zu einer potenziellen Überordnung besaß. Dieses wurde insbesondere von den Befürwortern einer starken Präsidialgewalt für ihre Ziele genutzt, während die Mehrheitssozialdemokraten diesem trotz ihres Eintretens für die zentrale Stellung des Reichstags nichts Adäquates entgegenzusetzen hatten.

Gegenüber diesen Differenzen war das Verhältnis zur Regierung weniger umstritten, da mit der Einführung der parlamentarischen Regierungsweise der enge Zusammenhang zwischen dem Reichstag und der Regierung faktisch vollzogen wurde. In der positiven Deutung dieser Verbindung erwiesen sich die Redner der DDP abermals als dominant, die wie Hugo Preuß (DDP) die »Stärke der Regierung im Verein mit der Volksvertretung« betonten.[446] Die bürgerlichen Vertreter der Regierungsparteien traten also wie bereits im Kaiserreich für einen engen Konnex der Regierung mit dem Reichstag ein, den sie als Stärkung für die Regierung interpretierten. Demgegenüber verorteten die Mehrheitssozialdemokraten die Bedeutung dieser Verbindung eher in der vermittelten Entscheidungskompetenz des Volkes über seine Regierung, indem etwa Eduard David (SPD) darauf hinwies, dass sich das »Volk in einem parlamentarischen Staate [...] bei der Wahl des Parlaments auch seine Regierung« wähle.[447] Der durch das parlamentarische System bedingte enge Zusammenhang von »Reichstag« und »Regierung« war soweit anerkannt, dass auch die Redner der Oppositionsparteien auf diesen zurückgriffen, um ihrer Kritik an der Stellung des Reichspräsidenten im Falle der USPD[448] oder an den verfassungsmäßigen Beschränkungen der Exekutive im Falle der DNVP[449] Ausdruck

446 Sten. Ber., Bd. 326, S. 453 (Hugo Preuß (DDP), 3.3.1919). In diesem Sinne führte auch Erich Koch (DDP) aus, »daß eine Regierung, die sich auf den Willen des Parlaments stützt, auch in schwieriger Lage sich besser durchsetzt, als das in früheren Zeiten der Fall gewesen ist.« Ebd., S. 392 (Erich Koch (DDP), 28.2.1919). Siehe auch ebd., Bd. 327, S. 1221 (Erich Koch (DDP), 2.7.1919).

447 Sten. Ber., Bd. 326, S. 499 (Eduard David (SPD), 4.3.1919). In diesem Sinne auch die Aussage von Simon Katzenstein (SPD): »Der Reichstag als die oberste Volksvertretung ist im wesentlichen der Träger der Gesetzgebung, ist zugleich das Organ, von dem die Reichsregierung das Vertrauen nehmen muß und das berechtigt ist, die Reichsregierung abzuberufen.« Ebd., Bd. 327, S. 1263 (Simon Katzenstein (SPD), 3.7.1919).

448 So führte Oskar Cohn (USPD) gleich zu Beginn der Verfassungsberatungen aus, »daß ein Reichspräsident in einem demokratisch geleiteten Staate unnötig ist, der ein dem Parlament verantwortliches und von seinem Vertrauen getragenes und allein von ihm abhängiges Reichsministerium hat.« Sten. Ber., Bd. 326, S. 404 (Oskar Cohn (USPD), 28.2.1919). Siehe auch ebd., Bd. 327, S. 1325 (Oskar Cohn (USPD), 5.7.1919), S. 1352 (Oskar Cohn (USPD), 7.7.1919).

449 So bemängelte Clemens von Delbrück (DNVP) an dem Verfassungsentwurf die »Häufung von Kautelen gegen irgendwelche selbständigen Gedanken oder Entschließungen des Reichspräsidenten und gegen die Tätigkeit der parlamentarischen Regierung, die doch aus den Vertrauensleuten der Parlamentsmehrheit besteht.« Sten. Ber., Bd. 327, S. 1218 (Clemens von Delbrück (DNVP), 2.7.1919). Siehe auch ebd., Bd. 326, S. 472 (Adelbert Düringer (DNVP),

zu verleihen. Jedoch traten in der Frage der verfassungsrechtlichen Ausgestaltung dieser Verbindung die Unterschiede zwischen den bürgerlichen und den sozialdemokratischen Parteien wieder auf. Während Vertreter der bürgerlichen Oppositionsparteien wie Rudolf Heinze (DVP) die Abhängigkeit der Regierung von dem Parlament und damit von den Wahlen als Schwächung der Exekutive kritisierten, traten sozialdemokratische Redner wie Simon Katzenstein (SPD) für eine Überwachung der Regierung mittels des entsprechenden parlamentarischen Ausschusses ein, da »die Regierung, auch wenn sie auf der Volksvertretung beruht, nicht längere Zeit ohne Kontrolle« sein dürfe.[450] Diese unterschiedlichen Sichtweisen dieses Verhältnisses waren verfassungspolitische Überhänge des Konstitutionalismus, da sich hier der Dualismus von »Reichstag« und »Regierung« ausdrückte, der trotz des Hinweises von Hugo Preuß (DDP), dass doch der »Parlamentarismus [...] auf der Einheit von Regierung und Parlament« beruhe, weiterhin wirksam blieb und letztlich auch zur Annahme des Ausschusses führte.[451]

Die Vorbehalte gegenüber der zentralen Stellung des Parlaments, die sich insbesondere im Verhältnis zum Volk und zum Reichspräsidenten äußerten, fanden sich auch in der Verwendung des Parlamentarismusbegriffs wieder. Wurde der »Parlamentarismus« zu Beginn der Verfassungsberatungen noch von Erich Koch (DDP) als »beste Ausdrucksform der Demokratie« bezeichnet, so sah sich selbiger Redner in der zweiten Lesung zu der Einschränkung veranlasst, dass sich »Demokratie und Parlamentarismus« nicht in vollem Umfang decken würden. Denn erst mit der verfassungsrechtlichen Sicherstellung, dass das Parlament von anderen demokratischen Stellen wie der Volksgesetzgebung korrigiert werden könne, verwirkliche sich die »wahre Demokratie«, die besser als der »reine Parlamentarismus« sei.[452] In konsequenter Weiterführung dieser Sichtweise wies Rudolf Heinze (DVP) das gesamte Verfassungswerk zurück, da es einen »extremen Parlamentarismus« begründe, dem die notwendigen Gegengewichte fehlen würden.[453] Diese nur bedingt zustimmende Haltung zum Parlamentarismus beschränkte sich jedoch nicht nur auf die Vertre-

---

3.3.1919); ebd., Bd. 327, S. 1291 (Rudolf Heinze (DVP), 4.7.1919), S. 1353 (Rudolf Heinze (DVP), 7.7.1919).

450 Sten. Ber., Bd. 327, S. 1294 (Simon Katzenstein (SPD), 4.7.1919). Siehe auch ebd., S. 1264 (Simon Katzenstein (SPD), 3.7.1919), S. 1295 (Hugo Haase (USPD), 4.7.1919). Zur Haltung der bürgerlichen Oppositionsparteien ebd., S. 1273 (Rudolf Heinze (DVP), 3.7.1919).

451 Zur Abstimmung über die von der DVP beantragte Streichung des entsprechenden Artikels siehe Sten. Ber., Bd. 327, S. 1299. Die Aussage von Preuß ebd., S. 1296 (Hugo Preuß (DDP), 4.7.1919). Siehe auch ebd., S. 1293 (Walther Schücking (DDP), 4.7.1919). Dazu Vestring, Mehrheitssozialdemokratie, S. 173; Raithel, Funktionsstörungen, S. 261.

452 Sten. Ber., Bd. 327, S. 1221 (Erich Koch (DDP), 2.7.1919).

453 Sten. Ber., Bd. 328, S. 2094 (Rudolf Heinze (DVP), 30.7.1919).

ter der bürgerlichen Parteien. Auch die sozialdemokratischen Redner lehnten entweder wie Alfred Henke (USPD) den »alten Parlamentarismus« insgesamt ab[454] oder versahen ihn wie Simon Katzenstein (SPD) mit der Einschränkung, dass die Verfassung zwar den »Parlamentarismus, aber kein System der unbeschränkten Parlamentsherrschaft« festlege.[455] Letztlich blieb der »Parlamentarismus« eine eingeschränkt anerkannte Bezeichnung und diente weniger der Konsensfindung innerhalb der Regierungsparteien als vielmehr der Verdeutlichung der vorhandenen Vorbehalte gegenüber dem Reichstag.

Auch wenn der Begriff des »Parlamentsabsolutismus«[456] in den Verfassungsberatungen nicht verwendet wurde, prägten die Vorbehalte gegen eine zu starke Stellung des Reichstags die gesamte Diskussion und traten bei der Thematisierung des Verhältnisses zum Reichspräsidenten wie zum Volk offen zutage. In beiden Fällen besaßen die Vertreter der DDP die Deutungshoheit, indem sie das Amt des Reichspräsidenten wie die Volksgesetzgebung als Gegengewichte zum Reichstag entwarfen. Während sie im ersten Fall die Unterstützung der bürgerlichen Oppositionsparteien für eine starke Ausgestaltung des Reichspräsidenten besaßen, stimmten ihnen im zweiten Fall die Vertreter der SPD in der Überordnung des Volkes über den Reichstag zu, sodass beide Aspekte von der Nationalversammlung angenommen wurden und Eingang in die Weimarer Reichsverfassung fanden. Um die verfassungspolitischen Vorstellungen der Regierungsparteien über die Stellung des Reichstags zusammenzuführen, wurde von mehrheitssozialdemokratischer wie von linksliberaler Seite die Bezeichnung der »Volksvertretung« verwendet und die enge Verbindung zwischen »Regierung« und »Reichstag« hervorgehoben, wobei letztere nicht nur wegen der potenziellen Gegenüberstellung, sondern auch wegen des Wunsches nach einem Konnex die enge Verbindung zur Verfassungsdiskussion des Kaiserreichs und deren Deutungsmuster verdeutlichte. Wie dort wurde dem Reichstag auch in der Weimarer Nationalversammlung eine Anerkennung in seiner Scharnierstellung zwischen dem Volk und der Regierung und in seiner Funktion der Bündelung des pluralistischen Volkswillens in einen Mehrheitswillen allenfalls auf Seiten der SPD zu Teil. Denn nicht nur die oppositionellen Vertreter lehnten aus unterschiedlichen Gründen weitreichende Befugnisse des Reichstags ab. Auch die Abgeordneten der bürgerlichen Regierungsparteien begegneten einer starken Stellung des Reichstags mit mehr oder weniger stark ausgeprägter Skepsis und forderten dementsprechend starke Ge-

454 »Nicht nur die Monarchie und die Militärmacht des alten Systems sind erledigt, sondern auch der alte Parlamentarismus steht am Ende seiner Tage.« Sten. Ber., Bd. 326, S. 489 (Alfred Henke (USPD), 4.3.1919).

455 Sten. Ber., Bd. 327, S. 1263 (Simon Katzenstein (SPD), 3.7.1919).

456 Dazu Boldt, Monarchie, S. 171; ders., Reichsverfassung, S. 61.

gengewichte im Reichspräsidenten und in der Volksgesetzgebung, dem sich letztlich auch die Mehrheitssozialdemokraten anschlossen. Indem die Gegengewichte dem Reichstag zwar gleichgewichtig an die Seite gestellt werden sollten, einer implizit übergeordneten Stellung jedoch nicht entgegenstanden, präformierten sie die Stellung des Reichstags in der Weise, dass dieser nicht nur in seiner eigenständigen und allein dem Volk verantwortlichen Stellung beschnitten, sondern ihm auch die Unterordnung unter die Gegengewalten und damit den Rückzug aus der politischen Verantwortung ermöglichten.

3.3. Die Ausgestaltung der Exekutive

Die parlamentarische Regierung

Im Gegensatz zur Verfassungsdiskussion des Kaiserreichs, in der die Thematisierung der Regierung nahezu ausschließlich der Einflussnahme auf die Regierungspolitik diente, verfolgten die Abgeordneten der Weimarer Nationalversammlung mit der Bezugnahme auf die »Regierung« in erster Linie das Ziel, ihre Stellung verfassungsrechtlich auszugestalten. Dabei rückte die Beziehung zum »Reichstag« noch stärker in den Vordergrund, als es im Kaiserreich der Fall war, da mit der gesetzmäßigen Einführung und der abzusehenden verfassungsrechtlichen Festlegung der parlamentarischen Regierungsweise diese Achse von zentraler Bedeutung war. Deren Deutung wurde von den Rednern der DDP dominiert, die den engen Zusammenhang dieser Staatsorgane als Unterstützung der Regierung interpretierten.[457] Die enge Verbindung wurde auch von mehrheitssozialdemokratischer Seite hervorgehoben. Jedoch legten deren Vertreter das Gewicht weniger auf die Stärkung der Regierungsposition wie ihre linksliberalen Kollegen, sondern auf die Stellung des Reichstags, indem sie auf die Abhängigkeit der Reichsregierung vom Vertrauen des Parlaments besonders hinwiesen[458] und im Zusammenhang mit der Festlegung des parlamentarischen Überwachungsausschusses die notwendige Kontrolle der

457 In diesem Sinne die Aussage von Erich Koch (DDP): »Eine moderne Regierung kann nicht kraftvoll ihren Willen ausführen, wenn sie nicht im Parlament eine große, starke Mehrheit hinter sich hat, die ihre Gedankengänge von vorn bis hinten mit ihr durchdenkt und sie nicht im Stich läßt, wenn einmal die Situation infolge äußerer Schwierigkeiten bedenklich zu werden droht.« Sten. Ber., Bd. 326 S. 392 (Erich Koch (DDP), 28.2.1919).Siehe auch ebd., S. 453 (Hugo Preuß (DDP), 3.3.1919).

458 So Simon Katzenstein (SPD): »Der Reichstag als die oberste Volksvertretung ist im wesentlichen der Träger der Gesetzgebung, ist zugleich das Organ, von dem die Reichsregierung das Vertrauen nehmen muß und das berechtigt ist, die Reichsregierung abzuberufen.« Sten. Ber., Bd. 327, S. 1263 (Simon Katzenstein (SPD). 3.7.1919).

Regierung durch den Reichstag in den Mittelpunkt rückten.[459] Beide Seiten verfolgten also mit ihrem jeweiligen Eintreten für eine enge Verbindung zwischen der Regierung und dem Reichstag ganz unterschiedliche Ziele. Während die Vertreter der DDP nicht zuletzt aufgrund der Erfahrung des mangelnden Zusammenhangs von Reichsleitung und Reichstag im Weltkrieg in dieser Verbindung in erster Linie die Stärkung der Exekutive in den Vordergrund stellten, beabsichtigten die Abgeordneten der SPD, die Macht der Regierung an den Reichstag zu binden und so zu beschränken.

Die Sichtweise eines engen Zusammenhangs von »Regierung« und »Reichstag« war jedoch soweit anerkannt, dass sich auch die Redner der oppositionellen Parteien auf diese Verbindung beriefen, ohne jedoch die parlamentarische Regierungsweise zu befürworten, sondern diese für parteipolitische Ziele zu instrumentalisieren. So versuchten die Vertreter der USPD, die Stellung des Reichspräsidenten möglichst zu beschränken, indem sie dieses Amt in einem demokratisch geleiteten Staat mit einem dem Parlament verantwortlichen Reichsministerium als überflüssig bezeichneten[460] und die Übertragung des Reichsexekutionsrechts vom Reichspräsidenten an das Reichsministerium forderten, um so den Einfluss des Reichstags sicherzustellen.[461] Aber auch die Redner der bürgerlichen Oppositionsparteien griffen diese Beziehung auf, um ihrer ablehnenden Haltung gegenüber dem Verfassungsentwurf Ausdruck zu verleihen. So bemängelte etwa Rudolf Heinze (DVP) an den Bestimmungen bezüglich der direkten Gesetzgebung, dass der Reichstag und die aus dem

459 Sten. Ber., Bd. 327, S. 1294 (Simon Katzenstein (SPD), 4.7.1919). Unter dem Aspekt der Kontrolle beurteilte Katzenstein auch das Recht des Reichspräsidenten, den Belagerungszustand zu verhängen, als er »erstens die Verantwortlichkeit des gesamten Reichsministeriums und zweitens die Zustimmung des Reichstags« forderte. Ebd., S. 1323 (Simon Katzenstein (SPD), 5.7.1919).

460 »Schon vor einigen Tagen habe ich mir gestattet, den Standpunkt zu vertreten, daß ein Reichspräsident in einem demokratisch geleiteten Staate unnötig ist, der ein dem Parlament verantwortliches und von seinem Vertrauen getragenes und allein von ihm abhängiges Reichsministerium hat.« Sten. Ber., Bd. 326, S. 404 (Oskar Cohn (USPD), 28.2.1919). In diesem Sinn begründete er auch die Forderung seiner Partei, dass gegenüber dem Recht des Reichspräsidenten, eine Volksabstimmung anzusetzen, dieses auch der Reichsregierung eingeräumt werden müsse: »Gerade von Ihrem Standpunkt, daß das Reichsministerium als verantwortlicher Vertrauensausschuß des Parlaments zu handeln hat, ist es erst recht notwendig, die Vertrauenskörperschaft auch mit der Aufgabe zu betrauen, die Volksentscheidung dann herbeizuführen, wenn die Vertrauenskörperschaft einmal klüger und weitsichtiger zu sein glaubt als das Parlament selbst, das ihr das Vertrauen ausgesprochen hat.« Ebd., Bd. 327, S. 1357 (Oskar Cohn (USPD), 7.7.1919). Siehe auch ebd., S. 1308 (Hugo Haase (USPD), 4.7.1919).

461 »Hinter dem Rücken des Reichsministeriums kann dann ein übelberatener Reichspräsident die Reichsexekution beschließen, ohne daß das Reichsministerium und auf Veranlassung des Reichsministeriums das Parlament irgend etwas dazu tun kann.« Sten. Ber., Bd. 327, S. 1325 (Oskar Cohn (USPD), 5.7.1919).

Reichstag hervorgehende Reichsregierung die verantwortlichen Stellen der Staatsleitung darstellen würden, die sich ihrer Verantwortung nicht durch ein Referendum entziehen dürften.[462]

Unter den Rednern der bürgerlichen Oppositionsparteien besaß die Hervorhebung des Zusammenhangs von »Regierung« und »Reichstag« also in erster Linie einen funktionalen Charakter, um mittels des Hinweises auf die parlamentarische Verantwortlichkeit der Minister die verfassungsrechtliche Festlegung spezifischer Kontrollrechte des Reichstags abzulehnen und so eine größere Selbstständigkeit der Reichsregierung zu sichern. Unterstützung fanden sie in dieser Hinsicht teilweise von linksliberaler Seite, deren Redner sich etwa gegen den von den sozialdemokratischen Parteien geforderten parlamentarischen Überwachungsausschuss aussprachen, indem sie auf das für die Regierung notwendige parlamentarische Vertrauen hinwiesen.[463] An dieser Stelle äußerte sich der »Vorrang der Exekutive« bei der DDP, die trotz ihres Eintretens für das parlamentarische System der Regierung ein größtmögliches Maß an Selbstständigkeit gegenüber dem Reichstag zu sichern suchten.[464] Während die Ablehnung einer zu starken Bindung der Regierung an den Reichstag auf linksliberaler Seite jedoch nur an einzelnen Punkten auftrat, besaß sie auf Seiten der rechtsliberalen und deutschnationalen Opposition einen grundsätzlichen Charakter, indem sie die fehlende Konstanz der Regierung aufgrund ihrer Abhängigkeit vom Parlament und damit von den Wahlen kritisierten, worin sich im besonderen Maß deren Verwurzelung in der konstitutionellen Vorstellung einer vom Parlament unabhängigen Exekutive äußerte.[465]

---

462 Sten. Ber., Bd. 327, S. 1353 (Rudolf Heinze (DVP), 5.7.1919). Und Clemens von Delbrück (DNVP) wies im Namen seiner Partei den gesamten Verfassungsentwurf zurück, da dieser eine »Häufung von Kautelen […] gegen die Tätigkeit der parlamentarischen Regierung [enthalte], die doch aus den Vertrauensleuten der Parlamentsmehrheit besteht.« Ebd., S. 1218 (Clemens von Delbrück (DNVP), 2.7.1919). Siehe auch ebd., S. 1359 (Clemens von Delbrück (DNVP), 7.7.1919).

463 Diesbezüglich führte Walther Schücking (DDP) aus, dass das »Kabinett einen Ausschuß« darstelle, welcher das »Vertrauen des Parlaments« besitze, sodass »keine besondere Überwachungsinstanz außerhalb des Parlaments« notwendig sei: Sten. Ber., Bd. 327, S. 1293 (Walther Schücking (DDP), 4.7.1919). In diesem Zusammenhang wies auch Hugo Preuß (DDP) auf den »Gedanken des Parlamentarismus« hin, welcher auf der »Einheit von Regierung und Parlament« beruhe, wohingegen der beantragte Überwachungsausschuss in der »Gedankenwelt des alten Obrigkeitsstaates und seines Dualismus zwischen Regierung und Ständen oder Volksvertretung« verwurzelt sei: ebd., S. 1296 (Hugo Preuß (DDP), 4.7.1919).

464 Vgl. Albertin, Liberalismus, S. 269–272, Zitat S. 269. Siehe auch Hess, Überlegungen, S. 295f.

465 So Rudolf Heinze (DVP): »Nicht nur das Parlament hängt in Zukunft von den Wahlen ab, sondern die Regierung selbst hängt in sehr viel weiterem Umfange von den Wahlen ab, als es früher der Fall war. Die Regierung hängt vom Parlament ab, das Parlament wird durch die Wahl gebildet. Wir müssen aber gerade für die nächste Zeit das allergrößte Gewicht darauf legen, daß in der Regierung, in der Verwaltung eine gewisse Stetigkeit Platz greift.« Sten. Ber.,

Um darüber hinaus den von SPD und DDP vertretenen Zusammenhang von »Regierung« und »Reichstag« abzuwerten, stellten die Redner der bürgerlichen Opposition eine Verbindung zu den negativ besetzten »Parteien« her. So führte etwa Adelbert Düringer (DNVP) aus, dass die Mitglieder der Reichsregierung aufgrund ihrer zukünftigen Herkunft aus dem Parlament immer zugleich »Parteimänner« seien. Folglich sei die gesamte Regierungsorganisation des Verfassungsentwurfs abzulehnen, da die Regierungsmitglieder nicht mehr nach ihrer persönlichen Eignung, sondern ausschließlich nach ihrer Parteistellung ausgewählt würden.[466] Dieser Verweis auf die Machtzunahme der Parteien infolge eines engen Zusammenhangs der Regierung mit dem Reichstag wurde auch von linksliberalen Rednern geteilt, da diese sich wie Erich Koch (DDP) explizit gegen den Vorwurf verwahrten, dass die Auswahl der Minister ausschließlich nach parteipolitischen Gesichtspunkten erfolgt sei.[467] Vor diesem Hintergrund erwiesen sich die Bemühungen um eine positive Verbindung von »Regierung« und »Parteien«, wie sie etwa von Hugo Preuß (DDP) mit seinem Hinweis unternommen wurden, dass die »Minister [...] aus dem freien Streit und Wettkampf der Parteien, der politischen Geistesrichtungen hervorgehen«[468] müssten, selbst innerhalb der Regierungsparteien als nicht anschlussfähig.

Um die Verbindung von »Regierung« und »Reichstag« positiv zu deuten, beschritten die Mehrheitssozialdemokraten einen anderen semantischen Weg, indem sie die Beziehung zum »Volk« herstellten. So hob etwa Eduard David (SPD) ausdrücklich hervor, dass das »Volk in einem parlamentarischen Staate [...] sich bei der Wahl des Parlaments auch seine Regierung« wähle, was zu einem »ganz neuen Verhältnis zwischen Regierung und Volk« führe, da »nun erst [...] die Regierung wirklich dem Volk verantwortlich« sei.[469] Dieses Verhältnis griffen jedoch nicht nur die Vertreter der SPD auf, sondern auch die

---

Bd. 327, S. 1273 (Rudolf Heinze (DVP), 3.7.1919). Siehe auch ebd., Bd. 328, S. 2094 (Rudolf Heinze (DVP), 30.7.1919).

466 Die Zitate in dieser Reihenfolge Sten. Ber., Bd. 326, S. 472 (Adelbert Düringer (DNVP), 3.3.1919); ebd., Bd. 328, S. 2089 (Adelbert Düringer (DNVP), 30.7.1919). In diesem Sinne lehnte auch Rudolf Heinze (DVP) den Verfassungsentwurf ab, da der Reichspräsident »in der Ministerernennung direkt von den Parteien ab[hänge], da die Minister von den Parteien präsentiert werden.« Ebd., S. 2094 (Rudolf Heinze (DVP), 30.7.1919). Siehe auch ebd., Bd. 327, S. 1339 (Rudolf Heinze (DVP), 5.7.1919).

467 Sten. Ber., Bd. 327, S. 1340 (Erich Koch (DDP), 5.7.1919). Zur Wirkmächtigkeit dieser Sichtweise über die Verfassunggegbung hinaus Raithel, Funktionsstörungen, S. 261f.

468 Sten. Ber., Bd. 328, S. 2101 (Hugo Preuß (DDP), 30.7.1919). Siehe auch ebd., S. 2082 (Conrad Haußmann (DDP), 29.7.1919).

469 Sten. Ber., Bd. 326, S. 499 (Eduard David (SPD), 4.3.1919). In diesem Sinne auch die Formulierung des SPD-Abgeordneten Simon Katzenstein von der »Regierung, die vom Vertrauen des Volkes getragen ist«: ebd., Bd. 327, S. 1294 (Simon Katzenstein (SPD), 4.7.1919).

Unabhängigen Sozialdemokraten sowie die Linksliberalen, die jedoch unterschiedliche Schwerpunkte setzten. Während Erstere die Beziehung im imperativen Sinne deuteten, indem sie etwa die Wahl aller öffentlichen Funktionäre durch die Bevölkerung[470] forderten, betonten Letztere die führende Stellung der Regierung.[471] Im Gegensatz zu den Mehrheitssozialdemokraten, für die der Bezugspunkt dieses Verhältnisses beim Volk lag, welches durch die Wahl des Parlaments die Regierung bestimmen konnte, legten die Linksliberalen aufgrund ihrer Fokussierung der Exekutive einen größeren Wert auf deren Leitungsfunktion gegenüber dem Volk. Folglich bemühten sich insbesondere die Redner der DDP um eine Verständigung, indem sie sich wie Conrad Haußmann (DDP) auf die »Forderungen der Demokratie, d. h. des Anteils des Volks an der Regierung« und auf den »Grundsatz der Volksregierung durch die Volksregierung« beriefen, um die unterschiedlichen Auffassungen unter dieser allgemeinen Formulierung zusammenzuführen und so die Zustimmung beider Parteien zur Regierungsorganisation des Verfassungsentwurfs zu ermöglichen.[472] Demgegenüber verzichteten die Mitglieder der bürgerlichen Oppositionsparteien weitgehend auf die Thematisierung des Verhältnisses von »Regierung« und »Volk«, worin sich nicht zuletzt ihr Wunsch nach einer vom Volk und der Volksvertretung möglichst unabhängigen Regierung ausdrückte.[473]

Diese Sichtweise kam in besonderem Maße im Zusammenhang mit dem »Reichspräsidenten« zum Vorschein. In ihrem Bemühen um eine selbstständige Exekutive versuchten die Vertreter der DVP wie der DNVP, die Regierung aus ihrer durch das parlamentarische System bedingten Abhängigkeit vom

---

470 So die Aussage von Oskar Cohn (USPD): »Ich darf hier in aller Kürze darauf aufmerksam machen, daß das Ernennungsrecht des Reichspräsident, auch das Ernennungsrecht der Reichsminister mit unserer Auffassung im Widerspruch steht, wonach alle öffentlichen Funktionäre das Recht zur Ausübung ihres Amtes nur aus dem Vertrauen der Bevölkerung herleiten können, und daß dieses Vertrauen sich durch die Wahl der öffentlichen Funktionäre bekunden muß.« Sten. Ber., Bd. 327, S. 1322 (Oskar Cohn (USPD), 5.7.1919). Siehe auch ebd., Bd. 326, S. 404 (Oskar Cohn (USPD), 28.2.1919).

471 So forderte Bruno Ablaß (DDP) »Führer des Volkes [...], die das Volk leiten und lenken aus dem Bewußtsein ihrer Pflicht dem Volke gegenüber.« Sten. Ber., Bd. 327, S. 1309f. (Bruno Ablaß (DDP), 4.7.1919). Siehe auch ebd., Bd. 326, S. 392 (Erich Koch (DDP), 28.2.1919).

472 Die Zitate in dieser Reihenfolge Sten. Ber., Bd. 328, S. 2081, 2083 (Conrad Haußmann (DDP), 29.7.1919). In diesem Sinne auch die Äußerung von Hugo Preuß (DDP), dass »das Volk begreifen wird, daß es nach der neuen Verfassung sich selbst regiert, in den Regierenden seine Mandate zu sehen hat und deshalb allmählich das Mißtrauen, das aus der alten Zeit überkommen ist, überwunden werden wird.« Ebd., S. 2102 (Hugo Preuß (DDP), 30.7.1919).

473 Lediglich Rudolf Heinze (DVP) nahm in seiner Ablehnung der direkten Gesetzgebung Bezug auf dieses Verhältnis, wobei er sich der linksliberalen Sichtweise anschloss, als er den Reichstag und die aus dem Reichstag hervorgehende Reichsregierung als die »Organe« bezeichnete, »die dazu berufen sind, die Geschicke des deutschen Volkes zu leiten«. Sten. Ber., Bd. 327, S. 1353 (Rudolf Heinze (DVP), 7.7.1919).

Reichstag zu lösen, indem sie die »Regierung« dem »Reichspräsidenten« zuordneten. So forderten sie im Falle der Ernennung der Reichsregierung, dass der Reichspräsident den Reichskanzler auswählen und diesen mit der Aufgabe der Regierungsbildung beauftragen müsse.[474] Zudem benutzten sie die Verbindung, um die verfassungsrechtliche Ausgestaltung des Präsidentenamtes zu verteidigen, indem sie die Kompetenzen des Reichspräsidenten mit dem Verweis auf die Gegenzeichnungspflicht eines Mitgliedes der Regierung herunterzuspielen versuchten.[475] Hier trafen sich die Bemühungen der bürgerlichen Oppositionsparteien mit denen der bürgerlichen Regierungsparteien, deren Vertreter die von der USPD geforderte Übertragung des Reichsexekutionsrecht an die Reichsregierung mit dem Hinweis ablehnten, dass diesbezügliche Anordnungen bereits »vom Reichspräsidenten unter Verantwortlichkeit des Reichsministeriums« erlassen würden, die von ihm »vor dem Reichstag vertreten, verantwortet werden« müssten.[476] Der Verweis auf die Verbindung zwischen dem Reichspräsidenten und der Reichsregierung diente also auch den Linksliberalen dazu, die Kompetenzen des Reichspräsidenten etwa im Falle des Reichsexekutionsrechts gegen weitere Einschränkungen zu verteidigen. Denn mit dem Verweis auf die Gegenzeichnungspflicht durch ein Regierungsmitglied sowie auf dessen parlamentarische Verantwortlichkeit wurde der Einfluss des Reichstags als hinreichend gesichert dargestellt. Diese Auffassung diente in der dritten Lesung auch als Begründung, das Reichsexekutionsrecht dahingehend zu

474 Dazu die Aussage von Clemens von Delbrück (DNVP): »Ebenso wird es notwendig sein, daß, wenn ein völliger Kabinettswechsel eintritt, in Zukunft der Reichspräsident sich in erster Linie den Reichskanzler aussucht, sich mit diesem Reichskanzler über die Politik verständigt, die gemacht werden soll, und dann den Reichskanzler mit der Bildung des Kabinetts beauftragt, wie das in allen parlamentarisch regierten Staaten Mode ist.« Sten. Ber., Bd. 327, S. 1340 (Clemens von Delbrück (DNVP), 5.7.1919). In diesem Sinne auch die Forderung von Rudolf Heinze (DVP), »in der Verfassung festzusetzen, daß an und für sich der Reichspräsident in der Wahl des Reichskanzlers oder der Minister frei ist.« Ebd., S. 1340 (Rudolf Heinze (DVP), 5.7.1919).

475 So wies etwa Clemens von Delbrück (DNVP) als Berichterstatter ausdrücklich darauf hin, dass »[a]lle zivilen und militärischen Regierungs- und Verwaltungsakte des Präsidenten […] ausnahmsweise der Gegenzeichnung eines Mitgliedes der Regierung oder in besonders wichtigen Fällen der Gesamtheit der Reichsregierung, also sämtlicher Minister« bedürfen würden. Sten. Ber., Bd. 327, S. 1301 (Clemens von Delbrück (DNVP), 4.7.1919). In diesem Sinne auch die Aussage von Rudolf Heinze (DVP): »Der Reichspräsident darf eine Exekution doch nur vornehmen lassen, wenn ein Minister gegenzeichnet. Der Reichstag hat also jederzeit die Kontrolle, und er kann die Minister, die gegenzeichnen, zum Rücktritt veranlassen.« Ebd., S. 1324 (Rudolf Heinze (DVP), 5.7.1919). Siehe auch ebd., S. 1332 (Alexander Graf zu Dohna (DVP), 5.7.1919).

476 Sten. Ber., Bd. 327, S. 1331 (Hugo Preuß (DDP), 5.7.1919). Siehe auch ebd., S. 1324 (Erich Koch (DDP), 5.7.1919), S. 1325 (Hugo Preuß (DDP), 5.7.1919), S. 1333 (Ludwig Haas (DDP), 5.7.1919).

erweitern, dass der Reichspräsident nicht mehr die unverzügliche Genehmigung durch den Reichstag einholen müsse, sondern diesen davon lediglich in Kenntnis zu setzen habe.[477] Aufgrund der damit verbundenen Stärkung der Exekutive gegenüber dem Reichstag, der infolge dieser Änderung nicht mehr grundsätzlich, sondern nur noch im Falle einer beantragten Aufhebung der Anordnungen über die Reichsexekution zu entscheiden hatte, wurde der Antrag von den Abgeordneten der bürgerlichen Parteien gegen die sozialdemokratischen Parteien angenommen.[478] Demgegenüber hatten sich die Mehrheitssozialdemokraten mit der Verbindung von »Reichspräsident« und »Regierung« insoweit abgefunden, dass sie das Reichsexekutionsrecht des Reichspräsidenten nicht mehr grundsätzlich ablehnten, es aber an die Gegenzeichnung des gesamten Reichsministeriums gebunden sehen wollten, um so eine voreilige Handhabung dieses Rechts zu verhindern und dem Reichstag eine größere Mitsprache zu sichern.[479] In den Verfassungsberatungen setzte sich jedoch aufgrund der bürgerlichen Parlamentsmehrheit die von der DDP vertretene gleichgewichtige Sichtweise durch, in der die Regierung das flexible Bindeglied zwischen dem Reichspräsidenten auf der einen und dem Reichstag auf der anderen Seite darstellte. Eine weitergehende Bindung der Regierung an den Reichstag, wie sie etwa von sozialdemokratischer Seite vertreten wurde, lehnten nicht nur die bürgerlichen Oppositionsparteien, sondern auch die bürgerlichen Regierungsparteien ab, welche gemeinsam, wenn auch aus unterschiedli-

477 In diesem Zusammenhang führte Ludwig Haas (DDP) aus: »Mit unserem Abänderungsantrag auf Nr. 703 erstreben wir zunächst eine formelle Erleichterung für den Reichspräsidenten bei der Erklärung des Belagerungszustandes. Wir sind der Meinung, daß es nicht zweckmäßig ist, daß der Belagerungszustand nur unter Verantwortlichkeit des gesamten Reichsministeriums erklärt werden kann. Ich verweise nur auf Art. 51 der Verfassung, wonach alle zivilen und militärischen Anordnungen und Verfügungen des Reichspräsidenten zu ihrer Gültigkeit der Gegenzeichnung durch den Reichskanzler oder den zuständigen Reichsminister bedürfen.« Sten. Ber., Bd. 328, S. 2111 (Ludwig Haas (DDP), 30.7.1919).

478 Vgl. Sten. Ber., Bd. 328, S. 2113. Dazu Richter, Ausnahmegewalt, S. 235–238. Siehe auch Ziegler, Nationalversammlung, S. 159f.; Kurz, Diktatur, S. 36f.; Boldt, Artikel, S. 291f.

479 So führte Simon Katzenstein (SPD) diesbezüglich aus: »Es muß die Möglichkeit bestehen, in Fällen, wie wir sie jetzt haben, wo die Grundsätze der Demokratie außer Kraft gesetzt werden, wo vielleicht ein kleiner Einzelstaat die Beziehung zur Reichsregierung abbricht – wir können uns selbst denken, daß irgend ein Staat mit einer fremden Regierung Beziehungen anknüpft –, kurz in irgend welchen Fällen, in denen ein Eingreifen der Reichsregierung zur Aufrechterhaltung der Reichsverfassung und der Ordnung notwendig ist – solche Fälle können, und ich fürchte, sie werden vorkommen, dem Reichspräsidenten die Möglichkeit des Eingreifens zu lassen. […] Es ist notwendig, wenn eine solche Maßregel angewendet wird, daß sie vom Reichstag überwacht wird, daß der Reichstag das Recht hat, sie zurückzurufen. Und die Zustimmung der gesamten Reichsregierung ist ebenfalls notwendig, denn die Sache hat eine gewaltige Tragweite.« Sten. Ber., Bd. 327, S. 1323 (Simon Katzenstein (SPD), 5.7.1919). Dazu Potthoff, Verfassungswerk, S. 465; Richter, Ausnahmegewalt, S. 232f., 239.

chen Motiven, die verfassungsrechtliche Konzeption der Reichsregierung unterstützten und ermöglichten.

Die Übereinstimmung in der Sichtweise der Regierung zwischen den bürgerlichen Parteien zeigte sich auch im Falle der Rede von einer »starken Regierung« und die Ablehnung von weitergehenden Kontrollinstanzen für die Regierung. Denn nicht nur die Vertreter der bürgerlichen Oppositionsparteien sprachen sich wie Clemens von Delbrück (DNVP) gegen die im Verfassungsentwurf enthaltene »Unzahl von Kotrollinstanzen« und für eine »leistungsfähige Regierung« aus.[480] Auch Hugo Preuß (DDP) meinte in der Einsetzung des parlamentarischen Überwachungsausschusses für die Regierung die »Abschaffung einer verantwortlichen Regierung überhaupt« zu erkennen und wies nachdrücklich auf die Gefahr hin, »daß die demokratische Regierung durch allzu viele Kautelen und Kontrollen am Regieren behindert wird.«[481] Indem die Mehrheitssozialdemokraten die Problematik der Leistungsfähigkeit der Regierung nicht thematisierten, wurde zwar das Zusammengehen mit der DDP ermöglicht, da die unterschiedlichen Auffassungen nicht zur offenen Austragung gelangten und damit die Regierungskoalition belasteten. Andererseits wurde auf diese Weise der bürgerliche Block in seinem Einsatz für eine machtvolle Exekutive gestärkt, da dieser auf nur geringen Widerstand traf.

Zusammenfassend lässt sich festhalten, dass die Verwendung des Regierungsbegriffs überwiegend in den semantischen Bahnen des Kaiserreichs verlief. Im Mittelpunkt stand auch hier die Verbindung zum »Reichstag«, die infolge der abzusehenden verfassungsrechtlichen Festlegung der parlamentarischen Regierungsweise die zentrale Bedeutung einnahm. Jedoch traten nur die Vertreter der SPD und der DDP grundsätzlich für eine enge Verbindung dieser Institutionen ein, während die Redner der bürgerlichen Opposition in ihrem Bestreben um eine möglichst selbstständige Exekutive die Abhängigkeit der Regierung vom Parlament wie den Einflussgewinn der politischen Parteien kritisierten. Demgegenüber wurde die grundlegende und eine demokratische Herrschaftsordnung auszeichnende Änderung in der Stellung der Regierung mit der Verbindung zum Volk lediglich auf Seiten der Mehrheitssozialdemo-

480 Sten. Ber., Bd. 327, S. 1297 (Clemens von Delbrück (DNVP), 5.7.1919). Siehe auch ebd., Bd. 326, S. 388 (Clemens von Delbrück (DNVP), 28.2.1919). In diesem Sinne forderte auch Rudolf Heinze (DVP), »daß eine Verfassung zustande kommt, mit der gearbeitet werden kann, und daß eine Regierung besteht, die genügende Macht hat, um die Zukunft Deutschlands neu aufzubauen.« Ebd., Bd. 327, S. 1291 (Rudolf Heinze (DVP), 5.7.1919).

481 Die Zitate in dieser Reihenfolge Sten. Ber., Bd. 327, S. 1296 (Hugo Preuß (DDP), 4.7.1919); ebd., Bd. 328, S. 2102 (Hugo Preuß (DDP), 30.7.1919). In diesem Sinne auch die Aussage von Erich Koch (DDP): »Es ist wirklich bedauerlich, daß die Herren heute noch immer die Regierung mit Kautelen umlegen wollen, als wenn sie sich im alten Obrigkeitsstaat befänden.« Ebd., Bd. 327, S. 1324 (Erich Koch (DDP), 5.7.1919).

kraten und mit Einschränkungen der Linksliberalen erkannt. Aufgrund der Einheit der bürgerlichen Parteien konnte sich diese jedoch nicht durchsetzen, da deren Vertreter in ihrem Eintreten für eine selbstständige Ausgestaltung der Exekutive die Regierung dem unmittelbaren Einfluss des Volkes und der Volksvertretung weitgehend zu entziehen versuchten und die parlamentarischen Kontrollinstanzen auf die Abhängigkeit vom Vertrauen des Parlaments beschränkt wissen wollten.

Der Reichspräsident als Garant der Stärke

Im Gegensatz zur Reichsregierung, deren Stellung in den Verfassungsberatungen lediglich in ihrer Ausgestaltung, nicht aber in ihrer Existenz diskutiert wurde, stand das Amt des Reichspräsidenten grundsätzlich zur Debatte, da die sozialdemokratischen Parteien diesem Amt skeptisch bis ablehnend gegenüberstanden und insbesondere die Unabhängigen, aber auch Teile der Mehrheitssozialdemokraten für ein Direktorium als Staatspitze eintraten.[482] Folglich sahen sich die Befürworter eines vom Volk gewählten und als Gegengewicht zum Reichstag konzipierten Reichspräsidenten auf Seiten der bürgerlichen Regierungsparteien, insbesondere die DDP[483] vor eine doppelte Herausforderung gestellt. So mussten sie nicht nur die Zustimmung zumindest der SPD-Abgeordneten für das Amt an sich gewinnen, sondern auch für dessen machtvolle Ausgestaltung, welche sich insbesondere in der Volkswahl sowie den Rechten der Parlamentsauflösung, der Ansetzung einer Volksabstimmung und der Verhängung des Belagerungszustandes äußerte. Dabei erwies sich die Unterstützung der rechten Oppositionsparteien für eine starke präsidiale Spitze[484] nur bedingt hilfreich, da ein Zusammengehen der bürgerlichen Parteien in der zentralen Frage des Staatsoberhauptes gegen die sozialdemokratischen Parteien das Regierungsbündnis der Weimarer Koalition und damit das gesamte Verfassungswerk bedroht hätte.

Zum Zwecke der Verständigung mit den Mehrheitssozialdemokraten griffen die linksliberalen Redner anstelle des Begriffs des »Reichspräsidenten« verstärkt auf die Bezeichnung »Präsident« zurück. Sie wurde zwar nicht ausschließlich von den Vertretern der DDP verwendet, besaß in deren Reihen aber eine herausgehobene Stellung, indem sie für grundlegende Ausführungen

482 Vgl. Winkler, Revolution, S. 229–232; Potthoff, Verfassungswerk, S. 465f.; Schiffers, Elemente, S. 122f.; Kolb, Reichspräsidenten, S. 111f. Siehe auch das Protokoll der SPD-Fraktionssitzung vom 25./26.2.1919 bei Potthoff/Weber, S. 42–48, hier S. 43ff., 47.

483 Zur Haltung der bürgerlichen Regierungsparteien ausführlich Weber, Büro, S. 70–82. Siehe auch Albertin, Liberalismus, S. 270f.

484 Dazu Weber, Büro, S. 57–65; Trippe, Verfassungspolitik, S. 70ff.

zum Verfassungsaufbau und zum Staatsoberhaupt herangezogen wurde.[485] Dabei stellte die Bezeichnung »Präsident« aufgrund des nicht vorhandenen Verweises auf das »Reich« weniger dessen oberste Stellung im Reich und die persönliche Herrschaft in den Vordergrund, sondern vielmehr die präsidiale Grundstruktur der Verfassung, die aus anderen gesellschaftlichen Bereichen wie etwa dem Vereinswesen bekannt war und somit die Möglichkeit einer breiteren Akzeptanz bot.

Demgegenüber benutzten die Abgeordneten der sozialdemokratischen wie der übrigen bürgerlichen Parteien überwiegend die Bezeichnung »Reichspräsident«, um im ersten Fall ihre Vorbehalte gegenüber einer persönlichen Spitze des Staates und im zweiten Fall ihre Befürwortung einer solchen Ausdruck zu verleihen. In der ersten Lesung rekurrierten jedoch nahezu ausschließlich sozialdemokratische Redner auf diesen Begriff, indem sie wie Richard Fischer (SPD) an dem Verfassungsentwurf kritisierten, dass dieser dem »Reichspräsidenten eine höhere, uneingeschränktere Macht [gebe], als sie früher der Kaiser« besessen habe.[486] Dagegen hielten sich die Vertreter der bürgerlichen Oppositionsparteien zu diesem Zeitpunkt in der Thematisierung des »Reichspräsidenten« noch zurück, um mit ihrer Befürwortung einer starken präsidialen Spitze nicht den Widerstand auf Seiten der sozialdemokratischen Parteien zu provozieren und damit die verfassungsmäßige Einführung dieses Amtes zu gefährden.[487] Erst nach den Beratungen des Verfassungsausschusses, in denen sich eine Mehrheit für die Einsetzung eines vom Volk gewählten Präsidenten

485 So führte etwa Hugo Preuß (DDP) in seiner Begründung des Verfassungsentwurfs aus: »Daß an die Spitze eines 70 Millionen-Reichs ein Präsident treten muß, glaube ich, wird längerer Begründung nicht bedürfen.« Sten. Ber., Bd. 326, S. 291 (Hugo Preuß (DDP), 24.2.1919). Siehe auch ebd., S. 450 (Hugo Preuß (DDP), 3.3.1919). In diesem Sinne forderte auch Ludwig Haas (DDP), dass der »Präsident […] eine selbständige starke Kraft neben dem Parlament darstellen« solle, wie auch Bruno Ablaß (DDP) formulierte: »Der Präsident, wie wir ihn wollen, ist ein Präsident, welcher aus der Wurzel der Demokratie, dem Volke herauswächst.« Ebd., Bd. 327, S. 1306f. (Ludwig Haas (DDP), 4.7.1919), S. 1309 (Bruno Ablaß (DDP), 4.7.1919). Dazu auch ebd., S. 1293 (Walther Schücking (DDP), 4.7.1919), S. 1345 (Erich Koch (DDP), 4.7.1919), S. 1356 (Erich Koch (DDP), 5.7.1919). Zum Rückgriff auf den Präsidentenbegriff unter den übrigen Parteien siehe etwa ebd., Bd. 326, S. 400 (Rudolf Heinze (DVP), 28.2.1919), S. 453 (Johann Vogel (SPD), 3.3.1919); ebd., Bd. 327, S. 1218 (Clemens von Delbrück (DNVP), 2.7.1919), S. 1308 (Hugo Haase (USPD), 4.7.1919).

486 Sten. Ber., Bd. 326, S. 374 (Richard Fischer (SPD), 28.2.1919). Siehe auch ebd., S. 404 (Oskar Cohn (USPD), 28.2.1919), S. 487 (Alfred Henke (USPD), 4.3.1919). Dazu Beyme, Regierungssysteme, S. 270f.

487 In der ersten Lesung führte lediglich Adelbert Düringer (DNVP) mit Blick auf die föderale Verfassungsstruktur aus, dass der »Reichspräsident […] ein sehr bedeutsamer Faktor für die unitarischen Bestrebungen sein könne, so oft nämlich an der Spitze des Reiches eine starke Persönlichkeit steht, die das Vertrauen des Volkes genießt.« Sten. Ber., Bd. 326, S. 472 (Adelbert Düringer (DNVP), 3.3.1919).

abgezeichnet hatte, gaben die deutschnationalen Abgeordneten ihrer Überzeugung Ausdruck, indem sie sich nun unmissverständlich für die Einführung des Reichspräsidenten aussprachen und forderten, »daß der Reichspräsident ein würdiger Repräsentant der Nation sei, würdig in jeder Hinsicht.«[488] Jedoch stellte der »Reichspräsident« bereits in der zweiten Lesung eine auch von den Regierungsparteien besetzte Bezeichnung dar, nachdem sich die SPD in ihrer Fraktionssitzung vom 4. Juli 1917 für das Präsidentenamt ausgesprochen hatte und Max Quarck (SPD) anschließend im Plenum im Namen seiner Partei erklärte, »daß wir durchaus auf dem Boden der Vorlage und der Ausschußbeschlüsse stehen, also für einen Reichspräsidenten sind.«[489] Mit dieser Aussage befand sich Quarck in Übereinstimmung mit den Rednern der bürgerlichen Regierungsparteien, die sich ebenfalls für die Schaffung eines »Reichspräsidenten« aussprachen.[490] Die Verwendung des Begriffs verschob sich also im Verlaufe der Verfassungsberatungen von einer ursprünglich die Regierungsparteien trennenden zu einer die Gegensätze überbrückenden Nutzung, sodass eine Abwertung dieses Amtes nur noch auf Seiten der USPD vorgenommen wurde, die selbst von ihren Kollegen auf mehrheitssozialdemokratischer Seite als nicht mehr angemessen bezeichnet wurde.[491]

Diese Entwicklung ist im besonderen Maß auf die Kontexte zurückzuführen, in die der »Reichspräsident« anhand von anderen Begriffen gestellt wurde

488 Sten. Ber., Bd. 327, S. 1304 (Albrecht Philipp (DNVP), 4.7.1919). In diesem Sinne auch das Insistieren vom deutschnationalen Abgeordneten Clemens von Delbrück, dass der Art. 49 »dem Reichspräsidenten uneingeschränkt das Recht [gebe], für den Fall der Gefährdung der öffentlichen Sicherheit und Ordnung im Reichsgebiet mit Hilfe der bewaffneten einzuschreiten und zur Wiederherstellung der Ruhe und Ordnung die erforderlichen Maßnahmen zu treffen.« Ebd., S. 1304 (Clemens von Delbrück (DNVP), 4.7.1919). Siehe auch ebd., S. 1335 (Clemens von Delbrück (DNVP), 5.7.1919).

489 Sten. Ber., Bd. 327, S. 1310 (Max Quarck (SPD), 4.7.1919). Siehe auch ebd., Bd. 327, S. 1323 (Simon Katzenstein (SPD), 5.7.1919). Zum Beschluss der SPD-Fraktion vom 4.7.1919, den von der USPD eingebrachten Antrag auf Streichung des Präsidentenamtes abzulehnen: Potthoff/Weber, SPD-Fraktion, S. 125. Dazu Vestring, Mehrheitssozialdemokratie, S. 168–171; Richter, Ausnahmegewalt, S. 232.

490 So forderte Ludwig Haas (DDP), »daß die Verfassung dem Deutschen Reich einen Reichspräsidenten geben« solle, während Peter Spahn (Z) bereits in der ersten Lesung ausgeführt hatte: »Den Reichspräsident wählt nicht das Parlament, ihn wählt das Volk.« Sten. Ber., Bd. 326, S. 382 (Peter Spahn (Z), 28.2.1919); ebd., Bd. 327, S. 1306 (Ludwig Haas (DDP), 4.7.1919).

491 So kritisierte Oskar Cohn (USPD) an dem Recht des Präsidenten, den Belagerungszustand zu verhängen, dass damit das »Post-, Telegraphen und Fernsprechgeheimnis für die Fälle beseitigt [wird], wo der Reichspräsident von den Befugnissen des Art. 49 Gebrauch machen will.« Sten. Ber., Bd. 327, S. 1330 (Oskar Cohn (USPD), 5.7.1919). Demgegenüber sah Max Quarck (SPD) in den Anträgen der USPD, die Rechte des Reichspräsidenten auf Ansetzung einer Volksabstimmung zu streichen, »eine bis zur Idiosynkrasie ausgewachsene Gegnerschaft gegen den Reichspräsidenten.« Ebd., S. 1357 (Max Quarck (SPD), 7.7.1919).

und in denen die Mehrheitssozialdemokraten ihre Sichtweisen zugunsten der bürgerlichen Regierungsparteien aufgaben. An erster Stelle stand hierbei der Verweis auf das »Volk«, auf das sich die sozialdemokratischen Redner zunächst bezogen, um ihre Kritik an der entworfenen Ausgestaltung des Reichspräsidentenamtes zu begründen. So führte Richard Fischer (SPD) die Vorbehalte seiner Partei gegenüber den »Machtbefugnissen des Reichspräsidenten« darauf zurück, dass die SPD auf »demokratischem Boden« stehe und dass die »Staatsgewalt [...] beim Volke« liege.[492] Demgegenüber stellten die Vertreter der DDP und des Zentrums die Verbindung zum »Volk« besonders heraus, indem sie auf die Volkswahl als zentrales Charakteristikum des Präsidentenamtes insistierten.[493] Zusätzliche Unterstützung erhielten sie in dieser Hinsicht von den bürgerlichen Oppositionsparteien, deren Vertreter sich ebenfalls für die plebiszitäre Bestimmung des Reichspräsidenten einsetzten.[494] Aufgrund des Nachdrucks, den die Redner aller bürgerlichen Parteien auf die unmittelbare Beziehung des »Reichspräsidenten« zum »Volk« legten, konnten die mehrheitssozialdemokratischen Redner ihre Interpretation eines Gegensatzes dieser Elemente nicht aufrechterhalten.[495] Teilweise übernahmen die Mehrheitssozialdemokraten sogar das von den bürgerlichen Parteien vertretene Deutungsmuster, als Max Quarck (SPD) den von der USPD gestellten Antrag, dem Reichspräsidenten das Recht auf Ansetzung einer Volksabstimmung zu entziehen,

492 Sten. Ber., Bd. 326, S. 374 (Richard Fischer (SPD), 28.2.1919). In diesem Sinne bemängelte auch Oskar Cohn (USPD), dass der Verfassungsentwurf keine Möglichkeit vorsehe, den »Reichspräsidenten in dauernder Berührung mit dem Volke oder zumindest mit seiner gewählten Vertretung zu halten«: ebd., S. 404 (Oskar Cohn (USPD), 28.2.1919).

493 So die Aussage von Peter Spahn (Z): »Den Reichspräsident wählt nicht das Parlament, ihn wählt das Volk.« Und auch Erich Koch (DDP) sprach sich dafür aus, »daß der Präsident vom gesamten Volke gewählt wird, damit er in ernster Stunde ein Gegengewicht gegen die Parlamentsroutine bildet.« Sten. Ber., Bd. 326, S. 382 (Peter Spahn (Z), 28.2.1919), S. 393 (Erich Koch (DDP), 28.2.1919). Siehe auch ebd., Bd. 327, S. 1221 (Erich Koch (DDP), 2.7.1919), S. 1307 (Ludwig Haas (DDP), 4.7.1919), S. 1309 (Bruno Ablaß (DDP), 4.7.1919); ebd., Bd. 328, S. 2078 (Peter Spahn (Z), 29.7.1919), S. 2081 (Conrad Haußmann (DDP), 29.7.1919).

494 So forderte Albrecht Philipp (DNVP) ausdrücklich, dass der »Reichspräsident [...] vom gesamten deutschen Volk zu wählen« sei: Sten. Ber., Bd. 327, S. 1305 (Albrecht Philipp (DNVP), 4.7.1919). Siehe auch ebd., S. 1311 (Rudolf Heinze (DVP), 4.7.1919), S. 1359 (Clemens von Delbrück (DNVP), 7.7.1919); ebd., Bd. 328, S. 2095 (Rudolf Heinze (DVP), 30.7.1919).

495 Zwar beantragte Simon Katzenstein (SPD) noch in der dritten Lesung, »den Präsidenten nicht vom ganzen Volk wählen zu lassen, damit nicht die Möglichkeit einer bonapartistischen Plebiszitpolitik gegeben wird, sondern ihn wählen zu lassen von den vereinigten parlamentarischen Körperschaften des Reichs, vom Reichstag und Reichsrat.« Der Antrag wurde jedoch aufgrund der zu erwartenden Ablehnung durch die bürgerlichen Parteien noch vor der Abstimmung zurückgezogen. Sten. Ber., Bd. 328, S. 2076 (Simon Katzenstein (SPD), 29.7.1919). Zur Zurückziehung des Antrags ebd., S. 2111.

mit der Begründung ablehnte, dass es nichts »Demokratisches und Fortschrittliches« sei, »dem Reichspräsidenten die Befugnis zu nehmen, daß er an das Volk appelliert, an dasselbe Volk, das ihn gewählt hat«.[496]

Das Einschwenken auf die Sichtweise der bürgerlichen Parteien eines unvermittelten Zusammenhangs von »Reichspräsident« und »Volk« ermöglichte den Vertretern der SPD jedoch, in anderer Hinsicht eine Änderung vorzunehmen. Denn auch bezüglich des Verhältnisses zum »Reichstag« standen sich die Auffassungen der sozialdemokratischen und der bürgerlichen Parteien gegenüber. Auf der einen Seite trat etwa Oskar Cohn (USPD) für eine engere Bindung des Reichspräsidenten an den Reichstag ein, um auf diese Weise einen Konflikt der beiden Organe zu vermeiden.[497] Diese Sichtweise wurde auch von den Mehrheitssozialdemokraten geteilt, da Simon Katzenstein (SPD) in der zweiten Lesung bei dem Reichsexekutionsrecht des Reichspräsidenten ähnlich zur Verhängung des Belagerungszustandes die Genehmigung durch den Reichstag sowie die Möglichkeit der Aufhebung durch denselben forderte.[498] Auf der anderen Seite sprachen sich linksliberale Redner für die Trennung dieser beiden Organe aus, indem etwa Hugo Preuß (DDP) auf deren gegen- und gleichgewichtige Anordnung hinwies, in deren Rahmen der Reichspräsident den Reichstag auflösen und der Reichstag mit einer Zweidrittelmehrheit eine Volksabstimmung über die Amtsenthebung des Reichspräsidenten anordnen könne.[499]

---

496 Sten. Ber., Bd. 327, S. 1357 (Max Quarck (SPD), 7.7.1919).

497 So bemängelte Oskar Cohn (USPD) an dem Verfassungsentwurf, dass er »[k]eine Verpflichtung des Präsidenten oder des Reichsministers [enthalte], in gemessenen, regelmäßigen Zwischenräumen seinem Auftraggeber, dem Parlament, über die Lage des Reiches Rechenschaftsberichte zu erstatten, wie sie in jedem Verein, wie sie in jeder Verwaltung notwendig und üblich sind.« Sten. Ber., Bd. 328, S. 2098 (Oskar Cohn (USPD), 30.7.1919). Siehe auch ebd., Bd. 326, S. 404 (Oskar Cohn (USPD), 28.2.1919).

498 »Zu Art. 48 beantragen wir, die gleichen Einschränkungen einzusetzen, die in Art. 49 vorgesehen sind. Dort wird der Reichspräsident, um die darin angeführten Maßnahmen zur Herstellung der öffentlichen Sicherheit und Ordnung, also die Verhängung des sogenannten Belagerungszustandes eintreten zu lassen, verpflichtet, unverzüglich die Genehmigung des Reichstags einzuholen, der berechtigt ist, die Aufhebung dieser Maßnahen zu verlangen.« Sten. Ber., Bd. 327, S. 1323 (Simon Katzenstein (SPD), 5.7.1919). Siehe auch ebd., Bd. 328, S. 2078 (Simon Katzenstein (SPD), 29.7.1919).

499 »Ebenso wie der Präsident durch die Auflösung des Reichstags von den gewählten Abgeordneten an ihre Wähler appelliert, so kann gegebenenfalls der Reichstag durch den Antrag auf Absetzung des Präsidenten durch Volksabstimmung auch von diesem Erwählten des Volkes, dem Präsidenten, Berufung an dessen Wähler einlegen.« Sten. Ber., Bd. 326, S. 450 (Hugo Preuß (DDP), 3.3.1919). Siehe auch ebd., S. 291 (Hugo Preuß (DDP), 24.2.1919).

In dem Verweis auf das Volk[500] erhielten die Redner der Regierungsparteien Unterstützung von Seiten der bürgerlichen Opposition, die sich ebenfalls für einen vom Volk gewählten und als Gegengewicht zum Reichstag fungierenden Reichspräsidenten aussprachen[501] und dementsprechend besonderen Wert auf das Recht der Reichstagsauflösung legten.[502] Gegen diese Einheitsfront der bürgerlichen Parteien in der Betonung einer gegen den Reichstag gerichteten Verbindung des Reichspräsidenten zum Volk konnten sich die Mehrheitssozialdemokraten nicht behaupten, sodass sie sich letztlich mit der Volkswahl wie mit dem Auflösungsrecht abfanden, wobei sie Letzteres mit der Einschränkung versahen, dass die Auflösung nur einmal aus dem gleichen Anlass geschehen dürfe.[503] Gleichzeitig bot ihnen die Anerkennung der Verbindung zum Volk die Möglichkeit, ihre Akzeptanz des Präsidentenamtes trotz einer eventuellen Unterordnung des Reichstags zu legitimieren, da die gemeinsame Legitimationsgrundlage einen potenziellen Gegensatz verhindere.[504] Unter diesen Vorzeichen konnten also auch die Abgeordneten der SPD trotz ihres Eintretens für den Reichstag als entscheidendes Verfassungsorgan das Amt des Reichspräsidenten unterstützen, wie es von Seiten der bürgerlichen Regierungsparteien mit der Volkswahl und dem Recht der Parlamentsauflösung entworfen wurde, obwohl die Vertreter der DDP und des Zentrums die von der SPD angestrebte zentrale Stellung des Reichstags verhindern wollten. Die hier auftretenden verfassungspolitischen Gegensätze zwischen den Regierungsparteien wurden also nicht ausgeglichen, sondern lediglich kaschiert, indem die Mehrheitssozialdemokraten ihre ursprüngliche Sichtweise zu Gunsten der bürgerlichen aufgaben.[505]

---

500 So forderte etwa Bruno Ablaß (DDP) den »Reichspräsidenten […] als das starke Gegengewicht aus der Volkskraft heraus gegenüber einem Parlament, das vielleicht seiner Pflichten nicht ganz vollständig bewußt ist.« Sten. Ber., Bd. 327, S. 1309 (Bruno Ablaß (DDP), 4.7.1919). Siehe auch ebd., Bd. 326, S. 382 (Peter Spahn (Z), 28.2.1919), S. 393 (Erich Koch (DDP), 28.2.1919); ebd., Bd. 327, S. 1306f. (Ludwig Haas (DDP), 4.7.1919); ebd., Bd. 328, S. 2078 (Peter Spahn (Z), 30.7.1919). Dazu Portner, Verfassungspolitik, S. 140f.

501 So hob Clemens von Delbrück (DNVP) an dem Verfassungsentwurf positiv hervor, dass »der Entwurf einen Präsidenten haben will, der nicht aus dem Reichstag hervorgegangen ist, sondern aus Volkswahlen, weil wir dadurch eine selbständigere Instanz gegenüber der aus dem Parlament entstandenen Regierung schaffen.« Sten. Ber., Bd. 327, S. 1359 (Clemens von Delbrück (DNVP), 7.7.1919).

502 So Rudolf Heinze (DVP): »Der Präsident hat allerdings das Recht der Auflösung des Reichstags – und ich gebe zu, daß das ein wichtiges Recht ist.« Sten. Ber., Bd. 328, S. 2095 (Rudolf Heinze (DVP), 30.7.1919). Siehe auch ebd., Bd. 327, S. 1302 (Clemens von Delbrück (DNVP), 4.7.1919).

503 Sten. Ber., Bd. 327, S. 1263 (Simon Katzenstein (SPD), 3.7.1919).

504 Sten. Ber., Bd. 327, S. 1311 (Max Quarck (SPD), 4.7.1919).

505 Vgl. Vestring, Mehrheitssozialdemokratie, S. 169–172.

Das Einlenken der SPD-Vertreter auf die bürgerliche Linie lag aber weniger in dem Verweis auf die negativ besetzten Parteien begründet, den insbesondere die Redner der bürgerlichen Oppositionsparteien herstellten, welche die zu starke Abhängigkeit des Reichspräsidenten von den Parteien ablehnten.[506] Vielmehr wirkte sich die Bezugnahme auf den Ausdruck der »Regierung« aus, der von den Vertretern der bürgerlichen Regierungs- und Oppositionsparteien gleichermaßen bemüht wurde, indem sie die im Verfassungsentwurf enthaltene Gegenzeichnungspflicht für alle Anordnungen des Reichspräsidenten durch ein Regierungsmitglied in den Vordergrund rückten.[507] Mittels der Bindung des Reichspräsidenten an die Reichsregierung wurde der Einfluss des Reichstags als hinreichend gesichert dargestellt, da das jeweilige Regierungsmitglied mit seiner Gegenzeichnung die Verantwortung gegenüber dem Reichstag zu übernehmen hatte und von diesem abberufen werden konnte. Auf diesen Aspekt griffen die liberalen Redner zurück, als sie die Bestimmung über das Reichsexekutionsrecht des Reichspräsidenten gegen die Forderungen der USPD nach Gegenzeichnung des gesamten Reichsministeriums verteidigten.[508]

506 So die Aussage von Rudolf Heinze (DVP): »Der Präsident wird, wie gesagt, vom Volke gewählt, ist aber in seinen Amtshandlungen durchaus abhängig von den Parteien.« Sten. Ber., Bd. 328, S. 2095 (Rudolf Heinze (DVP), 30.7.1919). Siehe auch ebd. Bd. 327, S. 1339 (Rudolf Heinze (DVP), 4.7.1919); ebd., Bd. 328, S. 2089 (Adelbert Düringer (DNVP), 30.7.1919). In diesem Sinne lehnte auch der deutschnationale Redner Albrecht Philipp die von der DDP beantragte absolute Mehrheitswahl des Reichspräsidenten ab, da es möglich sei, »daß durch eine Verständigung der Parteien nach der Wahl ein ausgesprochener Parteimann deutscher Reichspräsident wird.« Ebd., Bd. 327, S. 1306 (Albrecht Philipp (DNVP), 4.7.1919). Dieser Verweis beschränkte sich jedoch nicht auf die bürgerlichen Oppositionsparteien, da auch linksliberale Redner wie Ludwig Haas (DDP) die Notwendigkeit der Volkswahl des Reichspräsidenten damit begründeten, dass es »seinem Ansehen und seiner Würde nicht zuträglich sein [würde], wenn der Präsident dem deutschen Volke beschert würde, auf Grund von vielleicht recht schwierigen und unangenehmen Kompromißverhandlungen zwischen den Fraktionen.« Ebd., S. 1307 (Ludwig Haas (DDP), 4.7.1919).

507 So hob Clemens von Delbrück (DNVP) in seiner Berichterstattung ausdrücklich hervor, dass »[a]lle zivilen und militärischen Regierungs- und Verwaltungsakte des Präsidenten [...] ausnahmsweise der Gegenzeichnung eines Mitgliedes der Regierung oder in besonders wichtigen Fällen der Gesamtheit der Reichsregierung, also sämtlicher Minister« bedürften. Sten. Ber., Bd. 327, S. 1301 (Clemens von Delbrück (DNVP), 4.7.1919). Siehe auch ebd., S. 1324 (Rudolf Heinze (DVP), 5.7.1919), S. 1332 (Alexander Graf zu Dohna (DVP), 5.7.1919), S. 1333 (Ludwig Haas (DDP), 5.7.1919).

508 Sten. Ber., Bd. 327, S. 1325 (Hugo Preuß (DDP), 5.7.1919). Siehe auch ebd., S. 1324 (Erich Koch (DDP), 5.7.1919). Darüber hinaus nahm ihn Ludwig Haas (DDP) auf, als er in der dritten Lesung den Antrag seiner Partei begründete, im Falle einer Verhängung des Belagerungszustandes durch den Reichspräsidenten die Genehmigungspflicht des Reichstags durch eine Kenntnisgabe an diesen zu ersetzen, und dazu »auf Art. 51 der Verfassung [verwies], wonach alle zivilen und militärischen Anordnungen und Verfügungen des Reichspräsidenten zu ihrer Gültigkeit der Gegenzeichnung durch den Reichskanzler oder den zuständigen Reichsminister bedürfen.« Sten. Ber., Bd. 328, S. 2111 (Ludwig Haas (DDP), 30.7.1919).

Demgegenüber entwarfen die Unabhängigen Sozialdemokraten das Bild einer Trennung von der Regierung, um den Reichspräsidenten als ein unverantwortliches Exekutivorgan darzustellen und so Unterstützung für die Streichung dieses Amtes zu gewinnen.[509] Mit diesen Bemühungen standen sie jedoch auf verlorenem Posten, da die Mehrheitssozialdemokraten diese Sichtweise nicht übernahmen, sondern sich eher dem von den bürgerlichen Parteien vertretenen Bild einer Verbindung dieser beiden Einrichtungen anschlossen.[510]

Die Trennungslinie zwischen den bürgerlichen und den sozialdemokratischen Parteien trat in besonderem Maße in der Thematisierung der Stellung und der Kompetenzen des Reichspräsidenten offen zutage. Auf der einen Seite sprachen sich die Redner der bürgerlichen Regierungs- wie Oppositionsparteien übereinstimmend für die »Schaffung eines starken demokratischen Präsidenten«[511] aus und lehnten die im Verfassungsentwurf vorhandenen Beschränkungen der präsidialen Entscheidungsbefugnis ab.[512] Gegen diese positive Bewertung einer machtvollen Ausgestaltung gingen die sozialdemokratischen Redner auf Distanz, indem sie ihre »Zurückhaltung gegenüber solchen Macht-

509 So wies Oskar Cohn (USPD) darauf hin, dass »[h]inter dem Rücken des Reichsministeriums […] ein übelberatener Reichspräsident die Reichsexekution beschließen [kann], ohne daß das Reichsministerium und auf Veranlassung des Reichsministeriums das Parlament irgend etwas dazu tun kann.« Sten. Ber., Bd. 327, S. 1325 (Oskar Cohn (USPD), 5.7.1919). Siehe auch ebd., Bd. 326, S. 404 (Oskar Cohn (USPD), 28.2.1919); ebd., Bd. 327, S. 1357 (Oskar Cohn (USPD), 7.7.1919).

510 Dazu die Aussage von Simon Katzenstein (SPD): »Es muß die Möglichkeit bestehen, in Fällen, wie wir sie jetzt haben, wo die Grundsätze der Demokratie außer Kraft gesetzt werden, wo vielleicht ein kleiner Einzelstaat die Beziehung zur Reichsregierung abbricht – wir können uns selbst denken, daß irgend ein Staat mit einer fremden Regierung Beziehungen anknüpft –, kurz in irgend welchen Fällen, in denen ein Eingreifen der Reichsregierung zur Aufrechterhaltung der Reichsverfassung und der Ordnung notwendig ist – solche Fälle können, und ich fürchte, sie werden vorkommen, dem Reichspräsidenten die Möglichkeit des Eingreifens zu lassen.« Sten. Ber., Bd. 327, S. 1323 (Simon Katzenstein (SPD), 5.7.1919).

511 Sten. Ber., Bd. 327, S. 1310 (Bruno Ablaß (DDP), 4.7.1919). Auch Hugo Preuß (DDP) sprach sich für eine »starke Stellung des Präsidenten« aus: ebd., Bd. 326, S. 450 (Hugo Preuß (DDP), 3.3.1919). Siehe auch ebd., S. 291 (Hugo Preuß (DDP), 24.2.1919); ebd., Bd. 327, S. 1306f. (Ludwig Haas (DDP), 4.7.1919); ebd., Bd. 328, S. 2111 (Ludwig Haas (DDP), 30.7.1919). Dazu Portner, Verfassungspolitik, S. 140–143. Die deutschnationalen Abgeordneten gingen noch einen Schritt darüber hinaus, indem sie wie Albrecht Philipp (DNVP) forderten, »daß die Stellung des Reichspräsidenten nicht stark genug sein kann.« Ebd., S. 1304 (Albrecht Philipp (DNVP), 4.7.1919). Siehe auch ebd., Bd. 326, S. 400 (Rudolf Heinze (DVP), 28.2.1919); ebd., Bd. 327, S. 1354 (Clemens von Delbrück (DNVP), 7.7.1919), S. 1359 (Clemens von Delbrück (DNVP), 7.7.1919). Dazu Beyme, Regierungssysteme, S. 271.

512 Sten. Ber., Bd. 327, S. 1218 (Clemens von Delbrück (DNVP), 2.7.1919). In diesem Sinne kritisierte auch Rudolf Heinze (DVP), dass der Verfassungsausschuss »die Machtfülle des Präsidenten noch in verschiedenen Einzelheiten beschränkt hat.« Ebd., S. 1311 (Rudolf Heinze (DVP), 4.7.1919). Siehe auch ebd., S. 1302 (Clemens von Delbrück (DNVP), 4.7.1919).

befugnissen des Reichspräsidenten«[513] ausdrückten und auf die notwendige Beschränkung der präsidialen Befugnisse hinwiesen.[514] Da jedoch in der zweiten Lesung des Verfassungsentwurfs die Annahme eines vom Volk gewählten und vom Reichstag unabhängigen Reichspräsidenten aufgrund der Beschlüsse im Verfassungsausschuss bereits weitgehend festgelegt war, standen die SPD-Vertreter vor der Herausforderung, ihre Zustimmung zu dem so ausgestalteten Amt des Reichspräsidenten zu rechtfertigen. Zunächst äußerten sie ihr Verständnis für die Bestrebungen der Unabhängigen Sozialdemokraten, solche Kompetenzen für den Reichspräsidenten abzulehnen, welche an den monarchischen Staat erinnern würden.[515] Jedoch nahmen sie für sich in Anspruch, im Verfassungsausschuss »jede Spur von Machtbefugnissen für den Präsidenten«[516] getilgt zu haben und somit dessen Einrichtung zustimmen zu können.[517] In dem Maße aber, wie die Mehrheitssozialdemokraten ihre Zustimmung äußerten, setzten sich die Vertreter der bürgerlichen Oppositionsparteien von diesem Amt ab, das sie aufgrund der schwachen Ausstattung als »Dekorationsstück« bezeichneten.[518] In den Beratungen des Verfassungsausschusses hatte das Präsidentenamt in seiner Konzeption mit der Volkswahl wie mit den Rechten der Parlamentsauflösung, der Ministerernennung, der Ansetzung einer Volksabstimmung und der Verhängung des Belagerungszustandes keine grundlegenden Veränderungen mehr erfahren. Folglich lenkten auch hier die Mehrheitssozialdemokraten zu Gunsten der bürgerlichen Regierungsparteien ein, wobei sie zwar auf die vermeintlichen Einschränkungen der Kompetenzen des Präsidenten verwiesen, letztlich aber die von der DDP konzipierte Stellung des Reichspräsidenten annahmen.

Die Diskussion um die Stellung des Reichspräsidenten war also durch die Frontlinie zwischen den bürgerlichen und den sozialdemokratischen Parteien

513 Sten. Ber., Bd. 326, S. 374 (Richard Fischer (SPD), 28.2.1919).

514 Sten. Ber., Bd. 326, S. 463 (Johann Vogel (SPD), 3.3.1919). In diesem Sinne legte auch Alfred Henke (USPD) seine Skepsis gegenüber dem Präsidentenamt dar, weil dessen Bedeutung davon abhänge, »welche Vollmachten der Reichspräsident hat, wer jeweilig als Reichspräsident an der Spitze des Reichs stehen wird und nun von diesem Ernennungsrecht [der Minister, H.B.] Gebrauch macht.« Ebd., S. 487 (Alfred Henke (USPD), 4.3.1919).

515 Sten. Ber., Bd. 327, S. 1357 (Max Quarck (SPD), 7.7.1919).

516 Sten. Ber., Bd. 327, S. 1311 (Max Quarck (SPD), 4.7.1919).

517 So die Aussage von Simon Katzenstein (SPD): »Die Rechte, die dem Präsidenten verliehen worden sind, sind im wesentlichen auf ein Maß beschränkt worden, das auch meinen Freunden, die im Anfang der Einrichtung des Präsidenten mit sehr starken Bedenken gegenübergestanden haben, die Möglichkeit gegeben hat, für diese Einrichtung zu stimmen.« Sten. Ber., Bd. 328, S. 2076 (Simon Katzenstein (SPD), 29.7.1919).

518 Sten. Ber., Bd. 328, S. 2089 (Adelbert Düringer (DNVP), 30.7.1919). Siehe auch ebd., Bd. 327, S. 1312 (Rudolf Heinze (DVP), 4.7.1919); ebd., Bd. 328, S. 2095 (Rudolf Heinze (DVP), 30.7.1919).

gekennzeichnet, welche damit mitten durch die Regierungskoalition verlief.[519] Auf der einen Seite traten die bürgerlichen Vertreter übereinstimmend für einen vom Volk gewählten und dem Reichstag gegenübergestellten Reichspräsidenten ein, dem die sozialdemokratischen Redner auf der anderen Seite insbesondere zu Beginn der Verfassungsberatungen alternative Auffassungen gegenüberstellten, als sie sich gegen eine zu starke Stellung des Präsidenten aussprachen und für eine engere Bindung an den Reichstag einsetzten. Im Verlauf der Beratungen gaben die Mehrheitssozialdemokraten aufgrund der Übereinstimmung der bürgerlichen Parteien in diesen Fragen ihre Auffassung zunehmend preis und übernahmen mehr oder weniger deutlich die bürgerlichen Deutungsmuster, um die Zusammenarbeit mit ihren Regierungspartnern nicht zu gefährden. Auch wenn das Zusammengehen der bürgerlichen Blocks gegen die sozialdemokratischen Parteien in dieser zentralen Frage aufgrund der Belastung für die Regierungskoalition nicht ernsthaft in Erwägung gezogen wurde, diente diese Übereinstimmung insbesondere den linksliberalen Vertretern als Druckmittel auf die Mehrheitssozialdemokratie, um die Volkswahl des Reichspräsidenten sowie dessen Recht der Parlamentsauflösung in der Verfassung festzulegen. Gleichzeitig bemühten sie sich aber auch um eine Verständigung mit der SPD, indem sie auf die Rechte des Reichstags gegenüber dem Präsidenten sowie auf dessen Bindung an die Gegenzeichnungspflicht eines Regierungsmitgliedes hinwiesen. Diese Bestimmungen bildeten jedoch bereits vor den Verfassungsberatungen einen wesentlichen Bestandteil der verfassungspolitischen Vorstellungen der Linksliberalen. Folglich konnten sie ihre Gesamtkonzeption einer notwendig plebiszitär zu bestimmenden Reichsspitze als Gegengewicht zum Reichstag durchsetzen, während die Mehrheitssozialdemokraten ihre Vorstellungen vom Reichstag als dem einzigen vom Volk unmittelbar zu bestimmenden Verfassungsorgan aufgeben mussten.[520] Damit wurden aber die verfassungspolitischen Gegensätze zwischen den bürgerlichen Regierungsparteien und der Mehrheitssozialdemokratie in dieser Frage nicht ausgeglichen, sondern aufgrund des Nachgebens der SPD lediglich überdeckt, wodurch letztlich die starke Stellung des Reichspräsidenten im Regierungssystems der Weimarer Republik ermöglicht wurde.

519 Vgl. Richter, Ausnahmegewalt, S. 239ff. Siehe auch Potthoff, Verfassungswerk, S. 463ff.

520 Dazu Kolb, Ebert, S. 110f., 117ff. So auch Portner, Verfassungspolitik, S. 144; Weber, Büro, S. 83, 90f. Die Mehrheitssozialdemokratie hatte es in dieser zentralen Frage also nicht vermocht, »dem Verfassungswerk […] ihren Stempel« aufzudrücken, wie Heinrich Potthoff meinte: Potthoff, Verfassungswerk, S. 482. Dazu Vestring, Mehrheitssozialdemokratie, S. 171.

3.4. Die schwierige Neubestimmung des Staates

Wie in den Verfassungsreformdebatten des ausgehenden Kaiserreichs nahm die Thematisierung der Staatsform auch in der Weimarer Nationalversammlung einen zentralen Platz ein, wo sie jedoch unter entgegengesetzten Vorzeichen stand. Die Monarchie stellte nicht mehr einen zentralen Bezugspunkt dar, sondern fungierte lediglich als sprachliches Distinktionsmittel der Oppositionsparteien: Von den deutschnationalen Rednern wurde sie entsprechend ihrer politischen Programmatik verteidigt,[521] während die Unabhängigen Sozialdemokraten sie als Negativfolie für ihre Kritik an der Verfassungsarbeit verwendeten.[522] Demgegenüber widmeten mehrheitssozialdemokratische wie liberale Redner der monarchischen Staatsform keine besondere Aufmerksamkeit. Lediglich am Rande wiesen sie die von Seiten der USPD vorgebrachten Bedenken zurück, indem sie die Möglichkeit einer Wiedereinführung der monarchischen Staatsform aufgrund der revolutionären Ereignisse und der zu erwartenden Spaltung des Volkes als obsolet betrachteten.[523]

Im Gegensatz dazu gehörte der Republikbegriff, auf den im kaiserlichen Reichstag lediglich die oppositionellen Redner der Unabhängigen Sozialdemokratie rekurrierten, nun zum sprachlichen Allgemeingut. Insbesondere die Redner der Regierungsparteien nahmen im positiven Sinne hierauf Bezug, indem sich die linksliberalen Vertreter nachdrücklich zu den »Grundsätzen der Republik«[524] bekannten und die Mehrheitssozialdemokraten die »demokratische

521 So beriefen sich auf der einen Seite deutschnationale Abgeordnete weiterhin auf die »Monarchie«, die in ihren Augen »für das deutsche Volk die geeigneteste Staatsform« darstelle, und betonten, dass die »demokratische Monarchie« vom Oktober 1918 den notwendig gewordenen Verfassungsänderungen im ausreichenden Maße Rechnung getragen hätte. Die Aussagen in dieser Reihenfolge Sten. Ber., Bd. 328, S. 2089 (Adelbert Düringer (DNVP), 30.7.1919); ebd., Bd. 326, S. 383 (Clemens von Delbrück (DNVP), 28.2.1919). Siehe auch ebd., Bd. 327, S. 1216 (Clemens von Delbrück (DNVP), 2.7.1919).

522 Die Vertreter der USPD unterstrichen mit der »Monarchie« die Gefahren einer zu starken Stellung des Reichspräsidenten, die in ihren Augen lediglich dazu diene, »von neuem die Monarchie in Deutschland einzuschmuggeln.« Sten. Ber., Bd. 327, S. 1308 (Hugo Haase (USPD), 4.7.1919). Siehe auch ebd., Bd. 326, S. 404 (Oskar Cohn (USPD), 28.2.1919), S. 487 (Alfred Henke (USPD), 4.3.1919).

523 Vgl. Sten. Ber., Bd. 327, S. 1220 (Erich Koch (DDP), 2.7.1919), S. 1309 (Bruno Ablaß (DDP), 4.7.1919). Sogar Gustav Stresemann (DVP) stellte diesbezüglich fest, dass im Gegensatz zu den Verfassungsberatungen 1848/49 »hier in Weimar, soweit das durch die Verfassung geschieht, das Erbkaisertum und die Monarchie zu Grabe getragen sind.« Ebd., Bd. 326, S. 493 (Gustav Stresemann (DVP), 4.3.1919).

524 Sten. Ber., Bd. 327, S. 1310 (Bruno Ablaß (DDP), 4.7.1919). Auch Hugo Preuß bezog sich auf die »Republik«, als er ausführte, dass ein »Präsident […] die persönliche Spitze der deutschen Republik bilden« solle und dass die »Vollendung der Organisation der deutschen Republik« nicht unter der Beratung der Grundrechtsartikel leiden dürfe: ebd., Bd. 326, S. 291 (Hugo

Republik« hervorhoben, »in der die höchste Staatsgewalt beim Volke ruht, in der die Volksvertretung die Quelle aller politischen Macht ist.«[525] Die breite Anerkennung der republikanischen Staatsform zeigte auch bei den Rednern der bürgerlichen Oppositionsparteien Wirkung, die zwar ihren Vorbehalten mit dem Hinweis Ausdruck verliehen, dass die »Republik [...] dem Deutschen wesenfremd«[526] sei, diese aber gleichzeitig als gegebene Tatsache akzeptierten.[527] Demgegenüber griffen die Unabhängigen Sozialdemokraten auf den Begriff der Republik zurück, um ihrer Kritik an der von den Regierungsparteien entworfenen Staatsordnung Nachdruck zu verleihen, indem sie die »demokratische Republik« als die »beste Umhüllung des kapitalistischen Staates« bezeichneten.[528] Dennoch kam den Vertretern der USPD wie der DNVP mit ihren Stellungnahmen gegenüber dem von den Mittelparteien vertretenen Bekenntnis zur Republik nur eine Außenseiterrolle zu, sodass die republikanische Staatsform als weitgehend anerkannt gelten konnte, auch wenn in der konkreten Ausgestaltung erhebliche Differenzen zwischen der USPD, den Regierungsparteien und den bürgerlichen Oppositionsparteien bestanden.[529]

Der Republikbegriff erfuhr seine besondere Konturierung also weniger als Staatsform in Abgrenzung zur »Monarchie«, sondern vielmehr als Staatsbezeichnung in Auseinandersetzung mit dem Reichsbegriff. So traten die Vertreter der sozialdemokratischen Parteien für eine Ersetzung der Bezeichnung »Reich« durch die Bezeichnung »Republik« in der Überschrift des Verfassungsentwurfs ein, um die Trennung des neuen Staates vom Kaiserreich zu verdeutlichen.[530] Folglich unternahmen die Redner der bürgerlichen Regierungspartei-

Preuß (DDP), 24.2.1919); ebd., Bd. 328, S. 1503 (Hugo Preuß (DDP), 11.7.1919). Siehe auch ebd., Bd. 326, S. 450 (Hugo Preuß (DDP), 3.3.1919); ebd., Bd. 328, S. 1590 (Otto Nuschke (DDP), 16.7.1919), S. 2082 (Conrad Haußmann (DDP), 29.7.1919).

525 Sten. Ber., Bd. 326, S. 498 (Eduard David (SPD), 4.3.1919). Siehe auch ebd., S. 372 (Richard Fischer (SPD), 28.2.1919); ebd., Bd. 327, S. 1219 (Eduard David (SPD), 2.7.1919), S. 1311 (Max Quarck (SPD), 4.7.1919); ebd., Bd. 328, S. 2976 (Simon Katzenstein (SPD), 29.7.1919); ebd., Bd. 329, S. 2193 (Gustav Bauer (SPD), 31.7.1919).

526 Sten. Ber., Bd. 328, S. 2089 (Adelbert Düringer (DNVP), 30.7.1919). In diesem Sinne betonte auch Rudolf Heinze (DVP), »welche Vorzüge die Monarchie vor der Republik hat, was wir an unserer Monarchie verloren haben und wieviel wir gerettet hätten, wenn wir noch unter der monarchischen Staatsform lebten.« Ebd., S. 2092 (Rudolf Heinze (DVP), 30.7.1919).

527 So die Aussage von Clemens von Delbrück (DNVP): »Wir wissen, daß diese Republik eine Tatsache ist, an der wir nicht vorbeikommen können, und wir sind entschlossen, auf dem Boden der geschaffenen Tatsachen politisch mitzuarbeiten zum Wohle unseres Vaterlandes.« Sten. Ber., Bd. 327, S. 1216 (Clemens von Delbrück (DNVP), 2.7.1919).

528 Sten. Ber., Bd. 326, S. 488 (Alfred Henke (USPD), 4.3.1919).

529 Zu den verschiedenen Formen einer republikanischen Staatsordnung siehe Grawert, Reich, S. 485–490.

530 Sten. Ber., Bd. 326, S. 372 (Richard Fischer (SPD), 28.2.1919); ebd., Bd. 327, S. 1209 (Oskar Cohn (USPD), 2.7.1919). Dazu Aretin, Reich, S. 506.

en einen Vermittlungsversuch zwischen der von ihnen vertretenen Beibehaltung des Reichsbegriffs und der sozialdemokratischen Position, indem sie unter Verweis auf den Artikel 1 des Entwurfs »Reich« und »Republik« gleichsetzten, um so die Streichung des Reichsbegriffs aus dem Verfassungsentwurf zu verhindern.[531] Dementsprechend wurde der dahingehende Antrag der sozialdemokratischen Parteien in der zweiten Lesung abgelehnt, nachdem sich die Redner der bürgerlichen Oppositionsparteien nicht nur gegen den Antrag, sondern auch gegen die Gleichsetzung von »Reich« und »Republik« ausgesprochen hatten.[532] Die Republik war somit als Staatsform nicht zuletzt aufgrund ihrer Alternativlosigkeit zwar allgemein anerkannt.[533] Als Bezeichnung für den durch die Verfassung zu konstituierenden Staat fand sie jedoch keine Mehrheit.

Für die fehlende Unterstützung des sozialdemokratischen Antrags zeichnete sich aber nicht nur die Einigkeit der bürgerlichen Parteien in ihrem Rückgriff auf den Reichsbegriff verantwortlich, die damit den Reichsgedanken als zentralen Kontinuitätsfaktor in der Phase des Verfassungsumbruchs in den Vordergrund stellen wollten.[534] Auch die sozialdemokratischen Redner nahmen in postivem Sinne Bezug auf das »Reich«.[535] Der Verweis auf das Reich und den Reichsgedanken stellte sich in der Umbruchphase 1918/19 also über

---

531 Dazu wies Hugo Preuß (DDP) ausdrücklich darauf hin, dass das »Deutsche Reich [...] eine Republik« sei, was »gegen den Zustand vor dem 9. November vorigen Jahres eine so ungeheuere Veränderung [darstelle], wie sie in der ganzen deutschen Geschichte nicht ihresgleichen hat, und es ist das nicht bloß der eine Satz, sondern es ist in der Verfassung dieser Grundgedanke folgerichtig durchgeführt.« Sten. Ber., Bd. 327, S. 1211 (Hugo Preuß (DDP), 2.7.1919). Siehe auch ebd., Bd. 326, S. 285 (Hugo Preuß (DDP), 24.2.1919); ebd., Bd. 328, S. 2078 (Peter Spahn (Z), 29.7.1919).

532 Sten. Ber., Bd. 326, S. 1205 (Wilhelm Kahl (DVP), 2.7.1919), S. 1215 (Clemens von Delbrück (DNVP), 2.7.1919), S. 1223 (Rudolf Heinze (DVP), 2.7.1919). Zur Abstimmung ebd., S. 1215. Dazu Winkler, Weimar, S. 103; ders., Revolution, S. 229f; Ullrich, Schall, S. 189–195.

533 Portner, Verfassungspolitik, S. 83f.

534 So führte Hugo Preuß (DDP) bereits zu Beginn der Verfassungsberatungen aus, dass »das Prinzip des Reichs für unser deutsches Volk einen so tief wurzelnden Gefühlswert [habe], daß wir es, glaube ich, nicht verantworten könnten, diesen Namen aufzugeben.« Sten. Ber., Bd. 326, S. 285 (Hugo Preuß (DDP), 24.2.1919). Siehe auch ebd., S. 377 (Peter Spahn (Z), 28.2.1919), S. 464 (Konrad Beyerle (Z), 3.3.1919), S. 493 (Gustav Stresemann (DVP), 4.3.1919); ebd., Bd. 327, S. 1205 (Wilhelm Kahl (DVP), 2.7.1919), S. 1212 (Hugo Preuß (DDP), 2.7.1919), S. 1214 (Bruno Ablaß (DDP), 2.7.1919), S. 1217 (Clemens von Delbrück (DNVP), 2.7.1919), S. 1304 (Albrecht Philipp (DNVP), 4.7.1919), S. 1306 (Ludwig Haas (DDP), 4.7.1919). Dazu Grawert, Reich, S. 498ff. Zum Reichsgedanken allgemein Aretin, Reich, bes. S. 488–508. Zu dessen Bedeutung in der Weimarer Republik Winkler, Weg, Bd. 1, S. 552–555. Zum antidemokratischen Gehalt der Reichskonzeption Sontheimer, Denken, S. 222–243.

535 So hing Eduard David (SPD) der Überzeugung an, dass »die Demokratie [...] das Deutsche Reich fester zusammenschmieden [werde], als das alte System es vermocht hatte.« Sten. Ber., Bd. 326, S. 500 (Eduard David (SPD), 4.3.1919). Siehe auch ebd., Bd. 327, S. 1310 (Max Quarck (SPD), 4.7.1919), S. 1330 (Oskar Cohn (USPD), 5.7.1919).

die Parteigrenzen hinweg als anschlussfähig heraus, ohne die inhaltlichen Gegensätze in der verfassungsrechtlichen Ausgestaltung offen zu legen oder gar auszugleichen.

Hierfür bot der aus der Verfassungsdiskussion des kaiserlichen Reichstags bekannte Begriff des Obrigkeitsstaates bessere Anknüpfungspunkte. Auf ihn rekurrierten insbesondere die Redner der SPD und der DDP, um den grundlegenden Wandel der staatlichen Ordnung in Abgrenzung zum Kaiserreich herauszustellen und damit die Legitimität des neuen Staates zu erhöhen.[536] Auch die Vertreter der Unabhängigen Sozialdemokratie griffen diese Bezeichnung auf, um unter den Regierungsparteien Zustimmung für ihre Forderungen etwa nach Abschaffung der Zensur zu gewinnen,[537] während sich die deutschnationalen Abgeordneten aufgrund ihres Eintretens für die Verfassungsordnung des Kaiserreichs zu deren Verteidigung veranlasst sahen.[538] Die Ablehnung des »Obrigkeitsstaates« diente somit als semantische Verbindung für die den Verfassungswandel unterstützenden Mittelparteien, der sich die äußerste Linke aus pragmatischen Gründen anschloss, wohingegen die äußerste Rechte auf Distanz ging. Jedoch besaß diese Bezeichnung einen retrospektiven Charakter, da sie lediglich den überwundenen Staat in den Mittelpunkt stellte, über die zu schaffende Ordnung aber keine Aussagen traf.[539]

In dieser Hinsicht schied auch der im Kaiserreich bereits verwendete Gegenbegriff des Volksstaates aus, auch wenn sich zunächst die Redner der

536 So betonte Richard Fischer (SPD) die »Riesenentwicklung, die das deutsche Volk innerhalb weniger Monate vom Obrigkeitsstaat bis zum republikanischen Freistaat gemacht hat», wie auch Walther Schücking (DDP) die grundlegende Aufgabe der Verfassunggebung in dem »Übergang vom Obrigkeitsstaat zum Volksstaat« ausmachte: Sten. Ber., Bd. 326, S. 371 (Richard Fischer (SPD), 28.2.1919), S. 478 (Walther Schücking (DDP), 3.3.1919). Siehe auch ebd., S. 499 (Eduard David (SPD), 4.3.1919); ebd., Bd. 327, S. 1296 (Hugo Preuß (DDP), 4.7.1919); ebd., Bd. 328, S. 1500 (Erich Koch (DDP), 11.7.1919), S. 1504 (Konrad Beyerle (Z), 11.7.1919).

537 Dazu die Aussage von Wilhelm Koenen (USPD): »Wir beantragen deswegen, daß diese Stelle, die noch einen Rest von Zensur übrig läßt, gestrichen wird, und bitten alle, die wirklich mit dem Obrigkeitsstaat und seiner Bevormundung Schluß machen wollen, diesem Antrage zuzustimmen.« Sten. Ber., Bd. 328, S. 1591 (Wilhelm Koenen (USPD), 16.7.1919).

538 So äußerte Adelbert Düringer (DNVP) die Zuversicht, »daß sich das deutsche Volk noch einmal mit Wehmut nach dem alten sogenannten Obrigkeitsstaat der Jahre 1871 bis 1919 zurücksehnen wird, wenn es erst die »Errungenschaften der Revolution« und die »Segnungen des demokratischen Systems« noch weiter am eigenen Leine empfunden haben wird.« Sten. Ber., Bd. 328, S. 2090 (Adelbert Düringer (DNVP), 30.7.1919). Siehe auch ebd., Bd. 327, S. 1305 (Albrecht Philipp (DNVP), 4.7.1919).

539 Vgl. Sellin, Regierung, S. 414ff.

Regierungsparteien um diese Bezeichnung bemühten.[540] Im Verlaufe der Beratungen wurde er jedoch verstärkt von den Unabhängigen Sozialdemokraten in Anspruch genommen, die ihre ablehnende Haltung mit der Bezugnahme auf den »sozialistische[n] Volksstaat« begründeten, den der Verfassungsentwurf gerade nicht begründe.[541] Auch von deutschnationaler Seite wurde der Begriff, wenn auch unter veränderten Vorzeichen, verwendet, um den Verfassungsentwurf zurückzuweisen, indem etwa Clemens von Delbrück (DNVP) die »Überspannung des Gedankens des Volksstaates« kritisierte.[542] Folglich eignete sich diese Bezeichnung nicht dazu, die Verfassungsvorstellungen der Regierungsparteien unter einem positiv besetzten Begriff zusammenzuführen, da jede Berufung auf den »Volksstaat« von den entsprechenden Oppositionsparteien als zu schwach bzw. zu weitgehend abgelehnt wurde.

In diesem Zusammenhang stand auch die Thematisierung der Verbindung von »Staat« und »Volk«, der über das weitgehend anerkannte Deutungsmuster der beim Volk liegenden Staatsgewalt[543] hinaus nur eine untergeordnete Bedeutung zukam. Für eine engere Verbindung dieser Elemente traten zwar linksliberale Redner ein, die wie Walther Schücking (DDP) ausführten, dass infolge des revolutionären Umbruches »das Volk [...] in den Mittelpunkt des Staates« [544] getreten sei. Auch Abgeordnete der USPD übernahmen dieses Bild.[545] Daneben wurde dieser Zusammenhang jedoch nur thematisiert, wenn etwa von Seiten der Regierungsparteien auf die Mitbestimmungsmöglichkeiten

540 Vgl. Sten. Ber., Bd. 326, S. 379 (Peter Spahn (Z), 28.2.1919), S. 478 (Walther Schücking (DDP), 3.3.1919); ebd., Bd. 327, S. 1204 (Conrad Haußmann (DDP), 2.7.1919), S. 1264 (Simon Katzenstein (SPD), 3.7.1919).

541 Sten. Ber., Bd. 326, S. 401 (Oskar Cohn (USPD), 28.2.1919). Siehe auch ebd., S. 488 (Alfred Henke (USPD), 4.3.1919); ebd., Bd. 327, S. 1209f. (Oskar Cohn (USPD), 2.7.1919).

542 Sten. Ber., Bd. 327, S. 1218 (Clemens von Delbrück (DNVP), 2.7.1919).

543 Diese Sichtweise wurde nicht nur von Rednern der Regierungsparteien herausgestellt, sondern auch zum Teil von Vertretern der Oppositionsparteien akzeptiert: Sten. Ber., Bd. 326, S. 285 (Hugo Preuß (DDP), 24.2.1919), S. 374 (Richard Fischer (SPD), 28.2.1919), S. 397 (Rudolf Heinze (DVP), 28.2.1919), S. 468 (Konrad Beyerle (Z), 3.3.1919), S. 498 (Eduard David (SPD), 4.3.1919); ebd., Bd. 327, S. 1205 (Wilhelm Kahl (DVP), 2.7.1919), S. 1211 (Oskar Cohn (USPD), 2.7.1919), S. 1215 (Clemens von Delbrück (DNVP), 2.7.1919), S. 1219 (Eduard David (SPD), 2.7.1919).

544 Sten. Ber., Bd. 326, S. 476 (Walther Schücking (DDP), 3.3.1919). In diesem Sinne auch die Formulierung von Conrad Haußmann (DDP): »Der Staat muß sich mit dem Volksgeist füllen, das Volk muß sich mit Staatsgeist füllen.« Ebd., Bd. 327, S. 1204 (Conrad Haußmann (DDP), 2.7.1919).

545 So forderte Oskar Cohn (USPD), dass der »Staat [...] zu dem gemacht werden [müsse], was er bisher nicht war, zu einem Werkzeug des ganzen Volkes«. Sten. Ber., Bd. 326, S. 404 (Oskar Cohn (USPD), 28.2.1919).

des Volkes innerhalb der neuen Staatsordnung hingewiesen wurde.[546] Eine systematische Zusammenführung von »Staat« und »Volk« wurde also in den Verfassungsberatungen nicht vorgenommen, da auch Verweise auf die übrigen Staatsorgane mit Ausnahme des Reichspräsidenten[547] allenfalls am Rande hergestellt wurden und dabei in erster Linie als Kritik an der durch den Verfassungsentwurf festgelegten Staatsordnung fungierten.[548] Trotz der Beteuerung des neuartigen[549] und demokratischen[550] Charakters der Staatsform auf Seiten der Regierungsparteien fand also eine über die negative Abgrenzung zum »Obrigkeitsstaat« und die punktuelle Verbindung zum »Volk« hinausgehende Neubestimmung des »Staates« nicht statt, sodass die allseitig anerkannte »Republik« eine inhaltliche Leerstelle der Verfassungsberatungen darstellte.[551] Darüber hinaus wurde auf diese Weise das Bild eines dem Volk gegenübergestellten Staates tradiert, da sich unter den Mittelparteien zwar die Erweiterung der Partizipationsmöglichkeiten des Volkes mittels Wahlen und die parlamentarische Verantwortlichkeit der Reichsregierung als anschluss- und mehrheitsfähig erwies, nicht aber die Sichtweise des Staates als Organisation des Volkes mit einem erweiterten Einfluss der intermediären Instanzen.[552]

546 Vgl. Sten. Ber., Bd. 326, S. 499 (Eduard David (SPD), 4.3.1919); ebd., Bd. 327, S. 1267 (Gustav Hartmann (DDP), 3.7.1919); ebd., Bd. 328, S. 1500 (Erich Koch (DDP), 11.7.1919), S. 1588 (Conrad Haußmann (DDP), 16.7.1919).

547 Das Bild einer präsidialen Spitze des Staates vertraten insbesondere die Vertreter der bürgerlichen Parteien, aber auch mehrheitssozialdemokratische Redner: Sten. Ber., Bd. 326, S. 291 (Hugo Preuß (DDP), 24.2.1919), S. 399 (Rudolf Heinze (DVP), 28.2.1919); ebd., Bd. 327, S. 1304 (Albrecht Philipp (DNVP), 4.7.1919), S. 1306 (Ludwig Haas (DDP). 4.7.1919), S. 1311 (Max Quarck (SPD), 4.7.1919). Zur ablehnenden Haltung der USPD ebd., Bd. 326, S. 404 (Oskar Cohn (USPD), 28.2.1919); ebd., Bd. 327, S. 1308 (Hugo Haase (USPD), 4.7.1919).

548 So wies Rudolf Heinze (DVP) den Verfassungsentwurf zurück, da »das Parlament […] damit in die Staatsverwaltung« eingreife: Sten. Ber., Bd. 328, S. 2094 (Rudolf Heinze (DVP), 30.7.1919). Siehe auch ebd., Bd. 327, S. 1311 (Rudolf Heinze (DVP), 4.7.1919).

549 So forderte etwa Johann Vogel (SPD) die Festlegung einer starken demokratischen Herrschaftsordnung, damit »die ganze Welt dem neuen Staate vertrauen kann.« Sten. Ber., Bd. 326, S. 462 (Johann Vogel (SPD), 3.3.1919). Siehe auch ebd., S. 285 (Hugo Preuß (DDP), 24.2.1919), S. 371 (Richard Fischer (SPD), 28.2.1919); ebd., Bd. 327, S. 1311 (Max Quarck (SPD), 4.7.1919). Die Neuartigkeit hoben auch die USPD-Anhänger hervor: ebd., Bd. 326, S. 402 (Oskar Cohn (USPD), 28.2.1919); ebd., Bd. 327, S. 1209 (Oskar Cohn (USPD), 2.7.1919).

550 Vgl. Sten. Ber., Bd. 326, S. 464 (Konrad Beyerle (Z), 3.3.1919), S. 498 (Eduard David (SPD), 4.3.1919); ebd., Bd. 327, S. 1334 (Simon Katzenstein (SPD), 5.7.1919); ebd., Bd. 328, S. 1500 (Erich Koch (DDP), 11.7.1919), S. 1565 (Max Quarck (SPD), 15.7.1919), S. 1588 (Conrad Haußmann (DDP), 16.7.1919).

551 Grawert, Reich, S. 485. Siehe auch Mager, Republik, S. 645.

552 Dazu Rürup, Entstehung, S. 235.

3.5. Die Brückenfunktion des Demokratiebegriffs

Auch die »Demokratie« stellte nur eine allgemein gehaltene Bezugsgröße dar, welche die Verfassungsdiskussion nicht mehr in dem Maße polarisierte, wie es im kaiserlichen Reichstag der Fall war. Infolge des revolutionären Umbruchs und der damit verbundenen Anerkennung der demokratischen Grundordnung rekurrierten überwiegend die Vertreter der DDP[553] und der SPD[554] auf diese Bezeichnung, um ihrer Zustimmung zum Verfassungsentwurf Ausdruck zu verleihen. Zwar griffen vereinzelt auch Redner der Oppositionsparteien auf den Demokratiebegriff zurück, um ihre jeweiligen Beweggründe für die Ablehnung des Verfassungsentwurfs darzulegen. So kritisierte Oskar Cohn (USPD) die unzureichende Festlegung demokratischer und sozialistischer Elemente in den Bestimmungen und trat stattdessen für den Übergang zur »wahren Demokratie«[555] ein, während Rudolf Heinze (DVP) die zu weitgehenden Bestimmungen im »Geist der extremen Demokratie«[556] bemängelte. Auf diese Weise versuchten die oppositionellen Parlamentarier, den Verfassungsentwurf mittels des Demokratiebezuges zu delegitimieren, womit sie jedoch an der den Regierungsparteien, insbesondere der SPD und der DDP, zufallenden Deutungshoheit über den Demokratiebegriff scheiterten.

Dieses äußerte sich auch in der Verwendung des Adjektivs »demokratisch«, auf das ebenfalls in erster Linie mehrheitssozialdemokratische und linksliberale

---

553 Erich Koch (DDP) stellte zu Beginn der Verhandlungen die Pflicht heraus, »unsere Verfassung auf dem Wesen der Demokratie aufzubauen«. Sten. Ber., Bd. 326, S. 391 (Erich Koch (DDP), 28.2.1919). Siehe auch ebd., S. 284 (Hugo Preuß (DDP), 24.2.1919), S. 453 (Hugo Preuß (DDP), 3.3.1919), S. 476 (Walther Schücking (DDP), 3.3.1919); ebd., Bd. 327, S. 1221 (Erich Koch (DDP), 2.7.1919), S. 1273 (Wilhelm Grünwald (DDP), 3.7.1919), S. 1310 (Bruno Ablaß (DDP), 4.7.1919), S. 1355 (Erich Koch (DDP), 7.7.1919); ebd., Bd. 328, S. 1566 (Ludwig Quidde (DDP), 15.7.1919), S. 2071 (Hugo Preuß (DDP), 29.7.1919).

554 Simon Katzenstein (SPD) betonte zum Schluss der Beratungen, dass mit der Annahme der Verfassung »unser politisches Leben […] auf dem festen Felsen der Demokratie« gegründet werde. Sten. Ber., Bd. 328, S. 2075 (Simon Katzenstein (SPD), 29.7.1919). Siehe auch ebd., Bd. 327, S. 1311 (Max Quarck (SPD), 4.7.1919), S. 1357 (Max Quarck (SPD), 7.7.1919); ebd., Bd. 328, S. 1505 (Max Quarck (SPD), 15.7.1919), S. 1585 (Hugo Sinzheimer (SPD), 16.7.1919); ebd., Bd. 329, S. 2195 (Eduard David (SPD), 31.7.1919).

555 Sten. Ber., Bd. 328, S. 2100 (Oskar Cohn (USPD), 30.7.1919). In diesem Sinn verwendete Cohn auch die Formulierung von der »vollendete Demokratie«, um die Verhängung des Belagerungszustandes durch den Reichspräsidenten nach Art. 49 als Widerspruch zum demokratischen Anspruch des Verfassungsentwurfs darzustellen: ebd., Bd. 327, S. 1330 (Oskar Cohn (USPD), 5.7.1919). Siehe auch ebd., Bd. 326, S. 488 (Alfred Henke (USPD), 4.3.1919).

556 Sten. Ber., Bd. 328, S. 2094 (Rudolf Heinze (DVP), 30.7.1919). Siehe auch ebd., Bd. 327, S. 1305 (Albrecht Philipp (DNVP), 4.7.1919), S. 1353 (Rudolf Heinze (DVP), 7.7.1919).

Abgeordnete zurückgriffen, um etwa die »demokratische[n] Grundsätze«[557] des Verfassungsentwurfs zu betonen sowie das »demokratische Wahlrecht«[558] mit der Festlegung des Frauenwahlrechts hervorzuheben und auf den durch die Verfassung entworfenen »demokratischen Staat«[559] hinzuweisen. Dementsprechend schwer fiel es den oppositionellen Vertretern, Redestrategien gegen diese breite Inanspruchnahme zu entwickeln. Die bürgerlichen Oppositionsvertreter erklärten sich zu gewissen Zugeständnissen bereit, indem der demokratische Charakter des Wahlrechts anerkannt wurde[560] und sich die Deutschnationalen im Nachhinein bei der Staatsordnung zu gewissen Reformen im Rahmen einer »demokratische[n] Monarchie« bereit erklärten.[561] Damit bemühten sich insbesondere die Vertreter der DNVP, Anschluss an die bürgerlichen Mittelparteien und deren Bezugnahme auf die Demokratie zu finden und gleichzeitig ihr Verfassungsideal der Monarchie zu bewahren. Dagegen gingen die Unabhängigen Sozialdemokraten auf einen stärkeren Konfrontationskurs zu den Regierungsparteien, insbesondere zur SPD, indem sie den demokratischen Charakter des Staates ausdrücklich zurückwiesen[562] und die Regierungspolitik als »demokratische Gewaltherrschaft« charakterisierten.[563] Beide Vorgehensweisen, die Bezeichnungen »Demokratie« und »demokratisch« im Sinne ihrer rätedemokratischen bzw. konstitutionellen Vorstellungen mitzuprägen, erwiesen sich jedoch als erfolglos, da die Redner der Regierungsparteien diese Sichtweise nicht übernahmen.

---

557 Sten. Ber., Bd. 327, S. 1221 (Erich Koch (DDP), 2.7.1919). Siehe auch ebd., Bd. 326, S. 379 (Peter Spahn (Z), 28.2.1919); ebd., Bd. 327, S. 1304 (Ludwig Haas (DDP), 4.7.1919), S. 1356 (Erich Koch (DDP), 7.7.1919); ebd., Bd. 328, S. 1500 (Erich Koch (DDP), 11.7.1919), S. 1560 (Marie Juchacz (SPD), 15.7.1919), S. 2071 (Hugo Preuß (DDP), 29.7.1919), S. 2105 (Anton Erkelenz (DDP), 30.7.1919).

558 Sten. Ber., Bd. 329, S. 2195 (Eduard David (SPD), 31.7.1919). Siehe auch ebd., Bd. 326, S. 286 (Hugo Preuß (DDP), 24.2.1919), S. 498 (Eduard David (SPD), 4.3.1919); ebd., Bd. 327, S. 1273 (Wilhelm Grünwald (DDP), 3.7.1919); Bd. 328, S. 2075 (Simon Katzenstein (SPD), 29.7.1919).

559 Sten. Ber., Bd. 328, S. 1588 (Conrad Haußmann (DDP), 16.7.1919). Siehe auch ebd., Bd. 326, S. 464 (Konrad Beyerle (Z), 3.3.1919), S. 498 (Eduard David (SPD), 4.3.1919); ebd., Bd. 327, S. 1334 (Simon Katzenstein (SPD), 5.7.1919); ebd., Bd. 328, S. 1500 (Erich Koch (DDP), 11.7.1919), S. 1565 (Max Quarck (SPD), 15.7.1919), S. 2071 (Hugo Preuß (DDP), 29.7.1919), S. 2083 (Conrad Haußmann (DDP), 29.7.1919).

560 So wies etwa Gustav Stresemann (DVP) ausdrücklich auf die parlamentarische Mehrheit »infolge eines demokratischen Wahlrechts« hin: Sten. Ber., Bd. 326, S. 490 (Gustav Stresemann (DVP), 4.3.1919). Siehe auch ebd., S. 385 (Clemens von Delbrück (DNVP), 28.2.1919).

561 Sten. Ber., Bd. 326, S. 383 (Clemens von Delbrück (DNVP), 28.2.1919). Siehe auch ebd., Bd. 327, S. 1216 (Clemens von Delbrück (DNVP), 2.7.1919); ebd., Bd. 328, S. 2089 (Albrecht Düringer (DNVP), 30.7.1919).

562 Sten. Ber., Bd. 326, S. 487 (Alfred Henke (USPD), 4.3.1919); ebd., Bd. 327, S. 1322 (Oskar Cohn (USPD), 5.7.1919).

563 Sten. Ber., Bd. 326, S. 487 (Alfred Henke (USPD), 4.3.1919).

Jedoch bestanden auch zwischen den Regierungsparteien Unterschiede in den Verwendungs- und damit Verständnisweisen der Demokratie. Dabei stellte die für die SPD charakteristische Unterscheidung von politischer und wirtschaftlicher Demokratie, mittels der er die Mehrheitssozialdemokraten neben dem staatlichen Bereich auch auf wirtschaftlicher Ebene die Erweiterung der betrieblichen Mitbestimmungsrechte der Arbeitnehmer durch verfassungsrechtlich garantierte Räteorganisationen forderten und die Einfügung des Räteartikels 165 WRV betrieb, nur einen Aspekt dar.[564] Der grundlegende Unterschied zwischen der SPD und der DDP lag vielmehr in der jeweilige Verortung der Demokratie im Zusammenhang mit anderen Staatsorganen: Die linksliberalen Redner forderten die »Stärkung der Demokratie«[565] und damit die Handlungsfähigkeit der demokratischen Herrschaftsordnung. Folglich stellten sie durch Formulierungen wie »demokratische Regierung«[566] den Bezug zur Exekutive, um mittels des Demokratiebezuges die Legitimation der Reichsregierung zu erhöhen. So wurde insbesondere auf linksliberaler Seite der Führerbegriff in Verbindung mit der Demokratie[567] gebracht, worin sich zum einen der Einfluss der politischen Vorstellungen Max Webers einer »plebiszitären

---

564 So forderte Eduard David (SPD) bereits in der ersten Lesung, »daß neben der politischen Demokratie die wirtschaftliche Demokratie ihren Einzug hält.« Sten. Ber., Bd. 326, S. 501 (Eduard David (SPD), 4.3.1919). Dementsprechend konnte David nach der Verabschiedung der Reichsverfassung einschließlich des Räteartikels 165 feststellen, dass »[n]icht nur die politische, auch die wirtschaftliche Demokratie […] in ihr verankert« sei: ebd., Bd. 329, S. 2194 (Eduard David (SPD), 31.7.1919). Siehe auch ebd., Bd. 328, S. 2077 (Simon Katzenstein (SPD), 29.7.1919). Dazu Ritter, Entstehung, bes. S. 91ff.; Euchner, Sozialdemokratie, S. 152–158; Völtzer, Sozialstaatsgedanke, S. 128f. Zur Entstehung der Bezeichnung »Soziale Demokratie« siehe Conze, Demokratie, S. 886–889.

565 Sten. Ber., Bd. 327, S. 1272 (Wilhelm Grünwald (DDP), 3.7.1919). In diesem Sinne auch die Aussage von Erich Koch (DDP): »Wir werden bei allen Bestrebungen der Regierung, den Willen des Volkes gegenüber einer Minderheit mit Entschiedenheit zu vollstrecken, hinter der Regierung stehen; denn wir wollen nicht, daß Demokratie Schwäche sei, sondern wir wollen, daß Demokratie Stärke wird.« Ebd., Bd. 326, S. 392 (Erich Koch (DDP), 28.2.1919). Siehe auch ebd., S. 453 (Hugo Preuß (DDP), 3.3.1919); ebd., Bd. 327, S. 1204 (Conrad Haußmann (DDP), 2.7.1919); ebd., Bd. 328, S. 2102 (Hugo Preuß (DDP), 30.7.1919).

566 Sten. Ber., Bd. 326, S. 453 (Hugo Preuß (DDP), 3.3.1919). Dementsprechend bezeichnete Preuß es auch als große Gefahr, wenn »die demokratische Regierung durch allzu viele Kautelen und Kontrollen am Regieren behindert wird.« Ebd., Bd. 328, S. 2102 (Hugo Preuß (DDP), 30.7.1919).

567 So etwa die Aussage von Walther Schücking (DDP): »Das Wesen der Demokratie, meine Damen und Herren, besteht nicht darin, daß alle alles machen, sondern das Problem der Demokratie ist das Problem der Führer.« Sten. Ber., Bd. 327, S. 1293 (Walther Schücking (DDP), 4.7.1919). Siehe auch ebd., S. 1309 (Bruno Ablaß (DDP), 4.7.1919), S. 1324 (Erich Koch (DDP), 5.7.1919); ebd., Bd. 328, S. 2102 (Hugo Preuß (DDP), 30.7.1919).

Führerdemokratie«[568] widerspiegelte und zum anderen der auf linksliberaler Seite dominierende Fokus auf die Leitungs- und Regierungsorgane in einer Demokratie zum Ausdruck kam.[569] Demgegenüber gingen die Mehrheitssozialdemokraten in ihrer Sichtweise von der Basis aus und stellten den Demokratiebegriff dementsprechend in Verbindung mit dem »Volk«. So führte Simon Katzenstein (SPD) in Abgrenzung zu den Äußerungen von linksliberaler Seite aus, dass in seinen Augen das »Wesen der Demokratie« darin bestehe, »daß jeder im Volke mitarbeitet, daß er sich seiner Rechte bewußt ist, und daß er aus der Geltendmachung seiner Rechte durch Bestellung seiner Vertrauensleute das Vertrauen als Blüte hervorwachse.«[570]

Diese Differenz in der jeweiligen Perspektive führte auch zu unterschiedlichen Sichtweisen des Zusammenhangs von »Demokratie« und »Parlament«. Einerseits wurden diese Begriffe auf mehrheitssozialdemokratischer Seite in einen engen Zusammenhang gestellt und implizit gleichgesetzt, indem deren Vertreter vom »Volk« ausgehend in dem Parlament den legitimen Ausdruck des Volkes erblickten.[571] Demgegenüber entwarfen die Linksliberalen andererseits aufgrund ihrer Befürwortung des gleichgewichtigen Verfassungsmodells anstelle des reinen parlamentarischen Systems das Bild einer stärkeren Trennung dieser beiden Elemente.[572]

Diese zwischen der SPD und der DDP vorhandenen Unterschiede konnten nur dadurch überbrückt werden, dass auf der einen Seite die mehrheitssozialdemokratischen Redner die Verbindung von »Demokratie« und »Regierung« übernahmen und unter diesem Verweis auch das Reichsexekutionsrecht des Reichspräsidenten akzeptierten,[573] während auf der anderen Seite die links-

568 Dazu Mommsen, Weber, S. 363–370. Siehe auch Schiffers, Elemente, S. 118f. Aus demokratietheoretischer Sicht Schmidt, Demokratietheorien, S. 178–189.

569 Albertin, Liberalismus, S. 271f.

570 Sten. Ber., Bd. 327, S. 1294 (Simon Katzenstein (SPD), 4.7.1919). Siehe auch ebd., Bd. 326, S. 374 (Richard Fischer (SPD), 28.2.1919), S. 498 (Eduard David (SPD), 4.3.1919).

571 Vgl. Sten. Ber., Bd. 326 (Richard Fischer (SPD), 28.2.1919); ebd., Bd. 327, S. 1214 (Max Quarck (SPD), 2.7.1919).

572 So war Erich Koch (DDP) nicht davon überzeugt, »daß Demokratie und Parlamentarismus sich in vollem Umfange decken.« Sten. Ber., Bd. 327, S. 1221 (Erich Koch (DDP), 2.7.1919). Siehe auch ebd., S. 1356 (Erich Koch (DDP), 7.7.1919); ebd., Bd. 328, S. 2071 (Hugo Preuß (DDP), 29.7.1919).

573 So die Aussage von Simon Katzenstein (SPD): »Es muß die Möglichkeit bestehen, in Fällen, wie wir sie jetzt haben, wo die Grundsätze der Demokratie außer Kraft gesetzt werden, wo vielleicht ein kleiner Einzelstaat die Beziehung zur Reichsregierung abbricht – wir können uns selbst denken, daß irgend ein Staat mit einer fremden Regierung Beziehungen anknüpft –, kurz in irgend welchen Fällen, in denen ein Eingreifen der Reichsregierung zur Aufrechterhaltung der Reichsverfassung und der Ordnung notwendig ist – solche Fälle können, und ich fürchte, sie werden vorkommen, dem Reichspräsidenten die Möglichkeit des Eingreifens zu lassen.« Sten. Ber., Bd. 327, S. 1323 (Simon Katzenstein (SPD), 5.7.1919).

liberalen Vertreter den bereits vorhandenen Bezug zum »Volk« stärker herausstellten.[574] Jedoch zog diese gegenseitige Annäherung in erster Linie auf Seiten der SPD materielle Konsequenzen nach sich, da deren Vertreter damit die starke verfassungsrechtliche Ausgestaltung des Präsidentenamtes unterstützten, wohingegen die Linksliberalen zu keinen größeren Zugeständnissen gezwungen waren. Selbst die Erweiterung der unmittelbaren Mitbestimmungsrechte des Volkes durch die Volksabstimmung oder das Volksbegehren stellten bereits zentrale Bestandteile ihrer Verfassungskonzeption dar.

Trotz der Deutungshoheit der Regierungsparteien über den Begriff der Demokratie bestanden in den zu Grunde liegenden Demokratieauffassungen also mitunter weitreichende Differenzen, die zum einen durch die gegenseitige Übernahme der jeweiligen anderen Deutungsmuster und zum anderen durch das häufige und bekenntnishafte Rekurrieren auf diese Bezeichnung überbrückt wurden. Damit avancierte die »Demokratie« zu einer umfassenden und damit letztlich unspezifischen Bezeichnung, wobei die Würdigung des Verfassungswerks von Eduard David (SPD) nach der Verabschiedung der Reichsverfassung, dass die »deutsche Demokratie [...] fortan die demokratischste Demokratie der Welt«[575] sei, nur den deutlichsten Ausdruck darstellte. Sie bildete also keinen inhaltlichen Bezugspunkt, sondern wurde zu einem unspezifischen Fahnenwort[576], welches die gesamte Verfassungsarbeit durchzog und so die Einigung auf konkrete Verfassungsbestimmungen eher erschwerte als erleichterte.

---

574 So verteidigte Hugo Preuß (DDP) die gleichgewichtige Verfassungskonstruktion mit dem Recht des Reichspräsidenten zur Parlamentsauflösung und dem Recht des Reichstags zur Ansetzung einer Volksabstimmung über den Reichspräsident damit, dass »[b]eide Einrichtungen [...] auf demselben demokratischen Gedanken [beruhen], daß die Möglichkeit gegeben sein muß, von dem Gewählten an die Wähler Berufung einzulegen.« Sten. Ber., Bd. 326, S. 450 (Hugo Preuß (DDP), 3.3.1919). In diesem Sinne unterstütze auch Conrad Haußmann die »Forderungen der Demokratie, d. h. des Anteils des Volks an der Regierung und Gesetzgebung«: ebd., Bd. 328, S. 2081 (Conrad Haußmann (DDP), 29.7.1919). Siehe auch ebd., Bd. 326, S. 291 (Hugo Preuß (DDP), 24.2.1919), S. 392 (Erich Koch (DDP), 28.2.1919), S. 476 (Walther Schücking (DDP), 3.3.1919); ebd., Bd. 327, S. 1309 (Bruno Ablaß (DDP), 4.7.1919); ebd., Bd. 328, S. 1588 (Conrad Haußmann (DDP), 16.7.1919).

575 Sten. Ber., Bd. 329, S. 2195 (Eduard David (SPD), 31.7.1919).

576 Conze, Demokratie, S. 897.

4. Die Verhandlungen im Verfassungsausschuss

4.1. Zusammensetzung und Arbeitsweise des Ausschusses

Nach der ersten Plenaresung wurde der Verfassungsentwurf am 4. März 1919 an einen Ausschuss von 28 Mitgliedern überwiesen, von denen entsprechend der Mandatsverteilung in der Nationalversammlung auf die DNVP drei, die DVP zwei, das Zentrum sechs, die DDP fünf, die SPD elf und die USPD ein Mandat entfielen.[577] Noch am selben Tag konstituierte sich der achte Ausschuss der Nationalversammlung, der sogenannte Verfassungsausschuss, unter dem Altersvorsitzenden Wilhelm Kahl (DVP) und wählte Conrad Haußmann (DDP) zum Vorsitzenden sowie Peter Spahn (Z) und Max Quarck (SPD) zu dessen Stellvertretern.[578] Mit dieser Bestimmung wurde nicht nur die dominierende Rolle der Regierungsparteien, sondern auch die herausgehobene Rolle der DDP in der Verfassungsarbeit unterstrichen, da die SPD trotz ihrer Stellung als stärkste Fraktion im Ausschuss auf den Vorsitz verzichtete. Mit dem württembergischen Linksliberalen Haußmann wurde ein allseits beliebter wie geschätzter Parlamentarier zum Vorsitzenden gewählt, dem es nicht zuletzt wegen seiner klaren und bestimmten Verhandlungsführung gelang, die umfangreiche Arbeit des Ausschusses zwischen dem 4. März und dem 18. Juni 1919 in 42 Sitzungen mit 391 Drucksachen und über 500 Abstimmungen mit der Verabschiedung eines überarbeiteten Verfassungsentwurfs zum Abschluss zu bringen.[579]

Auf seinen Vorschlag hin wurde die Materie in 13 Abschnitte eingeteilt, die sich im Wesentlichen an den Unterteilungen des Verfassungsentwurfs orientierten und die je zwei Mitgliedern zur Berichterstattung übertragen wurden. Nur in Einzelfällen wie der Frage der Reichsfarben und der Grundrechte wich man von dieser Aufteilung ab, sodass der Verfassungsentwurf überwiegend sukzessiv nach den jeweiligen Abschnitten und Artikeln besprochen wurde.

577 Die Mandatsverteilung für eine 28er Kommission wurde durch den Seniorenkonvent kurz nach der Eröffnung der Nationalversammlung festgelegt: Potthoff, SPD-Fraktion, S. 18. Die Unterrepräsentation der USPD gegenüber der DVP trotz gleicher Mandatszahl im Plenum ist darauf zurückzuführen, dass der USPD zwei bis ein und der DVP ein bis zwei Sitze zuerkannt wurden, was sich im Fall des Verfassungsausschusses zugunsten der DVP auswirkte. Dazu Richter, Kirche, S. 285. Zum Beschluss der Nationalversammlung vom 4.3.1919, den Verfassungsentwurf an einen Ausschuss zu überwiesen: Sten. Ber., Bd. 326, S. 502.

578 Berichte, S. 22.

579 Dazu und zum Folgenden Portner, Verfassungspolitik, S. 44–48; Richter, Kirche, S. 285–289; Pohl, Denken, S. 145ff. Zur Wertschätzung Haußmanns Scheidemann, Memoiren, S. 178f. Zur disziplinierenden Art, die Hugo Preuß (DDP) als »aufgeklärte[n] Despotismus« bezeichnete: Haußmann, Schlaglichter, S. 287. Siehe auch Henning, Haußmanns, S. 137ff.; Rabenstein, Haußmann, S. 84f.

Dabei schloss sich an die Berichte der zugeteilten Referenten ein kurzer Vortrag von Hugo Preuß[580] an, in dem er die wichtigsten Aspekte der entsprechenden Bestimmungen noch einmal herausstellte und deren praktische Bedeutung erläuterte. Anschließend trat der Ausschuss in die Generaldiskussion ein.

Die Teilnahme beschränkte sich nicht auf den Kreis der 28 entsandten Mitglieder, da mit den Kommissaren der Reichsregierung, den Mitarbeitern des Reichsministeriums des Innern und den Vertretern der Einzelstaaten durchschnittlich etwa 60 bis 65 Personen den Sitzungen beiwohnten und durch parteiinterne Entsendungen von »Experten« zu bestimmten Beratungsgegenständen eine hohe Fluktuation auch unter den Ausschussmitgliedern eintrat.[581] Die Herstellung einer Öffentlichkeit durch die Teilnahme von Pressevertretern wurde durch einen entsprechenden Beschluss des Seniorenkonvents verhindert, wobei lediglich gestattet wurde, Auszüge für die Presse herauszugeben.[582]

Vor diesem Hintergrund traten die Ausschussmitglieder am 5. März in die Beratung des Verfassungsentwurfs ein, die im Gegensatz zu den öffentlichen Plenarverhandlungen trotz der parteipolitischen Differenzen von einer sachlichen und kooperativen Atmosphäre geprägt war.[583] Dieses ist zum einen darauf zurückzuführen, dass sich unter den 28 Ausschussmitgliedern 16 Juristen befanden und die Beratungen somit eher den Charakter wissenschaftlicher Diskussionen anstatt politischer Auseinandersetzungen besaßen.[584] Zum ande-

580 Preuß nannte es eine »Gepflogenheit, unmittelbar nach den beiden Berichterstattern zu sprechen«: Berichte, S. 183. Diese Gewohnheit pflegte Preuß jedoch nur bei der Besprechung des organisatorischen Teils, da er bei der Beratung der Grundrechtsartikel nur vereinzelt das Wort ergriff. Siehe hierzu Richter, Kirche, S. 286f.; Pohl, Denken, S. 145.

581 Vgl. Richter, Kirche, S. 285ff. mit Anm. 18.

582 So der Bericht des Mehrheitssozialdemokraten Paul Löbe in der Fraktionssitzung der SPD vom 28.2.1919 bei Potthoff, SPD-Fraktion, S. 48. Dazu Richter, Kirche, S. 288.

583 Von den Unabhängigen Sozialdemokraten wurde sie sogar als »ganz unrevolutionär« bezeichnet. Sten. Ber., Bd. 327, S. 1210 (Oskar Cohn (USPD), 2.7.1919). Zu dieser Atmosphäre Apelt, Geschichte, S. 119f.; Potthoff, Verfassungswerk, S. 461.

584 Portner, Verfassungspolitik, S. 48. Eine juristische Ausbildung besaßen die Mitglieder Clemens von Delbrück (DNVP), Adelbert Düringer (DNVP), Georg Schultz (DNVP), Rudolf Heinze (DVP), Wilhelm Kahl (DVP), Konrad Beyerle (Z), Adolf Gröber (Z), Peter Spahn (Z), Karl Trimborn (Z), Bruno Ablaß (DDP), Conrad Haußmann (DDP), Erich Koch (DDP), Karl Georg Zöphel (DDP), Simon Katzenstein (SPD), Max Quarck (SPD) und Oskar Cohn (USPD). Demgegenüber zählten Joseph Mausbach (Z), Adam Stegerwald (Z), Friedrich Naumann (DDP), Paul Bader (SPD), Richard Fischer (SPD), Karl Hildenbrand (SPD), Marie Juchacz (SPD), Gottfried Hermann Kahmann (SPD), Johannes Meerfeld (SPD), Lorenz Riedmiller (SPD), Johann Vogel (SPD) und Otto Wels (SPD) zu den Nichtjuristen. Eine Übersicht dieser zunächst entsandten Ausschussmitglieder, die in den späteren Verhandlungen durch die Fraktionen ausgetauscht wurden, befindet sich unter BAB R101/2894, fol. 3r. Siehe auch Bendix, Arbeit, S. 41; Ziegler, Nationalversammlung, S. 111f. Die Angabe der Berufe erfolgte nach den biographischen Skizzen der Abgeordneten der Weimarer Nationalversammlung: Handbuch 1919, S. 120–293.

ren war für diese Atmosphäre die fehlende Öffentlichkeit von entscheidender Bedeutung, womit der Verfassungsausschuss als Bühne zur Austragung parteipolitischer Konflikte ausschied.

4.2. Die Bezugnahme auf das Volk

Trotz der Unterschiede in der Arbeitsatmosphäre blieben die im Ausschuss verwendeten Begrifflichkeiten und bezogenen Positionen bei der Thematisierung des Volkes im Vergleich zum Plenum weitgehend konstant. Auch im kleinen Kreis beriefen sich Vertreter sämtlicher Parteien auf das »Volk«, um ihren jeweiligen Forderungen Nachdruck zu verleihen. Insbesondere taten sich hierbei die mehrheitssozialdemokratischen und linksliberalen Redner hervor, die in ihren Ausführungen ein Bekenntnis zum Volk ablegten.[585] Aber auch die oppositionellen Vertreter bezogen sich auf das »Volk«, als sie im Falle der USPD für die Möglichkeit der plebiszitären Verfassungsänderung eintraten[586] oder im Falle der bürgerlichen Opposition die Beibehaltung der kaiserlichen Farben schwarz-weiß-rot als Reichsfarben im Interesse des Volkes forderten.[587] Diese Bemühungen, den Volksbegriff für eigene parteipolitische Forderungen in Anspruch zu nehmen, scheiterten letztlich aber an der Besetzung dieses Begriffs durch die Vertreter der Regierungsparteien, die überwiegend auf diese Bezeichnung rekurrierten und damit die Deutung dominierten.

Ähnlich verhielt es sich auch mit der Redestrategie der Deutschnationalen, ihre Bezugnahme zum »Volk« durch den Zusatz »deutsch« national zu konnotieren und so aufzuwerten.[588] Jedoch erwies sich dieser Versuch nicht als erfolgreich, da auch die Redner der Regierungsparteien auf die Formulierung

585 So forderte Wilhelm Keil den Ausbau der Volksgesetzgebung, da sich erst unter diesen Umständen »das Volk […] als Schöpfer seines eigenen Rechtes erkennen« werde, und Hugo Preuß (DDP) begründete seine Ablehnung einer Beschränkung der Amtsperioden des Reichspräsidenten mit dem Hinweis, dass es nicht sinnvoll sei, »in der Verfassung dem Volke verbieten zu wollen, sein Vertrauen wiederholt einem erprobten Manne zu übertragen.« Berichte, S. 292 (Hugo Preuß (DDP), 9.4.1919), S. 294 (Wilhelm Keil (SPD), 9.4.1919). Dazu auch ebd., S. 183 (Hugo Sinzheimer (SPD), 31.3.1919), S. 233 (Bruno Ablaß (DDP), 5.4.1919), S. 243 (Friedrich Naumann (DDP), 4.4.1919), S. 248 (Paul Bader (SPD), 5.4.1919), S. 253 (Paul Bader (SPD), 5.4.1919), S. 309 (Hugo Preuß (DDP), 11.4.1919), S. 312 (Max Quarck (SPD), 11.4.1919).

586 Berichte, S. 311 (Oskar Cohn (USPD), 11.4.1919).

587 Berichte, S. 402 (Wilhelm Kahl (DVP), 3.6.1919), S. 403 (Clemens von Delbrück (DNVP), 3.6.1919). Dazu Buchner, Identität, 79ff.

588 So bezeichnete etwa Clemens von Delbrück (DNVP) die vom Verfassungsentwurf vorgesehenen Änderung der Reichsfarben in schwarz-rot gold als einen »Raub [am] deutschen Volke«: Berichte, S. 403 (Clemens von Delbrück (DNVP), 3.6.1919). Siehe auch ebd., S. 25 (Clemens von Delbrück (DNVP), 5.3.1919).

vom »deutschen Volk« zurückgriffen.[589] Selbst die Unabhängigen Sozialdemokraten teilten die nationale Sichtweise, wenn sie z.B. eine »möglichst große politische Entwicklung des deutschen Volkes« wünschten.[590] Zwar nahm diese Konnotation des Volksbegriffs in den Ausschussberatungen mit Ausnahme der deutschnationalen Redebeiträgen keine prominente Stelle ein. Unterschwellig vorhanden war sie jedoch bei allen Parteien, sodass sie sich nicht dazu eignete, einen alternativen Volksbegriff auf oppositioneller Seite gegen die Sichtweise der SPD und der DDP zu propagieren.

Die den Regierungsparteien zukommende Deutungshoheit äußerte sich in der semantischen Zuordnung des »Volkes« zum »Staat«. Insbesondere die Vertreter der Mehrheitssozialdemokratie stellten dabei den Legitimationsaspekt dieser Beziehung in den Vordergrund, indem sich Max Quarck (SPD) für einen »Volksstaat« aussprach, in welchem »die Staatsgewalt beim Volke«[591] liege, was in ähnlicher Form auch von linksliberaler Seite vorgebracht wurde.[592] Folglich konnten sich auch Redner der bürgerlichen Opposition dieser Sichtweise einer engen Beziehung durch die beim Volk liegende Staatsgewalt nicht gänzlich entziehen, sodass sie diese als eine durch die revolutionären Ereignisse geschaffene Tatsache akzeptierten.[593] Die im Gegensatz zum Plenum nahezu kritiklose Anerkennung dieser Verbindung auf Seiten der Opposition lag nicht nur in der fehlenden Öffentlichkeit begründet, sondern auch in der Tatsache, dass sie die notwendige Voraussetzung zur Beratung eines demokratischen Verfassungsentwurfs bildete. Jedoch stellte diese Akzeptanz lediglich den Ausgangspunkt dar, weil mit dieser Sichtweise noch keinerlei Aussagen über die verfassungsrechtliche Organisation dieses Verhältnisses verbunden waren. Und in diesem Zusammenhang differenzierten sich die Positionen auch zwischen den Regierungsparteien aus.

Wie im Plenum vertraten die Mehrheitssozialdemokraten bei der Anordnung von »Volk« und »Reichstag« das Bild einer engen Verbindung[594] und

589 Sein Grundvertrauen zum »deutsche[n] Volk« brachte Simon Katzenstein (SPD) dadurch zum Ausdruck, dass es die Monarchie wieder einführen könne, sofern dieses auf legalem Weg geschehe. Berichte, S. 285 (Simon Katzenstein (SPD), 9.4.1919). Siehe auch ebd., S. 24 (Bruno Ablaß (DDP), 5.3.1919), S. 458 (Conrad Haußmann (DDP), 6.6.1919).

590 Berichte, S. 246 (Oskar Cohn (USPD), 5.4.1919).

591 Berichte, S. 26 (Max Quarck (SPD), 5.3.1919). Siehe auch ebd., S. 30 (Max Quarck (SPD), 6.3.1919).

592 Vgl. Berichte, S. 29 (Karl Georg Zöphel (DDP), 6.3.1919), S. 29 (Conrad Haußmann (DDP), 6.3.1919), S. 29 (Hugo Preuß (DDP), 6.3.1919).

593 Berichte, S. 28 (Wilhelm Kahl (DVP), 6.3.1919), S. 30 (Clemens von Delbrück (DNVP), 6.3.1919).

594 So führte Simon Katzenstein (SPD) bei der Frage nach der territorialen Neugliederung des Reichs aus, dass diese »durch Abstimmung des gesamten Volkes oder der anerkannten Volks-

stellten das Parlament als Vertretung und damit als dessen legitimen Ausdruck des Volkes dar. Dagegen betonten die Vertreter der DDP den potenziellen Gegensatz dieser beiden Elemente, was sich in besonderem Maße in der Diskussion über die verfassungsrechtliche Festlegung des Volksentscheids zeigte. So forderten die linksliberalen Redner, dem Reichspräsidenten das Recht zur Ansetzung einer Volksabstimmung einzuräumen, da dieser im Falle eines Widerspruchs des parlamentarischen Beschlusses mit der Volksmeinung die Möglichkeit haben müsse, »das Volk gegen den Reichstag anzurufen.«[595] Dementsprechend sahen sie den besonderen Wert des Referendums darin, dass das Volk den Reichstag kontrollieren und unter Umständen auch korrigieren könne.[596] Mit dieser Sichtweise fanden sie die Unterstützung der Mehrheitssozialdemokraten, die sich durch Wilhelm Keil (SPD) im Ausschuss für eine umfassende Erweiterung der Bestimmungen zur unmittelbaren Volksgesetzgebung einschließlich der Aufnahme des Volksbegehrens aussprachen und dabei insbesondere auf die »Volkskontrolle« verwiesen, welcher der Reichstag damit unterstellt werde.[597] In dieser übereinstimmenden Sicht einer Überordnung des Volkes über den Reichstag fanden sich Mehrheitssozialdemokraten und Linksliberale zusammen, um die Bestimmungen zur unmittelbaren Volksgesetzgebung auszubauen. So wurde über die im Verfassungsentwurf bereits vorgesehene Volksabstimmung bei einer Meinungsverschiedenheit zwischen dem Reichstag und dem Reichsrat dem Volk in Art. 73 WRV die Möglichkeit eingeräumt, ein Volksentscheid über ein vom Reichstag beschlossenes Gesetz auf Antrag eines Zwanzigstels der Stimmberechtigten und über ein von ihm eingebrachtes Gesetze aufgrund eines Volksbegehrens mit der Unterstützung eines Zehntels der Stimmberechtigten anzusetzen. Dagegen fanden das von der SPD beantragte obligatorische Referendum im Falle einer Verfassungsänderung und das Volksbegehren über die Auflösung des Reichstags keine Mehrheit. Letztlich erwiesen sich also die Anhänger der DDP als erfolgreicher, da sie die Sichtweise der Überordnung des Volkes über den Reichstag dazu nutzten, die Zustimmung der SPD zu ihren Vorschlägen einer eingeschränkten Erweiterung der Volksgesetzgebung zu gewinnen, ohne selber Zugeständnisse machen zu müssen. [598]

---

vertretung« erfolgen könne. Berichte, S. 27 (Simon Katzenstein (SPD), 5.3.1919). Siehe auch ebd., S. 30 (Eduard David (SPD), 6.3.1919), S. 294 (Wilhelm Keil (SPD), 9.4.1919).

595 Berichte, S. 238 (Bruno Ablaß (DDP), 5.4.1919). Siehe auch ebd., S. 308 (Erich Koch (DDP), 11.4.1919).

596 Berichte, S. 307 (Erich Koch (DDP), 11.4.1919), S. 449 (Bruno Ablaß (DDP), 5.6.1919).

597 Berichte, S. 295 (Wilhelm Keil (SPD), 9.4.1919).

598 Vgl. Schiffers, Elemente, S. 132–135. Dazu Gusy, Reichsverfassung, S. 93–96; Winkler, Revolution, S. 233.

Die dominierende Stellung der Linksliberalen zeigte sich auch in dem Verhältnis zwischen dem Volk und dem Reichspräsidenten, das fast ausschließlich von ihnen thematisiert wurde. So traten Hugo Preuß (DDP) als Vater des Verfassungsentwurfs wie auch andere Ausschussmitglieder der DDP nachdrücklich für die Volkswahl des Präsidenten[599] ein, der damit zum »Vertrauensmann des Volkes« werde.[600] Gegen die Sichtweise einer engen und unmittelbaren Verbindung des Reichspräsidenten mit dem Volk konnten die Mehrheitssozialdemokraten trotz ihrer Vorbehalte gegenüber der plebiszitären Wahl des Staatsoberhauptes nicht vorgehen, da sie dazu das Bild eines Gegensatzes zwischen diesen beiden Faktoren hätten entwerfen müssen, was ihnen aufgrund der von der DDP geforderten Volkswahl und ihres eigenen Bekenntnisses zum Volk aber nicht möglich war. Somit fanden sie sich letztlich mit der vom Verfassungsentwurf vorgesehenen plebiszitären Bestimmung des Reichspräsidenten ab.[601]

Ein ähnlicher Vorgang fand auch in der Deutung der Bestimmungen über die Volksabstimmung statt. Denn nach den umfassenden Ausführungen von Wilhelm Keil (SPD) und Erich Koch (DDP), in denen sie die jeweiligen Anträge ihrer Partei zur Ausweitung der unmittelbaren Volksgesetzgebung erläuterten, wurden die Bezeichnungen »Volksabstimmung« und »Referendum« von Mehrheitssozialdemokraten und Linksliberalen zunächst noch gleichermaßen verwendet.[602] Hinsichtlich der verfassungsrechtlichen Verortung dieser direktdemokratischen Elemente erwiesen sich wiederum die Anhänger der DDP als erfolgreicher, da es ihnen gelang, das »Referendum« in Beziehung zum »Volk« zu stellen und als unmittelbare Meinungsäußerung des Volkes über den Willen des Parlaments zu stellen.[603] Dieser Sichtweise schlossen sich auch die Mehrheitssozialdemokraten an, obwohl sie zu Beginn der Diskussion die »Volksabstimmung« nicht in ihrer Beziehung zum »Reichstag« thematisierten und ihr so lediglich eine die parlamentarische Willensbildung ergänzende

---

599 Berichte, S. 232 (Bruno Ablaß (DDP), 4.4.1919), S. 233 (Hugo Preuß (DDP); 4.4.1919), S. 279 (Conrad Haußmann (DDP), 5.4.1919), S. 458 (Bruno Ablaß (DDP), 6.6.1919), S. 458 (Hugo Preuß (DDP), 6.6.1919).

600 Berichte, S. 292 (Bruno Ablaß (DDP), 9.4.1919). Siehe auch ebd., S. 232 (Bruno Ablaß (DDP), 4.4.1919), S. 288 (Erich Koch (DDP), 9.4.1919).

601 Berichte, S. 274 (Richard Fischer (SPD), 5.4.1919).

602 Vgl. Berichte, S. 294ff. (Wilhelm Keil (SPD), 9.4.1919), S. 307ff. (Erich Koch (DDP), 11.4.1919). Siehe auch ebd., S. 308ff. (Hugo Preuß (DDP), 10.4.1919), S. 310 (Simon Katzenstein (SPD), 10.4.1919), S. 312 (Max Quarck (SPD), 11.4.1919), S. 489 (Hugo Preuß (DDP), 6.6.1919). Zum Vorstoß von Keil in dieser Frage siehe Mittag, Keil, S. 191–194; Winkler, Revolution, S. 232f.; Schiffers, Elemente, S. 131f. Zur Haltung von Koch Papke, Politiker, S. 54f.

603 So wies etwa Bruno Ablaß (DDP) darauf hin, dass »das Referendum dem Volke eine solch gewaltige Macht [gebe], daß es den Reichstag jederzeit korrigieren« könne: Berichte, S. 449 (Bruno Ablaß (DDP), 5.6.1919). Siehe auch ebd., S. 307 (Erich Koch (DDP), 11.4.1919).

Funktion zuwiesen.[604] Letztlich übernahmen sie in ihrer Forderung nach einem Volksbegehren zur Auflösung des Reichstags dieses Bild, als Simon Katzenstein (SPD) auf das Vertrauen des Volkes hinwies, das dem Reichstag entzogen werde, wenn »durch Volksabstimmung das Volk dauernd oder mehrfach eine abweichende Meinung zur Geltung« bringe.[605]

Hinsichtlich des Verhältnisses der unmittelbaren zu der parlamentarisch vermittelten Meinungsäußerung des Volkes bestanden also zwischen den sozialdemokratischen und den bürgerlichen Parteien grundlegende Differenzen, die bei der Thematisierung des Volkswillens offen zutage traten. Auf Seiten der Sozialdemokratie wurde der Begriff in einen engen Zusammenhang mit dem Reichstag gestellt, wenn deren Redner mit der Verkürzung der parlamentarischen Legislaturperiode ein »richtiges Spiegelbild des Volkswillens« erreichen wollten.[606] Durchsetzungsfähiger waren jedoch auch in dieser Hinsicht die Linksliberalen, welche das Bild einer Überordnung der unmittelbaren Willensäußerung vertraten, indem etwa Erich Koch (DDP) den Ausbau der Volksgesetzgebung damit begründete, »daß das Volk dasjenige, was die Rufer im Streit im Parlament als sehr wichtig fordern, nicht immer in seinen letzten Konsequenzen mitmachen will, so daß eine Volksabstimmung unter Umständen den wirklichen Willen des Volkes feststellen kann.«[607] Die Sichtweise einer vermeintlich authentischen Feststellung des Volkswillens durch ein Referendum wurde auch von deutschnationaler Seite vertreten, die aufgrund ihrer Parlamentarismuskritik ebenfalls von einem »wahren Willen des Volkes« sprach, der gegenüber dem Reichstag durch eine Volksabstimmung zur Geltung gebracht werden müsse. Im Gegensatz zu der DDP beabsichtigten die Vertreter der DNVP aus dieser Bezugnahme damit jedoch nicht, die Möglichkeiten der unmittelbaren Einflussnahme des Volkes auf die Gesetzgebung auszubauen. Vielmehr plädierten sie dafür, die Stellung des Reichspräsidenten zu stärken, dem sie allein das Recht zur Ansetzung eines Referendums übertragen wollten.[608] Die bürgerlichen Vertreter verfolgten mit der Bezugnahme auf den Volkswillen übereinstimmend das Ziel, diesen in einen potenziellen Widerspruch zum Parlament zu stellen, um so die Beschränkung der parlamentarischen Kompetenzen zu legitimieren. Auf Seiten der DDP zog man daraus die Konsequenz, die direktdemokratischen Elemente als weiteres Gegengewicht

604 Vgl. Berichte, S. 312 (Max Quarck (SPD), 11.4.1919).

605 Berichte, S. 450 (Simon Katzensetin (SPD), 5.6.1919).

606 Berichte, S. 246 (Oskar Cohn (USPD), 5.4.1919). Siehe auch ebd., S. 294 (Wilhelm Keil (SPD), 9.4.1919).

607 Berichte, S. 307 (Erich Koch (DDP), 11.4.1919).

608 Berichte, S. 311 (Clemens von Delbrück (DNVP), 11.4.1919).

zum Reichstag in den Verfassungsentwurf einzufügen, was aufgrund der Unterstützung der SPD auch erreicht wurde.[609]

Die Sichtweise des Volkswillens als eine unmittelbar festzustellende Größe führte bei Friedrich Naumann (DDP) zu einer Aufwertung des Mehrheitsbegriffs, indem er ausführte: »Der Volkswille ist an sich etwas Mystisches und Ungreifbares, aber er repräsentiert, er materialisiert sich aus den Mehrheiten, die man zählen kann.«[610] Jedoch war ein solches Verständnis des Volkswillens im Sinne einer empirisch zu ermittelnden Mehrheit unter den übrigen Ausschussmitgliedern nicht anschlussfähig, die diese Bezeichnung überhaupt nur am Rande verwendeten und ihm keine zentrale Bedeutung beimaßen.[611] Lediglich der Begriff der Minderheit spielte in den Ausschussberatungen eine größere Rolle, auf den die Redner dann zurückgriffen, wenn sie im Zusammenhang mit den Grundrechten oder der Öffentlichkeit parlamentarischer Ausschussverhandlungen auf den »Schutz der Minderheit« verwiesen. Eine differenzierende Sichtweise des Volkes wurde anhand der Bezeichnungen »Mehrheit« und »Minderheit« in den Ausschussberatungen also nicht entwickelt, wie auch die Individualebene des Volkes ebenfalls nur am Rande und bei konkreten Rechtsfragen thematisiert wurde. Der Bürgerbegriff wurde zum einen in der Beratung der Grundrechte aufgegriffen, indem diese als die »Rechte des Staatsbürgers gegenüber der Omnipotenz des Staates«[612] bezeichnet wurden. Zum anderen diente er den Mehrheitssozialdemokraten wie den Zentrumsanhängern dazu, die rechtliche Gleichstellung der Staatsbürger im Hinblick auf die strafrechtliche Verantwortung des Reichspräsidenten zu fordern.[613] Auch der Wählerbegriff wurde in erster Linie im Zusammenhang von konkreten Fragen verwendet, wenn etwa die Redner den Zweck der parlamentarischen Immunität der Abgeordneten im »Schutze der Interessen ihrer Wähler«[614] sahen, die Festlegung der Art der Mehrheitswahl des Reichspräsidenten disku-

---

609 Dazu Schwieger, Volksgesetzgebung, S. 41ff. Zum Gegengewichtscharakter der plebiszitären Elemente Gusy, Reichsverfassung, S. 94; Möller, Weimar, S. 181f.

610 Berichte, S. 177 (Friedrich Naumann (DDP), 31.3.1919).

611 Berichte, S. 271 (Wilhelm Kahl (DVP), 8.4.1919), S. 296 (Wilhelm Keil (SPD), 9.4.1919), S. 403 (Clemens von Delbrück (DVP), 3.6.1919), S. 498 (Simon Katzenstein (SPD), 16.6.1919).

612 Berichte, S. 181 (Adelbert Düringer (DNVP), 31.3.1919). Siehe auch ebd., S. 177 (Friedrich Naumann (DDP), 31.3.1919).

613 Dazu die Aussage von Simon Katzenstein (SPD): »Der Grundsatz: »princeps legibus solutus« steht in entschiedenem Gegensatz zu unserem demokratischen Prinzip, daß der höchste Bürger und der niedrigste gleichgestellt sei sollen.« Berichte, S. 293 (Simon Katzenstein (SPD), 9.4.1919). Siehe auch ebd., S. 293 (Peter Spahn (Z), 9.4.1919), S. 305 (Clemens von Delbrück (DNVP), 10.4.1919), S. 372 (Simon Katzenstein (SPD), 28.5.1919).

614 Berichte, S. 293 (Simon Katzenstein (SPD), 9.4.1919). Siehe auch ebd., S. 271 (Wilhelm Kahl (DVP), 8.4.1919), S. 293 (Clemens von Delbrück (DNVP), 9.4.1919).

tiert wurde[615] oder Friedrich Naumann (DDP) seinen Vorschlag auf Festlegung des Mehrheits- anstelle des Verhältniswahlrechts auf die Überlegung zurückführte, wie »der Wähler sein Wahlrecht am besten verwerten« könne.[616] Eine darüber hinausgehende Bedeutung wurde diesen Bezeichnungen in den Ausschussberatungen nicht zugewiesen.

Trotz des allgemeinen Bekenntnisses zum Volk und dessen anerkannter Stellung als Inhaber der Staatsgewalt spielte die empirische Sichtweise des Volkes in den Ausschussberatungen analog zur Plenarebene nur eine untergeordnete Rolle. Der Volksbezug diente innerhalb der Regierungsparteien in erster Linie zur Legitimation der übrigen Staatsorgane, wobei sich die Linksliberalen mit ihren gegen den Reichstag gerichteten Sichtweisen des vom Volk zu wählenden Reichspräsidenten und der zu erweiternden Volksgesetzgebung gegenüber den Mehrheitssozialdemokraten durchsetzten. Diese vertraten zunächst das Bild eines engen Zusammenhangs des Volks mit dem Reichstag und dessen Ergänzung durch direktdemokratische Elemente, schwenkten letztlich aber auf die linksliberale Richtung ein. Diese Verschiebung ist in besonderem Maße auf das unter den Linksliberalen vorherrschende Verständnis des Volkswillens zurückzuführen, wonach dieser in seiner unmittelbaren Form der Volksabstimmung authentisch und damit höherwertig als in seiner durch das Parlament vermittelten Form sei. Unterstützung fand diese Sichtweise nicht nur auf Seiten der bürgerlichen Opposition, deren Vertreter aufgrund ihrer Ablehnung der parlamentarischen Regierungsweise die Beschränkung der Reichstagsstellung befürworteten, sondern auch von den Mehrheitssozialdemokraten, die sich dieser Sichtweise aufgrund ihres Bekenntnisses zum Volk nicht entziehen konnten. Mit dieser Deutung verbunden war aber die Vorstellung des Volkes als einer per se handlungsfähigen Größe, dessen unmittelbare Willensäußerung eine Höherwertigkeit gegenüber den parlamentarischen Verfahren der politischen Willensbildung beanspruchen konnte, was jedoch nicht nur die Legitimation der intermediären Instanzen, sondern die gesamte repräsentative Struktur der Verfassungsordnung gefährdete.

615 Berichte, S. 458 (Bruno Ablaß (DDP), 6.6.1919), S. 459 (Hugo Preuß (DDP), 6.6.1919), S. 459 (Adolf Gröber (Z), 6.6.1919), S. 459 (Erich Koch (DDP), 6.6.1919).

616 Dieses Erfordernis sah Naumann in der parlamentarischen Regierungsweise begründet, die eine geringe Anzahl, idealiter ein Zweiparteiensystem zur Voraussetzung habe, da in diesem der Wähler mit seiner Stimme das größtmögliche Gewicht besitze: Berichte, S. 243 (Friedrich Naumann (DDP), 4.4.1919). Siehe auch ebd., S. 277 (Friedrich Naumann (DDP), 8.4.1919). Dazu Schanbacher, Wahlen, S. 76–80.

4.3. Die Ausgestaltung der intermediären Instanzen

Die Akzeptanz von Abgeordneten und Parteien

Die Erörterung der Abgeordnetenstellung nahm in den Ausschussberatungen nur einen geringen Raum ein, da die Redner auf diese lediglich im Kontext konkreter Rechtsfragen wie die der Wahlprüfung eingingen.[617] Darüber hinaus wurde der Status der Abgeordneten bei der Frage nach den parlamentarischen Immunitätsrechten problematisiert, die zwar im Grundsatz von allen Seiten anerkannt wurden, deren konkrete Fassung jedoch zwischen den sozialdemokratischen Parteien und der bürgerlichen Opposition umstritten war. Auf der einen Seite forderten sozialdemokratische Redner eine Ausweitung der parlamentarischen Immunität, indem die Abgeordneten auch zwischen den Sitzungsperioden des Reichstags von einer etwaigen Strafverfolgung wie auch vor einer eventuellen Hausdurchsuchung zu schützen seien, was sie in der Pflicht begründet sahen, »die Rechte der Abgeordneten möglichst zu erweitern und ihre Stellung zu festigen.«[618] Demgegenüber traten die bürgerlichen Vertreter für eine Beschränkung der Straffreiheit auf die Sitzungsperiode des Reichstags und die Möglichkeit einer Hausdurchsuchung ein, indem sie auf die notwendige Handlungsfreiheit der Justiz auch gegenüber den Abgeordneten verwiesen.[619] Im Falle der zeitlich beschränkten Straffreiheit konnten sie sich mit dieser Sichtweise durchsetzen, nachdem sich auch Vertreter der Regierung und der bürgerlichen Regierungsparteien in diesem Sinne ausgesprochen hatten.[620]

Trotz der grundsätzlichen Anerkennung der Stellung der Abgeordneten bestanden also in der konkreten verfassungsrechtlichen Ausgestaltung durchaus Differenzen zwischen den sozialdemokratischen und den bürgerlichen Parteien. Während erstere für eine Ausweitung der verfassungsmäßigen Rechte eintraten, standen die bürgerlichen Vertreter insbesondere auf der rechten Seite

617 Der Verfassungsentwurf sah die Einrichtung eines Wahlprüfungsgerichtes anstelle eines Reichstagsausschusses die vorgeschlagene Zusammensetzung aus zwei richterlichen Mitgliedern und drei Reichstagsabgeordneten vor. Diese wurde von Seiten der Regierungsparteien durch Hugo Preuß (DDP) und Simon Katzenstein (SPD) verteidigt, wohingegen Rudolf Heinze (DVP) die Entsendung von Parlamentsmitgliedern grundsätzlich ablehnte, sich damit aber aufgrund der Mehrheitsverteilung nicht durchsetzen konnte. Berichte, S. 260. Zu den entsprechenden Aussagen ebd., S. 259 (Hugo Preuß (DDP), 7.4.1919), S. 260 (Rudolf Heinze (DVP), 7.4.1919), S. 260 (Simon Katzenstein (SPD), 7.4.1919).

618 Berichte, S. 271 (Max Quarck (SPD), 8.4.1919). Siehe auch ebd., S. 271 (Oskar Cohn (USPD), 8.4.1919), S. 457 (Hugo Sinzheimer (SPD), 6.6.1919).

619 Berichte S. 271 (Georg Schultz (DNVP), 8.4.1919), S. 272 (Rudolf Heinze (DVP), 8.4.1919), S. 457 (Wilhelm Kahl (DVP), 6.6.1919).

620 Berichte, S. 273. Zu den entsprechenden Stellungnahmen ebd., S. 271 (Hugo Preuß (DDP), 8.4.1919), S. 272 (Adolf Gröber (Z), 8.4.1919).

dem ablehnend gegenüber. Dazu stellten in erster Linie die sozialdemokratische Redner eine Verbindung zum positiv besetzten Volksbegriff her, indem sie von den »Vertreter[n] des einheitlichen deutschen Volkes«[621] sprachen und im Hinblick auf die Immunitätsrechte der Abgeordneten auf die »Interessen ihrer Wähler«[622] verwiesen. Dieses Verhältnis wurde zwar auch auf bürgerlicher Seite zustimmend aufgenommen,[623] aber mit einer größeren Skepsis betrachtet, da in deren Augen die Handlungsfähigkeit der Abgeordneten durch eine zu starke Bindung an die Wähler beeinträchtigt werde.[624] Der Abgeordnetenstatus war letztlich nur insoweit allgemein anerkannt, solange sich dieser innerhalb des aus dem Kaiserreich bereits bekannten rechtlichen Rahmens bewegte. Einer Erweiterung der Rechtsstellung der Abgeordneten standen die bürgerlichen Vertreter aufgrund ihrer Vorbehalte gegen eine zu starke Stellung des Parlaments ablehnend gegenüber.

Ähnlich verhielt es sich mit der Funktion der Parteien, die von den Ausschussmitgliedern abermals nur am Rande thematisiert wurden. Zum einen geschah dieses in der retrospektiven Bewertung des Wahlprüfungsausschusses des kaiserlichen Reichstags.[625] Zum anderen problematisierten die Ausschussmitglieder das Parteiensystem im Zusammenhang mit der Frage nach der Art des Wahlrechts, nachdem Friedrich Naumann (DDP) mit Blick auf die englischen Verhältnisse den Vorschlag gemacht hatte, für den Reichstag die Mehrheits- anstelle der Verhältniswahl festzuschreiben, da er der Meinung war, dass nur so das für den Parlamentarismus notwendige »Zweiparteiensystem« zu erreichen sei.[626] Jedoch fand er mit dieser Sichtweise noch nicht einmal die Zustimmung seiner eigenen Parteikollegen, die in einem solchen Parteiensystem

621 Berichte, S. 141 (Oskar Cohn (USPD), 4.4.1919).

622 Berichte, S. 293 (Simon Katzenstein (SPD), 9.4.1919).

623 Vgl. Berichte, S. 271 (Wilhelm Kahl (DVP), 8.4.1919), S. 293 (Clemens von Delbrück (DNVP), 9.4.1919).

624 So bezeichnete sich Bruno Ablaß (DDP) als »Feind einer absoluten Parlamentsherrschaft», da diese sich zu stark nach den im Volk vorherrschenden Stimmungen richte und es dementsprechend häufig vorkomme, »daß der Abgeordnete mit Rücksicht auf die Wähler glaubt, man solle lieber nicht energisch sein.« Berichte, S. 460 (Bruno Ablaß (DDP), 6.6.1919).

625 Dessen parteipolitische Entscheidungen wurden insbesondere von den Vertretern der bürgerlichen Opposition kritisiert, die auf diese Weise die von ihnen geforderte Minimierung des Einflusses der Parteien in dem vorgesehenen Wahlprüfungsgericht zu begründen versuchten. Aber auch Redner der SPD und der DDP schlossen sich dem Vorwurf der Parteilichkeit an, um so die Einrichtung eines Gerichtshofes zu legitimieren, wohingegen die Unabhängigen Sozialdemokraten aufgrund ihres Eintretens für einen parlamentarischen Ausschuss sowie die Zentrumsvertreter aus persönlichen Motiven diese Kritik zurückwiesen. Vgl. Berichte, S. 258 (Georg Schultz (DNVP), 7.4.1919), S. 258 (Oskar Cohn (USPD), 7.4.1919), S. 259 (Peter Spahn (Z), 7.4.1919), S. 259 (Adolf Gröber (Z), 7.4.1919), S. 260 (Rudolf Heinze (DVP), 7.4.1919), S. 260 (Simon Katzenstein (SPD), 7.4.1919), S. 260 (Erich Koch (DDP), 7.4.1919).

626 Berichte, S. 242 (Friedrich Naumann (DDP), 4.4.1919).

eine langfristige Folge der parlamentarischen Regierungsweise ausmachten[627] oder dieses aufgrund der Existenz der Sozialdemokratie und des Zentrums grundsätzlich für ausgeschlossen hielten.[628] An dieser Stelle offenbarte sich zudem eine unter den Ausschussmitgliedern weit geteilte Bereitschaft, die in Deutschland vorhandene heterogene Parteienstruktur als gegeben hinzunehmen, die durch die von sozialdemokratischer wie bürgerlicher Seite verwendeten Formulierungen von der »Vielheit der Parteien«[629] und den »Parteiverhältnissen«[630] besonders deutlich zum Ausdruck kam.

Diese Sichtweise bestimmte auch die semantische Zuordnung der »Parteien« zu anderen Begriffen. Da die Vertreter der bürgerlichen Parteien dem Gedanken einer starken Exekutive anhingen, versuchten die linksliberalen Redner, die Begriffe »Parteien« und »Regierung« in einen Gegensatz zueinander zu stellen, indem etwa Hugo Preuß (DDP) eine strikte Kontingentierung der Kabinettsmitglieder auf die Regierungsparteien ablehnte[631] und bezüglich des Reichspräsidentenamtes ausführte, mit diesem eine von den »politischen Gegensätze und Parteien« unabhängige Stelle innerhalb der Verfassungsordnung schaffen zu wollen.[632] Dagegen vertraten die Mehrheitssozialdemokraten das Bild einer Verbindung der Parteien mit der Regierung, wenn sie etwa den beschleunigten Informationsfluss zwischen diesen beiden positiv hervorhoben[633] oder bezüglich des von ihnen beantragten parlamentarischen Ausschusses zur Überwachung der Reichsregierung darauf hinwiesen, dass in der »Regierung [...] ja nur die Regierungsparteien vertreten« seien.[634] Eine Neufassung der Aufteilung der Parteien nach ihrer jeweiligen Stellung zur Regierung blieb jedoch die Ausnahme, wie auch der weitgehende Verzicht auf die Bezeichnung »Mehrheitsparteien« oder »Opposition« belegt. Letztlich verblieben die Ausschussmitglieder mit dieser Sichtweise in der tradierten Sichtweise der Parteien, die damit »extrakonstitutionelle« Phänomene darstellten. Aufgrund ihrer Bedeutung für die mit der Einführung des parlamentarischen Systems umfangreicheren Reichstagsaufgaben konnten sie nicht ignoriert werden, wurden aber in ihrer geänderten Rolle nicht anerkannt und aufgewertet. Diese Haltung schlug

627 Berichte, S. 243 (Hugo Preuß (DDP), 4.4.1919).

628 Berichte, S. 244 (Karl Georg Zöphel (DDP), 4.4.1919).

629 Berichte, S. 274 (Richard Fischer (SPD), 8.4.1919). Siehe auch ebd., S. 243 (Hugo Preuß (DDP), 4.4.1919), S. 278 (Friedrich Naumann (DDP), 8.4.1919).

630 Berichte, S. 459 (Adolf Gröber (Z), 6.6.1919). Siehe auch ebd., S. 179 (Friedrich Naumann (DDP), 31.3.1919), S. 252 (Clemens von Delbrück (DNVP), 5.4.1919), S. 276 (Hugo Preuß (DDP), 8.4.1919).

631 Berichte, S. 276 (Hugo Preuß (DDP), 8.4.1919).

632 Berichte, S. 292 (Hugo Preuß (DDP), 9.4.1919).

633 Berichte, S. 270 (Max Quarck (SPD), 8.4.1919).

634 Berichte., S. 267 (Simon Katzenstein (SPD). 8.4.1919).

sich unmittelbar im Verfassungstext nieder, der auf die Parteien allein in Art. 130 WRV und zudem im negativen Sinne mit dem Hinweis Bezug nahm, dass die »Beamten […] Diener der Gesamtheit, nicht einer Partei« seien.[635] In den Verfassungsberatungen im Ausschuss wie im Plenum wurden die Parteien weder ausdrücklich abgelehnt noch besonders befürwortet, sondern analog zu den Abgeordneten im Rahmen der aus dem Konstitutionalismus tradierten Stellung akzeptiert.

Die Positionierung des Reichstags

Im Gegensatz zu den Abgeordneten und den Parteien nahm die Thematisierung des Reichstags in den Ausschussberatungen einen hohen Umfang ein, da diesem aufgrund der vom Ausschuss zu leistenden Feinjustierung des Verfassungsentwurfs die zentrale Position zukam. So mussten sowohl dessen konkrete Kompetenzen etwa bei der Einberufung, der Wahlprüfung und der Einsetzung von Untersuchungsausschüssen festgelegt als auch dessen grundsätzliche Stellung zu anderen Verfassungsinstanzen wie dem Reichspräsidenten oder der Reichsregierung austariert werden, wobei sich in der Bewertung des Reichstags grosso modo zwei Gruppen gegenüberstanden: Auf der einen Seite entwarfen die Redner der sozialdemokratischen Parteien ein positives Bild, wenn sie etwa im Zusammenhang mit der Frage nach den Modalitäten der Einberufung und der Wahlprüfung auf das »Recht des Reichstags« der Selbstorganisation verwiesen[636] und im Falle der vorgesehenen Kompetenz des Reichspräsidenten zur Verhängung des Belagerungszustandes ein parlamentarisches Mitsprachrecht des Reichstags forderten.[637] Insbesondere tat sich hierbei der Unabhängige Sozialdemokrat Oskar Cohn hervor, der im Namen seiner Partei forderte, dem Reichstag die Oberaufsicht über Verwaltung und Rechtsprechung in der Verfassung festzuschreiben, was er mit dem Grundsatz begründete, dass »alle Macht […] nur aus dem Parlament« fließen müsse.[638] Jedoch isolierte sich die USPD mit dieser Haltung, da die Vertreter der SPD zwar für eine Erweiterung der Reichstagskompetenzen eintraten, ein allgemei-

635 RGBl. 1919, S. 1408. Dazu Boldt, Stellung, S. 50ff.; Gusy, Lehre, S. 29ff. Siehe auch Song, Parteien, S. 110–117; Stein, Parteiverbote, S. 46–50. Die Bezeichnung der Parteien als »extrakonstitutionelle Erscheinung« nach Triepel, Staatsverfassung, S. 29f.

636 Berichte, S. 250 (Oskar Cohn (USPD), 5.4.1919). In diesem Sinne auch ebd., S. 247 (Wilhelm Keil (SPD), 5.4.1919). Zu anderen Kontexten ebd., S. 258 (Oskar Cohn (USPD), 7.4.1919), S. 281 (Richard Fischer (SPD), 8.4.1919), S. 304 (Richard Fischer (SPD), 10.4.1919), S. 462 (Oskar Cohn (USPD), 6.6.1919).

637 Berichte, S. 460 (Max Quarck (SPD), 6.6.1919).

638 Berichte, S. 264 (Oskar Cohn (USPD), 8.4.1919).

nes Aufsichtsrecht des Reichstags über die Justiz aufgrund der daraus folgenden verbundenen Aufhebung der Gewaltenteilung aber zurückwiesen.[639]

Auf der anderen Seite wurde die positive Sichtweise von den bürgerlichen Oppositionsvertretern kontrastiert. Auch wenn sich diese vereinzelt aus Opportunitätsgründen für eine Aufwertung des Reichstags[640] aussprachen, hoben sie grundsätzlich die negativen Seiten hervor, indem sie für das Präsidentenamt eine »starke zentrale Gewalt« forderten, »die sich nicht in absoluter Abhängigkeit vom Parlament befindet.«[641] Damit gewannen sie insbesondere Anschluss unter den linksliberalen Ausschussmitgliedern, deren Sichtweise zwischen den beiden Polen in ihrer spezifischen Weise mäandrierte: Aufgrund der gleich- und gegengewichtigen Vorstellung vom Parlament und Reichspräsidenten als zwei unmittelbar vom Volk gewählte und einander ebenbürtige oberste Staatsorgane übernahmen sie einerseits die positive Bewertung, indem sie sich etwa zur »Stellung des Reichstags als des souveränes Organs der parlamentarischen Demokratie« bekannten[642] und die Souveränität des Reichstags etwa in der Frage der Einberufung und der Wahlprüfung explizit hervorhoben.[643] Andererseits stellten sie die negativen Aspekte einer allein entscheidenden Stellung des Reichstags in den Vordergrund, wenn sie eine »Allmacht des Parlaments«[644] ablehnten und sich als »Feind[e] einer absoluten Parlamentsherrschaft«[645] bezeichneten. Diese Haltung diente den Linksliberalen dabei nicht nur zur unmittelbaren Begründung des plebiszitären Reichspräsidenten, in dem sie »gegenüber der Allgewalt des Parlaments ein Gegengewicht« erblickten.[646] Es ermöglichte den Vertretern der DDP auch, sich gegenüber den Sichtweisen der Sozialdemokraten wie der bürgerlichen Oppositionsvertreter zu öffnen

---

639 Vgl. Berichte, S. 264 (Simon Katzenstein (SPD), 8.4.1919), S. 265 (Max Quarck (SPD), 8.4.1919).

640 So wies Georg Schultz (DNVP) den von der SPD eingebrachten Antrag, einen ständigen Ausschuss zur Überwachung der Reichsregierung insbesondere in auswärtigen Fragen einzusetzen, mit dem Hinweis zurück, dass auf diese Weise die »Bedeutung des Plenums und damit des Parlaments überhaupt« herabgesetzt werde: Berichte, S. 268 (Georg Schultz (DNVP), 8.4.1919). Siehe auch ebd., S. 260 (Rudolf Heinze (DVP), 7.4.1919).

641 Berichte, S. 252 (Clemens von Delbrück (DNVP), 5.4.1919). Siehe auch ebd., S. 258 (Georg Schultz (DNVP), 7.4.1919), S. 460 (Clemens von Delbrück (DNVP), 6.6.1919).

642 Berichte, S. 258 (Hugo Preuß (DDP), 7.4.1919). Siehe auch ebd., S. 237 (Hugo Preuß (DDP), 4.4.1919).

643 Vgl. Berichte, S. 246f. (Karl Georg Zöphel (DDP), 5.4.1919), S. 260 (Erich Koch (DDP), 7.4.1919), S. 288 (Bruno Ablaß (DDP), 9.4.1919), S. 451 (Karl Georg Zöphel (DDP), 5.6.1919).

644 Berichte, S. 252 (Conrad Haußmann (DDP), 5.4.1919). In diesem Sinne auch die Äußerungen von Bruno Ablaß (DDP), der etwa von der »Omnipotenz des Parlaments« sprach: ebd., S. 231 (Bruno Ablaß (DDP), 4.4.1919).

645 Berichte, S. 461 (Bruno Ablaß (DDP), 5.6.1919).

646 Berichte, S. 232 (Bruno Ablaß (DDP), 4.4.1919).

und diese zum Teil in die ihrige einzubetten, ohne von ihrer Grundvorstellung abweichen zu müssen. Diese Mittelstellung begründete letztlich die der DDP zukommende entscheidende Position und durchzog auch die Anordnung und Positionierung des Reichstags zu den übrigen Verfassungsorganen.

Bezüglich des Verhältnisses zum »Volk« gingen die sozialdemokratischen Redner wiederum von einem engen Zusammenhang aus, indem sie für ihre Forderung nach einer stärkeren Stellung des Reichstags diesen als den »Mittelpunkt aller Organe des Volkes« bezeichneten.[647] Zwar wiesen sie an einzelnen Stellen auf einen möglichen Gegensatz zwischen dem »Volk« und dem »Reichstag« hin, wenn etwa Max Quarck (SPD) ausführte, dass auch in einem demokratischen Staatswesen eine »Divergenz zwischen Volksvertretung und Wählerschaft« eintreten könne.[648] Daraus zogen sie jedoch nicht den Schluss, die Stellung des Reichstags wegen dieses möglichen Widerspruchs zur Volksmeinung grundsätzlich abzuwerten, sondern nahmen es zum Anlass, die verfassungsrechtliche Aufnahme des Volksbegehrens und die Festlegung einer kurzen Legislaturperiode von zwei Jahren zu fordern. Dagegen stellten die linksliberalen Redner den Reichstag nachdrücklich in einen Gegensatz zum Volk, als sie sich für das Recht des Reichspräsidenten aussprachen, eine Volksabstimmung über parlamentarische Beschlüsse anzusetzen.[649] In diesen Zusammenhang verorteten sie auch die von ihnen unterstütze Erweiterung der unmittelbaren Volksgesetzgebung.[650] Das Bild eines Gegensatzes ging auf Seiten der DDP mit einer Überordnung des Volkes einher und fungierte hier zur Abwertung des Reichstags. Gleichzeitig bildete es die entscheidende Legitimationsgrundlage ihrer gleichgewichtigen Verfassungsvorstellung, da nur die

647 Berichte, S. 263 (Oskar Cohn (USPD), 8.4.1919). Siehe auch ebd., S. 30 (Eduard David (SPD), 6.3.1919). Dementsprechend griffen auch nahezu ausschließlich die sozialdemokratischen Redner auf die Bezeichnung der »Volksvertretung« zurück, die im Gegensatz zum Plenum in den Ausschussberatungen nur selten verwendet wurde. Dazu Berichte, S. 248 (Gustav Hoch (SPD), 5.4.1919), S. 449 (Max Quarck (SPD), 5.6.1919). Auch sahen sie in der von ihnen beantragten Einführung eines nachträglichen Volksbegehrens über parlamentarisch beschlossene Gesetze keine Schwächung des Reichstags, da sich dieser im Falle eines ausgebliebenen Referendums »auf seine Übereinstimmung mit dem Volkswillen berufen« könne. Ebd., S. 294 (Wilhelm Keil (SPD), 9.4.1919). Siehe auch ebd., S. 246 (Oskar Cohn (USPD), 5.4.1919).

648 Berichte, S. 449 (Max Quarck (SPD), 5.6.1919). Siehe auch ebd., S. 294 (Wilhelm Keil (SPD), 9.4.1919), S. 311 (Oskar Cohn (USPD), 11.4.1919), S. 312 (Max Quarck (SPD), 11.4.1919), S. 450 (Simon Katzenstein (SPD), 5.6.1919).

649 Berichte, S. 233 (Bruno Ablaß (DDP), 4.4.1919). Siehe auch ebd., S. 253 (Conrad Haußmann (DDP), 5.4.1919), S. 308 (Erich Koch (DDP), 11.4.1919).

650 So wies Erich Koch (DDP) darauf hin, dass das Volk unter Umständen nicht mit den Forderungen des Parlaments übereinstimme, sodass erst eine Volksabstimmung »den wirklichen Willen des Volkes« feststellen könne. Berichte, S. 307 (Erich Koch (DDP), 11.4.1919). Siehe auch ebd., S. 449 (Bruno Ablaß (DDP), 5.6.1919).

durch den plebiszitären Reichspräsidenten und die unmittelbare Volksgesetzgebung eingeschränkte Stellung der Volksvertretung unter gleichzeitiger Berufung auf das Volk zu rechtfertigen war.

Dementsprechend war auch die von linksliberaler Seite vorgenommene Anordnung vom »Reichstag« und vom »Reichspräsidenten« geprägt. Zunächst stellten die Vertreter der DDP eine Dreiecksverbindung zum »Volk« her, indem sie durch ihren Berichterstatter Bruno Ablaß (DDP) auf die übereinstimmende Herkunft beider Instanzen aus dem »reinen Volkswillen«[651] verwiesen. Daraus leitete er die funktionale Stellung von Reichstag und Reichspräsident zueinander ab: Unter expliziter Berufung auf Robert Redslob sprach er vom »echte[n] Parlamentarismus«, der sich dadurch auszeichne, »daß das Parlament nicht allmächtig sein darf, daß es einer Gegenkontrolle unterliegt, die wiederum durch eine demokratische Instanz ausgeübt werden muß, und jene demokratische Instanz ist bei uns der Reichspräsident.«[652] Um jedoch diese gegen- und gleichgewichtige Anordnung nicht als einen Gegensatz erscheinen zu lassen und damit den Widerstand der sozialdemokratischen Anhänger einer starken Parlamentsstellung zu provozieren, bemühten sich die linksliberalen Redner, die Verbindungslinien dieser beiden Instanzen besonders in den Vordergrund zu stellen. So verwiesen sie nachdrücklich auf die Funktion der Reichsregierung als »Bindeglied«[653] und hoben einen eventuellen »Konnex [...] zwischen dem Reichspräsidenten und dem Parlament« in formellen Fragen positiv hervor.[654] Dagegen betonten die sozialdemokratischen Redner den potenziellen Gegensatz dieser beiden Instanzen und die damit verbundene Gefahr einer Unterordnung des Reichstags, da trotz weitgehender Beschränkungen der präsidialen Kompetenzen dieser »in einer aufgeregten Zeit [...] eine ausschlaggebende Rolle spielen« wird und »das Parlament dagegen ohnmächtig ist.«[655] Folglich forderten sie eine stärkere Bindung des Reichspräsidenten an den Reichstag, indem sie etwa die Einleitung eines Strafverfahrens gegen das Staatsoberhaupt der parlamentarischen Zustimmung unterstellen

651 Berichte, S. 232 (Bruno Ablaß (DDP), 4.4.1919). Siehe auch ebd., S. 252 (Hugo Preuß (DDP), 5.4.1919), S. 307 (Erich Koch (DDP), 11.4.1919).

652 Berichte, S. 232 (Bruno Ablaß (DDP), 4.4.1919). Siehe auch ebd., S. 287 (Hugo Preuß (DDP), 9.4.1919).

653 Berichte, S. 232 (Bruno Ablaß (DDP), 4.4.1919). Siehe auch ebd., S. 235 (Hugo Preuß (DDP), 4.4.1919).

654 Berichte, S. 450 (Hugo Preuß (DDP), 5.6.1919). In diesem Sinne auch ebd., S. 234 (Bruno Ablaß (DDP), 4.4.1919), S. 293 (Bruno Ablaß (DDP), 9.4.1919), S. 294 (Erich Koch (DDP), 9.4.1919), S. 451 (Karl Georg Zöphel (DDP), 5.6.1919), S. 458 (Erich Koch (DDP), 6.6.1919), S. 461 (Bruno Ablaß (DDP), 6.6.1919).

655 Berichte, S. 274 (Richard Fischer (SPD), 8.4.1919).

wollten.[656] Über solche konkreten Einzelfälle hinaus konnte sich die sozialdemokratische Sichtweise jedoch nicht durchsetzen, da die linksliberale Vorstellung der gegengewichtigen Anordnung von den deutschnationalen Vertretern unterstützt wurde, die sich ebenfalls für einen gegen den Reichstag gerichteten starken Reichspräsidenten aussprachen.[657] Somit erwiesen sich in der Deutung und Ausgestaltung der Stellung des Reichstags zum Reichspräsidenten abermals die Vertreter der DDP als ausschlaggebend, da sie aufgrund ihrer politischen wie semantischen Mittellage zwischen der Sozialdemokratie und der bürgerlichen Opposition beiden Seiten Teilzugeständnisse machten, die ihnen die Durchsetzung ihrer Verfassungskonzeption ermöglichten.

Dabei kam der zusammenhängenden Thematisierung von »Reichstag« und »Regierung« eine zentrale Bedeutung zu, die in erster Linie von den linksliberalen Rednern vorgenommen wurde, indem sie die durch die Einführung der parlamentarischen Regierungsweise bedingte enge Verbindung dieser beiden Instanzen in der Form der parlamentarischen Verantwortlichkeit betonten. Zum einen geschah dieses, um die Unterstützung der sozialdemokratischen Parteien für das plebiszitäre Reichspräsidentenamt zu gewinnen, als etwa Hugo Preuß (DDP) auf die Gegenzeichnungspflicht durch die dem Reichstag verantwortliche Reichsregierung hinwies und damit die parlamentarische Kontrolle über das Präsidentenamt als hinreichend gesichert erschienen ließ.[658] Zum anderen diente ihnen dieser Verweis, ihre Konzeption einer sich auf das Vertrauen des Parlaments stützenden, aber im Rahmen der Verantwortlichkeit eigenständig handelnden Exekutive gegen die sozialdemokratischen Bestrebungen zu verteidigen, die im Falle der USPD auf die Festschreibung einer Oberaufsicht des Reichstags über die Verwaltung[659] und im Falle der SPD auf die Einsetzung eines parlamentarischen Ausschusses zur Überwachung der Reichsre-

656 Berichte, S. 293 (Richard Fischer (SPD), 9.4.1919).

657 So lehnte Clemens von Delbrück (DNVP) die beantragte Einführung des Volksbegehrens mit der Begründung ab, dass es ausreiche, »wenn im Gegensatz zum Parlamente dem Reichspräsidenten in Zweifelsfällen die Möglichkeit gegeben ist, unter gewissen Voraussetzungen den wahren Willen des Volkes neu festzustellen.« Berichte, S. 311 (Clemens von Delbrück (DNVP), 11.4.1919).

658 So stellte Hugo Preuß (DDP) unmissverständlich klar: »Selbstverständlich bedarf der Präsident der Mitwirkung der Reichsregierung, des Reichsministeriums, das dem Reichstag verantwortlich ist.« Berichte, S. 236 (Hugo Preuß (DDP), 4.4.1919). Siehe auch ebd., S. 233f. (Bruno Ablaß (DDP), 4.4.1919), S. 263 (Hugo Preuß (DDP), 8.4.1919).

659 Dazu die Aussage von Hugo Preuß (DDP): »Gewiß hat der Reichstag in jedem parlamentarischen Regime die Oberaufsicht über die Verwaltung, die geltend gemacht wird durch die Ministerverantwortlichkeit, dadurch, daß die Regierung vom Vertrauen des Reichstag getragen werden muß. Aber die Ministerverantwortlichkeit wird eine Farce, wenn der Reichstag dem Präsidenten und der Regierung bindende Weisungen in Verwaltungssachen erteilen kann.« Berichte, S. 263 (Hugo Preuß (DDP), 8.4.1919).

gierung abzielten.[660] Dieser Argumentationsstrategie bemächtigten sich auch die Vertreter der bürgerlichen Opposition, um eine möglichst weitreichende Unabhängigkeit der Exekutive vom Parlament zu erreichen. So wiesen sie die von den sozialdemokratischen Parteien geforderte Ausweitung der Kontroll- und Einflussmöglichkeiten des Reichstags auf die Regierung mit der Begründung zurück, dass aufgrund der parlamentarischen Regierungsweise bereits eine starke Übereinstimmung dieser beiden Institutionen bestehe und dass dementsprechend »das Parlament zur Regierung ein gewisses Vertrauen haben muß.«[661]

Gegenüber dieser Sichtweise einer durch die parlamentarische Verantwortlichkeit vermittelten Verbindung von Reichstag und Regierung traten die sozialdemokratischen Redner für eine unmittelbare Zusammenführung ein. Dieses geschah im Falle der USPD durch die Hervorhebung des imperativen Aspektes, als Oskar Cohn (USPD) vom Reichsministerium als dem vom Parlament ernannten »Verwaltungsauschuß« sprach und damit die geforderte Weisungsbefugnis des Reichstags über die Reichsregierung begründete.[662] Demgegenüber betonten die Mehrheitssozialdemokraten die Kontrollfunktion, die der Reichstag gegenüber der Reichsregierung wahrzunehmen habe und die durch den von ihnen gewünschten Überwachungsausschuss umgesetzt werde.[663] Anders als die Unabhängigen Sozialdemokraten schlossen sie sich aufgrund ihrer Befürwortung der parlamentarischen Regierungsweise dem Bild einer durch die Verantwortlichkeit vermittelten Verbindung an.[664]

---

660 In den Augen von Hugo Preuß (DDP) war ein solcher Ausschuss überflüssig, da es unter den Bedingungen des parlamentarischen Regierungssystems »keine Regierung [gibt], die nicht das Vertrauen des Parlaments besäße. Sie selbst ist in gewissem Sinne ein Ausschuß des Parlaments.« Berichte, S. 267 (Hugo Preuß (DDP), 8.4.1919). In analoger Weise wandte sich Preuß auch gegen die von der SPD geforderte Bindung einer Reichsexekution durch den Reichspräsidenten an die parlamentarische Zustimmung, indem er ausführte: »Halten Sie gegenüber solchem Mißtrauen daran fest, daß die Regierung keinen Schritt tun kann, für den sie nicht rechtlich vor dem Staatsgerichtshof und politisch vor dem Reichstag verantwortlich ist!« Ebd., S. 288 (Hugo Preuß (DDP), 9.4.1919). Dazu Richter, Ausnahmegewalt, S. 226.

661 Berichte, S. 455 (Clemens von Delbrück (DNVP), 6.6.1919). Siehe auch ebd., S. 238 (Rudolf Heinze (DVP), 4.4.1919), S. 303 (Clemens von Delbrück (DNVP), 10.4.1919), S. 460 (Clemens von Delbrück (DNVP), 6.6.1919).

662 Berichte, S. 462 (Oskar Cohn (USPD), 6.6.1919). Siehe auch ebd., S. 263f. (Oskar Cohn (USPD), 8.4.1919).

663 So betonte Simon Katzenstein (SPD) ausdrücklich, dass »eine ständige Überwachung der Regierung durch den Reichstag [...] notwendig« sei: Berichte, S. 267 (Simon Katzenstein (SPD), 8.4.1919). Siehe auch ebd., S. 267 (Paul Bader (SPD), 8.4.1919), S. 453 (Simon Katzenstein (SPD), 6.6.1919).

664 So begründeten sie ihre Forderung eines baldigen Zusammentretens des Reichstags nach einer Neuwahl damit, dass rasch klargestellt werden müsse, »ob die Regierung das Vertrauen des Parlaments genießt.« Berichte, S. 247 (Wilhelm Keil (SPD), 5.4.1919). Siehe auch ebd., S. 274 (Richard Fischer (SPD), 8.4.1919).

Diese Übereinstimmung zwischen der SPD und der DDP in der Sichtweise einer dem Reichstag verantwortlichen Regierung ermöglichte letztlich das Zusammengehen dieser Parteien in der Frage der Herrschaftsorganisation. Sie bildete den kleinsten gemeinsamen Nenner der unterschiedlichen bis widersprüchlichen Verfassungsvorstellungen, die anhand der Positionierung des Reichstags zwischen dem Volk und dem Reichspräsidenten besonders deutlich wurden, da damit die Mehrheitssozialdemokraten den Einfluss des Reichstags und die Linksliberalen die Handlungsfähigkeit der Regierung ausreichend gewahrt sahen. Dementsprechend gaben insbesondere die Vertreter der DDP dieser Gemeinsamkeit einen solchen Nachdruck,[665] da diese den verfassungspolitischen Schlüssel darstellte, um das im linksliberalen Sinne konzipierte gleich- und gegengewichtige Verfassungswerk unter Zustimmung der Mehrheitssozialdemokratie verabschieden zu können.

4.4. Die Notwendigkeit einer starken Exekutive

Die Mittelstellung der Reichsregierung

Von der vom Verfassungsausschuss zu leistenden Aufgabe, die Stellung der Verfassungsorgane zueinander auszutarieren, war auch die Thematisierung der Reichsregierung geprägt, welche durch die begriffliche Positionierung zum »Reichspräsident« und zum »Reichstag« dominiert wurde. Dabei wurde der parlamentarischen Regierung eine Mittelstellung zwischen diesen beiden Institutionen zugewiesen, auf die in erster Linie die linksliberalen Redner verwiesen.[666] Dieses unterstrich Hugo Preuß (DDP) noch, als er die von Seiten der

---

665 Untermauert wurde sie noch durch die Bezeichnungen »Parlamentarismus« und »parlamentarisches System«, die sich nahezu ausschließlich von den linksliberalen Rednern verwendet wurden. Dazu Berichte, S. 231f. (Bruno Ablaß (DDP), 4.4.1919), S. 246 (Hugo Preuß (DDP), 5.4.1919), S. 263 (Hugo Preuß (DDP), 8.4.1919), S. 275f. (Hugo Preuß (DDP), 8.4.1919), S. 288 (Hugo Preuß (DDP), 9.4.1919), S. 449 (Conrad Haußmann (DDP), 5.6.1919).

666 So stellten sie alle drei Bezeichnungen in einen Zusammenhang, als Bruno Ablaß (DDP) wie Hugo Preuß (DDP) unisono die verbindende Funktion der Reichsregierung zwischen dem Reichspräsidenten und dem Reichstag hervorhoben. Dazu die Aussage von Bruno Ablaß (DDP): »So kommen wir nun dazu, in dem Präsidenten gegenüber der Allgewalt des Reichstags ein Gegengewicht zu haben, ohne daß man deshalb von Gegensätzlichkeit zu sprechen braucht, denn zwischen Parlament und Präsident steht als Bindeglied die Reichsregierung.« Berichte, S. 232 (Bruno Ablaß (DDP), 4.4.1919). In diesem Sinne betonte auch Hugo Preuß (DDP), dass »[f]ür unsere besonderen Verhältnisse […] die Kombination einer starken Präsidentschaft mit dem Reichstag, also zweier gleich demokratischer Organe, das Gegebene [ist], wenn beide verbunden sind durch die Einrichtung der parlamentarischen Regierung.« Ebd., S. 235 (Hugo Preuß (DDP), 4.4.1919). Siehe auch ebd., S. 236 (Hugo Preuß (DDP), 4.4.1919).

bürgerlichen Opposition geforderte Aufhebung der Gegenzeichnungspflicht bei einer Reichstagsauflösung des Reichspräsidenten zurückwies, da dieser im Fall der Verweigerung ein neues Ministerium ernennen müsse, um nicht »[d]en Präsidenten in Gegensatz zum Ministerium und zum Reichstag zu machen«.[667] Vertreten wurde die Sichtweise einer Dreieckskonstellation auch von den Vertretern der SPD, die sie jedoch dazu nutzten, im Falle der Regierungsernennung die durch die parlamentarische Verantwortlichkeit bedingte Einflussnahme des Reichstags auf den Reichspräsidenten zu betonen.[668] Damit unterstützten die Mehrheitssozialdemokraten die grundsätzliche Anordnung der Reichsregierung zwischen den beiden Verfassungsinstanzen, auch wenn die konkrete Ausgestaltung dieses Verhältnisses noch differierte, was bei der Thematisierung der jeweiligen Verbindung zum Reichspräsidenten bzw. zum Reichstag zum Ausdruck kam.

Die linksliberalen Ausschussmitglieder stellten in erster Linie »Regierung« und »Reichspräsident« in eine Beziehung zueinander, indem sie auf die Gegenzeichnungspflicht des Reichskanzlers bzw. eines Reichsministers für alle Anordnungen und Verfügungen des Reichspräsidenten und die damit verbundene Übernahme der politischen Verantwortung verwiesen.[669] Die Sichtweise einer engen Verbindung zwischen diesen beiden Institutionen, welche sich auch in Formulierungen vom »Präsident[en] und seinem Ministerium«[670] wiederfanden, diente den Vertretern der DDP dazu, den Reichspräsidenten nicht als eine autonom handelnde Instanz, sondern als eine in unmittelbarer Verbindung zur parlamentarisch verantwortlichen Regierung stehende Institution darzustellen. Damit versuchten sie, die auf sozialdemokratischer Seite gehegten Bedenken gegen eine unkontrollierbare präsidiale Stellung zu zerstreuen und die Zustimmung der SPD für das plebiszitäre Präsidentenamt zu erreichen. Die Mehrheitssozialdemokraten stellten jedoch die potenziellen Konflikte zwischen diesen beiden Instanzen stärker in den Vordergrund, um so die implizite Über-

---

667 Berichte, S. 252 (Hugo Preuß (DDP), 5.4.1919).

668 So regte Richard Fischer (SPD) an, »die Regierung als die eigentliche Trägerin der Staatsgewalt hin[zu]stellen und damit den Präsidenten zur dekorativen Spitze [zu] machen, der zwar formell die Regierung ernennt, aber dabei an den Willen des Parlaments gebunden ist, weil nur diejenigen Minister werden können, die das Vertrauen des Parlaments besitzen«: Berichte, S. 274 (Richard Fischer (SPD), 8.4.1919).

669 Besonders prägnant brachte Hugo Preuß (DDP) diese Einstellung zum Ausdruck, als er ausführte: »Der Reichspräsident ist das oberste Organ des Reiches; die Minister sind seine nächsten Berater, ohne die er politisch nicht handeln kann.« Berichte, S. 238 (Hugo Preuß (DDP), 4.4.1919). Siehe auch ebd., S. 233 (Bruno Ablaß (DDP), 4.4.1919), S. 237 (Hugo Preuß (DDP), 4.4.1919), S. 288 (Hugo Preuß (DDP), 9.4.1919), S. 290 (Bruno Ablaß (DDP), 9.4.1919), S. 450 (Hugo Preuß (DDP), 5.6.1919).

670 Berichte, S. 236 (Hugo Preuß (DDP), 4.4.1919). Siehe auch ebd., S. 237 (Hugo Preuß (DDP), 4.4.1919).

ordnung des Reichspräsidenten über die Reichsregierung zu enttarnen und die Einschränkung der präsidialen Befugnisse zugunsten der parlamentarischen Regierung einzufordern.[671] Dagegen kritisierten die deutschnationalen Redner aufgrund ihrer Befürwortung eines starken Reichspräsidenten deren zu enge Bindung an die dem parlamentarischen Einfluss unterworfene Regierung.[672] Dieses Bild einer stärkeren Loslösung des Reichspräsidenten von der Regierung erwies sich jedoch als nicht anschlussfähig, da die Vertreter der DDP dem Zusammenhang dieser Verfassungselemente eine entscheidende Bedeutung zumaßen und aufgrund der Vorbehalte der SPD dahinter auch nicht zurückgehen konnten.

Diese Zusammenführung von Linksliberalen und Mehrheitssozialdemokraten zeigte sich auch in der semantischen Anordnung der »Regierung« zum »Reichstag«, deren Verbindung von beiden Seiten jedoch mit unterschiedlichen Schwerpunkten betont wurde. Die linksliberalen Redner hoben die parlamentarische Verantwortlichkeit der Regierung und deren Abhängigkeit vom Vertrauen des Reichstags positiv hervor.[673] Demgegenüber deuteten die Redner der SPD diese Beziehung im Sinne einer Überordnung des Reichstags über die Reichsregierung, indem sich etwa Simon Katzenstein (SPD) für eine »ständige Überwachung der Regierung durch den Reichstag« durch einen entsprechenden Ausschuss aussprach.[674] Die Unabhängigen Sozialdemokraten gingen noch einen Schritt weiter und traten für die Ausgestaltung dieses Verhältnisses im imperativen Sinne ein, indem sie die verfassungsmäßige Festlegung der Ober-

---

671 Diesbezüglich führte etwa Richard Fischer (SPD) aus, »daß die exekutive Stellung des Präsidenten gegenüber dem Reichskanzler und dem Ministerium nur eine Zeit und Kraftvergeudung bedeutet, da alle Anordnungen des Präsidenten vom Reichskanzler oder von mehreren Ministern, wie ich erwarte, gegengezeichnet, also im Ministerium vorbereitet und vorberaten werden müssen.« Berichte, S. 275 (Richard Fischer (SPD), 8.4.1919). Siehe auch ebd., S. 289, 291 (Richard Fischer (SPD), 9.4.1919).

672 So führte Clemens von Delbrück (DNVP) aus, dass zwar »Reichspräsident und Reichsregierung [...] zusammen die Zentralgewalt des Reichs« bilden würden, dass aber der »Schwerpunkt nicht in der Person des Präsidenten, sondern in der Reichsregierung« liege. Berichte, S. 296f. (Clemens von Delbrück (DNVP), 9.4.1919).

673 Nach Hugo Preuß (DDP) beruhe die »Stärke der Reichsregierung [...] auf dem untrennbaren Zusammenhange mit dem Parlament«. Berichte, S. 300 (Hugo Preuß (DDP), 10.4.1919). In diesem Sinne sprach er auch von einer »mit der Parlamentsmehrheit zusammengehende[n] Regierung« und betonte, dass das parlamentarische System »auf Zusammensetzung einer zwar nicht notwendig unmittelbar aus dem Parlament hervorgegangenen, aber in politischer Homogenität und Überzeugungsgemeinschaft mit seiner Mehrheit stehenden Regierung beruht.« Ebd., S. 265, 276 (Hugo Preuß (DDP), 8.4.1919). Siehe auch ebd., S. 267 (Friedrich Naumann (DDP), 8.4.1919). Zum Vertrauens- und Verantwortlichkeitsverhältnis zwischen der Regierung und dem Reichstag ebd., S. 263 (Hugo Preuß (DDP), 8.4.1919), S. 267 (Hugo Preuß (DDP), 8.4.1919), S. 288 (Hugo Preuß (DDP), 9.4.1919).

674 Berichte, S. 267 (Simon Katzenstein (SPD), 8.4.1919).

aufsicht und der Weisungsbefugnis des Reichstags über die Regierung forderten.[675] Diese Sichtweise erwies sich jedoch unter den übrigen Parteien als nicht anschlussfähig. Denn zum einen bekannten sich auch die Mehrheitssozialdemokraten grundsätzlich zu einem Verhältnis im Sinne der parlamentarischen Verantwortlichkeit.[676] Zum anderen schlossen sich auch die Vertreter der bürgerlichen Opposition dieser Sichtweise an, um damit weitergehende Forderungen der sozialdemokratischen Parteien abzuwehren, welche auf eine stärkere Bindung der Reichsregierung an die Zustimmung des Reichstags abzielten.[677]

Darüber hinaus bestanden Differenzen in der grundsätzlichen Sichtweise der Regierung zwischen den bürgerlichen und den sozialdemokratischen Parteien, da die bürgerlichen Vertreter für eine weitreichende Handlungsfähigkeit der Reichsregierung eintraten,[678] wohingegen die sozialdemokratischen Redner der Regierung überwiegend mit Misstrauen begegneten.[679] Vor diesem Hintergrund erfüllte die Sichtweise der dem Reichstag verantwortlichen und von seinem Vertrauen abhängigen Reichsregierung eine entscheidende Brückenfunktion zwischen den Positionen der SPD und der DDP, da die Konzeption der »parlamentarischen Regierung«[680] ein zentrales Element der gleichgewichtigen Verfassungskonzeption der Linksliberalen bildete und damit die einzige

675 So forderte Oskar Cohn (USPD), dass die »Regierung [...] verpflichtet sein [müsse], dem Reichstag auf Verlangen alle Akten vorzulegen.« Berichte, S. 263 (Oskar Cohn (USPD), 8.4.1919). Siehe auch ebd., S. 462 (Oskar Cohn (USPD), 6.6.1919).

676 Berichte, S. 247 (Wilhelm Keil (SPD), 8.4.1919), S. 274f. (Richard Fischer (SPD), 8.4.1919).

677 Gegen den von der USPD eingebrachten Antrag, wonach die Geschäftsordnung der Reichsregierung der parlamentarischen Zustimmung unterworfen werden sollte, stellte Clemens von Delbrück (DNVP) fest: »Die Regierung, die aus dem Parlament hervorgegangen ist, muß ein gewisses Vertrauen genießen.« Berichte, S. 303 (Clemens von Delbrück (DNVP), 10.4.1919). Siehe auch ebd., S. 460 (Clemens von Delbrück (DNVP), 6.6.1919).

678 So kritisierte Hugo Preuß (DDP), »[a]us Mißtrauen die Regierung zu lähmen«, da diese Haltung das parlamentarische Regierungssystem ad absurdum« führe, wie auch Clemens von Delbrück (DNVP) forderte, »die Regierung nicht zu sehr mit Klammern [zu] umgeben.« Berichte, S. 288 (Hugo Preuß (DDP), 9.4.1919), S. 303 (Clemens von Delbrück (DNVP), 10.4.1919). Siehe auch ebd., S. 275 (Hugo Preuß (DDP), 8.4.1919), S. 454 (Rudolf Heinze (DVP), 6.6.1919), S. 455 (Clemens von Delbrück (DNVP), 6.6.1919) S. 460 (Bruno Ablaß (DDP), 6.6.1919).

679 In diesem Sinn trat Richard Fischer (SPD) für eine Ausweitung der parlamentarischen Immunität ein, um »den bisher herrschenden Zustand [zu] beseitigen, daß politische Meinungen, die der Regierung unbequem waren, einfach als nicht wahrheitsgetreu unterdrückt wurden.« Berichte, S. 270 (Richard Fischer (SPD), 8.4.1919). Siehe auch ebd., S. 251 (Georg Davidsohn (SPD), 5.4.1919).

680 Diese Bezeichnung verwendeten ausschließlich die Redner der DDP, die damit implizit die parlamentarische Verantwortlichkeit als zentrales Charakteristikum der Reichsregierung herausstellten: Berichte, S. 235 (Hugo Preuß (DDP), 4.4.1919), S. 252 (Hugo Preuß (DDP), 5.4.1919), S. 267 (Friedrich Naumann (DDP), 8.4.1919), S. 300 (Hugo Preuß (DDP), 10.4.1919).

Schnittstelle zwischen den bürgerlichen Bestrebungen nach einer handlungsfähigen und starken Regierung und den sozialdemokratischen Vorstellungen eines weitreichenden parlamentarischen Einflusses darstellte.

Die Auseinandersetzung um das Amt des Reichspräsidenten

Die zwischen den bürgerlichen und sozialdemokratischen Parteien bestehenden und damit mitten durch die Regierungskoalition verlaufenden Differenzen traten in der Sichtweise des Reichspräsidentenamtes offen zutage. Auf der einen Seite sprachen sich insbesondere die linksliberalen Ausschussmitglieder nicht nur für dieses aus, sondern forderten darüber hinaus dessen machtvolle Ausgestaltung. Bruno Ablaß (DDP) legte seinem Bericht über die den Reichspräsidenten betreffenden Artikel die Ausgangsfrage zu Grunde, ob es dem Verfassungsentwurf gelinge, die »Gewalt des Präsidenten möglichst stark aus [zu]bauen«, und kam zu dem Ergebnis, dass die »Schaffung einer starken Gewalt in der Person des Präsidenten« gewährleistet sei.[681] In dieser Hinsicht erhielten sie Unterstützung von Seiten der bürgerlichen Oppositionsparteien, deren Vertreter sich ebenfalls für einen machtvollen Reichspräsidenten aussprachen[682] und sich dazu auf die »Würde des Reichspräsidenten« beriefen, um etwa ihre Forderung nach Aussetzung von Strafverfolgungen des Präsidenten während der Amtszeit zu begründen.[683] Auf der anderen Seite nahmen die sozialdemokratischen Redner den genau entgegengesetzten Standpunkt ein, wobei sich die Unabhängigen Sozialdemokraten als grundsätzliche »Gegner der Einrichtung einer Reichspräsidentschaft« bezeichneten.[684] Etwas moderater äußerten sich die Vertreter der SPD, die sich ihre Entscheidung, ob sie für den plebiszitär zu bestimmenden Reichspräsidenten oder für eine kollegiale Staatsspitze eines vom Reichstag zu wählenden Direktoriums votierten, bis nach der ersten Lesung und den gefassten Beschlüssen über die präsidialen Kompetenzen vorbehielten.[685] Jedoch traten sie bereits für deren weitgehende Beschränkung ein, indem etwa Richard Fischer (SPD) in seiner Berichterstattung über

681 Berichte, S. 232, 234 (Bruno Ablaß (DDP), 4.4.1919). Siehe auch ebd., S. 253 (Karl Georg Zöphel (DDP), 5.4.1919), S. 307 (Erich Koch (DDP), 11.4.1919).

682 So forderte Clemens von Delbrück (DNVP), dass der »Reichspräsident [...] im Interesse der äußeren Stärke seiner Stellung mit einer gewissen Autorität und Machtvollkommenheit bekleidet sein« müsse. Berichte, S. 450 (Clemens von Delbrück (DNVP), 5.6.1919). Siehe auch ebd., S. 252 (Clemens von Delbrück (DNVP), 5.4.1919), S. 299 (Clemens von Delbrück (DNVP), 9.4.1919).

683 Berichte, S. 294 (Wilhelm Kahl (DVP), 9.4.1919).

684 Berichte, S. 239 (Oskar Cohn (USPD), 4.4.1919). Siehe auch ebd., S. 458f. (Oskar Cohn (USPD), 6.6.1919).

685 Berichte, S. 239 (Wilhelm Keil (SPD), 4.4.1919), S. 275 (Richard Fischer (SPD), 8.4.1919).

das Amt des Reichspräsidenten forderte, »daß der Einfluß des Präsidenten möglichst gering sein soll.«[686]

Dementsprechend kam Hugo Preuß (DDP) als Reichsinnenminister und oberster Vertreter der Reichsregierung im Verfassungsausschuss die Aufgabe zu, zwischen diesen beiden Polen der Ausgestaltung des Präsidentenamtes zu vermitteln. Hierfür musste er trotz seiner persönlichen Befürwortung einer plebiszitären präsidialen Spitze die Bedenken der Mehrheitssozialdemokraten ernst nehmen, um nicht deren Zustimmung zum Verfassungsentwurf zu gefährden. Vor diesem Hintergrund betonte er zwar die Notwendigkeit des Präsidentenamtes,[687] hob aber gleichzeitig die im Entwurf bereits vorgenommene Beschränkung der präsidialen Kompetenzen hervor, die sich in seinen Augen lediglich auf die für ein republikanisches Staatsoberhaupt absolut notwendigen und unentbehrlichen erstrecken würden.[688] Dabei unterstrich er die Absicht, »in der Person des Präsidenten keinen Monarchen schaffen« zu wollen.[689] Diese Sichtweise ermöglichte ihm, die von den sozialdemokratischen Parteien geforderte weitergehende Einschränkung zurückzuweisen und stattdessen die Forderung aufzustellen, »daß die Machtbefugnisse des Präsidenten nicht mehr eingeschränkt werden können, als im Regierungsentwurf vorgesehen.«[690]

In ähnlicher Form fand sich diese Frontstellung auch in der Problematisierung des Verhältnisses des Reichspräsidenten zum Reichstag wieder. Von Seiten der Linksliberalen wurde die Gegensätzlichkeit dieser Instanzen betont, indem sie die Hauptfunktion des Reichspräsidenten in der Bildung eines Gegengewichts gegen die Stellung des Reichstags ausmachten[691] und ihn als »Gegen-

---

686 Berichte, S. 275 (Richard Fischer (SPD), 8.4.1919). In diesem Sinne sprach sich auch Georg Davidsohn (SPD) aus, als er auf die Einigkeit seiner Partei in der Hinsicht verwies, daß die Stellung des Reichspräsidenten jedenfalls nach Möglichkeit in ihrer Bedeutung eingeschränkt werden muß.« Ebd., S. 252 (Georg Davidsohn (SPD), 5.4.1919).

687 Berichte, S. 239 (Hugo Preuß (DDP), 4.4.1919).

688 So führte Hugo Preuß (DDP) in Erwiderung auf die Ausführungen von Richard Fischer (SPD), dass der »Entwurf [...] einen Präsidenten vor[schlägt], der nicht mehr Machtbefugnisse hat, als sie für ein Staatsoberhaupt unentbehrlich sind, der von staatsrechtlichen und parlamentarischen Einschränkungen so umgeben ist, daß der Gefahr autokratischer Übergriffe durchaus vorgebeugt wird.« Berichte, S. 275 (Hugo Preuß (DDP), 8.4.1919). Siehe auch ebd., S. 252 (Hugo Preuß (DDP), 5.4.1919).

689 Berichte, S. 293 (Hugo Preuß (DDP), 9.4.1919).

690 Berichte, S. 252 (Hugo Preuß (DDP), 5.4.1919). In diesen Bemühungen wurde er von seinem Parteikollegen Bruno Ablaß unterstützt, als er die den Reichspräsidenten kontrollierenden Verfassungsbestimmungen explizit hervorhob, wonach dieser vom Reichstag vor dem Staatsgerichtshof angeklagt und durch eine Volksabstimmung nach einem Zweidrittelbeschluss des Reichstags abgesetzt werden könne. Dieses sei notwendig, so Ablaß, »um die Gewalt des Reichspräsidenten nicht ins Unermeßliche wachsen zu lassen«. Ebd., S. 234 (Bruno Ablaß (DDP), 4.4.1919). Siehe auch ebd., S. 292 (Bruno Ablaß (DDP), 9.4.1919).

691 Berichte, S. 232 (Bruno Ablaß (DDP), 4.4.1919).

spieler des Reichstags«[692] bezeichneten. In diesem Kontext verortete auch Erich Koch (DDP) die von ihm geforderte Ausweitung der präsidialen Befugnisse zur Ansetzung einer Volksabstimmung: Der Reichspräsident müsse, so Koch, die Möglichkeit haben, »den Willen des Volkes nochmals gegenüber der Beschlußfassung des Reichstags einwandfrei nachzuprüfen.«[693] Diese Sichtweise teilte auch Clemens von Delbrück (DNVP), der sich gegen die Ausweitung der direkten Volksgesetzgebung durch die Einführung des Volksbegehrens aussprach. Seiner Meinung nach sei es ausreichend, »wenn im Gegensatz zum Parlamente dem Reichspräsidenten in Zweifelsfällen die Möglichkeit gegeben ist, unter gewissen Voraussetzungen den wahren Willen des Volkes neu festzustellen.«[694] Demgegenüber stellte die gegensätzliche Anordnung dieser beiden Verfassungsorgane auf Seiten der Mehrheitssozialdemokraten einen zentralen Stein des Anstoßes dar, wenn etwa Richard Fischer (SPD) seine Kritik am Präsidentenamt u.a. damit begründete, dass dieses als »Gegengewicht gegen die Macht des Parlaments« konzipiert sei.[695]

Folglich stand Hugo Preuß (DDP) wiederum vor der Herausforderung, einen Ausgleich zwischen den bürgerlichen und den sozialdemokratischen Positionen zu schaffen. So bemühte er sich, den vermeintlichen Gegensatz abzuschwächen, indem er darauf verwies, dass das »Gegengewicht gegen den Reichstag [...] nur eine der Funktionen des Reichspräsidenten« darstelle.[696] Stattdessen stellte er die Verbindung der beiden Verfassungsorgane in den Vordergrund, als er die »Kombination einer starken Präsidentschaft mit dem Reichstag [als] das Gegebene« für die politischen und kulturellen Verhältnisse in Deutschland bezeichnete.[697] Auch setzte Preuß »Reichspräsident«, »Reichstag« und »Regierung« in Beziehung zueinander, indem er die Verbindungsfunktion der parlamentarischen Reichsregierung besonders hervorhob,[698] und stellte die Bezeichnung »Reichspräsident« und »Regierung« in einen Zusammenhang, wobei er die Gegenzeichnungspflicht durch einen parlamentarisch verantwortlichen Reichsminister für sämtliche politische Anordnungen des Reichspräsidenten betonte.[699] Damit wies Preuß auf die im Verfassungsentwurf ange-

---

692 Berichte, S. 451 (Karl Georg Zöphel (DDP), 5.6.1919).

693 Berichte, S. 308 (Erich Koch (DDP), 11.4.1919).

694 Berichte, S. 311 (Clemens von Delbrück (DNVP), 11.4.1919).

695 Berichte, S. 274 (Richard Fischer (SPD), 8.4.1919).

696 Berichte, S. 277 (Hugo Preuß (DDP), 8.4.1919).

697 Berichte, S. 235 (Hugo Preuß (DDP), 4.4.1919). In diesem Sinne sah es Preuß auch als positiv an, »wenn ein gewisser Konnex, wenn auch nur formeller Art, zwischen dem Reichspräsidenten und dem Parlament in diesen geschäftlichen und formellen Fragen [wie der Einberufung des Reichstags, H.B.] besteht.« Ebd., S. 450 (Hugo Preuß (DDP), 5.6.1919).

698 Berichte, S. 235f. (Hugo Preuß (DDP), 4.4.1919), S. 288 (Hugo Preuß (DDP), 9.4.1919)

699 Berichte, S. 236 (Hugo Preuß (DDP), 4.4.1919), S. 287 (Hugo Preuß (DDP), 9.4.1919).

legten und durch die parlamentarische Verantwortlichkeit der Reichsregierung gesicherten Einflussmöglichkeiten des Reichstags auf den Reichspräsidenten hin, um davon ausgehend Forderungen der Sozialdemokratie nach einer weitergehenden Bindung des Präsidenten an parlamentarische Beschlüsse entgegentreten zu können.[700] Mit dieser Sichtweise fand Preuß nicht nur Unterstützung aus den Reihen der eigenen Partei.[701] Auch die deutschnationalen Vertreter stimmten in ihrem Bestreben nach einer möglichst starken Stellung des Reichspräsidenten mit dieser Position überein, um so die Unterstellung dieses Amtes unter den Reichstag zu verhindern.[702]

Dreh- und Angelpunkt der linksliberalen Präsidentenkonzeption war die Verbindung zum »Volk«, die in erster Linie von den Rednern der DDP herausgestellt wurde, wohingegen die Vertreter der oppositionellen Parteien auf diesen Bezug gänzlich verzichteten. Damit unterstrichen sie die Grundsätzlichkeit ihrer Gegnerschaft zum Reichspräsidenten auf Seiten der USPD bzw. ihrer Befürwortung dieses Amtes auf Seiten der bürgerlichen Opposition, ohne ihre entsprechende Haltung unter Verweis auf das »Volk« demokratisch zu legitimieren. Im Gegensatz dazu hoben die Linksliberalen die unmittelbare Wahl des Präsidenten durch das Volk[703] hervor, bezeichneten diesen als »wahren Vertrauensmann des Volkes«[704] und traten für dessen Recht ein, eine Volksabstimmung ansetzen zu können, da dieser aufgrund seiner Herkunft in ihren Augen die »gegebene Persönlichkeit« sei, das Referendum vorzuschreiben und die Meinung des Volkes über ein parlamentarisches Gesetz festzustellen.[705] Vor dem Hintergrund dieses von den Linksliberalen vertretenen Volksbezuges fiel es den Mehrheitssozialdemokraten schwer, ihre Vorbehalte gegenüber einer machtvollen Stellung des Reichspräsidenten zu begründen, ohne dabei die Stellung des Volkes als Grundlage der neuen Verfassungsordnung zu delegitimieren. Zwar führte Richard Fischer (SPD) seine Bedenken gegenüber einer machtvollen Stellung des Präsidenten auf die gegenrevolutionären Gefahren zurück, da »unser Volk noch nicht genug von republikanischem Geist erfüllt«

700 Berichte, S. 263 (Hugo Preuß (DDP), 8.4.1919), S. 287 (Hugo Preuß (DDP), 9.4.1919).

701 Berichte, S. 232 (Bruno Ablaß (DDP), 4.4.1919), S. 293 (Bruno Ablaß (DDP), 9.4.1919), S. 451 (Karl Georg Zöphel (DDP), 5.6.1919), S. 459 (Erich Koch (DDP), 6.6.1919), S. 461 (Bruno Ablaß (DDP), 6.6.1919).

702 Berichte, S. 462 (Clemens von Delbrück (DNVP), 6.6.1919).

703 Berichte, S. 232 (Bruno Ablaß (DDP), 4.4.1919), S. 236 (Hugo Preuß (DDP), 4.4.1919), S. 307 (Erich Koch (DDP), 11.4.1919), S. 458 (Bruno Ablaß (DDP), 6.6.1919), S. 458 (Hugo Preuß (DDP), 6.6.1919).

704 Berichte, S. 232 (Bruno Ablaß (DDP), 4.4.1919). Siehe auch ebd., S. 288 (Erich Koch (DDP), 9.4.1919), S. 292 (Bruno Ablaß (DDP), 9.4.1919), S. 308 (Erich Koch (DDP), 11.4.1919).

705 Berichte, S. 308 (Erich Koch (DDP), 11.4.1919). Siehe auch ebd., S. 252 (Conrad Haußmann (DDP), 5.4.1919).

sei.[706] Diese Sichtweise eines möglichen Gegensatzes zwischen dem »Volk« und dem »Reichspräsidenten« erwies sich jedoch aufgrund des hohen Stellenwertes, den das »Volk« in den Ausschussberatungen genoss, noch nicht einmal in den eigenen Reihen als anschlussfähig, sodass es den Mehrheitssozialdemokraten letztlich an Begründungen gegen die von den Linksliberalen propagierte Präsidentenstellung mangelte. Neben den Vermittlungsversuchen von Hugo Preuß (DDP) und der Einheit der bürgerlichen Parteien in der Befürwortung eines starken Reichspräsidenten erwies sich insbesondere diese Tatsache als ausschlaggebend für die mehrheitssozialdemokratische Haltung, das Amt des Reichspräsidenten in der Form zu akzeptieren und verfassungsrechtlich einzuführen, wie es von der DDP mit der plebiszitären Bestimmung und der Gegengewichtsfunktion zum Reichstag vorgegeben wurde.

4.5. Der Staat zwischen Tradition und Innovation

Zur Thematisierung des Staates wurde neben dem Staatsbegriff insbesondere auf die Bezeichnung des Reiches zurückgegriffen, auf welche die Ausschussmitglieder dann rekurrierten, wenn sie auf die Ausgestaltung des föderalen Staatsaufbaus eingingen.[707] Seine spezifische Konturierung erhielt der Reichsbegriff jedoch aus der Abgrenzung zum Begriff der Republik. Auf ihn wurde in erster Linie von den sozialdemokratischen Rednern zurückgegriffen, die in der Schaffung und Ausgestaltung der republikanischen Staatsordnung das zentrale Ziel ihrer Verfassungsarbeit sahen.[708] Dieses wollten sie in dem Verfassungsentwurf in der Weise zum Ausdruck bringen, dass in der Überschrift die Bezeichnung »Reich« durch die der »Republik« ersetzt werden sollte, womit sie eine explizite Absetzung vom Staat des Kaiserreichs beabsichtigten.[709] Dagegen wehrten sich insbesondere die Vertreter der bürgerlichen Oppositionsparteien, die aufgrund der ihrer Meinung nach hervorzuhebenden historischen Kontinuität nachdrücklich für die Überschrift »Verfassung des Deutschen Reiches«[710] eintraten. Unterstützt wurden sie von den linksliberalen Ausschussmit-

706 Berichte, S. 277 (Richard Fischer (SPD), 8.4.1919).

707 Berichte, S. 26 (Adolf Gröber (Z), 5.3.1919). Siehe auch ebd., S. 23 (Wilhelm Kahl (DVP), 5.3.1919), S. 24 (Hugo Preuß (DDP), 5.3.1919), S. 28f. (Wilhelm Kahl (DVP), 6.3.1919), S. 30 (Hugo Preuß (DDP), 6.3.1919), S. 30 (Georg Davidsohn (SPD), 6.3.1919), S. 30 (Erich Koch (DDP), 6.3.1919).

708 Vgl. Berichte, S. 183 (Hugo Sinzheimer (SPD), 31.3.1919), S. 231 (Georg Davidsohn (SPD), 5.4.1919), S. 280 (Paul Bader (SPD), 8.4.1919), S. 496 (Georg Davidsohn (SPD), 16.6.1919).

709 Berichte, S. 25 (Oskar Cohn (USPD), 5.3.1919), S. 25 (Simon Katzenstein (SPD), 5.3.1919).

710 Berichte, S. 23 (Wilhelm Kahl (DVP), 5.3.1919), S. 25 (Clemens von Delbrück (DNVP), 5.3.1919), S. 491 (Wilhelm Kahl (DVP), 16.6.1919).

gliedern, die sich ebenfalls für die Beibehaltung des Reichsbegriffs aussprachen.[711] Zwischen diesen beiden Positionen bemühte sich Hugo Preuß (DDP) abermals um einen Ausgleich, indem er trotz seiner Befürwortung der Reichsgedankens[712] auch den Republikbegriff[713] aufgriff oder diese beiden Bezeichnungen in eins setzte.[714] In diese Sichtweise stimmten auch die sozialdemokratischen Vertreter[715] ein, die trotz ihrer Prononcierung des Republikbegriffs auch die Reichsbezeichnung[716] verwendeten, damit aber einen Reichsgedanken in bewusster Absetzung vom Deutschen Kaiserreich vertraten.[717] Diese Haltung führte dazu, dass sie sich mit der Bezeichnung »Deutsches Reich« für den neuen Staat und die Überschrift des Verfassungsentwurfs einverstanden erklärten.[718]

Diese positive Konnotation des Reichsbegriffs, die grosso modo von den Vertretern aller Parteien geteilt wurde, nutzten insbesondere die linksliberalen Ausschussmitglieder, um die Einrichtung einer präsidialen Staatsspitze zu legitimieren. So stellten sie den »Reichspräsidenten« in einen Zusammenhang zum »Reich«, indem Bruno Ablaß (DDP) »als oberste Spitze des Reichs eine starke Einzelpersönlichkeit« forderte.[719] Auch die starke Ausgestaltung des Präsidentenamtes führten sie auf das »Interesse der Würde des Reichs« zurück, welches etwa den Schutz des Reichspräsidenten vor einer Strafverfolgung während der Amtsdauer nahelege.[720] In diesem Sinn äußerten sich auch die deutschnationalen Vertreter, die sich in ihrem Eintreten für einen machtvollen Reichspräsi-

711 Berichte, S. 24 (Bruno Ablaß (DDP), 5.3.1919), S. 25 (Erich Koch (DDP), 5.3.1919).

712 So stellte Preuß bezüglich der Frage, ob der neue Staat in rechtlicher Hinsicht die Nachfolge des bisherigen Deutschen Reichs antrete, unmissverständlich fest: »Es ist ganz selbstverständlich dasselbe Rechtssubjekt mit veränderter Verfassung; das Reich als solches besteht fort.« Berichte, S. 24 (Hugo Preuß (DDP), 5.3.1919).

713 Vgl. Berichte, S. 24 (Hugo Preuß (DDP), 5.3.1919), S. 235 (Hugo Preuß (DDP), 4.4.1919).

714 So verwies er ausdrücklich auf die entsprechende Bestimmung des ersten Artikels des Verfassungsentwurfs, wonach das »deutsche Reich [...] eine Republik« sei. Berichte, S. 235 (Hugo Preuß (DDP), 4.4.1919). Siehe auch ebd., S. 24 (Hugo Preuß (DDP), 5.3.1919).

715 Berichte, S. 493 (Georg Davidsohn (SPD), 16.6.1919).

716 Vgl. Berichte, S. 25 (Oskar Cohn (USPD), 5.3.1919), S. 26 (Max Quarck (SPD), 5.3.1919).

717 So forderte Oskar Cohn (USPD) eine »Abwendung von dem Reiche der Macht und Gewalt zu dem Reiche, das auf dem Recht gegründet sein soll.« Berichte, S. 404 (Oskar Cohn (USPD). 4.4.1919).

718 Hierzu ebenfalls Oskar Cohn (USPD): »Die Worte »Verfassung des Deutschen Reichs« mögen stehen bleiben. Es hat sich doch auch in den neueren Sprachgebrauch für den kommenden Staat der Ausdruck: »Deutsches Reich« eingebürgert.« Berichte, S. 493 (Oskar Cohn (USPD), 16.6.1919).

719 Berichte, S. 231 (Bruno Ablaß (DDP), 4.4.1919). In diesem Sinne betonte auch Hugo Preuß (DDP), dass »das Deutsche Reich einer würdigen Repräsentation« bedürfe: ebd., S. 276 (Hugo Preuß (DDP), 8.4.1919). Siehe auch ebd., S. 238 (Hugo Preuß (DDP), 4.4.1919).

720 Berichte, S. 293 (Karl Georg Zöphel (DDP), 9.4.1919).

denten ebenfalls auf das »Reich« beriefen.[721] Gegen diesen von bürgerlicher Seite vertretenen unmittelbaren Zusammenhang von »Präsident« und »Reich« erwiesen sich die Bemühungen der Mehrheitssozialdemokraten als nicht erfolgreich, den Reichspräsidenten aus diesem semantischen Umfeld zu lösen, um dessen Einführung nicht als zwangsläufige Folgerung des Reichsgedankens erscheinen zu lassen.[722] Damit blieb das »Reich« ein von den bürgerlichen Parteien besetzter und retrospektiver Begriff, dem die sozialdemokratischen Redner aufgrund ihrer partiellen Zustimmung zum Reichsgedanken nichts Adäquates entgegensetzen konnten.

Diese tradierte Sichtweise des Staates bestimmte im Wesentlichen auch dessen übrige Thematisierung. Zwar hoben die Ausschussmitglieder parteiübergreifend die Neuartigkeit des Staates hervor, indem sie vom »veränderten demokratischen Charakter des neuen Reichs«[723] oder schlicht vom »neuen Staat«[724] sprachen. Im Hinblick auf eine potenzielle Neubestimmung des Staates durch Bezugnahme auf andere Verfassungsinstanzen wurde jedoch allein der Bezug zum »Volk« hergestellt, indem dessen Stellung als Inhaber der Staatsgewalt relativ breit anerkannt wurde.[725] Darüber hinaus war mit dieser Bezugnahme jedoch keine konzeptionelle Neubestimmung verbunden, sondern vielmehr die traditionelle Vorstellung vom Staat als einer dem Volk gegenüberliegenden Einheit, die in besonderem Maße bei der Diskussion der Grundrechte zutage trat. Denn deren Zweck machten die Redner der bürgerlichen Oppositionsparteien in der ursprünglichen Bestimmung aus, die »Rechte des Staatsbürgers gegenüber der Omnipotenz des Staates«[726] festzuschreiben, wobei sich dieser Sichtweise einer Gegenüberstellung von »Volk« und »Staat«

721 Berichte, S. 294 (Clemens von Delbrück (DNVP), 9.4.1919).

722 So stellte Richard Fischer (SPD) die Überlegung an, dass, »[w]enn Preußen mit seinen 40 Millionen Einwohnern keinen Präsidenten erhalten hat, […] auch das Reich auf einen Präsidenten verzichten kann.« Berichte, S. 274 (Richard Fischer (SPD), 8.4.1919).

723 Berichte, S. 413 (Bruno Ablaß (DDP), 4.6.1919). Siehe auch ebd., S. 25 (Oskar Cohn (USPD), 5.3.1919).

724 Berichte, S. 185 (Wilhelm Kahl (DVP), 31.3.1919). Siehe auch ebd., S. 23 (Wilhelm Kahl (DVP), 5.3.1919), S. 24 (Hugo Preuß (DDP), 5.3.1919), S. 24 (Friedrich Naumann (DDP), 5.3.1919), S. 25 (Oskar Cohn (USPD), 5.3.1919), S. 181 (Friedrich Naumann (DDP), 31.3.1919).

725 Berichte, S. 24 (Bruno Ablaß (DDP), 5.3.1919), S. 27 (Max Quarck (SPD), 5.3.1919), S. 29 (Konrad Beyerle (Z), 6.3.1919), S. 28 (Wilhelm Kahl (DVP), 6.3.1919), S. 29 (Hugo Preuß (DDP), 6.3.1919), S. 29 (Karl Georg Zöphel (DDP), 6.3.1919), S. 29 (Conrad Haußmann (DDP), 6.3.1919). Dagegen kritisch ebd., S. 30 (Oskar Cohn (USPD), 6.3.1919), S. 30 (Clemens von Delbrück (DNVP), 6.3.1919).

726 Berichte, S. 181 (Adelbert Düringer (DNVP), 31.3.1919). Siehe auch ebd., S. 185 (Wilhelm Kahl (DVP), 31.3.1919).

auch die Redner der bürgerlichen Regierungsparteien anschlossen.[727] Sogar die Mehrheitssozialdemokraten teilten diese Auffassung, als sie die Festlegung des Verhältnisses vom Staat zum einzelnen Bürger nicht nur in politischer, sondern auch in sozialer Hinsicht forderten.[728] Aufgrund der breiten Übereinstimmung scheiterten auch die Bemühungen von Friedrich Naumann (DDP) um eine semantische Neufassung des Staates, mit der er seinen Antrag auf eine umfassende Neuformulierung der Grundrechte durch seinen »Versuch volksverständlicher Grundrechte«[729] begründete. So führte er in diesem Zusammenhang aus, dass der »Staat [...] nicht mehr die Organisation der oberen und herrschenden Klassen und Autorität zur Leistung und Versorgung der übrigen Masse« sei, sondern »jetzt [den] Ausdruck der lebendigen Organisation des Volkes« darstelle.[730] Damit erreichte er jedoch nur die Aufnahme einer ausführlichen Grundrechtsdebatte in einem eigens dafür eingerichteten Unterausschuss, deren Arbeit die Grundlage der weiteren Beratungen des Verfassungsausschusses bildete und als zweiter Hauptteil Eingang in die Weimarer Reichsverfassung fand.[731] Die von ihm vertretene Sichtweise einer engen Verbindung dieser beiden Instanzen mit dem »Staat« als eine »Organisation des Volkes« erwies sich dagegen weder unter den Anhängern der übrigen Parteien noch unter den eigenen Parteifreunden als anschlussfähig. Folglich wurden auch die einen neuen Charakter verleihenden Bezeichnungen wie »Volksstaat« oder »Rechtsstaat« nur am Rande aufgegriffen und dienten lediglich dazu, die grundlegende Änderung durch die beim Volk liegende Staatsgewalt in Abgrenzung zum »Obrigkeitsstaat« auf einen Begriff zu bringen.[732] Eine darüber hinausgehende und auf eine Neukonzeption des Staates abzielende Bedeutung kam diesen Bezeichnungen jedoch nicht zu. Damit verblieb die Auffassung vom Staat im Wesentlichen in der aus dem Kaiserreich tradierten Sichtweise einer dem Volk gegenüberliegenden Einheit, die zwar um die bei diesem liegende Staatsgewalt modifiziert, in seiner Grundkonzeption jedoch kaum verändert wurde.[733]

727 Berichte, S. 184 (Hugo Preuß (DDP), 31.3.1919), S. 185 (Peter Spahn (Z), 31.3.1919), S. 367 (Konrad Beyerle (Z), 28.5.1919).

728 Berichte, S. 182 (Hugo Sinzheimer (SPD), 31.3.1919).

729 So lautete der Titel des von Naumann am 31.3.1919 eingebrachten Antrags, abgedruckt bei: Berichte, S. 171ff. Dazu Köster, Entstehungsgeschichte, S. 158–161; Bendix, Arbeit, S. 86–90, 98ff.

730 Berichte, S. 1790 (Friedrich Naumann (DDP), 31.3.1919).

731 Zur Grundrechtsberatung im Unterausschuss ausführlich Wirth, Unterausschuß; Köster, Entstehungsgeschichte, S. 157–223; Bendix, Arbeit, S. 85–106.

732 Berichte, S. 27 (Max Quarck (SPD), 5.3.1919), S. 30 (Erich Koch (DDP), 6.3.1919). Zu der liberalen Konnotation des Rechtsstaatsbegriffs Boldt, Staat, S. 74f.

733 Dazu Rürup, Entstehung, S. 235.

4.6. Demokratie als Argument

Nicht zuletzt aufgrund der fehlenden Öffentlichkeit der Ausschussberatungen rekurrierten die Redner nicht in dem Maße auf den plakativen Demokratiebegriff, wie es im Plenum der Fall war. Im Ausschuss besaß dieser Verweis weniger den Charakter eines Bekenntnisses, sondern eher einer Unterstützung bestimmter parteipolitischer Hauptforderungen, wobei nahezu ausschließlich mehrheitssozialdemokratische und linksliberale Redner auf diese Strategie zurückgriffen. Auf Seiten der SPD berief man sich etwa auf die Demokratie, um die Ausweitung der unmittelbaren Volksgesetzgebung zu fordern, da diese in ihren Augen die »Stetigkeit der demokratischen Einrichtungen« sichere.[734] Dagegen nutzten die Redner der DDP diesen Bezug, um die Institution eines starken Reichspräsidenten zu legitimieren, indem etwa Bruno Ablaß (DDP) betonte, »daß eine solche Stellung des Präsidenten auch vom demokratischen Standpunkt zu fordern ist.«[735] An dieser Stelle offenbarte sich abermals der zentrale Unterschied im Demokratieverständnis der beiden Regierungsparteien: Während die Mehrheitssozialdemokraten die »Demokratie« vom Volk her konzipierten, war das linksliberale Demokratieverständnis auf die Organisation der Exekutive ausgerichtet.

Darüber hinaus unterschieden sich die parteipolitischen Richtungen in der Art der Bezugnahme. Mehrheitssozialdemokratische Redner rekurrierten eher in einem umfassenden und damit unspezifischen Sinn auf diese Bezeichnung, indem sie etwa allgemein von »der Demokratie« sprachen.[736] Demgegenüber spezifizierten die linksliberalen Ausschussmitglieder den Demokratiebegriff, wenn sie etwa in der Verfassungsordnung Frankreichs mit der dominierenden Stellung des Parlaments einen Zustand ausmachten, der »mit einer wahren De-

---

734 Berichte, S. 294 (Wilhelm Keil (SPD), 9.4.1919). In diesem Sinne begründete Simon Katzenstein (SPD) den Antrag seiner Partei, den Ausschluss von der Wahl zum Reichspräsidenten für die Mitglieder früherer landsherrlicher Familien in der Verfassung festzuschreiben, auch wenn dieser »zwar formell dem demokratischen Gedanken [widerspricht]; er entspricht aber den tatsächlichen demokratischen Bedürfnissen.« Ebd., S. 279 (Simon Katzenstein (SPD), 8.4.1919).

735 Berichte, S. 232 (Bruno Ablaß (DDP), 4.4.1919). In diesem Sinne sprach sich auch Hugo Preuß (DDP) für die »Kombination einer starken Präsidentschaft mit dem Reichstag, also zweier gleich demokratischer Organe« aus: ebd., S. 235 (Hugo Preuß (DDP), 4.4.1919). Siehe auch ebd., S. 278 (Bruno Ablaß (DDP), 8.4.1919).

736 Berichte, S. 274 (Richard Fischer (SPD), 8.4.1919). Siehe auch ebd., S. 29 (Max Quarck (SPD), 6.3.1919), S. 279 (Simon Katzenstein (SPD), 8.4.1919), S. 294 (Wilhelm Keil (SPD), 9.4.1919), S. 312 (Max Quarck (SPD), 11.4.1919), S. 450 (Simon Katzenstein (SPD), 5.6.1919), S. 489 (Max Quarck (SPD), 6.6.1919).

mokratie nichts zu tun« habe.[737] Mittels dieser Formulierung werteten sie das reine parlamentarische Regierungssystem ab und gleichzeitig ihr gleichgewichtiges Verfassungsmodell mit zwei einander ebenbürtigen obersten Staatsorganen als »wahre Demokratie« auf. Aus diesem Grund konnten sie trotz ihres eigenen Bekenntnisses zur »Demokratie« weitergehende verfassungsrechtliche Kontrollmechanismen, die etwa von sozialdemokratischer Seite vorgebracht und als »demokratisch« legitimiert wurden, mit Verweis auf die bereits vorhandenen »demokratischen Kautelen«[738] zurückweisen und im Zusammenhang mit der unmittelbaren Gesetzgebung vor einer zu weitreichenden Aufnahme und dem »Damoklesschwert der reinen Demokratie«[739] warnen.

Diese Strategie machten sich auch die deutschnationalen Redner zu Nutze. Sie beriefen sich, obwohl sie dem »Prinzip der Demokratie«[740] ablehnend gegenüberstanden, auf eben diese, um etwa die unmittelbare Volksgesetzgebung unter Verweis auf den bereits »demokratisch gewählten Reichstag« abzulehnen.[741] Der funktionale Charakter des Demokratiebezuges fand damit auf Seiten der Deutschnationalen einen besonders prägnanten Ausdruck, wurde aber auch von den Mehrheitssozialdemokraten und Linksliberalen bemüht. Mit dieser Bezugnahme versuchten sie, ihre spezifischen Vorstellungen einer vom Volk oder von der Exekutive konzipierten Verfassungsordnung zu legitimieren, sodass die »Demokratie« letztlich ein in erster Linie zwischen diesen beiden Parteien umkämpftes Fahnenwort ohne eine inhaltliche Spezifizierung blieb.

737 Berichte, S. 231 (Bruno Ablaß (DDP), 4.4.1919). Dazu auch die Aussage von Erich Koch (DDP): »Wir sind nicht der Meinung, daß das Parlament die einzige Ausdrucksform der Demokratie ist, wir glauben im Gegenteil, daß, je mehr Säulen für den demokratischen Aufbau des Staates geschaffen werden, um so sicherer der Volkswille festgestellt wird.« Ebd., S. 307 (Erich Koch (DDP), 11.4.1919).

738 Berichte, S. 29 (Hugo Preuß (DDP), 9.4.1919). In diesem Sinne regte auch Preuß zu der Überlegung an, ob eine weitere Erschwerung und Komplizierung der Reichsgesetzgebung noch in irgendeinem Verhältnis zur wirklichen Stärkung des demokratischen Elements steht.« Ebd., S. 489 (Hugo Preuß (DDP), 6.6.1919).

739 Berichte, S. 309 (Hugo Preuß (DDP), 11.4.1919).

740 Berichte, S. 30 (Clemens von Delbrück (DNVP), 6.3.1919).

741 Berichte, S. 311 (Clemens von Delbrück (DNVP), 11.4.1919). In diesem Sinn wiesen sie auch die von sozialdemokratischer Seite geforderte Zustimmungspflicht des Reichstags im Falle einer Reichsexekution des Reichspräsidenten zurück, da diese in ihren Augen die Beseitigung der »demokratischen Republik« bedeuten würde. Ebd., S. 460 (Clemens von Delbrück (DNVP), 6.6.1919).

5. Die begleitende Presseberichterstattung

In der Frühphase der Weimarer Republik verstärkten sich die engen Bindungen der Tageszeitungen mit den entsprechenden politischen Parteien. Alle gesellschaftlichen Gruppen waren gezwungen, sich zu den revolutionären Umbrüchen zu positionieren, wobei durch den fundamentalen Wandel nur die Möglichkeiten einer ausdrücklichen Befürwortung oder einer grundsätzlichen Ablehnung gegeben waren, wie sie etwa in dem bereits erwähnten Lagerwahlkampf zwischen den sozialdemokratischen und den bürgerlichen Parteien zum Ausdruck kamen. Die Folge dieser Polarisierung war ein noch engerer Zusammenhang von politischer Partei und sozialmoralischem Milieu, der von den Tageszeitungen aufgrund ihres jeweiligen Zielpublikums eine stärkere Orientierung an der entsprechenden parteipolitischen Haltung und damit eine schärfere Abgrenzung von konkurrierenden Richtungen erforderte. Diese gespaltene Presselandschaft[742] prägte auch die Berichterstattung über die Verfassungsarbeit der Nationalversammlung.

Trotz der übereinstimmenden Befürwortung der Einberufung und des Zusammentritts der Weimarer Konstituante, wie sie von den Presseorganen aller sich an den Wahlen beteiligten Parteien vertreten wurde, bestanden in der Bewertung dieses Ereignisses Unterschiede. Durchweg positiv wurde dieses von der linksliberalen *Frankfurter Zeitung* kommentiert, die bereits in der Tatsache dieser Versammlung eine »Hoffnung für die deutsche Zukunft« sah, da in ihren Händen die innenpolitische Ausgestaltung und damit die Grundlage für den Wiederaufbau Deutschlands liege.[743] An dieser Hoffnung hielt sie auch fest, nachdem die konstituierende Sitzung in ihren Augen nicht die Erwartungen erfüllt habe, da es ihr an mitreißendem Enthusiasmus gefehlt habe.[744] Jedoch nahm sie diesen ersten Eindruck zum Anlass, ein starkes und selbstbewusstes Auftreten der Nationalversammlung insbesondere gegenüber den Einzelstaaten zu fordern, da die Widerstände nur zu überwinden seien, »wenn in

742 Zur Presselandschaft in der frühen Weimarer Republik etwa Asmuss, Republik, S. 29–32.

743 FZ, Nr. 48, 18.1.1919, S. 1: Frankfurt, 18. Januar. Dementsprechend betonte die FZ noch kurz vor der Eröffnung der Nationalversammlung, dass diese zusammentreten werde, »um aus dem Geiste und dem Willen des souveränen Volkes, selbst souverän und an nichts anderes als ihre eigene Entscheidung gebunden, für das neue Deutschland der Freiheit und des Rechts die Grundlagen aufzurichten.« FZ, Nr. 96, 5.2.1919, S. 1: Frankfurt, 5. Februar.

744 So verlautete am Tag nach der Eröffnung: »Mag auch die heutige Sitzung der Nationalversammlung des großen Schwungs entbehrt haben, mag auch das große, im ganzen Volk zündende Wort in der Regierungskundgebungen ausgeblieben sein. Die Hoffnung wird im Volk bestehen bleiben, daß uns diese wahrhaft demokratische Volksvertretung einer neuen und besseren Zeit entgegenführen wird.« FZ, Nr. 101, 7.2.1919, S. 1: Die erste Sitzung.

der Nationalversammlung so viel Schwung und so viel Größe siegend sich entwickelt, daß alles Kleine und Enge davor versinkt.«[745]

Ähnlich bewertete auch der *Vorwärts* die Einberufung der Nationalversammlung, die er als ein »Kind der Revolution« bezeichnete und deren Einberufung infolge der Revolution in seinen Augen »kein willkürlicher Einfall, sondern ein notwendiger geschichtlicher Vorgang« sei.[746] Die hohe Wahlbeteiligung bestärkte ihn in der Sichtweise, dass die »Nationalversammlung [...] die wirkliche unzweifelhafte Vertretung des deutschen Volkes«[747] sei und dass mit ihrer Eröffnung ein »neues Deutschland« eingeläutet werde. Dementsprechend wandte das mehrheitssozialdemokratische Parteiorgan gegen die Forderungen der USPD nach einer stärkeren Einbeziehung der Arbeiterräte ein, dass die Nationalversammlung die alleinige Vertretung des deutschen Volkes darstelle und dass sie »nicht »bis zu einem gewissen Grade« Träger der Demokratie, sondern [...] es ganz und gar« sei.[748]

Dagegen standen die Blätter der übrigen bürgerlichen Parteien der Einberufung der Nationalversammlung nicht so vorbehaltlos positiv gegenüber. Zwar schätzte die katholische *Kölnische Volkszeitung* ihren Wert ebenfalls hoch ein.[749] Jedoch wurde die Nationalversammlung auch mit Skepsis betrachtet, indem sie die fehlende Begeisterung infolge des Vertrauensverlustes durch die Revolution bemängelte[750] und bezüglich des vielfach beschworenen Anbruchs einer neuen Zeit kritisch anmerkte: »Noch wissen wir nicht, ob es sich zum Guten oder zum Schlimmen wendet.«[751]

Auch die rechtsliberale *Kölnische Zeitung* begrüßte den Zusammentritt der Nationalversammlung als »Schlußstrich [...] unter eine revolutionäre Epoche«[752] und erwartete von ihr dementsprechend auch weiterhin die »Abwehr des Bolschewismus«.[753] Ernüchternd stellte die KöZ jedoch nach den ersten Sitzungen fest, dass im Vergleich zu dem Berliner Reichstag die Sitzungen der Weimarer Nationalversammlung unaufgeregt verlaufen und den Eindruck

745 FZ, Nr. 105, 8.2.1919, S. 1: Frankfurt, 8. Februar.

746 Vorwärts, Nr. 31/32, 18.1.1919, S. 1: Die Wahlen zur Nationalversammlung.

747 Vorwärts. Nr. 36, 20.1.1919, S. 1: Wahlergebnisse.

748 Vorwärts, Nr. 68, 6.2.1919, S. 1: Die Eröffnung der Nationalversammlung. Begrüßungsrede Eberts.

749 So sprach sie etwa von dem »bedeutsamste[n] Parlament«, das »jemals in Deutschland zusammengetreten« sei und in dessen Händen die »ganze Zukunft der deutschen Nation, die Schaffung eines Werkes von unermesslicher Bedeutung« liege: KV, Nr. 59, 22.1.1919, S. 3: Weimar; KV, Nr. 98, 4.2.1919, S. 1: Weimar. Siehe auch KV, Nr. 59, 22.1.1919, S. 3: Weimar.

750 KV, Nr. 98, 4.2.1919, S. 1: Weimar.

751 KV, Nr. 102, 6.2.1919, S. 1: Weimar.

752 KöZ, Nr. 57, 21.1.1919, S. 1: Weimar. Ein Sinnbild des Deutschtums

753 KöZ, Nr. 61, 23.1.1919, S. 1: Zur Lage.

einer »bürgerliche[n] Komödie aus dem Theater« vermitteln würden.[754] Insbesondere übte sie besondere Kritik an dem Verhalten der Mehrheitssozialdemokraten, die in ihrer dominierenden Art der Nationalversammlung den »Charakter eines sozialdemokratischen Parteitages« verleihen würden.[755]

Deutlicher fiel dagegen die Kritik in der Berichterstattung der konservativen *Neuen Preußischen Zeitung* aus. Zwar erkannte sie die Leistung der sozialdemokratischen Reichsregierung im Vorfeld der Nationalversammlung an, die sie mit der Einberufung einer Konstituante gegen vielfältige Widerstände erreicht habe. Da diese auch in bürgerlichen Kreisen als eine Notwendigkeit angesehen worden sei, gab die NPZ ihr auch den Wunsch auf den Weg, dass sie »positive Arbeit leisten« möge. Gleichzeitig wehrte sie sich jedoch gegen jeden Lobgesang auf die Nationalversammlung, indem sie an deren Wurzel der »sozialistischen Umwälzung« erinnerte und aufgrund zahlreicher enttäuschter Hoffnungen noch vor der Eröffnung der Meinung war, dass »eine Dosis Skepsis besser [angebracht ist] als jener Optimismus, der sich Potemkinsche Dörfer vormalt und der der deutschen Politik so oft verhängnisvoll war.«[756] Die kritische Haltung verschärfte die *Kreuzzeitung* im Anschluss an die konstituierende Sitzung, indem sie den Rednern der Mehrheitssozialdemokratie vorwarf, sich »im Ton gründlich vergriffen« und die Eröffnung der Nationalversammlung zu »schaler Parteipolemik« missbraucht zu haben.[757] Denn im Gegensatz zu ihrer Darstellung habe nicht das kaiserliche Regime den Zusammenbruch des Deutschen Reiches herbeigeführt, sondern die Revolution selbst, »um alsdann als ›Konkursverwalter des alten Regimes‹ die Verfügung über die Masse in die Hand zu bekommen.« Dieses müsse in den Augen der NPZ klar gestellt werden, denn mit »einer Unwahrhaftigkeit darf der neue Abschnitt der deutschen Geschichte, der mit der Eröffnung der Nationalversammlung beginnt, nicht widerspruchslos eröffnet werden.«[758]

Trotz des parteiübergreifenden Plädoyers für die Einberufung einer verfassunggebenden Nationalversammlung wurde ihr Zusammentreten im Februar 1919 nur auf Seiten der FZ und des *Vorwärts* positiv kommentiert, während die Presseorgane der übrigen bürgerlichen Parteien aufgrund ihrer revolutionsfeindlichen Haltung dieses mit mehr oder weniger stark ausgeprägter Kritik versahen. Diese parteipolitische Perspektive spiegelte sich in besonderem Ma-

---

754 KöZ, Nr. 102, 11.2.1919, S. 1: Vor der Sitzung.

755 KöZ, Nr. 104, 12.2.1919, S. 1: Der neue Reichspräsident. Friedrich Ebert.

756 NPZ, Nr. 57, 5.2.1919, S. 1: Die Nationalversammlung.

757 NPZ, Nr. 61, 7.2.1919, S. 1: Politische Tagesübersicht. Weimar – Die Verhandlungen mit den Polen.

758 NPZ, Nr. 64, 9.2.1919, S. 2: Die innere Politik der Woche.

ße auch in der Berichterstattung über die Wahlergebnisse und die sich daraus ergebende Regierungsbildung wider.

Der *Vorwärts* bewertete den Wahlausgang positiv, indem er darauf verwies, dass die »Sozialdemokratie, wie nicht anders zu erwarten war, die weitaus stärkste Fraktion« stelle.[759] Dabei erkannte er die Tatsache der fehlenden absoluten Mehrheit für die sozialdemokratischen Parteien an, sah diese jedoch für die zukünftigen Wahlen in erreichbare Nähe gerückt.[760] Auch die *Frankfurter Zeitung* interpretierte den Wahlausgang weitgehend positiv, indem sie auf die Verhinderung einer reaktionären Mehrheit und das »starke Anwachsen der demokratischen Parteien« verwies. Die Stimmenmehrheit der SPD nahm sie zum Anlass, die unbedingte Einbeziehung der DDP zu fordern, da »auch eine sozialdemokratische Mehrheit keine einseitige sozialdemokratische Machtpolitik treiben kann, sondern sich die Mithilfe der demokratischen Partei zur gemeinsamen positiven andauernden demokratischen Arbeit für die großen sozialen und wirtschaftlichen Aufgaben suchen muß.«[761]

Im Gegensatz zur kooperativen Haltung, welche die FZ gegenüber der Sozialdemokratie an den Tag legte, betonten die übrigen bürgerlichen Presseorgane in ihren Stellungnahmen ihre Gegnerschaft. So merkte die *Kölnische Volkszeitung* an, dass die Wahlen zwar den seit 1917 festzustellenden »starken Ruck nach links« bestätigt, aber zugleich dem »Anspruch der Sozialdemokratie auf die Alleinherrschaft im Deutsche Reiche« eine Absage erteilt hätten.[762] Die Abgrenzung zu den sozialdemokratischen Parteien untermauerte die KV noch, indem sie das Hauptergebnis der Wahlen darin sah, dass eine »sozialistische Mehrheit für die deutsche Nationalversammlung nicht zustande gekommen« sei, auch wenn die »Mehrheit die bürgerlichen Stimmen [...] nicht gerade überwältigend« sei.[763] Die parlamentarische Mehrheit des Bürgertums wurde auch von der *Kölnischen Zeitung* in den Vordergrund gestellt, indem sie in dem Wahlergebnis einen »erfreulichen Stand der bürgerlichen Parteien« erblickte.[764] Da die KöZ die Hauptaufgabe der Nationalversammlung in der »Abwehr des Bolschewismus«[765] ausmachte, plädierte sie für die Bildung einer »bürgerliche[n] Mehrheit gegen die sozialistischen Massen« und forderte dementspre-

759 So forderte er gemäß seiner revisionistischen Grundhaltung die Sozialdemokratie auf, »die demokratisch-parlamentarische Methode bei[zu]behalten, der sie ihren Aufstieg verdankt und die ihr, nach einer leichten Wahrscheinlichkeitsrechnung, in absehbarer Zeit den vollen Sieg bringen wird.« Vorwärts, Nr. 36, 20.1.1919, S. 1: Wahlergebnisse.

760 Vorwärts, Nr. 42, 23.1.1919, S. 1: Die Wahlen.

761 FZ, Nr. 55, 21.1.1919, S. 1: Frankfurt, 21. Januar.

762 KV, Nr. 56, 21.1.1919, S. 1: Vom 19. zum 26. Januar.

763 KV, Nr. 61, 22.1.1919, S. 1: Eine Mehrheit der Ordnungsparteien.

764 KöZ, Nr. 61, 23.1.1919, S. 1: Zur Lage.

765 KöZ, Nr. 61, 23.1.1919, S. 1: Zur Lage.

chend die Vertreter der DDP auf, von den Sozialdemokraten abzurücken und zur »Einheitsfront des Bürgertums« zurückzukehren.[766]

Mit dieser Haltung befand sich die KöZ in Übereinstimmung mit der *Kreuzzeitung*, die zwar die Stellung der SPD als stärkste Partei anerkannte, aber die verfehlte absolute Mehrheit der sozialdemokratischen Parteien besonders betonte.[767] Im Zentrum der Überlegung stand dabei die sich durch den Wahlausgang bietende Möglichkeit, dass »ein großes, möglichst geschlossenes Bürgertum durch den Zusammenschluß ihrer Parteien den Kampf gegen die Utopie des sozialistischen Zukunftsstaates aufnehmen« könne, da mit der »Nationalversammlung ein Kampfplatz geschaffen worden [sei], auf dem die grundsätzlichen Gegensätze hätten ausgefochten werden können.«[768]

Vor dem Hintergrund der Wahlergebnisse wurde eine potenzielle Zusammenarbeit von Mehrheitssozialdemokraten und Linksliberalen also nur vom *Vorwärts* und von der *Frankfurter Zeitung* begrüßt, während die übrigen Tageszeitungen die Bildung eines bürgerlichen Parteienblocks gegen die Sozialdemokratie befürworteten bzw. im Falle der *Kreuzzeitung* nachdrücklich forderten. Diese Haltungen fanden in zugespitzter Form in der Berichterstattung über die Regierungsbildung wieder.

Ausdrücklich begrüßt wurde die Zusammenarbeit von SPD, DDP und Zentrum nur von der *Frankfurter Zeitung*, die bereits in den Verhandlungen der drei Parteien den Beleg dafür sahen, dass die »alte Reichstagsmehrheit der letzten Jahre auch die Regierungsmehrheit im neuen Deutschen Reich« bilden werde, nachdem »in wesentlichen Punkten eine starke Annäherung, wenn nicht gar Verständigung« stattgefunden habe.[769] Kritik übte die FZ lediglich an der Auseinandersetzung über die personelle Zusammenstellung. Dabei hätten die Parteiführer, so die Kritik, die Tatsache der Revolution gänzlich verdrängt, da statt der Auswahl geeigneter Persönlichkeiten ausschließlich der Anteil im Mittelpunkt stehe, mit dem »jede Fraktion an der Koalitionsregierung« zu beteiligen sei.[770] Das entscheidende Moment sah sie bei der Wahl von Ebert zum Reichspräsidenten folglich auch weniger in seiner Person als vielmehr in der vorgenommenen Besetzung der Staatspitze.[771]

Der *Vorwärts* hingegen maß der Wahl Eberts die besondere Bedeutung zu, indem er darauf verwies, dass diese von einer »gewaltigen Mehrheit der Deutschen Nationalversammlung« erfolgt sei. Sie sei, so schrieb der *Vorwärts* be-

766 KöZ, Nr. 63, 23.1.1919, S. 1: Schon einmal habt ihr gesiegt.
767 NPZ, Nr. 29, 21.1.1919, S. 1: Politische Tagesübersicht. Wahlergebnisse.
768 NPZ, Nr. 65, 10.2.1919, S. 1: Der Kuhhandel. Eine sonntägliche Betrachtung.
769 FZ, Nr. 104, 8.2.1919, S. 1: Die neue Reichsregierung.
770 FZ, Nr. 110, 10.2.1919, S. 1: Frankfurt 10. Februar.
771 FZ, Nr. 113, 12.2.1919, S. 1: Der erste Präsident der deutschen Republik. Ebert.

geistert, ein »Sieg für einen Mann, ein Sieg für das Proletariat, ein Sieg für den Sozialismus«, wobei die Wahl letztlich der sichtbare Beleg dafür sei, »daß nur die Sozialdemokratie Deutschland retten und regieren kann.«[772] Trotz dieses politischen Selbstbewusstseins hegte der *Vorwärts* keinen Anspruch auf eine eventuelle Alleinvertretung durch die Mehrheitssozialdemokratie. Denn diese käme, so stellte er unmittelbar unter dem Eindruck der Wahlergebnisse heraus, um die »Tatsache einer parlamentarischen Koalition [...] nicht herum, ebenso um den Umstand, daß die Regierung genötigt ist, bei einer parlamentarischen Mehrheit Deckung zu suchen.«[773] Die SPD sei damit verpflichtet, auch den »anderen Parteien den ihnen nach dem Volksspruch zustehenden Anteil an der politischen Macht ein[zu]räumen«, denn durch den Wahlausgang sei ihr lediglich die Aufgabe der politischen Führung, nicht aber die des politischen Herrschens zugefallen.[774] Folglich begrüßten sie die Bildung einer Regierungskoalition mit der DDP und dem Zentrum, auch wenn er der »Zusammenarbeit mit den Bürgerlichen« mit einer gewissen Skepsis begegnete, da sich die etwa in der Schaffung der Verfassung erst noch bewähren müsse.[775]

Demgegenüber stand die *Kölnische Volkszeitung* bei der Frage der Regierungsbildung vor der Schwierigkeit, ihre antisozialistischen Haltung und die Beteiligung des Zentrums an einer Regierung unter Führung der SPD in Einklang zu bringen. Dementsprechend legte sie zunächst besonderen Wert darauf, dass die Initiative von der SPD und der DDP ausgegangen sei, die eine Regierungsbeteiligung des Zentrums wünschen würden, um »die Verantwortung für die politischen Entscheidungen auf möglichst breite Schultern zu legen.« Das Zentrum komme diesem Wunsch letztlich »trotz entgegenstehender schwerster Bedenken nur aus wohlerwogenen Rücksichten auf das Gesamtwohl des deutschen Volkes« nach.[776] Damit ging die KV also auf Distanz zur Koalitionsregierung, da sie diesen Schritt in erster Linie auf die »gegenwärtige Lage des Deutschen Reiches, die furchtbare Not unseres Volkes« zurückführte, die das »Opfer der Mitarbeit im allgemeinen Volksinteresse« vom Zentrum verlange.[777] Diese distanzierte Haltung spiegelte sich auch in der Berichterstattung über die Wahl des Reichspräsidenten wieder, da die KV darauf verwies, dass die Mitteilung der Wahl Eberts nur schwachen Zustimmung im Saal hervorgerufen und auch vor dem Nationaltheater keine größere Begeisterung aus-

772 Vorwärts, Nr. 78, 12.2.1919, S. 1: Ebert Volkspräsident der Deutschen Republik.

773 Vorwärts, Nr. 43, 24.1.1919, S. 1: Regierung und Nationalversammlung.

774 Vorwärts, Nr. 68, 6.2.1919, S. 1: Die Eröffnung der Nationalversammlung. Begrüßungsrede Eberts.

775 Vorwärts, Nr. 70, 7.2.1919, S. 1: Bildung der Reichszentralgewalt.

776 KV, Nr. 103, 6.2.1919, S. 1: Das Zentrum, die Mehrheitsbildung und die Neubildung der Regierung.

777 KV, Nr. 119, 12.2.1919, S. 1: Die Zentrumspartei in der Regierung.

gelöst habe.[778] Zwar respektierte sie die Tatsache, dass der »Präsident der Deutschen Republik [...] aus der freien Wahl des gesamten deutschen Volkes in seinen weitesten Schichten hervorgegangen ist.« Jedoch legte die KV besonderen Wert darauf, dass sie damit »nur eine Tatsache« feststelle, »ohne einen Hymnus auf die Entwicklung anstimmen zu wollen, die dazu geführt hat.«[779] Ihre Haltung zur Weimarer Koalitionsregierung war also von einem kritisch-distanzierten Pragmatismus gekennzeichnet, mit dem sie die Regierungsbeteiligung des Zentrums und die dafür eingegangenen Kompromisse verteidigte.[780]

Die bürgerlichen Oppositionsblätter gingen demgegenüber auf einen mehr oder weniger offenen Konfrontationskurs zur neuen Regierungskoalition. Dabei schlug insbesondere die *Kreuzzeitung* eine scharfen Ton an, welche die Beteiligung der DDP an einer Reichsregierung unter Führung der SPD als »Verrat an dem gesamten Bürgertum, an deutscher Kultur, deutschem Recht und kurz gesagt an der deutschen Zukunft« bezeichnete.[781] Davon ausgehend verurteilte sie die Regierungsbildung insgesamt, indem sie die »bürgerliche Demokratie als Vorspanndienst der Sozialdemokratie« auffasste und die Form des Aushandelns von Kompromissen in Sach- und Personalfragen ablehnte.[782] Der aus diesem »Kuhhandel entstehende[n] Regierung«[783] sprach sie die Fähigkeit zur Bewältigung der Aufgaben ab, indem sie rhetorisch fragte, »wie denn von der Nationalversammlung und der neuen Regierung Rettung aus all der Not und dem Elend des Augenblicks kommen soll, wenn auch künftig die sozialistische Führung für unsere Politik maßgebend bleiben soll.«[784] Dementsprechend knapp war die Berichterstattung der NPZ über die Wahl Eberts zum Reichspräsidenten, wobei sie den unspektakulären Charakter der Sitzung und die weitgehenden zurückhaltenden Reaktionen in der Nationalversammlung herausstellte.[785] Etwas moderater fiel dagegen die Kritik der *Kölnischen Zeitung*

778 KV, Nr. 119, 12.2.1919, S. 1: Die Wahl des Reichspräsidenten.

779 KV, Nr. 119, 12.2.1919, S. 1: Der neue Reichspräsident.

780 So lautete ihre Rechtfertigung: »Auch die Demokratie kommt nicht ohne Kompromisse aus. Es ist vielleicht ganz gut, daß diese Wahrheit uns schon gleich zu Anfang so deutlich vor Augen geführt wird. Sie mag uns zeigen, daß auch in Zukunft die Politik die Kunst des Erreichbaren bleibt.« KV, Nr. 119, 12.2.1919, S. 1: Die deutsche Demokratie.

781 NPZ, Nr. 57, 5.2.1919, S. 1: Die Nationalversammlung.

782 NPZ, Nr. 65, 10.2.1919, S. 1: Der Kuhhandel. Eine sonntägliche Betrachtung.

783 NPZ, Nr. 65, 10.2.1919, S. 1: Der Kuhhandel. Eine sonntägliche Betrachtung.

784 NPZ, Nr. 70, 12.2.1919, S. 1: Die Präsidentenwahl.

785 »Eine Stunde währte das Geschehen. Dann hatte das Reich seinen Reichspräsidenten. [...] ›Das freie deutsche Volk hat sich den ersten deutschen Reichspräsidenten erwählt. Es lebe Reichspräsident Ebert!‹ Ein Zurückhalten der Menge, ein mehr höfliches als herzliche Hoch sind die Antwort und weiter schreitet der Mann, der nach demokratischem Denken und Fühlen zunächst einmal unser Reichsoberhaupt sein soll, sein will... In dem Hause, das heute

aus, die lediglich die interfraktionellen Besprechungen über die Besetzung der Ministerposten kritisierte.[786] Einig waren sich die beiden Presseorgane jedoch in ihrer grundsätzlichen Oppositionshaltung zu der von der Nationalversammlung gebildeten Weimarer Regierungskoalition.[787]

Die Aufnahme der Verfassungsberatungen wurde insbesondere von der *Frankfurter Zeitung* positiv begleitet, indem sie auf den »Zeitpunkt voller Ernst und Gefahren« verwies. Folglich müsse die Nationalversammlung eine gründliche und mitreißende Verfassungsarbeit leisten, um eine Genesung des Volkes und des Landes zu bewirken, was die FZ im Vorfeld mit einer gewissen Skepsis betrachtete.[788] Jedoch habe sie der Eindruck der ersten Redner überzeugt, dass sich die Abgeordneten ihrer besonderen Aufgabe bewusst seien. Dabei sei nicht nur die mündliche Begründung des Verfassungsentwurfs von Hugo Preuß (DDP) gelungen.[789] Auch in den übrigen Beiträgen sei »etwas von dem Feuer zu spüren [gewesen], das jetzt Staat und Gesellschaft zu neuen, wahreren und lebendigeren Formen umschmelzen soll.«[790] Letztlich lag diese positive Bewertung weniger in den Redebeiträgen begründet, da sie deren geringen politischen Ertrag gegen Ende durchaus kritisierte,[791] sondern vielmehr in dem von ihr gehegten »Glauben an die Nationalversammlung und an ihr Verfassungswerk, das ein Symbol des Neuen werden soll.«[792]

Die Presseorgane der übrigen Regierungsparteien hielten sich in ihrer Bewertung dagegen noch zurück. So nahm der *Vorwärts* den Beginn der Verfas-

---

noch mehr als bei der Eröffnung am Donnerstag überfüllt ist, hat sich alles sehr schnell abgespielt.« NPZ, Nr. 69, 12.2.1919, S. 2: Deutsche Nationalversammlung.

786 KöZ, Nr. 103, 11.2.1919, S. 1: Die Nationalversammlung in Weimar. Die Kabinettsbildung. Auch in der Wahl Eberts zum Reichspräsidenten sah sie keine Überraschung, nachdem dieser zuvor von der SPD »durchgedrückt« worden sei. KöZ, Nr. 104, 12.2.1919, S. 1: Der neue Reichspräsident.

787 Besonders deutlich brachte diese Haltung die »Kreuzzeitung« auf den Punkt, indem sie schrieb: »Unsere Stellung zu der neuen Regierung ist klar. Wir werden sie bekämpfen. Nicht nur die trübe Erinnerung an die Stunde der Revolution, der das Kabinett Scheidemann sein Dasein verdankt, sondern auch die Grundsätzliche politische Auffassung verbietet uns, mit dieser Regierung zusammenzugehen. Gewiß, wir stellen das Vaterland über die Partei. Aber wenn die Regierung lediglich Partei ist, so kann dieser Standpunkt nicht innegehalten werden. [...] Unsere Linie ist vorgezeichnet. Wir sind Gegner der Demokratie, Gegner der Republik. In ihr sehen wir eine große Gefahr.« NPZ, Nr. 73, 14.2.1919, S. 1: Die neue Regierung.

788 So schrieb die FZ in kritischer Absicht: »Es ist bewundernswert – man könnte auch eine andere Kennzeichnung wählen – mit welcher Ruhe und Sachlichkeit die Nationalversammlung trotz allem arbeitet.« FZ, Nr. 162, 1.3.1919, S. 1: Deutsche Nationalversammlung.

789 FZ, Nr. 150, 25.2.1919, S. 1: Deutsche Nationalversammlung.

790 FZ, Nr. 163, 1.3.1919, S. 1: Frankfurt, 1. März.

791 FZ, Nr. 172, 5.3.1919, S. 1: Deutsche Nationalversammlung. Beendigung der ersten Lesung der Verfassungsvorlage.

792 FZ, Nr. 163, 1.3.1919, S. 1: Frankfurt, 1. März.

sungsberatungen nur in einem Artikel auf, in welchem er die im Reich umkämpfte zukünftige Stellung der Arbeiterräte problematisierte und die mehrheitssozialdemokratische Auffassung vertrat, wonach diese in ein demokratisch-parlamentarisches System einzuordnen seien.[793] Auch die *Kölnische Volkszeitung* äußerte sich eher reserviert über die erste Lesung. Zwar stellte sie zu Beginn der Beratungen positiv heraus, dass die Nationalversammlung nun »die Arbeit in Angriff genommen [hat], zu der sie eigentlich zusammenberufen worden ist.«[794] Das Hauptaugenmerk legte die KV also auf die baldige Herstellung eines gesetzmäßigen Zustandes, sodass sie Kritik daran übte, dass angesichts der kommunistischen Bedrohung mit der Aufnahme der Verfassungsberatungen zu lange gewartet worden sei.[795] Die Zurückhaltung, mit der die KV und der *Vorwärts* den Beginn der Verfassungsberatungen im Unterschied zur FZ kommentierten, deutete bereits die auf dieser Seite vorhandene Skepsis gegenüber der Verfassungsarbeit der Nationalversammlungen an.

Demgegenüber bezogen die Presseorgane der bürgerlichen Oppositionsparteien eindeutig Stellung. Auch die KöZ stellte die Wiederherstellung einer gesetzmäßigen Verfassungsgrundlage in den Vordergrund ihrer Betrachtung.[796] Aber aufgrund dieses Bezugspunktes kritisierte sie die mündliche Begründung des Verfassungsentwurfs von Hugo Preuß (DDP), der in seiner Rede »über sachliche Schwierigkeiten mit einer geistreichen Wendung« hinweggegangen sei.[797] Folglich setzte die KöZ ihre Zuversicht nicht auf die Regierung, sondern auf die Nationalversammlung, in der sich zur Zeit das »Volk als Machtträger« verkörpere.[798]

Ähnlich kritisch äußerte sich auch die *Kreuzzeitung* über die erste Lesung des Verfassungsentwurfs, indem sie insbesondere die Rede des Reichsinnenministers Preuß als »recht längliche akademische Vorlesung« beschrieb.[799] Aber auch an der Weimarer Konstituante übte sie Kritik, da sie ein nur schwach besetztes Haus aufgeboten habe, obwohl die »wichtigste Arbeit der Nationalversammlung, der Verfassungsentwurf, auf der Tagesordnung« stehe. Darüber hinaus hätten nur die Redner des Zentrums, der DNVP und der DVP wertvol-

793 Vorwärts, Nr. 111, 1.3.1919, S. 1: Der Kampf um die Verfassung

794 KV, Nr. 168, 1.3.1919, S. 1: Spahn und Delbrück.

795 KV, Nr. 168, 1.3.1919, S. 1: Spahn und Delbrück.

796 So hob die »Kölnische Zeitung« den Beginn der Verfassungsberatungen hervor, da »heute die Nationalversammlung mit Ruhe und Sachlichkeit die allgemeine Aussprache über den Entwurf der neuen Reichsverfassung [begann], die das dem Zusammenbruch nahe Reich auf neuen, hoffentlich festen Grundlagen wieder aufbauen soll.« KöZ, Nr. 155, 1.3.1919, S. 1: Die Aussprache über den Entwurf der Verfassung. Der erste Tag.

797 KöZ, Nr. 143, 25.2.1919, S. 1: Die Frage der Reichsverfassung. Die Begründung der Verfassung.

798 KöZ, Nr. 143, 25.2.1919, S. 1: Die Frage der Reichsverfassung. Die Begründung der Verfassung.

799 NPZ, Nr. 93, 25.2.1919, S. 1: Der Verfassungsentwurf vor der Nationalversammlung.

le Beiträge geliefert, während die übrigen Redner »schwierigen staatsrechtlichen Erörterungen« aus dem Weg gegangen seien oder die Beratung »mit einigen ganz unangebrachten Angriffen« gestört hätten.[800]

Aufgrund dieser Kritik setzten nicht nur die oppositionellen Blätter, sondern auch die regierungsnahen Zeitungen ihre Hoffnungen auf die Beratungen des Verfassungsausschusses, dessen Arbeit auf Seiten der *Frankfurter Zeitung* ein positives Echo fand. Die »erste der großen Aufgaben des Weimarer Verfassungsausschusses« sah sie in der »festen Verankerung der Demokratie«, wobei es nach der allgemeinen Anerkennung des Gedankens der Volkssouveränität nun darauf ankomme, »den Volkswillen einfach auf dem Wege der Verfassung kräftigst zu organisieren.«[801] Ausgehend von dieser Zielsetzung würdigte die FZ die Arbeit des Verfassungsausschusses, der »in fleißiger und sachlicher, frei von parteipolitischer Agitation gestaltender Arbeit [...] eine neue Basis geschaffen« habe.[802] In seinen Verhandlungen habe er es geschafft, die »Demokratie [...] restlos durchgeführt« und gleichzeitig die »Reichsgewalt mit ausreichenden und tatsächlichen Bedürfnisses ausgestattet« zu haben. Insbesondere die Bestimmungen zur direkten Gesetzgebung wurden von ihr positiv hervorgehoben.[803]

Dagegen betrachtete der *Vorwärts* die Ausschussarbeit etwas reservierter. Zwar stellte er positiv heraus, dass die Verfassungskommission mit der Bestimmung über die Einsetzung von Untersuchungsausschüssen die »Rechte des Reichstags« erweitert habe, merkte jedoch auch kritisch an, dass die »große Mehrheit des Ausschusses für die Schaffung eines Reichspräsidenten« votiert habe.[804] Die Berichterstattung des *Vorwärts* war also in erster Linie von dem Erfolg der sozialdemokratischen Verfassungsvorstellungen bestimmt.[805] Der Ver-

---

800 NPZ, Nr. 101, 1.3.1919, S. 2: Deutsche Nationalversammlung.

801 FZ, Nr. 271, 10.4.1919, S. 1: Frankfurt, 10. April.

802 FZ, Nr. 483, 3.7.1919, S. 1: Zweite Lesung der Reichsverfassung. Deutsche Nationalversammlung. In diesem Sinne auch FZ, Nr. 309, 26.4.1919, S. 1: Die neue Reichsverfassung; FZ, Nr. 476, 1.7.1919, S. 1: Die Verabschiedung der neuen Reichsverfassung.

803 FZ, Nr. 483, 3.7.1919, S. 1: Zweite Lesung der Reichsverfassung. Deutsche Nationalversammlung.

804 Vorwärts, Nr. 182, 9.4.1919, S. 7: Die Rechte des Reichstags und des Reichspräsidenten. Arbeiten des Verfassungsausschusses.

805 Dieses zeigte sich insbesondere in dem von der SPD eingebrachten Antrag, Mitglieder früherer landesherrlicher Familien grundsätzlich von der Wahl zum Reichspräsidenten auszuschließen. Nach einem entsprechenden Antrag der DDP sollte dieser Ausschluss auf 15 Jahre beschränkt werden, was schließlich auch von den Mehrheitssozialdemokraten unterstützt wurde, nachdem ihr Antrag in den Worten des »Vorwärts« aufgrund des »geschlossenen Widerstandes der bürgerlichen Parteien nicht durchzudrücken« gewesen sei. Vorwärts, Nr. 186, 11.4.1919, S. 1: Der Reichspräsident. Antragsrecht und Volksabstimmung.

fassungsausschuss erfuhr hier nur eine randständige Betrachtung, was sich auch in der Forderung nach einer »Beschleunigung der Arbeiten« ausdrückte.[806]

Für ein schnelleres Voranschreiten der Ausschussarbeiten machte sich auch die *Kölnische Volkszeitung* stark, die kritisierte, dass sich dessen Arbeit »trotz aller Seßhaftigkeit seiner Mitglieder immer langsamer fort[setzt], als von Anfang an erwartet wurde.«[807] Insbesondere die Auseinandersetzung um die verfassungsrechtliche Stellung der Schule mit der »unüberbrückbare[n] Kluft der Weltanschauungen« würden die Verhandlungen in die Länge ziehen.[808] Nachdem in dieser Frage eine weitgehende Einigung erreicht worden war, fand sich aber die KV zu einer positiven Würdigung bereit und honorierte die Arbeitsleistung der Parlamentarier.[809]

Auf Seiten der bürgerlichen Opposition fand der Verfassungsausschuss dagegen keine positive Betrachtung. Im Verlauf der Beratungen übte die *Kölnische Zeitung* Kritik, dass die Kommission lediglich den Mehrheitsparteien die Möglichkeit biete, »die Ausschussberatungen der Verfassung in einer Gestaltung der Artikel durchzupeitschen, die hinter dem Rücken des Ausschusses mit der Reichsregierung und den Ländern nach wenig demokratischen Grundsätzen vereinbart worden ist.«[810] Zwar erkannte sie an, dass »der Verfassungsausschuß in seinen Kommissionsberatungen fleißige Arbeit geleistet« habe. Jedoch bemängelte sie zugleich dessen Ergebnis, da es »bei den großen Reibungen zwischen den Parteien nicht gelungen ist, ein großes Werk aus einem ganzen Guß zustande zu bringen.«[811] Auch die *Kreuzzeitung* stand der Verfassungskommission kritisch bis ablehnend gegenüber, in der sie die »Hetzjagd des Plenums« wieder zu entdecken meinte.[812] Besonderen Anstoß nahm sie an dem Beschluss der Kommission, die Farben Schwarz-Rot-Gold als Reichsfarben gegen den Widerstand der bürgerlichen Opposition festzulegen. In den Augen der *Kreuzzeitung* sei diese Entscheidung nur ein weiterer Beleg für die fehlende Verbindung der Mehrheit des Ausschusses mit den Stimmungen im

---

806 Vorwärts, Nr. 186, 11.4.1919, S. 1: Der Reichspräsident. Antragsrecht und Volksabstimmung.

807 KV, Nr. 276, 8.4.1919, S. 2: Die Kultusdebatte im Verfassungsausschuß.

808 KV, Nr. 281, 9.4.1919, S. 1: Die Schuldebatte im Verfassungsausschuß.

809 So stellte sie heraus, dass »die gewählten Vertreter des deutschen Volkes ihr großes Ziel nicht aus dem Auge verloren [hätten], dem Neubau des Reiches den Grundstein durch die demokratische Umbildung seiner Verfassung zu geben«. KV, Nr. 435, 5.6.1919, S. 1: Das Reichsverfassungswerk. Siehe auch KV, Nr. 512, 3.7.1919, S. 1: Die zweite Lesung der Reichsverfassung.

810 KöZ, Nr. 464, 6.6.1919, S. 1: Die Nationalversammlung?

811 KöZ, Nr. 551, 2.7.1919, S. 1: Die Beratung der Verfassung.

812 So sei die Konsequenz dieser Verhandlungsweise, dass »die wichtigsten Verfassungsfragen über die Befugnisse des Reichstages und des Reichspräsidenten und andere in größter Eile durchgehetzt« würden und dass dabei zahlreiche »Unklarheiten und Halbheiten« entständen. NPZ, Nr. 164, 10.4.1919, S. 2: Die Befugnisse des Reichspräsidenten im Verfassungsausschuß.

Volk, welches diese Farben mehrheitlich ablehne. Dementsprechend setzte sie ihre Hoffnung auf das Plenum der Nationalversammlung, dass es sich diesem aus »demokratischem Parteidoktrinarismus« gefassten Votum des Ausschusses nicht anschließen werde.[813]

In dem Maße, wie sich die endgültige Gestalt der Verfassung durch die Beschlüsse der Verfassungskommission abzeichnete, verfestigten sich die Positionen der Tageszeitungen. So wurde die Aufnahme der zweiten Lesung auf Plenarebene nur von der *Frankfurter Zeitung* ausdrücklich begrüßt. In ihren Augen handele die Nationalversammlung aufgrund der schweren Lage des Reiches »politisch richtig«, wenn sie jetzt »ein Werk von höchstem politischen Wert« schaffe und damit »unbeirrt in allen diesen Gefahren den Beruf erfüllt, den ihr das deutsche Volk übertragen hat.«[814] Zwar warnte sie davor, die Wirkung ihres Verfassungswerkes zu überschätzen, indem sie an die notwendige politische Reife des Volkes für eine demokratische Ordnung erinnerte. Dabei betrachtete sie als »gutes Vorzeichen für die Zukunft, daß das neue Verfassungswerk […] getragen wird von einer großen Mehrheit des souveränen Parlaments.«[815] Kritik übte die FZ lediglich an der beschleunigten Verhandlungsweise, da die Öffentlichkeit über den grundlegenden Verfassungswandel informiert werden müsse.[816]

Demgegenüber verzichtete der *Vorwärts* auf eine ausführlichere Berichterstattung über die zweite Lesung und beschränkte sich auf die Behandlung der Schulfrage. Hier sei nach dem Ausscheiden der DDP aus der Regierung eine Zusammenarbeit von Zentrum und SPD zwar unumgänglich. Aufgrund der kulturpolitischen Differenzen bilde aber gerade dieses den »Angelpunkt der Schwierigkeiten«, welche die parlamentarische Mehrheit und damit das Reichsministeriums von Gustav Bauer (SPD) gefährden würden.[817] Dementspre-

813 NPZ, Nr. 262, 5.6.1919, S. 1: Die Reichsfarben: Schwarz-Rot-Gold.

814 FZ, Nr. 476, 1.7.1919, S. 1: Die Verabschiedung der neuen Reichsverfassung. In diesem Zusammenhang kam die von der FZ gehegte Hoffnung auf die Nationalversammlung abermals zum Durchbruch, da sie anschließend pathetisch den Wunsch äußerte: »In dem dunkelsten Augenblick der deutschen Geschichte soll die glückliche Beendigung des Verfassungswerkes ein Symbol des Willens unseres Volkes zum Leben und zur nationalen Einheit sein.« FZ, Nr. 478, 1.7.1919, S. 1: Frankfurt, 1. Juli.

815 FZ, Nr. 483, 3.7.1919, S. 1: Zweite Lesung der Reichsverfassung. Deutsche Nationalversammlung.

816 Von »dauerndem Schaden« sei es ihrer Meinung nach, »wenn dieses größte Werk der verfassunggebenden Nationalversammlung, die Schaffung der Grundmauern unseres neuen Staatsgebäudes, in unsachlicher Hetze durchgepeitscht werden müßte.« FZ, Nr. 487, 4.7.1919, S. 2: Die Verfassungsberatungen.

817 Vorwärts, Nr. 352, 12.7.1919, S. 1: Die Schulfrage in Weimar.

chend positiv bewertete der *Vorwärts* die Einigung der beiden Parteien und damit die Sicherung der Regierungsmehrheit.[818]

Auch in der *Kölnischen Volkszeitung* nahm die Auseinandersetzung zwischen dem Zentrum und der Mehrheitssozialdemokratie über die Schulfrage einen zentralen Platz ein. Für sie trug die Einigung der beiden Parteien ebenfalls das »Markenzeichen eines Kompromisses«, der keine Seite restlos zufrieden stelle. Jedoch verwies sie darauf, dass ein »anderer Ausgang [...] im Hinblick auf die scharfen kulturellen Gegensätze auch nicht zu erwarten gewesen« sei.[819] Ähnlich äußerte sich die KV zum Konflikt über die Aufnahme der Grundrechte, wobei sie jedoch nicht nur die Haltung des Zentrums, sondern auch die Handlungsfähigkeit der Nationalversammlung betonte. Denn die Frage der Grundrechte bezeichnete sie als »Gewissensfrage«, verwies aber auch darauf, dass ein »Auseinanderfallen der bisherigen Mehrheit [...] schwerwiegende Folgen nach sich ziehen« würde, die nicht im Interesse der Regierung und der Regierungsparteien liegen könnten.[820] Aufgrund der hohen Bedeutung, welche die Grundrechte für das Zentrum besaßen, gab die KV einer gründlichen Erledigung des Verfassungsentwurfs den Vorzug vor dessen schleuniger Verabschiedung, welche die Regierungsmehrheit und damit das gesamte Verfassungswerk in Gefahr gebracht hätte.[821]

In diesem Sinne kritisierte auch die *Kölnische Zeitung*, dass die »Erledigung der Verfassung [...] unter einem beinahe unerträglichen Druck der Beschleunigung« stehe, sodass eine »würdige und sachliche Erledigung des großen Werkes« ausgeschlossen sei.[822] Folglich stellte das Verfassungswerk in ihren Augen lediglich ein »neues Provisorium« dar, das unter geordneten Umständen grundlegend überarbeitet werden müsse.[823] Während also die KöZ die Beschleunigung der Parlamentsberatungen zunächst als Kritikpunkt aufnahm, um den provisorischen Charakter des Verfassungswerkes offen zu legen, bemängelten sie im Zusammenhang mit der Grundrechtsdebatte, dass durch die zahlreichen »Anträge und Aussprachen [...] die Verfassungsberatung über Gebühr

818 Vorwärts, Nr. 356, 15.7.1919, S. 1f.: Der Schulkompromiß.

819 KV, Nr. 528, 9.7.1919, S. 1: Ein Kompromiß zwischen dem Zentrum und der Sozialdemokratie.

820 KV, Nr. 534, 11.7.1919, S. 2: Vor einer neuen Krisis?

821 Dementsprechend rückte die »Kölnische Volkszeitung« von ihrem ursprünglichen Plan ab, die »Verhandlungen nicht über das unbedingt nötige Maß« auszudehnen und mit »Rücksicht auf die gründliche Arbeit des Ausschusses« die schnellstmögliche Erledigung des Verfassungswerkes zu erreichen. Die Zitate in dieser Reihenfolge: KV, Nr. 508, 2.7.1919, S. 1: Zum Wiederzusammentritt der Nationalversammlung; KV, Nr. 512, 3.7.1919, S. 1: Die zweite Lesung der Reichsverfassung.

822 KöZ, Nr. 555, 3.7.1919, S. 1: Die Verfassung vor der Nationalversammlung.

823 KöZ, Nr. 551, 2.7.1919, S. 1: Die Beratung der Verfassung. Diese Schlussfolgerung findet sich auch in KöZ, Nr. 555, 3.7.1919, S. 1: Die Verfassung vor der Nationalversammlung.

hingezogen« werde.[824] Beide Darstellungen ermöglichten ihr, die Verfassungsarbeit der Nationalversammlung zu desavouieren und ihre ablehnende Haltung gegenüber dem Verfassungsentwurf zu legitimieren.

Unter dieser Zielsetzung stand auch die Berichterstattung der *Kreuzzeitung* über die zweite Lesung, die immer stärker eine fundamentale Oppositionshaltung einnahm. So warf die NPZ der Nationalversammlung vor, in der Frage der Reichsfarben lediglich aus einem »Geist der Zerstörung« gehandelt zu haben und einen »Haß gegen alles« zu hegen, was »mit der Monarchie und ihren Glanzzeiten« zusammenhänge.[825] Diese Haltung fand ihren besonderen Ausdruck in der Prophezeiung, dass »[n]och niemals [...] eine aus einer inneren Revolution hervorgegangene konstituierende Nationalversammlung ein brauchbares und lebensfähiges Verfassungswerk zutage gefördert« habe. Somit könne die Weimarer Nationalversammlung zwar eine neue Reichsverfassung schaffen. Aufgrund der Kombination eines vom Volk gewählten Reichspräsidenten mit dem parlamentarischen Regierungssystem werde sich diese jedoch nicht als lebensfähig erweisen.[826]

Die unterschiedlichen Bewertungen der Weimarer Verfassungsarbeit spitzten sich im Zuge der Annahme des Verfassungsentwurfs am 31. Juli 1919 zu. Gefeiert wurde dieses Ereignis in besonderem Maße von der *Frankfurter Zeitung*, die am folgenden Tag begeistert ausführte, dass die Verfassungsvorlage mit »überwältigender Mehrheit, mit 262 Stimmen der Demokraten, des Zentrums und der Sozialdemokraten gegen 75 Stimmen der Rechten und der Linken« verabschiedet worden sei.[827] Zwar erkannte sie an, dass in dem Verfassungsentwurf »manche Probleme auf dem Wege des Kompromisses mehr verdeckt als gelöst« worden seien. Sie betonte jedoch gleichzeitig, dass der Ausbau offen bleibe und dass »für die Neugestaltung Deutschlands das Verfassungswerk nur ein Anfang, nur die Grundlage« sei. Das zentrale Ergebnis der Verfassunggebung sah sie in Übereinstimmung mit der Würdigung des Reichsinnenministers Eduard David (SPD) in der Tatsache, dass mit dieser Verfassung »die Demokratie, so frei und vorbehaltlos wie nur ein Volk dieser Erde« verankert worden sei[828] und dass »mit Stolz die deutsche Demokratie als die demokratischste Demokratie der Welt [zu] bezeichnen« sei.[829]

---

824 KöZ, Nr. 601, 16.6.1919, S. 1: Die Grundrechte.

825 NPZ, Nr. 306, 4.7.1919, S. 2: Schwarz-Rot-Gold.

826 NPZ, Nr. 311, 7.7.1919, S. 1: Selbständige oder parlamentarische Präsidentschaft.

827 »Die verfassunggebende Nationalversammlung hat ihre wichtigste Aufgabe erfüllt. Sie hat das ihr vom Volk übergebene Mandat abgetragen. Nach dem Frieden nach außen muß nunmehr der Friede im Innern kommen, und dazu sind die gesetzmäßigen Grundlagen geschaffen.« FZ, Nr. 562, 1.8.1919, S. 1: Die Verfassung der deutschen Republik. Annahme mit großer Mehrheit.

828 FZ, Nr. 563, 1.8.1919, S. 1: Frankfurt, 1. August.

829 FZ, Nr. 597, 14.8.1919, S. 1: Die neue Reichsverfassung in Kraft getreten.

Begrüßt wurde die Verabschiedung der Verfassungsvorlage auch von den übrigen beiden regierungsnahen Blättern. Der *Vorwärts* sah in der Annahme am 31. Juli 1919 einen Tag »von größter historischer Bedeutung«, da mit diesem Votum der Nationalversammlung das »ganze Leben der deutschen Nation [...] auf eine neue und nun endgültig sichere Grundlage« gestellt worden sei und dass die »Revolution [...] in ihm ihren Abschluß« gefunden habe. Insbesondere seien die »demokratischen Garantien« niedergelegt und der »Weg zur einer sozialistischen Gemeinwirtschaft« eröffnet worden. Folglich stelle die Verfassung als »Gesamterscheinung [...] einen Fortschritt gegenüber allem bisher Gewesenen in Deutschland« dar, auch wenn man durchaus »an der Verfassung manchen Schönheitsfehler entdecken« könne.[830]

In ähnlicher Weise äußerte sich auch die *Kölnische Volkszeitung*, die dem Weimarer Parlament bescheinigte, mit der Annahme des Verfassungsentwurfs die »Aufgabe, an die es im Februar diesen Jahres herantrat, glücklich gelöst« zu haben. Es habe, so die KV in christlicher Metaphorik, »durch dieses dunkle Tal glücklich hindurch gefunden« und sehe mit der Schaffung der »neue[n] Grundlage für das Deutsche Reich [...] die Krönung seines Werkes.« Aber die KV würdigte nicht nur die Tatsache, dass die Nationalversammlung das »neue deutsche Verfassungsgebäude« errichtet und damit die »verfassungsrechtlichen Trümmer« der Revolution endgültig beseitigt habe. Auch lobte sie die inhaltliche Ausgestaltung des Verfassungsentwurfs, da sie wie die FZ darauf verwies, dass in »keiner Verfassung der Welt [...] der demokratische Gedanke so rein und unverfälscht zum Ausdruck [komme] wie in der neuen deutschen Verfassung.« Jedoch ging sie auch auf Distanz zur Verfassung, indem sie für sich in Anspruch nahm, »auch im gegenwärtigen Zeitalter des Triumphes der Demokratie das Lob dieser Demokratie nicht kritiklos [zu] singen«. So wolle sie auch die »Gefahren und Unzulänglichkeiten« nicht unterschlagen, die eine solche Verfassungsordnung aufgrund der hohen Anforderungen an das Volk in sich berge.[831]

Demgegenüber begleiteten die bürgerlichen Oppositionsblätter die Verabschiedung der Verfassung skeptisch bis ablehnend. Die *Kölnische Zeitung* kritisierte die Reden der Regierungsmitglieder im Anschluss an die Bekanntgabe des Abstimmungsergebnisses, welche ihre Ausführungen lediglich »aus der Augenblicksstimmung heraus in leuchtendem Rosa« von sich gegeben hätten.[832] Und im Gegensatz zu den regierungsnahen Zeitungen fand die Verfassungsarbeit der Nationalversammlung in der KöZ keine grundsätzliche Würdigung, sondern wurde lediglich beim Inkrafttreten der Reichsverfassung am 14. Au-

830 Vorwärts, Nr. 388, 1.8.1919, S. 1: Die Verfassung ist angenommen.

831 KV, Nr. 595, 1.8.1919, S. 1: Das Weimarer Verfassungswerk.

832 KöZ, Nr. 660, 1.8.1919, S. 1: Die Reichsverfassung in dritter Lesung angenommen.

gust 1919 in einem Nebensatz bedacht, dass damit ihre »wichtigste Aufgabe erledigt« sei.[833]

Noch deutlicher tat die *Kreuzzeitung* ihre Ablehnung der Verfassungsarbeit kund, indem sie sie lediglich in einer Meldung das Abstimmungsergebnis und die damit verbundene Annahme des Verfassungswerkes bekannt gab.[834] Besondere Kritik übte sie jedoch an einer von Hugo Preuß (DDP) initiierten Feier am Vorabend der Verabschiedung der Verfassung, mit der er sich bei den Mitgliedern des Verfassungsausschusses für ihre Mitarbeit bedanken wollte. In ihren Augen stellte die Fertigstellung des Verfassungswerkes keinen Grund für eine solche Feier dar, da »diese Verfassung für einen erheblichen Teil des deutschen Volkes ein glatter Schlag ins Gesicht« sei.[835] Darüber hinaus brachte sie ihre grundsätzliche Ablehnung des Verfassungswerkes damit zum Ausdruck, dass sie die Beschreibung als »demokratischste Demokratie der Welt« in einen kausalen Zusammenhang mit der wirtschaftlichen Situation des Deutschen Reiches brachte.[836]

Im Gegensatz zu den Tageszeitungen, die sich einer der in der Nationalversammlung vertretenen Parteien zurechneten und sich grosso modo auf den Boden der parlamentarisch-repräsentativen Verfahrensweise stellten, äußerten die Blätter der extremen Linken und der extremen Rechten in ihren Stellungnahmen zur Verfassungsarbeit der Weimarer Nationalversammlung ihre grundsätzliche Ablehnung dieser Regierungsweise. Insbesondere tat sich hierbei die kommunistische *Rote Fahne* hervor, welche der Nationalversammlung einen »gegenrevolutionären Lauf« voraussagte, da bereits die Verlegung von Berlin nach Weimar nicht nur eine »Flucht vor der Revolution«, sondern auch eine »Flucht zur Gegenrevolution« dargestellt habe.[837] Folglich könne das Proletariat von der Nationalversammlung keine Befreiung erwarten, sondern nur »neue Ketten«, sodass der einzige Ausweg eine zweite Revolution sei, die unter dem Motto stehen müsse: »Hinweg mit der Nationalversammlung!«[838] Diese grundsätzliche Ablehnung prägte auch ihre Bewertung der Verfassungsberatungen der Nationalversammlung. In ihren Augen stelle sie nur eine »jäm-

833 KöZ, Nr. 706, 14.8.1919, S. 1: Die neue Reichsverfassung in Kraft.

834 NPZ, Nr. 357, 1.8.1919, S. 1: Annahme der Verfassung in der Nationalversammlung.

835 NPZ, Nr. 357, 1.8.1919, S. 2: Festfeier in Weimar.

836 So führte sie aus: »Unser armes Vaterland hat aber nicht nur auf diesen Superlativ Anspruch. Es ist leider auch so ziemlich das abhängigste und geknechteste Land der Welt. Und ob zwischen beidem kein Zusammenhang besteht?« NPZ, Nr. 358, 1.8.1919, S. 1: Der Abschluß des Verfassungswerkes.

837 Rote Fahne, Nr. 20, 6.2.1919, S. 1: Weimar.

838 Rote Fahne, Nr. 21, 7.2.1919, S. 2: Auf dem Marsche.

merliche Stümperei« dar, die sich insbesondere in der Amtsdauer und den »diktatorische[n] Rechte[n]« des Reichspräsidenten äußerte.[839]

Auch der völkische *Münchener Beobachter* ließ kein gutes Haar an der parlamentarischen Verfassungsarbeit, auch wenn er sich im Gegensatz zur »Roten Fahne« nicht grundsätzlich gegen die parteipolitisch geprägte parlamentarische Bühne aussprach.[840] Jedoch verbarg er nicht seine antiparlamentarische und antisemitische Ausrichtung, wenn er etwa eine »nationale und völkische Politik«[841] forderte und die führende Stellung von zahlreichen Parlamentariern jüdischen Glaubens verurteilte, welche »für eine unabsehbare Verlängerung der »Diktatur des Proletariats« unter jüdischer Führung« eintreten würden.[842] Dementsprechend bezog er auch zum Ergebnis der Verfassungsarbeit Stellung, indem er die Verabschiedung der Verfassung gar nicht vermeldete, sondern statt eines Wiederaufbaus des Staatswesens von einem anderen wichtigen Aufbau sprach, nämlich »dem der nationalen Würde, des politischen Anstandsgefühls und der Überzeugungstreue in allen Ständen.«[843]

Zusammenfassend lässt sich festhalten, dass mit Ausnahme der extremistischen Blätter die Tageszeitungen der übrigen parteipolitischen Richtungen der Einberufung der Nationalversammlung positiv gegenüberstanden. Mit ihrer Eröffnung und der Bildung der Weimarer Koalition machten sich jedoch zunehmend die parteipolitischen Bindungen der Pressorgane bemerkbar, da die Wertungen in der Berichterstattung über die Tätigkeit der Weimarer Konstituante von der Stellung der entsprechenden Partei abhängig waren. Diese verfestigten sich in dem Maße, wie die endgültige Form des Verfassungsentwurfs infolge der Beschlüsse des Verfassungsausschusses an Kontur gewann.

Nahezu vorbehaltlos wurde die Verfassungsarbeit der Nationalversammlung lediglich von der *Frankfurter Zeitung* unterstützt. Neben der demokratisch-parlamentarischen Grundausrichtung ist diese Haltung insbesondere auf die Tatsache zurückzuführen, dass der Verfassungsentwurf von Hugo Preuß (DDP) bereits eine linksliberale Handschrift bekam und diese in den parlamentarischen Verhandlungen aufgrund der Durchsetzungskraft der DDP-Vertreter letztlich auch behielt.

839 Rote Fahne, Nr. 38, 24.2.1919, S. 2: Politische Übersicht: Verfassungsflickerei.

840 So nahm er etwa auf die Wahlergebnisse Bezug, die in Anbetracht der fehlenden Mehrheit der sozialdemokratischen Parteien »viel besser ausgefallen [seien], als wir es zu hoffen« gewagt hätten, und seine eigene politische Meinung in der Nähe des rechtsliberalen Programms verortete. Münchener Beobachter, Nr. 4, 25.1.1919, S. 3f.: Die Wahlen.

841 Münchener Beobachter, Nr. 4, 25.1.1919, S. 3f.: Die Wahlen.

842 Münchener Beobachter, Nr. 4, 25.1.1919, S. 2f.: Was am Wahltage vergessen worden ist und was jeder wissen soll.

843 Münchener Beobachter, Nr. 31, 30.7.1919, S. 2: Räterepublik und Bürgertum.

Die übrigen beiden regierungsnahen Zeitungen hielten sich demgegenüber in ihrer Bewertung der Verfassungsarbeit stärker zurück. Der *Vorwärts* und die *Kölnische Volkszeitung* würdigten die Verabschiedung der Verfassung und die damit verbundene Einführung der Demokratie übereinstimmend als ein historisches Ereignis. Der Kompromisscharakter, den die Verfassungsvorlage durch das Nachgeben der SPD und des Zentrums erhielt, führte bei diesen Zeitungen dazu, dass sie eine distanzierte Haltung zum Verfassungswerk einnahmen. Wenn Kompromisse verteidigt wurden, diente es bei der KV wie beim *Vorwärts* in erster Linie dazu, die jeweilige Entscheidung ihrer Partei zu legitimieren, nicht aber um den Verfassungsentwurf in seiner notwendigen Kompromissstruktur anzuerkennen und aufzuwerten.

Dieser Charakter stellte wiederum für die Blätter der bürgerlichen Opposition den zentralen Kritikpunkt dar. So bemängelte die *Kölnische Zeitung* das parlamentarische Aushandeln parteipolitischer Interessen, welches insbesondere von den Mehrheitsparteien betrieben worden sei und das Fehlen eines einheitlichen Zuges innerhalb der Verfassungsvorlage zu verantworten habe. Noch einen Schritt weiter ging die *Kreuzzeitung*, welche die Verfassungsarbeit der Nationalversammlung grundsätzlich kritisierte. Aufgrund der von der Reichsregierung betriebenen Beschleunigung sei es zu schwerwiegenden Mängeln etwa in der Stellung des Reichspräsidenten gekommen, welche den Verfassungsentwurf insgesamt unbrauchbar gemacht hätten.

Letztlich war die enge parteipolitische Bindung der Tagespresse dafür verantwortlich, dass die von der Weimarer Nationalversammlung erarbeitete und verabschiedete Reichsverfassung nicht nur zwischen den Anhängern der Regierungs- und der Oppositionsparteien, sondern auch innerhalb der Regierungsmehrheit umstritten war. Trotz der großen Mehrheit, mit der die Nationalversammlung die Verfassung am 31. Juli 1919 annahm, wurde deren vorbehaltlose Anerkennung lediglich von linksliberaler Seite vertreten, während sie auf mehrheitssozialdemokratischer und katholischer Seite mit Skepsis, auf Seiten der bürgerlichen Opposition sogar mit Ablehnung betrachtet wurde. Es fehlte also nicht nur an der Begeisterung für die neue Verfassungsordnung.[844] Selbst eine parteiübergreifende und verschiedene Schichten umfassende grundsätzliche Bejahung war im Sommer 1919 nicht gegeben.

844 So das Urteil von Laqueur, Weimar, S. 25.

6. Zusammenfassung

Als die verfassunggebende deutsche Nationalversammlung am 6. Februar 1919 im Nationaltheater von Weimar zur konstituierenden Sitzung zusammentrat, wartete keine der vertretenen politischen Parteien mit einem geschlossenen Verfassungsmodell auf. Zwar waren auf allen Seiten verschiedene verfassungspolitische Forderungen vorhanden, die aufgrund des singulären Charakters jedoch nicht einmal als Ausgangspunkt eines Verfassungsentwurfs dienen konnten. Somit fiel es dem am 15. November 1918 zum Staatssekretär des Innern ernannten Hugo Preuß (DDP) zu, für die Verfassungsarbeit der Nationalversammlung eine entsprechende Vorlage zu erstellen. In diesem Vorhaben bestärkte ihn die hierfür einberufene Expertenbesprechung im Dezember 1918, die mehrheitlich seine grundsätzliche Auffassung teilte, wonach das Parlament trotz der vorgesehenen Einführung der parlamentarischen Regierungsweise nicht den allein dominierenden Platz innerhalb der Verfassungsordnung zugewiesen bekommen dürfe. Es müsse vielmehr einer vom Parlament unabhängigen, aber dennoch vom Volk legitimierten Kontrollinstanz unterstellt sein, für die ihm der plebiszitäre Reichspräsident vorschwebte. Das entsprechende, auf Robert Redslob zurückgehende und dem Konstitutionalismus verpflichtete gleich- und gegengewichtige Verfassungsmodell des »echten Parlamentarismus« wurde bereits in dem ersten Verfassungsentwurf vom 3. Januar 1919 umgesetzt, in welchem der vom Volk unmittelbar zu wählende Reichspräsident das Recht zur Parlamentsauflösung besaß, während dem Parlament die Möglichkeit einer Absetzung des Reichspräsidenten mittels einer Volksabstimmung offenstand. Zwischen diesen beiden Instanzen wurde die parlamentarische Reichsregierung als Bindeglied positioniert, die vom Reichspräsidenten ernannt wurde und gleichzeitig des Vertrauens des Reichstags zu ihrer Amtsführung bedurfte. Da diese Grundkonzeption in den sich anschließenden Besprechungen mit dem Rat der Volksbeauftragten und den Vertretern der Einzelstaaten nicht mehr abgeändert wurde, fand sie ihren Niederschlag zunächst in der provisorischen Reichsverfassung vom 10. Februar 1919 und in der der Nationalversammlung am 24. Februar 1919 überstellten Verfassungsvorlage.

Trotz der intensiven und langwierigen Verfassungsberatungen im Plenum wie im Verfassungsausschuss erfuhr diese Konzeption auch hier keine grundlegende Änderung mehr und bildete das herrschaftsorganisatorische Grundgerüst der am 31. Juli 1919 verabschiedeten und am 14. August 1919 in Kraft getretenen Weimarer Reichsverfassung. Bei der Frage nach den Gründen für die Durchsetzungskraft dieses gleichgewichtigen Verfassungsmodells sticht in besonderem Maße die hohe Kompatibilität mit den in der Nationalversammlung vertretenen demokratietheoretischen Aspekten ins Auge, deren mehrheitliche Anerkennung zum Teil bereits gegeben war, zum Teil in den parlamentarischen Verhandlungen erst hergestellt wurde.

Wie im Reichstag des Kaiserreichs beriefen sich auch in der Weimarer Nationalversammlung Parlamentarier sämtlicher Parteien auf das »Volk«. Dieses konzipierten sie jedoch überwiegend als eine ideelle Einheit, da nicht nur auf Seiten der bürgerlichen Opposition, sondern auch innerhalb der Sozialdemokratie und der bürgerlichen Regierungsparteien mehr oder weniger deutliche Vorbehalte gegenüber einer empirischen Sichtweise des Volkes bestanden, wie der weitgehende Verzicht auf differenzierende und individualisierende Bezeichnungen wie »Volksmehrheit«, »Bürger« oder »Wähler« belegt. Jedoch traten auch Veränderungen in den Verwendungsweisen des Volksbegriffs ein, die in erster Linie auf die sich der Nationalversammlung stellende Aufgabe des Aufbaus einer neuen Staatsordnung zurückzuführen waren. So wurde insbesondere von den Rednern der Regierungsmehrheit der Bezug auf den »Staat« hergestellt, da infolge des revolutionären Umbruchs das »Volk« die einzig mögliche Grundlage für die Staatsgewalt bilden konnte. Dementsprechend weitete sich auch die Benutzung der Begriffe »Volkswille« und »Volkssouveränität« aus, welche im Kaiserreich ausschließlich von der oppositionellen USPD als Kampfbegriff eingebracht wurden, in Weimar aber zu zentralen Bezeichnungen der Mehrheitssozialdemokraten und der Linksliberalen avancierten. Der legitimierende Aspekt der Bezugnahme auf das »Volk« diente insbesondere den bürgerlichen Regierungsparteien, ihre Konzeption eines starken plebiszitären Reichspräsidenten zu begründen. Dieser Sichtweise konnten sich auch die Mehrheitssozialdemokraten trotz ihrer Vorbehalte gegenüber einer präsidialen Spitze nicht entziehen, wie sie auch von ihrer Deutung des Verhältnisses von »Volk« und »Reichstag« im Sinne eines unmittelbaren Zusammenhangs zurückwichen, mit der sie ihre Forderung nach einer starken Stellung des Parlaments rechtfertigten. Auch in diesem Fall setzten sich die linksliberalen Redner mit ihrer Auffassung eines potenziellen Gegensatzes dieser beiden Instanzen durch. Besonders deutlich kam dieses bei der Begründung der »Volksabstimmung« zum Ausdruck, die in ihren Augen die Überordnung des Volkswillens gegenüber den parlamentarischen Entscheidungen garantiere.

Der Aspekt der potenziellen Überordnung des Volkes prägte in besonderem Maße die Thematisierung der intermediären Instanzen. Im Gegensatz zum Kaiserreich, wo der Bezug auf den »Reichstag« unter Verweis auf das »Volk« in erster Linie dazu diente, Reformforderungen nach einer Erweiterung der parlamentarischen Rechte zu legitimieren, stand dieser in der Weimarer Nationalversammlung unter gänzlich veränderten Vorzeichen. Denn mit der abzusehenden Einführung des parlamentarischen Regierungssystems zeigten sich auf bürgerlicher Seite Bedenken gegen eine zu starke Stellung des

Reichstags, die sie unter Verweis auf andere demokratische Gegengewichte zu verhindern versuchten. Dazu stellten die linksliberalen Redner zum einen »Volk« und »Reichstag« in einen potenziellen Gegensatz zueinander, um die direktdemokratischen Elemente des Referendums als eine Korrekturmöglichkeit in die Verfassung aufzunehmen. Zum anderen vertraten sie das Bild einer Gegenüberstellung von »Reichspräsident« und »Reichstag«, die sie mit dem Verweis auf das beide Instanzen legitimierende »Volk« rechtfertigten. Diese Dreieckssichtweise stellte letztlich den Schlüssel zur Durchsetzung ihrer gleichgewichtigen Verfassungsvorstellung. Während die Vertreter der bürgerlichen Opposition aufgrund ihres Eintretens für einen starken Reichspräsidenten dessen Funktion eines Gegenparts zum Parlament unterstützten, ermöglichte der Verweis auf das »Volk« den Mehrheitssozialdemokraten, ihre Zustimmung zu dieser Konzeption zu geben. Der »Reichstag« erfuhr also im Vergleich zum Kaiserreich in seiner rechtlichen Stellung eine Aufwertung, die jedoch gleichzeitig Vorbehalte auf bürgerlicher Seite provozierte und hier eine weitreichende Parlamentsskepsis bedingte.

Gegenüber der veränderten Sichtweise des Reichstags verlief die Thematisierung der »Abgeordneten« und der »Parteien« überwiegend in den aus dem Kaiserreich bekannten semantischen Bahnen, indem etwa die starke Stellung der »Abgeordneten« als Volksvertreter von den Rednern aller Parteien geteilt wurde. Lediglich in Bezug auf die Art des Verhältnisses zum »Volk« existierten unterschiedliche Meinungen, da die Unabhängigen Sozialdemokraten für dessen Ausgestaltung in einem unmittelbaren und imperativen Sinne eintraten, womit sie sich aber gegen die bürgerlichen Vertreter nicht durchsetzen konnten. Auch die Deutung der »Parteien« verblieb in der tradierten Perspektive einer weitgehenden Ablehnung. Insbesondere von bürgerlicher Seite wurde auf die Vielfalt der politischen Parteien hingewiesen, die von der DDP als Argument für die unmittelbare Volkswahl des Reichspräsidenten eingesetzt und im Falle der bürgerlichen Opposition gegen die Einführung des parlamentarischen Regierungssystems verwendet wurde. Vor dem Hintergrund der breiten Kritik erwiesen sich die Ansätze einer positiven Neubestimmung der »Parteien«, indem etwa Hugo Preuß (DDP) und Max Quarck (SPD) von ihnen als notwendige Mittel des politischen Kampfes sprachen, nicht als anschluss- und mehrheitsfähig.

Trotz der Einführung des parlamentarischen Regierungssystems rang sich also die Weimarer Nationalversammlung zu einer grundlegenden Anerkennung der dafür notwendigen intermediären Instanzen nicht durch. Die Regierungsmehrheit blieb, wie es insbesondere die Sichtweise des Reichstags zeigte, auf halbem Weg stehen. Einerseits erkannte sie dessen zentrale Stellung mit der Feststellung der parlamentarischen Verantwortlichkeit der Reichsregierung an, andererseits schränkte sie diese durch die verfassungsrechtlichen Gegengewichte insbesondere des Reichspräsidenten ein. Diese Haltung lässt sich als »präsidiale Reserveverfassung«[845] zwar nicht angemessen beschreiben, da die Mehrheit der Nationalversammlung nicht von vornherein ein Versagen des Reichstags unterstellte, sondern ihm die Erledigung seiner Aufgaben durchaus zutraute.[846] Aber in ihrem Bemühen, eine dominierende Stellung des Reichstags unter allen Umständen zu verhindern, nahm sie dessen potenzielle Unterordnung unter den Reichspräsidenten[847] billigend in Kauf.

Diese steckengebliebene Umsetzung der parlamentarischen Regierungsweise[848] zeigte sich in besonderem Maße an der Ausgestaltung der Exekutivorgane. Hier vertraten nicht nur die Mehrheitssozialdemokraten, sondern auch die Linksliberalen das Bild einer engen Verbindung von »Regierung« und »Reichstag«, um die Festlegung der Abhängigkeit der Reichsregierung vom parlamentarischen Vertrauen zu legitimieren. Jedoch verfolgten sie damit unterschiedliche Zielsetzungen: Die SPD-Vertreter betrachteten das parlamentarische System als Garantie des über den Reichstag vermittelten Einflusses des Volkes auf die Exekutive, sodass es für sie bereits im Vorfeld der Nationalversammlung den Stellenwert einer conditio sine qua non besaß. Dagegen ließen sich die Abgeordneten der DDP stärker von den Notwendigkeiten einer starken Reichsregierung leiten, welche sie insbesondere in einem engen Verbund mit dem Parlament sahen. Folglich stellte die Einführung der parlamentarischen Regierung für die Mehrheit der Nationalversammlung einen unhintergehbaren Punkt dar, an dem die Bemühungen der bürgerlichen Oppositionsvertreter scheiterten, die aufgrund ihrer Befürwortung einer starken Exekutive eine dem konstitutionellen Denken verpflichtete Trennung vom Parlament forderten.

Im Gegensatz zur verfassungsrechtlichen Stellung der Reichsregierung, bei der sich Regierungs- und Oppositionsparteien gegenüberstanden, verlief die Front in der Auseinandersetzung um das Amt des Reichspräsidenten zwischen den sozialdemokratischen und bürgerlichen Parteien und damit mitten durch die Regierungskoalition. Auf der einen Seite traten die bürgerlichen Vertreter übereinstimmend für einen vom Volk gewählten und dem Reichstag gegenübergestellten Reichspräsidenten ein, während die sozialdemokratischen Redner auf der anderen Seite sich gegen eine starke Stellung des Präsidenten aussprachen und eine engere Bindung an den Reichstag forderten. Jedoch gaben die Mehrheitssozialdemokraten aufgrund des in dieser Frage vorhandenen Blocks der bürgerlichen Parteien ihre Forderungen zunehmend preis. Letztlich

845 Schulze, Weimar, S. 423.
846 Vgl. Raithel, Spiel, S. 39f.
847 Gusy, Reichsverfassung, S. 103.
848 Dazu Möller, Weimar, S. 193f.

erklärten sie sich mit der Auffassung der Linksliberalen einverstanden, welche ihrerseits die sozialdemokratische Forderung aufnahmen, den Präsidenten an die Gegenzeichnungspflicht eines verantwortlichen Regierungsmitgliedes zu binden. Dieses ermöglichte ihnen, ihre Gesamtkonzeption einer notwendig plebiszitär zu bestimmenden Reichsspitze als Gegengewicht zum Reichstag durchzusetzen, wohingegen die Mehrheitssozialdemokraten ihre Vorstellungen vom Reichstag als dem einzigen vom Volk unmittelbar zu bestimmenden Verfassungsorgan aufgaben.

Obwohl das Amt des Reichspräsidenten eine im Vergleich zum Kaiserreich originäre Verfassungsneuschöpfung darstellte, kamen auch hier konstitutionelle Deutungsmuster zum Vorschein. Zwar sollten dem Reichstag weitreichende Mitbestimmungsrechte innerhalb des Staates eingeräumt werden, die alleinige Entscheidungsbefugnis über den Staat blieb ihm jedoch durch die machtvolle Ausgestaltung der präsidialen Spitze untersagt. Diese tradierte Sichtweise des Staates als einer den gesellschaftlichen Einflüssen weitgehend entzogenen Größe durchzog die gesamten Verfassungsberatungen. Auch wenn der »Staat« insbesondere von Seiten der Regierungsparteien in einen Zusammenhang mit dem »Volk« als Inhaber der Staatsgewalt gestellt wurde, fand eine systematische Zusammenführung dieser beiden Aspekte nicht statt. Somit stießen die Erweiterung der Partizipationsmöglichkeiten des Volkes mittels Wahlen und die parlamentarische Verantwortlichkeit der Reichsregierung, wie sie von den Vertretern der Regierungsparteien anerkannt wurde, beim Staat an ihre Grenzen.

Vor dem Hintergrund der mitunter schwierigen Kompromissfindung zwischen Mehrheitssozialdemokraten und Linksliberalen erfüllte der Demokratiebegriff eine semantische Brückenfunktion, auch wenn in den Verwendungsweisen durchaus Unterschiede bestanden. Während die Abgeordneten der SPD aufgrund ihres umfassenden sozialistischen Gesellschaftsmodells mit dieser Bezeichnung nicht nur politische, sondern auch wirtschaftliche Mitbestimmungsrechte einforderten, sahen die Linksliberalen mit der »Demokratie« in erster Linie die Stärkung der staatlichen Herrschaftsorganisation verbunden. Aufgrund der fehlenden Spezifität avancierte er zu einem Bekenntniswort der Regierungsparteien, welches die Zusammenarbeit erleichterte.

Bei diesen Sichtweisen zentraler demokratietheoretischer Aspekte, welche in der Weimarer Nationalversammlung auf Plenarebene wie im Verfassungsausschuss gleichermaßen vertreten wurden, fiel der DDP die Deutungsmacht zu. Während sie mit der SPD als ihrem wichtigsten politischen Partner etwa bei der Auffassung vom »Volk« oder der Stellung der »Regierung« von vornherein übereinstimmte, konnte sie deren Unterstützung in den Fällen des »Reichstags« oder des »Reichspräsidenten« gewinnen, indem sie die Zustimmung der übrigen bürgerlichen Parteien als Druckmittel einsetzte. Wichtige

Hilfe leistete dabei das Zentrum, dessen Vertreter in den Beratungen des verfassungsmäßigen Aufbaus der Herrschaftsorganisation zwar nur eine untergeordnete Rolle einnahmen, aber insbesondere durch ihr Abstimmungsverhalten die Position der DDP durchgängig stützten.[849] Dass die von Hugo Preuß (DDP) entworfene gleichgewichtige Verfassungskonzeption in den Verfassungsberatungen der Weimarer Nationalversammlung letztlich keine grundlegende Veränderung mehr erfuhr, ist also zum einen auf die dominierende Stellung der Linksliberalen zurückzuführen, die in gleicher Weise für dieses Modell eintraten und somit dessen Durchsetzung erreichten. Zum anderen waren es die konstitutionellen Traditionslinien des Redslobschen Modells, welche die Übernahme dieser Gleichgewichtkonzeption bedingten. Denn die einheitliche Sichtweise des Volkes, die Vorbehalte gegenüber den intermediären Instanzen, die Forderung nach einer starken Exekutive und die Vorstellung vom Staat als eine der Gesellschaft gegenüberstehende Größe zeigten deutliche Überhänge aus der Verfassungsdiskussion des Kaiserreichs. Folglich besaß die Redslobsche Parlamentarismustheorie eine besonders hohe Attraktivität, da sie die Möglichkeit bot, die retrospektiven Sichtweisen des Konstitutionalismus mit der innovativen Einführung einer parlamentarischen Demokratie zu verbinden.

Der am Ende der Beratungen geschlossene Verfassungskompromiss erfuhr mit Ausnahme des linksliberalen Spektrums von keiner Seite der Gesellschaft eine vorbehaltlose Anerkennung. Wie die Presseberichterstattung verdeutlicht, bestanden nämlich nicht nur auf Seiten der bürgerlichen Opposition, sondern auch auf Seiten der Mehrheitssozialdemokratie und des Zentrums mehr oder weniger starke Vorbehalte gegenüber dem Verfassungsentwurf einschließlich seinem entwicklungsoffenen Charakter.[850] Diese Verfassungsskepsis führte zu der Abstimmung in der Nationalversammlung am 31. Juli 1919, bei der 67 Abgeordnete der Koalitionsparteien, davon allein 44 der SPD, fehlten bzw. ihr fernblieben, um nicht gegen die Fraktionsmehrheit stimmen zu müssen.[851] Trotz der mit großer Mehrheit von 262 gegen 75 Stimmen erfolgten Annahme des Verfassungswerkes stand dessen Anerkennung im Parlament wie in der Gesellschaft noch aus.

849 So auch Richter, Ausnahmegewalt, S. 240. Zur Zurückhaltung des Zentrums in der Frage des demokratischen Staatsaufbaus Ruppert, Zentrumspartei, S. 81–88; ders., Dienst, S. 30–34. Siehe auch Hehl, Staatsverständnis, S. 242–247. Zur Zentrumspartei in der Nationalversammlung Morsey, Zentrumspartei, S. 196–236.

850 So Peukert, Republik, S. 46ff.

851 Dazu Gusy, Reichsverfassung, S. 77.

IV. Die Debatte um das Republikschutzgesetz 1922

Mit dem Inkrafttreten der Weimarer Reichsverfassung am 14. August 1919 hatte die Weimarer Republik ihre verfassungsrechtliche Grundlage erhalten, was jedoch nicht dazu führte, dass die Auseinandersetzungen um die Staatsordnung ein Ende fanden. Zahlreiche Aufstände zielten nun mehr oder weniger explizit auf die Beseitigung der Weimarer Verfassungsordnung.[1] Wiederholt sah sich der Reichspräsident Friedrich Ebert (SPD) gezwungen, in Übereinstimmung mit der jeweiligen Reichsregierung und Reichstagsmehrheit den Belagerungszustand nach Art. 48 WRV zu verhängen.[2] In den Anfangsjahren der Republik gehörte also der Schutz der Verfassung zum nahezu alltäglichen Bestand der republikanisch-demokratischen Verfassungsordnung. Im Sommer 1922 wurde jedoch ein Höhepunkt erreicht. Am 24. Juni wurde ein tödlicher Anschlag auf den der DDP nahestehenden Außenminister Walther Rathenau durch die deutschvölkische »Organisation Consul« (O.C.) verübt, worauf eine breite Verurteilung im Parlament wie in der Öffentlichkeit folgte, in der ein nachhaltiges Vorgehen gegen die gewaltsamen Angriffe auf die Repräsentanten der Republik gefordert wurde. Vor diesem Hintergrund ließ die Reichsregierung einen Gesetzentwurf zum Schutz der Republik erarbeiten, dessen Ziel es war, die strafrechtliche Verfolgung von republikfeindlichen Bestrebungen auf eine gesetzmäßige Grundlage zu stellen. Auch wenn er zwar auf fünf Jahre befristet war, sollte er das Provisorium der präsidialen Notverordnungen ersetzen. Aufgrund der damit verbundenen Einschränkungen der verfassungsmäßigen Grundrechte, insbesondere der Meinungs- und Versammlungsfreiheit, war eine Zweidrittelmehrheit für dessen Verabschiedung notwendig. In den parlamentarischen Beratungen stand aufgrund der weitreichenden Bedeutung des

---

1 Zur innenpolitischen Situation der Jahre 1919 bis 1923 siehe Kolb, Weimarer Republik, S. 37–56; Wehler, Gesellschaftsgeschichte, Bd. 4, S. 397–414; Peukert, Weimarer Republik, S. 76–84.

2 Vgl. Richter, Notverordnungsrecht, bes. S. 225–235. Eine Aufstellung aller 136 zwischen Oktober 1919 und Januar 1925 erlassenen Notverordnungen findet sich bei Poetzsch-Heffter, Staatsleben, S. 141–147. Zu den Notverordnungen der Jahre 1921/22 im Anschluss an die Morde an Matthias Erzberger und Walther Rathenau Gusy, Weimar, S. 128–139; Huber, Verfassungsgeschichte, Bd. 7, S. 207–215, 250–257.

Entwurfs über die konkreten Inhalte hinaus die demokratisch-republikanische Staatsordnung als solches zur Debatte. Folglich trat an dieser Stelle die Akzeptanz der Weimarer Reichsverfassung in der Frühphase der Weimarer Republik innerhalb der jeweiligen parteipolitischen Richtungen zum Vorschein.

1. Der Raum der Debatte

1.1. Der äußere Rahmen: der Reichstag in der Weimarer Republik

Durch die Weimarer Verfassung wurde dem Reichstag im Unterschied zum Kaiserreich die Stellung eines zentralen Staatsorganes zugewiesen, da er neben dem Reichspräsidenten die einzige vom Volk gewählte und kontrollierte Verfassungsinstanz auf Reichsebene darstellte. Nach Art. 68 bis 76 WRV war er Träger der gesetzgebenden Gewalt, die sich auch auf die Haushaltsbewilligung (Art. 85ff. WRV) und auf die Zustimmung zu Staatsverträgen (Art. 45 WRV) erstreckte. Der grundlegende Unterschied zum Konstitutionalismus des Kaiserreichs bestand in der Einführung des parlamentarischen Regierungssystems, da nun dem Reichstag die Aufgabe der Kontrolle der Exekutivorgane zukam. Nach Art. 54 WRV konnte er den Rücktritt des Reichskanzlers und der Reichsregierung durch ein entsprechendes Misstrauensvotum verlangen, wie er nach Art. 43 Abs. 2 WRV mit einer Zweidrittelmehrheit auch gegen den Reichspräsidenten ein Absetzungsverfahren durch eine Volksabstimmung einleiten konnte. Auch wenn der Weimarer Verfassunggeber den Reichstag entsprechend der gleichgewichtigen Parlamentarismuskonzeption nicht als das einzige demokratisch legitimierte Organ entwarf, bildete er eine Hauptstütze der pluralistischen Verfassungsordnung, da in ihm die im Volk vorhandenen Anschauungen und Interessen zum Ausdruck gebracht werden sollten.[3]

Der verfassungsrechtlichen Aufwertung des Reichstags stand in symbolischer Hinsicht jedoch kein entsprechendes Pendant gegenüber. Mit der Rückkehr aus dem kleinstädtischen Weimar in die Reichshauptstadt Berlin im September 1919 bezog die Nationalversammlung das wiederhergestellte Reichstagsgebäude. Bei den Renovierungsarbeiten wurde auf Umbaumaßnahmen weitgehend verzichtet und lediglich kleinere Veränderungen im Plenarsaal aufgrund der notwendig gewordenen Erweiterung der Abgeordnetenplätze vorge-

3 Gusy, Reichsverfassung, S. 115–130; Schneider, Reichsverfassung, S. 205–210. Zur verfassungspolitischen Verortung des Reichstags in der Weimarer Republik siehe Witt, Kontinuität.

nommen.[4] Somit bot sich insbesondere den Reichstagsmitgliedern, die bereits im Kaiserreich einen Sitz hatten, ein bekanntes Bild. Nach wie vor dominierte die monarchische Symbolik des Deutschen Kaiserreichs, da im Reichstagsinnern nicht nur die Wappen der ehemaligen Bundesstaaten, sondern auch die verschiedenen Kaiserstandbilder beibehalten wurden. Das Festhalten an der kaiserlichen Ikonographie zeigte sich insbesondere an dem in der Mitte des Kuppelraums stehenden Marmorstandbild von Kaiser Wilhelm I. Zwar bemühte sich der Ältestenrat anlässlich der Totenfeier für Walther Rathenau im Jahre 1922 um eine Entfernung der Kaiserstatue, stieß mit diesem Vorschlag jedoch auf den Widerstand von zahlreichen Abgeordneten. Man einigte sich schließlich auf eine Umhüllung des Standbildes mit einem weißen Tuch. Auch ein späterer Vorschlag der sogenannten Ausschmückungskommission des Reichstags, die Kaiserstatue aus der Wandelhalle an einen abgelegenen Ort zu versetzen, scheiterte am Widerspruch der bürgerlichen Parteien. Somit verblieb das Standbild bis zum Reichstagsbrand Ende Februar 1933 an der exponierten Stelle.[5] Im gleichen Maße äußerte sich die Beibehaltung der kaiserlichen Symbolik auch in der räumlichen Umgebung des Gebäudes. Insbesondere auf dem sich vor dem Reichstag erstreckenden Königsplatz manifestierte sich die Tradition des Kaiserreichs in den Statuen, dem Bismarckdenkmal, der Siegessäule, dem Moltkedenkmal und den weiteren 32 Standbildern der Hohenzollern. Somit war und blieb die »Volksvertretung [...] umbaut, gewissermaßen eingerahmt von monarchischen Zeichen.«[6]

Somit scheiterten auch die Bemühungen, den Reichstag nachhaltig mit republikanischen Zeichen zu besetzen. Im Jahre 1925 sprach sich die zuständige Ausschmückungskommission aus künstlerischen Gründen dagegen aus, eine von Georg Kolbe geschaffene Ebertbüste aufzustellen. Jedoch wurden erst zwei Jahre später Büsten des verstorbenen Reichspräsidenten sowie des amtierenden Paul von Hindenburg aufgestellt, die im Reichstagsinnern letztlich die einzigen republikanischen Zeichen waren. Auch die Umbenennung des Königsplatzes in »Platz der Republik« erfolgte erst 8 Jahre nach der Proklamation der Republik, wobei die ursprünglich beabsichtigte Entfernung der oben genannten Heldendenkmäler nicht vorgenommen wurde.[7] Zusammenfassend lässt sich festhalten, dass

---

4 Vgl. die nahezu identischen Baubeschreibungen der entsprechenden Reichstagshandbücher: Reichstags-Handbuch 1912, S. 425–456; Reichstags-Handbuch 1920, S. 381–400. Dazu Mergel, Parlamentarische Kultur, S. 81. Über die gesamte Weimarer Republik erfuhr das Innere des Reichstags ebenfalls nur unwesentliche Veränderungen: Cullen, Reichstag, S. 309–312; ders., Parlament, S. 218f.

5 Mergel, Parlamentarische Kultur, S. 89f. Siehe auch Cullen, Parlament, S. 217f.

6 Mergel, Parlamentarische Kultur, S. 84.

7 Vgl. Cullen, Parlament, S. 217ff.

der Reichstag auch in der Weimarer Republik trotz des Sturzes des Kaiserreichs weiterhin im Schatten der monarchischen Zeichen stand und eine eigene republikanisch geprägte Symbolik nicht entwickelte.[8]

Diese Unterlegenheit ist auch darauf zurückzuführen, dass es dem Reichstag nur unzureichend gelang, in eine unmittelbare Verbindung mit dem die Staatsordnung legitimierenden Volk zu treten. Vielmehr war seine Stellung von einer »Distanz zum Volk« (Thomas Mergel) geprägt, die sich zum einen in der Gebäudearchitektur ausdrückte, da der Plenarsaal als Hauptraum keine nach außen gehenden Fenster besaß. Zum anderen wurde die Separierung vom Volk durch das Parlament selbst verstärkt. Im Januar 1920 beschloss es als Reaktion auf die Proteste gegen das Betriebsrätegesetz ein »Gesetz über die Befriedung der Gebäude des Reichstags und der Landtage«, das am 8. Mai desselben Jahres in Kraft trat und eine Bannmeile um den Reichstag festlegte, in der jegliche politischen Kundgebungen untersagt waren. Auf diese Weise waren zwar die wichtigsten Plätze im Berliner Stadtzentrum befriedet. Gleichzeitig wurde aber die Distanz des Reichstags zum Volk noch verstärkt, da so die unmittelbaren Formen der Kontaktaufnahme unterbunden wurden.[9]

Die Stellung, die der Reichstag in der frühen Weimarer Republik einnahm, war durch eine eigentümliche Ambivalenz gekennzeichnet. Auf der einen Seite stellte er als frei gewählte Vertretung des Volkes mit seinen weitreichenden gesetzgeberischen und kontrollierenden Kompetenzen einen zentralen Pfeiler der Verfassungsordnung dar. Auf der anderen Seite stand dieser Stellung eine allenfalls marginal ausgeprägte parlamentarische Selbstdarstellung gegenüber, die insbesondere in der Tradierung der monarchischen Symbolik des Reichstagsgebäudes zum Ausdruck kam und durch die Separierung vom Volk noch verschärft wurde. Im Gegensatz zum ausgehenden Kaiserreich, wo der Reichstag in seiner Unterordnung unter die monarchisch-militärische Reichsspitze zumindest einen festen Platz innerhalb der politischen Ordnung einnahm, musste er sich einen solchen in der Anfangszeit der Weimarer Republik erst noch erarbeiten.[10]

---

8 Vgl. Mergel, Parlamentarische Kultur, S. 88ff. Siehe auch Cullen, Reichstag, S. 312; ders., Parlament, S. 218f.

9 RGBl. 1920, S. 909f. Das Gebiet der Bannmeile reichte vom Großen Stern im Westen und der Spree im Norden über einen Teil des Tiergartens und den Potsdamer Platz bis zur Friedrichstraße im Osten und zum Halleschen Tor im Süden des Stadtzentrums. Dazu Mergel, Parlamentarische Kultur, S. 85ff. Zur Auseinandersetzung um das Betriebsrätegesetz Winkler, Revolution, S. 283–294, bes. S. 288f.; ders., Weimar, S. 111f.

10 Dass der Reichstag diese Aufgabe nach innen weitgehend erfüllte, jedoch an der öffentlichen Vermittlung und Legitimation dieser Politik scheiterte, belegt eindrucksvoll die Studie von Mergel, Parlamentarische Kultur.

1.2. Die inneren Strukturen

Die Vorgaben der Geschäftsordnung

Der Entscheidung der Weimarer Nationalversammlung, ihren Beratungen provisorisch die Geschäftsordnung des kaiserlichen Reichstags mit vereinzelten Abänderungen zu Grunde zu legen, schloss sich der am 24. Juni 1920 zusammentretende erste Reichstag der Weimarer Republik an.[11] Aber bereits zu diesem Zeitpunkt bestand weitgehende Einigkeit unter den Abgeordneten, dass die alte Geschäftsordnung nicht mehr den Anforderungen entsprach, welche die neue Verfassungsordnung an den Reichstag stellte. Infolge der umfangreichen parlamentarischen Aufgaben der Gesetzgebung und der Kontrolle der Reichsregierung stellte die Funktionsfähigkeit des Reichstags eine notwendige Bedingung für den gesamten Staatsapparat dar. Das Ziel einer Geschäftsordnungsrevision war es, den Arbeitsablauf des Reichstags effizienter zu gestalten, um so eine höhere Leistungsfähigkeit der parlamentarischen Tätigkeit zu erzielen. Der zuständige Ausschuss, der zu Beginn des Jahres 1921 mit dieser Aufgabe betraut wurde, setzte folglich zunächst an der Beschränkung der Redezeit an, widmete sich aber auch der Unterbindung von Handgreiflichkeiten, nachdem solche gewalttätigen Ausfälle insbesondere auf Seiten der extremen Linken stattgefunden hatten. Diese sollten, so die einhellige Meinung von der SPD bis zur DNVP, mittels verschärfter Ordnungsbestimmungen etwa in der Form des Ausschlusses von Sitzungen und der damit verbundenen Kürzungen der Diäten unterbunden werden.[12]

Dementsprechend legte die vom Reichstag am 12. Dezember 1922 angenommene Geschäftsordnung fest, dass die Rededauer eine Stunde nicht überschreiten dürfe (§ 87 GO) und dass ein Mitglied für acht Tage von der Sitzung ausgeschlossen werde, wenn es der Aufforderung des Reichstagspräsidenten zum Verlassen der Sitzung nicht Folge leiste (§ 91 GO).[13] Obwohl die neue Geschäftsordnung den Gang der Reichstagsdebatte über das Republikschutzgesetz noch nicht beeinflusste, offenbart sie doch die grundlegenden Schwierigkeiten der langen Redezeit und der zunehmenden Handgreiflichkeiten, mit denen die parlamentarische Kommunikation im Sommer 1922 konfrontiert war.

11 Sten. Ber., Bd. 344, S. 1. Siehe auch Reichstags-Handbuch 1920, S. 122. Die Geschäftsordnung ist abgedruckt in ebd., S. 122–143. Zur Arbeitsweise des Reichstags in der Weimarer Republik ausführlich Raithel, Spiel, S. 53–63.

12 Vgl. Mergel, Parlamentarische Kultur, S. 157–163.

13 Abgedruckt in: Reichstags-Handbuch 1924, S. 219–269; Zschucke, Geschäftsordnungen, S. 18–48.

Parteipolitische Zusammensetzung und Regierungsbildung

Der Ausgang der ersten Reichstagswahlen am 6. Juni 1920 bedeutete für die junge Republik einen tiefgreifenden Einschnitt.[14] Die Wahlen, welche die Reichsregierung ursprünglich wegen dringlicher Gesetzgebungsaufgaben zunächst für den Herbst 1920 vorgesehen und erst unter dem Eindruck der innenpolitischen Konflikte infolge des Kapp-Putsches und des Ruhrkampfes im Frühjahr 1920[15] vorverlegt hatte, stellten für die regierenden Parteien der Weimarer Koalition eine schwere Enttäuschung dar. Alle drei Parteien mussten mitunter herbe Stimmenverluste hinnehmen und büßten ihre parlamentarische Mehrheit ein: Den größten Rückgang von 16,2 Prozentpunkten hatte die SPD zu verzeichnen, deren Stimmanteil von 37,9 Prozent auf 21,7 Prozent fiel. Einen ähnlich hohen Verlust hatte auch die DDP zu beklagen, die im Gegensatz zu 18,5 Prozent im Jahre 1919 nun nur noch auf 8,3 Prozent kam. Das Zentrum konnte sich dagegen weitgehend behaupten, da es 13,6 Prozent der Stimmen erhielt und zusammen mit den 4,2 Prozent der BVP[16] nur knapp unter dem Vorjahresergebnis von 19,6 Prozent lag. Gewinner dieser Wahlen waren also die Parteien, die im Juli 1919 die Annahme der Weimarer Verfassung ablehnten: Die USPD legte um 10,3 Prozentpunkte zu und kam auf 17,9 Prozent der Stimmen, wie auch die DVP mit 13,9 Prozent ihren Stimmanteil nahezu verdreifachen konnte. Das Bild einer siegreichen Opposition rundeten die Ergebnisse der DNVP, die 15,1 Prozent und damit einen Zugewinn von 4,8 Prozentpunkten erzielte, und der KPD ab, die bei ihrer erstmaligen Teilnahme an einer Parlamentswahl 2,1 Prozent erreichte.[17]

Von dem Stimmenrückgang der Regierungsparteien profitierten die sozialistischen und liberalen Alternativparteien. Die SPD musste ihre Wähler überwiegend an die USPD abgegeben, während die Stimmen der DDP vor allem an die DVP fielen. Das zentrale Ergebnis dieser ersten Reichstagswahl war letztlich ein Abrücken der Arbeiter nach links und des Bürgertums nach

14 Nach Hagen Schulze zählt der Wahltag zu einem der »schwarzen Daten der deutschen Geschichte«: Schulze, Weimar, S. 222.

15 Zu dieser Krisenlage ausführlich Winkler, Weimar, S. 114–135. Zur Vorverlegung der Wahlen ebd., S. 138.

16 Zur Trennung der BVP-Fraktion von der Zentrumsfraktion ausführlich Schönhoven, Bayerische Volkspartei, S. 31–40. Siehe auch Morsey, Zentrumspartei, S. 280–285.

17 Die Angaben nach Falter, Wahlen, S. 68. Mit leichten Abweichungen auch bei Möller, Weimar, S. 286. Veränderungen traten auch in der Zusammensetzung der Abgeordnetenschaft ein. So verfügte nur noch ein Viertel der Abgeordneten über parlamentarische Erfahrungen aus dem kaiserreichlichen Reichstag (1919: 37 Prozent), während dieser Anteil unter den führenden Parlamentariern bei 53 Prozent lag: Raithel, Spiel, S. 80f.

rechts.[18] Jedoch lässt sich diese Entwicklung nicht ausschließlich als Ablehnung der verfassungstragenden Parteien und damit der republikanisch-demokratischen Staatsordnung interpretieren. Bei näherer Betrachtung bildete sie eher eine Fortsetzung der Wahlergebnisse vor dem Kriege.[19] Diese Rückkehr zur »Wahlnormalität«[20] bedingte jedoch, dass es zu keiner eindeutigen Mehrheitsbildung kam, wie es ein Vergleich der Parteiprogramme verdeutlicht.

Nur die SPD und die DDP bekannten sich ausdrücklich zum Staat der Weimarer Verfassung. Die Mehrheitssozialdemokraten nahmen die »Sicherung der demokratischen Republik« als Forderung in das Görlitzer Programm vom 14. September 1919 auf,[21] während die Linksliberalen noch deutlicher Stellung bezogen. In ihrem Parteiprogramm vom Dezember 1919 sahen sie es als ihre Aufgabe an, »die deutsche Republik mit wahrhaftigem, staatsbürgerlichem und sozialem Geist zu erfüllen.« Als Losung für ihr Programm führten sie weiter aus: »Die deutsche Demokratische Partei steht auf dem Boden der Weimarer Verfassung; zu ihrem Schutz und zu ihrer Durchführung ist sie berufen.«[22] Dagegen vermied die Zentrumspartei in ihren Richtlinien vom 16. Januar 1922 eine Bejahung der republikanischen Staatsform der Weimarer Verfassung. Sie führte lediglich aus, dass sie sich zum »deutschen Volksstaat [bekennt], dessen Form durch den Willen des Volkes auf verfassungsmäßigem Wege bestimmt wird. Das Volk muß als Träger der Staatsgewalt mit dem Bewußtsein der Verantwortung für die Staatsgeschicke erfüllt werden.«[23] Diese Stellungnahme ermöglichte dem Zentrum, sich zur republikanisch-demokratischen Staatsordnung zu bekennen und diese vor gewaltsamen Umstürzen zu schützen, ohne jedoch die Bezeichnungen »Republik« und »Demokratie« explizit aufzunehmen und damit einen Teil ihrer eher monarchisch gesinnten Wählerklientel abzuschrecken.

18 Vgl. Winkler, Revolution, S. 350–359; ders., Weimar, S. 138f. Zur Interpretation der Wahlergebnisse auch Wulf, Einleitung, S. VIII–X; Albertin, Liberalismus, S. 153–158; Milatz, Wähler, S. 114f.; Niedhart, Deutsche Geschichte, S. 70f.; Möller, Weimar, S. 148f.

19 Nach Hagen Schulze hatte damit »das Wahlvolk […] zu seinen herkömmlichen politischen Zuneigungen zurückgefunden, der Erfolg der demokratischen Parteien vom 19. Januar 1919 hatte sich als Strohfeuer erwiesen.« Schulze, Weimar, S. 224. Dagegen Lehnert, Weimarer Republik, S. 76ff.

20 Kühne, Denken, S. 116.

21 Das Görlitzer Programm der Sozialdemokratischen Partei Deutschlands, abgedruckt in: Mommsen, Parteiprogramme, S. 452–458, hier S. 456. Zur Entstehung des Parteiprogramms, welches das seit 1891 gültige Erfurter Programm offiziell ablöste, umfassend Winkler, Revolution, S. 435–449. Siehe auch Kastning, Sozialdemokratie, S. 73f.

22 Deutsche Demokratische Partei. Programm. Dezember 1919, abgedruckt in: Mommsen, Parteiprogramme, S. 508–514, hier S. 509. Zu diesem Parteiprogramm Stephan, Aufstieg, S. 142–152.

23 Richtlinien der deutschen Zentrumspartei vom 16. Januar 1922, abgedruckt in: Mommsen, Parteiprogramme, S. 486–489, hier S. 487. Dazu Morsey, Zentrumspartei, S. 437–442.

Die DVP lehnte demgegenüber eine Stellungnahme für die Weimarer Verfassungsordnung ab, ohne sich jedoch grundsätzlich gegen diese auszusprechen. Vielmehr ging sie in ihren im Oktober 1919 aufgestellten Parteigrundsätzen von der Überlegung aus, dass eine »starke, fest gefügte Staatsgewalt [...] die erste Voraussetzung für eine gedeihliche Entwicklung der deutschen Volkskraft« sei. Dementsprechend fand sich die DVP dazu bereit, »im Rahmen ihrer politischen Grundsätze innerhalb der jetzigen Staatsform mit[zu]arbeiten«, auch wenn sie »in dem durch freien Entschluß des Volkes auf gesetzmäßigem Wege aufzurichtenden Kaisertum, dem Sinnbild deutscher Einheit, die für unser Volk nach Geschichte und Wesensart geeigneteste Staatsform« erblickte.[24] In diesem Zwiespalt zwischen einer programmatischen Ablehnung und einer pragmatischen Kooperationsbereitschaft sah sich auch die USPD. So erklärte sie in ihrem Aktionsprogramm vom Dezember 1919, dass sie »auf dem Boden des Rätesystems« stehe und alle »Bestrebungen [unterstütze], die Räteorganisation schon vor der Eroberung der politischen Macht als proletarische Kampforganisation für den Sozialismus auszubauen«. Dessen Verwirklichung sah sie als das entscheidende Ziel ihrer politischen Arbeit an, wofür sie jedoch auch die Verfahrensweisen der parlamentarischen Republik akzeptierte, da sie sich »aller politischen, parlamentarischen und wirtschaftlichen Kampfmittel« bedienen wolle.[25] Somit erklärte sich die USPD zur grundsätzlichen Mitarbeit bereit, indem sie aufgrund der innen- wie außenpolitischen Belastungen sowie der Konkurrenzsituation zur KPD verstärkt auf eine parlamentarische Zusammenarbeit mit der SPD setzte.[26]

Eine deutlichere Position bezog dagegen die DNVP, die sich in ihren parteipolitischen Grundsätzen aus dem Jahre 1920 unmissverständlich zur Monarchie bekannte. Darin führte sie aus, dass die »monarchische Staatsform [...] der Eigenart und geschichtlichen Entwicklung Deutschlands« entspreche, da »[ü]ber den Parteien stehend [...] die Monarchie am sichersten die Einheit des Volkes, den Schutz der Minderheiten, die Stetigkeit der Staatsgeschäfte und die Unbestechlichkeit der öffentlichen Verwaltung« verbürge. Zwar nahm die DNVP als Forderung auch auf, dass der Volksvertretung »entscheidende Mitwirkung bei der Gesetzgebung und wirksame Aufsicht über Politik und Ver-

---

24 Deutsche Volkspartei. Grundsätze. Oktober 1919, abgedruckt in: Mommsen, Parteiprogramme, S. 519–531, hier S. 520f. Zu dieser Kompromissformel Hartenstein, Anfänge, S. 112–116. Zur Entstehung des Parteiprogramms ausführlich Richter, Deutsche Volkspartei, S. 65–75.

25 Aktionsprogramm der Unabhängigen Sozialdemokratischen Partei Deutschland und Resolution zur Internationalen. Dezember 1919, abgedruckt in: Mommsen, Parteiprogramme, S. 445–449, Zitate, S. 446, 448. Dazu Schönhoven, Reformismus, S. 82.

26 Vgl. Krause, USPD, S. 231–239; Kastning, Sozialdemokratie, S. 85–96. Siehe auch Winkler, Revolution, S. 345f.

waltung« einzuräumen sei. Mit ihrem Bekenntnis zur Monarchie zog sie aber einen deutlichen Trennungsstrich zur Weimarer Verfassungsordnung.[27] Noch eindeutiger wurde diese von der KPD abgelehnt. In ihrem Parteiprogramm vom Oktober 1919 bezeichnete sie das Parlament als ein »Mittel der herrschenden Klassen zur Ausübung und Aufrechterhaltung der politischen Macht«, das im Zuge der proletarischen Revolution zu zerstören sei, auch wenn das Proletariat zum jetzigen Zeitpunkt des Kampfes um die politische Macht auf die parlamentarischen Mittel noch nicht verzichten könne. Ihrer marxistisch-leninistischen Ausrichtung entsprechend gab sie jedoch in ausdrücklicher Absetzung zur USPD als Ziel an, politische Erfolge nicht innerhalb des Parlaments, sondern auf außerparlamentarischer Ebene zu erzielen.[28]

Hinsichtlich der verfassungspolitischen Zielsetzungen befand sich der Reichstag nach den Juniwahlen 1920 in einem »Schwebezustand«.[29] Aufgrund der Unentschiedenheit von DVP und USPD verfügten weder die Befürworter noch die Gegner der republikanisch-demokratischen Staatsordnung über eine parlamentarische Mehrheit, was sich insbesondere in der Schwierigkeit der Regierungsbildung widerspiegelte.

Fünf Tage nach den Wahlen erhielt der bisherige Reichskanzler Hermann Müller (SPD) vom Reichspräsidenten den Auftrag, eine Regierungskoalition zusammenzustellen. Ein von ihm vorgeschlagenes Zusammengehen der beiden sozialdemokratischen Parteien mit den bürgerlichen Mittelparteien scheiterte am Widerstand der USPD, wie auch die Bildung einer großen Koalition der bisherigen Regierungsparteien mit der DVP von den Mehrheitssozialdemokraten abgelehnt wurde, die auf die im Wahlkampf von beiden Seiten propagierten außen- und wirtschaftspolitischen Differenzen verwiesen. Damit stand die SPD vor der Wahl, entweder eine Minderheitsregierung der bisherigen Weimarer Koalition zu bilden oder sich in die Opposition zurückzuziehen und die Regierung dem bürgerlichen Lager zu überlassen. Sie entschied sich für die zweite Möglichkeit, da sie im Falle einer von der SPD geführten Min-

---

27 Grundsätze der Deutschnationalen Volkspartei, abgedruckt in: Mommsen, Parteiprogramme, S. 533–543, hier S. 536. Dazu Liebe, Deutschnationale Volkspartei, S. 20–25. Siehe auch die ausführliche Darstellung des Entstehungsprozesses bei Westarp, Politik, S. 93–112. Zu den verfassungspolitischen Grundsätzen der DNVP ausführlich Trippe, Verfassungspolitik, S. 163–170. Zur Gedankenwelt des Monarchismus der Weimarer Republik allgemein Hiller, Monarchismus, bes. S. 259–264.

28 Kommunistische Partei Deutschlands (Spartakusbund: Leitsätze über kommunistische Grundsätze und Taktik und über den Parlamentarismus). Oktober 1919, abgedruckt in: Mommsen, Parteiprogramme, S. 439–443, hier S. 442f. Zur Haltung der KPD im Umfeld der Juniwahlen Winkler, Revolution, S. 346–349; Mallmann, Kommunisten, S. 24ff.

29 Möller, Weimar, S. 148. Peukert sieht darin bereits eine »Handlungsblockade« des Reichstags: Peukert, Weimarer Republik, S. 80.

derheitsregierung auf die Zusammenarbeit mit der DVP angewiesen wäre und damit in ihren Augen der Regierung kein sozialdemokratisches Profil hätte verleihen können.[30] Dementsprechend gab Hermann Müller zwei Tage später den Auftrag der Regierungsbildung zurück, sodass schließlich eine bürgerliche Minderheitsregierung von DDP, Zentrum und DVP unter der Führung des Zentrumsabgeordneten und ehemaligen Nationalversammlungspräsidenten Konstantin Fehrenbach gebildet wurde, welche von der SPD toleriert wurde.[31] Jedoch zerbrach diese bereits Anfang Mai 1921, als Fehrenbach aus Protest gegen die alliierten Reparationsforderungen des Londoner Ultimatums seinen Rücktritt einreichte.

Sein Nachfolger im Reichskanzleramt wurde der badische Zentrumsabgeordnete Joseph Wirth, der unter Fehrenbach bereits das Reichsfinanzministerium innehatte. Hinsichtlich der immensen Reparationsforderungen entschied sich Wirth für die sogenannte »Erfüllungspolitik«, mittels der er die Forderungen durch ein pflichtgetreues Nachkommen ad absurdum zu führen versuchte.[32] An dem ersten Kabinett Wirth[33] beteiligte sich nun auch wieder die Mehrheitssozialdemokratie, nachdem die DVP ihre Zustimmung zu diesem Weg verweigert und ihre Minister aus der Reichsregierung zurückgezogen hatte. Die entstandene Lücke füllte die SPD, um durch die von der Unabhängigen Sozialdemokratie mitgetragene Außenpolitik weitere wirtschaftliche Strafen der Alliierten zu verhindern und gleichzeitig staatlichen Einfluss wiederzugewinnen. Nicht einmal ein Jahr nach den Juniwahlen stellte die Weimarer Koalition also wieder die Reichsregierung, war jedoch aufgrund der fehlenden Mehrheit in außenpolitischen Angelegenheiten auf die USPD und in innenpolitischen Fragen auf die DVP angewiesen. Dieses Abhängigkeitsverhältnis verschärfte sich noch, als im Oktober 1921 die DDP formell aus der Regierung ausschied, um gegen den alliierten Aufteilungsplan für Oberschlesien zu protestieren.[34] Auch

30 Vgl. Winkler, Revolution, S. 359–363; Kastning, Sozialdemokratie, S. 53–58; Miller, Bürde, S. 415–424. Zum antisozialistischen Wahlkampf der DVP Richter, Deutsche Volkspartei, S. 118ff.; Hartenstein, Anfänge, S. 206f.; Albertin, Liberalismus, S. 389f. Zum polarisierten Wahlkampf von 1920 allgemein Engelmann, Wahlkampfberichterstattung, S. 44–75.

31 Dazu ausführlich Albertin, Liberalismus, S. 395–400; Wulf, Einleitung, S. XI–XX.

32 Vgl. Schulze, Weimar, S. 228–231; Winkler, Weimar, S. 155ff.; Kastning, Sozialdemokratie, S. 64–67, 76ff.; Schulze-Bidlingmaier, Einleitung, S. XXXIII–LI. Siehe auch die biographischen Darstellungen von Hörster-Philipps, Wirth, S. 98–115; Küppers, Wirth, S. 109–112. Zur Frage der Reparationen in der Frühphase der Republik ausführlich Peukert, Weimarer Republik, S. 62–71; Krüger, Versailles, S. 88–118.

33 Zur Bildung dieses ersten Kabinetts ausführlich Laubach, Politik, S. 9–31. Siehe auch Schulze-Bidlingmaier, Einleitung, S. XIX–XXVII.

34 Vgl. Winkler, Revolution, S. 451–459; Schulze, Weimar, S. 231ff.; Hörster-Philipps, Wirth, S. 131–147.

wenn sie mit zwei Ministern im zweiten Kabinett Wirth[35] vertreten blieb, wurde deren Stellung jedoch erheblich geschwächt. Nur von der SPD und dem Zentrum getragen war es im Falle von einfachen Mehrheiten auf die Zustimmung der beiden liberalen Parteien oder der USPD angewiesen und musste bei Beschlüssen mit Zweidrittelmehrheit sogar die Unterstützung aller drei Parteien gewinnen. Vor diesem Hintergrund konnte die Reichsregierung im Sommer 1922 allenfalls als bedingt handlungsfähig angesehen werden.[36]

1.3. Das Attentat auf Walther Rathenau und seine Folgen

Als am 24. Juni 1922 das tödliche Attentat auf den Reichsaußenminister Walther Rathenau verübt wurde, befand sich die Weimarer Republik in einer innenpolitisch äußerst angespannten Lage. Führende Repräsentanten der Republik waren in den vorausgegangenen Monaten bereits Ziele von rechtsextremistischen Anschlägen gewesen.[37] In allen drei Fällen war die deutschvölkische »Organisation Consul« verantwortlich, die sich weitgehend aus Mitgliedern aufgelöster Freikorps rekrutierte und durch die Verachtung der Republik und den Hass auf ihre führenden Politiker geeint wurde. Mit den politischen Morden beabsichtigte die O.C., die Weimarer Republik in ihren Grundfesten zu erschüttern und so ihre Auflösung zu erzwingen.[38] Was Rathenau zum Ziel seiner Mörder machte, war jedoch nur zum Teil seine Staatstätigkeit, die er unter Joseph Wirth zunächst als Wiederaufbauminister und schließlich als Außenminister ausübte. Als Jude, Kritiker des Kaiserreichs und Vertreter der Wirthschen »Erfüllungspolitik« verkörperte er nahezu alle Angriffspunkte der nationalistischen Rechten.[39] Dem Attentat unmittelbar vorausgegangen war eine

35 Dazu Laubach, Politik, S. 97–107.

36 Küppers, Wirth, S. 115. Zur innenpolitischen Entwicklung der Jahre 1920 bis 1922 ausführlich Raithel, Spiel, S. 115–135.

37 Den Anschlägen fiel der Zentrumspolitiker Matthias Erzberger am 26. August 1921 zum Opfer, während Philipp Scheidemann (SPD) am 4. Juni 1922 einem solchen nur äußerst knapp entging. Dazu Sabrow, Rathenaumord, S. 48–68.

38 Schulze, Weimar, S. 241f. Zur Entstehung dieser Organisation ausführlich Sabrow, Verschwörung, S. 42–69. Siehe auch ders., Rathenaumord, S. 27–44.

39 Besonders deutlich wurde dieser ablehnende Hass in dem deutschvölkischen Spottvers: »Auch der Rathenau, der Walter, erreicht kein hohes Alter. Knallt ab den Walter Rathenau, die gottverfluchte Judensau.« Zitiert nach Jasper, Schutz, S. 57, Anm. 5. Zu den antisemitischen Tatmotiven Hecht, Juden, S. 138–144. Zur Biographie Rathenaus Michalka, Rathenau; Schulin, Rathenau; Berglar, Zeit; ders., Leben. Zur Wahrnehmung Rathenaus in der Öffentlichkeit ausführlich Sabrow, Rathenaumord, S. 69–81. Darüber hinaus Winkler, Weimar, S. 174; Hörster-Philipps, Wirth, S. 260; Schulze, Weimar, S. 238ff. Speziell zum Sprachgebrauch Krämer, Morde, S. 87ff.

dreitätige erbittert geführte Reichstagssitzung, in welcher der deutschnationale Redner Karl Helfferich die Reparationspolitik Wirths und Rathenaus scharf kritisierte.[40] In dieser aufgeheizten Atmosphäre feuerten in den Morgenstunden des 24. Juni 1922 zwei Mitglieder der O.C. die Todesschüsse auf Walther Rathenau ab, als sich dieser auf dem Weg in das Auswärtige Amt befand.[41]

Im Unterschied zu den vorhergehenden politischen Mordanschlägen, bei denen sich die Empörung überwiegend auf das jeweilige Milieu beschränkte, löste die Nachricht vom Tode Rathenaus eine »gewaltige republikanische Sympathiewelle« aus.[42] An der Spitze der Protestbewegung stand die Arbeiterschaft, die ihrem Unmut durch spontane Arbeitsniederlegungen Ausdruck verlieh und angesichts der bedrohten Republik über ihre parteipolitischen Differenzen hinweg kurzzeitig zusammenrückte. Dem Protest schloss sich das Bürgertum an, welches von der Mordtat bis weit in das konservative Spektrum hinein erschüttert wurde. Übereinstimmend würdigten die protestierenden Gruppen in Massendemonstrationen den Einsatz Rathenaus für den Weimarer Staat und forderten wirksame Schutzmaßnahmen gegen den rechten Terror.[43]

Hierfür war nun der Reichskanzler Joseph Wirth verantwortlich, der mit dem Tode Rathenaus nicht nur seinen engsten Mitarbeiter im Kabinett, sondern auch einen guten Freund verloren hatte.[44] Noch am gleichen Tag bat er Reichspräsident Ebert, eine »Verordnung zum Schutze der Republik« zu erlassen. In einer von Tumulten begleiteten Reichstagssitzung am 24. Juni 1922 wurde diese von Wirth verkündet.[45] Nachdem die Verordnung vom Reichstag gebilligt worden war, konnte sie tags darauf in Kraft treten.[46] Darin wurde bestimmt, öffentliche Versammlungen und Kundgebungen bei der Gefahr von republikfeindlichen Inhalten zu verbieten, Gefängnisstrafen im Falle von Auf-

40 Dazu Schulin, Rathenau, S. 134f.; Ott, Überlegungen, S. 190f.

41 Zum genauen Tathergang und zur Ermittlung der Täter ausführlich Sabrow, Verschwörung, S. 81–86, 108–116; ders., Rathenaumord, S. 86–103.

42 Schulze, Weimar, S. 243f. Dazu auch Sabrow, Rathenau, S. 602f.

43 Dieses belegen nicht zuletzt die zahlreichen Eingaben von privaten Arbeiter- und Angestelltengruppen vom Juni/Juli 1922 an das Reichsamt des Innern, in denen übereinstimmend der Rathenaumord verurteilt und der Schutz der republikanischen Staatsform gefordert wurde: BAB R1501/16898 und BAB R1501/16798. Zu den Reaktionen in der Öffentlichkeit Sabrow, Rathenaumord, S. 157–169; ders., Verschwörung, S. 92–107. Speziell zur Arbeiterbewegung Jasper, Schutz, S. 62ff.; Winkler, Weimar, S. 174f.; Mommsen, Aufstieg, S. 165.

44 So Hörster-Philipps, Wirth, S. 259f.

45 In der parlamentarischen Besprechung am folgenden Tag sprach Wirth vom Feind, »der sein Gift in die Wunden eines Volkes träufelt. Da steht der Feind – und darüber ist kein Zweifel: dieser Feind steht rechts!« Sten. Ber., Bd. 356, S. 8058 (Joseph Wirth (Z), 25.6.1922). Dazu Möller, Weimar, S. 152, der mit Blick auf die extremistische Linke die Einseitigkeit dieses Bildes kritisiert. Dagegen Mommsen, Aufstieg, S. 164.

46 Zu den Auseinandersetzungen im Reichstag Jasper, Schutz, S. 57–61; Cullen, Parlament, S. 230ff.

rufen zu Gewaltakten gegen Regierungsmitglieder zu verhängen, einen Staatsgerichtshof für entsprechende Verfahren einzurichten und Druckschriften im Falle von republikfeindlichen Inhalten zu beschlagnahmen.[47] Ergänzt wurde sie am 29. Juni 1922 durch eine weitere Verordnung, welche die Strafnorm für Mitglieder verbotener Vereinigungen festlegte und die Verbotsmöglichkeiten von Presseorganen erleichterte.[48] Um jedoch den Republikschutz als dauernde Aufgabe festzulegen, wie es von der Regierung Wirth beabsichtigt wurde, reichten solche Notverordnungen jedoch nicht aus. So sollte eine Gesetzesgrundlage geschaffen werden, wozu bereits am 26. Juni 1922 ein Gesetzentwurf erstellt wurde, der sich weitgehend an der entsprechenden Verordnung orientierte. Dieser wurde am folgenden Tag zunächst in einer Kabinettssitzung besprochen, um dann eine Beratung mit den Parteiführern von SPD, Zentrum und DDP anzusetzen. Anschließend suchte die Reichsregierung noch die Verständigung mit den Ministerpräsidenten der Länder, um die Zustimmung des Reichsrats zu erreichen.[49] Trotz des Widerstandes Bayerns gegen vermeintliche Eingriffe in die Rechtshoheit der Länder erfuhr der Entwurf, der von vier weiteren Schutzgesetzentwürfen umrahmt wurde, weder in den verschiedenen Besprechungen noch im Reichsrat grundlegende Veränderungen. Lediglich die Einseitigkeit gegen Gewalttaten von rechts, welche die Verordnung noch bestimmte, wurde aufgehoben.[50] In der die Verfassung vor gewaltsamen Umtrieben schützenden Grundausrichtung wurde er jedoch nicht abgeändert und in dieser Form am 3. Juli 1922[51] dem Reichstag überwiesen, der zwei Tage später in die Beratung über den Entwurf und damit über den Schutz der republikanisch-demokratischen Verfassungsordnung eintrat. Aufgrund der verfassungseinschränkenden Bestimmungen benötigte der Gesetzentwurf eine Zweidrittelmehrheit, wofür sowohl die Zustimmung der USPD als auch der DVP zu gewinnen war, die eine grundsätzliche Bereitschaft zur Kooperation signalisierten.[52]

47 RGBl. 1922, S. 521f. Dazu Gusy, Weimar, S. 134–138. Siehe auch Hörster-Philipps, Wirth, S. 268. Zum Staatsgerichtshof umfassend Hueck, Staatsgerichthof.

48 RGBl. 1922, S. 532. Dazu Gusy, Weimar, S. 138.

49 Der Entwurf ist abgedruckt bei Kabinette Wirt, Bd. 2, S. 901–906. Die Protokolle der Kabinettssitzung vom 27.6.1922, der Parteiführerbesprechung vom 28.6.1922 und der Besprechung mit den Ministerpräsidenten vom 29.6.1922 finden sich ebd., S. 906–921.

50 Jasper, Schutz, S. 75. Zu den Beratungen im Reichsrat ausführlich ebd., S. 69–76. Dazu Gusy, Weimar, S. 139ff. Zu den weiteren Schutzgesetzen ebd., S. 142.

51 Sten. Ber., Anlage-Bd. 374, Nr. 4661, S. 5133–5136. Dazu Gusy, Weimar, S. 142f.

52 Dazu Richter, Deutsche Volkspartei, S. 257–260; Krause, USPD, S. 248ff.

2. Semantische Kämpfe um die Weimarer Verfassungsordnung

2.1. Die Instrumentalisierung des Volkes

Unter dem Eindruck der breiten öffentlichen Reaktion auf die Ermordung Rathenaus standen auch die parlamentarischen Beratungen der präsidialen Notverordnungen und des Gesetzentwurfs zum Schutz der Republik, was sich insbesondere an der Verwendung des Volksbegriffs[53] zeigt. Im Gegensatz zu den Verfassungsreformdebatten des ausgehenden Kaiserreichs und den Beratungen der Weimarer Nationalversammlung rekurrierten im Sommer 1922 nicht mehr die Redner aller Parteien gleichermaßen auf das »Volk«, um ihre jeweiligen Standpunkte zu legitimieren. Vor dem Hintergrund der Großdemonstrationen beriefen sich in erster Linie Vertreter derjenigen Parteien auf den Volksbegriff, welche sich die Sicherung der republikanisch-demokratischen Staatsordnung explizit zum Ziel gesetzt hatten. So bezogen sich Mehrheitssozialdemokraten, Linksliberale und Vertreter des Zentrums auf das »Volk«, als sie den Rathenaumord und die vorausgegangene deutschnationale Hetze verurteilten[54] und die Notwendigkeit des Republikschutzgesetzes betonten.[55] Ebenso sprach der Reichskanzler Joseph Wirth (Z) von einer durch den Mordanschlag unterbrochenen Entwicklung, welche die Verantwortlichen »niemals mehr vor ihrem Volke wieder gutmachen« könnten.[56]

Auf den Volksbegriff griffen darüber hinaus auch die Vertreter der republikskeptischen Parteien DVP und USPD zurück. Auf Seiten der Deutschen Volkspartei kritisierte Rudolf Heinze die gegenseitigen Vorwürfe der politischen Randparteien, dass die jeweils andere Seite an den zunehmenden außenpolitischen Belastungen die Schuld trage. Damit würden sie sich, so Heinze, »am ganzen Volke« versündigen.[57] In diesem Sinn beriefen sich auch die Redner der USPD auf das »Volk«, als etwa Paul Levi den Republikfeinden vorwarf,

53 Zu dessen Stellenwert in der politischen Sprache der frühen Weimarer Republik Raithel, Spiel, S. 87f.

54 Sten. Ber., Bd. 356, S. 8042 (Otto Wels (SPD), 25.6.1922), S. 8046 (Wilhelm Marx (Z), 25.6.1922), S. 8290 (Hermann Silberschmidt (SPD), 5.7.1922).

55 Vgl. Sten. Ber., Bd. 356, S. 8062 (Carl Petersen (DDP), 25.6.1922), S. 8291 (Hermann Silberschmidt (SPD), 5.7.1922), S. 8292 (Johannes Bell (Z), 5.7.1922), S. 8295 (Carl Petersen (DDP), 5.7.1922), S. 8424 (Johannes Bell (Z), 11.7.1922).

56 Sten. Ber., Bd. 356, S. 8055 (Joseph Wirth (Z), 25.6.1922). Siehe auch ebd., S. 8058 (Joseph Wirth (Z), 25.6.1922), S. 8448 (Joseph Wirth (Z), 11.7.1922).

57 Sten. Ber., Bd. 356, S. 8059 (Rudolf Heinze (DVP), 25.6.1922). Siehe auch ebd., S. 8711 (Gustav Stresemann (DVP), 18.7.1922).

mit ihren Handlungen »ein ganzes Volk ins Chaos [zu] werfen«.[58] Die zentrale Bedeutung solcher Ausführungen bestand darin, dass sich die USPD damit zum Volk als Grundlage des Staates bekannte und sich so in die Reihe der die republikanisch-demokratische Staatsordnung anerkennenden Parteien einreihte. Selbiges hatte die DVP bereits durch ihre Regierungsbeteiligung im Kabinett Fehrenbach zum Ausdruck gebracht.

Dass der von der USPD über die Parteien der ehemaligen Weimarer Koalition bis zur DVP reichenden Parteienverbindung damit die Deutungsmacht über den Volksbegriff zukam, belegt nicht zuletzt die Tatsache, dass die Gegner der Weimarer Verfassungsordnung auf Seiten der KPD und der DNVP weitgehend auf diesen Begriff verzichteten. Dieses spiegelte sich auch in der Rede vom »deutschen Volk« wider. Zwar spielte der Begriff der Nation in den Beratungen weiterhin nur eine untergeordnete Rolle, da er neben dem Reichskanzler lediglich von den Rednern der DDP verwendet wurde.[59] Dennoch bildete die nationale Konnotation des Volksbegriffs eine wichtige semantische Strategie der parlamentarischen Redner, um ihre jeweiligen Aussagen national aufzuwerten. Auf dieses Mittel griffen jedoch nahezu ausschließlich die Redner der Regierung und der republikanischen Parteien zurück, welche sich in ihrer Verurteilung des Rathenaumordes und der Befürwortung des Republikschutzgesetzes zum Sprachrohr des deutschen Volkes erklärten.[60] Diesem Vorgehen schlossen sich selbst die Unabhängigen Sozialdemokraten an.[61]

Durch diese breite Inanspruchnahme gewannen die republikanischen Parteien die Deutungshoheit über den national konnotierten Volksbegriff, da die Redner der das Republikschutzgesetz ablehnenden Parteien weitgehend auf diese Formulierung verzichteten. Die kommunistischen Abgeordneten rekur-

---

58 Sten. Ber., Bd. 356, S. 8419 (Paul Levi (USPD), 11.7.1922). Siehe auch ebd., S. 8054 (Arthur Crispien (USPD), 25.6.1922), S. 8302 (Kurt Rosenfeld (USPD), 5.7.1922), S. 8494 (Paul Levi (USPD), 12.7.1922), S. 8724 (Alfred Henke (USPD), 18.7.1922).

59 Sten. Ber., Bd. 356, S. 8063 (Carl Petersen (DDP), 25.6.1922), S. 8433 (Walther Schücking (DDP), 11.7.1922), S. 8496 (Walther Schücking (DDP), 12.7.1922). Zu den Aussagen des Reichskanzlers siehe ebd., Bd. 355, S. 8037 (Joseph Wirth (Z), 24.6.1922); ebd., Bd. 356, S. 8055 (Joseph Wirth (Z), 25.6.1922).

60 Vgl. Sten. Ber., Bd. 356, S. 8043 (Otto Wels (SPD), 25.6.1922), S. 8047 (Wilhelm Marx (Z), 25.6.1922), S. 8062 (Carl Petersen (DDP), 25.6.1922), S. 8056f. (Joseph Wirth (Z), 25.6.1922), S. 8290 (Hermann Silberschmidt (SPD), 5.7.1922), S. 8292 (Johannes Bell (Z), 5.7.1922), S. 8310f. (Gustav Stresemann (DVP), 5.7.1922), S. 8434 (Walther Schücking (DDP), 11.7.1922), S. 8445 (Joseph Wirth (Z), 11.7.1922), S. 8470 (Eduard Hamm (DDP), 12.7.1922), S. 8487 (Otto Wels (SPD), 12.7.1922), S. 8507 (Antonie Pfülf (SPD), 12.7.1922), S. 8701 (Konstantin Fehrenbach (Z), 18.7.1922).

61 Sten. Ber., Bd. 356, S. 8050 (Arthur Crispien (USPD), 25.6.1922), S. 8300 (Kurt Rosenfeld (USPD), 5.7.1922), S. 8478f. (Kurt Rosenfeld (USPD), 12.7.1922), S. 8724f. (Alfred Henke (USPD), 18.7.1922).

rierten erst im Verlaufe der Beratungen auf das »deutsche Volk«, nachdem sie sich zunächst auf die »Arbeiter« und die »Arbeiterschaft« als ihre zentrale Bezugsgröße berufen hatten.[62] Aufgrund der von der SPD wie von der USPD vertretenen Bezugnahme auf das »Volk« sahen sie sich jedoch gezwungen, ebenfalls diese Bezeichnung zu verwenden, um den semantischen Anschluss an beide sozialdemokratischen Parteien zu finden.[63]

Vor dem Hintergrund der breiten Empörung über den Rathenaumord und des einheitlichen Bekenntnisses der republikanischen Parteien zum »Volk« verzichteten auch die deutschnationalen Vertreter trotz ihrer nationalistischen und völkischen Parteiprogrammatik zunächst weitgehend auf die Formulierung vom »deutschen Volk«. Erst allmählich wagte sich der konservative Altparlamentarier Adelbert Düringer (DNVP) mit dieser Bezugnahme hervor, als er die Politik seiner Partei mit dem Verweis auf den »unerhörten und unmenschlichen Druck« zu verteidigen versuchte, dem »das deutsche Volk unter dem Diktat des Versailler Friedensvertrages« ausgesetzt sei.[64] Das Wiedererstarken der deutschnationalen Opposition fand seinen Ausdruck auch auf semantischer Ebene, als sich der deutschvölkische Abgeordnete Wilhelm Bazille (DNVP) in seinen Ausführungen bei der dritten Lesung am 18. Juli 1922 ausdrücklich auf das »deutsche Volk« bezog.[65] Der nationalistische Charakter seines Volksbezuges, der in der Reichstagssitzung heftigen Widerspruch insbesondere auf Seiten der sozialistischen Parteien hervorrief, fand seinen Ausdruck in der Formulierung der »Volksgemeinschaft«, deren Einheit nach dem im Weltkrieg entstandenen Bruch unbedingt wiederhergestellt werden müsse.[66] Damit erweiterte sich das Gebrauchsspektrum dieser Bezeichnung über die parlamentarische Mitte hinaus, wo sie drei Jahre zuvor noch ausschließlich aufgegriffen worden war, in das deutschvölkische Spektrum.

Insgesamt gesehen bildeten jedoch die wenigen Bezüge zum »Volk« von Seiten der äußersten Linken wie der äußersten Rechten Randerscheinungen, da

62 Sten. Ber., Bd. 356, S. 8072 (Wilhelm Koenen (KPD), 25.6.1922), S. 8317 (Kurt Remmele (KPD), 5.7.1922), S. 8450f. (Joseph Herzfeld (KPD), 11.7.1922), S. 8461 (Wilhelm Koenen (KPD), 12.7.1922), S. 8718f. (Wilhelm Koenen (KPD), 18.7.1922).

63 Siehe Sten. Ber., Bd. 356, S. 8072 (Wilhelm Koenen (KPD), 25.6.1922), S. 8322 (Kurt Remmele (KPD), 5.7.1922), S. 8510f. (Wilhelm Koenen (KPD), 12.7.1922), S. 8718 (Wilhelm Koenen (KPD), 18.7.1922).

64 Sten. Ber., Bd. 356, S. 8299 (Adelbert Düringer (DNVP), 5.7.1922).

65 So führte er den staatlichen Niedergang auf die Revolution zurück, welche in seinen Augen eine »Beleidigung des Genius des deutschen Volkes« darstellte, da sie »das deutsche Volk von den Höhen« gestürzt habe, wobei er seine eigene Partei als »Vorkämpfer für die Befreiung des deutschen Volkes« ausmachte. Sten. Ber., Bd. 356, S. 8697f. (Wilhelm Bazille (DNVP), 18.7.1922).

66 Sten. Ber., Bd. 356, S. 8688, 8696 (Wilhelm Bazille (DNVP), 18.7.1922).

die Verwendung des Volksbegriffs weitgehend von den Vertretern der republikanischen Parteien bestimmt wurde. Ihnen diente der Bezug in erster Linie zur Legitimierung ihrer parteipolitischen Forderung nach einem Schutzgesetz der republikanisch-demokratischen Staatsordnung, wie etwa die zusammenhängende Thematisierung von »Volk« und »Regierung« zeigt. Hierbei vertraten nicht nur die Regierungsmitglieder wie Joseph Wirth (Z) die Auffassung einer engen Verbindung, indem er die Hoffnung äußerte, »daß das deutsche Volk sich hinter die Bemühungen der Reichsregierung stellen wird«.[67] Auch Vertreter der Mehrheitssozialdemokratie wie Otto Wels forderten ein »rücksichtsloses Zugreifen der Regierung, die uns im Namen des deutschen Volkes dafür haftbar ist.«[68] Das Ziel dieser Anordnung war, die Entscheidungen der »Regierung« durch den Verweis auf das »Volk« aufzuwerten. Dagegen regte sich erst in der dritten Lesung von Seiten der deutschnationalen Opposition Widerstand, als abermals Wilhelm Bazille Kritik an der Wirthschen Politik übte, indem er ausführte, dass »eine solche Regierung die Ehre und die Lebensnotwendigkeiten des deutschen Volkes« verletzte.[69] Dieser Versuch, »Volk« und »Regierung« in einen Gegensatz zueinander zu stellen und letztere so zu delegitimieren, stellte sich jedoch als nicht erfolgreich heraus, nachdem die die Regierung unterstützenden Parteien die Deutungshoheit über den Volksbegriff gewonnen hatten.

Mit dem von der republikanischen Seite vertretenen legitimierenden Volksbezug ging in der polarisierten Atmosphäre der parlamentarischen Auseinandersetzung jedoch auch eine pauschalisierende Sichtweise des Volkes einher, wie die Verwendung von semantischen Differenzierungsformen belegt. Parteiübergreifend wurde zwar von »Kreisen des Volkes«[70], von »Volksteile[n]«[71], von »Volksklassen«[72] und von »Schichten unseres Volkes«[73] gesprochen. Solche Formulierungen waren jedoch ausschließlich das Ergebnis von interpretatorisch unterstellten Unterteilungen mittels sozialer oder weltanschaulicher

67 Sten. Ber., Bd. 355, S. 8037 (Joseph Wirth (Z), 24.6.1922). Siehe auch ebd., Bd. 356, S. 8445 (Joseph Wirth (Z), 11.7.1922), S. 8511f. (Adolf Köster (SPD), 12.7.1922).

68 Sten. Ber., Bd. 356, S. 8042 (Otto Wels (SPD), 25.6.1922). Siehe auch ebd., S. 8291 (Hermann Silberschmidt (SPD), 5.7.1922).

69 Sten. Ber., Bd. 356, S. 8693 (Wilhelm Bazille (DNVP), 18.7.1922).

70 Sten. Ber., Bd. 356, S. 8058 (Rudolf Heinze (DVP), 25.6.1922). Siehe auch ebd., S. 8294f. (Carl Wilhelm Petersen (DDP), 5.7.1922), S. 8469 (Erich Emminger (BVP), 12.7.1922).

71 Sten. Ber., Bd. 356, S. 8507 (Wilhelm Sollmann (SPD), 12.7.1922). Siehe auch ebd., S. 8058f. (Rudolf Heinze (DVP), 25.6.1922), S. 8299 (Adelbert Düringer (DNVP), 5.7.1922), S. 8447 (Joseph Wirth (Z), 11.7.1922), S. 8688f. (Wilhelm Bazille (DNVP), 18.7.1922).

72 Sten. Ber., Bd. 356, S. 8058f. (Rudolf Heinze (DVP), 25.6.1922). Siehe auch ebd., S. 8447 (Joseph Wirth (Z), 11.7.1922).

73 Sten. Ber., Bd. 356, S. 8447 (Joseph Wirth (Z), 11.7.1922). Siehe auch ebd., S. 8049 (Oskar Hergt (DNVP), 25.6.1922).

Kriterien.[74] Auf eine empirisch gewonnene Unterscheidung ließen sich solche Formulierungen jedoch nicht zurückführen, da sie weder in einen unmittelbaren Bezug zu Wahlen oder Abstimmungen gestellt noch durch Bezeichnungen wie »Volksmehrheit« ergänzt wurden.[75]

In dem Zusammenhang einer mangelnden empirischen Sichtweise des Volkes stand auch der Massenbegriff, der angesichts der Großdemonstrationen eine größere Verbreitung erfuhr. So wiesen nicht nur die Vertreter der Arbeiterparteien auf die »Volksmassen«[76] und die »Arbeitermassen«[77] hin, die unter der unsicheren Lage der Republik am meisten zu leiden hätten und folglich nur ihre legitimen Ansprüche anmelden würden.[78] Auch die Vertreter der bürgerlichen Mittelparteien würdigten den »Aufmarsch der großen Massen«[79], wohingegen die Vertreter der DNVP und der BVP die implizite Einflussnahme der Massen auf die parlamentarische Gesetzgebung bemängelten und dementsprechend das Republikschutzgesetz ablehnten.[80] Eine empirische Sichtweise des Volkes legte der Begriff der »Masse« jedoch ebenso wenig nahe wie die Rede von den »weitesten Kreisen des Volkes«, da in beiden Fällen die entscheidende Stellung der in Wahlen sich ausdrückenden Mehrheit nicht erkannt wurde.

Das fehlende empirische Volksverständnis prägte auch die Thematisierung der individuellen Ebene, selbst wenn der Begriff des Staatsbürgers parteiübergreifend verwendet wurde. Zunächst bezogen sich die deutschnationalen Redner auf diese Bezeichnung, um gegen die Ausnahmebestimmungen zu protestieren.[81] Folglich bemühten sich insbesondere die Vertreter der bürgerlich-

74 In diesem Sinne sprach Wilhelm Bazille (DNVP) allgemein vom »monarchischen Teil des deutschen Volkes«: Sten. Ber., Bd. 356, S. 8688 (Wilhelm Bazille (DNVP), 18.7.1922).

75 Der Begriff der Mehrheit wurde in den parlamentarischen Beratungen darüber hinaus lediglich an zwei Stellen marginaler Bedeutung verwendet: Sten. Ber., Bd. 356, S. 8062 (Carl Petersen (DDP), 25.6.1922), S. 8430 (Walther Schücking (DDP), 11.7.1922).

76 Sten. Ber., Bd. 356, S. 8421 (Paul Levi (USPD), 11.7.1922). Siehe auch ebd., S. 8302 (Kurt Rosenfeld (USPD), 5.7.1922), S. 8725 (Alfred Henke (USPD), 18.7.1922).

77 Sten. Ber., Bd. 356, S. 8043 (Otto Wels (SPD), 25.6.1922). Siehe auch ebd., S. 8065 (Wilhelm Koenen (KPD), 25.6.1922), S. 8322 (Kurt Remmele (KPD), 5.7.1922), S. 8725 (Alfred Henke (USPD), 18.7.1922).

78 In besonderem Maße taten sich hierbei die kommunistischen Abgeordneten hervor, die entsprechend ihrer revolutionären Ausrichtung den Appell an die »Massen« forderten: Sten. Ber., Bd. 356, S. 8719 (Wilhelm Koenen (KPD), 18.7.1922).

79 Sten. Ber., Bd. 356, S. 8056 (Joseph Wirth (Z), 25.6.1922). Siehe auch ebd., S. 8064 (Carl Petersen (DDP), 25.6.1922).

80 Sten. Ber., Bd. 356, S. 8316 (Johann Leicht (BVP), 5.7.1922), S. 8410 (Walther Graef (DNVP), 11.7.1922), S. 8493 (Friedrich Wilhelm Semmler (DNVP), 12.7.1922), S. 8690f. (Wilhelm Bazille (DNVP), 18.7.1922).

81 So wies Oskar Hergt (DNVP) auf den darin vorgenommenen »Unterschied zwischen den deutschen Staatsbürgern je nach ihrer politischen Anschauung und insbesondere nach ihrer Stellung zur heutigen Staatsform« hin, wie auch Adelbert Düringer (DNVP) ein verfassungs-

republikanischen Parteien, die Deutung dieses Begriffs wiederzugewinnen, um die damit legitimierte Kritik der DNVP am Gesetzentwurf zurückzuweisen. Zu diesem Zweck legte der linksliberale Carl Petersen besonderen Wert darauf zu betonen, dass in dem Gesetzentwurf »die Lebensnotwendigkeiten des Staates mit dem liberalen Persönlichkeitsrechte der Staatsbürger«[82] zu vereinbaren seien.[83] Aufgrund solcher semantischer Bemühungen[84] gelang es ihnen schließlich, den Bürgerbegriff aus dem deutschnationalen Sprachgebrauch zu lösen und in ihrem Sinne wieder zu besetzen. Jedoch diente die Bezugnahme auf den »Staatsbürger« in erster Linie zur Abwehr der Kritik der DNVP und nicht zur Begründung einer empirischen Volkssicht.

Zusammenfassend lässt sich festhalten, dass im Sommer 1922 der Volksbezug in erster Linie von den Vertretern der die republikanisch-demokratischen Staatsordnung befürwortenden Parteien hergestellt wurde, die damit ihre jeweilige Haltung zu legitimieren versuchten. Die kommunistischen wie die deutschnationalen Redner nahmen demgegenüber erst gegen Ende der parlamentarischen Beratungen verstärkt den Volksbegriff auf, um im Falle der KPD eine Verständigung insbesondere mit den sozialdemokratischen Parteien zu suchen und im Falle der DNVP ihre nationalistische und republikfeindliche Politik zu vertreten. In der durch die parteipolitischen Gegensätze polarisierten Atmosphäre blieb dementsprechend wenig Raum für differenzierte Sichtweisen des Volkes, wie es etwa der Rückgriff auf unspezifische Redewendungen von den »Volksteilen« oder den »Volksmassen« und der Verzicht auf den Mehrheitsbegriff belegen. Auch der »Staatsbürger«, obwohl er einen zentralen und zwischen den parteipolitischen Lagern umkämpften Begriff darstellte, diente nicht einmal den demokratischen Parteien als Ausgangspunkt einer empirischen Volkskonzeption. In der Phase der akuten Gefährdung der republikanisch-demokratischen Staatsordnung stand also bei den systemfeindlichen wie bei den republikanischen Parteien die Einheit des Volkes im Vordergrund.

änderndes Gesetz forderte, »das für alle Staatsbürger verbindlich ist.« Sten. Ber., Bd. 356, S. 8049 (Oskar Hergt (DNVP), 25.6.1922); ebd., S. 8296 (Adelbert Düringer (DNVP), 5.7.1922).

82 Sten. Ber., Bd. 356 S. 8295 (Carl Petersen (DDP), 5.7.1922).

83 In diesem Sinne stellte auch der Zentrumsredner Johannes Bell ausdrücklich fest, »daß wir dieses Gesetz keiner Partei zuliebe und keiner Partei zuleide machen, sondern daß es auf alle Staatsbürger gleichmäßig und gerecht Anwendung finden muß.« Sten. Ber., Bd. 356, S. 8292 (Johannes Bell (Z), 5.7.1922). Siehe auch ebd., S. 8485 (Johannes Bell (Z), 12.7.1922).

84 Vgl. Sten. Ber., Bd. 356, S. 8313 (Gustav Stresemann (DVP), 5.7.1922), S. 8424 (Johannes Bell (Z), 11.7.1922), S. 8445 (Joseph Wirth (Z), 11.7.1922), S. 8476 (Eduard Hamm (DDP), 12.7.1922), S. 8485 (Johannes Bell (Z), 12.7.1922), S. 8507 (Antonie Pfülf (SPD), 12.7.1922).

2.2. Die intermediären Instanzen: Anerkennung und Ablehnung

Innerhalb der parlamentarischen Beratungen war die Thematisierung der intermediären Instanzen zwiespältig. Während die Rolle der Parteien überwiegend kritisch betrachtet wurde, war die zentrale Stellung der Abgeordneten und des Reichstags demgegenüber allgemein anerkannt. Auf den Abgeordnetenbegriff rekurrierten nicht nur die Redner der Regierungsparteien, wenn etwa der Zentrumsvertreter Wilhelm Marx dazu mahnte, »daß wir als die Vertreter des deutschen Volkes Ruhe bewahren und die Dinge offenen Auges, freien Herzens beurteilen, aber alles vermeiden, was irgendwie geeignet ist, die schon hoch genug gehenden Leidenschaften der Bevölkerung noch weiter anzufachen.«[85] Auch die Vertreter der übrigen republikanischen Parteien wie Wilhelm Kahl von der DVP nahmen hinsichtlich des zu verabschiedenden Gesetzentwurfs für sich in Anspruch, als »Reichstagsabgeordnete [...] das Recht« zu haben, diesen genauestens zu prüfen.[86] Sogar Abgeordnete, die wie Wilhelm Bazille (DNVP) in expliziter Opposition zur republikanisch-demokratischen Staatsordnung standen, verteidigten ihre die Regierungspolitik anklagenden Ausführungen mit dem Hinweis, dass jeder »Reichstagsabgeordnete« befugt sei, »die Wege zu zeigen, auf denen allein eine Wiederherstellung der Volksgemeinschaft möglich ist.«[87] Zwar musste sich der deutschnationale Redner von den Unabhängigen Sozialdemokraten die Erwiderung gefallen lassen, dass dessen sonstige Aktivitäten »mit der nationalen Würde eines deutschen Abgeordneten nicht zu vereinbaren« seien.[88] Aber trotz der republikfeindlichen Inhalte rief die von Bazille geforderte Meinungsfreiheit der Abgeordneten keinen Widerspruch hervor. Selbst in der Phase der akuten Gefährdung der Weimarer Verfassungsordnung im Sommer 1922 besaß die Stellung der Abgeordneten als legitime und freie Vertreter von Volksinteressen also parteiübergreifend eine hohe Wertschätzung.

In ähnlicher Weise wurde auch die Funktion des Reichstags von den Parlamentariern thematisiert. Insbesondere die Vertreter der bürgerlichen Parteien hoben dessen zentrale Stellung in der Gesetzgebung hervor, indem etwa Gustav Stresemann (DVP) den von der USPD ausgeübten »Druck auf die

85 Sten. Ber., Bd. 356, S. 8045 (Wilhelm Marx (Z), 25.6.1922). In diesem Sinne unterstrich der mehrheitssozialdemokratische Redner Hermann Silberschmidt die Notwendigkeit des Republikschutzgesetzes, indem er darauf verwies, dass »Arbeiter, Angestellte und Republikaner aller Art [...] daher vom Reichstag und seinen Vertretern [erwarten], daß jetzt endlich die Sicherung der Republik und der Persönlichkeit in die Wahrheit und in die Praxis umgesetzt wird.« Ebd., S. 8290 (Hermann Silberschmidt (SPD), 5.7.1922).

86 Sten. Ber., Bd. 356, S. 8425 (Wilhelm Kahl (DVP), 11.7.1922).

87 Sten. Ber., Bd. 356, S. 8696 (Wilhelm Bazille (DNVP), 18.7.1922).

88 Sten. Ber., Bd. 356, S. 8723 (Alfred Henke (USPD), 18.7.1922).

verfassungsmäßige Beratung und Verabschiedung des Gesetzentwurfes in demjenigen Organ« kritisierte, »das nach der Verfassung dazu berufen ist, und das ist der Deutsche Reichstag.«[89] Darüber hinaus beriefen sich auch mehrheitssozialdemokratische Regierungsmitglieder wie der Reichsinnenminister Adolf Köster auf den »Willen des Reichstags«, welcher sich in der Ausgestaltung der zu verabschiedenden Gesetzesvorlage vollständig ausgedrückt habe.[90] Mit diesem Verweis auf den Reichstag versuchten die parlamentarischen Redner, ihre eigenen politischen Positionen zu stärken.

Diese positive Sichtweise des Reichstags wurde durch die Bezugnahme auf das »Volk« noch unterstrichen. So äußerte etwa der Zentrumsredner Johannes Bell zu Beginn der Beratungen seine Zuversicht, dass die Gesetzesvorlage zum Schutz der deutschen Republik in den Ausschussverhandlungen eine Form finde, »die auf die breitesten Schultern unseres deutschen Volkes gestützt wird und eine möglichst große Mehrheit im Deutschen Reichstage findet.«[91] Die Redestrategie, die Entscheidungen des Reichstags mit denen des Volkes gleichzusetzen und so aufzuwerten, fand sich auch bei den Vertretern der übrigen republikanischen Parteien einschließlich der Unabhängigen Sozialdemokratie.[92] Zudem nutzten die mehrheitssozialdemokratischen Redner diese Gleichsetzung als Druckmittel, um die Gesetzesvorlage in ihrem Sinne auszugestalten.[93] Der von den republikanischen Parteien vertretenen Verbindung von »Volk« und »Reichstag« versuchten die Vertreter der extremen Parteien dadurch entgegenzuwirken, dass sie einen Gegensatz zwischen diesen beiden Instanzen schufen. Auf kommunistischer Seite bemühte sich Wilhelm Koenen (KPD) um eine Überordnung des Volkes über den Reichstag, indem er kurz vor der

89 Sten. Ber., Bd. 356, S. 8309 (Gustav Stresemann (DVP), 5.7.1922). In diesem Sinne betrachtete es der Zentrumsredner Johannes Bell als notwendig, dass für den Bestand der Republik »auch das deutsche Parlament sich seiner Aufgaben als vornehmste und höchste Körperschaft des Deutschen Reichs in der Form und nach dem Inhalt seiner Beratungen stets bewußt bleibt.« Ebd., S. 8485 (Johannes Bell (Z), 12.7.1922).

90 Sten. Ber., Bd. 356, S. 8493 (Adolf Köster (SPD), 12.7.1922).

91 Sten. Ber., Bd. 356, 8294 (Johannes Bell (Z), 5.7.1922).

92 So gab Paul Levi (USPD) seiner Hoffnung Ausdruck, dass die Kraft der Menschlichkeit im Reich auch »im Deutschen Reichstage und im deutschen Volke« eine Stütze finde. Sten. Ber., Bd. 356, S. 8421 (Paul Levi (USPD), 11.7.1922). Zur den übrigen Parteien siehe ebd., S. 8047 (Wilhelm Marx (Z), 25.6.1922), S. 8055 (Joseph Wirth (Z), 25.6.1922), S. 8705 (Erich Emminger (BVP), 18.7.1922), S. 8710 (Gustav Stresemann (DVP), 18.7.1922).

93 Hermann Silberschmidt (SPD) begründete seine Forderung nach einer beschleunigten und durchgreifenden Gesetzesarbeit mit dem Ziel, dass »in wenigen Tagen draußen im Volke die ungeheuerliche Spannung nachläßt und endlich in den Kreisen der Bevölkerung das Gefühl lebendig wird, daß dieses Mal der Reichstag Ernst machen will mit durchgreifenden Maßnahmen zum Schutze der Republik.« Sten. Ber., Bd. 356, S. 8291 (Hermann Silberschmidt (SPD), 5.7.1922).

Endabstimmung noch forderte, »daß dieses Gesetz zu Fall gebracht wird, daß die Reichstagsauflösung kommt, um an die Massen zu appellieren.«[94] Auch die deutschnationalen Redner sprachen sich zwar für eine Trennung von »Volk« und »Reichstag« aus, verfolgten damit aber im Unterschied zu den kommunistischen Kollegen nicht das Ziel, den Einfluss des Volkes zu stärken, sondern ihm vielmehr die parlamentarische Arbeit zu entziehen.[95] Solche Strategien erwiesen sich jedoch aufgrund der Übereinstimmung innerhalb der republikanischen Parteien als nicht mehrheitsfähig.

Von dieser parteipolitischen Frontstellung war auch die zusammenhängende Thematisierung von »Reichstag« und »Regierung« geprägt. Deren enge Verbindung wurde nicht nur von den eigentlichen Regierungsparteien, sondern auch von den die Regierungsmaßnahmen unterstützenden Parteien bestätigt.[96] Dabei diente der semantische Bezug zum Reichstag den parlamentarischen Rednern in erster Linie der Legitimation der Regierung, indem dessen Entscheidungen als mit dem Parlamentswillen übereinstimmend dargestellt wurden. Demgegenüber bemühten sich wiederum die Redner der KPD um eine Trennung dieser beiden Instanzen, indem sie ihrer rätedemokratischen Parteiprogrammatik entsprechend eine Überordnung des Reichstags über die Regierung im imperativen Sinne forderten.[97] Einer solchen Sichtweise mangelte es jedoch selbst an der Unterstützung durch die Unabhängigen Sozialdemokraten, die sich dem durch die parlamentarische Verantwortlichkeit geprägten Zusammenhang der übrigen republikanischen Parteien anschlossen. Folglich stellte der Reichstag in seiner durch das Volk legitimierten und die Regierung legitimierenden und kontrollierenden Stellung weitgehend ein parlamentari-

94 Sten. Ber., Bd. 356, S. 8719 (Wilhelm Koenen (KPD), 18.7.1922).

95 So kritisierte der deutschnationale Abgeordnete Wilhelm Graef den Druck der Sozialdemokratie auf die Gesetzesarbeit, die er mit der Verkündigung eines neu gewählten Papstes vor der jubelnden Menge verglich und ausführte: »Wenn wir das Gesetz über die Bannmeile nicht hätten, das ja bekanntlich den Volksmassen verbietet, sich in unmittelbarer Nähe des Reichstags aufzuhalten, würde der Vergleich ganz vollständig sein.« Sten. Ber., Bd. 356, S. 8410 (Wilhelm Graef (DNVP), 12.7.1922).

96 Vor dem Hintergrund weiterer Mordanschläge wies etwa der Unabhängige Sozialdemokrat Kurt Rosenfeld darauf hin, »daß bisher das Verhalten der Regierung und des Reichstags diesen Mordgesellen nicht imponiert hat.« Sten. Ber., Bd. 356, S. 8302 (Kurt Rosenfeld (USPD), 5.7.1922). Zur Sichtweise der Regierungsparteien ebd., S. 8475 (Eduard Hamm (DDP), 12.7.1922).

97 So forderte Emil Eichhorn (KPD), dass sich der Reichsjustizminister bei der Besetzung des vorgesehenen Staatsgerichtshofs nach dem parlamentarischen Votum zu richten habe und ansonsten vom Reichstag zum Rücktritt gezwungen werden müsse, denn letztlich »wird sich doch ein Reichsjustizminister finden, der willens ist, den Willen des Reichstags nach dieser Richtung auszuführen.« Sten. Ber., Bd. 356, S. 8483 (Emil Eichhorn (KPD), 12.7.1922).

sches Allgemeingut dar, welches nur von der äußersten Linken und der äußersten Rechten in Frage gestellt wurde.

Demgegenüber war die Stellung der Parteien weitaus umstrittener, da deren Wirken insbesondere durch die Vertreter der bürgerlichen Rechten negativ konnotiert war. Während sich dabei die Redner der DVP noch zurückhielten, indem sie lediglich die »Verhetzung der Parteien untereinander«[98] kritisierten, gingen die deutschnationalen Abgeordneten noch einen Schritt weiter. So lehnten sie den Gesetzentwurf zum Schutz der Republik als »Dokument einseitigster Parteiwillkür und einseitigsten Parteiterrors« ab und sahen in ihr letztlich den Beweis, zu welchen »verderblichen Verirrungen die Parteileidenschaft« fähig sei.[99] Zur Untermauerung dieser negativen Sichtweise stellten Vertreter beider Richtungen übereinstimmend einen Gegensatz zum Volk her, indem etwa Adelbert Düringer (DNVP) von den republikanischen Vertretern forderte, »moralische Eroberungen« durch eine gerechte und für alle Staatsbürger gleich geltende Gesetzgebung zu machen, damit sich die Republik »im ganzen Volke […], nicht nur bei den einzelnen politischen Parteien« einleben könne.[100]

Zwar gab es von bürgerlicher Seite auch Ansätze einer positiven Bestimmung des parteipolitischen Wirkens, als etwa Gustav Stresemann (DVP) eine zu starke Beschränkung der Parteiarbeit ablehnte, da es im Falle eines kurzen Wahlkampfes sein könne, »daß einer Partei überhaupt nicht die Möglichkeit gegeben wird, für ihre Ideen Propaganda zu machen.«[101] Auch wurden die Parteien in ein positives Verhältnis zum Volk gerückt.[102] Jedoch zielten solche Aussagen weniger auf eine grundsätzliche Aufwertung der Parteien, sondern waren in erster Linie von einem parteipolitischen Eigennutz geprägt, da sie

---

98 Sten. Ber., Bd. 356, S. 8059 (Rudolf Heinze (DVP), 25.6.1922). In diesem Sinne äußerte auch Gustav Stresemann (DVP) seine Besorgnis, »daß wir überhaupt wieder in eine falsche Parteizerfleischung hineinkommen, wenn wir den Gegensatz so formulieren: hier theoretische Republikaner, dort theoretische Monarchisten!« Ebd., S. 8310 (Gustav Stresemann (DVP), 5.7.1922).

99 Die Zitate in dieser Reihenfolge: Sten. Ber., Bd. 356, S. 8300 (Adelbert Düringer (DNVP), 5.7.1922), S. 8688 (Wilhelm Bazille (DNVP), 18.7.1922).

100 Sten. Ber., Bd. 356, S. 8298f. (Adelbert Düringer (DNVP), 5.7.1922). In diesem Sinne wies auch Rudolf Heinze (DVP) darauf hin, dass die »Monarchie […] nicht wiederkommen [könne] als Parteisache, sondern nur als Sache des ganzen Volkes.« Ebd., S. 8060 (Rudolf Heinze (DVP), 25.6.1922). Siehe auch ebd., S. 8309 (Gustav Stresemann (DVP), 5.7.1922).

101 Sten. Ber., Bd. 356, S. 8313 (Gustav Stresemann (DVP), 5.7.1922). Siehe auch ebd., S. 8426 (Wilhelm Kahl (DVP), 11.7.1922), S. 8433 (Walther Schücking (DDP), 11.7.1922).

102 So äußerte der bayerische Abgeordnete Liborius Gerstenberger (BVP) den Wunsch, dass »doch bei allen Parteien die Erkenntnis ausschlaggebend werden [möge], daß sie nicht Selbstzweck sind, sondern nur ein Mittel, um dem Volke zu dienen in allen seinen Berufen, Ständen und Schichten, nur Mittel zur Erhaltung und Rettung des einigen, uns allen gemeinsamen deutschen Vaterlandes.« Sten. Ber., Bd. 356, S. 8064 (Liborius Gerstenberger (BVP), 25.6.1922).

ausschließlich von Rednern der bürgerlichen Rechtsparteien vorgebracht wurden, die damit eine Beschränkung der eigenen Parteiarbeit durch das Gesetz verhindern wollten.

Zu einer positiven Bestimmung der Parteien blieb auch der Verweis auf ihre zentrale Bedeutung für die Regierungsbildung weitgehend ungenutzt, da das Verhältnis zur Regierung nicht weiter spezifiziert wurde. Zwar verwendeten die parlamentarischen Redner parteiübergreifend die Bezeichnung »Regierungsparteien«[103] als Sammelbegriff für die Parteien, welche die Reichsregierung bildeten. Damit wurde jedoch eine Gleichsetzung von »Parteien« und »Regierung« propagiert, die sich auch in der übrigen Thematisierung dieses Verhältnisses widerspiegelte.[104] Eine weitergehende Problematisierung, welche die durch die Parteien bedingte und damit veränderbare Regierungszusammensetzung in den Mittelpunkt stellte, fand dagegen nicht statt, was sich auch in der Verwendung des Oppositionsbegriffs ausdrückte. Lediglich die linksliberalen Abgeordneten nahmen im positiven Sinne auf diesen Bezug, als etwa Walther Schücking (DDP) selbst in dieser Phase der innenpolitischen Spannungen die Meinung vertrat, dass es »ein angeborenes Menschenrecht auf Opposition in einem parlamentarisch regierten Staat« gebe.[105] Solche Ausführungen zur Bedeutung und Funktion der Opposition, die Regierungspolitik zu kritisieren und sich als Alternative anzubieten, stellten jedoch Ausnahmen dar. Während die Redner der Regierungsparteien auf diesen Begriff gänzlich verzichteten, nahmen die deutschnationalen Abgeordneten ihn zwar auf.[106] Jedoch engten sie ihren eigenen Status als Oppositionspartei nicht auf den parlamentarischen Bereich ein, sondern verorteten ihn grundsätzlich, indem sie sich

103 Sten. Ber., Bd. 356, S. 8062 (Carl Petersen (DDP), 25.6.1922), S. 8296 (Adelbert Düringer (DNVP), 5.7.1922), S. 8309 (Gustav Stresemann (DVP), 5.7.1922), S. 8476f. (Eduard Hamm (DDP), 12.7.1922), S. 8693 (Wilhelm Bazille (DNVP), 18.7.1922).

104 Vgl. Sten. Ber., Bd. 356, S. 8062 (Carl Petersen (DDP), 25.6.1922), S. 8294 (Carl Petersen (DDP), 5.7.1922), S. 8311 (Gustav Stresemann (DVP), 5.7.1922), S. 8415 (Wilhelm Graef (DNVP), 11.7.1922), S. 8449 (Joseph Wirth (Z), 11.7.1922), S. 8450 (Joseph Herzfeld (KPD), 11.7.1922), S. 8474 (Eduard Hamm (DDP), 12.7.1922), Sten. Ber., Bd. 356, S. (Johann Vogel (SPD), 12.7.1922), S. 8700 (Wilhelm Keil (SPD), 18.7.1922). Zur unzureichenden Deutung dieses Verhältnisses siehe Raithel, S. 90–93.

105 Sten. Ber., Bd. 356, S. 8431 (Walther Schücking (DDP), 11.7.1922). In diesem Sinne legte auch sein Parteikollege Carl Petersen Wert darauf zu betonen, dass seine Partei das »Recht der Opposition« anerkenne: ebd., S. 8062 (Carl Petersen (DDP), 25.6.1922).

106 So rechtfertigte Wilhelm Bazille (DNVP) das regierungskritische Verhalten seiner Partei damit, dass das »Wesen der Opposition« auf die Kritik beschränkt sei. Sten. Ber., Bd. 356, S. 8698 (Wilhelm Bazille (DNVP), 18.7.1922). Zum Oppositionsbegriff dieser Zeit genauer Raithel, Spiel, S. 94f. Siehe auch Grosser, Sehnsucht, S. 218–221.

explizit als »nationale Opposition« bezeichneten.[107] Somit wurde dem Oppositionsbegriff von Seiten der DNVP der Gehalt einer das staatliche System ablehnenden Fundamentalopposition verliehen, womit die linksliberale Sichtweise einer innerparlamentarischen parteipolitischen Alternative obsolet wurde.[108]

Für die unzureichende Unterstützung einer solchen Deutung von Opposition zeichnete sich nicht zuletzt das stark polarisierte Parteienverständnis verantwortlich. Mittels der Begriffspaare »Rechtsparteien«[109] und »Linksparteien«[110] sowie »bürgerliche Parteien«[111] und »sozialistische Parteien«[112] wurde die Vorstellung von zwei einander gegenüberliegenden parteipolitischen Lagern suggeriert. Insbesondere die Redner der extremen Linken und der extremen Rechte griffen auf dieses semantische Mittel zurück, um durch die Abgrenzung vom gegnerischen Parteilager den Zusammenschluss der eigenen Reihen zu erreichen. Aufgrund dieser polarisierten Verwendung des Parteienbegriffs fand die parlamentarische Vorstellung eines Wechselspiels von Regierungs- und Oppositionsparteien nur wenig Anhänger, wie auch die Bezeichnungen »Koalition« und »Koalitionspartei« von den Vertretern der republikanischen Parteien nahezu unbesetzt blieben.[113] In erster Linie wurden diese von den Unabhängigen Sozialdemokraten aufgegriffen, die sich vom Verhalten der »bürgerliche[n] Koalitionsparteien« abgrenzten.[114] Stattdessen bemühten sich die Redner der

107 Sten. Ber., Bd. 356, S. 8411 (Wilhelm Graef (DNVP), 11.7.1922). Siehe auch ebd., S. 8692 (Wilhelm Bazille (DNVP), 18.7.1922).

108 Raithel, Funktionsstörungen, S. 259.

109 Vgl. Sten. Ber., Bd. 356, S. 8295f (Adelbert Düringer (DNVP), 5.7.1922), S. 8317 (Kurt Remmele (KPD), 5.7.1922), S. 8721 (Kurt Rosenfeld (USPD), 18.7.1922), S. 8716f. (Wilhelm Koenen (KPD), 18.7.1922). Siehe auch ebd. S. 8052 (Arthur Crispien (USPD), 25.6.1922), S. 8301 (Kurt Rosenfeld (USPD), 5.7.1922), S. 8486 (Rudolf Wissell (SPD), 12.7.1922).

110 Sten. Ber., Bd. 356, S. 8296 (Adelbert Düringer (DNVP), 5.7.1922), S. 8462 (Kurt Remmele (KPD), 12.7.1922), S. 8700 (Wilhelm Keil (SPD), 18.7.1922), S. 8722 (Alfred Henke (USPD), 18.7.1922).

111 Sten. Ber., Bd. 356, S. 8054 (Arthur Crispien (USPD), 25.6.1922), S. 8301 (Kurt Rosenfeld (USPD), 5.7.1922), S. 8450 (Joseph Herzfeld (KPD), 11.7.1922), S. 8470 (Eduard Hamm (DDP), 12.7.1922), S. 8491 (Friedrich Wilhelm Semmler (DNVP), 12.7.1922), S. 8718 (Wilhelm Koenen (KPD), 18.7.1922), S. 8721 (Alfred Henke (USPD), 18.7.1922).

112 Sten. Ber., Bd. 356, S. 8050 (Gustav Radbruch (SPD), 25.6.1922), S. 8450 (Joseph Herzfeld (KPD), 11.7.1922), S. 8505 (Joseph Herzfeld (KPD), 12.7.1922), S. 8718 (Wilhelm Koenen (KPD), 18.7.1922). Zur alternativen Formulierung der »proletarischen Parteien« ebd., S. 8501 (Wilhelm Koenen (KPD), 12.7.1922), S. 8720 (Alfred Henke (USPD), 18.7.1922).

113 Lediglich an einer Stelle griffen die Redner der Regierungsparteien auf diese Bezeichnung zurück, als der Zentrumsredner Wilhelm Marx darauf hinwies, dass die Rettung ausschließlich durch die Tat gelinge, »wie sie von der Koalition ausgeführt worden ist, wie sie von uns, der Zentrumspartei, in Verein mit Demokraten und Mehrheitssozialdemokraten nun schon seit Jahren pflichtmäßig getan worden ist.« Sten. Ber., Bd. 356, S. 8047 (Wilhelm Marx (Z), 25.6.1922).

114 Sten. Ber., Bd. 356, S. 8721 (Alfred Henke (USPD), 18.7.1922).

politischen Mitte um eine Betonung der Einheit der Parteien.[115] Eine solche einheitliche Sichtweise bedingte jedoch keine Anerkennung der unterschiedlichen Parteimeinungen und ihres Ausgleichs durch die Bildung von Koalitionen, sondern vielmehr deren Negierung, indem der Zusammenschluss möglichst aller Parteien zum Ideal erklärt wurde. Auch wenn die im Sommer 1922 erwünschte Parteieneinheit insbesondere auf die republikanische Ausnahmesituation zurückzuführen ist, verdeutlicht sie dennoch die grundsätzliche Schwierigkeit der verfassungstreuen parlamentarischen Mitte, ein positives Parteienbild zu propagieren, bei dem die Funktion der Bündelung von Wählerinteressen und der Herausbildung einer Regierungsmehrheit im Mittelpunkt stand.[116] Somit erstreckte sich die Parteienkritik nicht nur auf die bürgerliche Rechte, sondern wurde implizit auch von den verfassungstreuen Parteien geteilt.

2.3. Die breite Anerkennung der Exekutivgewalten

Innerhalb der Gesetzesberatungen war die Stellung der parlamentarischen Regierung weitgehend anerkannt, wie es insbesondere in den Äußerungen von Regierungsmitgliedern und Abgeordneten der Mittelparteien zum Ausdruck kam. Nicht nur der Reichskanzler Joseph Wirth (Z) nahm für seine Regierung in Anspruch, in dieser Situation »rasch und entschlossen«[117] zu handeln. Auch Wilhelm Marx vom Zentrum und Carl Petersen von der DDP erklärten im Namen ihrer Parteien übereinstimmend, sich »einmütig und einhellig hinter die Maßnahmen der Regierung« zu stellen.[118] Demgegenüber äußerten die mehrheitssozialdemokratischen Redner ihre Unterstützung der Reichsregierung,

115 In diesem Sinn gab Wilhelm Marx die »ernste Bitte an die Parteien« weiter, »sich in möglichst weitem Umfange zusammenzuschließen«. Sten. Ber., Bd. 356, S. 8048 (Wilhelm Marx (Z), 25.6.1922). Siehe auch S. 8062 (Carl Petersen (DDP), 25.6.1922), ebd., S. 8423 (Johannes Bell (Z), 11.7.1922), S. 8429 (Walther Schücking (DDP), 11.7.1922), S. 8449 (Joseph Wirth (Z), 11.7.1922), S. 8709 (Gustav Stresemann (DVP), 18.7.1922), S. 8722 (Alfred Henke (USPD), 18.7.1922).

116 Ausführlich hierzu Raithel, Spiel, S. 88–95.

117 Sten. Ber., Bd. 356, S. 8448 (Joseph Wirth (Z), 12.7.1922). In diesem Sinne betonte auch der Reichsminister des Innern, Adolf Köster (SPD), dass das vom Gesetzentwurf vorgesehene Einreiseverbot von Mitgliedern ehemaliger landesherrlicher Familien durch die Reichsregierung »weder aus einem Gefühl der Rache noch aus einem Gefühl der Angst [erfolgt ist], sondern aus dem Bedürfnis heraus, für etwas, was diese Reichsregierung oder vielleicht eine andere in allernächster Zeit oder in nächster Zeit aus innen- und außenpolitischen Gründen tun müßte, eine gesetzmäßige Grundlage zu geben.« Ebd., S. 8511 (Adolf Köster (SPD), 12.7.1922).

118 Sten. Ber., Bd. 356, S. 8046 (Wilhelm Marx (Z), 25.6.1922). Dazu ebd., S. 8063 (Carl Petersen (DDP), 25.6.1922).

indem sie wie Otto Wels (SPD) »ein rücksichtsloses Vorgehen der Regierung gegen die geheimen Organisationen«[119] forderten, womit sie deren Stellung als entscheidende exekutive Instanz implizit voraussetzten.

Auf diese Sprachstrategie griffen auch die Vertreter der republikanischen Randparteien zurück, um ihre parteipolitischen Vorstellungen für das Republikschutzgesetz durchzusetzen. So forderte der rechtsliberale Sprecher Rudolf Heinze bereits in der Besprechung der präsidialen Notverordnung am 25. Juni 1922 die Regierung dazu auf, diese nach beiden politischen Richtungen gleichmäßig anzuwenden.[120] Ähnlich untermauerte auch Paul Levi (USPD) seine Forderung nach einer Verschärfung der Gesetzesbestimmungen, indem er darauf verwies, dass eine »Regierung, die innenpolitisch in diesen schweren Zeiten nicht die Kraft findet, alles bis zum letzten zu tun, [...] ihren Kredit nach außen« gefährde.[121] Aufgrund ihrer eigenen Position als kooperationsbereite Oppositionsparteien bekannten sich DVP wie USPD zwar nicht zu den Maßnahmen der Reichsregierung Wirth. Jedoch stellten sie mit ihren Aussagen deren legitime Stellung als die zentrale Exekutivgewalt in den Vordergrund, womit sie die politische Handlungsfähigkeit der Regierung anerkannten.

Hiervon setzten sich die Vertreter der den Gesetzentwurf ablehnenden Parteien auf der äußersten Linken und Rechten des Hauses ausdrücklich ab. Im Gegensatz zu den republikanischen Parteien stellten sie die Schwäche der Regierung in den Vordergrund, indem z.B. Wilhelm Koenen von der KPD bereits einen Tag nach der Ermordung Rathenaus bemängelte, dass es »dieser schwachen Regierung nicht gelingen [werde], in Bayern ihre Verordnung durchzusetzen.«[122] Mit dieser Form der Kritik hielten sich die deutschnationalen Abgeordneten zu Beginn der Beratungen aufgrund ihrer innenpolitischen Isolierung zurück[123] und gingen erst in der dritten Lesung auf offenen Konfrontationskurs.[124] Diese semantische Strategie, die Stellung der parlamentarischen Regierung als schwach darzustellen und so zu delegitimieren, erwies sich

---

119 Sten. Ber., Bd. 356, S. 8043 (Otto Wels (SPD), 25.6.1922).

120 Sten. Ber., Bd. 356, S. 8060 (Rudolf Heinze (DVP), 25.6.1922).

121 Sten. Ber., Bd. 356, S. 8421 (Paul Levi (USPD), 11.7.1922). Siehe auch ebd., S. 8053 (Arthur Crispien (USPD), 25.6.1922), S. 8302 (Kurt Rosenfeld (USPD), 5.7.1922).

122 Sten. Ber., Bd. 356, S. 8066 (Wilhelm Koenen (KPD), 25.6.1922).

123 In der Besprechung der präsidialen Notverordnung am 25.6.1922 führte der deutschnationale Abgeordnete Oskar Hergt im Namen seiner Partei sogar aus, dass diese »von der Regierung und allen Behörden« erwarte, »daß sie kein Mittel unversucht lassen werde, um die Mörder der Aburteilung zuzuführen.« Sten. Ber., Bd. 356, S. 8049 (Oskar Hergt (DNVP), 25.6.1922).

124 Wilhelm Bazielle (DNVP) griff die Regierungspolitik an, indem er es als charakteristisch für »schwache Regierungen« ansah, »daß sie sich immer da stark zeigen, wo maßvolle Zurückhaltung am Platze ist, und immer da schwach, wo sie stark sein sollten.« Sten. Ber., Bd. 356, S. 8695 (Wilhelm Bazille (DNVP), 18.7.1922).

jedoch als nicht anschlussfähig, wie auch der Versuch auf deutschnationaler Seite ins Leere lief, zum Zwecke der Abwertung der »Regierung« diese in Verbindung mit den negativ konnotierten »Parteien« zu bringen.[125]

Beide Ansätze scheiterten letztlich an der relativ breiten Anerkennung, die der Reichsregierung von den republikanischen Parteien zuteil wurde. Deren Vertreter verstärkten diese noch, indem sie die »Regierung« in Zusammenhang mit dem »Volk« thematisierten. So verteidigte der Reichsinnenminister Adolf Köster (SPD) die Ausweitung der Regierungskompetenzen mit dem Hinweis, dass »dauernde Maßnahmen« notwendig seien, um »das zu tun, was die Situation erfordert und was das deutsche Volk vielleicht schon längst von seiner Regierung erwartet hat.«[126] Daneben stellten insbesondere die bürgerlichen Redner eine Verbindung zum »Staat« her, indem etwa Carl Petersen (DDP) beide Aspekte in eins setzte, als er die Hetzjagd der Deutschnationalen im Reichstag »gegenüber der Regierung und dem Staat« verurteilte.[127]

Durch die Verweise auf das »Volk« und den »Staat« wurde die positive Sichtweise der Regierung durch die republikanischen Parteien also noch verstärkt, sodass die Vertreter der das Republikschutzgesetz ablehnenden Parteien auf andere Strategien zurückgriffen, um ihre Position kund zu tun. So setzten sie sich von der pauschalen Betrachtungsweise ab und personalisierten ihre Kritik, indem sie anstelle des Regierungsbegriffs verstärkt die Bezeichnungen »Reichskanzler« und »Minister« verwendeten. Damit wandten sie sich unmittelbar gegen die Entscheidungen der betreffenden Personen und vermieden gleichzeitig die von den republikanischen Parteien positiv besetzte Bezeichnung der »Regierung«.[128] Aber auch diese Form der Kritik erwies sich unter

125 So lehnte Wilhelm Graef (DNVP) bereits in der zweiten Lesung den Gesetzentwurf mit dem Hinweis ab, dass es »in seiner jetzigen Fassung […] ein Angstprodukt ersten Ranges der Regierung und der Mehrheitsparteien« sei.« Sten. Ber., Bd. 356, S. 8416 (Wilhelm Graef (DNVP), 12.7.1922).

126 Sten. Ber., Bd. 356, S. 8288 (Adolf Köster (SPD), 5.7.1922). Siehe auch ebd., Bd. 355, S. 8291 (Hermann Silberschmidt (SPD), 5.7.1922), S. 8037 (Joseph Wirth (Z), 24.6.1922); ebd., Bd. 356, S. 8046 (Wilhelm Marx (Z), 25.6.1922), S. 8445 (Joseph Wirth (Z), 11.7.1922), S. 8473 (Eduard Hamm (DDP), 12.7.1922), S. 8511f. (Adolf Köster (DNVP), 12.7.1922). Die Redner der sozialistischen Linke benutzten diesen semantischen Zusammenhang auch zur Betonung ihrer Forderungen, wenn etwa Paul Levi (USPD) mahnte: »Wenn die Regierung das Gebot nicht erkennt und wenn die Deutschnationalen bis zum Letzten verblendet sind: die Volksmassen, vielleicht unwissend, fühlen instinktiv, daß hier über ihr Geschick entschieden wird.« Ebd., S. 8421 (Paul Levi (USPD), 11.7.1922). Siehe auch ebd., S. 8451 (Joseph Herzfeld (KPD), 11.7.1922), S. 8479 (Kurt Rosenfeld (USPD), 12.7.1922).

127 Sten. Ber., Bd. 356, S. 8062 (Carl Petersen (DDP), 25.6.1922). Siehe auch ebd., S. 8046 (Wilhelm Marx (Z), 25.6.1922), S. 8294 (Carl Petersen (DDP), 5.7.1922).

128 Sten. Ber., Bd. 356, S. 8295 (Adelbert Düringer (DNVP), 5.7.1922), S. 8413 (Wilhelm Graef (DNVP), 11.7.1922), S. 8483 (Emil Eichhorn (KPD), 12.7.1922), S. 8694 (Wilhelm Bazille (DNVP), 18.7.1922).

den Rednern der übrigen Parteien als nicht anschlussfähig, da sie auf die personalisierte Sichtweise weitgehend verzichteten und solche Bezeichnungen nur am Rande aufgriffen.[129] Jedoch galt die Anerkennung seitens der republikanischen Parteien nicht pauschal allen Regierungsformen. Der Fokus lag vielmehr auf der nach den Normen der Weimarer Verfassung festgelegten Gestalt, wie sie in der Rede von den »republikanischen Regierungen« zum Ausdruck kam. Zwar wurde diese Formulierung durch den Text des ersten Gesetzentwurfs der Regierung in die Diskussion gebracht, der einen Schutz von »Mitglieder[n] einer im Amt befindlichen oder einer früheren republikanischen Regierung des Reichs oder eines Landes« vorsah.[130] Aufgrund der breiten Verwendung durch die Redner der republikanischen Parteien stellte diese Wortwahl jedoch gegenüber den Verfassungsberatungen von 1919 eine sprachliche Innovation dar, mittels derer ausschließlich die verfassungsmäßige republikanische und parlamentarische Regierungsform positiv anerkannt wurde.[131] Hinsichtlich der Stellung der parlamentarischen Reichsregierung im Sommer 1922 lässt sich somit festhalten, dass sie unter den republikanischen Parteien gegen die Kritik der Flügelparteien weitgehend anerkannt war und hier die Möglichkeit bot, trotz unterschiedlicher verfassungspolitischer Zielsetzungen zum Schutz der Republik zusammenzufinden.

Eine ähnliche verbindende Funktion nahm auch die Thematisierung des Reichspräsidenten ein, der von den parlamentarischen Rednern hinsichtlich seiner Bedeutung für den Schutz der Republik diskutiert wurde. Insbesondere die Vertreter der bürgerlich-republikanischen Parteien hoben diese positiv hervor, indem etwa der Zentrumsvertreter Johannes Bell bei der Besetzung des vom Gesetzentwurf vorgesehenen Staatsgerichtshofs sein »volle[s] Vertrauen zu der Loyalität des Herrn Reichspräsidenten« äußerte und diesem die eigenständige Auswahl der Richter überlassen wollte.[132] Aber auch die Vertreter der

---

129 Vgl. Sten. Ber., Bd. 356, S. 8061 (Rudolf Heinze (DVP), 25.6.1922), S. 8311 (Gustav Stresemann (DVP), 5.7.1922), S. 8291 (Hermann Silberschmidt (SPD), 5.7.1922), S. 8423 (Johannes Bell (Z), 11.7.1922), S. 8417f. (Paul Levi (USPD), 11.7.1922), S. 8478 (Kurt Rosenfeld (USPD), 12.7.1922), S. 8708 (Gustav Stresemann (DVP), 18.7.1922).

130 Sten. Ber., Bd. 374, Nr. 4661.

131 Sten. Ber., Bd. 356, S. 8289 (Hermann Silberschmidt (SPD), 5.7.1922), S. 8398 (Johannes Bell (Z), 12.7.1922), S. 8489f. (Albert Zapf (DVP), 12.7.1922). Die kommunistischen Abgeordneten nutzten diesen semantischen Verweis, um ihre Ablehnung der Regierungsmaßnahmen zum Schutz der Republik zu verstärken, indem etwa Kurt Remmele (KPD) kritisch nachfragte, was die »republikanische Regierung« gegen die monarchistische Durchsetzung der Exekutive tue: ebd., S. 8320 (Kurt Remmele (KPD), 5.7.1922). Siehe auch ebd., S. 8461 (Wilhelm Koenen (KPD), 12.7.1922).

132 Sten. Ber., Bd. 356, S. 8485 (Johannes Bell (Z), 12.7.1922). In diesem Sinne führte auch Gustav Stresemann (DVP) aus, dass die Gewähr für die Berufung geeigneter Persönlichkeiten »beim Reichspräsidenten und bei der Reichsregierung« liege: ebd., S. 8314 (Gustav Stresemann

sozialdemokratischen Parteien beriefen sich im positiven Sinne auf die Autorität des Präsidenten, indem selbst Unabhängige Sozialdemokraten wie Kurt Rosenfeld ihre Hoffnung äußerten, dass »der Reichspräsident sich bei der Auswahl der Richter von diesen Gesichtspunkten [der Republiktreue, H.B.] leiten lassen« werde.[133] Demgegenüber brachten die Vertreter der Flügelparteien ihre Ablehnung des Republikschutzgesetzes auch dadurch zum Ausdruck, dass sie sich von der positiv konnotierten Thematisierung des Reichspräsidenten abgrenzten und dessen Stellung im Gegensatz zu den republikanischen Rednern negativ bewerteten.[134] Jedoch erhielten sie mit dieser Sichtweise keine Unterstützung von den republikanischen Parteien, deren Einigkeit in der Anerkennung der Exekutivgewalten sich auch in diesem Fall bewährte. Wie die Stellung der parlamentarischen Reichsregierung genoss die verfassungsmäßige Position des Reichspräsidenten einschließlich seiner Legitimation durch eine parlamentarisch vermittelte Volkswahl eine breite, von der USPD bis zur DVP reichende Unterstützung.

2.4. Die Auseinandersetzung um den Staat und die Staatsform

In den parlamentarischen Beratungen des Republikschutzgesetzes wurde der »Staat« aufgrund der beabsichtigten Sicherung der staatlichen Institutionen erwartungsgemäß am umfangreichsten diskutiert. Hier verwendeten insbesondere die Vertreter der Regierung und der bürgerlichen republikanischen Parteien den Staatsbegriff, indem nicht nur der Reichskanzler Joseph Wirth (Z) in seiner Begründung der Regierungspolitik betonte, dass »der Staat selbst [...] in Gefahr« sei.[135] Auch Parlamentarier wie Carl Petersen (DDP) bekannten sich zum »Staat«, indem sie forderten, »unseren Staat im Innern und nach außen erhalten [zu] müssen«.[136]

---

mann (DVP), 5.7.1922). Siehe auch ebd., S. 8424 (Johannes Bell (Z), 11.7.1922), S. 8471 (Eduard Hamm (DDP), 12.7.1922), S. 8710 (Gustav Stresemann (DVP), 18.7.1922).

133 Sten. Ber., Bd. 356, S. 8479 (Kurt Rosenfeld (USPD), 12.7.1922). Siehe auch ebd., S. 8477 (Gustav Radbruch (SPD), 12.7.1922).

134 So wies Wilhelm Koenen auf die Unzufriedenheit der Arbeiter hin, »weil eine Republik, geführt von einem sozialdemokratischen Präsidenten, geführt von einem sozialdemokratischen Justizminister, sie [die Arbeiter, H.B.] in den Zuchthäusern hält, während man die rechten Mordgesellen laufen läßt.« Sten. Ber., Bd. 356, S. 8067 (Wilhelm Koenen (KPD), 25.6.1922). Siehe auch ebd., S. 8483 (Emil Eichhorn (KPD), 12.7.1922), S. 8695 (Wilhelm Bazille (DNVP), 18.7.1922).

135 Sten. Ber., Bd. 356, S. 8445 (Joseph Wirth (Z), 11.7.1922).

136 Sten. Ber., Bd. 356, S. 8063 (Carl Petersen (DDP), 25.6.1922). Auch Gustav Stresemann (DVP) erkannte »die Berechtigung und die Pflicht des Staates« an, Maßnahmen zum Schutz der Verfassung zu erlassen. Ebd., S. 8309 (Gustav Stresemann (DVP), 5.7.1922). Siehe auch

Während sich also die bürgerlichen Abgeordneten in ihren Ausführungen auf den Staat im Allgemeinen bezogen, stellten die Redner der Arbeiterparteien in ihren Ausführungen die Staatsform in den Vordergrund ihrer Betrachtungen und griffen dementsprechend auf den Begriff der Republik zurück.[137] So forderten die Redner der SPD ein entscheidendes Eingreifen des Staates gegen die reaktionären Bestrebungen, welche die »Grundfesten der Republik«[138] erschüttern würden, wie auch Unabhängige Sozialdemokraten verlangten, dass »endlich etwas Durchgreifendes zum Schutze der Republik« geschehe.[139] Darüber hinaus sprachen sich auch kommunistische Abgeordnete für den Schutz der Republik aus, wobei sie ihre Ablehnung des Gesetzentwurfs damit begründeten, dass dieser keine »Gewähr für die Sicherung der Republik« böte.[140] Jedoch waren trotz dieser parteiübergreifend festzustellenden Berufung auf die »Republik« damit unterschiedliche Vorstellungen verbunden, wie die Formulierungen insbesondere der Redner der KPD belegen, die entsprechend ihrer marxistisch-leninistischen Programmatik die gegenwärtige »bürgerlich-kapitalistische Republik« ablehnten und demgegenüber die Einrichtung einer »proletarisch-demokratischen Republik« forderten.[141] Bei solchen Konkretisierungen hielten sich die Vertreter der sozialdemokratischen Parteien dagegen weitgehend zurück. Zwar bekannte sich Kurt Rosenfeld (USPD) zur »sozialistischen Republik«[142], womit er den kommunistischen Abgeordneten die alleinige Deutung über diese Staatsform absprach. Ansonsten verzichteten die sozialdemokratischen Redner auf ein programmatisches Bekenntnis, da sie letztlich auf die für den Republikschutz notwendige Zusammenarbeit mit den bürgerlichen Parteien angewiesen waren, welche sie durch die Verwendung des allgemeinen und damit unspezifischen Republikbegriffs ermöglichten.

---

ebd., S. 8046 (Wilhelm Marx (Z), 25.6.1922), S. 8058 (Rudolf Heinze (DVP), 25.6.1922), S. 8294 (Carl Petersen (DDP), 5.7.1922), S. 8312 (Gustav Stresemann (DVP), 5.7.1922), S. 8430 (Walther Schücking (DDP), 11.7.1922), S. 8711 (Gustav Stresemann (DVP), 18.7.1922).

137 Dazu Schulze, Weimar, S. 245.

138 Sten. Ber., Bd. 356, S. 8043 (Otto Wels (SPD), 25.6.1922). Siehe auch ebd., S. 8288 (Adolf Köster (SPD), 5.7.1922), S. 8289f. (Hermann Silberschmidt (SPD), 5.7.1922), S. 8409 (Rudolf Wissell (SPD), 11.7.1922), S. 8700 (Wilhelm Keil (SPD), 18.7.1922).

139 Sten. Ber., Bd. 356, S. 8302 (Kurt Rosenfeld (USPD), 5.7.1922). Dazu ebd., S. 8052 (Arthur Crispien (USPD), 25.6.1922), S. 8421 (Paul Levi (USPD), 11.7.1922), S. 8481 (Kurt Rosenfeld (USPD), 12.7.1922), S. 8721–8725 (Alfred Henke (USPD), 18.7.1922).

140 Sten. Ber., Bd. 356, S. 8322 (Kurt Remmele (KPD), 5.7.1922). Siehe auch ebd., S. 8072 (Wilhelm Koenen (KPD), 25.6.1922), S. 8452f. (Joseph Herzfeld (KPD), 11.7.1922), S. 8466 (Wilhelm Koenen (KPD), 12.7.1922), S. 8715 (Wilhelm Koenen (KPD), 18.7.1922).

141 Sten. Ber., Bd. 356, S. 8072 (Wilhelm Koenen (KPD), 25.6.1922). Siehe auch ebd., S. 8322 (Kurt Remmele (KPD), 5.7.1922), S. 8451 (Joseph Herzfeld (KPD), 11.7.1922). Dazu Ullrich, Schall, S. 198.

142 Sten. Ber., Bd. 356, S. 8307 (Kurt Rosenfeld (USPD), 5.7.1922).

Diesen Bemühungen kamen die Vertreter der bürgerlichen republikanischen Parteien dadurch entgegen, dass sie ebenfalls auf den Begriff der Republik rekurrierten und sich zu dieser Staatsform bekannten.[143] Zwar bemühten sie sich, etwa mit der Rede von der »demokratische[n] Republik«[144] diese Staatsform in ihrem Sinne zu besetzen. Aber auch sie verzichteten letztlich wie die sozialdemokratischen Abgeordneten auf eine semantische Spezifizierung. Somit fungierte die »Republik« aufgrund der von beiden parteipolitischen Lagern gewollten Unbestimmtheit als Sammlungsbegriff, unter der die Zusammenarbeit der verfassungstreuen Mittelparteien mit der USPD ermöglicht wurde.

Zur Gewinnung der Unterstützung der DVP schied dieser Begriff aufgrund der monarchistischen Elemente in der rechtsliberalen Parteiprogrammatik jedoch aus. So wählten die Redner der DVP anstelle des Republikbegriffs die Bezeichnung der »verfassungsmäßigen republikanischen Staatsform«, um so den Schutz der Verfassung und nicht der Staatsform in den Vordergrund zu stellen.[145] Diese Formulierung war durch den Regierungsentwurf des Gesetzes vom 3. Juli 1922[146] bereits nahegelegt worden, die in leicht abgewandelter Form in das vom Reichstag am 18. Juli 1922 angenommene Republikschutzgesetz übernommen wurde.[147] Durch den wiederholten Rückgriff der rechtsliberalen Abgeordneten auf diese Bezeichnung fand diese gegen die Kritik der Unabhängigen Sozialdemokraten[148] und trotz der Ablehnung durch die Kommu-

143 So hob nicht nur der linksliberale Redner Carl Petersen hervor, dass er und seine Parteikollegen »an dieser Republik hängen« würden. Auch der Zentrumsvertreter Johannes Bell kritisierte das Vorgehen der republikfeindlichen Kräfte, welche »die deutsche Republik durch Verächtlichmachung ihrer höchsten Beamten zu diskreditieren« versuche. Sten. Ber., Bd. 356, S. 8062 (Carl Petersen (DDP), 25.6.1922), S. 8423 (Johannes Bell (Z), 11.7.1922). Siehe auch ebd., S. 8048 (Wilhelm Marx (Z), 25.6.1922), S. 8293 (Johannes Bell (Z), 5.7.1922), S. 8433 (Walther Schücking (DDP), 11.7.1922), S. 8448 (Joseph Wirth (Z), 11.7.1922), S. 8475f. (Eduard Hamm (DDP), 12.7.1922).

144 Sten. Ber., Bd. 356, S. 8062f. (Carl Petersen (DDP), 25.6.1922), S. 8485 (Johannes Bell (Z), 12.7.1922).

145 Vgl. Sten. Ber., Bd. 356, S. 8310 (Gustav Stresemann (DVP), 5.7.1922), S. 8428 (Wilhelm Kahl (DVP), 11.7.1922), S. 8489 (Albert Zapf (DVP), 12.7.1922), S. 8711 (Gustav Stresemann (DVP), 18.7.1922). Dazu Jasper, Schutz, S. 81f.

146 Sten. Ber., Anlage-Bd. 374, Nr. 4661.

147 Der Gesetzestext sah für die Personen eine Gefängnisstrafe zwischen drei Monaten und fünf Jahren vor, die an einer Verbindung teilnehmen oder solche unterstützen würden, welche die »verfassungsmäßig festgestellte republikanische Staatsform des Reichs oder eines Landes zu untergraben« bezwecke: RGBl. 1922, S. 585–590, hier S. 586. Die redaktionelle Änderung wurde in der dritten Lesung beschlossen: Sten. Ber., Bd. 356, S. 8730.

148 So kritisierte Kurt Rosenfeld (USPD), dass die »Formulierung, die jetzt gewählt ist, daß die Bekämpfung der verfassungsmäßigen republikanischen Staatsform unter Strafe gestellt wird, durchaus die Auslegung zu[läßt], daß das Gesetz auch gegen die Parteien angewandt wird, die sich zur Diktatur des Proletariats bekennen.« Sten. Ber., Bd. 356, S. 8304 (Kurt Rosenfeld (USPD), 5.7.1922).

nisten[149] Eingang in den Sprachgebrauch nicht nur der bürgerlichen Abgeordneten[150], sondern auch der mehrheitssozialdemokratischen Redner.[151] Wie der Republikbegriff die Einbeziehung der USPD ermöglichte, erfüllte also auch die Rede von der »verfassungsmäßigen republikanischen Staatsform« die Funktion, die Unterstützung der DVP für den Gesetzentwurf zu sichern.

Demgegenüber bemühten sich die deutschnationalen Redner um die Behauptung ihrer ablehnenden Position, indem sie sich ebenfalls auf den Staat beriefen und diesen von den Verwendungsweisen der republikanischen Vertreter abzugrenzen versuchten. Hierzu nahmen sie zum einen den Begriff des Rechtsstaates für sich in Anspruch.[152] Zum anderen verwendeten sie anstelle des von der bürgerlichen Mitte bereits besetzten Staatsbegriffs die Bezeichnung des Reiches, wenn etwa Oskar Hergt (DNVP) den »Wiederaufbau des Reichs« in das Zentrum seiner Ausführungen stellte.[153] Darüber hinaus griffen sie den für die sozialdemokratischen und linksliberalen Parteien zentralen Begriff der Republik unmittelbar an, indem abermals Bazille abwertend vom »sogenannte[n] Gesetz zum Schutze der sogenannten deutschen Republik« sprach.[154] Diese Sichtweise begründete er damit, dass der Gesetzentwurf wichtige Grundrechte der republikanischen Verfassungsordnung beseitige und somit von einer Republik nicht mehr gesprochen werden könne, woraufhin auf der linken Seite einschließlich der DDP eine »[g]roße andauernde Unruhe« entstand.[155] Der Umfang wie die Heftigkeit dieser Reaktion offenbarte jedoch, dass die sozialdemokratischen und linksliberalen Vertreter gegen die Herabset-

149 So stellte Joseph Herzfeld (KPD) unmissverständlich fest, dass er »als Kommunist […] nicht die Aufgabe [hat], die verfassungsmäßige republikanische Staatsform zu verteidigen, deren Definition uns heute der Justizminister gegeben hat.« Sten. Ber., Bd. 356, S. 8450 (Joseph Herzfeld (KPD), 11.7.1922).

150 Vgl. Sten. Ber., Bd. 356, S. 8292 (Johannes Bell (Z), 5.7.1922), S. 8398 (Johannes Bell (Z), 10.7.1922). Zur Lage des Zentrums in dieser Frage Morsey, Zentrumspartei, S. 460ff.

151 So führte etwa der Reichsjustizminister Gustav Radbruch (SPD) aus, dass im Unterschied zur »republikanischen Staatsform« der »Gegensatz der verfassungsmäßigen republikanischen Staatsform jede Verfassungsform« sei, welche den republikanischen Bestimmungen der Verfassung entgegenstehe: Sten. Ber., Bd. 356, S. 8417 (Gustav Radbruch (SPD), 11.7.1922). Dazu auch ebd., S. 8289 (Hermann Silberschmidt (SPD), 5.7.1922).

152 So kritisierte Wilhelm Bazille (DNVP) den Entwurf mit dem Hinweis, dass dieser »gegen den wichtigen Grundsatz des Rechtsstaates« verstoße, wonach die Strafbestimmungen in einem angemessenen Verhältnis zu der jeweiligen Verfehlung stehen müssten. Sten. Ber., Bd. 356, S. 8689 (Wilhelm Bazille (DNVP), 18.7.1922). Siehe auch ebd., S. 8295 (Adelbert Düringer (DNVP), 5.7.1922), S. 8411 (Wilhelm Graef (DNVP), 11.7.1922).

153 Sten. Ber., Bd. 356, S. 8049 (Oskar Hergt (DNVP), 25.6.1922). Siehe auch ebd., S. 8297 (Adelbert Düringer (DNVP), 5.7.1922).

154 Sten. Ber., Bd. 356, S. 8689 (Wilhelm Bazille (DNVP), 18.7.1922). Siehe auch ebd., S. 8300 (Adelbert Düringer (DNVP), 5.7.1922).

155 Sten. Ber., Bd. 356, S. 8689. Dazu Jasper, Schutz, S. 85.

zung der Republik von Seiten der DNVP vorgingen und sich gegen die deutschnationalen Angriffe zur Wehr setzten. In diesem Sinne nahmen die republikanischen Redner in ihrer Befürwortung auch Bezug auf den »Rechtsstaat« und beriefen sich ebenfalls auf das »Reich«, womit sie diese Bezeichnungen der obstruierenden Haltung der Deutschnationalen zwar nicht gänzlich entzogen, sie ihnen aber nicht vollständig überließen.[156]

Dagegen nahm der Begriff der Monarchie im Unterschied zu den Verfassungsberatungen 1919 nur noch eine Randstellung ein. Auf ihn nahmen etwa die Abgeordneten der DNVP Bezug, die ihre Sympathie für diese Staatsform zum Ausdruck brachten.[157] In dieser positiven Sichtweise wurden sie noch zu Beginn der Verhandlungen durch die DVP-Vertreter unterstützt, indem etwa Rudolf Heinze entsprechend des in dieser Frage unbestimmten Parteiprogramms bemerkte, dass die »Monarchie [...] nicht [...] als Parteisache, sondern nur als Sache des ganzen Volkes« wiederkommen könne.[158] Aufgrund ihres Zusammengehens mit den sozialdemokratischen Parteien verzichteten sie jedoch zusehends auf diese Bezugnahme und entschieden sich stattdessen für die allgemeine Bezeichnung des Staates, um die Parteienkooperation mit einem eventuellen Bekenntnis zur Monarchie nicht zu belasten.[159] Daneben nahmen auch die Redner der äußeren Linksparteien diesen Begriff auf, wenn sie wie Arthur Crispien von der USPD und Joseph Herzfeld von der KPD die »Monarchie« als Feindbild entwarfen, um so ihre Forderungen nach einem weitergehenden Schutz gegen monarchistische Bestrebungen zu begrün-

---

156 So wies der Vorsitzende des Rechtsausschusses, Johannes Bell (Z) nachdrücklich darauf hin, dass die Ausarbeitung des Gesetzentwurfs von dem Gedanken geleitet worden sei, dass »auf der unerschütterlichen Grundlage der Gerechtigkeit und der gleichen Rechte und Pflichten für alle Staatsbürger der Charakter des Rechtsstaates für die deutsche Republik gewährt« werde. Sten. Ber., Bd. 356, S. 8485 (Johannes Bell (Z), 12.7.1922). Siehe auch ebd., S. 8293 (Johannes Bell (Z), 5.7.1922). Zur Verwendung des Reichsbegriffs und der damit verbundenen Bezugnahme auf den nationalen Reichsgedanken, wie er insbesondere in der Rede vom »Deutschen Reich« zum Ausdruck kam, siehe ebd., S. 8064 (Carl Petersen (DDP), 25.6.1922), S. 8292 (Johannes Bell (Z), 5.7.1922), S. 8295 (Carl Petersen (DDP), 5.7.1922), S. 8312 (Gustav Stresemann (DVP), 5.7.1922), S. 8421 (Paul Levi (USPD), 11.7.1922), S. 8424 (Johannes Bell (Z), 11.7.1922), S. 8433 (Joseph Wirth (Z), 11.7.1922), S. 8500 (Johann Vogel (SPD), 12.7.1922).

157 In diesem Sinn verwies Wilhelm Bazielle (DVP) darauf, »welch hohes Kulturgut das deutsche Volk durch den vorübergehenden Sturz der Monarchien verloren hat.« Sten. Ber., Bd. 356, S. 8697 (Wilhelm Bazille (DNVP), 18.7.1922).

158 Sten. Ber., Bd. 356, S. 8060 (Rudolf Heinze (DVP), 25.6.1922).

159 Paradigmatisch hierfür die Aussage von Gustav Stresemann (DVP): »Gegenüber der Frage, Monarchie oder Republik, ist doch entscheidend das Bewußtsein, ob man gewillt ist, an diesem Staat und mit diesem Staat mitzuarbeiten.« Sten. Ber., Bd. 356, S. 8312 (Gustav Stresemann (DVP), 5.7.1922). Siehe auch ebd., S. 8428 (Wilhelm Kahl (DVP), 11.7.1922).

den.[160] Demgegenüber verzichteten die Vertreter der republikanischen Mittelparteien nahezu ausschließlich auf diese Bezeichnung, womit sie einer weitergehenden Auseinandersetzung mit dieser Staatsform eine Absage erteilten.[161] Die »Monarchie« stellte für die parlamentarische Mehrheit einschließlich der DVP trotz der Bedrohung der verfassungsmäßigen Staatsordnung im Sommer 1922 also keine ernstzunehmende Alternative dar.

Die akute Gefahrensituation bedingte jedoch, dass die parlamentarischen Redner in ihrem Engagement für den Schutz des Staates diesen überwiegend als autonome Einheit darstellten und ihn nur am Rande im Zusammenhang mit anderen Begriffen thematisierten. Zwar entwarfen die Vertreter der republikanischen Parteien einen Bezug zum »Volk«, indem etwa Carl Petersen (DDP) die Stellung der »Republik [...] durch die große Masse des deutschen Volkes« als gesichert betrachtete[162] und Hermann Silberschmidt (SPD) auf die »Überzeugung der Bevölkerung« verwies, »sich diese errungene Staatsform nicht durch Meuchelmord oder sonstwie rauben zu lassen.«[163] Jedoch dienten solche Ausführungen den Rednern in erster Linie dazu, die bestehende republikanische Verfassungsordnung durch den Verweis auf das positiv besetzte »Volk« aufzuwerten. Diese Methode machte sich der deutschnationale Abgeordnete Adelbert Düringer zunutze, um seiner Kritik an dem Gesetzentwurf zum Schutz der Republik Ausdruck zu verleihen. So sah er eine gerechte Anwendung des Gesetzes nach beiden politischen Richtungen als unabdingbar an, wenn »die Republik sich im ganzen Volke einleben« wolle.[164] Insgesamt gesehen diente der Verweis auf das »Volk« ausschließlich der unmittelbaren Legitimation des Staates und der Staatsform, denn eine weitergehende Spezifizierung dieses Verhältnisses wurde von keiner Seite vorgenommen. So spielte die Bezeichnung »Volksstaat« im Gegensatz zu den Beratungen der Weimarer Nationalversammlung keine Rolle mehr, wie auch eine Thematisierung des

160 Sten. Ber., Bd. 356, S. 8052f. (Arthur Crispien (USPD), 25.6.1922), S. 8504 (Joseph Herzfeld (KPD), 12.7.1922). Siehe auch ebd., S. 8301 (Kurt Rosenfeld (USPD), 5.7.1922), S. 8421 (Paul Levi (USPD), 11.7.1922), S. 8468 (Wilhelm Koenen (KPD), 12.7.1922), S. 8504 (Joseph Herzfeld (KPD), 12.7.1922), S. 8450 (Joseph Herzfeld KPD), 11.7.1922).

161 Vgl. Sten. Ber., Bd. 356, S. 8496 (Walther Schücking (DDP), 12.7.1922), S. 8507f. (Antonie Pfülf (SPD), 12.7.1922).

162 Sten. Ber., Bd. 356, S. 8064 (Carl Petersen (DDP), 25.6.1922). Siehe auch ebd., Bd. 355, S. 8037 (Joseph Wirth (Z), 24.6.19229); ebd., Bd. 356, S. 8054 (Joseph Wirth (Z), 25.6.1922), S. 8292 (Johannes Bell (Z), 5.7.1922).

163 Sten. Ber., Bd. 356, S. 8289 (Hermann Silberschmidt (SPD), 5.7.1922). In diesem Sinne äußerte auch Kurt Rosenfeld (USPD) seine Zuversicht, »daß das deutsche Volk nicht zögern wird, sich für die Republik zu entscheiden.« Ebd., S. 8300 (Kurt Rosenfeld (USPD), 5.7.1922).

164 Sten. Ber., Bd. 356, S. 8298 (Adelbert Düringer (DNVP), 5.7.1922).

Staates in Zusammenhang mit anderen Begriffen wie dem Reichstag oder den Parteien allenfalls am Rande stattfand.[165]

Im Sommer 1922 vertraten also nicht nur die Redner der Parteien, die der demokratischen Grundordnung skeptisch bis ablehnend gegenüberstanden, das Bild eines autonomen und vom Volk weitgehend unabhängigen Staates. Auch die Vertreter der das Republikschutzgesetz unterstützenden Parteien hingen weitgehend einer solchen Auffassung an, da sie zur Sicherung der republikanisch-demokratischen Verfassungsordnung den Staat und die Staatsform zu einem zentralen Bezugspunkt ihres politischen Handelns erklärten und ihn dabei weitgehend als eine selbstständige Einheit betrachteten.[166] Gleichzeitig erkannte jedoch eine breite parlamentarische Mehrheit von der USPD bis zur DVP die demokratische und pluralistische Staatsordnung der Weimarer Verfassung als verbindlich und schützenswert an.

2.5. Die Markierung durch den Demokratiebegriff

Der Demokratiebegriff blieb dagegen wie bereits in den Verfassungsberatungen drei Jahre zuvor in erster Linie ein Fahnenwort, unter dem sich die Befürworter der Weimarer Verfassungsordnung sammelten. Vor dem Hintergrund der innenpolitischen Spannungen intensivierten sie jedoch ihre Form der Bezugnahme, wenn sich der Reichskanzler Joseph Wirth (Z) in seiner Verteidigung der Regierungspolitik ausdrücklich auf »jene Demokratie« berief, die nicht ihre Machtstellung demonstriere, sondern die Freiheit suche.[167] Die Anerkennung erhöhte der linksliberale Abgeordnete Walther Schücking noch, als er es sogar als ein positives Ergebnis des verlorenen Weltkrieges bezeichnete, dass er »uns wenigstens die Demokratie gebracht« habe.[168] Mit der Hervorhebung des demokratischen Charakters des deutschen Staates, der sich auch in

165 Vgl. Sten. Ber., Bd. 356, S. 8292 (Johannes Bell (Z), 5.7.1922), S. 8315 (Gustav Stresemann (DVP), 5.7.1922), S. 8431 (Walther Schücking (DDP), 11.7.1922).

166 Vgl. Raithel, Spiel, S. 88f.

167 So gab der Reichskanzler seiner Überzeugung Ausdruck, indem er ausführte: »In der Stunde, meine Damen und Herren, die Demokratie! Aber nicht jene Demokratie, die auf den Tisch schlägt und sagt: wir sind an der Macht! – nein, sondern jene Demokratie, die geduldig jeder Lage für das eigene unglückliche Vaterland eine Förderung der Freiheit sucht.« Sten. Ber., Bd. 356, S. 8058 (Joseph Wirth (Z), 25.6.1922).

168 Sten. Ber., Bd. 356, S. 8433 (Walther Schücking (DDP), 11.7.1922). Einen besonderen Ausdruck fand diese Sichtweise in der Formulierung der »demokratische[n] Republik«, welche in den Augen von Carl Petersen (DDP) die einzige Möglichkeit für den Wiederaufbau des Deutschen Reichs und die Sicherung des Friedens darstellte. Ebd., 8062 (Carl Petersen (DDP), 25.6.1922). Siehe auch ebd., Bd. 355, S. 8037 (Joseph Wirth (Z), 24.6.1922); ebd., Bd. 356, S. 8485 (Johannes Bell (Z), 12.7.1922).

der Rede vom »demokratische[n] Deutschland«[169] wiederfand, bemühten sich die bürgerlichen Abgeordneten nicht nur in außenpolitischer Hinsicht um eine Verständigung mit den westlichen Siegerstaaten. Auch hinsichtlich der Innenpolitik eröffnete diese Formulierung den sozialdemokratischen Parteien auf semantischer Ebene die Möglichkeit, sich auf eine Kooperation einzulassen.

Im Falle der SPD war dieses Angebot jedoch nicht notwendig, da sie die demokratische Grundordnung der Weimarer Verfassung anerkannte.[170] Reservierter standen dagegen die Vertreter der Unabhängigen Sozialdemokratie diesem Angebot gegenüber, da sich Paul Levi um eine Abgrenzung von dem liberalen Demokratiebegriff bemühte und die Bezeichnung der »bürgerlichen Demokratie« verwendete, die er zwar von der sozialistischen unterschied, aber nicht grundsätzlich ablehnte.[171]

Während sich also die sozialdemokratischen Parteien unter dem Begriff der Demokratie zur Zusammenarbeit mit der DDP und dem Zentrum zusammenfanden, verlief dieser Einigungsprozess bei der DVP schwieriger. Deren Vertreter bezogen sich nämlich zunächst aus rein funktionalen Gründen auf die Demokratie, indem etwa Gustav Stresemann die Forderung seiner Partei nach einer gleichmäßigen Anwendung des Gesetzes mit dem Hinweis begründete, dass es ein Erfordernis der »demokratischen Auffassung« darstelle.[172] Somit beriefen sich die rechtsliberalen Abgeordneten, obwohl sie der demokratischen Verfassungsordnung skeptisch gegenüberstanden, doch auf deren Grundsätze, um ihren jeweiligen parteipolitischen Forderungen bezüglich der Gesetzesgestalt Nachdruck zu verleihen.

Auf diese Strategie griffen auch die deutschnationalen Abgeordneten zurück, die jedoch die funktionale Berufung auf die »Demokratie« nicht zur Mitarbeit, sondern ausschließlich zur Legitimation ihrer ablehnenden Haltung einsetzten.[173] In ähnlicher Weise bezogen sich auch die kommunistischen

169 Sten. Ber., Bd. 356, S. 8056 (Joseph Wirth (Z), 25.6.1922).

170 So legte Otto Wels ein »Bekenntnis zur Demokratie« ab, das sich in seinen Augen in den Reichsfarben schwarz-rot-gold widerspiegele. Sten. Ber., Bd. 356, S. 8044 (Otto Wels (SPD), 25.6.1922). Dazu Buchner, Identität, S. 93–96.

171 Sten. Ber., Bd. 356, S. 8420 (Paul Levi (USPD), 11.7.1922). Siehe auch ebd., S. 8052 (Arthur Crispien (USPD), 25.6.1922). Zur pejorativen Konnotation des Adjektivs »bürgerlich« auf sozialistischer Seite Riedel, Bürger, S. 724.

172 Sten. Ber., Bd. 356, S. 8313 (Gustav Stresemann (DVP), 5.7.1922). Siehe auch ebd., S. 8054 (Rudolf Heinze (DVP), 25.6.1922).

173 So verwies Wilhelm Graef (DNVP) auf die Einschränkung zahlreicher verfassungsmäßiger Grundrechte, welche mit der »demokratische[n] Weltanschauung« nicht zu vereinbaren seien. In diesem Sinne stellte auch Friedrich Wilhelm Semmler (DNVP) die rhetorische Frage: »[L]eben wir in einem sogenannten demokratischen Staat oder nicht, wo jedem die Freiheit laut Verfassung und die Gleichheit vor dem Gesetz garantiert ist?« Sten. Ber., Bd. 356, S. 8415

Abgeordneten in ihrer Ablehnung des Republikschutzgesetzes auf den »demokratischen Geist«, der nach der Weimarer Verfassung herrschen solle, aber durch die zahlreichen Beschränkungen des Entwurfs ad absurdum geführt werde.[174]

Es lässt sich also feststellen, dass der Demokratiebegriff in erster Linie von den Rednern der bürgerlichen verfassungstreuen Mittelparteien als positiv besetzter Bezugspunkt verwendet wurde, dem sich auch die mehrheitssozialdemokratischen Redner anschlossen, ohne dass sie diesen jedoch anders als 1919 besonders prominent machten. Dagegen war auf Seiten der USPD wie der DVP eine Distanz vorherrschend, da sich die Unabhängigen Sozialdemokraten von der bürgerlichen Konnotation des Begriffs absetzten und die Rechtsliberalen diesen Verweis in erster Linie herstellten, um ihre parteipolitischen Forderungen zu legitimieren. Auch die Vertreter der oppositionellen Randparteien beriefen sich auf die »Demokratie«, die diesen Bezug aber ausschließlich zur Rechtfertigung ihrer Ablehnung des Gesetzentwurfs instrumentalisierten. Im Unterschied zum Staatsbegriff, der aufgrund seiner Neutralität[175] parteiübergreifend hohe Wertschätzung genoss, war der Demokratiebegriff im Sommer 1922 also nicht einmal unter den das Republikschutzgesetz unterstützenden republikanischen Parteien als positiv besetzte Bezeichnung anerkannt. Wie bereits vier Jahre zuvor fungierte er lediglich als Bekenntnisbegriff der Weimarer Koalitionsparteien, sodass sich die »Demokratie« mit dem Stimmenrückgang der drei Verfassungsparteien ebenfalls auf dem Rückzug befand.

2.6. Die Verhandlungen im Rechtsausschuss

Aufgrund des Beschlusses des Reichstags vom 5. Juli 1922, den Gesetzentwurf zum Schutze der Republik an den Rechtsausschuss zu überweisen, trat dieser bereits am folgenden Tag unter dem Vorsitz des Zentrumsabgeordneten Peter Spahn zu dessen Beratung zusammen.[176] In seinen bis zum 9. Juli 1922 andau-

---

(Wilhelm Graef (DNVP), 11.7.1922), S. 8492 (Friedrich Wilhelm Semmler (DNVP), 12.7.1922). Siehe auch ebd., S. 8688 (Wilhelm Bazille (DNVP), 18.7.1922).

174 Sten. Ber., Bd. 356, S. 8497 (Wilhelm Koenen (KPD), 12.7.1922).

175 Dazu Jasper, Schutz, S. 88f.

176 Zum Beschluss des Reichstags siehe Sten. Ber., Bd. 356, S. 8324. Zum Zusammentritt des Rechtsausschusses siehe das Protokoll unter BAB R101/2938, fol. 99r. Diesem 22. Ausschuss gehörten 28 Mitglieder an, von denen entsprechend der Stimmenverteilung der USPD fünf, der SPD sechs, der DDP drei, dem Zentrum vier, der DVP vier, der BVP ein und der DNVP fünf zufielen, während die kommunistische Fraktion nicht vertreten war. An den Ausschussberatungen nahmen darüber hinaus zwischen drei und sechs Mitglieder der Reichsregierung und des Reichsrats sowie zwischen sieben und elf Vertreter des Reichsinnenministeriums teil,

ernden Verhandlungen änderte der Rechtsausschuss den Regierungsentwurf nur geringfügig, sodass die Grundstruktur und die wesentlichen Bestimmungen beibehalten wurden, welche die Grundlage für das vom Plenum in zweiter und dritter Lesung besprochene und beschlossene Republikschutzgesetz vom 23. Juli 1922 bildeten.[177]

Auch wenn der Verweis auf das »Volk« aufgrund der fehlenden Öffentlichkeit in den Ausschussverhandlungen nicht so häufig wie im Plenum hergestellt wurde, nahm er dennoch die Funktion einer zentralen Legitimationsinstanz ein, da die Ausschussmitglieder parteiübergreifend auf das »Volk« rekurrierten, um ihre jeweiligen Standpunkte zu untermauern.[178] Dabei war die Thematisierung des Volkes analog zur Plenarebene von einer einheitlichen Sichtweise des Volkes bestimmt, die zum einen in Formulierungen wie »das gesamte Volk« oder die »Volksgemeinschaft« unmittelbar zum Ausdruck kam, auf die nicht nur Redner der rechten Parteien, sondern auch der Mittelparteien einschließlich der SPD zurückgriffen.[179] Zum anderen äußerte sie sich in der semantischen Strategie der Scheindifferenzierung des Volkes, indem Redeweisen wie die »breitesten Schichten des Volkes«[180] aufgegriffen wurden, die in erster Linie eine Einheitsvorstellung und weniger ein empirisches Mehrheitsverständnis implizierten. Die dominierende Stellung der einheitlichen Sichtweise belegt auch die Tatsache, dass die individuelle Ebene nur am Rande problematisiert wurde. Lediglich die Vertreter der liberalen Parteien verwendeten den Bürgerbegriff, als sie die vom Gesetzentwurf vorgesehene Möglichkeit der Ausweisung von Mitgliedern ehemaliger landesherrlicher Familien zurückwiesen und auf das »unveräußerliche Menschenrecht des Staatsbürgers« verwiesen, sich in

---

sodass den Sitzungen insgesamt etwa 40 Personen beiwohnten. Dazu die Teilnehmerverzeichnisse vom 6. und 9. Juli 1922 unter BAB R101/2938, fol. 98r., 605r.

177 Der Gesetzestext ist abgedruckt im RGBl. 1922, S. 585–590. Zu den Abänderungen siehe Sten. Ber., Anlage-Bd. 374, Nr. 4661, Nr. 4703, Nr. 4744.

178 So wies etwa Wilhelm Marx vom Zentrum bezüglich der Zusammensetzung des vorgesehenen Staatsgerichtshofes darauf hin, dass dieser »auch im Volke das Vertrauen« besitzen müsse. BAB R101/2938, fol. 335r. (Wilhelm Marx (Z), 8.7.1922). Siehe auch die ebd., fol. 137r. (Wilhelm Marx (Z), 6.7.1922), fol. 294r. (Gustav Radbruch (SPD), 7.7.1922), fol. 338r. (Adelbert Düringer (DNVP), 8.7.1922), fol. 348r. (Walther Schücking (DDP), 8.7.1922), fol. 462r. (Antonie Pfülf (SPD), 8.7.1922), fol. 545r. (Johannes Hoffmann (SPD), 9.7.1922).

179 Zur Rede vom »gesamte[n] Volk« siehe BAB R101/2938, fol. 449r. (Adolf Köster (SPD), 8.7.1922). Zur Verwendung des Begriffs der »Volksgemeinschaft« ebd., fol. 195r. (Wilhelm Kahl (DVP), 7.7.1922), fol. 568r. (Adolf Köster (SPD), 9.7.1922).

180 BAB R101/2938, fol. 455r. (Johannes Bell (Z), 8.7.1922). Siehe auch ebd., fol. 112r. (Paul Levi (USPD), 6.7.1922), fol. 341r. (Paul Levi (USPD), 8.7.1922), fol. 343r. (Konrad Beyerle (BVP), 8.7.1922), fol. 446r. (Gustav Stresemann (DVP), 8.7.1922), fol. 536r. (Rudolf Wissell (SPD), 9.7.1922).

seinem Staatsgebiet aufzuhalten.[181] Darüber hinaus kam solchen Bezeichnungen jedoch keine weitergehende Bedeutung zu. Somit war die Thematisierung des Volkes überwiegend von einer Einheitsvorstellung bestimmt, die den Ausschussmitgliedern in erster Linie zur Legitimation ihrer Forderung diente.

Gegenüber der allgemein rechtfertigenden Bezugnahme auf das »Volk« standen bei der Thematisierung der intermediären Instanzen einzelne Aspekte im Mittelpunkt, da der Gesetzentwurf weit in die Arbeitsweise der Abgeordneten, Parteien und des Reichstags eingriff. Dabei genoss die Stellung der Abgeordneten parteiübergreifend das höchste Ansehen, da sogar der deutschnationale Vertreter Wilhelm Graef eine Verschärfung der Gesetzesbestimmungen zu verhindern versuchte, indem er auf den »Grundsatz der Immunität und der Redefreiheit der Abgeordneten« verwies, der unter allen Umständen gewahrt werden müsse.[182] Darüber hinaus unterstützten mehrheitssozialdemokratische Vertreter den Antrag des Zentrums, den Schutz des Gesetzes auch auf die Parlamentarier auszuweiten, was sie mit dem Bezug zum positiven Volksbegriff untermauerten.[183]

Auf diese Strategie griff auch der Reichsjustizminister Gustav Radbruch (SPD) zurück, als er die Entsendung von Parlamentariern in den einzurichtenden Staatsgerichtshof damit begründete, dass für diese Aufgabe Eigenschaften notwendig seien, »die man außerhalb des Kreises der Volksvertreter schwer finde.«[184] Dass dieses Vorgehen eine gewisse Durchschlagskraft besaß, zeigt das Vorgehen linksliberaler Redner, die in ihrer Kritik der Besetzungsregelung auf den Begriff des Parlamentariers auswichen.[185] Lediglich Wilhelm Kahl von der DVP machte aus seinen Vorbehalten gegenüber der Hinzuziehung von Abgeordneten keinen Hehl, da er sogar den Bezug zum »Volk« in Frage stellte und ausführte, dass es unmöglich sei, »in dieses Richterkollegium Volksvertreter hineinzusenden.«[186] Letztlich beschränkte sich die Kritik an den Abgeord-

181 BAB R101/2938, fol. 448r. (Walther Schücking (DDP), 8.7.1922). Siehe auch ebd., fol. 456r. (Gustav Stresemann (DVP), 8.7.1922). In diesem Sinne lehnte auch Paul Levi (USPD) eine zu weitgehende Beschränkung der Meinungsfreiheit ab und forderte stattdessen, dass sich jeder »Staatsbürger [...] das Recht der Kritik gegenüber allen Ministern vorbehalten« müsse: ebd., fol. 213r. (Paul Levi (USPD), 7.7.1922).

182 BAB R101/2938, fol. 202r. (Wilhelm Graef (DNVP), 7.7.1922).

183 So sprach Rudolf Wissell (SPD) von »Mitglieder[n] der Volksvertretung«, die es unbedingt zu schützen gelte. BAB R101/2938, fol. 116r. (Rudolf Wissell (SPD), 6.7.1922). Siehe auch ebd., fol. 110r. (Gustav Radbruch (SPD), 6.7.1922).

184 BAB R101/2938, fol. 333r. (Gustav Radbruch (SPD), 8.7.1922).

185 BAB R101/2938, fol. 286r. (Walther Schücking (DDP), 7.7.1922), fol. 348r. (Walther Schücking (DDP), 8.7.1922).

186 BAB R101/2938, fol. 330r. (Wilhelm Kahl (DVP), 8.7.1922).

neten jedoch ausschließlich auf deren Beteiligung an richterlichen Aufgaben, wohingegen ihre sonstige Stellung parteiübergreifend anerkannt war.

Ähnliches traf auch auf die Stellung der Parteien zu, die insbesondere von den Vertretern des rechten Flügels gegen die vorgesehenen Einschränkungen durch den Gesetzentwurf verteidigt wurde.[187] Aber auch der linksliberale Vertreter Erich Koch lehnte im Zusammenhang mit den Eingriffen in die Vereins- und Versammlungsfreiheit eine zu weitgehende Beschränkung der staatsbürgerlichen Rechte mit der Begründung ab, da so »Einzelpersonen wie Parteien der Willkür der Polizeibehörden« ausgeliefert würden.[188] Der positive Parteienbezug war also im Wesentlichen von der Abwehr möglicher Einschränkungen der eigenen parteipolitischen Tätigkeit geprägt und geschah in erster Linie aus Eigeninteresse, sodass Ansätze für eine grundsätzliche Neufassung und Aufwertung der »Parteien« etwa durch den Verweis auf das »Volk« im Ausschuss wie im Plenum Randerscheinungen blieben.[189]

Dies galt auch für die Thematisierung des Reichstags, da auch hier die Ausschussmitglieder parteiübegreifend eine positive Sichtweise vertraten. So stellten Vertreter von USPD, Zentrum und DVP übereinstimmend den Bezug zum »Volk« her, indem sie den Begriff der Volksvertretung verwendeten, um ihre Zustimmung zu der vom Zentrum beantragten Ausweitung des gesetzlichen Schutzes auf das Parlament auszudrücken.[190] Die Anerkennung des Reichstags als zentrale Instanz der Gesetzgebung fand ihren unmittelbaren Ausdruck in den Aussagen von liberalen und mehrheitssozialdemokratischen Abgeordneten, wobei Wilhelm Kahl (DVP) für eine Lösung der parlamentarischen Tätigkeit von den Forderungen der Straßendemonstrationen eintrat, wohingegen Rudolf Wissell (SPD) den Reichstag damit auf die Notwendigkeit des

187 So forderte der deutschnationale Abgeordnete Wilhelm Graef mit Blick auf die DNVP, dass »auch die Partei, die sich nachgewiesenermaßen auf dem Boden der Verfassung bewege, [...] geschützt werden« müsse. BAB R101/2938, fol. 203r. (Wilhelm Graef (DNVP), 7.7.1922). In diesem Sinne lehnte auch der rechtsliberale Redner Adolf Kempkes die »kautschuckartige Bestimmung« des § 7 über die Einschränkungen der Vereins- und Versammlungsfreiheit ab, da »sie es den ganzen Parteien unmöglich mache, überhaupt einen Wahlkampf zu führen und die in der Verfassung garantierten Rechte auszuüben.« Ebd., fol. 422r. (Adolf Kempkes (DVP), 8.7.1922).

188 BAB R101/2938, fol. 417r. (Erich Koch (DDP), 8.7.1922).

189 Lediglich der Vertreter der Bayerischen Volkspartei Konrad Beyerle griff an einer Stelle die Beziehung zwischen »Volk« und »Parteien« auf, indem er erklärte, »daß dieser ganze Abschnitt für die föderalistische Gruppe der bayerischen Wählerschaft und ihre Exponenten, die Fraktion der bayerischen Volkspartei, im Reichstag unvereinbar sei.« BAB R101/2938, fol. 282r. (Konrad Beyerle (BVP), 7.7.1922).

190 BAB R101/2938, fol. 113r. (Paul Levi (USPD), fol. 136r. (Wilhelm Marx (Z), 6.7.1922), fol. 120r. (Wilhelm Kahl (DVP), 6.7.1922).

Handelns hinwies.[191] Die Ausschussmitglieder akzeptierten parteiübergreifend die zentrale Stellung des Reichstags innerhalb des Verfassungsgefüges, während Ansätze, die den »Reichstag« in seiner Mittelstellung zwischen dem »Volk« und der »Regierung« verorteten, weitgehend Ausnahmen darstellten.[192]

Die Thematisierung der »Regierung« war demgegenüber von einer distanzierten Betrachtungsweise geprägt, die sich in besonderem Maße in der Rede von der »republikanischen Regierung« widerspiegelte. Auf diese Bezeichnung griffen Mitglieder aller im Ausschuss vertretenen Parteien zurück, wenn sie den notwendigen Schutz von »Mitgliedern der republikanischen Regierung« problematisierten, welche sie damit von früheren konstitutionellen Regierungsvertretern abgrenzten.[193] Eine semantische Verortung etwa bezüglich ihrer Stellung zu den übrigen Verfassungsorganen wurde dagegen nur am Rande von den Vertretern der Reichsregierung und der Regierungsparteien vorgenommen. So setzten sie die »Regierung« zu legitimatorischen Zwecken in Beziehung zum »Volk«, als etwa der Zentrumsredner Wilhelm Marx darauf hinwies, dass es notwendig sei, den Maßnahmen der »Reichsregierung [...] eine weite Resonanz ins Volk zu verschaffen.«[194] Gegen diese unmittelbare Verbindung von »Volk« und »Regierung« versuchten die Vertreter der Unabhängigen Sozialdemokratie ihre system- und regierungskritische Haltung zu verteidigen, indem sie die beiden Aspekte auf personeller Ebene in einen potenziellen Gegensatz zueinander stellten. So wollten sie trotz des notwendigen Schutzes der Regierung das Recht des Staatsbürgers zur Kritik an einzelnen Ministern gewahrt wissen, wofür sie jedoch noch nicht einmal die Unterstützung ihrer

191 BAB R101/2938, fol. 321r. (Rudolf Wissell (SPD), 8.7.1922). Zu den Aussagen Kahls ebd., fol. 119r. (Wilhelm Kahl (DVP), 6.7.1922), fol. 330r.–331r. (Wilhelm Kahl (DVP), 8.7.1922).

192 Lediglich Vertreter der Mehrheitssozialdemokratie wiesen auf diesen Zusammenhang hin, wenn etwa Johannes Hoffmann (SPD) kritisierte, dass »der Reichstag, der als Vertretung des Volkes in viel stärkerem Maße für den Schutz der Republik eintreten müsse, [...] der Regierung eine solche Befugnis nicht geben« wolle. BAB R101/2938, fol. 463r. (Johannes Hoffmann (SPD), 8.7.1922). Dazu auch ebd., fol. 459r. (Adolf Köster (SPD), 8.7.1922).

193 BAB R101/2938, fol. 366r. (Johannes Bell (Z), 8.7.1922). Siehe auch ebd., fol. 171r. (Erich Koch (DDP), 7.7.1922), fol. 204r. (Wilhelm Graef (DNVP), 7.7.1922), fol. 222r. (Johannes Bell (Z), 7.7.1922), fol. 459r. (Adolf Köster (SPD), 8.7.1922). Zum Gegenstand der Auseinandersetzung wurde lediglich die Frage, ob sich der Gesetzesschutz auch auf die Mitglieder früherer republikanischer Regierungen erstrecken solle, wie es der Regierungsentwurf noch vorgesehen hatte. Im Rechtsausschuss wurde dieses jedoch auf Betreiben des Zentrums und der DDP gestrichen. Hierzu ebd., fol. 115r.–116r. (Rudolf Wissell (SPD), 6.7.1922), fol. 123r. (Erich Koch (DDP), 6.7.1922), fol. 136r. (Wilhelm Marx (Z), 6.7.1922), fol. 214r. (Walther Schücking (DDP), 7.7.1922), fol. 221r. (Wilhelm Marx (Z), 7.7.1922), fol. 222r. (Johannes Bell (Z), 7.7.1922).

194 BAB R101/2938, fol. 137r. (Wilhelm Marx (Z), 7.7.1922). Siehe auch ebd., fol. 459r. (Adolf Köster (SPD), 8.7.1922), fol. 462r. (Antonie Pfülf (SPD), 8.7.1922), fol. 526r. (Gustav Radbruch (SPD), 9.7.1922).

mehrheitssozialdemokratischen Kollegen fanden.[195] Weitergehende Ansätze, welche die »Regierung« etwa in Beziehung zum »Reichstag« stellten, spielten in den Ausschussberatungen nahezu keine Rolle.[196] In der akuten Gefahrensituation des Sommers 1922 war also die zentrale Stellung der Reichsregierung im Ausschuss von einer breiten Mehrheit getragen, was nicht nur die positive Bezugnahme auf die »republikanische Regierung« und die Verbindung von »Volk« und »Regierung« belegen, sondern auch das Fehlen von kritischen Bemerkungen zur »Regierung« auf deutschnationaler Seite. Jedoch war diese Anerkennung eher auf eine grundsätzliche Wertschätzung der Exekutive zurückzuführen als auf ein Bekenntnis zur verfassungsmäßigen Regierungsform, da die »Regierung« allenfalls am Rande in ihrer Verbindung zum »Reichstag« thematisiert wurde, wie auch die Bezeichnung der »parlamentarischen Regierung« gar keine Verwendung fand.

In diesem Zusammenhang stand auch die Bezugnahme zum »Reichspräsidenten«, welche im positiven Sinne nicht nur die bürgerlichen Ausschussmitglieder, sondern auch die sozialdemokratischen Redner einschließlich der USPD herstellten. In der Frage der Besetzung des einzurichtenden Staatsgerichtshofes lehnten letztere den Antrag des Zentrums, das präsidiale Ernennungsrecht an die Zustimmung des Reichsrats und des Reichsgerichtspräsidenten zu binden, mit der Begründung ab, bei der Auswahl der Richter »dem Reichspräsidenten freie Hand zu lassen«.[197] Dieser Sichtweise konnten sich auch die Vertreter der bürgerlichen Mittelparteien nicht entziehen, nachdem sich auch deutschnationale Vertreter wie Adelbert Düringer dafür ausgesprochen hatten, »die Ernennung lediglich von dem Vertrauen des Reichspräsidenten abhängig«[198] zu machen.[199] Letztlich führte die insbesondere von den Sozialdemokraten vertretene positive Sichtweise des Reichspräsidenten dazu, dass die Einschränkung des präsidialen Ernennungsrechts nicht in das Gesetz aufgenommen wurde. Zusammenfassend lässt sich also festhalten, dass der

195 BAB R101/2938, fol. 212r.–213r. (Paul Levi (USPD), 7.7.1922).

196 BAB R101/2938, fol. 459r. (Adolf Köster (SPD), 8.7.1922), fol. 461r. (Erich Koch (DDP), 8.7.1922).

197 BAB R101/2938, fol. 531r. (Kurt Rosenfeld (USPD), 9.7.1922). Siehe auch ebd., fol. 284r. (Paul Levi (USPD), 7.7.1922), fol. 294r. (Gustav Radbruch (SPD), 7.7.1922), fol. 317r. (Kurt Rosenfeld (USPD), 8.7.1922), fol. 394r. (Gustav Radbruch (SPD), 8.7.1922), fol. 399r. (Johannes Hoffmann (SPD), 8.7.1922).

198 BAB R101/2938, fol. 549r. (Adelbert Düringer (DNVP), 9.7.1922).

199 So äußerte Johannes Bell (Z) sein »volle[s] Vertrauen auf die Loyalität des Herrn Reichspräsidenten« bei der Mitgliederernennung aus, wie auch dessen Parteikollege Wilhelm Marx richtig stellte, dass er bei der beantragten Zustimmung des Reichsrats zu der Richterernennung »nicht an eine Beschränkung der Rechte des Reichspräsidenten gedacht« habe. BAB R101/2938, fol. 364r. (Johannes Bell (Z), 8.7.1922), fol. 395r. (Wilhelm Marx (Z), 8.7.1922). In diesem Sinne auch ebd., fol. 348r. (Walther Schücking (DDP), 8.7.1922).

»Reichspräsident« über die bürgerlichen Parteien hinaus auch auf sozialdemokratischer Seite als weitgehend eigenständiger Faktor der Exekutive anerkannt war, da dessen Verbindung zum »Volk« oder zu anderen Verfassungsorganen kaum thematisiert wurde.[200] Damit vertraten die Ausschussmitglieder parteiübergreifend eine Sichtweise der Exekutivorgane, die deren eigenständige Handlungsfähigkeit und weniger ihre verfassungsmäßige Einbindung und Legitimation in den Vordergrund stellte.

Die darin deutlich werdende Hervorhebung der Akzeptanz der Verfassungsordnung trat in ähnlicher Weise auch bei der Thematisierung des Staates zutage, da die Ausschussmitglieder nahezu ausschließlich die Staatsform und weniger die Beziehung zu anderen zentralen Verfassungselementen herausstellten. Hierbei taten sich insbesondere die Vertreter der Weimarer Koalitionsparteien hervor, welche überwiegend den Begriff der Republik als Bezeichnung für den Staat verwendeten, womit sie die durch die Verfassung festgelegte Staatsordnung hervorhoben und als undiskutierbar darstellten.[201] Besonderen Anklang fand diese Sichtweise auf Seiten der Unabhängigen Sozialdemokraten, die in ihrer Befürwortung des Schutzes der republikanischen Staatsform ebenfalls den Republikbegriff an zentraler Stelle verwendeten und so ihre Übereinstimmung mit den Mittelparteien in der Frage des Republikschutzes zum Ausdruck brachten.[202]

Demgegenüber verlief der Einigungsprozess mit der DVP auf semantischer Ebene schwieriger, da deren Vertreter aufgrund ihrer programmatischen Tendenz zur monarchischen Staatsform der Republik reserviert gegenüberstanden und folglich in ihren Ausführungen auf diese Bezeichnung weitgehend verzichteten. Als Brücke fungierte hier wie im Plenum die Redeweise

200 So wies der Reichsjustizminister Gustav Radbruch (SPD) darauf hin, dass es für die Ernennung der Richter »doch eine Persönlichkeit [gebe], die nach der Verfassung noch mehr das Vertrauen des Volkes genieße, das sei der Reichspräsident.« BAB R101/2938, fol. 294r. (Gustav Radbruch (SPD), 7.7.1922).

201 Paradigmatisch hierfür die Aussage des Zentrumsvertreters Johannes Bell: »Es handele sich lediglich darum, die durch die Verfassung festgelegte Staatsform, die Republik, zu schützen.« BAB R101/2938, fol. 222r. (Johannes Bell (Z), 7.7.1922). Siehe auch ebd., fol. 104r. (Johannes Bell (Z), 6.7.1922), fol. 115r. (Rudolf Wissell (SPD), 6.7.1922), fol. 136r. (Wilhelm Marx (Z), 6.7.1922), fol. 139r. (Franz Alfred Brodauf (DDP), 6.7.1922), fol. 209r. (Gustav Radbruch (SPD), 7.7.1922), fol. 221r. (Wilhelm Marx (Z), 7.7.1922), fol. 320r (Rudolf Wissell (SPD), 8.7.1922), fol. 427r. (Adolf Köster (SPD), 8.7.1922), fol. 454r. (Johannes Bell (Z), 8.7.1922), fol. 463r. (Johannes Hoffmann (SPD), 8.7.1922), fol. 461r. (Erich Koch (DDP), 8.7.1922), fol. 510r. (Johannes Bell (Z), 9.7.1922), fol. 575r. (Erich Koch (DDP), 9.7.1922).

202 So stellte Paul Levi (USPD) unmissverständlich fest, dass »[b]ei allen diesen Dingen […] der Zweck des Schutzes der Republik voran gestellt werden« müsse. BAB R101/2938, fol. 212r. (Paul Levi (USPD), 7.7.1922). Siehe auch ebd., fol. 163r. (Kurt Rosenfeld (USPD), 7.7.1922), fol. 452r. (Kurt Rosenfeld (USPD), 8.7.1922).

von der »verfassungsmäßigen republikanischen Staatsform«. In den Ausschussberatungen wurde sie in erster Linie von den rechtsliberalen Rednern verwendet, die damit die Anwendung gegen verfassungsfeindliche Bestrebungen von monarchischer wie von räterepublikanischer Seite in den Mittelpunkt rückten und so ihre Zustimmung zum Gesetzentwurf ausdrücken konnten, ohne sich damit zur Republik zu bekennen.[203] Dieser Redestrategie standen insbesondere die Vertreter der USPD kritisch gegenüber, die mit der Formulierung der »republikanischen Staatsform« einen alternativen Begriff zu platzieren versuchten, der sich nicht explizit auf die Verfassung bezog und somit die Stoßrichtung des Gesetzes ausschließlich auf die Bekämpfung von monarchistischen Bestrebungen legte.[204] Jedoch griffen diese Bezeichnung nur die mehrheitssozialdemokratischen Regierungsvertreter auf, die zum Zwecke der Verständigung mit der DVP jedoch auch den Ausdruck der »verfassungsmäßigen republikanischen Staatsform« nutzten.[205] Aufgrund der mehrdeutigen Staatsbezeichnungen, die der jeweiligen parteipolitischen Richtung genügend Interpretationsspielraum sicherten, gelang es den Mittelparteien schließlich, die notwendige Zustimmung der USPD wie der DVP zu sichern.

Dabei gewannen die republikanischen Vertreter jedoch mit der unbestimmten Sichtweise des Staates die Deutungshoheit. Denn selbst die Redner der den Gesetzentwurf ablehnenden DNVP erkannten angesichts des allgegenwärtigen Verweises auf die »Republik« diese als Ausgangspunkt ihrer Kritik an.[206] Ihren besonderen Ausdruck fand die dominierende Stellung der republikanischen Parteien in der Verwendung der Reichsbezeichnung. Während diese drei Jahre zuvor noch von den Rechtsparteien gleichwertig benutzt worden war, rekurrierten im Sommer 1922 nur noch die Vertreter der Linksparteien auf das »Reich«, ohne dass dieser Bezug von der rechten Seite abgesprochen wurde.[207] Jedoch traten die Verbindungen zu anderen Begriffen wie dem

---

203 Vgl. BAB R101/2938, fol. 119r. (Wilhelm Kahl (DVP), 6.7.1922), fol. 140r. (Adolf Kempkes (DVP), 6.7.1922), fol. 516r. (Wilhelm Kahl (DVP), 9.7.1922).

204 BAB R101/2938, fol. 515r. (Kurt Rosenfeld (USPD), 9.7.1922).

205 So setzte der Reichsjustizminister Gustav Radbruch (SPD) beide Bezeichnungen in eins, als er klarstellte, »dass man immer von der verfassungsmäßigen republikanischen Staatsform gesprochen habe, also von den konkreten Einrichtungen, in denen die republikanische Staatsform ihren Ausdruck finde.« BAB R101/2938, fol. 405r. (Gustav Radbruch (SPD), 8.7.1922). Siehe auch ebd., fol. 208r.–209r. (Gustav Radbruch (SPD), 7.7.1922), fol. 521r. (Gustav Radbruch (SPD), 9.7.1922).

206 So lehnte der deutschnationale Redner Adelbert Düringer den einseitigen Schutz des Gesetzentwurfs auf ausschließlich republikanische Vertreter mit der Begründung ab, dass »[d]amit [...] die Republik nicht geschützt« würde. BAB R101/2938, fol. 168r. (Adelbert Düringer (DNVP), 6.7.1922). Siehe auch ebd., fol. 204r. (Wilhelm Graef (DNVP), 7.7.1922).

207 Der mehrheitssozialdemokratische Redner Johannes Hoffmann setzte »Republik« und »Reich« gleich, als er darauf hinwies, dass der »Bestand der Republik und des Deutschen Reiches«

»Volk« in den Hintergrund. Zwar wies Gustav Stresemann (DVP) auf die Notwendigkeit hin, »dass die Staatsverfassung fest verankert sei in dem Willen der überwältigenden Mehrheit des Volkes.«[208] Solche Äußerungen stellten aber nur Randerscheinungen dar, sodass letztlich die von den republikanischen Parteien vertretene Sichtweise die Beratungen dominierte, in welcher der »Staat« trotz der Anerkennung seiner verfassungsmäßigen republikanischen und damit demokratischen Gestalt als eigenständige Größe erschien.

In diesem Zusammenhang einer handlungsfähigen Exekutive und eines eigenständigen Staates stand auch die Bezugnahme auf die Bezeichnungen »Demokratie« und »demokratisch«. Lediglich die Vertreter der republikanischen Parteien beriefen sich dann auf die »Demokratie«, wenn sie weitergehende Forderungen nach einer Verschärfung des Gesetzes zurückwiesen.[209] Als positiver Bezugspunkt im Sinne eines notwendigen Schutzes der demokratischen Grundordnung diente diese Bezeichnung jedoch keiner parteipolitischen Richtung. In der Auseinandersetzung um die Weimarer Verfassungsordnung im Sommer 1922 stand also im Rechtsausschuss wie auf der Plenarebene weniger der demokratisch-parlamentarische Charakter im Vordergrund, wie der weitgehende Verzicht auf eine pluralistische Sichtweise des Volkes, die fehlende Anerkennung der intermediären Instanzen und der randständige Bezug zur Demokratie belegt. Dominierend war vielmehr die Konzentration auf die Staatsordnung, die sich in der auf bürgerlicher wie auf sozialdemokratischer Seite vertretenen Sichtweise einer handlungsfähigen Exekutive und eines eigenständigen Staates ausdrückte, die durch das Republikschutzgesetz gesichert werden sollten.

---

gefährdet sei. BAB R101/2938, fol. 332r. (Johannes Hoffmann (SPD), 8.7.1922). Siehe auch ebd., fol. 284r. (Paul Levi (USPD), 7.7.1922), fol. 459r. (Adolf Köster (SPD), 8.7.1922), fol. 462r. (Antonie Pfülf (SPD), 8.7.1922), fol. 544r. (Johannes Hoffmann (SPD), 9.7.1922).

208 BAB R101/2938, fol. 456r. (Gustav Stresemann (DVP), 8.7.1922).

209 In analoger Weise beriefen sich Paul Levi von der USPD und Walther Schücking von der DDP auf die »Demokratie«, als sie eine zu starke Beschränkung der Meinungsfreiheit ablehnten. So wies Levi darauf hin, dass »[o]hne Kritik [...] die Demokratie nicht bestehen« könne, während Schücking betonte, dass es »nicht im Interesse der Demokratie und der Republik« liege, oppositionelle politische Tendenzen durch Strafgesetze zu unterbinden.« BAB R101/2938, fol. 213r. (Paul Levi (USPD), 7.7.1922), fol. 215r. (Walther Schücking (DDP), 7.7.1922). Siehe auch ebd., fol. 162r. (Erich Koch (DDP), 7.7.1922), fol. 448r. (Walther Schücking (DDP), 8.7.1922).

3. Die begleitende Presseberichterstattung

Unmittelbar nach den tödlichen Schüssen auf Walther Rathenau bestand unter den Tageszeitungen Übereinstimmung in der Ablehnung des Attentats. Dabei wagte sich die *Rote Fahne* am weitesten hervor, die in dem Anschlag ein Fanal für den Klassenkampf des Proletariats gegen die »Reaktion« und die »Konterrevolution« sah.[210] Ähnlich drastisch äußerten sich auch der *Vorwärts* und die *Frankfurter Zeitung*, die von einer »gräßliche[n] Tat von politischem Fanatismus«[211] sprachen und auf die im Volk wie in den Parteien vorherrschende »ungeheure Erbitterung«[212] verwiesen. In diesem Sinne lehnte auch die *Kölnische Volkszeitung* die »fluchwürdige Tat«[213] ab, und selbst die rechtsgerichtete *Kreuzzeitung* äußerte ihr Verständnis für die »hellste Empörung und höchste Erregung« über den Mordanschlag, auch wenn sie den deutschnationalen Abgeordneten Karl Helfferich gegen die Vorwürfe der parlamentarischen Linken in Schutz nahm, für die Atmosphäre des politischen Mordes durch seine Polemik gegen die Reichsregierung verantwortlich zu sein.[214]

Trotz dieser Übereinstimmung in der Verurteilung des Anschlags fielen die Folgerungen je nach parteipolitischem Standpunkt unterschiedlich aus. Auf der einen Seite traten der *Vorwärts* und die FZ für den Zusammenschluss aller demokratischen Kräfte ein und forderten, unter dem »Ruf ›Die Republik ist in Gefahr!‹ […] alle freiheitlichen, für den Aufbau eines demokratischen Staatswesens arbeitenden Schichten zusammen[zu]schließen und [zu] einigen.«[215] Insbesondere der *Vorwärts* machte sich für die Bildung einer »republikanische[n] Einheitsfront« und einer »Linkskoalition« stark, um die USPD in die Regierungsarbeit einzubinden und so die sozialdemokratische Position zu stärken.[216]

---

210 Die Rote Fahne, Nr. 290, 24.6.1922, S. 1: Rathenau ermordet. Heraus zum Aufmarsch gegen die Reaktion.

211 FZ, Nr. 466, 25.6.1922, S. 1: Die Ermordung Rathenaus.

212 Vorwärts, Nr. 295, 24.6.1922, S. 1: Der Eindruck im Reichstag.

213 KV, Nr. 486, 24.6.1922, S. 1: Der Minister Dr. Rathenau ermordet.

214 NPZ, Nr. 290. 24.6.1922, S. 1: Reichsminister Dr. Rathenau ermordet. Sogar der nationalsozialistische »Völkische Beobachter« stellte in diesem Zusammenhang fest, dass »begreiflicherweise eine große Erregung in allen Kreisen« entstanden sei: VB, Nr. 51, 28.6.1922: Der Tod des Walther Rathenau.

215 Vorwärts, Nr. 296, 25.6.1922, S. 1: Es lebe die Republik. Aufruf der Reichsregierung. Siehe auch Vorwärts, Nr. 299, 27.6.1922, S. 1: Rathenau zum Gedächtnis. In diesem Sinne forderte auch die FZ: »Alles, was ehrlich den neuen Staat bejaht, muß jetzt zusammenstehen zu einem festen Block, ohne Unterschied der Parteien und der Klassen.« FZ, Nr. 467, 25.6.1922, S. 1: Gegen die Politik des Meuchelmordes.

216 Vorwärts, Nr. 315, 6.7.1922, S. 1: Das Schutzgesetz im Ausschuß. An anderer Stelle legte sich der Vorwärts bereits unmissverständlich fest: »Die Republik kann nur durch eine republikanische Mehrheit die notwendigen Maßnahmen zu ihrem Schutz ergreifen. Das ist die Mehrheit,

Auf der anderen Seite bemühte sich die KV um eine weitere Fassung der politischen Einheit. So befürwortete sie zwar ebenfalls einen möglichst breiten Zusammenschluss der Bevölkerungsschichten. Im Unterschied zum *Vorwärts* und zur FZ wollte sie diesen aber weniger in dem Schutz der demokratisch-republikanischen Staatsform als vielmehr in dem der verfassungsmäßigen Entwicklung begründet sehen, um so über das Zentrum auch die DVP für die gesetzlichen Maßnahmen zu gewinnen.[217] Diesem Ansatz kam die rechtsliberale KöZ entgegen, die sich ebenfalls um die Einbeziehung aller sich für Deutschland einsetzenden Kreise bemühte, da ihrer Meinung nach die »Rettung des Vaterlands [...] keiner Klasse, keinem Stand und keiner Partei gelingen« könne.[218] Die KöZ bemühte sich also wie die KV, die von der mehrheitssozialdemokratischen und linksliberalen Presse unisono geforderte »Einheitsfront zum Schutz der demokratischen Republik«[219] um die rechts stehenden nationalen Kreise zu erweitern.

Dem versuchten die Blätter der oppositionellen Randparteien entgegenzuwirken. So befürwortete die *Rote Fahne* entsprechend ihrer marxistisch-leninistischen Programmatik die Bildung einer »Einheitsfront des gesamten Proletariats«[220] für den Kampf mit den reaktionären bürgerlichen Kräften, während die rechte Presse diese Thematik nicht problematisierte, um die mit der Einheitsbildung verbundene Isolierung und Schwächung der jeweiligen parteipolitischen Richtung zu verhindern.

Auf diese unterschiedlichen Erwartungen ging letztlich auch die Bewertung der parlamentarischen Beratungen des Republikschutzgesetzes zurück. So unterstützte die *Rote Fahne* zwar zunächst den Reichstag, von dem sie die Verabschiedung eines mit den Forderungen der Arbeiterparteien übereinstimmenden Schutzgesetzes erwartete.[221] Diesem Ziel stand in ihren Augen jedoch die Koalitionspolitik der Mehrheitssozialdemokraten mit den bürgerlichen Mittelparteien entgegen, sodass die *Rote Fahne* bereits Ende Juni 1922 der Überzeu-

---

die aus Zentrum, Demokraten, Sozialdemokraten und Unabhängigen besteht.« Vorwärts, Nr. 314, 6.7.1922, S. 1: Das Schutzgesetz vor dem Reichstag.

217 So betonte die KV: »Notwendig ist die sofortige Aufrichtung einer einheitlichen und starken Front aller Gutgesinnten; einer Front aller Männer, welche niemals und unter keinen Umständen dulden, daß die ruhige und gesetzmäßige Entwicklung unserer Verhältnisse durch Verbrechen gestört wird.« KV, Nr. 486, 24.6.1922: Der Minister Dr. Rathenau ermordet.

218 KöZ, Nr. 444, 26.6.1922, S. 1: Partei oder Vaterland.

219 Vorwärts, Nr. 296, 25.6.1922, S. 2: Schutzbund für die Demokratie.

220 Die Rote Fahne, Nr. 290, 24.6.1922, S. 1: Rathenau ermordet. Heraus zum Aufmarsch gegen die Reaktion. Siehe auch Die Rote Fahne, Nr. 292, 26.6.1922, S. 3: Der Kampf gegen die Reaktion und der Reichstag; Die Rote Fahne, Nr. 296, 29.6.1922, S. 1: Es gibt kein Ausweichen! Durchführung der proletarischen Forderungen oder Rücktritt der Regierung.

221 Die Rote Fahne, Nr. 293, 27.6.1922, S. 1: Handeln ist Pflicht.

gung war, dass »mit parlamentarischen Mitteln allein dieses Gesetz nie zustande kommen« werde und »von Anbeginn an die außerparlamentarische Aktion der Massen draußen die Arbeit der Parteien im Reichstag ergänzen und anfeuern« müsse.[222] Folglich war sie über die Gestalt des Regierungsentwurfs förmlich entrüstet, der in ihren Augen keinen dieser Punkte enthielt und somit eine »offene Verhöhnung der Aktionsforderungen der gesamten Arbeiterschaft« bildete. [223] Dieses sah sie als Beleg dafür an, dass das Gesetz »mit parlamentarischen Mitteln«[224] nicht durchzusetzen sei und dass der Reichstag als »Kampfplatz« gegen die Reaktion ausscheide, sodass sie nun entsprechend ihrer antiparlamentarischen Programmatik zu außerparlamentarischen Aktionen aufrief.[225]

Ähnlich abwertend nahm auch die *Kreuzzeitung* Stellung zur parlamentarischen Tätigkeit. Insbesondere wandte sie sich gegen den Staatsgerichtshof, der neben Gerichtsräten auch mit Laienrichtern besetzt werden sollte. Darin meinte die NPZ einen Meilenstein auf dem Weg auszumachen, neben der Gesetzgebung und der Verwaltung auch die »Rechtsprechung der Parteipolitik dienstbar zu machen.« Dieses bedeute in ihren Augen das »Ende des Rechtsstaates« sowie die endgültige Aufrichtung einer Parteiherrschaft im Deutschen Reiche«.[226] Im Zentrum ihrer Kritik stand jedoch weniger der Reichstag als vielmehr die Reichsregierung, die nach Ansicht der *Kreuzzeitung* mit der übereilten und aufgrund der Notverordnungen überflüssigen Einbringung des Republikschutzgesetzes ausschließlich den Forderungen der Gewerkschaften und der Arbeiterparteien nachgekommen sei und sich damit dem »Druck der Straße« gebeugt habe.[227] Dementsprechend sah sie in der Verabschiedung des Gesetzentwurfs einen Sieg des Proletariats, da »die Forderungen der Gewerk-

---

222 Die Rote Fahne, Nr. 294, 28.6.1922, S. 1: Kampf um die Grundrechte der Arbeiterschaft! Forderungen der Gewerkschaften und der drei proletarischen Parteien. Auf dieser Linie lag auch die Forderung der »Roten Fahne«, im Falle einer unzureichenden Ausgestaltung des Gesetzentwurfs den Reichstag aufzulösen, um so die Aufnahme der Arbeiterforderungen zu erzwingen. Die Rote Fahne, Nr. 296, 29.6.1922, S. 1: Es gibt kein Ausweichen! Durchführung der proletarischen Regierung oder Rücktritt der Regierung; Die Rote Fahne, Nr. 298, 30.6.1922, S. 1: Vorwärts oder Rückwärts? 6 Tage und noch nichts geschehen!

223 Die Rote Fahne, Nr. 301, 6.7.1922, S. 3: Gefahr im Anzug!

224 Die Rote Fahne, Nr. 303, 7.7.1922, S. 1: Die Reaktion stößt vor!

225 Die Rote Fahne, Nr. 301, 6.7.1922, S. 3: Gefahr im Anzug! Der Antiparlamentarismus der »Roten Fahne« fand seinen besonderen Ausdruck nicht nur in der Ablehnung des parlamentarisch beschlossenen Republikschutzgesetzes, das sie aufgrund des Schutzes der verfassungsmäßigen Staatsform als »Sozialistengesetz« charakterisierte, sondern auch in dem Aufruf an die Arbeiterschaft, »die Annahme dieses Gesetzes [zu] verhindern.« Die Zitate in dieser Reihenfolge Die Rote Fahne, Nr. 317, 15.7.1922, S. 1: USP, SPD kapitulieren, die Arbeiter kampfbereit; Die Rote Fahne, Nr. 307, 9.7.1922, S. 2: Die Farce des Schutzgesetzes. Siehe auch Die Rote Fahne, Nr. 324, 19.7.1922, S. 1: Die Reaktion geht nicht in die Ferien!

226 NPZ, Nr. 292, 26.6.1922, S. 2f.: Die Aufrichtung des Parteiregiments in Deutschland.

227 NPZ, Nr. 298, 13.7.1922, S. 1: Vom 30. Juni bis 12. Juli.

schaften bis auf kleine Abänderungen im Reichstag durchgegangen sind und ihren Niederschlag gefunden haben in dem Gesetze zum Schutze der Republik.« Um ihre Ablehnung darüber hinaus zu legitimieren, machte sie sich zur Verteidigerin der demokratischen Verfassungsordnung. So führte sie als Kritikpunkt an, dass von »Demokratie […] in einem Staate, der zu seinem »Schutze« Bestimmungen trifft, die die Pressefreiheit, die Vereins- und Versammlungsfreiheit illusorisch machen, nicht mehr die Rede sein« könne.[228]

Noch einen Schritt weiter ging der *Völkische Beobachter*, der die Einsetzung des Staatsgerichtshofes als eine von zahlreichen »flagrante[n] Verletzungen der Verfassung« bezeichnete, da auf diese Weise ein verfassungsmäßig untersagtes Ausnahmegericht geschaffen werde.[229] Im Unterschied zur *Kreuzzeitung* zielte seine Kritik jedoch unmittelbar auf den Reichstag, da es kein Mitglied gewagt habe, gegen die »Vergewaltigung der Weimarer Verfassung« aufzustehen.[230] Dabei wurde die antiparlamentarische Haltung vom *Völkischen Beobachter* überdeutlich, als er den Reichstag in seiner Bedeutung für die Gesetzgebung und die Regierungsbildung ignorierte und die Frage der Reichstagsauflösung als »gleichgültig« bezeichnete, da die Republik dem Untergang so oder so nicht entgehen könne.[231]

Im Gegensatz hierzu stellte die Presse der Mehrheitssozialdemokratie und des Linksliberalismus in ihrem Eintreten für den Schutz der Republik den Reichstag in den Mittelpunkt ihrer Forderungen. Unmittelbar nach der Ermordung Rathenaus forderte der *Vorwärts* bereits unter Verweis auf den Druck der Arbeitermassen den Reichstag auf, »eine wirksame Waffe zum Schutze der Republik zu schmieden.«[232] Aber in dem Maße, wie der *Vorwärts* das Parlament zum zentralen Faktor des Republikschutzes erklärte, übte er auch Kritik an den parlamentarischen Beratungen, die seiner Meinung nach nahezu ausschließlich von taktischen Überlegungen der Parteien dominiert würden und somit von dem eigentlichen Ziel des Republikschutzes abgekommen seien.[233]

---

228 NPZ, Nr. 310, 19.7.1922, S. 1: Die Republik und ihre Freiheit.

229 VB, Nr. 52, 1.7.922, S. 1: Erfolgreicher Kampf der Reichsregierung gegen die Reichsverfassung.

230 VB, Nr. 54, 8.7.1922, S. 1: Der Sieg der jüdischen Pest. Siehe auch VB, Nr. 58, 22.7.1922: Reichszertrümmerung mit Reichstagshilfe.

231 VB, Nr. 55, 12.7.1922, S. 1f.: Deutsche Republik, durch Reichsgesetze patentamtlich geschützt.

232 Vorwärts, Nr. 300, 28.6.1922, S. 1f.: Die Forderungen der Arbeiter. Siehe auch Vorwärts, Sonderausgabe, 28.6.1922, S. 2: Die Forderungen der Gewerkschaften. Zur Verteidigung der Republik und der Grundrechte der Arbeiterschaft.

233 So stellte er bereits fünf Tage nach dem Beginn der Verhandlungen ernüchtert fest: »Aus Schmerz und Scham erhob sich [nach der Ermordung Rathenaus, H.B.] das Bekenntnis zur jungen deutschen Republik […]. Was man seither erlebt hat, war nur niederdrückend. Denn an der Stelle, an der damals das Hoch auf die Republik empordonnerte, hörte man nur noch

In diesem Zusammenhang wies der *Vorwärts* nachdrücklich auf die Möglichkeit einer Reichstagsauflösung hin, um eine Rückbesinnung auf dieses Ziel und eine rasche Ausarbeitung eines grundlegenden Gesetzes zu erreichen.[234] Als dieses mit der Verabschiedung des Entwurfs am 18. Juli 1922 erreicht wurde, honorierte er dementsprechend die Arbeit des Reichstags.[235]

In ähnlicher Weise kommentierte auch die *Frankfurter Zeitung* die parlamentarischen Beratungen des Republikschutzgesetzes. So deutete sie die sofortige Ergreifung von Schutzmaßnahmen als staatliche »Notwehr«[236] und betrachtete die Ausarbeitung und Verabschiedung eines Republikschutzgesetzes im Reichstag als »dringende Staatsnotwendigkeit«.[237] Dabei nahm jedoch auch die FZ Anstoß an der Art und Weise der parlamentarischen Beratungen. Sie kritisierte die Langwierigkeit der Verhandlungen zwischen den Parteien und die Dominanz der Parteipolitik gegenüber staatspolitischen Notwendigkeiten und wies auf die Möglichkeit der Reichstagsauflösung hin, wenn der Gesetzentwurf nicht die notwendige Zweidrittelmehrheit finde.[238] Nach der Annahme fand auch die FZ anerkennende Worte für die Arbeit des Reichstags, indem sie ausführte, dass der »Gesetzgeber [...] nicht nur das Recht, sondern die unbedingte Pflicht [habe], die äußeren Möglichkeiten zur Bekämpfung der schlimmsten Feinde der Gesetzlichkeit zu erschöpfen«, was der Reichstag mit der Gesetzesannahme erreicht habe.[239]

Dagegen hielt sich die *Kölnische Volkszeitung* mit ihrer Bewertung der parlamentarischen Tätigkeit zurück. Zwar erkannte sie die Notwendigkeit der präsidialen Notverordnungen gegen den »Rechtsbolschewismus«[240] und forderte hinsichtlich des vom Reichstag zu beschließenden Republikschutzgesetzes

---

schlürfende Schritte und hüstelnde Bedenken. Es ist ein großes taktisches Geschiebe, ein zähes parlamentarisches Gezerre entstanden um Paragraphen und Konstellationen«. Vorwärts, Nr. 322, 11.7.1922, S. 1f.: An die Demokraten.

234 In diesem Sinne kritisierte der »Vorwärts« auch die »Bildung wechselnder Mehrheiten bei der Beratung eines einheitlichen Gesetzes«, die er als »schwere Gefahr für das Zustandekommen des Ganzen« bezeichnete und darauf verwies, dass »schließlich doch nichts übrig bleiben [wird] als die Reichstagsauflösung, der Appell an das Volk.« Vorwärts, Nr. 327, 13.7.1922, S. 1: Klarheit!

235 So sah er die Verabschiedung als Beleg dafür an, »daß im Reichstag der feste Wille besteht, die innerpolitischen Verhältnisse zu konsolidieren.« Vorwärts, Nr. 336, 19.7.1922, S. 1: Reichstagsbeschluß. Annahme der Schutzgesetze.

236 FZ, Nr. 468, 26.6.1922, S. 1: Die Notwehr.

237 FZ, Nr. 492, 5.7.1922, S. 1: Der Schutz der Republik. Siehe auch FZ, Nr. 494, 5.7.1922, S. 1: Frankfurt, 5. Juli.

238 Vgl. FZ, Nr. 497, 6.7.1922, S. 1: Frankfurt, 6. Juli; FZ, Nr. 503, 8.7.1922, S. 1: Frankfurt, 8. Juli; FZ, Nr. 526, 17.7.1922, S. 1: Frankfurt, 17. Juli.

239 FZ, Nr. 532, 19.7.1922, S. 1: Frankfurt, 19. Juli.

240 KV, Nr. 494, 28.6.1922, S. 1: Zum Schutze der Republik.

nachdrücklich, »daß alles zum Schutze der heutigen deutschen Reichsverfassung getan werden müsse.« Gleichzeitig lehnte sie aber eine parteipolitische »Ausnutzung der Not des Volkes« ab, deren Anfänge sie auf der äußersten Linken mit der von dieser forcierten Errichtung einer »einseitige[n] Klassenherrschaft« ausmachte.[241] Folglich sah sie den Wert der Annahme des Republikschutzgesetzes weniger in dem Erlass einer gesetzlichen Grundlage als vielmehr in der Abwehr der drohenden Parlamentsauflösung, welche nur zur Beunruhigung der innenpolitischen Lage führe.[242]

Von diesem Gedanken war auch die Berichterstattung der rechtsliberalen *Kölnischen Zeitung* geprägt, die sich ebenfalls gegen eine Ausnutzung des Rathenaumordes durch die linke Seite wandte, der sie aufgrund einseitiger Schuldzuweisungen »parteipolitische Falschmünzerei« vorwarf.[243] Auch stand das rechtsliberale Blatt der Notwendigkeit und der Eile des Republikschutzgesetzes ablehnend gegenüber, da in ihren Augen die präsidialen Notverordnungen ausreichend seien.[244] Nachdem der Entwurf jedoch von der Regierung ausgearbeitet und in den Reichstag eingebracht worden war, legte die KöZ wie die KV ihr Hauptaugenmerk auf die Abwehrung der Reichstagsauflösung, die ihrer Meinung nach den Konflikt zwischen den Parteien nicht löse, sondern nur verschärfe.[245] Von dieser Zielsetzung bestimmt, bemühte sie sich um eine Aufwertung der parlamentarischen Arbeit, indem sie etwa die Hoffnung äußerte, »daß es der Beratung im Reichstag gelingen wird, dem Entwurf, soweit es möglich ist, das Gepräge eines Augenblick- und Tendenzgesetzes zu nehmen«.[246] Dabei setzte sich die KöZ sogar für ein Zusammenwirken der bürgerlichen und sozialdemokratischen Parteien ein, als sie Kritik an den polarisierenden Reden der deutschnationalen Abgeordneten übte.[247] Auf diese Weise

---

241 KV, Nr. 515, 6.7.1922, S. 1: Gegen die Gefahren dieser Tage. Siehe auch KV, Nr. 524, 8.7.1922, S. 1: In ernster Stunde.

242 So stellte die KV nach der Verabschiedung des Republikschutzgesetzes lediglich pragmatisch fest: »Für jetzt ist jedenfalls das erreicht, was unbedingt erreicht werden mußte: die Vermeidung einer Reichstagsauflösung mit allen Folgen eines unheilvollen Wahlkampfes im Innern und der Lähmung unserer Politik nach außen und der durch Gesetz garantierte Schutz des Staates, um dessen Erhaltung es wiederum ging.« KV, Nr. 550, 18.7.1922, S. 1: Entspannung der inneren Lage? Ein bedeutungsvoller Beschluß der Unabhängigen.

243 KöZ, Nr. 444, 26.6.1922, S. 1: Partei oder Vaterland.

244 KöZ, Nr. 472, 6.7.1922, S. 1f.: Der Gesetzentwurf zum Schutz der Republik.

245 KöZ, Nr. 467, 5.7.1922, S. 1: Die politische Lage. Siehe auch KöZ, Nr. 491, 14.7.1922, S. 1: Vor der Entscheidung.

246 KöZ, Nr. 469, 5.7.1922, S. 1: Der Schutz der Republik.

247 So wies sie darauf hin, dass man »[i]n diesen Zeiten der politischen Erregung und angesichts des Zusammenbruchs unseres Landes, soweit es geht, auch auf die Empfindungen des Gegners, selbst wenn man im schärfsten Kampf mit ihm steht, Rücksicht nehmen« solle. KöZ, Nr. 485, 12.7.1922, S. 1: Das Republikschutzgesetz vor dem Reichstag.

versuchte sie, die Handlungsfähigkeit des Reichstags hervorzuheben und damit die Gründe für eine Reichstagsauflösung zu entkräften, worin letztlich auch ihre positive Bewertung der Annahme des Republikschutzgesetzes durch den Reichstag begründet lag.[248]

Die Presseberichterstattung über die parlamentarischen Beratungen war nahezu ausschließlich von parteipolitischen Gesichtspunkten bestimmt. So ging nicht nur die Kritik auf Seiten der kommunistischen *Roten Fahne* und den rechten Blättern auf die Oppositionshaltung der jeweiligen parteipolitischen Pendants zurück. Auch die positiven Stellungnahmen in den Zeitungen, die den das Republikschutzgesetz tragenden Parteien nahestanden, erfolgten vor dem Hintergrund der jeweiligen parteipolitischen Position. In der innenpolitischen Krisensituation des Sommers 1922 wurde ausschließlich das Ergebnis der Reichstagsverhandlungen, also die Annahme des Republikschutzgesetzes mit der Zustimmung ihrer jeweiligen Partei, positiv bewertet. Dabei stellten die KV und die KöZ die Verhinderung einer Parlamentsauflösung in den Vordergrund, während der *Vorwärts* und die FZ den Erlass einer gesetzlichen Grundlage zum Schutz der verfassungsmäßigen Staatsform betonten. Dagegen wurde der parlamentarische Verfahrensweg, der zu diesem Ergebnis führte, selbst von den republikanischen Presseorganen kritisch bis ablehnend kommentiert. Auch wenn der Beschluss des Reichstags zumindest innerhalb der republikanisch gesinnten Presse befürwortet wurde, so mangelte es den parlamentarischen Verfahrensweisen mit dem Einfluss der Parteien weitgehend an Anerkennung, was die Vermittlung und die Akzeptanz des Republikschutzgesetzes und damit der zu schützenden Weimarer Verfassungsordnung innerhalb der Bevölkerung erschwerte.

4. Zusammenfassung

Im Mittelpunkt der parlamentarischen Beratungen des Gesetzentwurfs zum Schutze der Republik im Frühsommer 1922 stand weniger der demokratische Charakter der Weimarer Verfassungsordnung als der gesetzmäßig zu verankernde Schutz des Staates. Zwischen den unterschiedlichen parteipolitischen Richtungen und ihren jeweiligen verfassungspolitischen Zielsetzungen bildete

248 So führte sie sich bereits nach der zweiten Lesung lobend aus: »Das Republikgesetz ist gesichert. Es ist in der zweiten Lesung in einer Form angenommen worden, die den Ausnahmecharakter der Regierungsvorlage in gesetzmäßigen Formen gebracht hat, ohne dem Gesetz irgend etwas von seiner Schärfe zu nehmen.« KöZ, Nr. 491, 14.7.1922, S. 1: Vor der Entscheidung.

der »Staat« die gemeinsame Basis, auf der sich letztlich Vertreter von der Unabhängigen Sozialdemokratie bis zur rechtsliberalen DVP zur Annahme des Republikschutzgesetzes zusammenfanden. Dabei bildete die Formulierung von der »verfassungsmäßigen republikanischen Staatsform« die zentrale semantische Plattform zur Zusammenführung, nachdem sich Redner der verschiedenen politischen Lager zunächst bemüht hatten, den Staatsbegriff mittels entsprechender Verweise auf die »Republik« oder den »Staat« in ihrem Sinne zu besetzen. Dass die Vertreter der das Republikschutzgesetz tragenden Parteien damit einen Deutungsvorsprung besaßen, belegt die Tatsache, dass die oppositionellen Sprecher von der DNVP und der KPD weitgehend auf diese Bezeichnung verzichteten und lediglich aus funktionalen Gründen auf Bezeichnungen wie »Rechtsstaat« zur Legitimation ihrer ablehnenden Haltung zurückgriffen. Mit dieser Konzentration auf den Staat ging jedoch auch auf Seiten der republikanischen Parteien die Vorstellung einer autonomen Einheit einher, wie es insbesondere die marginale semantische Kontextualisierung des Staatsbegriffs mit dem »Volk« oder den intermediären Instanzen belegt.

Dass der Schutz des Staates im Zentrum des vom Reichstag verabschiedeten Republikschutzgesetzes stand, verdeutlicht auch die Thematisierung des »Volkes«. Im Gegensatz zu den Beratungen der Weimarer Nationalversammlung, in denen das empirische Volksverständnis durch den Rekurs auf die »Volksmehrheit« oder den »Staatsbürger« zumindest auf Seiten der Koalitionsparteien eine zentrale Stellung einnahm, verschwand dieses drei Jahre später nahezu gänzlich hinter einer einheitlichen Sichtweise des Volkes. Denn in der polarisierten Atmosphäre infolge des Rathenaumordes verzichteten sogar die Redner der republikanischen Parteien auf eine Differenzierung des Volkes und rekurrierten stattdessen überwiegend allgemein auf das »Volk«, um ihre Befürwortung des Republikschutzgesetzes zu legitimieren.

Die Fokussierung auf den Staat spiegelt in ähnlicher Weise auch die Thematisierung der Exekutive und der intermediären Instanzen wider. Insbesondere die Stellung der Reichsregierung als ausführendes Staatsorgan wurde von den Vertretern der republikanischen Parteien hervorgehoben, indem sie diese in legitimierender Absicht in unmittelbare Verbindung zum »Volk« oder zum »Staat« stellten. Aus Rücksicht auf das von ihnen bemühte positive Bild der »Regierung« verzichteten sie dagegen auf eine Thematisierung der Beziehung zu den »Parteien«, deren Stellung im Unterschied zur Wertschätzung der »Abgeordneten« und des »Reichstags« von der negativen Sichtweise der deutschnationalen Redner dominiert wurde. Eine Aufwertung der Parteien aufgrund ihrer durch das parlamentarische System bedingten Bedeutung für die Regierung fand also nicht statt, wie auch der Oppositionsbegriff nicht im parlamentarischen Sinne als Bezeichnung für eine Regierungsalternative, sondern im grundsätzlichen Sinn als Systemalternative verwendet wurde.

Die Auseinandersetzung um den gesetzmäßigen Schutz der demokratischen Staatsordnung der Weimarer Reichsverfassung im Frühsommer 1922 verdeutlicht, dass die Gewinnung der erforderlichen Zweidrittelmehrheit unter Einbeziehung der USPD und der DVP nur aufgrund der Fokussierung auf den Schutz des Staates möglich war. Nur dieser allgemeine und unspezifische Verweis erlaubte die Verbindung der unterschiedlichen parteipolitischen Richtungen, da er aufgrund der Wertschätzung des Staates auf bürgerlicher Seite bzw. der Republik auf sozialdemokratischer Seite eine Befürwortung des Republikschutzgesetzes zu legitimieren vermochte und selbst in der Redeweise von der »verfassungsmäßigen republikanischen Staatsform« eine Festlegung auf konkrete Bestimmungen der Staatsorganisation vermied. In demselben Maße jedoch, wie der Fokus auf den Staat die Verabschiedung des Republikschutzgesetzes ermöglichte, trug er zur Delegitimation der Weimarer Reichsverfassung bei, da auf diese Weise gerade nicht die Verfassungsbestimmungen zum Zentrum des gesetzmäßigen Schutzes erklärt wurden. Darüber hinaus stellte der von den republikanischen Parteien geschlossene Gesetzeskompromiss keine parteipolitische Richtung zufrieden, da die Bestimmungen in unterschiedlichem Maße hinter den jeweiligen Erwartungen zurückblieben, wie die Berichterstattung in den entsprechenden Presseorganen belegt.

An dieser Stelle offenbarte sich ein grundsätzliches Dilemma: Obwohl die Erarbeitung und der Erlass der Weimarer Reichsverfassung im Jahre 1919 von einer großen Mehrheit aus SPD, Zentrum und DDP getragen worden war, war der Bestand der demokratisch-republikanischen Verfassungsordnung abhängig von der Akzeptanz und Stützung durch andere Parteien, da die Weimarer Koalition seit 1920 nicht mehr die absolute Mehrheit im Reichstag stellte. Vor diesem Hintergrund verwundert es nicht, dass bereits im Jahre 1922 zentrale demokratietheoretische Aspekte wie das empirische Volksverständnis, die Anerkennung der intermediären Instanzen und die Auffassung des Staates als eine offene Organisation des Volkes in den Hintergrund traten, nachdem die Zustimmung der die Weimarer Verfassung ursprünglich ablehnenden USPD und DVP zum Republikschutzgesetz für die Weimarer Koalitionsparteien notwendig geworden war. Die am 31. Juli 1919 verabschiedete demokratisch-pluralistische Weimarer Verfassungsordnung bildete keinen Abschluss der Verfassunggebung, sondern vielmehr den Beginn der Auseinandersetzungen, da sie Zeit ihres Bestehens auf die Akzeptanz der diese Ordnung ursprünglich ablehnenden Kräfte angewiesen blieb.

V. Schluss

Am Beginn der Untersuchung stand eine doppelte Fragestellung: nach den Demokratievorstellungen der Abgeordneten der Weimarer Nationalversammlung, welche sie in den Prozess der Verfassunggebung einbrachten, sowie nach deren Einordnung im Vergleich mit überkommenen Reformvorschlägen des ausgehenden Kaiserreichs und der Verfassungsdiskussion der frühen Weimarer Republik. Als methodischer Ausgangspunkt fungierte die Feststellung, dass in den Weimarer Verfassungsberatungen unterschiedliche Meinungen und Positionen aufeinander prallten[1] und an deren Ende mit der Weimarer Reichsverfassung folglich kein Werk aus einem Guss stand, sondern eine Mischung von präsidialen, parlamentarischen und plebiszitären Elementen.[2] Um das kommunikative Aushandeln der unterschiedlichen Positionen zu analysieren, wurde auf ein begriffsgeschichtlich und diskursanalytisch fundiertes Instrumentarium der Satzanalyse zurückgegriffen. Dazu wurden zentrale demokratietheoretische Aspekte festgelegt: die empirische Sichtweise des Volkes als Träger der Staatsgewalt, die Anerkennung intermediärer Instanzen, der Wahl- und Kontrollcharakter der Exekutive sowie die Staatskonzeption als offene, auf das Volk bezogene Größe. In den Parlamentsdebatten wurden die entsprechenden Begrifflichkeiten in dem Sprachkontext des jeweiligen Satzes identifiziert und in ihren Verwendungsweisen analysiert.

Damit konnte gezeigt werden, dass bereits im ausgehenden Kaiserreich der Volksbegriff den zentralen Bezugspunkt darstellte, auf den Redner sämtlicher Parteien zurückgriffen, um ihre parteipolitischen Forderungen zu legitimieren. Vor dem Hintergrund der Kriegssituation betonten sie jedoch überwiegend die Einheit des Volkes, wohingegen differenzierende Formulierungen wie die »Mehrheit des Volkes« oder der »Bürger« nur eine untergeordnete Rolle spielten. Unter den intermediären Instanzen wurden die »Parteien« insbesondere von konservativen, aber auch von liberalen Rednern negativ betrachtet und als notwendige Instrumente der parlamentarischen Willensbildung nicht aner-

1 Rürup, Entstehung, S. 239.

2 Gusy, Reichsverfassung, S. 90.

kannt. Lediglich der Reichstagsbegriff nahm hier eine Ausnahmestellung ein, indem sozialdemokratische und liberale Redner sowohl auf die enge Verbindung zum »Volk« als auch auf das reformbedürftige Verhältnis zur »Regierung« hinwiesen. Da jedoch überwiegend die Einzelverhältnisse erörtert und eine Verbindung der drei Aspekte im repräsentativ-demokratischen Sinn nicht entwickelt wurden, zielte die Bezugnahme auf den »Reichstag« lediglich auf den Ausbau der parlamentarischen Rechte gegenüber der Reichsleitung, nicht aber auf die Einführung der parlamentarischen Regierungsweise. In dieser Hinsicht ist auch die »Regierung« zu sehen. Von sozialdemokratischer Seite wurde sie in einen Gegensatz zum »Volk« gestellt, um Druck auf die Regierungspolitik auszuüben und eine Umsetzung ihrer Forderungen zu erreichen, während von liberaler Seite das Bild eines notwendigen Miteinanders dieser beiden Aspekte vertreten wurde. Die Sichtweise eines durch den Reichstag vermittelten Zusammenhangs der beiden Elemente in der Form eines parlamentarischen Systems wurde auch hier nicht entworfen. Dementsprechend wurde auch der »Staat« nur am Rande in seinem Verhältnis zum »Volk« thematisiert und damit weitgehend als eigenständige und unabhängige Größe dargestellt. Hinsichtlich der Frage nach der Reformfähigkeit des Kaiserreichs zeigt die Analyse der Verfassungsdiskussion, dass die Reformforderungen demokratische Ansätze aufwiesen, mit Ausnahme der Sozialdemokratie aber nicht auf die Einführung des parlamentarischen Regierungssystems abzielten. Zudem zeichnete sich die in der Julikrise 1917 gebildete Reformmehrheit durch eine hohe Fragilität aus, wie die unterschiedlichen und zum Teil gegensätzlichen Verwendungsweisen einzelner Begriffe und die kritische Presseberichterstattung über die parlamentarische Zusammenarbeit belegen. Als Träger einer Parlamentarisierung der Verfassung schied somit die Reichstagsmehrheit aus.

Die Verfassungsdiskussion des ausgehenden Kaiserreichs stellte aber die zentralen Semantiken der Verfassungsberatungen der Weimarer Nationalversammlung. Auch hier nahmen die Abgeordneten aller Parteien wie in den Jahren zuvor den Volksbegriff als zentralen Bezugspunkt auf. Trotz der festzustellenden Aufwertung sprachlicher Differenzierungsformen des »Volkes« wurde überwiegend ein ideelles Einheitsbild vertreten, da nicht nur die Redner der Oppositionsparteien, sondern auch der regierenden Weimarer Koalitionsparteien den Volksbegriff überwiegend im Singular verwendeten und auf differenzierende und individualisierende Bezeichnungen wie »Volksmehrheit« oder »Bürger« weitgehend verzichteten. Die Dominanz der einheitlichen Volksvorstellung fand ihren Ausdruck auch in der Verfassungskonzeption. So wurde insbesondere von liberaler Seite das »Volk« in einen unmittelbaren Zusammenhang zum »Reichspräsidenten« gestellt, um die plebiszitäre Bestimmung und die machtvolle Stellung des Staatsoberhauptes als höchsten Repräsentanten des

Volkes zu legitimieren. Das auf bürgerlicher Seite anzutreffende Beharren auf eine durch das Volk zu bestimmende präsidiale Reichsspitze lag darin begründet, angesichts der Heterogenität des empirischen Volkswillens eine einheitliche Repräsentation des Volkes und seines Willens in der Person des Reichspräsidenten zu garantieren. Dabei fungierte der in der Volkswahl unmittelbar geäußerte Mehrheitswille als Ersatz für den vergeblichen Wunsch nach einem empirischen Einheitswillen des Volkes. Auf bürgerlicher Seite lag die Präferenz eher auf dem einheitlichen als auf dem pluralistischen Volkswillen und eher auf einer unmittelbaren als auf einer mittelbaren Äußerung. Somit schied der Reichstag für die Mehrheit der Nationalversammlung als oberstes Staatsorgan aus. Denn hier trat die Heterogenität des Volkes durch die Parteienvielfalt wie auch die Verzerrung des Volkswillens durch die lediglich mittelbaren Einflussmöglichkeiten des Volkes offen zutage. Ähnliches gilt auch für die Auseinandersetzung über die »Volksabstimmung«, in der nicht nur linksliberale, sondern auch mehrheitssozialdemokratische Redner für eine Überordnung des unmittelbar geäußerten Volkswillens über den Parlamentswillen eintraten.

Warum kam es aber in den Verfassungsberatungen nicht zu einer stärkeren Ausprägung der präsidialen Struktur nach amerikanischem Vorbild, sondern zu der bekannten gemischten Demokratie mit präsidialen, parlamentarischen und plebiszitären Elementen? Dieses liegt weniger darin begründet, dass die SPD dem plebiszitär zu bestimmenden Reichspräsidenten skeptisch gegenüberstand und ihre Meinung aufgrund ihrer Stellung berücksichtigt werden musste. Vielmehr traten Vertreter der DDP und der SPD unisono für die Einführung der »parlamentarischen Regierung« ein, womit sie jedoch unterschiedliche Zielrichtungen verbanden. Die mehrheitssozialdemokratischen Abgeordneten forderten die Abhängigkeit der Reichsregierung vom parlamentarischen Vertrauen, da sie die Funktion des Reichstags in erster Linie in der Vertretung des Volkes ausmachten und somit den Einfluss des Volkes auf die Exekutive im Sinne der Volksherrschaft zu garantieren versuchten. Dagegen verfolgten die Linksliberalen das Ziel, die Stellung der Regierung durch die Übereinstimmung mit der Reichstagsmehrheit zu stärken, wie sie es im Kaiserreich bereits vertraten, und gleichzeitig ihr konstitutionell geprägtes gleichgewichtiges Verfassungsmodell mit einer parlamentarisch unabhängigen Staatsspitze durchzusetzen.

Ähnliche Überhänge aus dem Konstitutionalismus offenbarten sich auch an anderen Stellen. Zum einen verblieb die Deutung der »Parteien« in der tradierten ablehnenden Perspektive, wenn etwa Redner der bürgerlichen Oppositionsparteien sie als Argument gegen eine parlamentarische Regierung oder linksliberale Abgeordnete als Beleg für die Volkswahl des Reichspräsidenten anführten. Trotz ihres mit der Einführung der parlamentarischen Regierungsweise verbundenen Bedeutungszuwachses erfuhren sie in den Verfassungsberatungen eine Aufwertung, die sich lediglich auf die linksliberalen Abgeordneten beschränkte. Zum anderen war die Thematisierung des Staates von der konstitutionellen Sichtweise geprägt, in der dieser als eine den gesellschaftlichen Einflüssen weitgehend entzogene Größe erschien, wenn etwa dem Reichstag trotz weitreichender Mitbestimmungsrechte im Staat die alleinige Entscheidungsbefugnis über den Staat durch die Unterordnung unter die präsidiale Reichsspitze untersagt werden sollte. Ähnliches gilt auch für die Thematisierung des Reichstags, der im ausgehenden Kaiserreich noch den zentralen Bezugspunkt der Reformforderungen darstellte. In Weimar wurde er dagegen vor dem Hintergrund der sich abzeichnenden Etablierung der parlamentarischen Regierungsweise und des damit verbundenen Bedeutungszuwachses der Parteien nicht nur von Seiten der bürgerlichen Opposition, sondern auch und besonders von der DDP und dem Zentrum skeptisch bis ablehnend betrachtet, worin sich ebenfalls eine Kontinuität des ausgehenden Kaiserreiches zeigte. Im Rahmen der konstitutionellen Verfassungsordnung zielte die von den bürgerlichen Reformparteien geforderte Aufwertung des Parlaments lediglich auf die Erweiterung seiner Mitbestimmungsrechte, nicht aber auf die Übertragung der Regierungsverantwortung. Diese Reformforderungen setzten somit stillschweigend den Dualismus von Krone und Parlament voraus, sodass mit dem Sturz der Monarchie in Deutschland ein neues verfassungsrechtliches Gegengewicht erst einmal fehlte. Somit stand die Einführung des Reichspräsidentenamtes trotz dessen originären Charakters ganz im Zeichen konstitutioneller Reformvorstellungen. Dieser auf bürgerlicher Seite nahezu unisono vertretenen Gleich- und Gegengewichtskonzeption hatten die Vertreter der SPD aufgrund des Verweises auf den demokratischen Charakter der Volkswahl wenig entgegenzusetzen, sodass sie letztlich die Einrichtung dieses Amtes akzeptierten.

Die konstitutionellen Überhänge wurden drei Jahre später offenbar, als infolge des Rathenaumordes und des Republikschutzgesetzes die Verfassungsordnung zur Diskussion stand. Einen ersten zentralen Bezugspunkt bildete dabei der Verweis auf den »Staat«, welcher in der Formulierung von der »verfassungsmäßigen republikanischen Staatform« die semantische Basis für die notwendige Zusammenarbeit mit der USPD und der DVP bildete und dabei weitgehend als unabhängige und autonome Größe dargestellt wurde. Der zweite Punkt war der Verweis auf das »Volk«, den die Redner sämtlicher Parteien herstellten und bei dem sie dieses jedoch nahezu ausschließlich in einem einheitlichen Sinn verwendeten. Demgegenüber spielten die übrigen Aspekte nur eine untergeordnete Rolle. In der Krisenphase des Jahres 1922 wurden zentrale demokratietheoretische Aspekte, wie sie noch 1919 in Ansätzen entwickelt wurden, von den tradierten Vorstellungen einer Volkseinheit und eines autonomen Staates in den Hintergrund gedrängt.

Aber bereits in seinen Verfassungsberatungen rang sich der Weimarer Verfassunggeber nicht zu einer auf einem pluralistischen Volksverständnis aufbauenden Verfassungskonzeption mit der Anerkennung der intermediären Instanzen als zentrales Mittel der politischen Willensbildung durch. Stattdessen orientierte er sich mit der Einheitsvorstellung des Volkes und der angenommenen Notwendigkeit verfassungsrechtlicher Gegengewichte zu den repräsentativen Verfahrensweisen an konstitutionellen Konzepten, die dem Parlament und den Parteien nur eine eingeschränkte Teilhabe an der Herrschaftsausübung zuwiesen. Hierfür war in erster Linie die Deutungsmacht der Abgeordneten der DDP verantwortlich, die ihnen, wie die Satzanalyse zeigen konnte, in dem kommunikativen Ver- und Aushandeln der unterschiedlichen Demokratiekonzepte die Schlüsselrolle zukam. Auf der einen Seite befanden sie sich mit ihrer Forderung nach einem plebiszitär zu bestimmenden Reichspräsidenten in Übereinstimmung mit den bürgerlichen Oppositionsparteien, während sie auf der anderen Seite mit ihrer Befürwortung des parlamentarischen Regierungssystems und der unmittelbaren Volksgesetzgebung zwei zentrale Berührungspunkte mit der SPD besaßen. In den Verfassungsberatungen und dem semantischen Kampf um Begriffe und Positionen konnten sie sich dieser verfassungspolitischen Mittelstellung und der Unterstützung durch das Zentrum bedienen, um die Verfassungsberatungen in ihrem Sinne zu prägen und ihre verfassungspolitischen Forderungen durchzusetzen.

Die linksliberale Dominanz in den parlamentarischen Beratungen führte dazu, dass sich deren Verfassungsvorstellungen nahezu unmittelbar in der Weimarer Reichsverfassung niederschlugen. Die gleich- und gegengewichtige Anordnung von Reichspräsident und Reichstag mit den gegenseitigen Absetzungskompetenzen und dem Bindeglied der vom Reichspräsidenten zu ernennenden und vom Vertrauen des Reichstags abhängigen Reichsregierung bildete das wesentliche Element ihres verfassungspolitischen Programms, wohingegen sämtliche übrigen Parteien einschließlich der SPD und des Zentrums mehr oder weniger deutliche Abstriche in den jeweiligen Zielvorstellungen hinnehmen mussten.

Zugute kam der DDP, dass mit der Ernennung von Hugo Preuß zum Staatssekretär des Innern und später zum Reichsinnenminister die zentrale Position in der Verfassunggebung mit einem Mann aus ihren Reihen besetzt wurde, der die linksliberalen Verfassungsvorstellungen in besonderem Maße vertrat und umsetzte. Ausgehend von der dem Konstitutionalismus entstammenden Parlamentarismustheorie Robert Redslobs mit dem Idealbild eines verfassungsrechtlichen Gleichgewichts von Staatsoberhaupt und Parlament entwickelte Preuß seine verfassungspolitischen Positionen, die von der von ihm einberufenen Expertenrunde im Dezember 1918 weitgehend geteilt wurden. Anschließend übersetzte er diese in einen ersten Verfassungsentwurf, der in seinem organisatorischen Teil bereits die Grundstruktur der zukünftigen Weimarer Reichsverfassung enthielt. Damit stieß er weder bei den entscheidenden Instanzen im Vorfeld der Nationalversammlung wie dem Rat der Volksbeauftragten oder den Ländervertretern auf Widerspruch, noch veränderte die verfassunggebende Nationalversammlung aufgrund der kommunikativen Dominanz der Linksliberalen diese Struktur.

Zusammenfassend lässt sich das Demokratieverständnis des Weimarer Verfassunggebers wie folgt charakterisieren: Zunächst war es eklektisch. Um die Verfassung auf eine möglichst breite Legitimationsgrundlage innerhalb der Bevölkerung zu stellen, erforderte der parteipolitische Pluralismus der Nationalversammlung wie auch der Regierung aus SPD, DDP und Zentrum die Berücksichtigung unterschiedlicher, zum Teil auch widersprüchlicher Positionen. Dieses zog eine gemischte Demokratiekonzeption nach sich. Das »Volk« als Träger und Inhaber der Staatsgewalt legitimierte mit der Wahl des Reichstags, der Bestimmung des Reichspräsidenten und dem Plebiszit drei verschiedene Institutionen, seinen »Willen« auszuführen. Dementsprechend standen die Abgeordneten, insbesondere die Mitglieder des Verfassungsausschusses vor der schwierigen Aufgabe, diese drei Instanzen in ihren Kompetenzen verfassungsrechtlich aufeinander abzustimmen und auszutarieren. Dieses führte zu erheblichen Scharnierproblemen, wie es nicht nur bei der Anordnung von Reichstag und Reichspräsident, sondern auch bei dem Verhältnis von parlamentarischer und plebiszitärer Gesetzgebung der Fall war. Ein Ausgleich fand in der Regel zu Lasten des Reichstags statt, dessen Unterordnung unter den Reichspräsidenten und das Plebiszit in den entsprechenden Verfassungsbestimmungen präjudiziert wurde.

Somit blieb das Demokratiebild in weiten Teilen unentschlossen, wie es sich nicht nur in dem vermeintlich austarierten Gleichgewichtsmodell von parlamentarischer und präsidialer Instanz, sondern auch in weiteren zentralen Verfassungsaspekten widerspiegelte. So gehörte zwar die »Republik« wie der »Reichspräsident« nach der Überwindung der konstitutionellen Monarchie zu den überwiegend undiskutierten und unhinterfragten Merkmalen der neuen Staatsordnung. Ihre spezifische Stellung zur demokratischen Grundordnung blieb jedoch wie der Demokratiebegriff insgesamt in den Verfassungsberatungen weitgehend ungeklärt. Dieses ist darauf zurückzuführen, dass die semantischen Bahnen der Weimarer Verfassungsberatungen wesentlich durch die parlamentarische Reformdiskussion des ausgehenden Kaiserreichs geprägt waren und somit nicht nur die verwendeten Formulierungen, sondern auch die damit zum Ausdruck gebrachten Demokratiesichtweisen einen retrospektiven Grundzug enthielten. Den Bezugspunkt bildeten also eher die Erfahrungen aus dem Kaiserreich als die Bedürfnisse der zukünftigen Staatsordnung.[3] Folglich gehörten originäre Begriffe wie die »Republik« zum sprachlichen Allgemeingut der Parlamentarier, blieben aber ohne inhaltliche Konturierung.

Darüber hinaus war die Demokratieauffassung der Nationalversammlung in erheblichem Maße staatsorientiert, wie der Verzicht auf eine Neubestimmung des Staates in den Weimarer Verfassungsberatungen belegt. Trotz des revolutionären Umbruchs gingen insbesondere die linksliberalen Parlamentarier von einem bereits bestehenden Staat aus, dessen Organisation lediglich an die geänderten Verhältnisse anzupassen war. So lag der Fokus des allgegenwärtigen Bezuges auf den »Volksstaat« auf dieser Seite nicht so sehr beim »Volk«, wie es bei den sozialdemokratischen Vertretern der Fall war, sondern vielmehr beim »Staat«, dessen Handlungsfähigkeit in der Verfassung gewährleistet werden musste.

Folglich dominierte ein monistisches Demokratieverständnis. Denn die von den bürgerlichen Abgeordneten vertretene Vorstellung des Volkes als einer ideellen Ganzheit bedingte die Einführung des plebiszitär zu bestimmenden Staatsoberhauptes, das in seiner Person allein das vermeintlich einheitliche Volk zu repräsentieren in der Lage war. Ebenso sollte das Amt des Reichspräsidenten die Handlungsfähigkeit der Exekutive und damit des gesamten Staates garantieren, wenn in Krisensituationen die im Reichstag vertretenen Parteien versagen würden, einen parlamentarischen Mehrheitswillen in einer den Umständen angemessenen Zeit auszubilden. Auf Seiten der bürgerlichen Regierungsparteien wurde somit der Sicherung der staatlichen Handlungsfähigkeit durch das Reichspräsidentenamt besonderer Vorrang gegenüber der Vorstellung eingeräumt, gesellschaftliche Interessenkonflikte auf parlamentarischer Ebene und in Auseinandersetzung zwischen den Parteien zu lösen. Das Demokratieverständnis des Weimarer Verfassunggebers war also ein eklektisches und gemischtes, unentschlossenes, staatsorientiertes und monistisches, welches infolge der kommunikativen Dominanz der Linksliberalen in dieser Form Eingang in die Weimarer Reichsverfassung fand.

Die Schlüsselstellung der DDP besaß für die Verfassungsarbeit der Nationalversammlung eine zwiespältige Bedeutung. Auf der einen Seite ermöglichte sie eine schleunige und stringente Erledigung der Verfassungsarbeit in weniger als sechs Monaten, da die unterschiedlichen Vorstellungen und Anträge bezüglich des organisatorischen Aufbaus durch die von der DDP vertretene Richtung kanalisiert und zu einem Gesamtergebnis in ihrem Sinn zusammengeführt wurden. Auf der anderen Seite wurde auf diese Weise die vorbehaltlose Anerkennung des Verfassungswerks in der Bevölkerung auf die

3 Gusy, Entstehung. S. 759.

Anhänger der DDP eingeschränkt, wie die Berichterstattung über die parlamentarische Verfassungsarbeit in der Tagespresse belegt, die mit Ausnahme der linksliberalen *Frankfurter Zeitung* das Verfassungswerk aufgrund der den übrigen Parteien abgerungenen Kompromisse skeptisch bis ablehnend kommentierten. Als erschwerend erwies sich zusätzlich die Tatsache, dass die DDP in den Wahlen vom 19. Januar 1919, die im Zeichen der Revolution und der Gegnerschaft zur Sozialdemokratie standen, einen hohen Stimmenanteil aus den übrigen bürgerlichen Schichten erhielt, um den Einfluss der sozialdemokratischen Parteien so gering wie möglich zu halten. Folglich waren die linksliberalen Abgeordneten in der Nationalversammlung im Verhältnis zu den in der Bevölkerung vorherrschenden Meinungen überrepräsentiert, was durch die Reichstagswahlen vom 6. Juni 1920 ausgeglichen wurde. Folglich war es um die Zustimmung zur Verfassung in der Bevölkerung schlechter bestellt, als es das parlamentarische Abstimmungsergebnis von 262 gegen 75 Stimmen vom 31. Juli 1919 vermuten ließ.

Die weitgehende Skepsis gegenüber der demokratischen Weimarer Verfassungsordnung, die eben nicht nur in den oppositionellen Kreisen, sondern auch innerhalb des Regierungslagers vorhanden war, wurde ein Jahr später zu einem ernsten Problem, als die Weimarer Koalitionsparteien ihre Mehrheit verloren und fortan auf die Zusammenarbeit mit den die Verfassung im Juli 1919 ablehnenden Oppositionsparteien der USPD und der DVP angewiesen waren. Eine positive Bewertung der demokratischen Herrschaftsordnung konnte sich in der Bevölkerung unter diesen Umständen nur schwerlich herausbilden. Die Legitimationsprobleme, die den Parlamentarismus der Weimarer Republik durchgängig beschäftigten, lagen also nicht nur in der unzureichenden Vermittlung der integrativen und parteiübergreifenden Zusammenarbeit der Parlamentarier begründet.[4] Der Reichstagstätigkeit vorgelagert war bereits die mangelnde Akzeptanz der die parlamentarische Regierungsweise legitimierenden Verfassungsgrundlage. Wie jede Verfassung war auch die Weimarer auf eine zumindest mehrheitliche Zustimmung in der Bevölkerung angewiesen, die nicht nur durch das Schließen parlamentarischer Kompromisse, sondern auch durch deren Vermittlung nach außen zu erreichen ist. Dazu musste für die Form der repräsentativen Willensbildung geworben werden, die in der pluralistischen Gesellschaftsordnung den Ausgleich heterogener Interessenlagen gewährleistete. Dass dieses bereits am Beginn der Weimarer Republik nur unzureichend geschah, zog zwar nicht das zwangsläufige Scheitern der demokratischen Weimarer Verfassungsordnung nach sich, belastete aber erheblich ihre Entwicklungsmöglichkeiten, da sie permanenter Grundsatzkritik aus-

4 Dazu Mergel, Parlamentarische Kultur, hier S. 482ff.

gesetzt und somit auf eine immer wieder herzustellende Zustimmung der Bevölkerungsmehrheit angewiesen war. Der Weg zur Demokratie war und blieb in der Weimarer Republik schwierig und steinig.

Abkürzungen

Ab.	Abendausgabe
Anm.	Anmerkung
Art.	Artikel
Aufl.	Auflage
BAB	Bundesarchiv Berlin
BAK	Bundesarchiv Koblenz
Bd.	Band
Bde.	Bände
bes.	besonders
BGBl.	Bundesgesetzblatt
DDP	Deutsche Demokratische Partei
ders.	derselbe
DF	Deutsche Fraktion
dies.	dieselbe(n)
DKons.	Deutsch-Konservative Partei
DNVP	Deutschnationale Volkspartei
DRP	Deutsche Reichspartei
durchges.	durchgesehene
DVP	Deutsche Volkspartei
ebd.	ebenda
erg.	ergänzte
erw.	erweiterte
f.	folgende Seite
ff.	folgenden beiden Seiten
fol.	Folio
FVP	Fortschrittliche Volkspartei
FZ	Frankfurter Zeitung
GG	Geschichte und Gesellschaft
GO	Geschäftsordnung
GWU	Geschichte in Wissenschaft und Unterricht
Hg.	Herausgeber

hrsg.	herausgegeben
HZ	Historische Zeitschrift
KöZ	Kölnische Zeitung
KV	Kölnische Volkszeitung
Mo.	Morgenausgabe
ND	Neudruck
neubearb.	neubearbeitete
NLP	Nationalliberale Partei
NPZ	Neue Preußische Zeitung (Kreuzzeitung)
O.C.	Organisation Consul
r.	Rekto
RGBl.	Reichsgesetzblatt
RV	Reichsverfassung vom 16. April 1871
S.	Seite
SPD	Sozialdemokratische Partei Deutschland
Sten. Ber.	Verhandlungen des Reichstags/der verfassunggebenden Nationalversammlung. Stenographische Berichte
u.a.	und andere
überarb.	überarbeitete
USPD	Unabhängige Sozialdemokratische Partei Deutschlands
v.	Verso
VB	Völkischer Beobachter
verb.	verbesserte
verm.	vermehrte
W.T.B.	Wolff's Telegraphisches Bureau
WRV	Weimarer Reichsverfassung vom 14. August 1919
Z	Zentrum

Quellen und Literatur

1. Ungedruckte Quellen

Bundesarchiv Berlin

R 43: Reichskanzlei
R 101: Reichstag
R 1501: Reichministerium des Innern
R 8005 Deutschnationale Volkspartei
N 2178: Nachlass Paul Löbe
N 2230 Nachlass Hugo Preuß

Bundesarchiv Koblenz

R 43: Reichskanzlei
R 45 I: Nationalliberale Partei
R 45 II: Deutsche Volkspartei
R 45 III: Deutsche Demokratische Partei
N 1012: Nachlass Erich Koch-Weser
N 1097: Nachlass Matthias Erzberger
KLE 370: Nachlass Konstantin Fehrenbach

2. Zeitungen

Frankfurter Zeitung
Kölnische Volkszeitung
Kölnische Zeitung
Neue Preußische Zeitung (Kreuzzeitung)
Rote Fahne
Völkischer Beobachter
Vorwärts

3. Gedruckte Quellen und Literatur

Akten der Reichskanzlei. Weimarer Republik: Das Kabinett Scheidemann. 13. Februar bis 20. Juni 1919, bearb. v. Hagen Schulze, Boppard a. Rh. 1971.

Akten der Reichskanzlei. Weimarer Republik: Das Kabinett Fehrenbach. 25. Juni 1920 bis 4. Mai 1921, bearb. v. Peter Wulf, Boppard a. Rh. 1972.

Akten der Reichskanzlei. Weimarer Republik: Das Kabinett Wirth I und II, 2 Bde., bearb. v. Ingrid Schulze-Bidlingmaier, Boppard a. Rh. 1973.

Akten der Reichskanzlei. Weimarer Republik: Das Kabinett Bauer. 21. Juni 1919 bis 27. März 1920, bearb. v. Anton Golecki, Boppard a.Rh. 1980.

Albertin, Lothar, Liberalismus und Demokratie am Anfang der Weimarer Republik. Eine vergleichende Analyse der Deutschen Demokratischen Partei und der Deutschen Volkspartei, Düsseldorf 1972.

— /Link, Werner (Hg.), Politische Parteien auf dem Weg zur parlamentarischen Demokratie in Deutschland, Düsseldorf 1981.

— Der unzeitige Parlamentarismus der Liberalen – Versäumnisse seiner parteidemokratischen Fundierung, in: ders., Parteien, S. 31–62.

Alexander, Matthias, Die Freikonservative Partei 1890–1918. Gemäßigter Konservativismus in der konstitutionellen Monarchie, Düsseldorf 2000.

Allgemeiner Kongreß der Arbeiter und Soldatenräte Deutschlands vom 16. bis 21. Dezember 1918 im Abgeordnetenhaus zu Berlin. Stenographische Berichte, Berlin 1919 (ND Glashütten 1972).

Anderson, Margaret Lavinia, Practicing Democracy. Elections and Political Studies in Imperial Germany, Princeton 2000.

Anonymus, Friedrich der Vorläufige, die Zietz und die Anderen. Die Weimarer Nationalversammlung, Berlin 1919.

Anschütz, Gerhard, Der Aufbau der obersten Gewalten im Entwurf der deutschen Reichsverfassung, in: Deutsche Juristen-Zeitung 24 (1919), Sp. 199–205.

— Die kommende Reichsverfassung, in: Deutsche Juristen-Zeitung 24 (1919), Sp. 113–123.

— Die Verfassung des Deutschen Reiches vom 11. August 1919. Ein Kommentar für Wissenschaft und Praxis, 11. Aufl., Berlin 1929.

— /Thoma, Richard (Hg.), Handbuch des Deutschen Staatsrechts, Tübingen 1930.

Apelt, Willibalt, Geschichte der Weimarer Reichsverfassung, 2. Aufl., München/Berlin 1964.

— Jurist im Wandel der Staatsform, Tübingen 1965.

Aretin, Karl Otmar Freiherr von u.a., Art. »Reich«, in: Geschichtliche Grundbegriffe, Bd. 5, S. 423–508.

Arnold, Volker, Rätebewegung und Rätetheorien in der Novemberrevolution. Räte als Organisationsformen des Kampfes und der Selbstbestimmung, 2., überarb. Aufl., Hamburg 1985.

Arns, Günter, Regierungsbildung und Koalitionspolitik in der Weimarer Republik 1919–1924, Clausthal-Zellerfeld 1971.

Arsenschek, Robert, Der Kampf um die Wahlfreiheit im Kaiserreich. Zur parlamentarischen Wahlprüfung und politischen Realität der Reichstagswahlen 1871–1914, Düsseldorf 2003.

Asmuss, Burkhard, Republik ohne Chance? Akzeptanz und Legitimation der Weimarer Republik in der deutschen Tagespresse zwischen 1918 und 1923, Berlin/New York 1994.

Bachem, Karl, Vorgeschichte, Geschichte und Politik der deutschen Zentrumspartei, Bd. 9, Köln 1931 (ND Aalen 1968).
Badura, Peter, Die parlamentarische Demokratie, in: Isensee/Kirchhof, Handbuch, S. 953–985.
Barth, Boris, Dolchstoßlegenden und politische Desintegration. Das Trauma der deutschen Niederlage im Ersten Weltkrieg 1914–1933, Düsseldorf 2003.
Basse, Dieter, Wolff's Telegraphisches Bureau 1849 bis 1933. Agenturpublizistik zwischen Politik und Wirtschaft, München u.a. 1991.
Bavaj, Riccardo, Von links gegen Weimar. Linkes antiparlamentarisches Denken in der Weimarer Republik, Bonn 2005.
Becker, Werner, Demokratie des sozialen Rechts. Die politische Haltung der Frankfurter Zeitung, der Vossischen Zeitung und des Berliner Tageblatts 1918–1924, Göttingen u.a. 1971.
Becker, Winfried (Hg.), Die Minderheit als Mitte. Die deutsche Zentrumspartei in der Innenpolitik des Reiches 1871–1933, Paderborn u.a. 1986.
Bendix, Karsten, Die Arbeit des Verfassungsausschusses. Achter Ausschuss der verfassungsgebenden Nationalversammlung von Weimar, Frankfurt/M. u.a. 2002.
Benz, Wolfgang, Süddeutschland in der Weimarer Republik. Ein Beitrag zur deutschen Innenpolitik 1918–1923, Berlin 1970.
— Die Klassiker als Nothelfer. Die Weimarer Republik in Weimar und Berlin, in: Schultz, Hauptstädte, S. 194–204.
Berding, Helmut, Begriffsgeschichte und Sozialgeschichte, in: HZ 223 (1976), S. 98–110.
Berger, Peter L./Luckmann, Thomas, Die gesellschaftliche Konstruktion der Wirklichkeit. Eine Theorie der Wissenssoziologie, 17. Aufl., Frankfurt a.M 2000.
Berghahn, Volker, Das Kaiserreich 1871–1914. Industriegesellschaft, bürgerliche Kultur und autoritärer Staat, Stuttgart 2003.
Berglar, Peter, Walther Rathenau. Seine Zeit – sein Werk – seine Persönlichkeit, Bremen 1970.
— Walther Rathenau. Ein Leben zwischen Philosophie und Politik, Graz u.a. 1987.
Berichte und Protokolle des 8. Ausschusses der Verfassunggebenden Deutschen Nationalversammlung über den Entwurf einer Verfassung des Deutschen Reichs, Berlin 1920.
Bermbach, Udo, Vorformen parlamentarischer Kabinettsbildung in Deutschland. Der Interfraktionelle Ausschuß und die Parlamentarisierung der Reichsregierung, Köln/Opladen 1967.
— Rätesystem als Alternative? Zum Repräsentationscharakter direkt-demokratischer Organisationsprinzipien, in: Probleme der Demokratie heute, Opladen 1971, S. 110–138.
— Einleitung. Organisationsprobleme direkter Demokratie, in: ders. (Hg.), Theorie und Praxis direkter Demokratie, Opladen 1973, S. 13–32.
Bernstein, Eduard, Die deutsche Revolution von 1918/19. Geschichte der Entstehung und der ersten Arbeitsperiode der deutschen Republik, hrsg. von Heinrich August Winkler, Bonn 1998.
Bertram, Jürgen, Die Wahlen zum Deutschen Reichstag vom Jahre 1912, Düsseldorf 1964.

Best, Heinrich, Mandat ohne Macht. Strukturprobleme des deutschen Parlamentarismus 1867–1933, in: ders. (Hg.), Politik und Milieu. Wahl und Elitenforschung im historischen und interkulturellen Vergleich, St. Katharinen 1989, S. 175–222.
Beyme, Klaus von, Die parlamentarischen Regierungssysteme in Europa, München 1970.
— Art. »Partei, Fraktion«, in: Geschichtliche Grundbegriffe, Bd. 4, S. 677–733.
— Die parlamentarische Demokratie. Entstehung und Funktionsweise 1789–1999, 3., neubearb. Aufl., Opladen 1999.
— Parlament, Demokratie und Öffentlichkeit. Die Visualisierung demokratischer Grundprinzipien im Parlamentsbau, in: ders., Kunst, S. 351–372.
— Erziehung zum Untertanen. Erhebung und Einschüchterung in der Architektur, in: ders., Kunst, S. 239–251.
— Die Kunst der Macht und die Gegenmacht der Kunst. Studien zum Spannungsverhältnis von Kunst und Politik, Frankfurt/M. 1998.
Biefang, Andreas, Modernität wider Willen, Bemerkungen zur Entstehung des demokratischen Wahlrechts im Kaiserreich, in: Pyta/Richter, Gestaltungskraft, S. 239–259.
— Die Sozialdemokratie im Reichstag. Das Parlament als Faktor der Integration 1871–1890, in: Mitteilungsblatt des Instituts für soziale Bewegungen 26 (2001), S. 25–54.
— Bismarcks Reichstag. Das Parlament in der Leipziger Straße. Fotografiert von Julius Braatz, Düsseldorf 2002
— Der Reichstag als Symbol der politischen Nation. Parlament und Öffentlichkeit 1867–1890, in: Gall, Regierung, S. 24–42.
— Integration und Repräsentation. Zur Stellung des Reichstags in der politischen Kultur der konstitutionellen Monarchie 1871–1888, in: Recker, Parlamentarismus, S. 1–16.
Blackbourn, David, The Problem of Democratisation: German Catholics and the Role of the Centre Party, in: Richard J. Evans (Hg.), Society and Politics in Wilhelmine Germany, London/New York 1978, S. 160–185.
— /Eley, Geoff, The Peculiarities of German History. Bourgeois Society and Politics in Nineteenth-Century Germany, Oxford/New York 1984.
— New Legislatures: Germany 1871–1914, in: Historical Research 65 (1992), S. 201–214.
Bock, Gisela, Frauenwahlrecht – Deutschland um 1900 in vergleichender Perspektive, in: Michael Grüttner u.a. (Hg.), Geschichte und Emanzipation. Festschrift Reinhard Rürup, Frankfurt/M. 1999, S. 95–136.
Böckenförde, Ernst-Wolfgang, Der Verfassungstyp der deutschen konstitutionellen Monarchie im 19. Jahrhundert, in: ders. (Hg.), Moderne deutsche Verfassungsgeschichte (1815–1918), Köln 1972, S. 146–170.
— Die Bedeutung der Unterscheidung von Staat und Gesellschaft im demokratischen Sozialstaat der Gegenwart, in: ders. (Hg.), Staat und Gesellschaft, Darmstadt 1976, S. 395–431.
— Mittelbare/repräsentative Demokratie als eigentliche Form der Demokratie. Bemerkung zu Begriff und Verwirklichungsproblemen der Demokratie als Staats- und Regierungsform, in: Georg Müller u.a. (Hg.), Staatsorganisationen und Staatsfunktionen im Wandel. Festschrift Kurt Eichenberger, Basel/Frankfurt/M. 1982, S. 301–328.
— Demokratie und Repräsentation. Zur Kritik der heutigen Demokratiediskussion, Hannover 1983.

— Demokratische Willensbildung und Repräsentation, in: Josef Isensee/Paul Kirchhof (Hg.), Handbuch des Deutschen Staatsrechts der Bundesrepublik Deutschland, Bd. 2, Heidelberg 1987, S. 29–48.
— Demokratie als Verfassungsprinzip, in: Isensee/Kirchhof, Handbuch 1, S. 887–952.
— Der Zusammenbruch der Monarchie und die Entstehung der Weimarer Republik, in: Bracher, Republik, S. 17–43.
Bödeker, Hans Erich (Hg.), Begriffsgeschichte, Diskursgeschichte, Metapherngeschichte, Göttingen 2002.
— Reflexionen über Begriffsgeschichte als Methode, in: ders., Begriffsgeschichte, S. 75–121.
Boden, Ragna, Die Weimarer Nationalversammlung und die deutsche Außenpolitik. Waffenstillstand, Friedensverhandlungen und internationale Beziehungen in den Debatten von Februar bis August 1919, Frankfurt/M. u.a. 2000.
Boldt, Hans, u.a, Art. »Monarchie«, in: Geschichtliche Grundbegriffe, Bd. 4, S. 133–214.
— Art. »Parlament, parlamentarische Regierung, Parlamentarismus«, in: Geschichtliche Grundbegriffe, Bd. 4, S. 649–676.
— u.a., Art. »Staat und Souveränität«, in: Geschichtliche Grundbegriffe, Bd. 6, S. 1–154.
— Parlamentarismustheorie. Bemerkungen zu ihrer Geschichte in Deutschland, in: Der Staat 19 (1980), S. 385–412.
— Deutscher Konstitutionalismus und Bismarckreich, in: Stürmer, Deutschland, S. 119–142.
— Der Artikel 48 der Weimarer Reichsverfassung – Sein historischer Hintergrund und seine politischen Funktionen, in: Stürmer, Republik, S. 288–309.
— Deutsche Verfassungsgeschichte, Bd. 2, München 1990.
— Deutscher Konstitutionalismus und Kaiserreich, in: Johannes Kunisch (Hg.), Bismarck und seine Zeit, Berlin 1992, S. 83–101.
— Von der konstitutionellen Monarchie zur parlamentarischen Demokratie, in: Ernst-Wolfgang Böckenförde u.a. (Hg.), Wendemarken in der deutschen Verfassungsgeschichte, Berlin 1993, S. 152–172.
— Die Stellung von Parlament und Parteien in der Weimarer Reichsverfassung. Verfassungstheorie und Verfassungswirklichkeit, in: Eberhard Kolb/Walther Mühlhausen (Hg.), Demokratie in der Krise. Parteien im Verfassungssystem der Weimarer Republik, München 1997.
— Die Weimarer Reichsverfassung, in: Bracher, Weimarer Republik, S. 44–62.
Bollmeyer, Heiko, Repräsentative Partizipation? Parlamentskonzeptionen in den Verfassungsberatungen von Weimar 1919, in: Christoph Gusy/Heinz-Gerhard Haupt (Hg.), Inklusion und Partizipation. Politische Kommunikation im historischen Wandel, Frankfurt/M. 2005, S. 113–133.
Borowsky, Peter, Politische Geschichte, in: Hans-Jürgen Goertz (Hg.), Geschichte. Ein Grundkurs, Reinbek bei Hamburg 1998, S. 475–488.
Bosl, Karl, Die Verhandlungen über den Eintritt der süddeutschen Staaten in den Norddeutschen Bund und die Entstehung der Reichsverfassung, in: Schieder/Deuerlein, Reichsgründung, S. 148–163.
Botzenhart, Manfred, Deutsche Verfassungsgeschichte 1806–1949, Stuttgart u.a. 1993.
Bracher, Karl Dietrich, Entstehung der Weimarer Verfassung, in: ders., Deutschland zwischen Demokratie und Diktatur. Beiträge zur neueren Politik und Geschichte, Bern u.a. 1964, S. 11–32.

— Die Auflösung der Weimarer Republik. Eine Studie zum Problem des Machtverfalls in der Demokratie, 5. Aufl., Villingen 1971.
— u.a. (Hg.), Die Weimarer Republik 1918–1933. Politik – Wirtschaft – Gesellschaft, 3. Aufl., Bonn 1998.
Brandt, Hartwig, Der lange Weg in die demokratische Moderne. Deutsche Verfassungsgeschichte von 1800 bis 1945, Darmstadt 1998.
Brandt, Peter, War das Deutsche Kaiserreich reformierbar? Parteien, politisches System und Gesellschaftsordnung vor 1914, in: Rudolph/Wickert, Geschichte, S. 190–210.
Bredt, Johann Viktor, Entwurf einer Reichsverfassung, Berlin 1919.
— Entwurf einer Reichsverfassung, in: ders. (Hg.), Das Werk des Herrn Preuß oder Wie soll eine Verfassung nicht aussehen?, Berlin 1919, S. 57–68.
— Der Deutsche Reichstag im Weltkrieg (Das Werk des Untersuchungsausschusses, 4. Reihe: Die Ursachen des Deutschen Zusammenbruches im Jahre 1918, Bd. 8), Berlin 1926.
Brieler, Ulrich, Die Unerbittlichkeit der Historizität. Foucault als Historiker, Köln u.a. 1998.
— Blind Date. Michel Foucault in der deutschen Geschichtswissenschaft, in: Axel Honneth/Martin Sahr (Hg.), Michel Fouacault. Zwischenbilanz einer Rezeption. Frankfurt 2003, S. 311–334.
Bruch, Rüdiger vom (Hg.), Friedrich Naumann in seiner Zeit, Berlin/New York 2000.
Bruendel, Steffen, Volksgemeinschaft oder Volksstaat. Die »Ideen von 1914« und die Neuordnung Deutschlands im Ersten Weltkrieg, Berlin 2003.
Bublitz, Hannelore u.a. (Hg.), Das Wuchern der Diskurse. Perspektiven der Diskursanalyse Foucaults, Frankfurt/New York 1999.
— u.a., Diskursanalyse – (k)eine Methode? Eine Einleitung, in: dies., Wuchern, S. 10–21.
Buchner, Bernd, Um nationale und republikanische Identität. Die deutsche Sozialdemokratie und der Kampf um die politischen Symbole in der Weimarer Republik, Bonn 2001.
Burkhardt, Armin, Zwischen Diskussions- und Schaufensterparlamentarismus. Zur Diagnose und Kritik parlamentarischer Kommunikation – am Beispiel von Zwischenfragen und Kurzdialogen, in: Dörner/Vogt, Sprache, S. 73–112.
— Politolinguistik. Versuch einer Ortsbestimmung, in: Josef Klein/Hajo Dieckmannshenke (Hg.), Sprachstrategien und Dialogblockaden. Linguistische und politikwissenschaftliche Studien zur politischen Kommunikation, Berlin/New York 1996, S. 75–100.
— /Pape, Kornelia (Hg.), Sprache des deutschen Parlamentarismus. Studien zu 150 Jahre parlamentarischer Kommunikation, Wiesbaden 2000.
— Das Parlament und seine Sprache. Studien zu Theorie und Geschichte parlamentarischer Kommunikation, Tübingen 2003.
Busse, Dietrich, Historische Semantik. Analyse eines Programms, Stuttgart 1987.
— /Teubert, Wolfgang, Ist der Diskurs ein sprachwissenschaftliches Objekt? Zur Methodenfrage der historischen Semantik, in: dies. (Hg.), Begriffsgeschichte und Diskursgeschichte, Methodenfragen und Forschungsergebnisse der historischen Semantik, Opladen 1994, S. 10–29.
— Begriffsgeschichte oder Diskursgeschichte? Zu theoretischen Grundlagen und Methodenfragen einer historisch-semantischen Epistemologie, in: Dutt, Herausforderungen, S. 17–38.

Butzer, Hermann, Diäten und Freifahrt im Deutschen Reichstag. Der Weg zum Entschädigungsgesetz von 1906 und die Nachwirkung dieser Regelung bis in die Zeit des Grundgesetzes, Düsseldorf 1999.

Carsten, Francis L., Die Revolution in Mitteleuropa 1918–1919, Köln 1973.

Clemens, Bärbel, Der Kampf um das Frauenstimmrecht in Deutschland, in: Christl Wickert (Hg.), »Heraus mit dem Frauenwahlrecht«. Die Kämpfe der Frauen in Deutschland und England um die politische Gleichberechtigung, Pfaffenweiler 1990, S. 51–123.

Conrad, Christoph/Kessel, Martina, Blickwechsel: Moderne – Kultur – Geschichte, in: dies. (Hg.), Kultur & Geschichte: Neue Einblicke in eine alte Beziehung, Stuttgart 1998, S. 9–40.

Conze, Werner u.a., Art. »Demokratie«, in: Geschichtliche Grundbegriffe, Bd. 1, S. 821–899.

Cornelißen, Christoph, Politische Geschichte, in: ders. (Hg.), Geschichtswissenschaften. Eine Einführung, Frankfurt/M. 2000, S. 133–148.

Cullen, Michael S., Der Reichstag. Die Geschichte eines Monuments, Münsterschwarzach 1983.

— Der Reichstag. Parlament, Denkmal, Symbol, Berlin 1995.

— Streit um Symbole. Die Reichstagskuppel, in: Heinrich Wefing (Hg.), »Dem Deutschen Volke«. Der Bundestag im Berliner Reichstagsgebäude, Bonn 1999, S. 192–209.

Daniel, Ute, Kompendium Kulturgeschichte, Theorien, Praxis, Schlüsselwörter, Frankfurt/M. 2001.

Dechamps, Bruno, Macht und Arbeit der Ausschüsse. Der Wandel der parlamentarischen Willensbildung, Meisenheim 1954.

Deuerlein, Ernst (Hg.), Der Reichstag. Aufsätze, Protokolle und Darstellungen zur Geschichte der parlamentarischen Vertretung des deutschen Volkes 1871–1933, Bonn 1963.

Deutscher Bundestag (Hg.), Die Geschäftsordnungen deutscher Parlamente seit 1848. Eine synoptische Darstellung, Bonn 1986.

Dieckmann, Walther, Probleme der linguistischen Analyse institutioneller Kommunikation, in: ders., Politische Sprache. Politische Kommunikation. Vorträge – Aufsätze – Entwürfe, Heidelberg 1981, S. 208–245.

Dinges, Martin, Michel Foucault«s Impact on the German Historiography of Criminal Justice, Social Discipline, and Medicalization, in: Norbert Finzsch/Robert Jütte (Hg.), Institutions of Confinement: Hospitals, Asylums, and Prisons in Western Europe and America, 1500–1950, Cambridge 1996, S. 155–174.

Dipper, Christof, Begriffsgeschichte, Sozialgeschichte, begriffene Geschichte. Reinhart Koselleck im Gespräch mit Christof Dipper, in: Neue Politische Literatur 43 (1998), S. 187–205.

— Die »Geschichtlichen Grundbegriffe«. Von der Begriffsgeschichte zur Theorie historischer Zeiten, in: HZ 270 (2000), S. 281–308.

Döring, Herbert, Der Weimarer Kreis. Studien zum politischen Bewußtsein verfassungstreuer Hochschullehrer in der Weimarer Republik, Meisenheim 1975.

— Skeptische Anmerkungen zur deutschen Rezeption des englischen Parlamentarismus, in: Albertin/Link, Parteien, S. 127–146.

Dörner, Andreas/Vogt, Ludgera, Einleitung: Sprache, Zeichen, Politische Kultur, in: dies. (Hg.), Sprache des Parlaments und Semiotik der Demokratie, Berlin/New York 1995, S. 1–13.

Dorrmann, Michael, »Aber nicht nach Potsdam sind wir ausgewandert, sondern nach Weimar«. Die Nationalversammlung in Weimar 1919, in: Wilderotter, Wege, S. 21–40.

Dowe, Dieter u.a. (Hg.), Parteien im Wandel. Vom Kaiserreich zur Weimarer Republik, München 1999.

Dreier, Horst, Ein Staatsrechtslehrer in Zeiten des Umbruchs: Gerhard Anschütz (1867–1948), in: Zeitschrift für Neuere Rechtsgeschichte 20 (1998), S. 28–48.

— Die Zwischenkriegszeit, in: Detlef Merten/Hans-Jürgen Papier (Hg.), Handbuch der Grundrechte in Deutschland und Europa, Bd. 1, Heidelberg 2004, S. 153–200.

Drews, Bill, Entwurf eines allgemeinen Teils der künftigen Reichsverfassung, Berlin 1919.

Dreyer, Michael, Die Entstehung der Weimarer Reichsverfassung, in: Thüringer Landtag (Hg.), 80 Jahre Weimarer Reichsverfassung (1919–1999), Weimar 1998, S. 31–66.

Dussel, Konrad, Deutsche Tagespresse im 19. und 20. Jahrhundert, Münster 2004.

— Deutsche Rundfunkgeschichte, 2., überarb. Aufl. Konstanz 2004.

Dutt, Carsten (Hg.), Herausforderungen der Begriffsgeschichte, Heidelberg 2003.

Edelman, Murray, Politik als Ritual. Die symbolische Funktion staatlicher Institutionen und politischen Handelns, Frankfurt/M. 1976.

Eibach, Joachim/Lottes, Günther (Hg.), Kompass der Geschichtswissenschaft. Ein Handbuch, Göttingen 2002.

Eichenhofer, Eberhard (Hg.), 80 Jahre Weimarer Reichsverfassung – Was ist geblieben?, Tübingen 1999.

Eimers, Enno, Das Verhältnis von Preußen und Reich in den ersten Jahren der Weimarer Republik 1918–1923, Berlin 1969.

Elben, Wolfgang, Das Problem der Kontinuität in der deutschen Revolution. Die Politik der Staatsekretäre und der militärischen Führung vom November 1918 bis zum Februar 1919, Düsseldorf 1965.

Engelmann, Tanja, »Wer nicht wählt, hilft Hitler«. Wahlkampfberichterstattung in der Weimarer Republik, Köln u.a. 2004.

Epstein, Klaus, Der Interfraktionelle Ausschuß und das Problem der Parlamentarisierung 1917–1918, in: HZ 191 (1960), S. 562–584.

— Matthias Erzberger und das Dilemma der deutschen Demokratie, Frankfurt/M. u.a. 1976.

Erdmann, Karl Dietrich, Die Geschichte der Weimarer Republik als Problem der Wissenschaft, in: Vierteljahreshefte für Zeitgeschichte 3 (1955), S. 1–19.

— /Schulze, Hagen (Hg.), Weimar. Selbstpreisgabe einer Demokratie, Düsseldorf 1980.

Eßer, Reingard, Historische Semantik, in: Eibach/Lottes, Kompass, S. 281–292.

Euchner, Walter, Sozialdemokratie und Demokratie. Zum Demokratieverständnis der SPD in der Weimarer Republik, in: Archiv für Sozialgeschichte 26 (1986), S. 125–178.

Faatz, Arndt, Hugo Preuß. Die Entwicklung eines Strukturprinzips für den modernen Staat, jur. Diss. Trier 1999.

— Hugo Preuß (1860–1925), in: Fröhlich, Republik, S. 15–26.

Fairbairn, Brett, Political Mobilization, in: Roger Chickering (Hg.), Imperial Germany. A Historiographical Companion, Westport /London 1996, S. 303–342.

— Democracy in the Undemocratic State. The German Reichstag Elections of 1898 and 1903, Toronto u.a. 1997.

Falter, Jürgen W. u.a., Wahlen und Abstimmungen in der Weimarer Republik. Materialien zum Wahlverhalten 1919–1933, München 1986.

Feldman, Gerald D. u.a., Die Massenbewegungen der Arbeiterschaft am Ende des Ersten Weltkriegs (1917–1920), in: Politische Vierteljahresschrift 13 (1972), S. 84–105.

Fenske, Hans, Deutsche Parteiengeschichte. Von den Anfängen bis zur Gegenwart, Paderborn u.a. 1994.

— Der Verein »Recht und Wirtschaft« 1911–1923, in: Hermann Schäfer (Hg.), Geschichte in Verantwortung. Festschrift Hugo Ott, Frankfurt/M. 1996, S. 149–165.

— Nichtamtliche Verfassungsentwürfe 1918/19, in: Archiv des öffentlichen Rechts 121 (1996), S. 24–58.

Fischer, Benno, Theoriediskussion der SPD in der Weimarer Republik, Frankfurt/M. 1987.

Fischer, Heinz-Dietrich (Hg.), Deutsche Zeitungen des 17. bis 20. Jahrhunderts, München 1972.

Fischer, Jörg-Uwe, Parlamentsdebatten: politische Erziehung oder politisches Theater? Zur Diskussion um die Rundfunkübertragungen von Reichstagsdebatten und -reden während der Weimarer Republik, in: Zeitschrift für Parlamentsfragen 25 (1994), S. 637–652.

— Majestätsbeleidigung im Reichstag: »Eine solche Verletzung der monarchischen Gefühle der Majorität des Reichstags…«, in: Zeitschrift für Parlamentsfragen 33 (2002), S. 573–588.

Flechtheim, Ossip K., Die KPD in der Weimarer Republik, 3. Aufl., Frankfurt/M. 1969.

Föllmer, Moritz/Graf, Rüdiger (Hg.), Die »Krise« der Weimarer Republik. Zur Kritik eines Deutungsmusters, Frankfurt/M. 2005.

— /Graf, Rüdiger, Einleitung: Die Kultur der Krise in der Weimarer Republik, in: dies., »Krise«, S. 9–41.

Foucault, Michel, Was ist ein Autor?, in: ders., Schriften zur Literatur, Frankfurt/M. 1979, S. 7–31.

— Archäologie des Wissens, Frankfurt/M. 1981.

— Der Wille zum Wissen, Frankfurt/M. 1983.

— Jenseits von Strukturalismus und Hermeneutik, hrsg. v. Hubert L. Dreyfus/Paul Rabinow, 2. Aufl., Weinheim 1994.

— Die Ordnung des Diskurses, 8. Aufl., Frankfurt/M. 2001.

Fraenkel, Ernst, Die repräsentative und die plebiszitäre Komponente im demokratischen Verfassungsstaat (1958), in: ders., Deutschland und die westlichen Demokratie, 5., erw. Aufl., Stuttgart u.a. 1973, S. 113–151.

Frauendienst, Werner, Demokratisierung des deutschen Konstitutionalismus in der Zeit Wilhelms II., in: Zeitschrift für die gesamte Staatswissenschaft 113 (1957), S. 721–746.

— Der Reichstag im Zeitalter des persönlichen Regiments Wilhelms II. 1890–1914, in: Deuerlein, Reichstag, S. 59–73.

Frehse, Michael, Ermächtigungsgesetzgebung im Deutschen Reich 1914–1933, Pfaffenweiler 1985.

Frenz, Hugo, Unter der goldenen Kuppel. Heitere Bilder aus dem Reichstag, Berlin 1913.

Frevert, Ute, Neue Politikgeschichte, in: Eibach/Lottes, Kompass, S. 152–164.
— Neue Politikgeschichte: Konzepte und Herausforderungen, in: dies./Heinz-Gerhard Haupt (Hg.), Neue Politikgeschichte. Perspektiven einer historischen Politikforschung, Frankfurt/M. 2005, S. 7–26.
Freytagh-Loringhoven, Axel von, Die Weimarer Verfassung in Lehre und Wirklichkeit, München 1924.
Friedrich, Manfred, Erich Kaufmann, in: Der Staat 26 (1987), S. 231–249.
— Plan des Regierungssystems für die deutsche Republik. Zur Lehre vom »echten« und »unechten« Parlamentarismus: Robert Redslob und Hugo Preuß, in: Lehnert/Müller, Untertanenverband, S. 189–201.
Friesenhahn, Ernst, Zur Legitimation und zum Scheitern der Weimarer Reichsverfassung, in: Erdmann/Schulze, Weimar, S. 81–108.
Fritzsche, Peter, Breakdown or Breakthrough? Conservatives and the November Revolution, in: Jones/Retallack, Reform, S. 299–328.
— Did Weimar fail?, in: Journal of Modern History 68 (1996), S. 629–656.
Fröhlich, Michael (Hg.), Die Weimarer Republik. Portrait einer Epoche in Biographien, Darmstadt 2002.
Fromme, Friedrich Karl, Von der Weimarer Verfassung zum Bonner Grundgesetz. Die verfassungspolitischen Folgerungen des Parlamentarischen Rates aus Weimarer Republik und nationalsozialistischer Diktatur, 3., erg. Aufl. Berlin 1999.
Führer, Karl Christian, Auf dem Weg zur »Massenkultur«? Kino und Rundfunk in der Weimarer Republik, in: HZ 262 (1996), S. 739–781.

Gall, Lothar, Liberalismus und »Bürgerliche Gesellschaft«. Zu Charakter und Entwicklung der liberalen Bewegung in Deutschland, in: HZ 220 (1975), S. 324–356.
— Bismarck. Der weiße Revolutionär, Frankfurt/M. 1980.
— Vom alten zum neuen Bürgertum. Die mitteleuropäische Stadt im Umbruch 1780–1820, in: ders. (Hg.), Vom alten zum neuen Bürgertum. Die mitteleuropäische Stadt im Umbruch 1780–1820, München 1991, S. 1–18.
— (Hg.), Regierung, Parlament und Öffentlichkeit im Zeitalter Bismarcks. Politikstile im Wandel, Paderborn u.a. 2003.
Geschichtliche Grundbegriffe. Historisches Lexikon zur politisch-sozialen Sprache in Deutschland, hrsg. von Otto Brunner u.a., 8 Bde., Stuttgart 1972–1997
Gessner, Dieter, Die Weimarer Republik, Darmstadt 2002.
Gienow, Ina, Leben und Werk von Fritz Stier-Somlo, Diss. jur. Köln 1990.
Gies, Horst, Die Regierung Hertling und die Parlamentarisierung in Deutschland 1917/18, in: Der Staat 13 (1974), S. 471–496.
Giese, Friedrich, Die Verfassung des Deutschen Reiches, 8., neubearb. Aufl., Berlin 1931.
Gilcher-Holtey, Ingrid, Das Mandat des Intellektuellen. Karl Kautsky und die Sozialdemokratie, Berlin 1986
Gillessen, Günther, Hugo Preuß. Studien zur Ideen- und Verfassungsgeschichte der Weimarer Republik, Diss. phil. Freiburg 1955 (ND Berlin 2000).
Glum, Friedrich, Das parlamentarische Regierungssystem in Deutschland, Großbritannien und Frankreich, 2., neubearb. und erw. Aufl., München/Berlin 1965.

Gniffke, Kai, Genosse Dr. Quarck. Max Quarck – Publizist, Politiker und Patriot im Kaiserreich, Frankfurt/M. 1999.
Gottschalk, Regina, Die Linksliberalen zwischen Kaiserreich und Weimarer Republik. Von der Julikrise bis zum Bruch der großen Koalition im Juni 1919, Tübingen 1969.
Grawert, Rolf, Reich und Republik – Die Form des Staates von Weimar. Ein Rückblick auf die Verfassungsberatungen im Jahre 1919, in: Der Staat 28 (1989), S. 481–504.
Grassmann, Siegfried, Hugo Preuß und die deutsche Selbstverwaltung, Lübeck/Hamburg 1965.
Grebing, Helga, Konservative Republik oder soziale Demokratie? Zur Bewertung der Novemberrevolution in der neueren westdeutschen Historiographie, in: Kolb, Kaiserreich, S. 386–403.
— Der »deutsche Sonderweg« in Europa 1806–1945. Eine Kritik, Stuttgart u.a. 1986.
Grimm, Dieter, Parlament und Parteien, in: Schneider/Zeh, Parlamentsrecht, S. 199–216.
Groh, Dieter, Negative Integration und revolutionärer Attentismus. Die deutsche Sozialdemokratie am Vorabend des Ersten Weltkriegs, Frankfurt/M. 1973.
Grosser, Dieter, Vom monarchischen Konstitutionalismus zur parlamentarischen Demokratie. Die Verfassungspolitik der deutschen Parteien im letzten Jahrzehnt des Kaiserreiches, Den Haag 1970.
— Die Sehnsucht nach Harmonie. Historische und verfassungsstrukturelle Vorbelastung der Opposition in Deutschland, in: Heinrich Oberreuter (Hg.), Parlamentarische Opposition. Ein internationaler Vergleich, Hamburg 1975, S. 206–229.
Grundmann, Elisabeth/Krohn, Claus-Dieter, Die Einführung des parlamentarischen Systems in Deutschland 1918, in: Aus Politik und Zeitgeschichte, B 12, 1972, S. 25–40.
Grüner, Stefan, Zwischen Einheitssehnsucht und pluralistischer Massendemokratie. Zum Parteien- und Demokratieverständnis im deutschen und französischen Liberalismus der Zwischenkriegszeit, in: Horst Möller (Hg.), Demokratie in Deutschland und Frankreich 1918–1933/40. Beiträge zu einem historischen Vergleich, München 2002, S. 219–249.
Günther, Horst, Auf der Suche nach der Theorie der Begriffsgeschichte, in: Koselleck, Historische Semantik, S. 102–120.
Gusy, Christoph, Demokratische Repräsentation, in: Zeitschrift für Politik 36 (1989), S. 264–285.
— Weimar – die wehrlose Republik. Verfassungsschutzrecht und Verfassungsschutz in der Weimarer Republik, Tübingen 1991.
— Die Grundrechte in der Weimarer Republik, in: Zeitschrift für Neuere Rechtsgeschichte 15 (1993), S. 163–183.
— Die Lehre vom Parteienstaat in der Weimarer Republik, Baden-Baden 1993.
— Die Lehre vom Parteienstaat in der Weimarer Republik, in: Der Staat 32 (1993), S. 57–86.
— Die Entstehung der Weimarer Reichsverfassung, in: Juristenzeitung 49 (1994), S. 753–763.
— Das Demokratiekonzept der Weimarer Reichsverfassung, in: Jura 17 (1995), S. 226–234.
— Die Weimarer Reichsverfassung, Tübingen 1997.
— (Hg.), Demokratisches Denken in der Weimarer Republik, Baden-Baden 2000.

— Fragen an das »demokratische Denken« in der Weimarer Republik, in: ders., Demokratisches Denken, S. 635–663.
— (Hg.), Weimars lange Schatten. »Weimar« als Argument nach 1945, Baden-Baden 2003.
Hachtmann, Rüdiger, Die europäischen Hauptstädte in der Revolution von 1848, in: Dieter Dowe u.a. (Hg.), Europa 1848. Revolution und Reform, Bonn 1998, S. 455–491.
Hackl, Walther, Der Versuch einer Parlamentarisierung im Jahre 1917, Diss. jur. München 1949.
Haffner, Sebastian, Die deutsche Revolution 1918/19, Reinbek 2004 (erstmals 1969).
Hahn, Gerhard, Die Reichstagsbibliothek zu Berlin – ein Spiegel deutscher Geschichte, Düsseldorf 1997.
Haltern, Utz, Architektur und Politik. Zur Baugeschichte des Berliner Reichstags, in: Ekkehard Mai/Stephan Waetzoldt (Hg.), Kunstverwaltung, Bau- und Denkmal-Politik im Kaiserreich, Berlin 1981, S. 75–102.
Handbuch der verfassunggebenden deutschen Nationalversammlung Weimar 1919. Biographische Notizen und Bilder, hrsg. vom Bureau des Reichstags, Berlin 1919.
Hardtwig, Wolfgang, Bürgertum, Staatssymbolik und Staatsbewußtsein im Deutschen Kaiserreich 1871–1914, in: ders., Nationalismus und Bürgerkultur in Deutschland 1500–1914. Ausgewählte Aufsätze, Göttingen 1994, S. 191–218.
— /Wehler, Hans-Ulrich (Hg.), Kulturgeschichte heute, Göttingen 1996.
— /Wehler, Hans-Ulrich, Einleitung, in: dies., Kulturgeschichte, S. 7–13.
— Genossenschaft, Sekte, Verein in Deutschland, Bd. 1, München 1997.
— (Hg.), Politische Kulturgeschichte der Zwischenkriegszeit, Göttingen 2005.
— Einleitung, in: ders., Kulturgeschichte, S. 7–22.
Hartenstein, Wolfgang, Die Anfänge der Deutschen Volkspartei 1918–1920, Düsseldorf 1962.
Hatschek, Julius, Das Parlamentsrecht des Deutschen Reiches, 1. Teil, Berlin/Leipzig 1915 (ND Berlin/New York 1973).
Hanke, Christian, Informale Regeln als Substrat des parlamentarischen Verhandlungssystems. Zur Begründung einer zentralen Kategorie der Parlamentarismusforschung, in: Zeitschrift für Parlamentsfragen 25 (1994), S. 410–440.
Hattenhauer, Hans, Deutsche Nationalsymbole. Zeichen und Bedeutung, München 1984.
Haungs, Peter, Reichspräsident und parlamentarische Kabinettsregierung. Eine Studie zum Regierungssystem der Weimarer Republik in den Jahren 1924 bis 1929, Köln/Opladen 1968.
Haußmann, Conrad, Schlaglichter. Reichstagsbriefe und Aufzeichnungen, hrsg. v. Ulrich Zeller, Frankfurt/M. 1924.
Hecht, Cornelia, Deutsche Juden und Antisemitismus in der Weimarer Republik, Bonn 2003.
Heckart, Beverly, From Bassermann to Bebel. The Grand Bloc's Quest for Reform in the Kaiserreich 1900–1914, New Haven/London 1974.
Hehl, Ulrich von, Wilhelm Marx 1863–1946. Eine politische Biographie, Mainz 1987.
— Staatsverständnis und Strategie des politischen Katholizismus in der Weimarer Republik, in: Bracher, Republik, S. 238–253.
Heid, Ludger, Oskar Cohn. Ein Sozialist und Zionist im Kaiserreich und in der Weimarer Republik, Frankfurt/M. 2002

Heilfron, Eduard (Hg.), Die Deutsche Nationalversammlung im Jahre 1919 in ihrer Arbeit für den Aufbau des neuen deutschen Volksstaates, Bd. 1, Berlin o.J.

Heitger, Ulrich, Vom Zeitzeichen zum politischen Führungsmittel. Entwicklungstendenzen und Strukturen der Nachrichtenprogramme des Rundfunks in der Weimarer Republik 1923–1932, Münster 2003.

Henning, Friedrich, Die Haußmanns. Die Rolle einer schwäbischen Familie in der deutschen Politik des 19. und 20. Jahrhunderts, Gerlingen 1988.

Hense, Thomas, Konrad Beyerle. Sein Wirken für Wissenschaft und Politik in Kaiserreich und Weimarer Republik, Frankfurt/M. u.a. 2002.

Hess, Jürgen C., Überlegungen zum Demokratie- und Staatsverständnis des Weimarer Linksliberalismus, in: Hartmut Boockmann u.a. (Hg.), Geschichte und Gegenwart. Festschrift Karl Dietrich Erdmann, Neumünster 1980, S. 289–311.

Heuß, Theodor, Hugo Preuß, in: Preuß, Staat, S. 1–23.

Hildermeier, Manfred, Geschichte der Sowjetunion 1917–1991. Entstehung und Niedergang des ersten sozialistischen Staates, München 1998.

Hiller von Gaertringen, Friedrich Freiherr, Monarchismus in der deutschen Republik, in: Stürmer, Republik, S. 254–271.

— Die Deutschnationale Volkspartei in der Weimarer Republik, in: Historische Mitteilungen der Ranke-Gesellschaft 9 (1996), S. 169–188.

Hillgruber, Andreas, Politische Geschichte in moderner Sicht, in: HZ 216 (1973), S. 529–552.

Hirschfeld, Gerhard u.a. (Hg.), Enzyklopädie Erster Weltkrieg, Paderborn u.a. 2003.

Hock, Klaus, Die Gesetzgebung des Rates der Volksbeauftragten, Pfaffenweiler 1987.

Hoffmann, Godehard, Architektur für die Nation. Der Reichstag und die deutschen Staatsbauten des Deutschen Kaiserreichs 1871–1918, Köln 2000.

Hofmann, Hasso/Dreier, Horst, Repräsentation, Mehrheitsprinzip und Minderheitenschutz, in: Schneider/Zeh, Parlamentsrecht, S. 165–197.

Hofmann, Wilhelm/Riescher, Gisela, Einführung in die Parlamentarismustheorie, Darmstadt 1999.

Hollerbach, Alexander, Zu Leben und Werk Heinrich Triepels, in: Archiv des öffentlichen Rechts 91 (1966), S. 417–441.

Holste, Heiko, Zum Tagungsort der Deutschen Nationalversammlung von 1919 oder: Wie die »Weimarer Republik« zu ihrem Namen kam, in: Zeitschrift für Parlamentsfragen 31 (2000), S. 223–237.

Hoppe, Bernd, Von der parlamentarischen Demokratie zum Präsidialstaat. Verfassungsentwicklung am Beispiel der Kabinettsbildung in der Weimarer Republik, Berlin 1998.

Hörster-Philipps, Ulrike, Joseph Wirth 1879–1956. Eine politische Biographie, Paderborn 1998.

Huber, Ernst Rudolf, Die Bismarcksche Reichsverfassung im Zusammenhang der deutschen Verfassungsgeschichte, in: Schieder/Deuerlein, Reichsgründung, S. 164–196.

— Deutsche Verfassungsgeschichte seit 1789, Bd. 5–7, Stuttgart u.a. 1978–84.

— (Hg.), Dokumente zur deutschen Verfassungsgeschichte, Bde. 2-3, 3., neubearb. u. verm. Aufl., Stuttgart u.a. 1986/1990.

— Deutsche Verfassungsgeschichte seit 1789, Bd. 3, 3., überarb. Aufl., Stuttgart u.a. 1988.

— Das Kaiserreich als Epoche verfassungsstaatlicher Entwicklung, in: Isensee/Kirchhoff, Handbuch, S. 35–83.
Hueck, Ingo J., Der Staatsgerichthof zum Schutze der Republik, Tübingen 1996.
Hürten, Heinz, Bürgerkriege in der Republik. Die Kämpfe um die innere Ordnung von Weimar 1918–1920, in: Bracher, Republik, S. 81–94.

Immel, Jan, Hugo Preuß und die Weimarer Reichsverfassung, Berlin 2002.
Isensee, Josef/Kirchhoff, Paul (Hg.), Handbuch des Staatsrechts der Bundesrepublik Deutschland, Bd. 1: Grundlagen von Staat und Verfassung, 2., unveränd. Aufl., Heidelberg 1995.
Isneghi, Mario, Italien, in: Hirschfeld, Enzyklopädie, S. 97–104.

Jäger, Siegfried, Einen Königsweg gibt es nicht. Bemerkungen zur Durchführung von Diskursanalysen, in: Bublitz, Wuchern, S. 136–147.
Jäger, Wolfgang, Art. »Opposition«, in: Geschichtliche Grundbegriffe, Bd. 4, S. 469–517.
Jarausch, Konrad H., The Enigmatic Chancellor. Bethmann Hollweg and the Hubris of Imperial Germany, New Haven/London 1973.
Jasper, Gotthard, Der Schutz der Republik. Studien zur staatlichen Sicherung der Demokratie in der Weimarer Republik 1922–1930, Tübingen 1963.
— (Hg.), Von Weimar zu Hitler 1930–33, Köln/Berlin 1968.
Jellinek, Walter, Revolution und Reichsverfassung. Bericht über die Zeit vom 9. November 1918 bis zum 31. Dezember 1919, in: Jahrbuch des Öffentlichen Rechtes der Gegenwart 9 (1920), S. 1–128.
— Die Nationalversammlung und ihr Werk, in: Anschütz/Thoma, Handbuch, S. 119–138.
— Entstehung und Ausbau der Weimarer Reichsverfassung, in: Anschütz/Thoma, Handbuch, S. 127–138.
Jesse, Eckhard/Köhler, Henning, Die deutsche Revolution 1918/19 im Wandel der historischen Forschung. Forschungsüberblick und Kritik an der »herrschenden Lehre«, in: Aus Politik und Zeitgeschichte, B 45, 1978, S. 3–23.
— Friedrich Ebert und das Problem der Handlungsspielräume in der deutschen Revolution 1918/19, in: König, Ebert, S. 89–110.
Jessen-Klingenberg, Manfred, Die Ausrufung der Republik durch Philipp Scheidemann am 9. November 1918, in: GWU 19 (1968), S. 654–656.
Jones, Larry Eugene/Retallack, James (Hg.), Elections, Mass Politics, and Social Change in Modern Germany. New Perspectives, Cambridge 1992.
— /Retallack, James (Hg.), Between Reform, Reaction, and Resistance. Studies in the History of German Conservativism from 1789 to 1945, Providence u.a. 1993.
Jungheim, Bernhard, Die Geschäftsordnung für den Reichstag mit Anmerkungen, Berlin 1916.
Jütte, Robert, Diskursanalyse in Frankreich, in: Eibach/Lottes, Kompass, S. 307–317.

Kaiser, Paul, Die Nationalversammlung 1919 und die Stadt Weimar, Weimar 1970.
Kallweit, Hilmar, Archäologie des historischen Wissens. Zur Geschichtsschreibung Michel Foucaults, in: Christian Meier/Jörn Rüsen (Hg.), Historische Methode, München 1988, S. 267–299.

Kastning, Alfred, Die deutsche Sozialdemokratie zwischen Koalition und Opposition 1919–1923, Paderborn, 1970.

Kaufmann, Erich, Bismarcks Erbe in der Reichsverfassung, Berlin 1917.

— Der Verfassungsentwurf des Vereins »Recht und Wirtschaft«, in: Recht und Wirtschaft 8 (1919), S. 46–51.

Kautsky, Karl, Der Weg zur Macht, hrsg. von Georg Fülberth, Frankfurt/M. 1972.

Keller, Reiner, Diskursanalyse, in: Ronald Hitzler/Anne Honer (Hg.), Sozialwissenschaftliche Hermeneutik. Eine Einführung, Opladen 1997, S. 309–333.

— u.a. (Hg.), Handbuch Sozialwissenschaftliche Diskursanalyse, 2 Bde., Opladen 2001/2003.

Kershaw, Ian (Hg.), Weimar: Why did German Democracy fail?, London 1990.

Kielmannsegg, Peter Graf, Volkssouveränität. Eine Untersuchung der Bedingungen demokratischer Legitimität, Stuttgart 1977.

Kieseritzky, Wolther von, Liberale Parteieliten und politische Steuerung der Öffentlichkeit im Kaiserreich. Die Vernetzung von Partei und Presse, in: Dowe, Parteien, S. 85–108.

Kirsch, Martin, Monarch und Parlament im 19. Jahrhundert. Der monarchische Konstitutionalismus als europäischer Verfassungstyp – Frankreich im Vergleich, Göttingen 1999.

Kluge, Ulrich, Soldatenräte und Revolution, Studien zur Militärpolitik in Deutschland 1918/19, Göttingen 1975.

— Die deutsche Revolution 1918/19. Staat, Politik und Gesellschaft zwischen Weltkrieg und Kapp-Putsch, Frankfurt/M. 1985.

Kluxen, Kurt, Geschichte und Problematik des Parlamentarismus, Frankfurt/M. 1983.

Knopp, Werner, Kulisse der Macht im Kaiserreich, in: Helmut Engel/Wolfgang Ribbe (Hg.), Via triumphalis. Geschichtslandschaft »Unter den Linden« zwischen Friedrich-Denkmal und Schloßbrücke, Berlin 1997, S. 47–60.

Kocka, Jürgen, Klassengesellschaft im Krieg. Deutsche Sozialgeschichte 1914–1918, Göttingen 1973.

Kolb, Eberhard, Die Arbeiterräte in der deutschen Innenpolitik 1918–1919, Düsseldorf 1962.

— /Rürup, Reinhard, Einleitung, in: dies. (Hg.), Der Zentralrat der deutschen sozialistischen Republik 19.12.1918–8.4.1919. Vom ersten zum zweiten Rätekongress, Leiden 1968, S. XI–LXVII.

— (Hg.), Vom Kaiserreich zur Weimarer Republik, Köln 1972.

— Rätewirklichkeit und Räte-Ideologie in der deutschen Revolution von 1918, in: ders., Kaiserreich, S. 165–184.

— Internationale Rahmenbedingungen einer demokratischen Neuordnung in Deutschland 1918/19, in: Albertin/Link, Parteien, S. 147–176.

— Zwischen Parteiräson und staatspolitischer Verantwortung. Die Sozialdemokratie in der Weimarer Republik, in: GG 13 (1987), S. 101–116.

— Die Weimarer Republik und das Problem der Kontinuität vom Kaiserreich zum »Dritten Reich«, in: Jost Dülffer u.a. (Hg.), Deutschland in Europa. Kontinuität und Bruch. Gedenkschrift Andreas Hillgruber, Frankfurt/M./Berlin 1990, S. 273–289.

— (Hg.), Friedrich Ebert als Reichspräsident. Amtsführung und Amtsverständnis, München 1997.

— Friedrich Ebert: Vom »vorläufigen« zum definitiven Reichspräsidenten. Die Auseinandersetzung um die »Volkswahl« des Reichspräsidenten 1919–1922, in: ders., Ebert, S. 109–156.
— /Richter, Ludwig, Einleitung, in: dies. (Hg.), Nationalliberalismus in der Weimarer Republik. Die Führungsgremien der Deutschen Volkspartei, Düsseldorf 1999, S. 9–50.
— Die Weimarer Republik, 6., überarb. und erw. Aufl., München 2002.
— Gustav Stresemann, München 2003.
König, Rudolf u.a. (Hg.), Friedrich Ebert und seine Zeit. Bilanz und Perspektiven der Forschung, München 1990.
Koselleck, Reinhart, Richtlinien für das Lexikon politisch-sozialer Begriffe der Neuzeit, in: Archiv für Begriffsgeschichte 11 (1967), S. 81–99.
— Einleitung, in: Geschichtliche Grundbegriffe, Bd. 1, S. XIII–XXVIII.
— (Hg.), Historische Semantik und Begriffsgeschichte, Stuttgart 1979.
— Begriffsgeschichtliche Probleme der Verfassungsgeschichtsschreibung, in: Helmut Quaritsch (Hg.), Gegenstand und Begriffe der Verfassungsgeschichtsschreibung, Berlin 1986, S. 7–21.
— Sozialgeschichte und Begriffsgeschichte, in: Schieder/Sellin, Sozialgeschichte, S. 89–109.
— u.a., Art. »Volk, Nation, Nationalismus, Masse«, in: Geschichtliche Grundbegriffe, Bd. 7, S. 141–431.
— Begriffsgeschichten. Studien zur Semantik und Pragmatik der politischen und sozialen Sprache, Frankfurt/M. 2006.
— Die Geschichte der Begriffe und Begriffe der Geschichte, in: ders., Begriffsgeschichten, S. 56–76.
— Stichwort: Begriffsgeschichte, in: ders., Begriffsgeschichten, S. 99–102.
Köster, Friedhelm, Entstehungsgeschichte der Grundrechtsbestimmungen des zweiten Hauptteils der Weimarer Reichsverfassung in den Vorarbeiten der Reichsregierung und den Beratungen der Nationalversammlung, Göttingen 2003.
Koszyk, Kurt, Die Rote Fahne (1918–1933), in: Fischer, Zeitungen S. 391–403.
— Geschichte der deutschen Presse, Bd. 3: Deutsche Presse 1914–1945, Berlin 1972.
Krämer, Andreas, »Fort mit Erzberger!« – »Knallt ab den Walther Rathenau«. Zwei politische Morde im Spiegel der Presse, in: Schlosser, Reich, S. 79–90.
Kramer, Rolf, Kölnische Volkszeitung (1860–1941), in: Fischer, Zeitungen, S. 257–267.
Krause, Hartfrid, USPD. Zur Geschichte der Unabhängigen Sozialdemokratischen Partei Deutschlands, Frankfurt/M. u.a. 1975.
Kreuzer, Marcus, Parlamentarization and the Question of German Expectionalism: 1867–1918, in: Central European History 36 (2003), S. 327–357.
— Und sie parlamentarisierte sich doch: Die Verfassungsordnung des Kaiserreichs in vergleichender Perspektive, in: Recker, Parlamentarismus, S. 17–40.
Krüger, Peter, Versailles. Deutsche Außenpolitik zwischen Revisionismus und Friedenssicherung, München 1986.
Kühne, Jörg-Detlef, Volksvertretungen im monarchischen Konstitutionalismus (1814–1918), in: Schneider/Zeh, Parlamentsrecht, S. 49–101.
— Volksgesetzgebung in Deutschland – zwischen Doktrinarismen und Legenden, in: Zeitschrift für Gesetzgebung 6 (1991), S. 116–132.

— Die Reichsverfassung der Paulskirche. Vorbild und Verwirklichung im späteren deutschen Rechtsleben, 2., überarb. und erw. Aufl., Neuwied 1998.
— Demokratisches Denken in der Weimarer Verfassungsdiskussion – Hugo Preuß und die Nationalversammlung, in: Gusy, Demokratisches Denken, S. 115–133.
Kühne, Thomas, Wahlrecht – Wahlverhalten – Wahlkultur. Tradition und Innovation in der historischen Wahlforschung, in: Archiv für Sozialgeschichte 33 (1993), S. 481–547.
— Dreiklassenwahlrecht und Wahlkultur in Preußen 1867–1914. Landtagswahlen zwischen korporativer Tradition und politischem Massenmarkt, Düsseldorf 1994.
— Das Deutsche Kaiserreich 1871–1918 und seine politische Kultur: Demokratisierung, Segmentierung, Militarisierung, in: Neue Politische Literatur 43 (1998), S. 206–263.
— Parlamentarismusgeschichte in Deutschland. Probleme, Erträge und Perspektiven einer Gesamtdarstellung, in: GG 24 (1998), S. 323–338.
— Demokratisierung und Parlamentarisierung. Neue Forschungen zur politischen Entwicklungsfähigkeit Deutschlands vor dem Ersten Weltkrieg, in: GG 31 (2005), S. 293–316.
Küppers, Heinrich, Joseph Wirth. Parlamentarier, Minister und Kanzler der Weimarer Republik, Stuttgart 1997.
Kurz, Achim, Demokratische Diktatur? Auslegung und Handhabung des Artikels 48 der Weimarer Verfassung 1919–1925, Berlin 1992.

Landwehr, Achim, Geschichte des Sagbaren. Einführung in die Historische Diskursanalyse, Tübingen 2001
— Diskurs – Macht – Wissen. Perspektiven einer Kulturgeschichte des Politischen, in: Archiv für Kulturgeschichte 85 (2003), S. 71–117.
Langewiesche, Dieter, Das Deutsche Kaiserreich – Bemerkungen zur Diskussion über Parlamentarisierung und Demokratisierung Deutschlands, in: Archiv für Sozialgeschichte 19 (1979), S. 628–642.
— Sozialgeschichte und Politische Geschichte, in: Schieder/Sellin, Sozialgeschichte, S. 9–32.
— Liberalismus in Deutschland, Frankfurt/M. 1988.
— Republik und Republikaner. Von der historischen Entwertung eines politischen Begriffes, Essen 1993.
— Die politische Klasse im Kaiserreich und in der Weimarer Republik, in: Dowe u.a., Parteien, S. 11–26.
— Politikstile im Kaiserreich. Zum Wandel von Politik und Öffentlichkeit im Zeitalter des »politischen Massenmarktes«, in: Gall, Regierung, S. 1–21.
Laqueur, Walter, Weimar. Die Kultur der Republik, Frankfurt/M. 1976.
Lässig, Simone u.a. (Hg.), Modernisierung und Region im wilhelminischen Deutschland. Wahlen, Wahlrecht und politische Kultur, Bielefeld 1995.
— Wahlrechtskampf und Wahlreform in Sachsen (1895–1909), Weimar 1996.
Laubach, Ernst, Die Politik der Kabinette Wirth 1921/22, Lübeck/Hamburg 1968.
Laun, Rudolf, Volk und Nation; Selbstbestimmung; nationale Minderheiten, in: Anschütz/Thoma, Handbuch, S. 244–257.
Lehnert, Detlef, Sozialdemokratie und Novemberrevolution. Die Neuordnungsdebatte 1918/19 in der politischen Publizistik von SPD und USPD, Frankfurt/M. 1983.

— /Megerle, Klaus, Identitäts– und Konsensprobleme in einer fragmentierten Gesellschaft. Zur Politischen Kultur in der Weimarer Republik, in: Dirk Berg-Schlosser/ Jakob Schissler (Hg.), Politische Kultur in Deutschland, Opladen 1987, S. 80–95.
— /Megerle, Klaus (Hg.), Politische Teilkulturen zwischen Integration und Polarisierung. Zur politischen Kultur in der Weimarer Republik, Opladen 1990.
— Verfassungsdemokratie als Bürgergenossenschaft. Politisches Denken, Öffentliches Recht und Geschichtsdeutungen bei Hugo Preuß, Baden-Baden 1998.
— Die Weimarer Republik. Parteienstaat und Massengesellschaft, Stuttgart 1999.
— /Christoph Müller (Hg.), Vom Untertanenverband zur Bürgergenossenschaft. Symposium zum 75. Todestag von Hugo Preuß am 9. Oktober 2000, Baden-Baden 2003.
— Verfassungsprojekte: Hugo Preuß zwischen Hans Kelsen und Max Weber, in: ders./Müller, Untertanenverband, S. 151–178.
Lenk, Carsten, Die Erscheinung des Rundfunks. Einführung und Nutzung eines neuen Mediums 1923–1932, Opladen 1997.
Lenk, Kurt, Probleme der Demokratie, in: Hans J. Lieber (Hg.), Politische Theorien von der Antike bis zur Gegenwart, Wiesbaden 2000, S. 933–989.
Leonhard, Jörn, Grundbegriffe und Sattelzeiten – Languages and Discourses: Europäische und anglo-amerikanische Deutungen des Verhältnisses von Sprache und Geschichte, in: Rebekka Habermas/Rebekka v. Mallinckcrodt (Hg.), Interkultureller Transfer und nationaler Eigensinn. Europäische und anglo-amerikanische Positionen der Kulturwissenschaften, Göttingen 2004, S. 71–86.
Lepsius, M. Rainer, Parteiensystem und Sozialstruktur. Zum Problem der Demokratisierung der deutschen Gesellschaft, in: Gerhard A. Ritter (Hg.), Deutsche Parteien vor 1918, Köln 1973, S. 56–80.
Lepsius, Oliver, Die gegensatzaufhebende Begriffsbildung. Methodenentwicklung in der Weimarer Republik und ihr Verhältnis zur Ideologisierung der Rechtswissenschaft im Nationalsozialismus, München 1994.
— Staatstheorie und Weimarer Republik, in: Gusy, Demokratisches Denken, S. 366–414.
Lerg, Winfried B., Rundfunkpolitik in der Weimarer Republik, München 1980.
Liebe, Werner, Die Deutschnationale Volkspartei 1918–1924, Düsseldorf 1956.
Lingelbach, Gerhard, Weimar 1919 – Weg in eine Demokratie, in: Eichenhofer, Reichsverfassung, S. 23–47.
Linke, Angelika, Begriffsgeschichte – Diskursgeschichte – Sprachgebrauchsgeschichte, in: Dutt, Herausforderungen, S. 39–49.
Lipp, Carola, Politische Kultur oder das Politische und Gesellschaftliche in der Kultur, in: Hardtwig/Wehler, Kulturgeschichte, S. 78–110.
Littmann, Max, Das Großherzogliche Hoftheater in Weimar. Denkschrift zur Feier der Eröffnung, München 1908.
Llanque, Marcus, Demokratisches Denken im Krieg. Die deutsche Debatte im Ersten Weltkrieg, Berlin 2000.
— Massendemokratie zwischen Kaiserreich und westlicher Demokratie, in: Gusy, Demokratisches Denken, S. 38–70.
Loewenstein, Curt/Stern, Fritz, Entwurf einer deutschen Verfassung, Königsberg o.J. [1919].
Longerich, Peter, Deutschland 1918–1933. Die Weimarer Republik, Hannover 1995.

Lönne, Karl-Egon, Politischer Katholizismus im 19. und 20. Jahrhundert, Frankfurt/M. 1986.
Lösche, Peter, Der Bolschewismus im Urteil der deutschen Sozialdemokratie 1903–1920, Berlin 1967.
Loth, Wilfried, Katholiken im Kaiserreich, Der politische Katholizismus in der Krise des wilhelminischen Deutschlands, Düsseldorf 1984.
— Zwischen autoritärer und demokratischer Ordnung: Das Zentrum in der Krise des Wilhelminischen Reiches, in: Becker, Minderheit, S. 47–69.
— Das Kaiserreich. Obrigkeitsstaat und politische Mobilisierung, 2. Aufl., München 1997.
Lottes, Günther, »The State of the Art«. Stand und Perspektiven der »intellectual history«, in: Frank-Lothar Kroll (Hg.), Neue Wege der Ideengeschichte. Festschrift Kurt Kluxen, Paderborn u.a. 1996, S. 27–45.
Lüdtke, Alf, Rekonstruktion von Alltagswirklichkeit – Entpolitisierung der Sozialgeschichte?, in: Robert M. Berdahl u.a. (Hg.), Klassen und Kultur, Frankfurt/M. 1982, S. 321–353.
Lüsebrink, Hans-Jürgen/Reichardt, Rolf, Die Bastille. Zur Symbolgeschichte von Herrschaft und Freiheit, Frankfurt/M. 1990.
Luhmann, Niklas, Soziale Systeme. Grundriß einer allgemeinen Theorie, Frankfurt/M. 1984.
— Die Politik der Gesellschaft, hrsg. v. André Kieserling, Frankfurt/M. 2002.
Luthardt, Wolfgang, Sozialdemokratische Verfassungstheorie in der Weimarer Republik, Opladen 1986.

Mager, Wolfgang, Art. »Republik«, in: Geschichtliche Grundbegriffe, Bd. 5, S. 549–641.
Mai, Gunther, Das Ende des Kaiserreichs. Politik und Kriegsführung im Ersten Weltkrieg, München 1987.
— Europa 1918–1939. Mentalitäten, Lebensweisen, Politik zwischen den Weltkriegen, Stuttgart u.a. 2001.
Mallmann, Klaus-Michael, Kommunisten in der Weimarer Republik. Sozialgeschichte einer revolutionären Bewegung, Darmstadt 1996.
Marschall, Stefan, Parlamentarismus. Eine Einführung, Baden-Baden 2005.
Martschukat, Jürgen, (Hg.), Geschichte schreiben mit Foucault, Frankfurt/M. 2002.
— Geschichte schreiben mit Foucault – eine Einleitung, in: ders., Geschichte, S. 7–26.
— Diskurse und Gewalt: Wege zu einer Geschichte der Todesstrafe im 18. und 19. Jahrhundert, in: Keller, Handbuch, Bd. 2, S. 67–95.
Maset, Michael, Diskurs, Macht und Geschichte. Foucaults Analysetechniken und die historische Forschung, Frankfurt/M. 2002.
Matthias, Erich/Morsey, Rudolf (Hg.), Der Interfraktionelle Ausschuß, 2 Bde., Düsseldorf 1959.
— /Morsey, Rudolf, Einleitung, in: dies., Ausschuß 1, S. XI–LV.
— /Morsey, Rudolf (Hg.), Das Ende der Parteien 1933. Darstellung und Dokumente, Düsseldorf 1960.
— /Morsey, Rudolf, (Hg.), Die Regierung des Prinzen Max von Baden, Düsseldorf 1962.
— /Morsey, Rudolf, Einleitung, in: dies., Max von Baden, S. XI–XLII.
— /Miller, Susanne (Hg.), Die Regierung der Volksbeauftragten 1918/19, 2 Teile, Düsseldorf 1969.

— Zwischen Räten und Geheimräten. Die deutsche Revolutionsregierung 1918/19, Düsseldorf 1970.

Mauersberg, Jasper, Ideen und Konzeption Hugo Preuß' für die Verfassung der deutschen Republik 1919 und ihre Durchsetzung im Verfassungswerk von Weimar, Frankfurt/M. u.a. 1991.

Meier, Christian, Entstehung des Begriffs »Demokratie«. Vier Prolegomena zu einer historischen Theorie, Frankfurt/M. 1970.

Meinecke, Friedrich, Verfassung und Verwaltung der deutschen Republik (1919), in: ders., Politische Schriften und Reden, hrsg. v. Georg Kotowski, 3. Aufl., Darmstadt 1968, S. 280–298.

Melzer, Liane, Die Gesetzgebung des Rats der Volksbeauftragten 1918/19. Entstehungsgeschichte und Weitergeltung, Hamburg 1986.

Mergel, Thomas, Kulturgeschichte – die neue »Große Erzählung«? Wissenssoziologische Bemerkungen zur Konzeptualisierung sozialer Wirklichkeit in der Geschichtswissenschaft, in: Hardtwig/Wehler, Kulturgeschichte, S. 41–77.

— Der Funktionär, in: Ute Frevert/Heinz-Gerhard Haupt (Hg.), Der Mensch des 20. Jahrhunderts, Frankfurt/M. 1999, S. 278–300.

— Parlamentarische Kultur in der Weimarer Republik. Politische Kommunikation, symbolische Politik und Öffentlichkeit im Reichstag, Düsseldorf 2002.

— Überlegungen zu einer Kulturgeschichte der Politik, in: GG 28 (2002), S. 574–606.

Merseburger, Peter, Mythos Weimar. Zwischen Geist und Macht, 2. Aufl., München 2003.

Michaelis, Herbert/Schraepler, Ernst (Hg.), Ursachen und Folgen. Vom deutschen Zusammenbruch 1918 und 1945, Bd. 1–2, Berlin o.J.

Michalka, Wolfgang, Walther Rathenau (1867–1922), in: Fröhlich, Republik, S. 96–106.

Milatz, Alfred, Wähler und Wahlen in der Weimarer Republik, Bonn 1965.

Miller, Susanne, Burgfrieden und Klassenkampf. Die deutsche Sozialdemokratie im Ersten Weltkrieg, Düsseldorf 1974.

— Die Bürde der Macht. Die deutsche Sozialdemokratie 1918–1920, Düsseldorf 1978.

Mittag, Jürgen, Wilhelm Keil (1870–1968). Sozialdemokratischer Parlamentarier zwischen Kaiserreich und Bundesrepublik, Düsseldorf 2001.

Mittmann, Ursula, Fraktion und Partei. Ein Vergleich von Zentrum und Sozialdemokratie im Kaiserreich, Düsseldorf 1976.

Möller, Horst, Parlamentarismus in Preußen 1919–1932, Düsseldorf 1985.

— Parlamentarismus-Diskussion in der Weimarer Republik. Die Frage des »besonderen« Weges zum parlamentarischen Regierungssystem, in: Manfred Funke u.a. (Hg.), Demokratie und Diktatur. Geist und Gestalt politischer Herrschaft in Europa. Festschrift Karl Dietrich Bracher, Düsseldorf 1987, S. 140–157.

— Weimar. Die unvollendete Demokratie, 6. Aufl., München 1997.

Molt, Peter, Der Reichstag vor der improvisierten Revolution, Köln/Opladen 1963.

Mommsen, Hans, Friedrich Ebert als Reichspräsident, in: ders., Arbeiterbewegung und nationale Frage. Ausgewählte Aufsätze, Göttingen 1979, S. 296–317.

— Aufstieg und Untergang der Republik von Weimar, 2. Aufl., München 2001.

Mommsen, Wilhelm (Hg.), Deutsche Parteiprogramme, 2., durchges. und erg. Aufl., München 1964.

Mommsen, Wolfgang J., Die deutsche öffentliche Meinung und der Zusammenbruch des Regierungssystems Bethmann Hollweg im Juli 1917, in: GWU 19 (1968), S. 656–671.
— Max Weber und die deutsche Politik 1890–1920, 2., überarb. und erw. Aufl., Tübingen 1974.
— Die deutsche Revolution 1918–1920. Politische Revolution und soziale Protestbewegung, in: GG 4 (1978), S. 362–391.
— Der autoritäre Nationalstaat. Verfassung, Gesellschaft und Kultur des deutschen Kaiserreiches, Frankfurt/M. 1990.
— Die latente Krise des Wilhelminischen Reiches: Staat und Gesellschaft in Deutschland 1890–1914, in: ders., Nationalstaat, S. 287–315.
— Die Verfassung des Deutschen Reiches von 1871 als dilatorischer Herrschaftskompromiß, in: ders., Nationalstaat, S. 29–65.
— Das Ringen um den nationalen Staat. Die Gründung und der innere Ausbau des Deutschen Reichs unter Otto von Bismarck 1850–1890, Berlin 1993.
— Kaisermacht und Bürgerstolz. Berlin als Hauptstadt des Kaiserreiches, in: Schultz, Hauptstädte, S. 181–193.
— Die Urkatastrophe Deutschlands. Der Erste Weltkrieg 1914–1918, Stuttgart 2002.
Morsey, Rudolf, Der Reichstag im Ersten Weltkrieg 1914–1918, in: Deuerlein, Reichstag, S. 75–83.
— Die deutsche Zentrumspartei 1917–1923, Düsseldorf 1966.
— Die deutschen Katholiken und der Nationalstaat zwischen Kulturkampf und Erstem Weltkrieg, in: Historisches Jahrbuch 90 (1970), S. 31–64.
— Die Weimarer Reichsverfassung von 1919 – Entstehung, Inhalt und Lehren, in: Armin D. Pawlik (Hg.), Freiheitliche Verfassungspolitik – Erfahrungen und Maßstäbe des Grundgesetzes, Stuttgart 1979, S. 39–61.
Mühlhausen, Walter, »Ohne großes Pathos und ohne weitausholende Gesten«.Friedrich Ebert in Weimar, in: Wilderotter/Dorrmann, Wege, S. 41–54.
— Friedrich Ebert 1871-1925. Reichspräsident der Weimarer Republik, Bonn 2006.
Müller, Sven Oliver, Die Nation als Waffe und Vorstellung. Nationalismus in Deutschland und Großbritannien im Ersten Weltkrieg, Göttingen 2002.
Müller-Meiningen, Ernst, Parlamentarismus. Betrachtungen, Lehren und Erinnerungen aus deutschen Parlamenten, Berlin/Leipzig 1926.

Naumann, Friedrich, Demokratie und Kaisertum (1900), in: ders., Werke, Bd. 2: Schriften zur Verfassungspolitik, hrsg. von Theodor Schieder, Köln/Opladen 1964, S. 1–151.
Neumann, Franz, Demokratietheorien – Modelle zur Herrschaft des Volkes, in: ders. (Hg.), Handbuch Politische Theorien und Ideologien, Bd. 1, Opladen 1995, S. 1–70.
Nicklas, Thomas, Macht – Politik – Diskurs. Möglichkeiten und Grenzen einer Politischen Kulturgeschichte, in: Archiv für Kulturgeschichte 86 (2004), S. 1–25.
Niedhart, Gottfried, Deutsche Geschichte 1918–1933. Politik in der Weimarer Republik und der Sieg der Rechten, 2., verb. und erg. Aufl., Stuttgart [2]1996.
— Die Außenpolitik der Weimarer Republik, München 1999.
Nipperdey, Thomas, Die Organisation der deutschen Parteien vor 1918, Düsseldorf 1961.
— Grundprobleme der deutschen Parteiengeschichte im 19. Jahrhundert, in: Ritter, Parteien, S. 32–55.

— Deutsche Geschichte 1866–1918, Bd. 2: Machtstaat vor der Demokratie, München 1992.

Oberreuter, Heinrich, Art. »Sitzordnung«, in: Röhring/Sontheimer, Handbuch, S. 446ff.

Oertzen, Peter von, Betriebsräte in der Novemberrevolution. Eine politikwissenschaftliche Untersuchung über Ideengehalt und Struktur der betrieblichen und wirtschaftlichen Arbeiterräte in der deutschen Revolution 1918/19, Düsseldorf 1963.

Olschewski, Andreas, Die Verschriftung von Parlamentsdebatten durch die stenographischen Dienste in Geschichte und Gegenwart, in: Burkhardt/Pape, Sprache, S. 336–353.

Oppelland, Torsten, Reichstag und Außenpolitik im Ersten Weltkrieg. Die deutschen Parteien und die Politik der USA 1914–1918, Düsseldorf 1995.

Ott, Hugo, »Dieser Feind steht rechts«. Überlegungen zur Reichstagsrede von Reichskanzler Dr. Wirth nach der Ermordung Rathenaus im Jahre 1922, in: Alemannisches Jahrbuch (1979/80), S. 189–209.

Papke, Gerhard, Der liberale Politiker Erich Koch-Weser in der Weimarer Republik, Baden-Baden 1989.

Patemann, Reinhard, Der Kampf um die preußische Wahlreform im Ersten Weltkrieg, Düsseldorf 1964.

Pauly, Walter, Rez. von Pohl, Tina, Demokratisches Denken in der Weimarer Nationalversammlung, in: Der Staat 41 (2003), S. 656f.

— Grundrechtslaboratorium Weimar. Zur Entstehung des zweiten Hauptteils der Reichsverfassung vom 14. August 1919, Tübingen 2004.

Payer, Friedrich, Autobiographische Aufzeichnungen und Dokumente, bearb. von Günther Bradler, Göppingen 1974.

Peukert, Detlef J. K., Die Weimarer Republik. Krisenjahre der klassischen Moderne, Frankfurt/M. 1987.

Plewnia, Margarete, Völkischer Beobachter (1887–1945), in: Fischer, Zeitungen, 381–390.

Podlech, Adalbert, Art. »Repräsentation«, in: Geschichtliche Grundbegriffe, Bd. 5, S. 509–547.

Poetzsch-Heffter, Fritz, Vom Staatsleben unter der Weimarer Verfassung vom 1.1.1920 bis zum 31.12.1924, in: Jahrbuch des Öffentlichen Rechts der Gegenwart 13 (1925), S. 1–248.

— Handkommentar der Reichsverfassung vom 11. August 1919. Ein Handbuch für Verfassungsrecht und Verfassungspolitik, 3., neubearb. und verm. Aufl., Berlin 1928.

Pohl, Heinrich, Wahl, Amtsdauer und persönliche Stellung des Reichspräsidenten, in: Anschütz/ Thoma, Handbuch, S. 467–482.

Pohl, Karl Heinrich, Obrigkeitsstaat und Demokratie. Aspekte der »Revolution« von 1918/19, in: Manfred Hettling (Hg.), Revolution in Deutschland? 1789–1989, Göttingen 1991, S. 46–69.

— (Hg.), Politiker und Bürger. Gustav Stresemann und seine Zeit, Göttingen 2002.

Pohl, Tina, Demokratisches Denken in der Weimarer Republik, Hamburg 2002.

Pohle, Heinz, Der Rundfunk als Instrument der Politik. Zur Geschichte des deutschen Rundfunks 1923–1938, Hamburg 1955.

Pollmann, Klaus Erich, Parlamentarismus im Norddeutschen Bund 1867–1870, Düsseldorf 1985.

— Parlamentarische Kultur im deutschen Kaiserreich 1867/71–1918, in: Burkhardt/Pape, Sprache, S. 101–110.

Portner, Ernst, Die Verfassungspolitik der Liberalen 1919. Ein Beitrag zur Deutung der Weimarer Reichsverfassung, Bonn 1973.

Potschka, Georg, Kölnische Zeitung (1802–1945), in: Fischer, Zeitungen, S. 145–158.

Potthof, Heinrich, Das Weimarer Verfassungswerk und die deutsche Linke, in: Archiv für Sozialgeschichte 12 (1972), S. 433–483.

— /Weber, Hermann (Hg.), Die SPD-Fraktion in der Weimarer Nationalversammlung 1919–1920, Düsseldorf 1986.

Pracht, Elfi, Parlamentarismus und deutsche Sozialdemokratie 1867–1914, Pfaffenweiler 1990.

Preuß, Hugo, Vorschläge zur Abänderung der Reichsverfassung und der preußischen Verfassung nebst Begründung (1917), in: ders., Staat, S. 290–335.

— Denkschrift des Entwurfs einer Verfassung für das Deutsche Reich, in: ders, Staat, S. 368–394.

— Staat, Recht und Freiheit. Aus 40 Jahren Deutscher Politik und Geschichte, hrsg. von Else Preuß, Tübingen 1926 (ND Hildesheim 1964).

— Volksstaat oder verkehrter Obrigkeitsstaat? (1918), in: ders., Staat, S. 365–368.

— Reich und Länder. Bruchstücke eines Kommentars zur Verfassung des Deutschen Reiches, Berlin 1928.

Puhle, Hans-Jürgen, Agrarische Interessenpolitik und preußischer Konservativismus im wilhelminischen Reich (1893–1914). Ein Beitrag zur Analyse des Nationalismus in Deutschland am Beispiel des Bundes der Landwirte und der Deutsch-Konservativen Partei, 2., verb. Aufl., Bonn 1975.

— Parlament, Parteien und Interessenverbände 1890–1914, in: Stürmer, Deutschland, S. 340–377.

Pupié, Kurt, Frankfurter Zeitung (1856–1943), in: Fischer, Zeitungen, S. 241–256.

Pyta, Wolfram, Politische Kultur und Wahlen in der Weimarer Republik, in: Ritter, Wahlen, S. 197–239.

— /Richter, Ludwig (Hg.), Gestaltungskraft des Politischen. Festschrift Eberhard Kolb, Berlin 1998.

— »Weimar« in der bundesdeutschen Geschichtswissenschaft, in: Gusy, Schatten, S. 21–62.

Raack, Heinz, Das Reichstagsgebäude in Berlin, Berlin 1978.

Rabenstein-Kiermaier, Karin, Conrad Haußmann (1857–1922). Leben eines schwäbischen Liberalen, Frankfurt/M. u.a. 1993.

Radbruch, Gustav, Die politischen Parteien im System des deutschen Verfassungsrechts, in: Anschütz/Radbruch, Handbuch, S. 285–294.

Radkau, Joachim, Max Weber. Die Leidenschaft des Denkens, München 2005.

Raithel, Thomas, Das »Wunder« der inneren Einheit. Studien zur deutschen und französischen Öffentlichkeit bei Beginn des Ersten Weltkrieges, Bonn 1996.

— Das schwierige Spiel des Parlamentarismus. Deutscher Reichstag und französische Chambre des Députés in den Inflationskrisen des 1920er Jahre, München 2005.

— Funktionsstörungen des Weimarer Parlamentarismus, in: Föllmer/Graf, »Krise«, S. 243–266

Rauh, Manfred, Föderalismus und Parlamentarismus im Wilhelminischen Reich, Düsseldorf 1973.
— Die Parlamentarisierung des Deutschen Reiches, Düsseldorf 1977.
Rausch, Heinz, Repräsentation. Wort, Begriff, Kategorie, Prozeß, Theorie, in: Karl Bosl (Hg.), Der moderne Parlamentarismus und seine Grundlagen in der ständischen Repräsentation, Berlin 1977, S. 69–98.
Recker, Marie-Luise (Hg.), Parlamentarismus in Europa. Deutschland, England und Frankreich im Vergleich, München 2004.
Redslob, Robert, Die parlamentarische Regierung in ihrer wahren und in ihrer unechten Form. Eine vergleichende Studie über die Verfassungen von England, Belgien, Ungarn, Schweden und Frankreich, Tübingen 1918.
Reichardt, Rolf, Einleitung, in: ders./Eberhard Schmitt (Hg.), Handbuch politisch-sozialer Grundbegriffe in Frankreich 1680–1820, Heft 1/2, München 1985, S. 39–148.
— Historische Semantik zwischen lexicométrie und New Cultural History. Einführende Bemerkungen zur Standortbestimmung, in: ders. (Hg.), Aufklärung und Historische Semantik. Interdisziplinäre Beiträge zur westeuropäischen Kulturgeschichte, Berlin 1998, S. 7–27.
— Wortfelder – Bilder – semantische Netze. Beispiele interdisziplinärer Quellen und Methoden in der Historischen Semantik, in: Scholtz, Interdisziplinarität, S. 111–133.
Reiche, Jürgen, Das Berliner Reichstagsgebäude. Dokumentation und ikonographische Untersuchung einer politischen Architektur, Diss. phil. Berlin 1988.
Reichstags-Handbuch, 13. Legislaturperiode, hrsg. vom Bureau des Reichstags, Berlin 1912.
Reichstags-Handbuch, I. Wahlperiode 1920, hrsg. vom Bureau des Reichstags, Berlin 1920.
Reichstags-Handbuch, II. Wahlperiode 1924, hrsg. vom Bureau des Reichstags, Berlin 1924.
Reichstags-Handbuch, V. Wahlperiode 1930, hrsg. vom Bureau des Reichstages, Berlin 1930, abgedruckt in: Deuerlein, Reichstag, S. 291–301.
Reimann, Aribert, Der große Krieg der Sprachen. Untersuchungen zur historischen Semantik in Deutschland und England zur Zeit des Ersten Weltkriegs, Essen 2000.
Requate, Jörg, Journalismus als Beruf. Entstehung und Entwicklung des Journalistenberufs im 19. Jahrhundert. Deutschland im internationalen Vergleich, Göttingen 1995.
— Öffentlichkeit und Medien als Gegenstände historischer Analyse, in: GG 25 (1999), S. 5–32.
Retallack, James N., Notables of the Right. The Conservative Party and Political Mobilization in Germany, 1876–1918, Boston 1988.
— The Road to Philippi. The Conservative Party and Bethmann Hollweg's »Politics of the Diagonal«, in: Jones/ders., Reform, S. 261–298.
Ribhegge, Wilhelm, Frieden für Europa. Die Politik der deutschen Reichstagsmehrheit 1917–1918, Essen 1988.
Richard Thoma, Das Reich als Demokratie, in: Anschütz/Thoma, Handbuch, S. 186–200.
Richter, Ludwig, Die Weimarer Reichsverfassung, in: Aus Politik und Zeitgeschichte, B 32/33, 1994, S. 3–10.
— Verfassungsgebung im Theatersaal. Weimar und die Nationalversammlung 1919, in: GWU 45 (1994), S. 626–637.
— Kirche und Schule in den Beratungen der Weimarer Nationalversammlung, Düsseldorf 1996.

— Der Reichspräsident bestimmt die Politik und der Reichskanzler deckt sie: Friedrich Ebert und die Bildung der Weimarer Koalition, in: Kolb, Ebert, S. 17–59.
— Das präsidiale Notverordnungsrecht in den ersten Jahren der Weimarer Republik. Friedrich Ebert und die Anwendung des Artikels 48 der Weimarer Reichsverfassung, in: Kolb, Ebert, S. 207–257.
— »Auseinanderstrebendes Zusammenhalten«. Bassermann, Stresemann und die Nationalliberale Partei im letzten Jahrzehnt des Kaiserreiches, in: Pyta/ders., Gestaltungskraft, S. 55–85.
— Die Vorgeschichte des Art. 48 der Weimarer Reichsverfassung, in: Der Staat 37 (1998), S. 1–26.
— Reichspräsident und Ausnahmegewalt. Die Genese des Artikels 48 in den Beratungen der Weimarer Nationalversammlung, in: Der Staat 37 (1998), S. 221–247.
— Die Nachwirkungen der Frankfurter Verfassungsdebatte von 1848/49 auf die Beratungen der Nationalversammlung 1919 über die Weimarer Verfassung, in: Heiner Timmermann (Hg.), 1848 – Revolution in Europa. Verlauf, politische Programme, Folgen und Wirkungen, Berlin 1999, S. 442–466.
— Von der Nationalliberalen Partei zur Deutschen Volkspartei, in: Dowe, Parteien, S. 135–160.
— Die Deutsche Volkspartei 1918–1933, Düsseldorf 2002.
Riedel, Manfred, Art. »Bürger«, in: Geschichtliche Grundbegriffe, Bd. 1, S. 672–725.
Ritter, Gerhard A., Kontinuität und Umformung des deutschen Parteiensystems 1918–1920, in: Kolb, Kaiserreich, S. 244–275.
— Einleitung, in: ders. (Hg.), Die deutschen Parteien vor 1918, Köln 1973, S. 9–31.
— /Miller, Susanne (Hg.), Die deutsche Revolution 1918–1919. Dokumente, 2., übearb. u. erw. Aufl., Hamburg 1975.
— Arbeiterbewegung, Parteien und Parlamentarismus. Aufsätze zur deutschen Sozial- und Verfassungsgeschichte des 19. und 20. Jahrhunderts, Göttingen 1976.
— Entwicklungsprobleme des deutschen Parlamentarismus, in: ders., Arbeiterbewegung, S. 159–186.
— Kontinuität und Umformung des deutschen Parteiensystems 1918–1920, in: ders., Arbeiterbewegung, Göttingen 1976, S. 116–157.
— /Niehuss, Merith, Wahlgeschichtliches Arbeitsbuch. Materialen zur Statistik des Kaiserreichs, München 1980.
— (Hg.), Regierung, Bürokratie und Parlament in Preußen und Deutschland von 1848 bis zur Gegenwart, Düsseldorf 1983.
— Die deutschen Parteien 1830–1914. Parteien und Gesellschaft im konstitutionellen Regierungssystem, Göttingen 1985.
— Die Entstehung des Räteartikels 165 der Weimarer Reichsverfassung, in: HZ 258 (1994), S. 73–112.
— Die Sozialdemokratie und die Reichstagswahlen 1877–1890. Der Durchbruch der Partei zur Massenbewegung in der Zeit des Sozialistengesetzes, in: Rudolph/Wickert, Geschichte, S. 120–146.
— (Hg.), Wahlen und Wahlkämpfe in Deutschland. Von den Anfängen im 19. Jahrhundert bis zur Bundesrepublik, Düsseldorf 1997.

— Der Reichstag in der politischen Kultur des Kaiserreiches, in: Richard H. Helmholz u.a. (Hg.), Grundlagen des Rechts. Festschrift Peter Landau, Paderborn u.a. 2000, S. 901–921.

— Die Reichstagswahlen und die Wurzeln der deutschen Demokratie im Kaiserreich, in: HZ 275 (2002), S. 385–403.

Rödder, Andreas (Hg.), Weimar und die Deutsche Verfassung, Geschichte und Aktualität von 1919, Stuttgart 1999.

— Klios neue Kleider. Theoriedebatten um eine Kulturgeschichte der Politik in der Moderne, in: HZ 283 (2006), S. 657–688.

Roeck, Bernd, Der Reichstag, in: Etienne Francois/Hagen Schulze (Hg.), Deutsche Erinnerungsorte, Bd. 1, München 2001, S. 138–155.

Roellecke, Gerd, Konstruktionsfehler der Weimarer Verfassung, in: Der Staat 35 (1998), S. 599–613.

Rohe, Karl, Politische Kultur und ihre Analyse. Probleme und Perspektiven der politischen Kulturforschung, in: HZ 250 (1990), S. 321–346.

— Wahlen und Wählertraditionen in Deutschland. Kulturelle Grundlagen deutscher Parteien und Parteiensystem im 19. und 20. Jahrhundert, Frankfurt/M. 1992.

Rohleder, Meinolf/Treude, Burkhard, Neue Preußische (Kreuz-) Zeitung (1848–1939), in: Fischer, Zeitungen, S. 209–224.

Röhring, Hans-Helmut/Sontheimer, Kurt (Hg.), Handbuch des deutschen Parlamentarismus, München 1970.

Rosenberg, Arthur, Entstehung und Geschichte der Weimarer Republik, Frankfurt/M. 1955.

Rößner, Alf, Weimar um 1900. Stadtbild und genius loci, Weimar 1999.

Rudolph, Karsten/Wickert, Christl (Hg.), Geschichte als Möglichkeit. Über die Chancen von Demokratie. Festschrift Helga Grebing, Essen 1995.

Ruppert, Karsten, Die Deutsche Zentrumspartei in der Mitverantwortung für die Weimarer Republik: Selbstverständnis und politische Leitideen einer konfessionellen Mittelpartei, in: Becker, Minderheit, S. 71–88.

— Im Dienst am Staat von Weimar. Das Zentrum als regierende Partei in der Weimarer Demokratie 1923–1930, Düsseldorf 1992.

Rürup, Reinhard, Probleme der Revolution in Deutschland 1918/19, Wiesbaden 1968.

— Entstehung und Grundlagen der Weimarer Verfassung, in: Kolb, Kaiserreich, S. 218–243.

— Demokratische Revolution und »dritter Weg«. Die deutsche Revolution von 1918/19 in der neueren wissenschaftlichen Diskussion, in: GG 9 (1983), S. 278–301.

— Die Revolution von 1918/19 in der deutschen Geschichte, Bonn 1993.

— Friedrich Ebert und das Problem der Handlungsspielräume in der deutschen Revolution 1918/19, in: König, Ebert, S. 69–87.

Sabrow, Martin, Der Rathenaumord. Rekonstruktion einer Verschwörung gegen die Republik, München 1994.

— Die verdrängte Verschwörung. Der Rathenau-Mord und die deutsche Gegenrevolution, Frankfurt/M. 1999.

— Walther Rathenau, in: Etienne Francois/Hagen Schulze (Hg.), Deutsche Erinnerungsorte, Bd. 2, München 2001, S. 601–619.

Salomon, Felix (Hg.), Die neuen Parteiprogramme mit den letzten der alten Parteien, Leipzig/Berlin 1919.
Sarasin, Philipp, Subjekte, Diskurse, Körper. Überlegungen zu einer diskursanalytischen Kulturgeschichte, in: Hardtwig/Wehler, Kulturgeschichte, S. 131–164.
— Geschichtswissenschaft und Diskursanalyse, in: ders., Geschichtswissenschaft und Diskursanalyse, Frankfurt/M. 2003, S. 10–60.
Sartori, Giovanni, Demokratietheorie, Darmstadt 1992.
Sauer, Wolfgang, Das Scheitern der parlamentarischen Monarchie, in: Kolb, Kaiserreich, S. 77–99.
Schanbacher, Eberhard, Parlamentarische Wahlen und Wahlsystem in der Weimarer Republik. Wahlgesetzgebung und Wahlreform im Reich und in den Ländern, Düsseldorf 1982.
Schefold, Dian, Hugo Preuß (1860–1925). Von der Stadtverfassung zur Staatsverfassung der Weimarer Republik, in: Helmut Hinrichs (Hg.), Deutsche Juristen jüdischer Herkunft, München 1993, S. 429–453.
Scheidemann, Philipp, Memoiren eines Sozialdemokraten, Dresden 1930.
Scheuner, Ulrich, Das repräsentative Prinzip in der modernen Demokratie (1961), in: Heinz Rausch (Hg.), Zur Theorie und Geschichte der Repräsentation und der Repräsentativverfassung, Darmstadt 1968, S. 386–418.
Schieder, Theodor/Deuerlein, Ernst (Hg.), Reichsgründung 1870/71. Tatsachen, Kontroversen, Interpretationen, Stuttgart 1970.
Schieder, Wolfgang/Sellin, Volker (Hg.), Sozialgeschichte in Deutschland. Entwicklungen und Perspektiven im internationalen Zusammenhang, Bd. 1, Göttingen 1986
Schiffer, Eugen, Der Verfassungsausschuß und seine Arbeit, Berlin 1917.
Schiffers, Reinhard, Elemente direkter Demokratie im Weimarer Regierungssystem, Düsseldorf 1971.
— Der Hauptausschuß des Deutschen Reichstags 1915–1918. Formen und Bereiche der Kooperation zwischen Parlament und Regierung, Düsseldorf 1979.
— (Hg.), Der Hauptausschuß des Deutschen Reichstags 1915–1918, 4 Bde., Düsseldorf 1981/83.
Schildt, Axel, Konservativismus in Deutschland. Von den Anfängen im 18. Jahrhundert bis zur Gegenwart, München 1998.
— Das Jahrhundert der Massenmedien. Ansichten zu einer künftigen Geschichte der Öffentlichkeit, in: GG 27 (2001), S. 177–206.
Schlosser, Horst D. (Hg.), Das Deutsche Reich ist eine Republik. Beiträge zur Kommunikation und Sprache der Weimarer Zeit, Frankfurt/M. 2003.
Schmädeke, Jürgen, Der Deutsche Reichstag. Das Gebäude in Geschichte und Gegenwart, Berlin 1970.
Schmersal, Helmut, Philipp Scheidemann (1865–1939). Ein vergessener Sozialdemokrat, Frankfurt/M. u.a. 1999.
Schmidt, Gustav, Deutscher Historismus und der Übergang zur parlamentarischen Demokratie. Untersuchungen zu den politischen Gedanken von Meinecke, Troeltsch, Max Weber, Lübeck/Hamburg 1964.
— Innenpolitische Blockbildungen am Vorabend des Ersten Weltkrieges, in: Aus Politik und Zeitgeschichte, B 20, 1972, S. 3–32.

— Parlamentarisierung oder »Präventive Konterrevolution«? Die deutsche Innenpolitik im Spannungsfeld konservativer Sammlungsbewegungen und latenter Reformbestrebungen (1907–1914), in: Gerhard A. Ritter (Hg.), Gesellschaft, Parlament und Regierung. Zur Geschichte des Parlamentarismus in Deutschland, Düsseldorf 1974, S. 249–278.

Schmidt, Manfred G., Demokratietheorien. Eine Einführung, 3., überarb. u. erw. Aufl., Opladen 2000.

Schmidt-Möbius, Friederike/Möbius, Frank, Kleine Kulturgeschichte Weimars, Köln u.a. 1998.

Schneider, Hans, Die Bedeutung der Geschäftsordnung oberster Staatsorgane für das Verfassungsleben, in: Rechtsprobleme in Staat und Kirche. Festschrift Rudolf Smend, Göttingen 1952, S. 303–319.

— Die Reichsverfassung vom 11. August 1919, in: Isensee/Kirchhoff, Handbuch, S. 85–142.

Schneider, Hans-Peter/Zeh, Wolfgang (Hg.), Parlamentsrecht und Parlamentspraxis in der Bundesrepublik Deutschland, Berlin/New York 1989.

Schneider, Ulrich Johannes, Michel Foucault, Darmstadt 2004.

Schoenbaum, David, Zabern 1913. Consensus Politics in Imperial Germany, London u.a. 1982.

Scholtz, Gunther (Hg.), Die Interdisziplinarität der Begriffsgeschichte, Hamburg 2000.

Schönberger, Christoph, Das Parlament im Anstaltsstaat. Zur Theorie parlamentarischer Repräsentation in der Staatsrechtslehre des Kaiserreichs (1871–1918), Frankfurt/M. 1997.

— Die überholte Parlamentarisierung. Einflußgewinn und fehlende Herrschaftsfähigkeit des Reichstags im sich demokratisierenden Kaiserreich, in: HZ 272 (2001), S. 623–666.

Schönhoven, Klaus, Die Bayerische Volkspartei 1924–1932, Düsseldorf 1972.

— Die Entstehung der Weimarer Republik aus dem Krieg: Vorbelastung und Neuanfang, in: Winkler, Widerstreit, S. 13–32.

— Die Revolution von 1918/19 in Deutschland, in: Peter Wende (Hg.), Große Revolutionen der Geschichte. Von der Frühzeit bis zur Gegenwart, München 2000, S. 208–224.

— Reformismus und Radikalismus. Gespaltene Arbeiterbewegung im Weimarer Sozialstaat, München 1989.

Schöttler, Peter, Sozialgeschichtliches Paradigma und historische Diskursanalyse, in: Jürgen Fohrmann/Harro Müller (Hg.), Diskurstheorien und Literaturwissenschaft, Frankfurt/M. 1988, S. 159–199.

— Mentalitäten, Ideologien, Diskurse. Zur sozialgeschichtlichen Thematisierung der »dritten Ebene«, in: Alf Lütdke (Hg.), Alltagsgeschichte. Zur Rekonstruktion historischer Erfahrungen und Lebensweisen, Frankfurt/M. 1989, S. 85–136.

— Wer hat Angst vor dem »linguistic turn«?, in: GG 23 (1997), S. 134–151.

Schrage, Dominik, Was ist ein Diskurs? Zu Michel Foucaults Versprechen, »mehr« ans Licht zu bringen, in: Bublitz, Wuchern, S. 63–74.

Schulin, Ernst, Walther Rathenau. Repräsentant, Kritiker und Opfer seiner Zeit, Zürich/Frankfurt/M. 1979.

Schumacher, Martin (Hg.), Erinnerungen und Dokumente von Johann Viktor Bredt 1914 bis 1933, Düsseldorf 1970.

— Einleitung, in: ders., Erinnerungen, S. 3–54.

Schultz, Heiner, Begriffsgeschichte und Argumentationsgeschichte, in: Koselleck, Historische Semantik, S. 43–78.

Schultz, Uwe (Hg.), Die Hauptstädte der Deutschen. Von der Kaiserpfalz in Aachen bis zum Regierungssitz Berlin, München 1993.

Schulz, Andreas, Der Aufstieg der »vierten Gewalt«. Medien, Politik und Öffentlichkeit im Zeitalter der Massenkommunikation, in: HZ 270 (2000), S. 65–97.

Schulz, Gerhard, Zwischen Demokratie und Diktatur. Verfassungspolitik und Reichsreform in der Weimarer Republik, Bd. 1: Die Periode der Konsolidierung und der Revision des Bismarckschen Reichsaufbaus 1919–1930, 2., durchges. u. erg. Aufl., Berlin/New York 1987.

Schulze, Hagen, Einleitung, in: Akten der Reichskanzlei, Kabinett Scheidemann, S. XIX–LXII.

— Weimar. Deutschland 1917–1933, Berlin 1998.

Schulze, Volker, Vorwärts (1876–1933), in: Fischer, Zeitungen, S. 329–347.

Schulze-Bidlingmaier, Ingrid, Einleitung, in: Akten der Reichskanzlei, Kabinett Wirth I, S. XIX–LXXI.

Schumann, Dirk, Politische Gewalt in der Weimarer Republik 1918–1933. Kampf um die Straße und Furcht vor dem Bürgerkrieg, Essen 2001.

Schustereit, Hartmut, Linksliberalismus und Sozialdemokratie in der Weimarer Republik. Eine vergleichende Betrachtung der Politik von DDP und SPD 1919–1930, Düsseldorf 1975.

Schwieger, Christopher, Volksgesetzgebung in Deutschland. Der wissenschaftliche Umgang mit plebiszitärer Gesetzgebung auf Reichs- und Bundesebene in Weimarer Republik, Drittem Reich und Bundesrepublik (1919–2002), Berlin 2005.

Sellin, Volker, Art. »Regierung, Regime, Obrigkeit«, in: Geschichtliche Grundbegriffe, Bd. 5, S. 361–421.

Sheehan, James J., Begriffsgeschichte: Theory and Practice, in: Journal of Modern History 50 (1978), S. 312–319.

— Der deutsche Liberalismus. Von den Anfängen im 18. Jahrhundert bis zum Ersten Weltkrieg 1770–1914, München 1983.

Song, Seog-Yun, Politische Parteien und Verbände in der Verfassungsrechtslehre der Weimarer Republik, Berlin 1996.

Sontheimer, Kurt, Antidemokratisches Denken in der Weimarer Republik. Die politischen Ideen des deutschen Nationalismus zwischen 1918 und 1933, 4. Aufl., München 1994.

Sösemann, Bernd, Der Verfall des Kaisergedankens im Ersten Weltkrieg, in: John C. G. Röhl (Hg.), Der Ort Kaiser Wilhelms II. in der deutschen Geschichte, München 1991, S. 145–170.

Speck, Ulrich, Das Parlament, in: Christof Dipper/ders. (Hg.), 1848. Revolution in Deutschland, Frankfurt/M./Leipzig 1998, S. 196–209.

Speicher, Stephan, Ort der deutschen Geschichte. Der Reichstag in Berlin, Berlin 1995.

Spenkuch, Hartwin, Das Preußische Herrenhaus. Adel und Bürgertum in der Ersten Kammer des Landtages 1854–1918, Düsseldorf 1998.

Sperlich, Waltraud, Journalist mit Mandat. Sozialdemokratische Reichstagsabgeordnete und ihre Arbeit in der Parteipresse 1867 bis 1918, Düsseldorf 1983.

Stapff, Ilse-Sybille, 1919: Friedrich Ebert und die Nationalversammlung in Weimar, Erfurt 1994.

Steffani, Winfried, Art. »Redeparlament«, in: Röhring/Sontheimer, Handbuch, S. 418ff.

— Parlamentarische und präsidentielle Demokratie. Strukturelle Aspekte westlicher Demokratien, Opladen 1979.

— Das magische Dreieck demokratischer Repräsentation: Volk, Wähler und Abgeordnete, in: Zeitschrift für Parlamentsfragen 30 (1999), S. 772–793.

Stegmann, Dirk, Die Erben Bismarcks. Parteien und Verbände in der Spätphase des Wilhelminischen Deutschlands. Sammlungspolitik 1897–1918, Köln 1970.

Stein, Katrin, Parteiverbote in der Weimarer Republik, Berlin 1999.

Steinbach, Peter, Die Entwicklung der deutschen Sozialdemokratie im Kaiserreich im Spiegel der historischen Wahlforschung, in: Gerhard A. Ritter (Hg.), Der Aufstieg der deutschen Arbeiterbewegung. Sozialdemokratie und Freie Gewerkschaften im Parteiensystem und Sozialmilieu des Kaiserreichs, München 1990, S. 1–35.

Steinmetz, Willibald, Das Sagbare und das Machbare. Zum Wandel politischer Handlungsspielräume. England 1780–1867, Stuttgart 1993.

— Art. »Diskurs«, in: Stefan Jordan (Hg.), Lexikon Geschichtswissenschaft. Hundert Grundbegriffe, Stuttgart 2002, S. 56–61.

Stephan, Werner, Aufstieg und Verfall des Linksliberalismus 1918–1933. Geschichte der Deutschen Demokratischen Partei, Göttingen 1973.

Stierle, Karlheinz, Historische Semantik und die Geschichtlichkeit der Bedeutung, in: Koselleck, Historische Semantik, S. 154–189.

Stier-Somlo, Fritz, Die Vereinigten Staaten von Deutschland (Demokratische Reichsrepublik). Ein Entwurf mit Begründung, Tübingen 1919.

— Die Verfassung des Deutschen Reiches vom 11. August 1919. Ein systematischer Überblick, 3., erg. Aufl., Bonn 1925.

— Allgemeine Kennzeichnung, in: Anschütz/Thoma, Handbuch, S. 381–386.

Stollberg-Rilinger, Barbara, Einleitung: Was heißt Kulturgeschichte des Politischen?, in: dies. (Hg.), Was heißt Kulturgeschichte des Politischen?, Berlin 2005, S. 9–24.

Stötzel, Georg/Wengler, Martin (Hg.), Kontroverse Begriffe. Geschichte des öffentlichen Sprachgebrauchs in der Bundesrepublik Deutschland, Berlin/New York 1995.

Stürmer, Michael, Koalition und Opposition in der Weimarer Republik 1924–1928, Düsseldorf 1967.

— (Hg.), Das kaiserliche Deutschland. Politik und Gesellschaft 1870–1918, Düsseldorf 1970

— (Hg.), Die Weimarer Republik. Belagerte Civitas, 2., erw. Aufl., Königstein 1985.

Tatarin-Tarnheyden, Edgar, Die Rechtsstellung der Abgeordneten, ihre Pflichten und Rechte, in: Anschütz/Thoma, Handbuch, S. 413–439.

Thamer, Hans-Ulrich, Politische Geschichte, Geschichte der internationalen Beziehungen, in: Richard van Dülmen (Hg.), Das Fischer Lexikon Geschichte, Frankfurt a. M. 1990, S. 52–65.

Thimme, Annelise, Flucht in den Mythos. Die Deutschnationale Volkspartei und die Niederlage von 1918, Göttingen 1969.

Thoma, Richard, Die rechtliche Ordnung des parlamentarischen Regierungssystems, in: Anschüz/ders., Handbuch, S. 503–511.
Thüringer Landtag (Hg.), 80 Jahre Weimarer Reichsverfassung (1919–1999), Weimar 1999.
Tormin, Walter, Zwischen Rätediktatur und sozialer Demokratie. Die Geschichte der Rätebewegung in der deutschen Revolution 1918/19, Düsseldorf 1954.
Treue, Wolfgang (Hg.), Deutsche Parteiprogramme seit 1861, 4., erw. Aufl., Göttingen u.a. 1968.
Triepel, Heinrich (Hg.), Quellensammlung zum deutschen Reichsstaatsrechts, 3., neubearb. Aufl., Tübingen 1922.
— Die Staatsverfassung und die politischen Parteien, Berlin 1928.
Trippe, Christian F., Konservative Verfassungspolitik 1918–1923. Die DNVP als Opposition in Reich und Ländern, Düsseldorf 1995.
Trossmann, Hans, Reichstag und Bundestag – Organisation und Arbeitsweise, in: Deuerlein, Reichstag, S. 125–143.

Ullmann, Hans-Peter, Interessenverbände in Deutschland, Frankfurt/M. 1988.
— Das Deutsche Kaiserreich 1871–1918, Frankfurt/M. 1995.
— Politik im Deutschen Kaiserreich 1871–1918, München 1999.
Ullrich, Sebastian, Mehr als Schall und Rauch. Der Streit um den Namen der ersten deutschen Demokratie 1918–1949, in: Föllmer/Graf, »Krise«, S. 187–207.
Ullrich, Volker, Die nervöse Großmacht. Aufstieg und Untergang des deutschen Kaiserreichs 1871–1918, Frankfurt/M. 1997.

Verfassungsausschuß des Vereins Recht und Wirtschaft e.V. in Berlin (Hg.), Entwurf einer Verfassung des Deutschen Reichs, Berlin o.J. [1919].
Verhandlungen des Reichstags/der Verfassunggebenden Deutschen Nationalversammlung. Stenographische Berichte, Bde. 308–314; 326–329; 355f., Berlin 1916–22.
Vestring, Sigrid, Die Mehrheitssozialdemokratie und die Entstehung der Reichsverfassung von Weimar 1918/1919, Münster 1987.
Völtzer, Friedrich, Der Sozialstaatsgedanke in der Weimarer Reichsverfassung, Frankfurt/M. u.a. 1992.
Vorländer, Hans, Demokratie. Geschichte, Formen, Theorien, München 2003.

Warnke, Martin, Einführung, in: ders. (Hg.), Politische Architektur in Europa vom Mittelalter bis heute. Repräsentation und Gemeinschaft, Köln 1984, S. 7–18.
Weber, Hermann, Die Wandlung des deutschen Kommunismus. Die Stalinisierung der KPD in der Weimarer Republik, Frankfurt/M. 1969.
— Kommunismus in Deutschland 1918–1945, Darmstadt 1983.
Weber, Klaus-Dieter, Das Büro des Reichspräsidenten 1919–1934, Frankfurt/M. u.a. 2001.
Weber, Max, Die Abänderung des Artikels 9 der Reichsverfassung (1917), in: ders., Zur Politik im Weltkrieg. Schriften und Reden 1914–1918, hrsg. v. Wolfgang J. Mommsen/Gangolf Hübinger, Tübingen 1984, S. 310–313.
— Parlament und Regierung im neugeordneten Deutschland. Zur politischen Kritik des Beamtentums und des Parteiwesens (1918), in: ders., Gesammelte politische Schriften, hrsg. v. Johannes Winckelmann, 3. verm. Aufl., Tübingen 1971, S. 306–443.

— Der Reichspräsident (1919), in: ders., Neuordnung, S. 220–224.
— Deutschlands künftige Staatsform (1919), in: ders., Neuordnung, S. 91–146.
— Zur Neuordnung Deutschlands. Schriften und Reden 1918–1920, hrsg. von Wolfgang J. Mommsen/Wolfgang Schwentker, Tübingen 1988.
Wedel, Henning von, Das Verfahren der demokratischen Verfassunggebung. Dargestellt am Beispiel Deutschlands 1848/49, 1919, 1948/49, Berlin 1976.
Wehler, Hans-Ulrich, Der Fall Zabern von 1913/14 als eine Verfassungskrise des Wilhelminischen Kaiserreichs, in: ders., Krisenherde des Kaiserreichs 1871–1918. Studien zur deutschen Sozial und Verfassungsgeschichte, Göttingen 1970, S. 65–83.
— Moderne Politikgeschichte oder »Große Politik der Kabinette«?, in: GG 1 (1975), S. 344–369.
— Das Deutsche Kaiserreich 1871–1918, 7. Aufl., Göttingen 1994.
— Deutsche Gesellschaftsgeschichte, Bd. 3: Von der »Deutschen Doppelrevolution« bis zum Beginn des Ersten Weltkrieges 1849–1914, München 1995.
— Kommentar, in: Thomas Mergel/Thomas Welskopp (Hg.), Geschichte zwischen Kultur und Gesellschaft. Beiträge zu einer Theoriedebatte, München 1997, S. 351–366.
— Michel Foucault. Die »Disziplinargesellschaft« als Geschöpf der Diskurse, der Machttechniken und der »Bio-Politik«, in: ders., Die Herausforderung der Kulturgeschichte, München 1998, S. 45–95.
— Deutsche Gesellschaftsgeschichte, Bd. 4: Vom Beginn der Ersten Weltkrieges bis zur Gründung der beiden deutschen Staaten 1914–1949, München 2003.
Weichlein, Siegfried, Teilhabe und Ordnung: Zur Politisierung der Weimarer Gesellschaft, in: Kathrin Groh/Christine Weinbach (Hg.), Zur Genealogie des politischen Raumes. Politische Strukturen im Wandel, Wiesbaden 2005, S. 53–76.
Weinhold, Kurt, Die Geschichte eines Zeitungshauses 1620–1970, Köln 1969.
Westarp, Kuno Graf von, Konservative Politik im Übergang vom Kaiserreich zur Weimarer Republik, bearb. v. Friedrich Freiherr Hiller von Gaertringen u.a., Düsseldorf 2001.
Wilderotter, Hans, Alltag der Macht. Berlin Wilhelmstraße, Berlin 1998.
— /Dorrmann, Michael (Hg.), Wege nach Weimar. Auf der Suche nach der Einheit von Kunst und Politik, Berlin 1999.
Winkler, Heinrich August, Die Sozialdemokratie und die Revolution 1918/19. Ein Rückblick nach 60 Jahren, 2., überarb. Aufl., Berlin/Bonn 1980.
— Von der Revolution zur Stabilisierung. Arbeiter und Arbeiterbewegung in der Weimarer Republik 1918 bis 1924, Berlin/Bonn 1984.
— (Hg.), Die deutsche Staatskrise 1930–1933. Handlungsspielräume und Alternativen, München 1992.
— Weimar 1918–1933. Die Geschichte der ersten deutschen Demokratie, München 1998.
— Die deutsche Abweichung vom Westen. Der Untergang der Weimarer Republik im Lichte der »Sonderwegs«-These, in: Pyta/Richter, Gestaltungskraft, S. 127–137.
— Der lange Weg nach Westen, Bd. 1: Deutsche Geschichte vom Ende des Alten Reichs bis zum Untergang der Weimarer Republik, München 2000.
— (Hg.), Weimar im Widerstreit. Deutungen der ersten deutschen Republik im geteilten Deutschland, München 2002.

— Ein umstrittener Wendepunkt: Die Revolution von 1918/19 im Urteil der westdeutschen Geschichtswissenschaft, in: ders. (Hg.), Widerstreit, S. 33–42.

Wirsching, Andreas, Vom Weltkrieg zum Bürgerkrieg? Politischer Extremismus in Deutschland und Frankreich 1918–1933/39. Berlin und Paris im Vergleich, München 1999.

— Die Weimarer Republik. Politik und Gesellschaft, München 2000.

Wirth, Thomas, Adelbert Düringer. Jurist zwischen Kaiserreich und Republik, Mannheim 1988.

— Der Unterausschuß für die Grundrechte und seine Arbeit in der Weimarer Nationalversammlung, in: Jahrbuch der Hambach Gesellschaft 2 (1989), S. 129–201.

Witt, Peter-Christian, Kontinuität und Diskontinuität im politischen System der Weimarer Republik. Das Verhältnis von Regierung, Bürokratie und Reichstag, in: Ritter, Regierung, S. 117–148.

— Friedrich Ebert. Parteiführer, Reichskanzler, Volksbeauftragter, Reichspräsident, Bonn 1987.

Wittmayer, Leo, Die Weimarer Reichsverfassung, Tübingen 1922.

Wollstein, Günther, Theobald von Bethmann Hollweg. Letzter Erbe Bismarcks, erstes Opfer der Dolchstoßlegende, Göttingen/Zürich 1995.

Wulf, Peter, Einleitung, in: Akten der Reichskanzlei, Kabinett Fehrenbach, S. VII–LXX.

Zarusky, Jürgen, Die deutschen Sozialdemokraten und das sowjetische Modell. Ideologie und Auseinandersetzung und außenpolitische Konzeptionen 1917–1933, München 1992.

Zeh, Wolfgang, Theorie und Praxis der Parlamentsdebatte, in: Schneider/ders., Parlamentsrecht, S. 917–937.

Ziegler, Wilhelm, Die deutsche Nationalversammlung und ihr Verfassungswerk, Berlin 1932.

Zschucke, Otto Th. L. (Hg.), Die Geschäftsordnungen der deutschen Parlamente. Mit einer Einleitung und Sachregister, Berlin 1928.

— Einleitung, in: ders., Geschäftsordnungen, S. 7–13.

Zwehl, Konrad von, Zum Verhältnis von Regierung und Reichstag im Kaiserreich (1871–1918), in: Ritter, Regierung, S. 90–116.

Danksagung

Am Ende eines Werkes steht der Dank. Dieses war bei der Verabschiedung der Reichsverfassung der Fall, als sich Conrad Haußmann mit dem Namen »Weimarer Verfassung« bei der Stadt Weimar für das gewährte Obdach bedankte, und ist auch bei Dissertationen guter Brauch. Die Arbeit, die im Rahmen des von der DFG geförderten SFB 584 »Das Politische als Kommunikationsraum in der Geschichte« entstanden ist und von der Universität Bielefeld im Wintersemester 2005/06 als Dissertation angenommen wurde, wäre ohne die Unterstützung verschiedener Personen nicht denkbar gewesen, bei denen ich mich herzlich bedanken möchte. Heinz-Gerhard Haupt hat die Arbeit von Beginn an begleitet. Von seiner konstruktiven Art der Kritik habe ich inhaltlich wie persönlich immens profitiert. Ebenso möchte ich Christoph Gusy für seine intellektuelle Offenheit und professoralen Anspruch danken, mit denen er mich die Wege der Theorie gehen ließ und immer wieder auf den Pfad des Ertrages zurückholte. Ohne ihn wäre die Arbeit nicht geschrieben worden. Willibald Steinmetz hat sowohl im Anfangsstadium bei der theoretischen Konzeption als auch bei der Verschriftlichung wichtige Hinweise gegeben, für die ich ihm sehr dankbar bin. Wie sehr die Arbeit auch von ihm profitiert hat, lässt sich nicht nur an der Einleitung erkennen.

Ebenfalls danke ich den Herausgebern der Reihe »Historische Politikforschung« für die Aufnahme, Frau Tanja Hommen vom Campus-Verlag für die Betreuung der Drucklegung und den Mitarbeiterinnen und Mitarbeitern der Bundesarchive in Berlin und Koblenz sowie des Zeitungsarchivs Dortmund für ihre Unterstützung.

Auch andere Personen haben zur Erstellung der Arbeit beigetragen, denen ich herzlich danken möchte: Kathrin Groh für die praktizierte Interdiszplinarität, Martina Engelns für die anregenden Diskussionen und Korrekturen, Peter Behrend für (unbewusste) Hilfe an einem schwierigen Punkt, Katja Opitz für ihre spontane, nachbarschaftliche Hilfe in den letzten Zügen sowie meinen langjährigen Freunden und Promotionskollegen Martin Koch für den regen Austausch und Lars Reinking für die kontinuierliche inhaltliche und formale Auseinandersetzung mit der Thematik, die der Arbeit und mir sehr gut getan haben. Darüber hinaus danke ich meinen Eltern, die mich bei meinem Werdegang im Rahmen ihrer Möglichkeiten immer unterstützt haben. Schlussendlich gebührt der größte Dank meiner Frau Henrike Kreil-Bollmeyer für ihre große Geduld, ihre konstruktiv-aufbauende Kritik und ihre sanfte Art des Drängens sowie unserem Sohn Friedrich Lasse, der mit seiner Geburt die Arbeit in ein rechtes Licht gerückt hat. Ihnen beiden ist die Arbeit in Liebe gewidmet.

Minden, im Januar 2007 Heiko Bollmeyer

Personenregister

Ablaß, Bruno 260, 264, 267, 284, 333, 340, 345, 348
Anschütz, Gerhard 221, 236f., 242
Baden, Prinz Max von 81, 83, 87, 90, 92, 98f., 104f., 118, 124f., 137, 186, 195
Bassermann, Ernst 74, 103,
Bazille, Wilhelm 389f., 393, 406
Becker, Johannes 151, 167
Bell, Johannes 394, 402
Bernstein, Eduard 68, 139
Bethmann Hollweg, Theobald von . 65, 73f., 111, 143f.
Bredt, JohannViktor .... 238, 241f.
Cohen, Max 192
Cohn, Oskar 256, 283, 301, 313, 330, 330
Crispien, Arthur 407
Däumig, Ernst 189, 192
David, Eduard 9, 74, 77, 80, 88, 104, 105, 110, 133, 140, 150, 153, 158, 248, 286, 292, 317, 363
Delbrück, Clemens von 221, 253, 258, 264, 296, 311, 342
Drews, Bill 221, 234ff., 242
Düringer, Adelbert 267, 274, 292, 389, 396, 408, 416
Ebert, Friedrich 90, 93, 111f., 118, 124f., 137, 186f., 191 199, 217, 220, 243–254, 354ff., 374, 385
Eisner, Kurt .... 194, 247, 250f.
Erzberger, Matthias .... 71, 75f.
Fehrenbach, Konstantin 76, 92, 193f., 383
Fischer, Richard .... 298, 300, 340, 342ff.
Foucault, Michel 19–23, 48
Gothein, Georg 131
Gradnauer, Georg 78, 85, 95f., 97, 103f., 109, 120
Graef, Wilhelm 413
Graefe, Albrecht von ... 79, 107f., 113f., 116, 126f., 134, 141
Gröber, Adolf 61, 89, 103f., 106, 108, 110, 112, 114, 150, 161
Grünwald, Wilhelm .... 270f.
Haas, Ludwig 264, 273, 280
Haase, Hugo 82, 93, 97, 108, 114, 123, 132, 134, 136, 187, 221f., 282
Hartmann, Gustav 265
Haußmann, Conrad 104, 148f., 158, 164f., 185, 260, 265, 268, 270, 293, 318
Heilmann, Jakob 203
Heinze, Rudolf 253, 256, 261, 274f., 283, 287, 290, 313, 387, 400, 407
Helfferich, Karl 145, 157, 385, 420
Henke, Alfred 288
Herold, Carl ... 111, 125, 154, 158f., 165
Hergt, Oskar 406
Herzfeld, Joseph 96, 221–227, 407
Junck, Johannes 158, 164
Kahl, Wilhelm .... 318, 393, 413f.
Katzenstein, Simon 260ff., 265, 268, 270, 277, 281, 287f., 301, 316, 324, 338

Keil, Wilhelm ... 322f.
Koch, Erich ... 259, 268, 287, 292, 323f., 342, 414
Koenen, Wilhelm ... 394, 400
Köster, Adolf ... 394, 401
Kreth, Hermann ... 74, 78, 81, 88f., 93, 99, 112, 127, 134, 136, 151, 156
Kuckhoff, Joseph ... 96, 115
Landsberg, Otto ... 84, 117, 126, 130 133, 139, 150, 152, 158f., 165f., 191, 197, 221f., 244f.
Ledebour, Georg ... 74, 87, 92f., 105, 119f., 122, 133f., 138ff., 156, 159, 161, 164
Levi, Paul ... 387, 400, 410
Lewald, Theodor ... 150, 158, 161, 221
Lißt, Friedrich ... 79
Littmann, Max ... 203f.
Loewenstein, Curt ... 238ff.
Marx, Wilhelm ... 393, 399, 415
Meinecke, Friedrich ... 237f., 242
Mertin, Erich ... 87, 97, 151f., 165, 167
Michaelis, Georg ... 97, 111, 115, 173
Müller(-Meiningen), Ernst ... 77, 103, 107, 112, 143, 163f., 172
Müller, Hermann ... 382f.
Naumann, Friedrich ... 72, 80, 82f., 92, 99f., 103, 111, 115, 120, 126, 129ff., 137, 139, 325f., 328, 347
Noske, Gustav ... 75, 77, 100, 102, 126, 141, 143, 201
Oberfohren, Ernst ... 256, 264, 271
Pachnicke, Hermann ... 154, 156, 163
Payer, Friedrich von ... 76, 99f., 111f., 115f., 121, 126, 221
Petersen, Carl ... 221, 392, 399, 401, 403, 408
Philipp, Albrecht ... 257
Posadowsky-Wehner, Arthur Graf von 118, 120, 125
Preuß, Hugo ... 191, 219–225, 227ff., 231f., 242, 246, 248, 250, 251f., 254, 259, 264, 266, 275, 284, 286f., 292, 296, 301, 319, 323, 329, 334, 336, 341f., 344f., 357, 365, 366, 368, 370, 373, 433
Quarck, Max ... 221, 224f., 227, 260, 265, 274, 280, 284, 299ff., 318, 321, 332, 370
Radbruch, Gustav ... 413
Rathenau, Walther ... 374, 376, 384f., 387ff., 420
Redslob, Robert ... 228–234, 254, 333, 368, 373, 433
Rosenfeld, Kurt ... 403f.
Scheidemann, Philipp ... 76, 81, 120, 123, 132, 136, 146, 174, 186, 217
Schiffer, Eugen ... 84, 88, 102, 111, 115, 132, 153
Schücking, Walther ... 311, 397, 409
Schulze, Robert ... 198, 228, 232, 243f.
Silberschmidt, Hermann ... 408
Sivkovich, Hans ... 93
Sinzheimer, Hugo ... 256
Spahn, Peter ... 77, 144, 267f., 318, 411
Stadthagen, Arthur ... 159, 161, 168
Stern, Fritz ... 238f.
Stresemann, Gustav ... 77, 82f., 96, 104, 106, 110f., 114, 117, 123, 129, 137, 140, 144, 207, 393, 396, 410, 419
Waldstein, Felix ... 253
Wallot, Paul ... 55ff.
Weber, Max ... 221–227, 229, 315
Wels, Otto ... 390, 400
Westarp, Kuno Graf von ... 75, 84f., 92, 95, 112, 132, 137, 139, 157, 164
Wilhelm II. ... 57, 60
Wirth, Joseph ... 383, 385, 387, 390, 399, 403, 407
Wissel, Rudolf ... 414